KB081025

BATMAN ™

BATMAN and all related characters and elements © & TM DC Comics. (s17)

BATMAN™

다크 나이트의 모든 것: 배트맨 80주년 기념 아트북

지은이 **앤드류 파라고 · 지나 매킨타이어**

머리말 **마이클 키튼**
서문 **데니스 오닐**
서론 **케빈 콘로이**

배트맨은 **밥 케인**과 **빌 핑거**가 창조함

ART NOUVEAU

차례

배경 팀 버튼 감독의 1989년 고전 명작, 《배트맨》에서 사용된 배트윙의 콘셉트 아트

2쪽 존 가이두 작, 〈롱 할로윈〉, 보틀넥 갤러리에서 제공.

맞은편 알렉스 파센코와 이안 맥도날드 작, 〈배트맨〉 사이드쇼 협찬.

6쪽 왼쪽 마이클 키튼은 〈배트맨〉에서 어둠의 기사가 되었다.

6쪽 아래 《배트맨》 촬영장의 팀 버튼 감독과 키튼

7쪽 커다란 비밀을 숨긴 억만장자, 브루스 웨인을 연기하는 키튼의 모습.

8쪽 마이크 미뇰라와 앤서니 톨린이 그린 1988년 12월자 《배트맨 427호》 표지를 확대한 것.

9쪽 데니스 오닐이 쓴 이 고전 명작에서는 브루스 웨인의 부모가 살해된 직후의 상황을 다룬다(딕 지오다노, 타티아나 우드 작, 1976년 3월자 《디텍티브 코믹스 457호》 표지).

10쪽 〈배트맨: 디 애니메이티드 시리즈〉의 상징적인 오프닝 장면.

11쪽 케빈 콘로이가 목소리를 맡은 배트맨이 정의를 구현할 준비를 하고 있다.

12쪽 딕 스프랑 작, 1944년 4월자 《배트맨 22호》 표지.

13쪽 알렉스 파센코 작, 〈배트맨-저스티스 리그 트리니티〉. 사이드쇼 사에서 제공.

마이클 키튼

영화들 중에는 영화라는 매체를 변화시키면서, 동시에 업계 전체까지 뒤흔들어 놓는 작품과 순간들이 있다. 나는 영화 산업과 대중문화 자체를 바꾸어 놓은 한 편의 영화, 위대한 밥 케인의 배트맨에 대한 팀 버튼의 명인다운 해석에 적극적으로 참여해본 경험이 있다는 것에 항상 감사할 것이다. 나는 어둠의 기사 역할로 출연함으로써 초창기 슈퍼히어로 영화 장르의 문을 두드리는 정도가 아니라 아예 박살 내버린 영화의 일부분이 되었다.

꽤 초창기부터 팀과 나는 브루스 웨인과 배트맨의 해석 방향에 대해 합의했다. 팀 버튼은 배트맨을 정말 특별하게 자신만의 배트맨으로 해석했다. 〈비틀쥬스〉 이후, 그와 나는 함께 일하는 걸 정말 즐겼다. 팀 버튼의 주위에 있으면 예술이 나를 감싸고, 나는

그의 거대한 팔레트와 혜안의 일부가 된다. 이 책에 실린 사진들로 모든 것이 설명될 수 있었으면 좋겠다. 그 선명하고 아름답고 신나는 사진들은 내게 위대한 예술가 팀 버튼의 손 안에서 보낸 특별한 시간을 상기시켜준다. 그리고 영화 속의 다른 수많은 요소들에 대한 기억도 새록새록 떠오른다. 배경 음악, 영상미, 그리고 함께할 수 있어 행운이었던 전설적인 배우들까지도 말이다.

떠오르는 순간들이 지극히 많다. 이 지면에 싣기에는 너무 많지만 그중 가장 각별한 순간을 고르자면, 대본에 '쓰여 있는 그대로'가 아닌 어떤 장면 하나를 팀과 상의해서 찍는 동안 두 마디를 읊조렸던 기억이 난다.

"나는 배트맨이다."

서문 **데니스 오닐**

당신이 보았던 은행 주변 그림자 속의 그 친구는 배트맨이 아니었다. 당신이 상상력이 아주 풍부한 사람이라면 모를까. 물론 나도 아니었다. 나는 진짜 사람이다. 혈액, 두뇌, 숨결, 오감, 가족, 대학 졸업장, 운전면허, 여권 등 그 모든 것을 갖고 있는 진짜 사람! 하지만 배트맨은 그렇지 않다. 당신이 상상력을 동원하지 않는다면 말이다. 아마 당신은 상상 속에 존재하는 배트맨이 진짜고, 내가 허깨비 같은 존재라는 주장을 펼치도 모른다.

이해를 돕기 위해 약간의 설명이 필요할 것 같다. 배트맨과 나는 1939년 5월 3일, 제2차 세계 대전이 우리의 요람 곁에서 숨 쉬던 때에 공식적으로 세상에 처음 등장했다. 나는 성모 병원에서 시끄럽게 울면서 태어났다. 그로부터 14년 뒤에 나는 성모 병원 맞은편에 있는 크리스천 브라더스 고등학교에 입학했다. 회의론자 여러분, 보시라. 우연의 일치는 존재한다!

배트맨의 탄생은 내 경우만큼 간단히 설명하기가 어렵다. 그 불쌍한 박쥐 녀석에게는 출생증명서도 없다. 불편한 진실을 말하자면 그는 처음부터 완성된 상태도 아니었다. 대중 소설과 그 직계 후손인 TV 드라마, 영화, 만화, 탐정 소설의 창작자들이 대개 그러듯이, 배트맨의 창작자들도 자신들에게 영감을 준 소재의 특징을 그대로 도입했다. 작가 빌 핑거는 월터 B. 깁슨이 쓴 염가 소설 《쉐도우》의 이야기에서 영감을 얻었다. 핑거는 쉐도우가 가장 큰 영향을 주었다고 내게 말한 적이 있었다.

오늘날의 DC 코믹스로 진화하게 되는 회사의 사무실에서는 당시 그 사실에 대해 언짢아했을지도 모른다. 당시 그 회사는 염가 만화 잡지인 세계 최초의 진정한 '코믹북'을 출간한 바 있었다. 아, 이전에도 비슷한 잡지는 많았다. 그런 잡지들은 생산 비용이 거의 들지 않는 염가 종이 위에 일할 곳을 찾는 데 어려움을 겪던 작가들과 작화가들의 창의적인 노고를 인쇄했다. (그들의 작품이 꼭 질이 떨어져서 그런 곳에 실린 건 아니었다. 전후 미국에는 편협한 사람들이 많았다.)

DC가 될 출판사와 슈퍼맨 이야기, 그리고 배트맨 이야기로 돌아가보자. 강철의 사나이가 자동차를 머리 위로 들어 올려서 악당들을 떨어뜨리는 〈액션 코믹스 1호〉의 표지는 지금 보면 그렇게까지 인상적이지 않겠지만, 그 당시에는 충격적이었다.

다분히 의도적으로 슈퍼맨을 처음 등장시킨 〈액션 코믹스 1호〉는 기존의 염가 소설이 팔리던 신문 가판대와 기차역, 잡화점 등 값싼 즐길 거리를 찾는 사람들이 갈 만한 곳이라면 어디에서든 팔렸다.

그렇게 슈퍼맨의 첫 모험은 대량 인쇄되어 공급되었고, 놀라운 대성공을 거두었다!

하지만 독자들은 만족하지 못했다. 그들은 더 많은 슈퍼맨을 원했고 그들의 희망은 곧 편집자들의 명령이 되었다.

이 다음부터의 내용은 순전히 내가 상상한 내용이라는 점을 미리 밝혀 둔다. 나는 밥 케인이 빌 핑거를 만났을 때 그 자리에 없었고, 그때 다른 누군가가 있었는지도 전혀 모른다. 하지만 한 가지는 분명하다. DC가 될 회사의 누군가가 당시 출판사 사무실을 드나들던 프리랜서들 중 한 명에게 접근했다. 그 한 명이 밥 케인이었다. 그는 주로 유머 만화를 그리던 사람이었지만 '슈퍼맨을 그려라!'라는 명령이 떨어졌다. 케인은 지시에 응하려고 노력했지만 실패했다. 당시 편집자들이 뭘 문제 삼았는지는 나도 모른다. 예전에 당시의 스케치를 본 적이 있는데 내 눈에는 그냥 슈퍼맨처럼 보였는데 말이다. 어쨌든 그는 실패했다.

그 뒤 누군가가 케인을 핑거에게 소개해주었고 역사가 시작되었다. 그 자체가 행운이었던 것은 말할 것도 없다.

1940년대를 거쳐 이후의 수십 년 동안 슈퍼맨과 배트맨은 번갈아 가며 인기를 누렸다. 몇 년 동안은 슈퍼맨이 가장 인기가 많았다. 슈퍼맨은 라디오 일일 연속극과 TV 드라마, 여러 종류의 월간 연재만화, 신문만화, 그리고 나중에는 극장용 연속극 영화들로 만들어지기도 했다. 그러다가 1970년대 말에는 쟁쟁한 배우들과 특수 효과로 가득한 아예 새로운 종류의 영화로 만들어졌다.

그게 대박을 쳤다!

그때 배트맨은 월간 《디텍티브 코믹스》와 《배트맨》 만화에서 미국 내 범죄와 계속해서 싸웠다. 슈퍼맨의 라디오 연속극에 가끔 특별 출연도 하고, 범죄와 싸우는 공포의 배트맨이었다.

1966년, TV 방송국의 몇몇 사람들이 '이봐, 웃기는 배트맨을 만들어보자'라는 아이디어를 내놓기 전까지는 그랬다. 그건 틀을 깨는 발상이면서도 시도하기 어렵지 않은 일이었다. 부자연스러운 대사들과 우스꽝스러운 복장처럼 만화 속에 이미 존재했던 코미디 요소들을 가져와 강화하고 증폭시키고, 배우들에게는 대본을 너무 진지하게 받아들이지 말라고 요구했다. 그 결과 또 하나의 괴물 같은 성공이 탄생했고, 이번에는 안방극장에서 만날 수 있었다.

배트맨은 은근한 인기를 누렸다. 결코 인기가 없는 건 아니었지만, 줄을 서서 기다려서 볼 만한 것은 아니었다. 그때, 젊은 영화감독 팀 버튼과 각본가 샘 햄이 아이디어 하나를 제안했다. '안 웃기는 배트맨을 만들어보자.' 그들은 아주 침울하지 않으면서 진지하고, 기본 배트맨 이야기 속의 음울한 요소를 살린 영화를 만들어냈다. 그래서 어떻게 됐을까?

그렇다. 대박이었다.

그때 이후로 배트맨은 번창을 거듭했다. 여러 편의 영화가 더 제작되었고, 그중 일부는 진정으로 훌륭했다. 소설과 게임도 만들어졌다. 배트맨을 주제로 하는 텔레비전 프로그램도 수없이 만들어졌다. 수많은 텔레비전 프로그램 중 당신이 내 팔을 비틀면서 최고가 뭐냐고 물어본다면 난 배트맨이 아닌, 배트맨이 사는 곳에 관한 이야기를 그린 드라마 〈고담〉이라고 우길 것이다. 〈고담〉은 5년 동안 황금 시간대에 방영을 했고 우리처럼 스토리텔링과 관련된 사람들은 전부 그 드라마에서 뭔가를 배웠으리라고 본다.

아, 그리고 만화책도 빼놓을 수 없다. 배트맨은 80년 넘는 세월 동안 한 번도 《디텍티브 코믹스》나 《배트맨》에서 빠진 적이 없다. 다른 만화에도 가끔 등장하곤 한다.

어쩌면 당신이 그림자 속에서 본 건, 생일이 같은

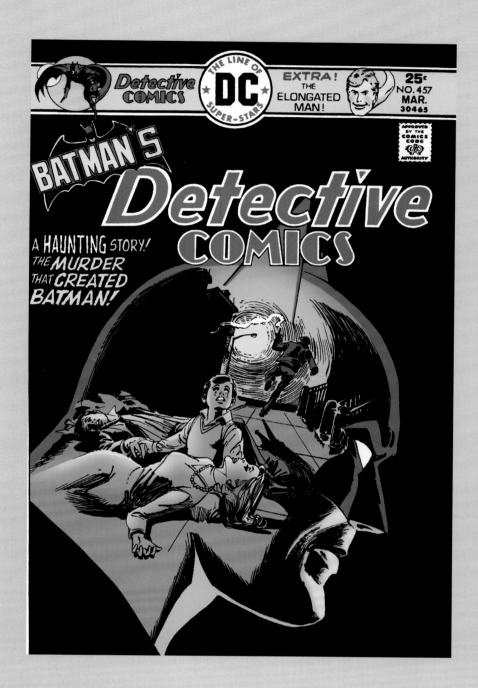

사람을 행복하게 지켜보며 예나 지금이나 그를 돕는 내 모습이었는지도 모르겠다.

케빈 콘로이

나는 "인생이란 네가 다른 계획을 세우느라 바쁠 때 네게 일어나는 것"이라는 말이 언제나 좋았다. 내 인생에 그대로 해당되는 말이다. 나는 연극배우 훈련을 받았고, 셰익스피어의 고상한 글과 그리스 연극의 영웅적인 열정, 현대 연극의 극사실주의를 표현하는 법을 익혔다. 17세에 연기 학교에 입학했을 때 나는 미래의 진로를 확신했다. 나는 배우 일을 해서 생계를 이어갈 수 있었던 행운을 누렸지만, 일찍부터 극장 수입만으로는 부족하다는 사실과 내가 서기 위해 연습한 극장이라는 무대가 과거의 유물이 되었다는 사실을 느꼈다. 배우들은 영화와 텔레비전 출연을 주업으로 삼고 실제 관중들 앞에서 무대에 서고 싶은 마음을 달래기 위해 재정적인 희생을 감수하고 극장 무대에 서는 경우도 있다. 정말 연극만 한 게 없긴 하다.

뉴욕에서 LA로 짧은 여행을 떠났을 때 내 에이전트는 나를 워너 브러더스의 새로운 배트맨 작품 오디션에 보냈다. 당시 나는 배트맨 숭배 문화에 대해서는 순진하다 싶을 정도로 아는 게 없었기 때문에 그 시리즈가 얼마나 획기적인 작품이 될지 전혀 몰랐다. 브루스 팀, 에릭 라돔스키, 그리고 안드레아 로마노와의 면접에서 나는 애덤 웨스트의 배트맨 드라마밖에 모른다고 말했다. 브루스는 공포에 질렸다. "아뇨! 아뇨! 우리도 애덤을 좋아하긴 하지만, 우리가 하려는 건 그런 게 아네요. 배트맨이 겪은 비극에 대해서는 알잖아요? 어렸을 때 눈앞에서 부모님이 살해당해서 그들의 죽음을 복수하고 세상의 악을 몰아내려고 살아가잖아요. 굉장히 느와르풍이고 어두워요. 어렸을 때 배트맨 안 보셨어요?" 나는 성 브리짓 학교의 수녀님들이 만화책을 허용하지 않았다는 이야기까지는 하고 싶지 않았기 때문에 이렇게 말했다. "전 만화책을 접해본 적이 거의 없어요. 하지만 상상해서 해볼게요." 나는 그 자리에서 어린 소년이 트라우마를 겪었다고 생각하고 즉흥적으로 연기했다. 온 세상이 소년을 향해 무너져 내렸다면 소년은 자라서 어떤 부류의 사나

이가 될까? 그는 고통을 어떻게 감출까? 어떻게 아픔과 싸우고 그걸 뛰어넘을 수 있었을까? 내 목소리는 굉장히 우울하고 허스키하며, 고통에 시달리는 방향으로 흘러갔다. 나는 솔직히 말해서 내가 오디션을 보고 있는 배역과 배트맨의 유산이 갖는 중요성에 대해 무지했던 덕분에 그렇지 않았을 경우와 비교해서 훨씬 더 자유롭고 실험적으로 임할 수 있었다고 생각한다. 나는 방음 부스에서 홀로 즉흥적으로 연기하면서 완전한 편안함을 느꼈다. 내게 그 일은 따 놓은 당상이었다.

배역에 점점 적응하면서 나는 모든 슈퍼히어로들을 통틀어 이 캐릭터를 맡게 된 것은 이상한 우연이라고 생각하며 놀라움에 빠졌다. 배우로서 고전 비극에 익숙했던 나는 아무런 초능력 없이 어린 시절의 고통에 이끌려 세상을 바로잡으려고 하는 슈퍼히어로를 연기하고 있었다. 그는 고전의 전통을 잇는 진정한 영웅이지만 현대 연극의 강렬성 역시 지니고 있다. 마치 현대판 오레스테스처럼 말이다. 나는 또한 배트맨이 그의 본질이자 고통에 대항하기 위해 택한 모습이라는 사실을 알게 되었다. 그 말은 브루스 웨인일 때의 모습은 연기이자 세상과 마주할 때 착용하는 쓰리피스 갑옷이라는 뜻이다.

최근 시카고 코믹콘에 갔을 때 한 여성이 내게 찾아왔다. 그녀는 이렇게 말했다. "전 사우스사이드의 공공 임대 주택에서 자랐어요. 부모님은 하루 종일 일하셨죠. 전 매일 오후마다 혼자였고, 또래 친구들은 대부분 문제에 휘말려 죽거나 감옥에 갔어요. 하지만 제겐 당신이 있었어요. 배트맨이 절 안전하게 지켜주고, 무엇이 옳은지 가르쳐주고, 문제에 휘말리지 않게 도와줬죠. 당신은 정말 제 인생을 움직였어요." 나는 그녀를 꼭 껴안아주고, 나의 인생이 내게 단순한 오락거리 이상의 뭔가를 할 수 있도록 이끌어주었다는 점을 깨닫게 해줘서 고맙다고 말했다.

어둠의 기사의 전설

"평생 동안 모든 범죄자와 싸우며 돌아가신 부모님을 위해 복수하겠다고,
부모님의 영혼에 맹세하겠습니다."

— 배트맨, 《디텍티브 코믹스 33호Detective Comics #33》

불확실하고 항상 변화하는 세상 속에서 배트맨은 변함없이 존재해왔다. 부모님의 죽음으로 인생이 변하게 되자, 브루스 웨인은 정의에 헌신하며 세상에서 가장 유명하고 위대한 범죄 투사가 되었다. 비극 속에서 태어나 그 어떤 희망도 존재하지 않는 곳에서 희망을 찾으며, 매일 밤마다 자신을 부모 잃은 아이로 만든 세상의 악을 고담시와 전 세계에서 몰아내기 위한 끝없는 임무를 수행하며 그 어떤 위험도 불사한다.

80년 전에 구축된 이 핵심적인 콘셉트는 배트맨의 전체 역사를 통틀어 배트맨을 정의해온 요소였다. 싸구려 소설의 영향을 짙게 받은 만화책에서든, 현대의 블록버스터 영화에서든, 극사실적인 비디오 게임 속에서든, 저연령층 대상의 과장된 텔레비전 연속극에서든, 배트맨이 항상 불의에 맞서는 정의의 고귀한 수호자이자 혼돈스러운 세상 속 질서의 사도라는 점은 변하지 않았다.

배트맨은 음울한 어둠의 기사로 묘사되지만, 다른 한편으로는 망토를 두른 쾌활한 십자군으로 묘사되기도 한다. 또한 단독으로 행동하는 전사로 묘사되면서도 세상에서 가장 위대한 다른 영웅들과 나란히 싸우는 협동적인 인물로도 묘사된다. 그는 최신예 법의학 기술로 무장하기도 하지만, 때로는 그를 세계에서 가장 위대한 탐정으로 만들어주는 자신의 능력에만 의존할 때도 있다. 대중문화 속 유명 캐릭터들 가운데 이렇게 상이하고 다양한 재해석의 대상이 된 경우는 많지 않지만, 이 모든 상황 속에서도 여전히 배트맨은 배트맨이다.

배트맨이라는 캐릭터의 핵심 콘셉트가 너무나 강력하고 근본적이기 때문에 배트맨 이야기는 매체의 형태나 장르, 시대에 구애받지 않고 표현될 수 있다. 배트맨은 적나라한 살인 사건을 풀 수도 있고, 동시에 외계인과 싸울 수도 있다. 배트맨은 판타지물의 세계와 과장되고 유치한 세계 모두에 속해 있다. 또한 고딕 로맨스와 고딕 호러 이야기 모두 잘 어울린다. 배트맨 이야기들 중에는 단순한 모험담인 것들도 있지만, 인간의 본성을 탐구하는 작품들도 존재하며 두 가지 모두를 성취해낸 작품들도 상당수 존재한다.

배트맨의 끊임없는 적응 능력이 배트맨을 전 세계 어디서든 누구나 알아보는 존재로 만들어주었다. 토요일 아침마다 배트맨 애니메이션에 열광하는 아이들부터 어둠의 기사가 탐정으로 등장하는 그래픽 노블을 읽는 성인에 이르기까지, 모든 연령대가 배트맨에게 매력을 느낀다. 그리고 나이 든 팬들에게 '고담 가디언'의 기억은 지나간 시대에 대한 추억을 불러일으킨다. 모든 세대에게 각각 필요로 하는 배트맨이 하나씩 있는 것처럼 보일 정도다.

그리고 어떠한 시련도 견뎌 낸 배트맨의 전설은 지속될 것이다. 아무리 불리한 상황에 처하더라도 배트맨의 결심은 전혀 흔들리지 않았다. 1939년 배트맨의 캐릭터로 규정했던 결단력과 자기희생, 영웅심은 항상 배트맨의 상징으로 남아 있을 것이며 앞으로도 변하지 않을 것이다.

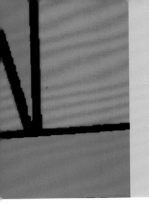

1. 골든 에이지

"범죄자들은 미신에 약한 겁쟁이들이지. 그러니 내 변장은 그들의 가슴에
공포를 심어줄 수 있어야 돼! 나는 밤의 존재가 되어야 해. 검고, 무서운…
무언가… 무언가….
박쥐다! 그래! 이건 계시야. 난 박쥐가 되겠어!"

— 배트맨, 《디텍티브 코믹스 33호》

배트맨은 극적인 모습으로 《디텍티브 코믹스 27호》의
표지를 장식하며 전국의 신문 가판대에 화려하게 등
장했다. 어둠으로 몸을 감싼 수수께끼의 범죄 투사가
줄을 타고 도시 위를 높게 날면서, 박쥐의 날개를 연
상케 하는 망토와 가면을 과시한다. 범죄자 한 명은
이미 그림자 형체에게 붙잡혔고, 차례를 기다리는 두
명의 범죄자가 남아 있다. 이 가면 쓴 사나이는 누구일
까? 어디서 나타난 것일까? 어째서 범죄와의 전쟁을
선포했을까? 배트맨의 등장은 11개월 전에 나온 〈액
션 코믹스 1호 Action Comics #1〉에서 처음 소개된 슈퍼맨
이래로 가장 기억에 남을 만한 것이었다.

만화 산업은 1938년 봄에 슈퍼맨 Man of Steel 이 처음
등장한 이래로 급변했다. 제리 시겔 Jerry Siegel 과 조 슈스
터 Joe Shuster 의 기념비적인 창조물은 전국의 독자들을 열
광시키며 디텍티브 코믹스 Inc. Detective Comics, Inc. 에 최초
의 진정한 성공을 안겨주었다. 〈액션 코믹스〉의 판매
량은 그 출판사에서 나오는 다른 만화책들을 한참 능
가했다. 첫 번째 호는 인쇄된 200,000부가 모두 팔렸
으며, 편집자 빈 설리번 Vin Sullivan 은 비슷한 캐릭터들을
자신이 담당한 다른 잡지들에 추가함으로써 그 성공
을 재현하고자 했다. 만화 역사의 골든 에이지가 시작
된 것이다.

설리번은 특히 《디텍티브 코믹스》 지면에 변장
한 범죄 투사 만화를 추가하면 이익을 얻을 수 있다는
것을 감지했다. 그리하여 1939년 초, 설리번은 약 7개
월간 디텍티브 코믹스 Inc.와 같은 계열사인 내셔널 얼
라이드 퍼블리케이션스 National Allied Publications 에서 일했던
젊은 프리랜서 작화가인 밥 케인 Bob Kane 에게 자신의 구
상을 밝혔다. 케인은 당시를 회고하며 이렇게 말했다.
"저는 슬랩스틱 코미디 만화를 그리고 있었는데, 설리
번이 '슈퍼맨이라는 캐릭터를 그리는 시겔과 슈스터는
일주일에 800달러씩 벌고 있어.'라고 말했습니다. 그때
저는 일주일에 겨우 35달러에서 50달러를 벌고 있었
어요. 그 말을 듣고 저는 이렇게 말했죠. '세상에, 나도
그렇게 벌 수만 있다면!'"[1]

부와 명예의 꿈에 사로잡힌 케인은 어떻게든 히
트 만화 주인공을 만들겠다는 뜻을 품고 브롱크스의
부모님 집으로 달려갔다. 케인이 "배트-맨"이라고 칭
한 캐릭터의 초기 디자인은 1939년 5월자 《디텍티브
코믹스 27호》에서 최초로 등장하게 되는 범죄 투사와
는 별로 닮은 구석이 없었다. "케인은 빨간 일체형 내
복을 입고, 가느다란 무도회용 가면을 쓰고, 양팔에
뻣뻣한 날개를 단 사람을 그렸습니다. 상징 문양도 개
성도 없었으며 배경 이야기도 없었죠." 배트맨 역사가

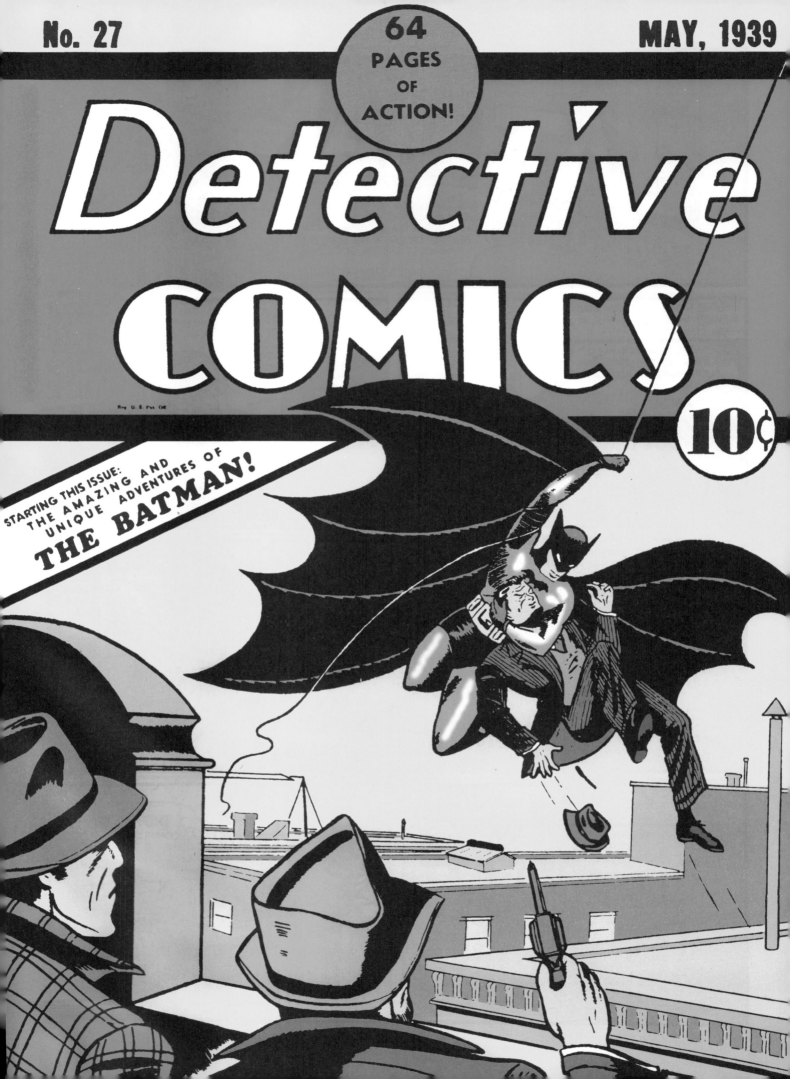

마크 타일러 노블먼^{Marc Tyler Nobleman}의 지적이다. 설리번은 젊은 작화가가 그린 배트맨 콘셉트에서 가능성을 보았지만, 아직 연재될 준비가 되어 있지 않은 것 같다고 이야기했다. 하지만 케인은 이에 굴하지 않고, 듀잇 클린턴 고등학교 동문이자 이전에 케인의 대필 작가로 모험 만화인 〈러스티와 친구들^{Rusty and His Pals}〉과 〈클립 카슨^{Clip Carson}〉을 같이 작업한 빌 핑거^{Bill Finger}에게 연락했다.

핑거는 케인 스스로 "투박한 스케치"라고 부른 그림에 대해 통찰력 있는 의견을 제시하여 오늘날 모두가 알고 있는 망토 두른 십자군의 모습으로 탈바꿈시켰다. 노블먼에 따르면 "핑거는 빨간색을 더 어두운 색으로 바꾸고, 캐릭터에 어울리도록 가면에 뾰족한 귀를 달고, 비행 시 뒤에서 날개처럼 펼쳐지게 될 끝부분을 톱날 모양 망토로 바꾸자고 제안했습니다. 그리고 케인은 핑거의 아이디어를 채택했습니다." 배트맨 캐릭터의 핵심 요소 수정이 끝나자, 케인은 내셔널 사와 《디텍티브 코믹스》의 배트맨 정기 연재 계약을 하고 핑거를 1939년 5월호에 실릴 첫 이야기의 작가로 고용했다. 케인은 해당 시리즈의 작화가이자 자신의 만화를 출판사에 판 사람으로 첫 배트맨 만화책의 유일한 작가로 인정받게 되었고, 만화에 이름이 오르지 않은 핑거에게도 보수를 지급했다.

핑거는 20세기 전반에 신문 가판대를 가득 채웠던 저질 소설들을 아주 많이 좋아하던 사람이었다. 그런 소설들에 대한 열정이 배트맨 만화에 고스란히 반영되었다. 인쇄용으로 쓰인 저질 펄프 종이 때문에 펄프 소설로 불린 그것들은 충격적이고 극적이고 때로는 선정적인 내용을 담고 있는 것으로 유명했으며 세계를 무대로 하는 모험물이나 범죄물, 공상 과학 소설 등을 포함하고 있었다. 변장한 슈퍼히어로 캐릭터들의 조상들이 펄프 소설에 등장했는데, 대표적인 예로는 탐험가이자 모험가인 닥 새비지^{Doc Savage}, 우주를 여행하는 영웅인 플래시 고든^{Flash Gordon}, 가면 쓴 검객 조로^{Zorro}, 그리고 핑거가 개인적으로 가장 좋아했던 캐릭터인 쉐도우^{the Shadow}가 있었다.

작가 월터 B. 깁슨^{Walter B. Gibson}이 만들어낸 쉐도우는 1930년대에 가장 대중적인 인기를 끈 허구의 등장인물 중 하나였으며 오늘날에는 "인간의 마음속에 어떤 악이 도사리고 있는지 누가 아는가? 쉐도우가 알지!"라는 으스스한 대사로 잘 알려진 인기 라디오 연속극에 등장했다. 신비로운 인물인 쉐도우는 검은 복장으로 신분을 숨기고, 최면을 이용해서 '인간의 정신을 흐리게 만드는' 무서운 능력을 이용해서 암흑가에 공포를 심어주었다.

"쉐도우는 초능력자가 아니었습니다. 최소한 소설에서는 그랬죠. 쉐도우는 단지 범죄를 해결하고 범죄자들의 마음에 공포를 심어주는 능력을 가진 최고의 탐정이었을 뿐입니다." 1970년대와 80년대에 배트맨 만화책 작가였던 게리 콘웨이^{Gerry Conway}는 말했다.

핑거는 케인과 합작해서 새로 만들어낸 변장한 주인공이 등장하는 최초의 여섯 페이지 만화 줄거리를 쓸 때, 자신이 좋아하는 소설 주인공에게 시선을 돌렸다. 1936년 시어도어 틴슬리^{Theodore Tinsley}가 낸 쉐도

14쪽 프레드 레이 및 제리 로빈슨 작, 1942년 3월자 《배트맨 9호》 표지 중에서.

15쪽 인서트
첫 배트맨 만화책 표지와 '화학 회사 사건' 이야기의 복각판. (밥 케인 작, 1939년 5월자 《디텍티브 코믹스 27호》)

위 배트맨 창작자인 빌 핑거(왼쪽)와 밥 케인(오른쪽).

우 줄거리인 '위험한 동료들'에서 영감을 받고 그 플롯을 채용한 것이다. "제 첫 번째 대본은 쉐도우 한 편의 줄거리를 모방한 것이었습니다." 핑거 본인의 말이다. "전 배트맨이 슈퍼맨이 되는 건 바라지 않았어요. 전 배트맨이 다칠 수 있는 주인공이 되길 바랐습니다. 배트맨의 모든 건 어디까지나 본인의 신체적 능력과 기민한 재치, 예리한 통찰력을 통해 이뤄내는 겁니다."[2]

핑거는 또한 작가 깁슨이 쉐도우에게 부여한 여러 개의 비밀 신분과 같은 요소로부터 강한 영향을 받았는데 그중에는 '부유하고 젊은 한량'인 라몬트 크랜스턴Lamont Cranston이라는 신분도 포함되어 있었다. 크랜스턴이라는 신분은 오르치Orczy 남작 부인이 쓴 20세기 초의 인기 소설이었던 《스칼렛 핌퍼넬The Scarlet Pimpernel》에서 유래했을 가능성이 높다. 그 작품은 낮에는 부유한 예술 향유자였다가, 밤에는 용감하고 매력적인 영웅 검객이자 변장의 달인으로 변신하여 프랑스 혁명 중에 영국 귀족들을 단두대에서 구하는 퍼시 블레이크니 경Sir Percy Blakeney의 스릴 넘치는 모험담을 다루고 있었다.

첫 번째 배트맨 이야기 '화학 회사 사건The Case of the Chemical Syndicate'은 여러 면에서 전형적인 탐정물의 요소들을 답습하고 있으며 소재의 영감을 준 쉐도우 소설들과 유사하다. 이야기 도입부에 고든 경찰 국장은 부유하고 젊은 사교계의 명사인 브루스 웨인과 대화하던 중에 해당 지역의 화학 업체 거물인 램버트가 살해당했다는 경찰 본부의 전화를 받는다. 고든과 브루스는 범죄 현장을 방문하여 유력한 용의자인 램버트의 아들을 직접 만난다.

그런데 아버지 램버트의 다른 사업 동료도 살해당하고, 정체불명의 배트맨은 수사를 통해 진범이 램버트에게 불만을 품은 알프레드 스트라이커라는 결정

적 증거를 찾아낸다. 스트라이커는 마지막 남은 사업상 라이벌인 폴 로저스를 죽이려 하고 있었다. 배트맨은 독가스를 마시고 죽을 뻔한 로저스를 구하고 스트라이커에게 주먹을 날려 염산 통 속으로 떨어뜨린다. 배트맨은 "저런 부류의 인간한테 어울리는 결말이군."이라는 냉정한 말을 던지고 처음 나타났을 때처럼 신비롭게 범죄 현장을 벗어난다.

다음 날, 고든 국장은 정신이 딴 데 팔린 듯 심드렁한 브루스에게 사건 이야기를 해준다. 그리고 그가 지루한 삶을 살고 있으며 만사에 관심이 없는 것처럼 보인다며 딱하게 여긴다. 하지만 젊은 사교계의 명사가 웨인 저택으로 돌아가는 다음 장면을 보고 나면

위 창작에 직접적인 영감을 준 '쉐도우'와 마찬가지로 배트맨은 악당들의 마음에 공포를 불러일으킨다. (밥 케인 작. 1939년 5월자 《디텍티브 코믹스 27호》 중에서)

첫 번째 배트맨 이야기는 여러 면에서 전형적인 탐정물의 요소들을 답습하고 있다.

우리는 국장의 생각이 진실과 거리가 한참 멀다는 사실을 알게 된다. 브루스 웨인이 배트맨인 것이다.

훗날 배트맨을 규정하게 되는 많은 상징적인 요소들은 '화학 회사 사건' 편에서 자리 잡은 것이다. 눈에 띄는 노란색 유틸리티 벨트Utility Belt와 가슴의 간략화된 박쥐 상징이 추가되면서 우리에게 친숙한 복장이 완성되었고, 사교계의 명사라는 또 다른 신분과 어

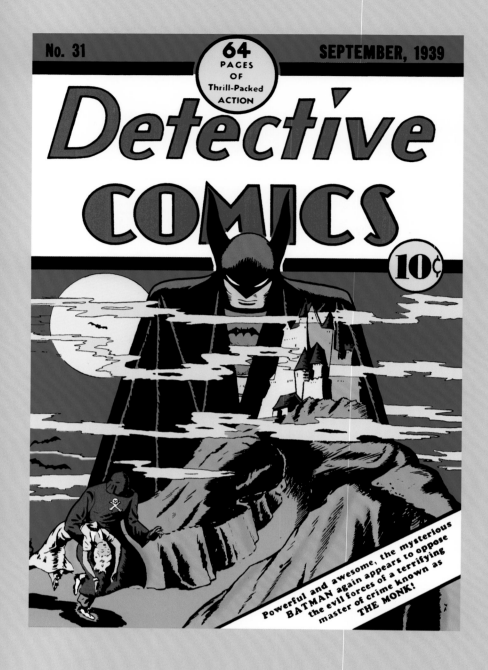

위 배트맨의 형상이
불길한 분위기의 성채를
굽어보고 있다. 성의
주인인 수도승은 어둠의
기사와 싸운 최초의
변장한 악당이었다. (밥
케인 작, 1939년 9월자
《디텍티브 코믹스 31호》 표지)

맞은편 빌 핑거는
배트맨이 처음 등장한 지
6개월 만에 이 상징적인
장면에서 배트맨의 기원을
밝혔다. (밥 케인 작, 1939년
11월자 《디텍티브 코믹스
33호》 표지)

인 엘스워스Ellsworth는 핑거를 배트맨에서 손을 떼게 만들고는 갓 대학을 졸업한 변호사에게 신규 캐릭터의 줄거리를 써달라고 요청했다. 폭스는 완전히 새로운 접근 방향으로 몇 편의 이야기를 썼다."[3] 폭스가 쓴 어두운 고딕풍의 이야기에서는 브루스 웨인의 약혼자인 줄리 매디슨Julie Madison이 처음 소개되며, 후드를 쓴 채 최면술을 쓰고 기괴한 괴물을 부리는 수수께끼의 수도승과 브루스가 싸운다.

폭스의 대본은 초자연적인 요소를 도입하면서도, 핑거가 쓴 첫 번째 배트맨 이야기에서 구축한 분위기를 그대로 유지했다. 폭스와 케인은 배트맨을 말수가 거의 없고 절대 웃지 않는 어둡고 건조한 복수자로 묘사했다. 또한 이 초기 작품은 박쥐라는 주제를 차용한 범죄와의 전쟁용 장비들인 배트맨의 유틸리티 벨트나 배트자이로Batgyro라고 이름 붙인 비행 수단, 부메랑처럼 생긴 투척 무기인 배트랭(Batarang, 첫 등장 때는 'Baterang'으로 언급)이 처음으로 등장한 작품이기도 하다. 하지만 배트맨 초기 작품에 등장하는 자동차는 다소 이상하게도 굉장히 평범한 승용차였다.

당시의 배트맨은 훗날 배트맨을 정의하는 특징 중 하나가 되는 엄격한 도덕률을 지키지 않았다. 초기 묘사에서 배트맨은 인간의 생명보다 정의와 때로는 복수를 더 중시했다. 《디텍티브 코믹스 32호》에 실린 '배트맨 대 흡혈귀' 하편의 결말부에서 배트맨은 초자연적인 적수를 처리하기 위해 영구적인 해법을 선택한다. 은탄환으로 무장하고 수도사의 성을 찾아가 "너희는 다시는 인간들을 해치지 못할 것이다!"라고 일갈하며 악당과 그의 추종자들을 죽인다. 살인은 당시 펄프 소설에서는 흔한 것이었고 만화 속 영웅들의 도덕관념도 종종 그 추세를 따르곤 했다.

빌 핑거는 몇 개월 뒤에 중심 작가로 복귀했고, 《디텍티브 코믹스 33호》에서 배트맨의 기원담을 풀어냈다. '배트맨, 그가 배트맨이 된 사연'이라는 부제가 붙은 두 쪽짜리 부록에서 15년 전 브루스 웨인이 어린 아이였던 때에 부모님이 눈앞에서 살해당했다는 이야기가 공개된다. 살인자는 도망치고, 브루스는 엄숙하게 맹세한다. "평생 동안 모든 범죄자와 싸우며 돌아가신 부모님을 위해 복수하겠다고, 부모님의 영혼에 맹세하겠습니다." 우리는 브루스가 최고 수준으로 육체를 단련하고 동시에 과학과 범죄 수사 기술을 갈고 닦았음을 알게 된다. 브루스는 아버지에게 물려받은 재산을 가지고 범죄와의 싸움에 전념하려고 한다. 그에게는 자신의 이중생활을 감춰줄 가면이 필요했다. 브루스가 깊은 생각에 잠겨 있을 때, 박쥐 한 마리가 서재 창문을 깨고 날아 들어오고 새로운 운명이 정해진다. 그리하여 이 괴이한 어둠의 형체가 탄생하니 그가 바로 악의 응징자, 배트맨이다.

"제가 봤을 때, 배트맨의 성공 비밀은 빌 핑거의 기원담입니다." 《다크 나이트 이야기: 배트맨의 첫 50

둠 속에서 활동하고 범죄자의 공포를 이용하는 것을 선호하는 점처럼 말이다. 하지만 이 배트맨은 이후의 묘사보다 더 어둡다. 냉혹하고 결의에 찬 모습의 배트맨은 비록 고의는 아니지만 끔찍한 최후를 맞은 적에 대해 초연한 태도를 보인다.

첫 번째 배트맨 모험담은 즉시 독자들에게 큰 반향을 일으켰고, 핑거와 케인의 가면 쓴 복수자가 등장하기 전까지 평범한 판매량을 유지했던 《디텍티브 코믹스》는 하룻밤 만에 내셔널 사에서 가장 잘 팔리는 책들 중 하나가 되었다. 배트맨은 순식간에 1939년 최고의 만화책 신인 주인공이 되었다.

《디텍티브 코믹스 28호》를 통해 '신비롭고 용감한 인물'이 일군의 보석 도둑들을 체포하는 두 번째 배트맨 이야기를 다룬 뒤, 핑거는 가드너 폭스Gardner Fox라는 작가로 대체되었다. 업계의 유명 만화가인 짐 스테랑코Jim Steranko는 자신의 책 《스테랑코의 만화 역사The Steranko History of Comics》 1권에서 이렇게 설명한다. "편집자

THE BOY'S EYES ARE WIDE WITH TERROR AND SHOCK AS THE HORRIBLE SCENE IS SPREAD BEFORE HIM.

FATHER.. MOTHER!

...DEAD! THEY'RE D..DEAD.

DAYS LATER, A CURIOUS AND STRANGE SCENE TAKES PLACE.

AND I SWEAR BY THE SPIRITS OF MY PARENTS TO AVENGE THEIR DEATHS BY SPENDING THE REST OF MY LIFE WARRING ON ALL CRIMINALS.

AS THE YEARS PASS, BRUCE WAYNE PREPARES HIMSELF FOR HIS CAREER. HE BECOMES A MASTER SCIENTIST.

TRAINS HIS BODY TO PHYSICAL PERFECTION UNTIL HE IS ABLE TO PERFORM AMAZING ATHLETIC FEATS.

DAD'S ESTATE LEFT ME WEALTHY. I AM READY.. BUT FIRST I MUST HAVE A DISGUISE.

CRIMINALS ARE A SUPERSTITIOUS COWARDLY LOT. SO MY DISGUISE MUST BE ABLE TO STRIKE TERROR INTO THEIR HEARTS. I MUST BE A CREATURE OF THE NIGHT, BLACK, TERRIBLE.. A . A...

-AS IF IN ANSWER, A HUGE BAT FLIES IN THE OPEN WINDOW!

A BAT! THAT'S IT! IT'S AN OMEN. I SHALL BECOME A BAT!

AND THUS IS BORN THIS WEIRD FIGURE OF THE DARK.. THIS AVENGER OF EVIL, 'THE BATMAN'

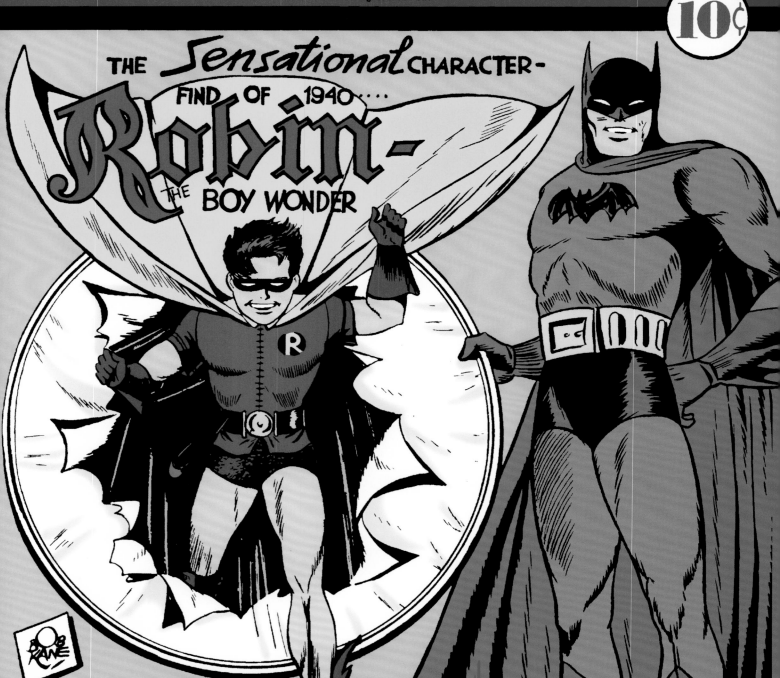

년Tales of the Dark Knight: Batman's First Fifty Years》의 저자인 마크 코타 바즈Mark Cotta Vaz가 한 말이다. "그건 미래 세대들이 자유로이 보물 사냥을 할 수 있게끔 땅에 놓인 하나의 아름답고 심리학적인 금덩이였습니다. 열 살짜리 브루스 웨인이 보는 앞에서 부모님이 살해당하고, 끔찍한 살인 사건에 대한 복수를 위해서 브루스는 인생의 진로를 바꾸죠. 그게 바로 빌 핑거의 천재성이 드러난 부분입니다. 배트맨이라는 캐릭터는 정말로 우울한 존재였습니다. 배트맨과 함께 독자는 더 어두운 세상으로 들어가게 되는 거죠."

이러한 초기 이야기들은 가장 어두운 배트맨 이야기에 속한다고 할 수 있다. "페이지마다 검은 잉크가 얼마나 많은지 볼 때마다 놀랍습니다." 초기 배트맨 이야기를 차용해서 2006년 작인 《배트맨과 몬스터맨들Batman and the Monster Men》과 그 속편인 《배트맨과 미친 수도승Batman and the Mad Monk》 미니시리즈를 그린 만화가 맷 와그너Matt Wagner는 이렇게 표현했다. "재미와 더불어 무서운 내용이 담겨 있죠. 다른 작품들보다 너무나 어두워요. 아직 슈퍼히어로 만화의 모든 공식들이 제대로 창안되지 않았던 시점이기 때문이지요. 그때까지는 펄프 소설 시대였습니다. 공포 요소, 어둡고 폭력적인 요소가 많이 존재했죠."

《디텍티브 코믹스》의 첫 만화가 나오고 몇 개월이 지난 뒤, 케인은 만화 제작상의 도움을 줄 사람을 구했다. 케인은 고등학교를 갓 졸업한 제리 로빈슨Jerry Robinson을 작화가로 고용했다. 로빈슨은 케인과 마찬가지로 당대 신문 만화를 지배했던 밀턴 카니프Milton Caniff의 모험 만화 〈테리와 해적들Terry and the Pirates〉의 열렬한 팬이었고 그의 포트폴리오에는 예리한 디자인 감각과 신문 만화 기법이 들어가 있었다.

로빈슨은 식자가와 배경 잉크 담당자로 일을 하며 케인이 캐릭터 작업에 몰두할 수 있게 했다. "아버지는 케인의 연필 밑그림이 개략적이라 종종 당신께서 직접 다시 그릴 기회가 생겼던 걸 좋아하셨죠." 제리의 아들인 젠스 로빈슨Jens Robinson은 회상했다. "결국은 아버지가 작품과 표지들의 밑그림부터 잉크 작업까지 전부 맡게 되셨죠." 만화는 로빈슨의 펜대 아래 성공을 이어갔고, 내셔널 사는 《디텍티브 코믹스》의 성공을 활용해 《배트맨》 단독 시리즈를 새로 출범시키기로 결정했다. 이는 1940년 봄에 신문 가판대에 오르게 될 예정이었다. 두 번째 시리즈가 나오기 직전에 케인과 핑거는 배트맨 세계관에 새로운 등장인물을 추가하기로 결정했다. 놀라운 소년 머큐리The Boy Wonder, Mercury였다.

핑거와 케인은 셜록 홈즈인 배트맨에게 왓슨이자 범죄 투사 동료를 붙여줌으로써 만화에 새롭고 흥미로운 역동성이 더해지길 바랐다.

"아버지가 기여한 점은 아버지께서 어렸을 때 좋아했던 이야기인 로빈 후드를 본 따 복장을 만들고,

핑거와 케인은 배트맨에게 범죄 투사 동료를 붙여줌으로써 만화에 새롭고 흥미로운 역동성이 더해지길 바랐다.

머큐리 대신 로빈이라는 이름을 제안하신 점이었습니다. 아버지는 어렸을 때 가장 좋아하셨던 〈로빈 후드의 모험The Adventures of Robin Hood〉에 나오는 N. C. 와이어스N. C. Wyeth의 삽화에 많은 영향을 받았다고 말씀하시곤 했습니다." 젠스 로빈슨의 말이다.

그리하여 배트맨이 첫 선을 보인 지 1년도 채 되지 않은 시점에 독자들은 《디텍티브 코믹스 38호》에서 '1940년 돌풍을 일으킬 새 캐릭터인 놀라운 소년 로빈!'을 접하게 되었다. 이 편에서 브루스 웨인은 저녁에 서커스장에서 플라잉 그레이슨즈Flying Graysons로 불리는 존, 메리, 그리고 그들의 어린 아들 딕으로 구성된 공중 곡예사 가족의 공연을 관람한다. 하지만 그날 저녁, 존과 메리가 관객들 앞에서 낙사하면서 상황은 비극적인 방향으로 흘러간다. 딕은 누군가의 범행이라 의심하고, 같은 생각을 가진 배트맨은 그 소년을 도시

맞은편 고딕 문자를 좋아했던 제리 로빈슨의 취향이 놀라운 소년, 로빈의 원래 로고에 반영되었다. (밥 케인 및 제리 로빈슨 작, 1940년 4월자 《디텍티브 코믹스 38호》 표지)

위 로빈은 어린 독자들에게 즉시 인기를 끌었고 1940년에 처음 등장한 이래로 골든 에이지의 거의 모든 배트맨 만화에 출연했다. (밥 케인 및 제리 로빈슨 작, 1940년 4월자 《디텍티브 코믹스 38호》 중에서)

의 부패한 경찰에게 맡기는 대신 함께 현장을 떠난다. 소년에게서 폭력 사건으로 부모님을 잃은 자신의 모습을 본 브루스 웨인은 소년을 입양하고 함께하며 범죄와 싸우는 동료로 훈련시킨다.

플라잉 그레이슨즈의 일원으로서 체득한 재주를 바탕으로 딕은 배트맨 밑에서 훈련받는다. 딕 그레이슨은 경이로운 아이로 성장하게 되고 그가 바로 현대판 어린 로빈 후드인 놀라운 소년 로빈이다. 첫 공동 임무에서 배트맨과 로빈, 이 다이나믹 듀오^{Dynamic Duo}는 존과 메리를 죽인 살인자를 정의의 심판대에 세우고,

딕은 배트맨의 곁에서 범죄와의 전쟁을 계속하겠다고 맹세한다.

로빈의 등장은 시리즈의 중요한 분기점이 되었다. 배트맨 작품의 분위기는 캐릭터 자체와 함께 즉시 변화했다. 배트맨의 짧은 역사 속에서 처음으로 배트맨은 미소를 지었고, 이전의 모습과 대조적으로 농담을 던지거나 시간을 들여 사이드킥에게 범죄와 싸우는 방법과 추리에 대해 자세히 알려주는 등 말수가 많아졌다.

"로빈은 어린 독자들에게 다가가고 배트맨에게

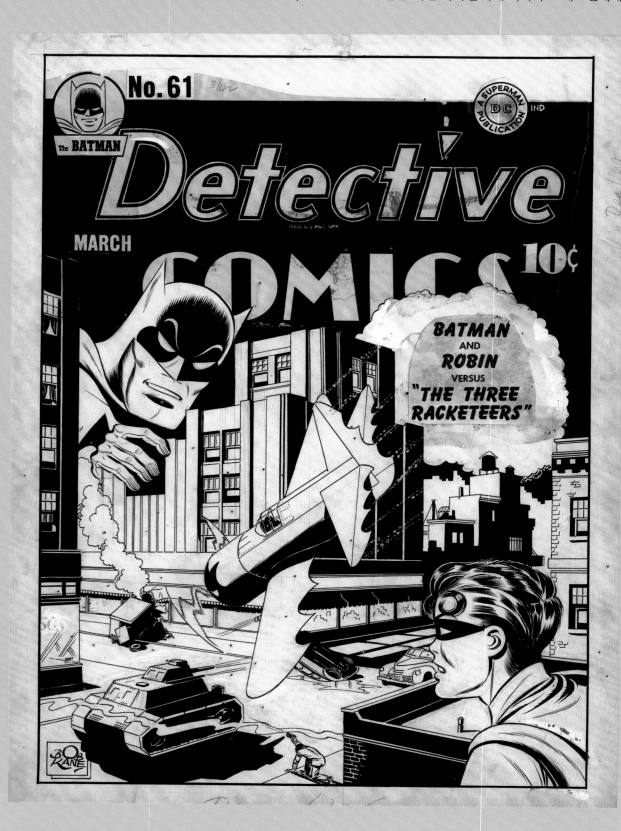

오른쪽 1942년의 이 만화 속 세 명의 협잡꾼들은 가장 교활한 범죄자들조차도 배트맨의 지능에는 상대가 되지 않는다는 사실을 알게 된다. 해당 이슈의 표지 원본은 현존하는 가장 오래된 배트맨 원본 그림이기도 하다. (밥 케인, 제리 로빈슨, 조지 루소스 작, 1942년 3월자 《디텍티브 코믹스 61호》 표지)

말 상대를 주기 위해서 추가됐습니다." 골든 에이지 역사가이자 작가인 빌 셸리Bill Schelly가 한 말이다. "만화 책에 지대한 영향을 준 펄프 소설들 속에서 사이드킥 들은 대개 성인이었습니다. 로빈의 본명 딕은 인기 소설 등장인물인 딕 메리웰Dick Merriwell에서 따왔지만 메리 웰은 사이드킥이 아니었어요. 로빈 이전까지 사이드킥 인 아이가 존재했는지는 저도 모르겠습니다."

아이즈너상 수상자 만화가이자 2003년 높은 평 가를 받은 배트맨 작품 '어터리즘Auteurism'을 그린 로저 랭그리지Roger Langridge는 놀라운 소년의 등장과 함께 배 트맨이라는 만화가 진정한 자신의 목소리를 찾은 것처 럼 느껴진다고 한다. "배트맨은 한 아이의 복수 판타

지죠. 로빈을 곁에 둠으로써 배트맨은 성인이 됩니다. 어른이 되도록 강제되는 거죠. 돌보고 신경 써야 할 아이가 있기 때문에 책임감 있고 냉정한 인물이 될 수 밖에 없는 겁니다."

"로빈의 부모가 살해당했다는 점은 로빈에게 배 트맨과 같은 동기가 있다는 것을 의미합니다." 코타 바 즈는 지적한다. "그게 핵심이죠. 로빈은 배트맨을 동지 로 여기고 어떤 면에서는 배트맨을 스승으로 여깁니 다. 이는 둘이 부자 관계로 보여지고, 주요 독자인 아 이들이 스스로와 연관 지을 수 있는 부분입니다."

《디텍티브 코믹스》에서 데뷔한 직후, 로빈은 1940년 봄《배트맨 1호Batman #1》의 출간과 함께 공동

위 '웃음 짓는 용감한 소년' 로빈은 세상을 바라보는 배트맨의 시각에 긍정적인 영향을 주었다. (밥 케인 및 제리 로빈슨 작. 1940년 봄에 나온《배트맨 1호》표지 중에서)

주연의 자리에 올라섰다. 64쪽 분량의 배트맨 단독 만화는 분기별로 발행되었고 50만 부 가량이 인쇄되었다. 원조 배트맨의 팬들은 로빈의 등장 이전에 쓰여진 것으로 짐작되는 어두운 이야기인 '휴고 스트레인지 박사와 돌연변이 괴물들Dr. Hugo Strange and the Mutant Monsters'에서 외로운 배트맨의 모습을 마지막으로 접하게 되었다. 해당 이야기는 미치광이 과학자 휴고 스트레인지가 교도소에서 탈출해서 고담시(브루스 웨인의 고향은 1940년 12월에 《배트맨 4호》에서 처음 이름을 얻게 됐다)를 공포에 빠트리기 위해 정신 이상 범죄자들을 모집하는 것으로 시작한다. 스트레인지는 몇몇 재소자들을 돌연변이 괴물로 변이시키고, 배트맨은 괴물로 변한 재소자 중 하나를 올가미로 목을 매달고, 다른 하나는 배트플레인Batplane에 장착된 기관총으로 처리하는 등 양심의 가책을 보이지 않고 치명적인 수단을 동원한다.

로빈 등장 이전 시대의 이 마지막 이야기는 배트맨의 살상용 무기 사용에 마침표를 찍었다. 이제 아버지 상이 된 망토 두른 십자군은 이후의 작품들에서 영웅적인 도덕률을 준수하게 되었다. 배트맨의 장비에서 전통적인 화약 무기들이 사라지고 배트랭과 같은 비기가 주로 쓰이게 되었다. "DC는 초창기부터 도덕 지침을 정립했습니다. 편집자 위트 엘스워스가 배트맨의 총기 사용에 대해 제동을 건 인물이었다고 봅니다. 《배트맨 1호》는 배트맨에게 배트플레인과 기관총을 주고 괴물을 처리하게 했지만 그 모든 게 곧 사라졌습니다. 아무래도 로빈이 추가되면서부터 그런 행동이

문제가 되기 시작했던 것 같습니다." 코타 바즈는 지적한다.

배트맨의 초기 적수 대부분은 평범한 불량배들과 갱단들, 그리고 단 한 번 등장했다가 죽음을 맞이하는 초자연적인 악당들이었다. 어쩌면 체스터 굴드가 그린 당시 최고의 인기 신문 만화였던 평범한 차림의 탐정이 최첨단의 범죄자 사냥 기술을 동원하여 다채롭고 기괴한 거물 악당들과 싸우는 내용을 담은 《딕 트레이시Dick Tracy》의 영향을 받았는지도 모른다. 《배트맨 1호》에는 로그스 갤러리Rogues Gallery로 부르게 될 배트맨의 주요 악당 출연진에 속하는 두 인물이 소개되었다.

그중 하나는 배트맨 최고의 숙적이자 모든 창작물을 통틀어 가장 기억에 남을 만한 악당인 조커다. 사악한 범죄자 조커는 첫 등장에서 부유한 기업가를 협박하는 라디오 방송을 내보내며 고담시를 충격에 빠트린다. "오늘 밤, 열두 시 정각에 나는 헨리 클라리지를 죽이고 클라리지 다이아몬드를 훔칠 것이다! 날 막으려 들지 마라! 이상 조커의 말이었다!"

킬킬대는 이 사이코패스는 계획을 실행에 옮기고 몇 차례의 위협을 더 가하며 희생자들의 얼굴에 자신처럼 악몽에 나올 법한 끔찍한 미소를 남기는 치명적인 화학 혼합물인 조커 독을 묻힌다. 이 편에서 처음으로 '어둠의 기사'로 언급되는 배트맨과 로빈은 조커를 붙잡는 데 성공하지만, 악마 같은 살인자는 감옥을 탈출해 우리의 영웅들을 다시 한 번 위협한다. 이 악당은 배트맨을 거의 이길 뻔하지만 실수로 자기 몸을

아래 열렬한 카드놀이꾼이었던 제리 로빈슨은 자신의 취미 생활을 반영해 배트맨의 오랜 숙적인 조커를 만들었다. (밥 케인 및 제리 로빈슨 작, 1940년 봄에 나온 《배트맨 1호》 중에서)

배경 1940년에 제리 로빈슨이 그린 조커의 원래 콘셉트 스케치.

맞은편 제리 로빈슨의 상상력 풍부한 표지들 덕분에 《배트맨》과 《디텍티브 코믹스》는 40년대 초 신문 가판대에서 가장 눈에 띄는 만화들이 되었다. (제리 로빈슨 작, 1942년 11월자 《디텍티브 코믹스 69호》 표지)

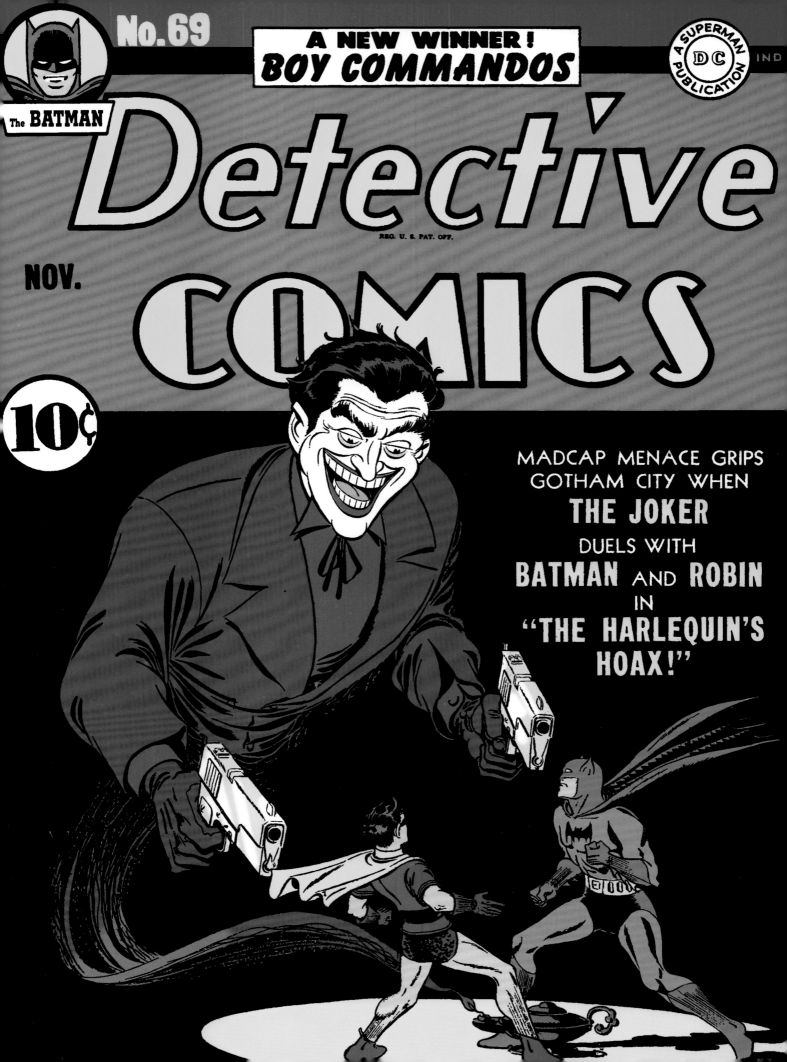

위 국제 범죄자이자 보석
도둑인 "캣"이 어둠의
기사를 유혹하려 하지만
그의 정의에 대한
신념에는 흔들림이 없다.
(밥 케인 및 제리 로빈슨 작,
1940년 봄에 나온 《배트맨
1호》 중에서)

찌르면서 실패한다. 하지만 이후의 수많은 작품들과 마찬가지로 조커는 죽음을 피하고, 배트맨은 조커와 조만간 다시 부딪히게 될 것임을 깨닫는다.

"아버지는 배트맨에게 진정으로 맞설 수 있는 강한 악당을 원하셨죠. 송사리 악당들과 갱단을 넘어서는 누군가를요." 젠스 로빈슨은 회상한다. "아버지는 강할 뿐만 아니라 유머 감각까지 가진 악당이라는 개념에 매료되셨죠. 아버지는 조커 트럼프 카드를 떠올리고 오늘날 우리가 알고 있는 조커의 기괴한 핵심 요소인 찢어진 입꼬리와 하얀 얼굴을 시각화하셨어요. 그리고 핵심 콘셉트를 담은 스케치를 빌과 밥에게 전달하셨고, 곧 함께 캐릭터를 개발해 나갔죠." 핑거에 따르면, 1928년 영화 〈웃는 남자The Man Who Laughs〉에서 얼굴이 망가진 비극적인 인물인 그윈플렌Gwynplaine을 연기한 독일 배우 콘라드 베이트Conrad Veidt의 모습도 조커의 초기 모습에 영향을 미쳤다고 한다.

또한 《배트맨 1호》는 배트맨의 또 다른 적수로 만화책 역사상 가장 오래 이어져 온 여성 캐릭터 중 하나인 일명 캣우먼Catwoman, 셀리나 카일Selina Kyle을 독자에게 소개했다. 첫 등장에서 셀리나는 상류층의 선상 연회에서 보석 강도를 계획하지만 배트맨과 로빈이 그녀의 계획을 막아낸다. 배트맨은 노파로 변장한 가면 밑에 숨어 있던 일명 캣으로만 알려진 젊고 아름다운 여성의 얼굴을 보고 깜짝 놀란다. 배트맨에게 붙잡힌 캣은 장난스럽게 수작을 건 끝에 배트맨의 마지막 '실수'로 풀려나면서 향후 계속되는 고양이와 쥐 분위기의 관계를 정립한다. 할리우드 미인 배우 헤디 라마르Hedy Lamarr의 외모와 행동을 바탕으로 만들어진 매혹적인 셀리나 카일은 배트맨을 바른 길에서 벗어나도록 유혹하는 최초의 팜 파탈이었으나, 캣우먼이 그런 콘셉트를 가진 마지막 캐릭터는 아니었다.

"캣우먼은 배트맨에 대한 유혹의 상징이죠." 배트맨 역사가이자 작가인 매튜 K. 매닝Matthew K. Manning은 이렇게 말한다. "배트맨은 선한 편에 남아서 범죄와 싸울 수도 있지만, 캣우먼에게 홀려서 편한 길을 택하고 캣우먼과 함께 암흑가의 지배자가 될 수도 있죠. 캣우먼이 단순히 만화에 등장하는 것만으로 배트맨의 도덕적 신념이 얼마나 강한지 보여주는 역할을 합니다."

배트맨 계간지의 성공은 케인의 작업실이 매년 150장 이상의 만화를 제작할 필요가 있음을 의미했다. 1940년 봄에 케인은 더 많은 배트맨 만화를 찾는 대중의 요구에 부합하기 위해 배경과 잉크, 식자 작업을 도와줄 작화가로 조지 루소스George Roussos를 고용했다.

대중의 요구는 밥 케인의 스튜디오가 무기고를 추가하는 등 배트맨의 세계를 계속 확장해가며 끝없

HE SPEEDS HIS CAR FOWARD TO AN UNKNOWN DESTINATION

> # "배트모빌은 미국 자동차 문화의 상징이자,
> # 강박 관념에 사로잡힌 범죄 투사의 강철 분신입니다."

는 혁신을 이끌어내도록 만들었다. 1941년 2월에 배트맨은 기존의 승용차 대신 최첨단의 배트모빌Batmobile을 타기 시작했다. "초기 묘사에 따르면 배트모빌은 바람 같은 기동성에 총알만큼 빨랐죠." 코타 바즈는 이렇게 덧붙인다. "세상을 구하려고 배트모빌이 나타나면 기병대와 해병대가 한꺼번에 나타난 듯한 인상을 주죠. 배트모빌은 미국 자동차 문화의 상징이자, 강박 관념에 사로잡힌 범죄 투사의 강철 분신입니다."[4]

세 번째 배트맨 정기 연재물은 1941년 봄에 시작되었는데, 당시 주력 타이틀에 대한 존경의 표시로 DC 코믹스라는 브랜드로 이름을 바꾼 내셔널 사는 최고의 스타 캐릭터 두 명을 하나의 시리즈인 《월드 베스트 코믹스World's Best Comics》에 담았다. 이는 1939년과 1940년에 뉴욕 박람회용으로 출간된 DC의 《월드 페어 코믹스DC's World's Fair Comics》를 뒤잇는 시리즈였다. 해당 만화는 2호부터 《월드 파이니스트 코믹스World's Finest Comics》로 개명되었고 새로운 배트맨과 로빈 이야기와 새로운 슈퍼맨 이야기를 실었다. 등장인물 세 명이 모두가 표지에 나왔지만, 배트맨과 슈퍼맨은 《월드 파이니스트 코믹스》에서는 만나지 않았다.

새로운 잡지는 케인, 핑거, 로빈슨에게 새로운 이야기와 적들을 소개하여 배트맨의 세계를 더욱 확장할 기회를 제공했는데, 1941년 9월에 《월드 파이니스트 코믹스 3호》에 등장한 사악한 스케어크로우The Scarecrow가 그중 하나였다. 자칭 공포의 대가인 스케어크로우는 배트맨에게 정신적인 도전을 선사했다. 스케어크로우는 강의실에서 공포의 특성에 대해 설명하기 위해 권총을 쏘는 등의 극단적인 교수법으로 인한 논란으로 해임되어 복수를 맹세하고 도시를 공포에 빠트리는 대학 교수 조너선 크레인Jonathan Crane의 사악한 모습이다.

스케어크로우는 공포를 일으키기 위해서 자신의 무시무시한 모습을 이용하는 악당이다. "스케어크로우의 이야기들은 어두웠고, 편집증과 필름 느와르의 요소로 채워져 있었죠." 배트맨-스케어크로우 대결이 나오는 고전 여러 편을 그린 배트맨 만화가 켈리 존스Kelley Jones가 한 말이다. "공포 관련 캐릭터들은 배트맨이 활동하는 고담시의 범위를 넓혀주고 로그스 갤러리의 깊이를 보여주죠."

두 달 뒤, 《디텍티브 코믹스》에 새로운 악당이

왼쪽 위 조너선 크레인의 공포 가득한 데뷔작은 '인간 허수아비의 수수께끼'였다. (밥 케인, 제리 로빈슨, 조지 루소스 작, 1941년 가을에 나온 《월드 파이니스트 3호》 중에서)
오른쪽 위 자경단 활동을 처음 시작했을 무렵의 배트맨은 평범한 승용차를 몰았다. (밥 케인 작, 1939년 5월자 《디텍티브 코믹스 27호》 중에서)

들어왔다. 오스왈드 체스터필드 코블팟Oswald Chesterfield Cobblepot이라는 이름으로도 알려진 펭귄the Penguin은 우스꽝스러운 겉모습 속에 범죄자의 성격을 숨기고 있는 교양 있는 신사다. 뾰족한 코에 땅딸막하고 둔중한 외모를 가졌으며 외알 안경과 탑 햇, 연미복 차림에 항상 우산을 지니고 다니는 이 독특한 지능범은 망토 두른 십자군과 두뇌 대결을 할 수 있는 몇 안 되는 배트맨의 로그스 갤러리 구성원 중 한 명이다. 배트맨과 로빈은 곧 펭귄의 사악한 품성과 화염 방사기와 기관총 같은 치명적인 무기, 그리고 개인용 비행 장비로 쓰이는 그의 우산들을 절대 과소평가하면 안 된다는 교훈을 배우게 된다. "펭귄의 비호감적인 외양이 오히려 펭귄을 매력적으로 만들어준다고 생각합니다." DC 코믹스 역사가인 피터 샌더슨Peter Sanderson의 표현이다. "펭귄은 배트맨이 보통 싸우는 악당들의 모습과는 차이가 있죠. 그의 정장이나 탑 햇과 외알 안경, 그리고 엄격한 예절은 펭귄을 보통의 악당들보다 더 세련되게 만들어줍니다. 또한 비대하고 펭귄을 닮은 외형은 유머러스한 측면을 더해주죠. 나중에는 '범죄 귀족'으로 자칭하게 되는데 그야말로 적합한 표현이었습니다."

같은 달인 1941년 12월에 미국은 진주만 습격의 결과로 제2차 세계 대전에 참전하게 되었다. 미국은 애국심의 물결에 휩쓸렸다. 수많은 젊은이들이 군대에 자원했고, 이어서 또 다른 젊은이들이 징병 대상이 되었다. 식량, 연료, 그리고 의복과 같은 필수품이 배급제로 전환되고 여성들은 군수 공장의 인력으로 투입되기 시작하면서 미국의 일상은 급변했다. 온 나라가 군대를 지원하기 위해 총력을 기울였다.

대중오락은 험난한 시기에 탈출구로 환영받았으며 미군 장병들과 걱정에 사로잡힌 가족들 모두가 향유했다. 장병들은 제2차 세계 대전 중에 만화책 구독자의 폭발적인 증가를 가져왔고 배트맨의 가장 큰 팬층을 형성했다. "전쟁이 만화의 대중 매체로서의 지위를 확고하게 만들어준 셈이죠." 만화책 역사가인 빌 셸리의 표현이다. "만화책은 전 세계의 우편 교환소에 등장했고 오락거리를 찾던 수백만의 병사들에게 읽혔습니다."

배트맨은 표지에서 전쟁 채권을 홍보하고, 본편에서는 애국적인 임무를 수행하는 역할을 맡았다. 배트맨과 로빈이 본토에서 미국의 적들과 싸우기 시작하면서 새로운 종류의 범죄자들과 외국 간첩들이 배트맨의 세계에 등장했다. 일본 공작원들, 나치스, 그리고 미국인 반역자들은 미군은 물론 《배트맨 4호》부터 다이나믹 듀오로 불리기 시작한 배트맨과 로빈까지 상대해야 했다.

1940년대 초, 배트맨만 국가의 전쟁 수행을 위해 봉사하고 있던 것은 아니었다. 해외의 추축국에 맞서 미국에 애국심을 높이는 DC 슈퍼히어로들이 홍수처럼 몰려들며 신문 가판대의 배트맨과 슈퍼맨에게 합

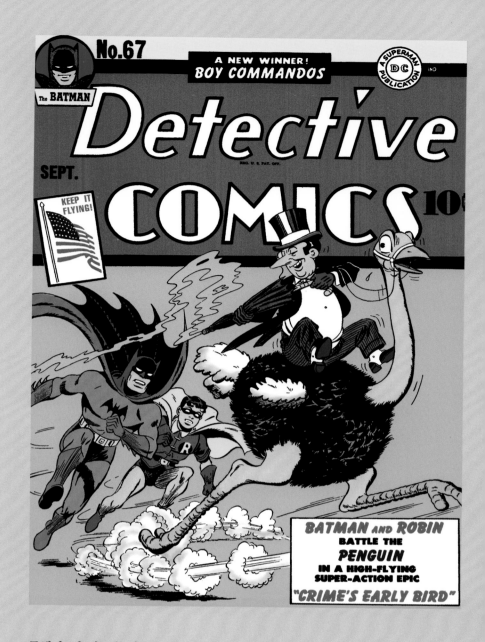

BATMAN AND ROBIN BATTLE THE PENGUIN IN A HIGH-FLYING SUPER-ACTION EPIC "CRIME'S EARLY BIRD"

류했다. 이 새로운 영웅물의 물결 속에는 원더우먼Wonder Woman, 그린 랜턴Green Lantern, 플래시the Flash, 그리고 최초의 슈퍼히어로 팀이자 배트맨을 명예 임시직 회원으로 받아들인 저스티스 소사이어티 오브 아메리카Justice Society of America가 포함되어 있었다.

세상이 혼돈에 빠지면서 배트맨은 법과 질서의 편에 더욱 굳건하게 자리 잡았다. 배트맨은 1941년의 《배트맨 7호》에서 고든 국장에게 국장 대리로 임명되었고, 이듬해 《디텍티브 코믹스 60호》에서 고담시 경찰국은 사법 당국이 해결하기에 너무 어렵거나 위험한 사건이 있을 때마다 밤하늘을 밝히기 위해 개조된 탐조등인 배트시그널을 사용했다. "독자들이 주로 아이들이었으니 편집자들은 배트맨이 합법적으로 활동한다는 모습을 보여줘야겠다고 생각했죠." 샌더슨의 말이다. "초창기 몇 년간의 배트맨 만화를 살펴보면 배트맨이 처음에는 살인도 불사하는 무법적인 자경단이었다가 점점 경찰과 공개적으로 협력하는 영웅이 되어가는 모습을 확인하게 됩니다."

6개월 뒤 나온 《디텍티브 코믹스 66호》에서 고담시의 법과 질서는 배트맨의 가장 비극적인 악당들 중 하나인 투페이스Two-Face가 처음 등장하면서 심각한

맞은편 표지 만화가인 프레드 레이는 골든 에이지의 배트맨과 슈퍼맨이 처음 함께 등장한 표지를 비롯해 역사에 남을 여러 표지들을 그렸다. (프레드 레이 작, 1941년 봄에 나온 《월드 베스트 코믹스 1호》 표지)

위 우스꽝스러운 외형에도 불구하고 펭귄은 자신이 배트맨의 가장 위험하고 사악한 적 중 한 명임을 거듭 증명해 보였다. (제리 로빈슨 및 조지 루소스 작, 1942년 9월자 《디텍티브 코믹스 67호》 표지)

위 다이나믹 듀오는 제2차 세계 대전 중 미국 정부를 돕기 위한 홍보 대사로 발탁되어 독자들에게 전쟁 채권을 홍보했다. (제리 로빈슨 및 조지 루소스 작, 1943년 7월자 《배트맨 17호》 표지)

위기를 맞게 된다. 잘생긴 지방 검사 하비 '아폴로' 켄트(나중에 슈퍼맨의 다른 신분인 클락 켄트와 연관되는 것을 막기 위해서 하비 덴트로 개명)는 복수심을 품은 마피아 때문에 얼굴에 상처를 입은 뒤, 사법 체계에 등을 돌리고 범죄자의 삶에 투신하게 된다. 케인에 따르면, 이 캐릭터는 선악의 이중성을 탐구하는 로버트 루이스 스티븐슨Robert Louis Stevenson의 고전 〈지킬 박사와 하이드The Strange Case of Dr. Jekyll and Mr. Hyde〉의 영향을 받았다. 예측 불허인 투페이스는 동전을 던져 성격을 택하며, 어느

날에는 영웅이 될 수도 있고 다음 날에는 악당이 될 수도 있다. "동전 한 면은 자신의 얼굴처럼 상처가 가득합니다. 그 면이 위로 나오면 투페이스는 자신의 사악한 면을 드러내고 난폭하게 약탈과 파괴를 자행하죠." 케인은 회고했다. "하지만 멀쩡한 쪽이 위로 나오면 훔친 전리품을 자선 목적으로 기부하거나 나중에는 아예 범죄 자체를 자제합니다."5

배트맨의 로그스 갤러리가 점점 커져 나가자, 배트맨에게 충성스러운 집사 알프레드 비글(Alfred Beagle, 나

중에 페니워스로 개명)을 새로운 아군으로 추가해주었다. 1943년에 나온 《배트맨 16호》의 첫 등장에서 이 비대하고 예의 바른 영국인은 웨인 저택에 찾아와 아버지의 발자취를 따라 웨인 가문에 집사로 봉사하겠다는 뜻을 밝힌다. 처음에는 도움을 사양하던 브루스와 딕이었지만 알프레드는 자신의 가치를 증명하고 배트맨과 로빈의 사건 해결을 도우며 그 과정에서 그들의 정체까지 밝혀낸다. 견실한 집사는 웨인 저택을 집으로 삼고 정의를 위한 전쟁을 돕겠다고 약속한다. "알프레드 비글은 범죄 투사 두 명의 심각한 인생에 여유를 줄 방법이었죠." 역사가 매튜 K. 매닝의 표현이다. "지극히 편리한 심복으로 출발해 배트맨의 아버지상이 되기까지 진화를 거듭해오긴 했지만, 알프레드는 기본적으로 올바른 마음씨를 가진 허당이었습니다. 배트맨과 로빈이 정신적, 육체적으로 인간의 정점에 선 인물들로 고안되었다면 알프레드는 과체중에 추리 능력은 평균 이하였고 만화에서 웃음을 주곤 했습니다. 심지어 실수로 배트맨의 정체를 흘리기까지 했으니까요!"

알프레드 비글이 등장하고 얼마 지나지 않아 배트맨을 진정한 대중문화의 상징으로 만들어줄 두 가지의 기회가 찾아왔다. 슈퍼맨 신문 만화의 대성공으로 이익을 누리고 있던 맥클루어 신문 조합McClure Newspaper Syndicate 측에서 배트맨에 대해서도 같은 계약을 제안하며 DC에 접근한 것이다. 케인은 즉시 계약을 채결하고 잭 번리Jack Burnley와 찰스 패리스Charles Paris를 고용해 신문 만화를 그리게 했다. "골든 에이지의 만화가라면 누구나 신문 만화를 그릴 기회만 있다면 원래 일자리를 내팽개쳤을 겁니다." 전 DC 발행인 폴 레비츠Paul Levitz는 지적한다. "당시 신문 만화가들은 스타 운동선수들과 같았습니다. 더 나은 급여에 더 유명했고, 창작자로서 더 많은 통제권을 쥘 수 있었죠."

케인은 만화책 제작을 핑거, 로빈슨, 루소스와 딕 스프랑의 같은 대필 작가의 손에 맡기고 새로운 길에 전념했다. "차기 밀턴 카니프가 되는 게 그의 꿈이었습니다. 상업적으로 성공적인 신문 만화를 내놓고 대필 작가들에게 넘긴 다음 수익과 인기를 거두는 것이었죠." 배트맨 역사가이자 편집자인 밥 그린버거Bob Greenberger의 지적이다. "만화책의 성공보다 배트맨 신문 만화가 더 큰 꿈의 실현이었을 겁니다."

《디텍티브 코믹스》에 처음 등장하고 겨우 5년 만에 전국적인 신문 만화에 오르게 된 배트맨은 콜럼비아 픽처스Columbia Pictures의 15부작 극장용 연속극인 〈더 배트맨The Batman〉으로 영화에 데뷔하게 되었다. 케인 본인에게는 아주 기쁜 일이었는데, 배트맨은 선배 만화인 슈퍼맨보다 수년 앞서 영화로 제작되는 쾌거를 이룬 것이다. "몇 년이 지나면서 여러 만화 캐릭터들이 연속극 판권 계약의 대상이 됐습니다." 레비츠의 말이다. "제 생각에는 지금처럼 그때 당시에도 만

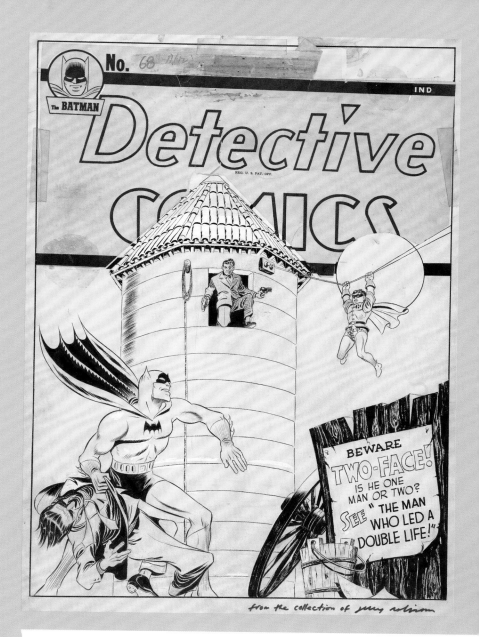

화는 다른 매체로 옮기기에 탁월한 원작 형태였던 것 같습니다."

높아져 가는 배트맨의 인기와 더불어 특유의 복장 때문에 영화화하기 적합했다. 그리고 이미 수 편의 성공적인 범죄 영화를 제작한 경험이 있는 콜럼비아 픽처스 제작자인 루돌프 플로토우Rudolph Flothow는 자신의 경력에 또 다른 범죄 해결사 영화를 더하게 된 것을 기뻐했다. 그는 자주 함께 일했던 램버트 힐리어Lambert Hillyer를 감독으로 섭외했다. 공상 과학과 액션에 특화된 베테랑 감독이라면 연속극에 만화의 감성을 살려줄 것이라고 기대했다.

케인에 따르면, 투페이스는 로버트 루이스 스티븐슨의 고전 〈지킬 박사와 하이드〉의 영향을 받았다.

위 비극적인 악당 투페이스가 자신이 등장한 첫 표지에서 다이나믹 듀오를 위협하고 있다. 골든 에이지 시기에 하비 덴트가 표지에 실린 것은 다섯 번에 불과하다. (제리 로빈슨 작, 1942년 10월자 《디텍티브 코믹스 68호》 표지)

영화를 찍는 동안 세트장을 직접 방문한 케인은 저예산 제작의 실태를 지켜본 뒤 매우 실망했다. 스튜디오의 예산 절감을 위해 조잡한 배트맨과 로빈 복장을 제작해 사용했으며, 평범한 회색 컨버터블 자동차를 배트모빌로 썼다. 또한 검증되고 비싼 스타 배우 대신에 할리우드 신인인 루이스 윌슨[Lewis Wilson]을 배트맨으로 캐스팅하고, 십대 배우인 더글러스 크로프트[Douglas Croft]를 놀라운 소년 로빈으로 캐스팅했다.

아일랜드계 성격파 배우인 J. 캐롤 나이쉬[J. Carrol Naish]가 첨단 기술을 이용해 미국인들에게 최면을 걸어 조종하고자 하는 일본 제국 정부의 계획을 실행하는 비밀 요원인 사악한 다카 박사[Dr. Daka] 역을 맡았다. 케인은 나이쉬가 출연진들 가운데 "유일하게 진정한 배우다운 배우"라고 생각했고, 영화 제작이 끝나자마자 영화에서 완전히 손을 뗐다. "그 영화는 완전히 날림으로 만들었어요." 케인의 시각은 그랬다. "전쟁 채권 판매를 늘리려고 만들어낸 전형적인 선전 영화 중 하나였습니다."[6] 당시의 많은 영화들이 그랬듯이 〈더 배트맨〉은 강한 반일 정서를 담고 있었고, 당시의 미국 문화에 만연했던 분위기와 한쪽으로 치우친 시각을 반영하고 있었다.

"선전 영화의 방영과 함께 배트맨은 단순한 자경단이 아니라, 위험해 보이는 범죄자를 사냥할 수 있는 실제 공권력을 가진 미국 정부 요원으로 풀이됐습니다." 코믹북 리소스[Comic Book Resources]의 기고가인 앨런 키슬러[Alan Kistler]의 지적이다. "법 집행 요원이 되면서부터

루이스 윌슨이 연기한 배트맨은 사람들에게 자신이 초자연적 존재라고 믿게 만들기 위해 노력하는 무시무시한 존재가 아니었어요. 그는 대낮에 돌아다니면서 격투술을 고도로 수련한 인간이라는 사실을 숨기지 않았습니다. 범죄자들에게는 거칠지만 시민들에게는 친숙하게 대하고 때로는 심지어 농담까지 하곤 했습니다."[7]

그러한 단점에도 불구하고 연속극 영화는 배트맨 신화에 몇 가지 긍정적인 요소를 제공해주었다. 배트맨의 장비로 가득한 비밀 기지 배트케이브[Batcave]는 곧 만화에 역수입되었고, 윌리엄 오스틴[William Austin]이 연기한 알프레드의 모습은 대중적으로 유명해져서 만화 속 등장인물도 깡마르고 콧수염을 기른 영국 배우의 모습과 닮게끔 변화했다.

1943년 연속극 영화의 상업적인 성공은 배트맨 만화책의 인기에 힘입어 속편의 제작으로 이어졌다. 1949년에 〈배트맨과 로빈〉이 시작되었다. 로버트 로워리[Robert Lowery]가 배트맨 역할을 맡고, 이십대 중반이었던 조니 던컨[Johnny Duncan]이 놀라운 소년 로빈을 연기했다. 배트맨과 로빈은 전기 공학에 통달한 위험한 적수이자 세상에 '마법사[Wizard]'로 알려진 가면 쓴 파괴 공작원과 두뇌 싸움을 벌인다. 로워리와 던컨 모두 과장된 내용의 줄거리를 깊게 이해하고 자신의 연기에 최선을 다했다.

"연기하는 걸 좋아하고 등장인물을 믿을 만하게 묘사하기 위해서라면 무엇이든 하게 되어 있는 법이

아래 당시 신문에 연재된 액션 만화들과 마찬가지로 배트맨의 신문 만화 모험담은 액션과 멜로물을 조합하여 매일 독자들에게 찾아갔다. (밥 케인 및 찰스 패리스 작, 1945년 7월 23-24일자 《배트맨》 신문 만화 중에서)

맞은편 1943년의 이 포스터는 루이스 윌슨이 배트맨 역으로, 더글러스 크로프트가 믿음직한 조수 로빈 역으로 출연한 〈더 배트맨〉 극장판 연속극의 개봉을 홍보하기 위해 만들어졌다.

ROBIN   THE BATMAN

D-COL-S-18-13

Copyright 1949. National Comics Publications, Inc.

죠." 던컨은 당시의 로빈 연기를 이렇게 회고했다. "그게 바로 로워리와 제가 영화를 찍으면서 고수한 방식이었습니다. 우리는 장면을 찍고 쉴 때마다 서로 농담을 주고받으며 실컷 웃어댔지만 촬영이 시작되면 굉장히 진지하게 임했습니다. 그리고 사실 삼 개월쯤 가면 과 타이즈를 입고 있었더니, 배역과 일체가 되더군요. 우린 LA가 마치 고담시인 줄 알았어요."[8]

1949년 속편은 전편보다도 더 저예산이었고 더 촉박한 일정 속에 촬영되었다. "263분 분량의 영화는 B급 영화를 다작한 제작자 샘 카츠만(Sam Katzman)의 손에 한 달 만에 촬영됐습니다. 그는 '아카데미상을 받는 영화를 만들 일은 절대 없겠지만, 나는 매년 은행의 감사패를 받는 것만으로도 너무나 행복하다.'라는 말을 남긴 사람이었죠." NPR 전문 기자 윌 슬론(Will Sloan)의 말이다. "1949년 영화에서 배트맨과 로빈은 자기들 복장을 서류함에 보관합니다. 그리고 악당과의 격투 장면에서는 망토가 자꾸 엉킵니다. 배트케이브 세트장은 마법사의 은신처로 재사용되고요. 망토 두른 십자군은 배트모빌 대신에 컨버터블을 몰죠. 배트맨은 정상

을 지켰고, 브루스 웨인은 그것을 내려놓았습니다."[9]

영화 〈배트맨과 로빈〉은 개봉 후에 박스 오피스에서 기대 이하의 성적을 기록했으며 또 다른 후속편에 대한 사람들의 관심에도 불구하고, 배트맨의 영화 경력은 끝나 버린 것처럼 보였다. 그러나 만화 주인공으로서의 배트맨의 인기 때문에 많은 지역 극장에서 토요일 주간 방영용으로 배트맨 연속극을 틀곤 했다. 배트맨 작화가이자 작가인 하워드 체이킨(Howard Chaykin)은 50년대의 많은 아이들처럼 그런 연속극을 통해 배트맨을 처음 접했다. "저는 그런 영화들이 할리우드에서 염가로 만들어낸 저예산 공예품의 완벽한 사례였기 때문에 좋았습니다. 또한 믿을 만한 가내 수공업품처럼 느껴졌기 때문에 그 영화들을 아주 사랑했습니다. 다소 남발되는 경향이 있지만 바로 그 점이 투박하고, 때로는 솔직히 못 만든 오락물을 사람들이 즐기고 포용할 수 있게 만들어줬습니다."

첫 배트맨 연속극 영화가 제작되는 동안, 대단한 인기를 끌고 있던 라디오 프로그램인 〈슈퍼맨의 모험 Adventures of Superman〉의 제작사인 무츄얼 브로드캐스팅 시

맞은편 1949년에 〈배트맨과 로빈〉의 스틸 사진을 촬영하는 로버트 로워리(배트맨 역)과 조니 던컨(로빈 역).

위 1949년작 〈배트맨과 로빈〉의 8장 홍보를 위해 제작된 포스터에서 로빈은 수수께끼의 마법사의 노예가 된다.

> "저는 그런 영화들이 할리우드에서 염가로 만들어낸 저예산 공예품의 완벽한 사례였기 때문에 좋았습니다."

스템Mutual Broadcasting System에서 배트맨과 로빈이 등장하는 새로운 라디오 연속극의 파일럿 에피소드 제작을 주문했다. '케이스 오브 더 드로우닝 실The Case of the Drowning Seal'이라는 제목의 파일럿 에피소드는 여러 가지 독특한 요소들을 담고 있었는데 그중에는 브루스 웨인이 아마추어 탐정으로 공개적으로 사법 기관을 돕는 것으로 묘사되는 점과 딕 그레이슨의 부모님이 나치 첩보원들에게 살해당한 FBI 위장 요원이었다는 설정이 있었다.

1943년에 뮤추얼 브로드캐스팅 시스템에서 배트맨과 로빈 라디오 프로그램 제작안을 철회하긴 했지만, 두 범죄 투사는 1945년 가을에 시작된 〈슈퍼맨의 모험〉 에피소드 몇 편에 등장했다. 게스트 출연을 계기로 배트맨 라디오 드라마화에 대한 관심이 커졌고 슈퍼맨 성우인 버드 콜리어Bud Collyer의 휴가 기간 동안 기회가 생겼다. 드라마 제작자들은 콜리어가 없는 동안 재방송을 하는 대신에 배트맨과 로빈이 나오는 대체 에피소드를 기획했다. 배우 스테이시 해리스Stacy Harris가 처음으로 배트맨의 목소리를 맡았고 이후 분량에서는 맷 크라울리Matt Crowley가 배역을 이어받았으며 로

위 브루스 웨인(로버트 로워리)이 딕 그레이슨(조니 던컨)과 함께 '박쥐의 동굴'에서 단서를 살펴보고 있다.

널드 리스Ronald Liss가 로빈 역을 맡았다.

"장편에 걸쳐 진행된 이 에피소드는 슈퍼맨이 바다에 떠다니는 보트 위에 의식을 잃고 누워 있는 소년을 발견하면서 시작됩니다." 대중문화 역사가이자 작가인 앨런 애셔맨Allan Asherman의 설명이다. "슈퍼맨은 소년을 해안가로 데려온 뒤 응급 처치를 하면서 소년이 이상한 복장을 입고 있음을 깨닫습니다. 그 소년이 바로 로빈이었고, 어린 동료를 찾아 돌아다니던 배트맨은 슈퍼맨과 만나게 되죠. 그들은 함께 일하기로 결정하고 범죄 사건을 해결하는 공동의 목표 때문에 곧바로 절친한 친구가 됩니다."[10]

배트맨과 로빈은 이후 3년 동안 게스트로 몇 번 더 출연했다. 일련의 방영분에서 배트맨과 로빈은 수수께끼의 살인 사건을 해결하는 것부터 기자 로이스 레인이 슈퍼맨의 정체를 밝히는 것을 막기 위해서 지구 한 바퀴를 도는 것까지 다양하게 활동한다. 〈슈퍼맨의 모험〉에 등장하는 배트맨은 1948년 크리스마스 이브 방영분을 마지막으로 퇴장했다. 바로 그해에 배트맨은 《배트맨 47호》의 지면에서 또 다른 결말을 맞이한다.

40년대를 거치며 배트맨 작품의 분위기가 가벼워지긴 했지만, 빌 핑거의 대본들은 여전히 대단한 비애를 담을 만한 능력을 가지고 있었다. 배트맨의 첫 십 년이 끝나 가고 있었지만, 그는 여전히 부모님이 신원 불명의 살인자에게 살해당한 사건이라는 가장 큰 수수께끼에서 헤어 나오지 못하고 있었다. 핑거와 작화가인 류 세이어 슈워츠^{Lew Sayre Schwartz}는 1948년 《배트맨 47호》에 실린 "배트맨의 기원^{The Origin of Batman}"에서 그 답을 주고자 했다. 밀수 조직을 조사하던 배트맨은 두목일지도 모르는 조 칠^{Joe Chill}이라는 자에 대해 알게 된다. 고든 국장이 조 칠의 사진을 보여주자, 배트맨은 부모를 죽인 범인을 곧바로 알아본다.

조 칠의 범죄 사업을 무너뜨린 후에 배트맨은 악당과 대면하고 토머스와 마사 웨인의 죽음에 대해 압박한 뒤, 가면을 벗어 자신이 그들의 아들임을 밝힌다.

겁에 질린 조 칠은 배트맨을 피해 달아나고 부하들과 합류한 뒤 자신이 배트맨을 만들어냈다고 밝힌다. 조 칠에게 자신들의 최대의 적수를 만들어낸 책임이 있다는 사실을 알고 분노한 부하들은 그가 배트맨의 정체를 입 밖에 내기도 전에 냉정하게 쏴 죽인다. 조 칠의 죽음을 알게 된 뒤 브루스 웨인은 자택으로 돌아와 사건 기록부를 갱신한다. 토머스와 마사 웨인 살인 사건은 그렇게 종결된다.

이 슬픈 이야기는 그 시대의 배트맨 만화들 가운데 가장 두드러지는 작품이라 할 수 있다. 브루스 웨인을 배트맨으로 만든 비극적인 살인 사건을 되짚으면서, 10년간 계속되어온 배트맨의 범죄와의 전쟁에 분기점을 찍었다. "배트맨은 언제나 다른 사람들이 자신과 같은 트라우마를 겪지 않게 하기 위해 노력해요." 오랫동안 DC 코믹스 작가로 활동해온 마크 웨이드는 지적한다. "그건 영웅적이며 사심 없는 하나의 희생입니다. 그래요, 어떤 면에서 배트맨은 항상 조 칠을 찾고 있었지만, 결코 그것 자체가 주된 동기였던 적은 없었습니다."

부모님을 죽인 자가 죽자 배트맨은 더 이상 응징이라는 사적인 이유가 아니라 정의를 동기로 삼는 자라고 말할 수 있게 되었다. '배트맨의 기원'은 웨인 부부의 사건을 마무리 짓고, 희망과 낙관이 있는 새로운 배트맨의 시대를 열었다.

아래 브루스 웨인은 '배트맨의 기원'의 절정부에서 부모님을 죽인 조 칠과 대면한다. (찰스 패리스 작, 1948년 6월자 《배트맨 47호》)

2. 망토 두른 십자군

1940년대 말의 배트맨은 1939년 《디텍티브 코믹스》에서 등장한 어둡고 고독한 자와는 상당한 차이가 있었다. 브루스 웨인은 자신감 넘치고 미소가 떠나지 않았다. 딕 그레이슨의 후견인이 되었고 알프레드라는 이름의 충직하고 믿음직한 친구를 곁에 두었다. 배트맨으로 변장하면 그는 고담시 경찰과의 친분을 즐기고, 그 어떤 악당도 배트맨이 가진 최첨단의 장비와 지혜의 맞수가 되지 못했다. 제2차 세계 대전은 끝났고 밝고 낙관적인 시대가 열리고 있었다.

배트맨 세계의 어둠이 걷히고 빛이 내리쬐기 시작한 새로운 방향을 가장 잘 보여주는 한 명의 작화가가 있다. "40년대 초에 배트맨을 그리기 시작했던 딕 스프랑Dick Sprang은 DC의 대필 작화가들 가운데 최고였죠." 밥 케인은 회고했다. "그의 스타일은 나와 아주 비슷했어요. 카툰 화법이었죠." 케인은 배트맨이 시작된 지 수년 만에 일부 작화가들이 배트맨의 모습을 기괴하게 바꿔놨다고 생각했다. "묘사와 근육이 과했죠."[1] 작화가들이 초기 배트맨 작품에서 자신이 사용했던 깔끔한 형태로 회귀할 필요가 있다고 느낀 케인은 스프랑의 보다 간결한 접근법을 환영했고 다른 작화가들이 스프랑의 지침을 따르게 했다.

스프랑은 1946년에 제리 로빈슨이 떠난 자리를 채우고 핵심 작화가가 되었다. 그리고 40년대 말과 50년대 초를 특징짓는 배트맨 작화가로서 자리 잡게 된다. 사각형 턱, 원통 같은 몸통을 가진 배트맨과 미소 가득한 용감한 소년인 로빈은 근사한 건축물로 가득한 고담시에서 화려하고 별난 악당들과 싸웠다. 스프랑의 역동적인 카툰 화법에서 영감을 받은 빌 핑거의 대본들은 점점 환상적으로 변해 갔고 독자들은 이 시리즈의 새로운 방향을 재미있게 받아들였다.

"일단 스프랑은 세부 묘사에 공을 들였고 그 부분에 있어서는 물러서는 일이 없었습니다." 전 〈매드MAD〉 잡지 편집장이자 배트맨 관련 상품 수집가인 빌 모리슨Bill Morrison은 설명한다. "당시 40년대 말과 50년대 초의 배트맨 스타일이 다소 만화같긴 했지만, 스프랑이 그렸던 자동차나 배, 건물 들을 포함한 모든 것들은 현실에 존재할 법한 것들이었습니다. 스프랑은 자료 조사를 많이 했고 꼭 그럴 필요가 없어도 수많은

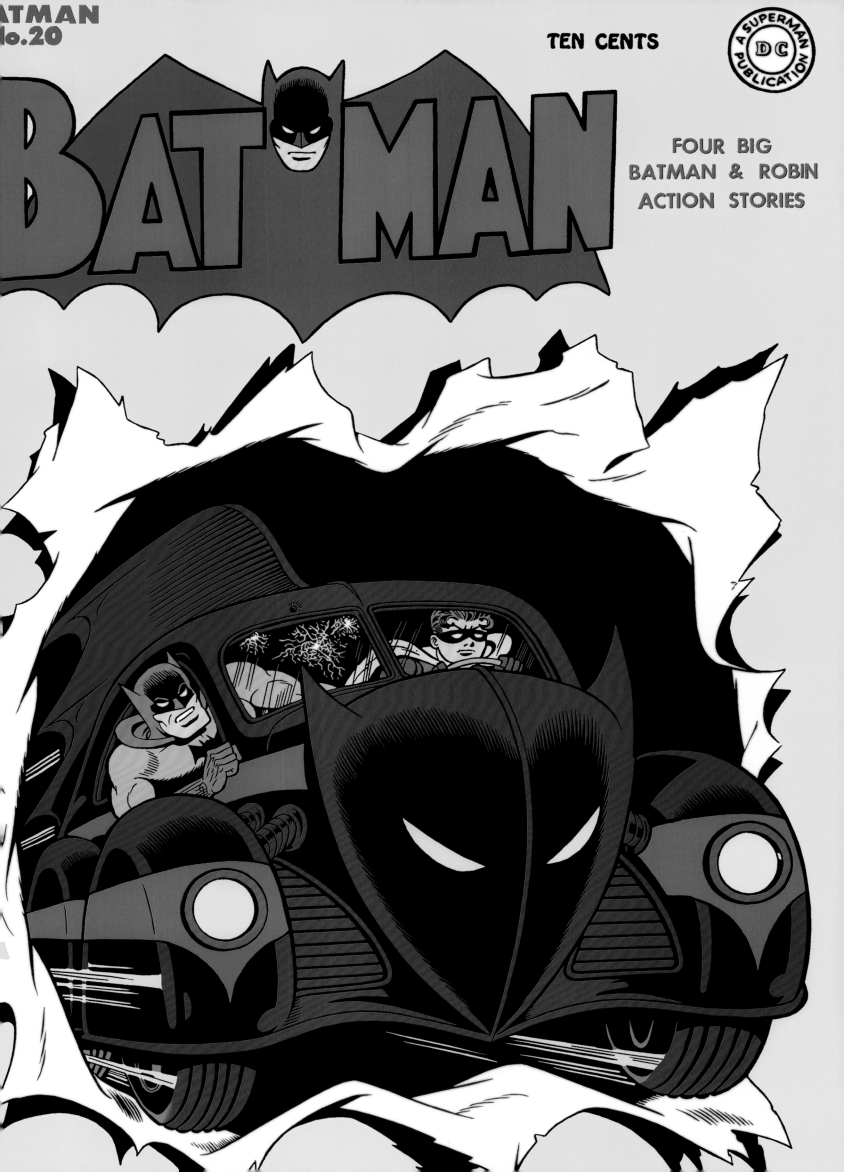

38쪽 왼쪽 윈 모티머 작,
1950년 5월자 《디텍티브
코믹스 159호》 표지.
아래 1940년대에
배트맨과 로빈은 조커를
물리칠 방법을 빠르게
체득했다. (잭 벌리 작,
1944년 1월자 《배트맨 20호》)

39쪽 딕 스프랑이 그린
창의적인 표지에서
튀어나오는 배트모빌의
모습. (딕 스프랑 작, 1944년
1월자 《배트맨 20호》)

위 사진 기자 비키 베일은
브루스 웨인과 배트맨이
동일 인물임을 증명하는
것을 필생의 과제로
삼는다. (짐 무니 작, 1948년
10월자 《배트맨 49호》 중에서)

맞은편 위 추격을 피하기
위해 독극물에 몸을
던지는 수수께끼의 인물
레드 후드. (류 세이어 슈워츠
및 조지 루소스 작, 1951년
2월자 《디텍티브 코믹스》
168호 중에서)

맞은편 아래 배트맨과
로빈을 사로잡은 리들러의
1948년 첫 등장 모습.
(윈 모티머 작, 1948년 10월자
《디텍티브 코믹스 140호》
표지)

추가 작업을 하곤 했습니다. 스프랑은 소설 삽화가로
경력을 시작했기 때문에 삽화가로서의 배경이 만화
작화에도 많이 반영되었죠."

　스프랑의 업적들 가운데 배트맨 신화 속에서 가
장 오래 지속되어온 요소 중 하나는 1948년 10월호
《디텍티브 코믹스》에서 등장했다. 빌 핑거와 함께 공
동 창조한 리들러(the Riddler, 본명은 에드워드 니그마)는 수수
께끼에 대한 강박증을 가진 범죄 계획자로 힘이 아닌
머리로 배트맨에게 도전하는 인물이다. "조커나 펭귄
이나 다른 고전 악당들이 배트맨과 지능 대결을 하는
데 집착했다고 보기 어려운 것에 비해, 리들러는 아마
도 대놓고 배트맨과의 두뇌 싸움에서 이기는 것을 자
신의 목표로 선포한 최초의 악당일 겁니다. 리들러는
탐욕보다는 도전 욕구에 따라 움직였죠." DC 코믹스
역사가 피터 샌더슨의 설명이다.

　바로 그달의 《배트맨》에서 브루스 웨인은 비키
베일 Vicky Vale 과 처음 만나는데 그 스토리상의 용도와
직업, 철자가 반복되는 이름의 형태는 슈퍼맨의 여자

친구 로이스 레인 Lois Lane 과 유사했다. 다음 10년 동안
비키가 등장하는 거의 모든 이야기는 호기심 많은 기
자가 배트맨의 정체를 알아내는 것을 다이나믹 듀오
가 저지하는 내용으로 채워져 있다. "수년 동안 비키
는 로이스 레인이 클락 켄트가 슈퍼맨이라는 것을 증
명해 내려고 애쓰듯이 브루스 웨인이 배트맨임을 밝
히려고 애쓰는 성가신 존재였죠." 샌더슨의 지적이다.
"사실 그것 자체가 비키의 동기였기 때문에 저는 비키
가 하나의 캐릭터로서 성공적이었다고는 생각하지 않
습니다. 하지만 정말 장수 캐릭터였고 캣우먼을 제외
하면 그 둘의 관계는 배트맨 만화에서 가장 오래 지속
된 애정 전선이었죠."

　이 시대 빌 핑거의 대본 중 대부분이 코미디 노
선을 취했지만, 핑거는 배트맨이 기본적으로 탐정이라
는 사실만은 절대 잊지 않았다. 배트맨의 노련한 기술
은 50년대 초의 조커 등장작들 가운데 가장 널리 기억
되는 작품이자 조커의 기원담을 다룬 '레드 후드 속의
사나이! The Man Behind the Red Hood!' 《디텍티브 코믹스 168호》)

에서 시험대에 오른다. 이야기는 '배트맨 교수'가 고담시 주립 대학에서 범죄학에 대해 특별 강의를 진행하는 장면으로 시작되며, 자신이 결코 풀지 못했던 사건인 레드 후드의 수수께끼 사건 수사를 학생들과 함께 재개한다. 10년 전, 배트맨은 모나크 트럼프 카드 회사에서 절도 행각을 벌이고 도망치던 가면 쓴 범죄자를 놓치고 말았다. 레드 후드는 정의의 심판을 받는 대신 배트맨을 피해서 화학 폐기물이 가득한 통으로 뛰어들었다. 배트맨의 학생들은 레드 후드가 이렇게 금방 사라지기에는 너무 영리한 악당이었다고 추론한다. 아니나 다를까, 배트맨이 수사를 재개했다는 사실을 알게 된 레드 후드는 고담시에 혼란을 일으킨다. 배트맨과 학생들은 마침내 레드 후드를 붙잡아 가면을 벗기고, 사실은 그가 조커이며 흉측한 외모는 화학 폐기물에 빠진 결과였다는 사실을 알게 된다.

"조커가 《배트맨 1호》에 두 번 등장한 이후, 독자들은 증오에 찬 광대에게 열광해왔습니다." 역사가 매튜 K. 매닝의 설명이다. "조커는 배트맨보다도 더 수수께끼의 존재였습니다. 다이나믹 듀오와 달리 조커

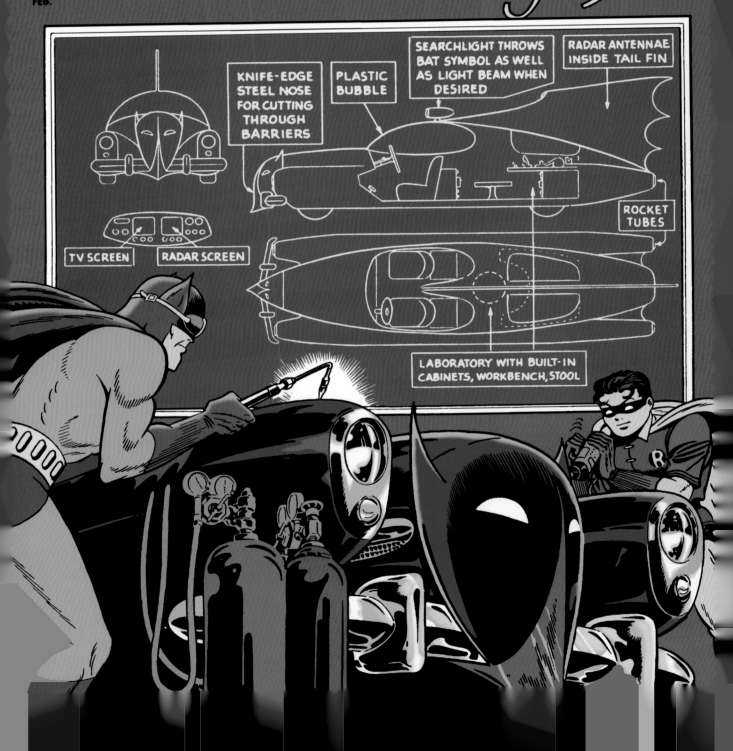

STORAGE COMPARTMENTS FOR
WEAPONS AND SPARE PARTS

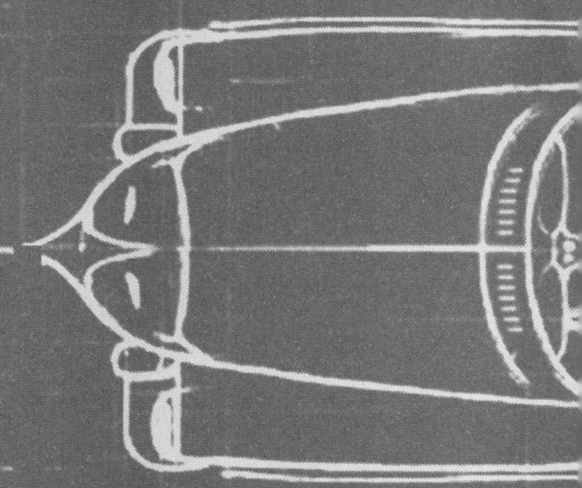

AMPHIBIOUS BODY

AERODYNAMIC, LIGHTWE
TEMPERED STAINLESS ST

VILLAIN DETERRENT — CHEMICAL BLACKOUT FOG

ROCKET TUBES IN FENDER FOR TREMENDOUS
BOOSTS OF SPEED IN SHORT DISTANCES

THE BAT

ACCELERATES 100 MPH IN 100 FEET
CAN STOP ON A DIME

BATSHIELD WITH HIGH-BEAM EYES

KNIFE-EDGE STEEL NOSE FOR
CUTTING THROUGH BARRIERS

BULLETPROOF, STEEL RADIAL,
ALL WEATHER/TERRAIN TIRES

MAGNESIUM ALLOY WHEELS

TM AND © DC COMICS.
(s02)

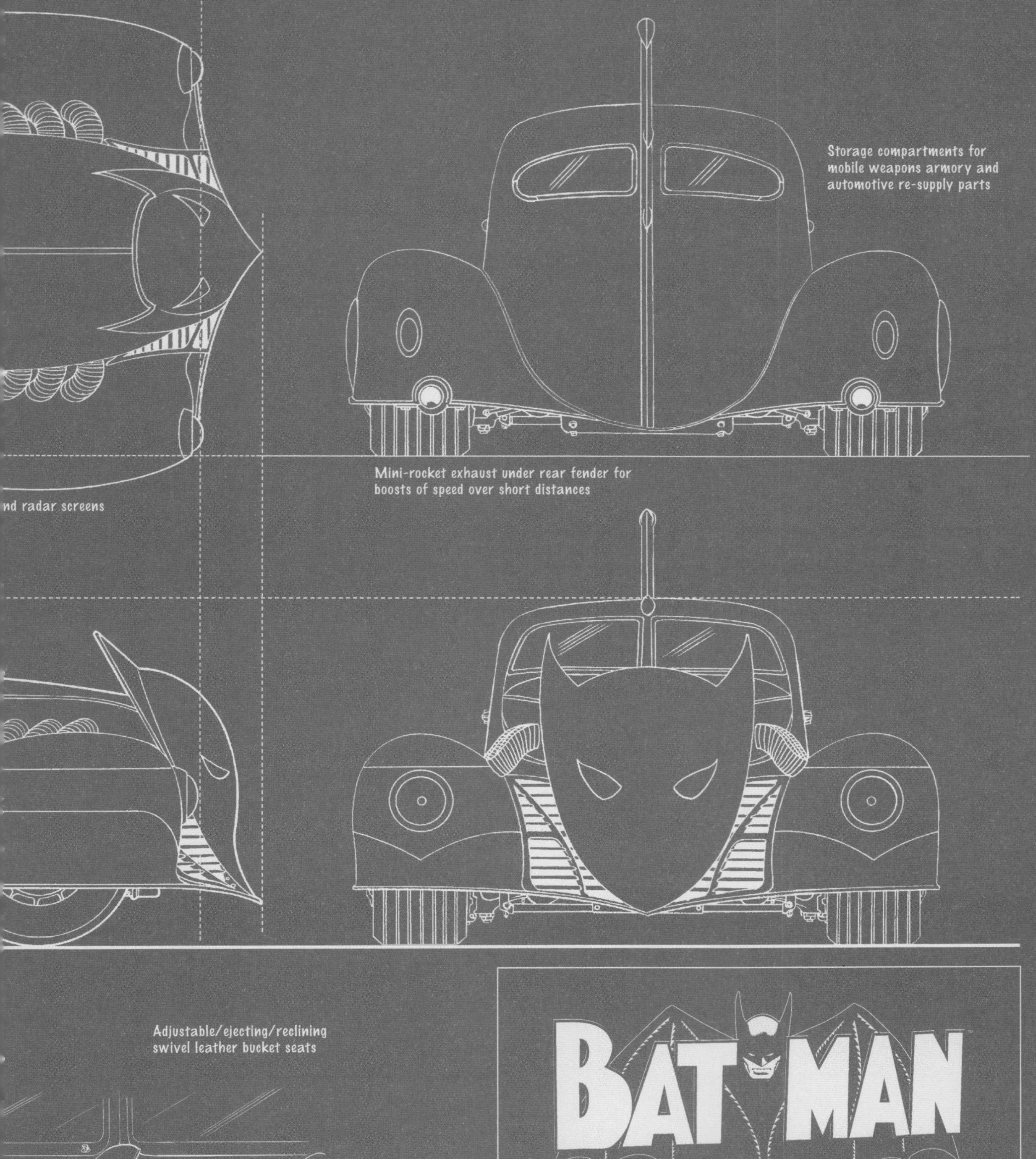

Storage compartments for
mobile weapons armory and
automotive re-supply parts

Mini-rocket exhaust under rear fender for
boosts of speed over short distances

nd radar screens

Adjustable/ejecting/reclining
swivel leather bucket seats

BAT·MAN

THE BATMOBILE 1940's

curb weight-6000 lbs.-wheelbase-130 in.
length-200 in.-92 in.-height-60 in.

engine-360ci, V-8 (0 to 60 in .3 seconds)
transmission-8 speed B & R hydromatic
with rocket assist overdrive

layout-front engine/rear driver
tires-custom wide oval-15x10

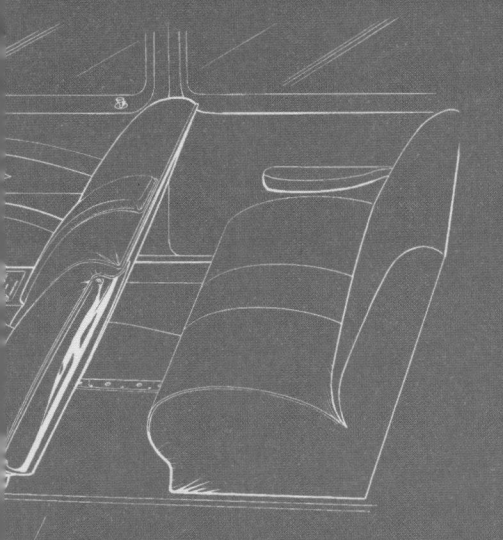

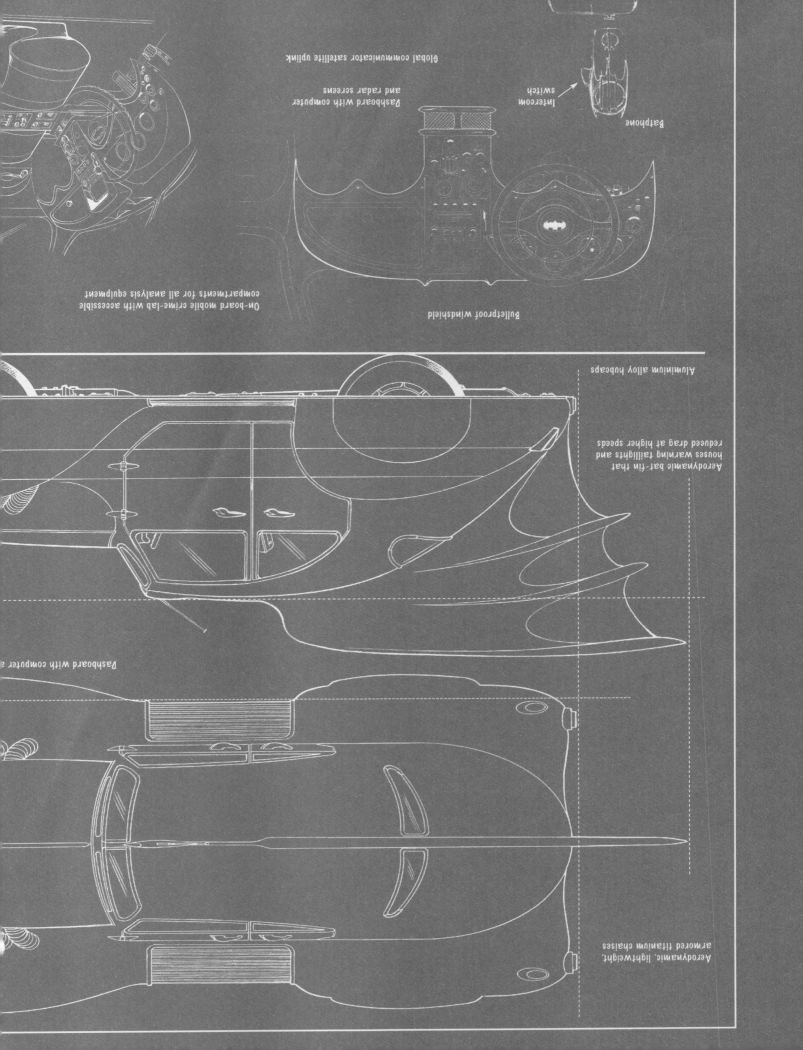

Global communicator satellite uplink

Dashboard with computer
and radar screens

Intercom
switch

Batphone

On-board mobile crime-lab with accessible
compartments for all analysis equipment

Bulletproof windshield

Aluminium alloy hubcaps

Aerodynamic bat-fin that
houses warning taillights and
reduced drag at higher speeds

Dashboard with computer a

Aerodynamic, lightweight
armored titanium chassis

Curb weight - 5000 lb. — Wheelbase - 116 in. —
Length - 194 in. — Width - 92 in. — Height- 64 in.

Steering Wheel - model '43 Penworth leather grip
Audio set-up - High fidelity, 363 dual-band frequency

Layout - Front engine/rear driver
Tires - Gothamstone Wide-Oval — 15 x 10

Engine — 275ci, V-12   (0 to 60 in .3 seconds)
Transmission — 8 speed B & R Hydro-matic

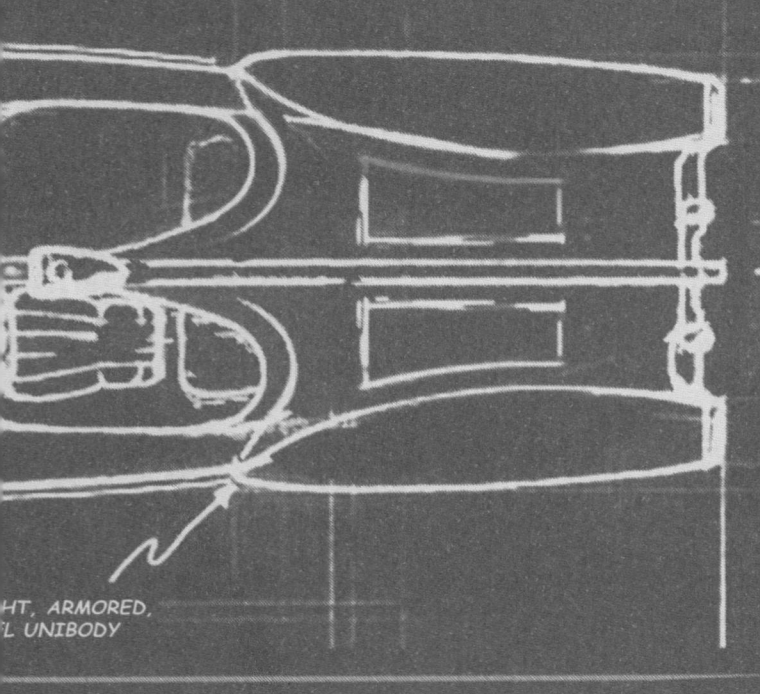

HT, ARMORED,
'L UNIBODY

MOBILE™ 1950

DASHBOARD WITH TV AND RADAR SCREENS

TEMPERATURE-CONTROLLED/LIGHTED COCKPIT

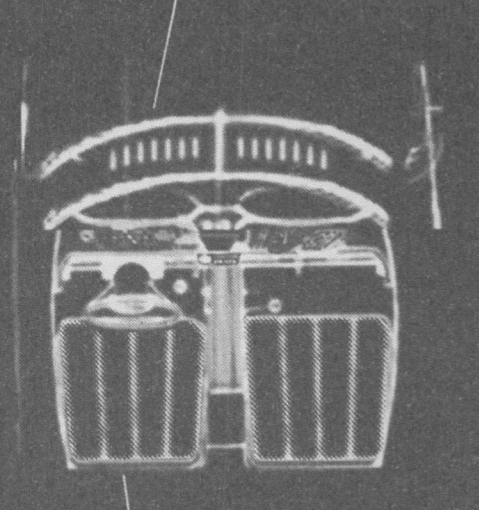

ADJUSTABLE/EJECTING/RECLINING
SWIVEL LEATHER BUCKET SEATS

ADJUSTABLE "AERO" BATFIN WITH
RADIO ANTENNA FOR NAVIGATION
IN THE DARK

SEARCHLIGHT THROWS BAT SYMBOL
AS WELL AS LIGHT BEAM WHEN DESIRED

LABORATORY WITH BUILT-IN CABINETS,
WORKBENCH, STOOL AND ALL THE
NECESSARY EQUIPMENT FOR MAKING
TESTS ON THE MOVE

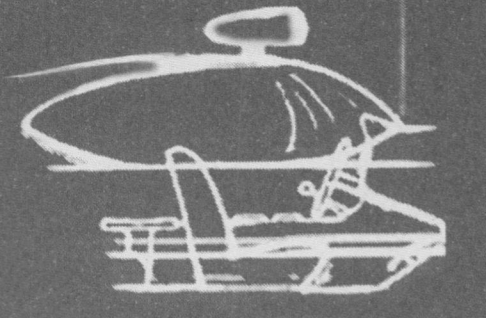

MAN™

GLOBAL COMMUNICATOR RADIO

"WIPERLESS" RAIN CONTROL
BULLETPROOF WINDSHIELD BUBBLE

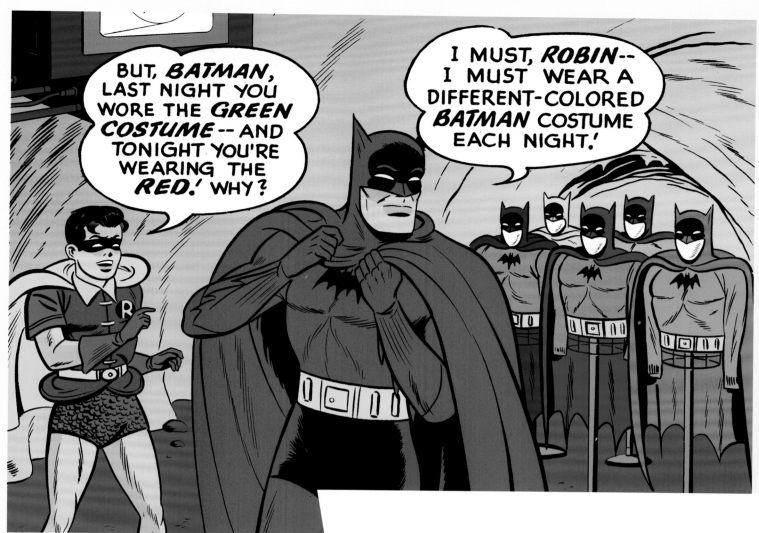

이 시기 동안 창의력 가득한
범죄 투사는 온갖 모험에 쓸
특수 배트슈트로 옷장을 채웠다.

의 기원이 초기에는 공개되지 않았기 때문입니다. '레드 후드 속의 사나이!'는 빌 핑거 최고의 작품이었습니다. 해당 이야기는 비극과 미스터리를 성공적으로 조합했습니다. 조커의 뒷이야기에 대해 공개하면서도 평범한 실험실 노동자였다는 사실 이외에는 정체를 공개하지 않아 조커의 신비성을 유지했습니다."

이후의 조커 등장 작품들은 그 기원담을 더욱 깊게 파고드는 대신에 보다 가벼운 방향을 취했다. 1947년에 처음 범죄계의 광대 왕자 The Clown Prince of Crime라는 칭호가 붙은 조커는 《배트맨 1호》에서 소개된 살인자와는 거리가 상당히 멀었고, 이제는 배트맨에게 치명적인 상해를 입히는 것보다는 배트맨을 이기고 창피를 주는 일에 더 관심을 가졌다. 이 시기의 전형적인 에피소드로는 '조커의 범죄용 복장들! The Joker's Crime Costumes!'과 조커가 배트맨의 유틸리티 벨트에 맞서서 자신의 분위기에 맞는 도구가 가득 들어 있는 벨트를 발명하는 '조커의 유틸리티 벨트! The Joker's Utility Belt!'가 있다.

배트맨의 도구 사용은 50년대에 기하급수적으로 증가했고, 배트맨의 무기고는 상상할 수 있는 모든 종류의 배트 장치로 가득 찼다. "전 배트 장비류가 배트모빌의 연장선상에 있었다고 생각합니다." 코믹 리

더 The Comic Reader의 전 편집자인 마이크 티펜바허 Mike Tiefenbacher의 지적이다. "일단 주인공에게 자기 이름을 딴 자동차를 만들어주면, 다른 발명품들에도 이름 붙이기가 쉬워집니다. 배트랭, 배트시그널 Bat-Signal, 윌리배트 Whirly Bat 등 모든 것이 배트맨이라는 브랜드를 강화하기 위한 방법이었습니다. '배트맨의 차'라고 하면 별 감흥이 없지만 '배트모빌'은 이 물건이 무엇인지 단번에 설명해주죠."

이 시기 동안 창의력 가득한 범죄 투사는 온갖 모험에 쓸 특수 배트슈트로 옷장을 채웠다. 북극에서 범죄와 싸울 때 입는 설상 위장복이 그중 하나다. 그 밖에도 "무지개 배트맨 The Rainbow Batman"에서는 무지개색의 복장을 선보인다. 약간 터무니없는 이 이야기에서 어둠의 기사는 사건의 유일한 목격자이자 팔을 다

맞은편 배트맨과 로빈은 범죄자들보다 항상 한 발짝 앞서 나가기 위해 장비를 업그레이드하는 데 심혈을 기울였다. (딕 스프랑 작, 1950년 2월자 《디텍티브 코믹스 156호》 표지)

위 '무지개 배트맨'에서 배트맨은 로빈의 정체를 지키기 위해 매일 밤마다 환상적인 복장을 바꿔가며 착용한다. (셸던 몰도프 작, 1957년 3월자 《디텍티브 코믹스 241호》 표지)

인서트 제리 로빈슨의 첫 '가면 쓴' 배트모빌과 딕 스프랑의 1950년 배트모빌에 영감을 받은 DC 다이렉트에서는 2003년에 두 개의 설계도 제품을 내놓았다.

아래 배트케이브는 거대한 동전과 기계 공룡 모형 등 배트맨과 로빈의 가장 이상한 모험들에서 얻은 특별한 전리품으로 가득하다.

맞은편 위 '고담시의 고릴라 두목'에서 배트맨은 유인원으로 변한 갱과 싸운다. (윈 모티머 작. 1948년 8월자 《배트맨 48호》 표지 중에서)

맞은편 아래 캣우먼은 1947년에 처음으로 특유의 보라색, 녹색 의상을 입었다. 그녀는 이후 20년 동안 그 복장을 유지했다. (찰스 패리스 작, 1947년 4월자 《디텍티브 코믹스 122호》 표지 중에서)

친 딕 그레이슨의 정체가 발각되는 것을 막기 위해서 사람들의 이목을 끌 목적으로 날마다 다양한 원색 복장을 갈아입는다.

배트케이브는 처음 소개된 이래로 배트맨 세계관에서 점점 중요한 역할을 갖게 됐다. 50년대 초의 만화를 거치며 동굴은 점점 커지고 꽉 채워져 갔다. 브루스 웨인 사유지 외곽의 낡은 농장 건물의 지하 깊은 곳에 위치한 배트케이브는 날이 갈수록 늘어나는 배트맨의 범죄와의 전쟁용 무기와 배트모빌, 배트플레인, 배트보트의 보관소였다. 또한 배트케이브는 1947년 작인 '동전 약탈자들 The Penny Plunderers'에서 배트맨과 로빈이 조 코인 Joe Coyne 이라는 강도를 물리치고 획득한 거대한 25센트 동전이나 1946년 《배트맨 6월호》에서 2인조를 위기에 몰아넣었던 실물 크기의 기계 공룡과 같은 전리품의 전시 공간이기도 했다.

"배트케이브는 신비롭고 낭만적인 공간입니다." 티펜바허는 설명한다. "자신을 드러내고 정체를 드러낼 수 있는 아무도 모르는 피신처라는 개념 자체는 무엇보다도 청소년과 아이들에게 아주 매력적인 소재일 겁니다. 배트맨의 실험실, 전리품 전시실과 탑승 장비들이 위치하고 있다는 사실 자체가 배트케이브에 대한 흥미를 돋워주죠."

환상적인 수법들과 도구가 배트맨의 모험에서 점점 중요한 역할을 차지하게 되면서 로그스 갤러리의 여러 구성원들이 거의 조명받지 못하거나 아예 사라져 갔다. "조커, 펭귄, 캣우먼만이 40년대에서 50년대에 유일하게 계속 고정적으로 등장하는 악당들이었습니다." DC 코믹스 역사가 존 웰스 John Wells 의 설명이다. 우산으로 무장한 펭귄이 그대로 원래의 형태와 조류를 테마로 한 범죄를 행했던 것에 비해, 캣우먼은 1950년대에 이르러 고양이 귀가 달린 가면과 초록색 망토가 달린 보라색 이브닝 가운을 새로운 복장을 착용했고 전과는 다른 종류의 접근법을 취했다. 이 버전의 캣우먼은 미인계에 덜 의존하고 배트맨에 비견되는 고양이 주제의 수법들을 쓰기 시작했다. 하지만 캣우먼의 기본적인 성격은 남아 있었다. 캣우먼은 배트맨의 새로운 성격의 측면들을 드러나게 만들었다. "캣우먼이 로그스 갤러리에 추가된 건 잘된 일이었습니다. 배트맨의 취약하고 인간적인 면을 드러냈으니까요." 웰스의 지적이다. "장난스러운 면, 이성으로서의 이끌림, 심지어 캣우먼의 범죄 활동을 용인하기까지 이전에는 독자들이 한 번도 보지 못했던 모습들이었죠."

이 시대 배트맨의 적수들 대다수는 공상 과학 주제의 이상한 적들이거나 환상적인 발명품을 범죄에 이용하려고 하는 판에 박힌 범죄 조직원들이었다. 당시의 작품 중 하나인 '고담시의 고릴라 두목! The Gorilla

Boss of Gotham City!'에서 조지 다이크^{George Dyke}라는 이름의 범죄 조직원은 죽음을 피해 자신의 뇌를 거대 유인원에게 이식하기까지 한다.

이런 괴상한 악당들은 만화책, 특히 슈퍼히어로물 만화책의 판매가 주춤하던 시기 어린 독자들의 관심을 사로잡기 위한 노력의 일환으로 만들어진 것이었다. "1950년대 말 슈퍼히어로물이 사그라진 데는 다양한 원인이 있었습니다." 매튜 K. 매닝의 설명이다. "당시 호황을 누리던 시장에서 수많은 다른 장르들이 발전하고 있었는데, 슈퍼히어로물은 하나의 유행이었고 다른 모든 유행들이 그러듯이 참신한 시도가 없다면 영원히 계속되는 건 불가능했죠."

배트맨 만화들이 어린 독자들에게 구애하는 동안에 다른 출판사들 특히, EC 코믹스에서는 보다 높은 연령대를 대상으로 삼은 공상 과학, 공포, 전쟁, 그리고 성인용 범죄 만화를 내놓기 시작했다. EC 코믹스에서 가장 많이 팔리는 책들은 《납골당의 미스터리^{Tales from the Crypt}》, 《볼트 오브 호러^{The Vault of Horror}》, 《하운트 오브 피어^{The Haunt of Fear}》 등이었다. 시각적으로 노골적인 이 작품들은 독자들에게 좋은 반응을 얻었지만 부모와 교사, 성직자들은 그런 만화들이 독자에게 미치는 영향에 대해 걱정을 표했다. 그 걱정은 곧 만화에 대한 대중적인 반대 운동으로 나타났고, 만화 판매량은 전국적으로 급감했다. 배트맨의 경우에는 어린 사이드킥에게 비도덕적이고 동성애적인 관심을 갖고 있다고 지적됐다. "50년대에 유명 아동 심리학자이자 작가인 프레드릭 워덤 박사^{Dr. Fredric Wertham}는 만화를 청소년 일탈의 원인으로 지목하려고 했죠." 배트맨 작가이자 편집자인 데니 오닐^{Denny O'Neil}의 말이다. "하지만 과학에 조금이라도 지식이 있는 사람이 그가 쓴 《순수의 유혹^{Seduction of the Innocent}》을 읽어 보면, 그 내용에 신빙성이 없다는 걸 단번에 알게 될 겁니다. 워덤이 설정한 통제군에는 타당성이 없었습니다. 그는 만화를 읽는 비행청소년 백 명은 보여주었지만, 만화 독자이면서 교사들이 칭찬하는 학생들과 보이 스카우트 아이들이 세상에 존재한다는 사실은 언급하지 않았습니다. 그의 연구는 최고의 문제아들만을 대상으로 삼고 있었죠."

만화 산업에 대한 대중의 부정적인 인식에 대항하기 위해서 출판사 연맹은 1954년 말에 자체적인 규제 위원회인 만화 규율 위원회(CCA)^{Comics Code Authority}를 조직했다. CCA의 엄격한 규정을 충족하는 출판사는 전국에 유통되지만 그러지 못한 출판사는 업계에서 퇴출당했다. 미국 만화의 첫 시대는 이렇게 막을 내렸다. 골든 에이지의 종말이었다.

코믹스 코드의 등장에 이어지는 골든 에이지 이후의 과도기에 DC는 로빈, 슈퍼맨, 원더우먼을 제외한 배트맨의 거의 모든 동료 영웅들의 만화책 출간을 중단했다. 비록 배트맨 작품들이 코믹스 코드의 등장 이

HURRY, *BATMAN*— THE *BAT-WOMAN* IS BEATING US ON THIS MISSION!

위 캐시 케인, 일명 배트우먼은 범죄와의 전쟁에 참전하기 전에 서커스 연기자로 일했다. 그녀는 50년대 중반부터 60년대 초까지 배트맨의 삶에 계속 등장했다. (셸던 몰도프 작, 1956년 7월자 《디텍티브 코믹스 233호》 표지)

전부터 이미 가벼워진 상태였지만 DC에서는 더욱 자세를 낮춰 어둠의 기사를 훨씬 아동 친화적이고, 무엇보다도 가족용 작품으로 만들어 나갔다. 배트맨의 악당들 가운데 기괴한 악당들은 완전히 자취를 감췄고, 독자들을 웃기는 용도로만 등장하는 조커 같은 지극히 일부의 악당들만 살아남았다.

공산주의와 반미 활동에 대한 공포가 만연했던 시대로 정의되는 무렵에 배트맨과 로빈은 모범적인 시민의 모습을 배로 강화하고 다른 친구와 동료들과 마찬가지로 미덕과 친절의 모범을 실천했다. 백만장자 상속녀이자 서커스 곡예사 경력이 있는 캐시 케인 Kathy Kane 이 1956년에 배트우먼 Batwoman 으로 합류했다. 배트

우먼은 배트맨에게 사랑을 표시하지만 임무에 빠져 있던 배트맨은 그 사랑을 거절한다. 가면 쓴 배트우먼과 그녀의 십대 조수인 배트걸(Bat-Girl, 캐시의 조카인 베티 케인 Betty Kane)은 낭만적인 욕망의 상대역이기보다는 골칫거리이자 이야기 전개용 도구로 묘사되었고, 코믹스 코드의 출범과 함께 망토 두른 십자군의 유틸리티 벨트는 그대로 정조대가 되었다.

1950년대의 배트맨은 가정적인 남자가 되었다. 한때 DC의 가장 유명한 영웅인 슈퍼맨과 대조되는 어두운 성격과 모험담을 선보였던 것과 달리, 밝고 상냥해진 배트맨과 그의 동료들은 슈퍼맨과 그 친구들의 판박이처럼 보였다. 슈퍼맨의 50년대 조연으로는 여성

당시 다이나믹 듀오의 방향을 배트마이트(Bat-Mite)만큼 잘 반영한 캐릭터는 아마 없을 것이다.

판 슈퍼맨인 슈퍼걸과 동료 개인 크립토 Krypto 가 있었는데, 크립토의 인기 때문에 배트맨도 사냥개인 배트하운드 에이스 Ace the Bat-Hound 를 얻게 되었다. "제가 봤을 때, 슈퍼맨을 복사하는 시도는 시대의 편집증이 반영된 산물입니다." 전 DC 편집자 마이크 골드 Mike Gold 의 설명이다. "배트맨은 일부 사람들의 눈에는 폭력적인 범죄물이었고, 워덤이 브루스 웨인에게 남색가라는 낙인까지 찍었죠. DC는 두 번째로 큰 돈줄을 잃고 싶지 않았어요. 그리고 TV에서는 〈슈퍼맨의 모험 Adventures of Superman〉이 대성공을 거두고 있었기 때문에 다른 출판사들보다 잃을 것이 많았습니다. 그래서 배트맨은 아버지 상이 되었습니다."

코믹스 코드 시대의 배트맨의 위치가 정해지자, 슈퍼히어로 작품군을 확장할 때가 왔다고 느낀 DC에서는 쇼케이스 Showcase 라는 제목의 단편집 타이틀에서 새로운 버전의 플래시를 소개했다. 새로운 플래시는 즉시 대박을 쳤고, 그린 랜턴과 아톰 the Atom 같은 다른 슈퍼히어로로 경쟁자들도 곧 그 뒤를 이었다. 실버 에이지로 알려지게 되는 슈퍼히어로 르네상스가 시작되고 있었다.

하지만 이 르네상스는 배트맨을 완전히 비껴갔다. 어둠의 기사는 골든 에이지가 저물 때부터 실버 에이지가 시작될 때까지 외형상으로 거의 변하지 않았다. 얼마 지나지 않아 판매량의 하락으로 인해 DC는 배트맨의 수명이 다한 게 아닐까 우려하게 되었다. 필사적으로 흥미를 되찾고자 했던 편집자 잭 쉬프 Jack Schiff 는 50년대 아이들이 공상 과학 영화와 괴물 영화를 보기 위해 주말마다 극장에 몰려들고 있다는 점에 주목했다. 소련의 스푸트니크 위성 발사 성공과 미국의 우주 탐험 기관인 나사 NASA 의 설립으로 우주 경쟁

시대가 시작된 상태였다. 지구상의 아이들과 연결점을 찾기 위해 배트맨은 우주로 눈을 돌렸다.

이후 6년 동안 배트맨과 로빈은 외계로 여행하거나 고담시에서 외계인들과 싸우고, 과학자인 카터 니콜스 Carter Nichols 교수의 도움을 받아 시간 여행까지 하는 공상 과학 영웅들로 변모했다. 1958년 《배트맨 113호》에 실린 'X-행성의 슈퍼맨! The Superman of Planet-X!'에서 배트맨은 주르-엔-아르 Zur-En-Arrh 라는 행성에 사는 괴상망측한 배트맨을 만나 주르-엔-아르로 순간 이동한다. 우리 행성의 배트맨은 그곳에서 초능력을 얻게 되고 반짝이는 도시인 주르-엔-아르를 위협하는 거대 로봇 군대를 물리친다. "그 이야기는 당시로는 흔했던 공상 과학 분위기를 담고 있지만, 이야기에 드러난 순수한 상상력과 거의 모든 페이지마다 가득한 새로운 개념의 소개 및 규칙을 깨는 전개가 스프랑이 그린 배트맨에 가득했습니다. 'X-행성의 슈퍼맨 속 배트맨'처럼 극단적이지는 않더라도 그에 근접한 경우도 많았죠." 만화책 역사가 제스 네빈스 Jess Nevins 의 설명이다.

당시 다이나믹 듀오의 방향을 배트마이트 BatMite 라는 차원 이동 요정만큼 잘 반영한 캐릭터는 아마 없을 것이다. 배트맨의 대단한 팬임을 자처하는 이 강력한 마법의 요정은 명백히 마법을 쓰는 슈퍼맨의 적수인 미스터 믹시즈피틀릭 Mr. Mxyzptlk 의 모방이었고, 배트마이트가 1959년 배트맨 세계에서 딱히 유별나게 보이지 않았다는 점 자체가 이 이상한 시대의 망토 두른 십자군을 잘 대변한다고 할 수 있다.

"저는 배트맨의 본질이 초능력 영웅이 아니라 부모의 죽음에 고통받는 자경단이라고 봅니다." 빌 모리슨의 말이다. "그런데 어쨌든 배트슈트를 입은 사내라는 모습 자체가 수많은 이상한 가능성을 열어주는

위 5차원에서 온 요정 배트마이트는 우주에서 제일 가는 배트맨의 팬이라고 자처하며 배트맨이 뒤 목을 잡게 한다. (커트 스완 및 스탠 케이 작, 1959년 5월자 《디텍티브 코믹스》 표지 중에서)

배트맨이 유명인으로 배경에 얼굴을 비치긴 했지만 사실 별 도움은 주지 않았고, 마션 맨헌터 Martian Manhunter 와 같은 신참들이 새로운 슈퍼히어로 세대를 만들 수 있도록 모든 것을 맡겼습니다." JLA에서 망토 두른 십자군의 존재 결여는 배트맨과 슈퍼맨 중에 어떤 캐릭터가 주역이 되어야 할지에 대한 배트맨 편집자인 잭 쉬프와 슈퍼맨 편집자인 모트 와이징어 Mort Weisinger 의 갈등이 초래한 결과이기도 했다.

하지만 시간이 흐르면서 배트맨은 팀의 전략가로서 성장했고, 당시 배트맨 단독 시리즈에 출연해도 어울릴 만한 공상 과학 소설의 캐릭터인 데스페로 Despero 와 칸자 로 Kanjar Ro 를 포함한 초우주적 위협 같은 싸움에서 중요한 역할을 했다. 외계인의 위협에 대한 경험은 배트맨이 초능력의 부재에도 불구하고 저스티스 리그의 필수 구성원임을 증명하는 계기가 되었다. "배트맨이라는 캐릭터의 재미있는 점은 아무 초능력이 없음에도 저스티스 리그의 누구에게도 뒤떨어지지 않고, 때로는 오히려 모두를 넘어서는 활약을 보인다는 점입니다." 80년대 말에 JLA 연재를 시작하여 인기를 끌었던 J. M. 디머테이스 J. M. DeMatteis 의 말이다. "사실, 약간의 과장이긴 하지만 독자인 우리가 배트맨이 팀의 귀중한 존재라고 믿는다는 점은 배트맨이라는 캐릭터의 특기할 만한 사항이죠."

배트맨의 끊임없는 적응성은 슈퍼맨과 원더우먼을 제외한 30년대와 40년대 소개된 다른 슈퍼히어로들이 신문 가판대 저편으로 밀려나는 상황 속에서 굳건하게 버티게 해준 원동력이었다. "배트맨의 가장 대단한 점이자 배트맨이 버틸 수 있었던 이유는 배트맨이 유연한 캐릭터라는 점일 겁니다." 배트맨 역사가 마크 코타 바즈의 표현이다. "음울한 어둠의 기사 이야기부터 시간 여행하는 바보 같은 이야기들, 그리고 저스티스 리그와의 모험까지. 그렇게 많은 변화를 거쳤으면서 살아남아 있는 다른 캐릭터가 또 있을지 생각하기 어렵군요."

하지만 아동 친화적으로 변신한 배트맨은 25주년이 가까워지면서 시련에 직면했고 힘을 다한 것처럼 보였다. 저스티스 리그 아메리카의 구성원으로서 배트맨에 대한 사람들의 관심을 환기했지만, 배트맨이 주인공인 《배트맨》과 《디텍티브 코믹스》의 판매는 주춤한 상태였고 1950년대 초의 반反만화 운동에서 입은 피해에서 벗어나지 못하고 있었다. 배트맨이 살아남기 위해서는 새로운 방향과 새로운 창작자들, 그리고 무엇보다도 새로운 모습이 필요했다.

측면이 있죠. 전 그 점이 머나먼 곳의 이상한 행성들과 여러 차원들을 오가며 이상한 외계인, 괴물 들과 싸우는 배트맨의 모습을 제가 받아들일 수 있게끔 만들어 준다고 생각합니다."

그런 외계인들 중 하나인 정복자 스타로 Starro the Conqueror 는 배트맨과 그의 새로운 동료들인 저스티스 리그 오브 아메리카 JLA 와 앤솔로지 타이틀인 《더 브레이브 앤 더 볼드 28호 The Brave and the Bold #28》에서 대결한다. 배트맨은 슈퍼맨, 플래시, 그린 랜턴, 그리고 그 외 저스티스 리그의 주요 창립 회원들과 함께 싸우며 시간이 지나면서 빼놓을 수 없는 구성원이 되어간다. "초기 저스티스 리그 이야기에서 배트맨을 팀으로 이끈 주요 요인은 지명도였습니다." 매닝의 말이다. "《더 브레이브 앤 더 볼드 28호》에서 배트맨은 주역이 아니었고 상징적인 표지에도 등장하지 않았습니다. 저스티스 리그 오브 아메리카는 어디까지나 실버 에이지에 이르러 새로 개변된 플래시와 그린 랜턴과 같은 새로운 영웅들의 무대로 기획된 것이었습니다. 슈퍼맨과

위 1950년대 전형적인 모험담에서 다이나믹 듀오가 거대 괴물과 싸우고 있다. (셸던 몰도프 작, 1958년 2월자 《디텍티브 코믹스 252호》 표지)

맞은편 이 실버 에이지 만화에서 데스페로는 지구와 평행 지구 세 곳을 정복하기 위해 저스티스 리그 오브 아메리카를 붙잡는다. (마이크 세코우스키 및 머피 앤더슨 작, 1964년 3월자 《저스티스 리그 오브 아메리카 26호》 표지)

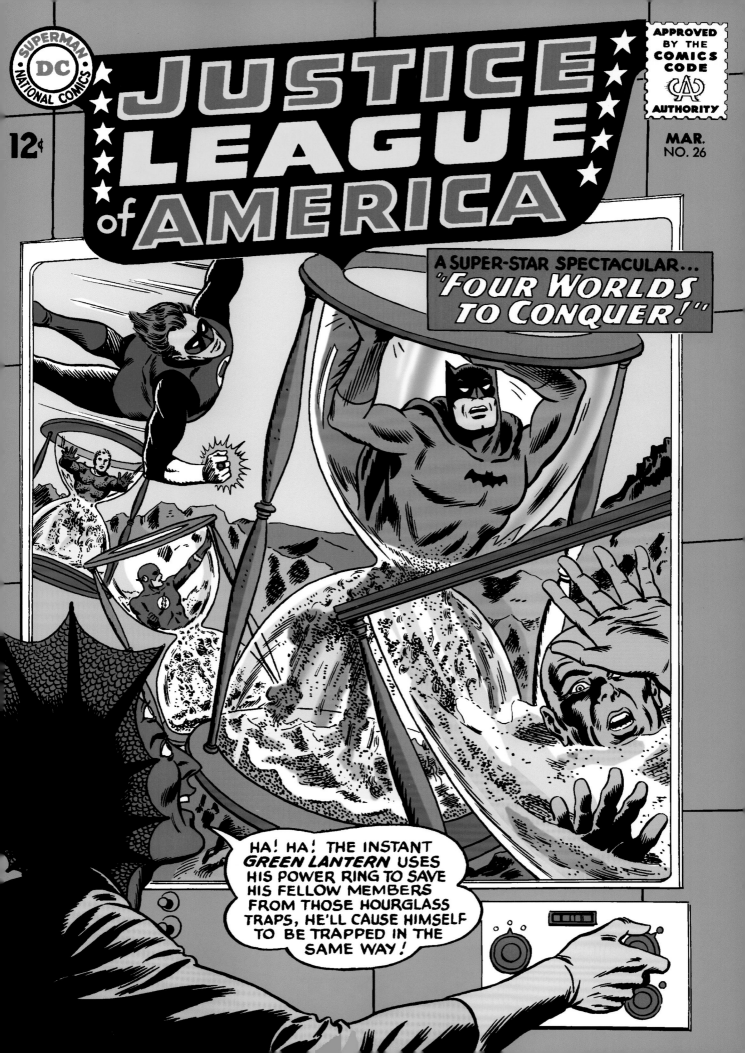

3. 새로운 모습

1964년에 출간된 첫 배트맨 만화는 기존에 연재된 이야기들을 다시 수록한 특별 기념호였다. 그 이야기들은 1950년대의 유물들이었지만 당시 출간되고 있던 신작 《디텍티브 코믹스》의 만화들과 별 차이가 없었다. 60년대는 극적인 정치 사회적 변화의 시대였으나 배트맨은 과거에 갇혀 있었다.

60년대 초의 만화 독자들도 같은 결론에 이르렀고, 배트맨을 진부하고 낡았다고 여기며 멀리했다. 그 결과 《배트맨》과 《디텍티브 코믹스》의 판매는 역사상 최저점에 도달했다. 한편 경쟁 출판사인 마블 코믹스 Marvel Comics에서는 DC의 저스티스 리그 오브 아메리카의 성공에 자극을 받아, 작가 스탠 리 Stan Lee와 작화가 잭 커비 Jack Kirby가 만든 〈판타스틱 4 Fantastic Four〉를 내놓았다. 슈퍼히어로물에 대한 이 둘의 현대적인 접근법은 팬들의 공감을 샀고, 히트작이 줄줄이 이어졌다.

"DC는 마블에게 밥그릇을 뺏기고 있었습니다." 60년대 말에 《배트맨》과 《디텍티브 코믹스》를 쓴 작가 마이크 프리드리히 Mike Friedrich의 표현이다. "25년간 업계의 왕으로 군림했는데, 마블은 굉장히 짧은 시간 만에 대단한 인기를 얻으며 판매고를 올리고 있었죠. DC는 어찌할 바를 몰랐고 상당한 근심에 빠졌습니다."

"독자들은 기본적으로 어립니다." 만화 작가이자 역사가인 마크 에베니에 Mark Evanier의 말이다. "부모님이 듣는 노래를 듣기 싫어하고, 같은 이유에서 부모님이 읽던 배트맨도 별로 원하지 않죠. 우리는 책을 들여다보면서 스스로에게 자주 물어봐야 합니다. 이게 지금 시대에 맞는 캐릭터인가?"

DC 측에서도 당시의 배트맨을 바라보며 똑같은 질문을 던졌다. 〈슈퍼맨의 모험〉 TV 드라마의 인기에 힘입은 슈퍼맨은 여전히 이 회사에서 가장 잘 팔리는 캐릭터였고, 다른 슈퍼히어로 만화들인 플래시, 그린

랜턴, 그리고 저스티스 리그 오브 아메리카의 인기는 매달 높아져 가고 있었다. 지나간 시대의 유물처럼 느껴지는 배트맨과 비교하면 편집자 줄리 슈워츠의 지원을 받는 새 시리즈는 신선하고 새롭고 현대적으로 보이기만 했다.

줄리 슈워츠는 그 어떤 캐릭터라도 현대 독자에게 맞게 재창조하고 재해석하는 남다른 재주를 가진 DC의 수리 전문가이자 슈퍼히어로 조련사로 명성이 높았다. "1963년에 DC 발행인인 어윈 도넨펠드 Irwin Donenfeld가 줄리 슈워츠와 인기 DC 작화가인 카민 인판티노 Carmine Infantino를 사무실로 불러 《배트맨》과 《디텍티브 코믹스》를 맡길 정도로 판매량이 좋지 않았습니다." 전 DC 편집자 밥 그린버거의 말이다. "판매 상황을 개선할 6개월의 기한을 주되, 해결되지 않으면 그 책들을 폐간할 수밖에 없다고 보았죠. 슈워츠는 사실 그 일을 맡고 싶어 했던 사람은 아니었지만 그의 황금손은 DC의 슈퍼히어로 만화에 새 생명을 불어넣었고 판매량도 급증했습니다. 배트맨에는 그 사람이 꼭 필요했죠."

슈워츠는 배트맨의 캐릭터 현대화가 급선무라고 보았다. 배트맨의 DC 동료들 대부분이 실버 에이지 때 재탄생하고 시대에 맞도록 새로워진 데 비해 배트맨의 모험은 여전히 복고풍이었다. 이러한 인식에 대응하기 위해 슈워츠는 세계 최고의 탐정에게 상상할 수 있는 가장 복잡한 최신 장비로 가득한 최첨단의 법의학 연구실이 필요하다고 주장했다. 또한 배트맨에게는 매끄럽고 현대적인 배트모빌이 필요했다. 그리고 무엇보다도 지난 20년간 배트맨이라는 캐릭터를 정의해온 기존 스타일로부터 완전히 탈피할 필요가 있었다.

이전의 배트맨 편집자인 잭 쉬프는 보다 안정적인 단편집 타이틀인 〈미스터리 인 스페이스 Mystery in Space〉와 〈스트레인지 어드벤처 Strange Adventures〉 편집자로

50쪽 카민 인판티노 및 조
지엘라 작, 1965년 2월자
《배트맨 169호》 표지.

51쪽 놀라운 표지와 함께
새로운 모습 시대가
시작된 뒤 독자들은
배트맨의 대담하고 새로운
변화를 보고 깜짝 놀랐다.
(카민 인판티노 및 조 지엘라
작, 1964년 5월자 《디텍티브
코믹스 327호》)

위 배트맨은 은퇴를 전격
발표하여 세상을 놀라게
하지만 실은 범죄자를
붙잡기 위한 계획이었다.
(카민 인판티노 및 머피 앤더슨
작, 1967년 5월자 《배트맨
191호》 표지)

자리를 옮겼고, 그 자리는 슈워츠에게로 넘어갔다. 그
의 첫 번째 임무는 과거의 업적을 높게 사서 자리를 지
키게 한 배트맨 공동 창작자인 빌 핑거와 50년대 중반
부터 배트맨 연재에 참여한 에드 '프랑스' 헤론Ed 'France'
Herron과 함께할 새로운 작가진을 꾸리는 것이었다. 새
로운 편집자는 DC의 대들보였던 두 작가들을 영입했
다. 〈플래시〉와 〈그린 랜턴〉으로 최근 성공을 거두었

던 존 브룸John Broome과 〈저스티스 리그 오브 아메리카〉
로 출판사에 큰 성공을 가져다준 가드너 폭스Gardner
Fox였다. 슈워츠는 브룸과 폭스가 배트맨 타이틀에서
도 성공을 이어갈 수 있을 것이라고 자신했다.
　배트맨 책에 새로운 모습과 느낌을 줄 인물로는
앞서 50년대 중반 〈플래시〉를 통해 만화 업계 전체에
새 생명을 불러일으키고 만화계를 실버 에이지로 이끈

카민 인판티노가 낙점되었다. 인판티노는 배트맨의 망토와 가면을 간소화해서 50년대에 땅딸막해 보이는 근육질 사나이로 변한 배트맨을 날씬하게 바꾸었다. 가장 극적인 개선점은 슈워츠의 지시에 따라 배트맨의 가슴 문양에 노란색 원을 추가하여 배트시그널과 어울리게 한 것이었다. 브루스 웨인도 마찬가지로 현대인으로 거듭났다. 우리의 억만장자는 여전히 양복과 넥타이를 착용했지만 인판티노는 당대의 유행을 반영하는 옷으로 부유한 사교계 명사의 옷장을 채웠다.

인판티노의 대담하고 극적인 시도는 1964년 5월호 《디텍티브 코믹스》 표지를 통해 드러났다. 그는 팬들에게 어둠의 기사가 뭔가 특별한 변화가 일어나고 있음을 알게 만들었다. 표지 문구인 "배트맨과 로빈의 '새로운 모습'을 소개합니다"는 모두의 관심을 사로잡기에 충분했다. "새로운 모습은 상당한 충격이었습니다." 마크 에베니에의 표현이다. "아무도 예상을 못 하고 있었죠. '다음 달에는! 배트맨이 아예 새로운 모습을 선보입니다!' 같은 잡지 문구도 없었습니다. 신문 가판대에 갔더니 새로운 로고, 새로운 디자인, 새로운 모습의 배트맨이 등장하는 《디텍티브 코믹스 327호》가 신간으로 놓여 있었습니다. 어안이 벙벙했습니다. 만화가 훨씬 진지해지고 깊이 있게 변했죠."

새로운 모습은 배트맨이라는 캐릭터를 순식간에 바꿔 놨다. 한 달 전만 해도 배트맨과 로빈은 외계 동물원 조련사들에게 사로잡혀서 전시용으로 우주를 오가는 신세였다. 새로운 모습의 배트맨과 로빈이 등장하는 첫 이슈는 현대 법의학 기술을 이용한 복잡한 사건의 해결을 통해 사회의 불공정과 도시 재개발 문제를 다루었다. 배트맨이 지구로 돌아오게 된 것이다.

《디텍티브 코믹스 328호》를 기점으로 슈워츠가 배트맨 작품의 새로운 분위기와 방향을 굳히면서 더 큰 변화가 일어났다. 그 이야기에서 오랜 조력자였던 알프레드 페니워스가 배트맨과 로빈을 거리의 갱단에게서 구하다가 살해당하자, 그의 고귀한 희생을 기리며 브루스 웨인은 자선 목적으로 알프레드 재단을 설립한다. 알프레드 재단은 브루스가 자신이 지키기로 한 고담시의 사람들과 더 가까운 유대 관계를 이룰 수 있도록 도와주고 브루스에게 범죄와의 전쟁이라는 자신의 임무가 가진 중요성을 상기시켜준다.

슈워츠는 배트맨을 안전지대에서 끌어내고 남자밖에 없는 웨인 저택에 변화를 주기 위한 방안으로 알프레드를 죽이기로 결정했다. 이와 관련하여 조카의 정체에 대해 전혀 모르고 있던 딕 그레이슨의 이모 해리엇 Harriet 이 조카와 그 후견인을 돌보기 위해 웨인 저

위 알프레드는 다이나믹 듀오를 구하기 위해 자신의 목숨을 희생한다. (셸던 몰도프 및 조 지엘라 작, 1964년 6월자 《디텍티브 코믹스 328호》 중에서)

WHEN I HEARD OF ALFRED'S DEATH, I KNEW YOU'D NEED SOMEBODY TO TAKE CARE OF YOU--SO I'VE DECIDED TO LOOK AFTER YOU BOTH...

B-BUT AUNT HARRIET...

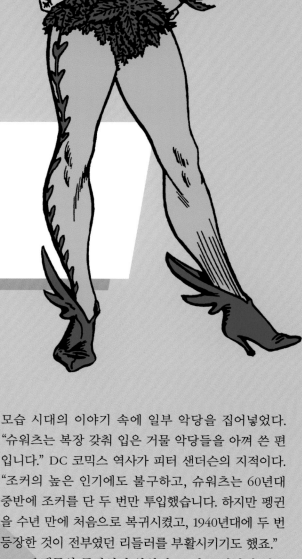

사람의 정신을 조종할 수 있는 범죄 계획자인 포이즌 아이비는 대상을 유혹할 수 있는 능력과 범죄에 대한 실천적인 지식을 고루 갖춘 인물이다.

왼쪽 위 딕 그레이슨의 이모, 해리엇 쿠퍼는 웨인 저택에 도착하자마자 살림을 차린다. (셸던 몰도프 및 조 지엘라 작, 1964년 6월자 《디텍티브 코믹스 328호》 중에서)

오른쪽 위 새로운 모습 시대에 소개된 악당 중에서 가장 오래 살아남은 것은 이후 수십 년 간 계속 등장하는 포이즌 아이비였다. (카민 인판티노 및 머피 앤더슨 작, 1965년 5월자 《배트맨 181호》 표지 중에서)

맞은편 거의 20년 간 출연이 없던 리들러는 1965년에 배트맨, 로빈과 싸우기 위해 복귀했다. (카민 인판티노 및 머피 앤더슨 작, 1965년 5월자 《배트맨 171호》 표지)

인서트 딕 스프랑이 《배트맨 181호》를 위해 그린 펼치는 포스터.

택으로 이사를 온다. "그녀는 딕의 이모라는 점 이외에는 모자 쓰고 돌아다니며 아무것도 모르는 일종의 참견쟁이일 뿐이었죠." DC 코믹스 역사가인 짐 비어드Jim Beard의 설명이다.[1] 배트맨과 로빈의 정체에 대해 모르는 유머러스한 측면이 '새로운 모습' 시대의 진지한 방향에 어울리지 않았기 때문에 해리엇 이모는 고담시에서 떠나기 전까지 일부 만화에만 등장했다.

해리엇 이모가 다이나믹 듀오에게 미친 영향이 미미했던 반면에, 새로운 모습의 시대에는 몇 가지 지속적인 변화도 일어났다. 1964년 여름에 딕 그레이슨은 동료 조수들인 아쿠아래드Aqualad와 키드 플래시Kid Flash와 함께 자신의 인생에서 중요한 위치를 차지하게 될 조직인 틴 타이탄스Teen Titans을 만들었다. 시간이 지나면서 로빈은 틴 타이탄스의 대장으로서 점점 성숙해졌고, 기존의 어린 사이드킥이 아니라 배트맨과 동등한 동료가 되어갔다.

범죄와 싸우는 배트맨과 로빈 2인조가 진화하면서 오랫동안 방치 상태였던 로그스 갤러리도 갱신되었다. 슈워츠와 그의 작가진들은 현대적이고 사실적인 범죄자들과 배트맨을 싸움 붙이는 방향을 선호했지만, 동시에 많은 독자들이 어둠의 기사의 고전 악당들에게 애착을 가지고 있다는 점을 알았기에 새로운

모습 시대의 이야기 속에 일부 악당을 집어넣었다. "슈워츠는 복장 갖춰 입은 거물 악당들을 아껴 쓴 편입니다." DC 코믹스 역사가 피터 샌더슨의 지적이다. "조커의 높은 인기에도 불구하고, 슈워츠는 60년대 중반에 조커를 단 두 번만 투입했습니다. 하지만 펭귄을 수년 만에 처음으로 복귀시켰고, 1940년대에 두 번 등장한 것이 전부였던 리들러를 부활시키기도 했죠."

오랫동안 등장하지 않았던 또 다른 악당인 캣우먼도 1966년에 복귀했다. 캣우먼이 자리를 비운 것은 배트맨을 타락시킬 수 있는 팜 파탈들이 등장할 여지를 남기지 않은 코믹스 코드 규제의 결과였다. 코믹스 코드의 규제는 시간이 지나면서 느슨해졌고, DC는 배트맨의 로그스 갤러리에 다양성을 부여하기 위해 십년간의 휴식기를 깨고 캣우먼을 다시 투입시켰다.

그해는 배트맨의 삶에 또 다른 주요 여성 악당이 소개된 해이기도 했다. 사람의 정신을 조종할 수 있는 범죄 계획자인 포이즌 아이비Poison Ivy는 대상을 유혹할 수 있는 능력과 범죄에 대한 실천적인 지식을 고루 갖춘 인물이다. "1960년대에 배트맨에는 고정적으로 등

BEST BAT-WISHES
Batman and Robin

장하는 여성 악당이 별로 없었습니다." 역사가 매튜 K. 매닝의 말이다. "그러니 신규 여성 악당이라는 점 자체도 충분히 흥미로웠는데, 공공의 적 1호가 되는 일에 집착하는 포이즌 아이비 같은 인물이라면 더 말할 것도 없었죠. 눈길을 사로잡는 복장도 독자들에게 큰 인상을 줬습니다." 포이즌 아이비와 그녀가 입은 특유의 나뭇잎 복장은 《배트맨 181호》에서 처음 등장했다. 그리고 그 이후에는 슈워츠의 장려에 힘입어 아예 새로운 악당들이 무더기로 등장했다. "새로운 모습 시대는 새로운 실험의 시대였고, 슈워츠와 인판티노는 팬들이 배트맨을 진지하게 받아들이도록 만들기 위해서는 중요한 변화를 통해 진정한 충격을 줄 필요가 있다고 느꼈습니다." 코믹북 리소스의 기고가인 브라이언 크로닌[Brian Cronin]의 설명이다. 슈워츠의 감독 아래 배트맨은 새롭고 이상한 적수들과 싸우기 시작했는데, 그 예로는 초인적인 힘을 가진 블록버스터[Block-buster]나 수수께끼 계획의 귀재인 아웃사이더[Outsider], 그리고 죽은 척하며 배트맨에게서 여러 번 도망친 해골 복장의 데스맨[Death-Man]이 있다. "그 캐릭터들 대부분에게는 지속될 만한 힘이 없었습니다." 마크 에베니에의 지적이다. "하지만 그 캐릭터들은 변화를 추구하는 작가진의 방향을 보여줬죠. 새로운 모습 시대 이전까지 우리가 봐왔던 틀에 박힌 이야기들과 다른 신선한 느낌을 주었습니다."

현대적인 액션과 모험담과 함께 활력을 되찾은 다이나믹 듀오와 로그스 갤러리는 배트맨에게 새 생명을 주었다. DC의 입장에서 이 배트맨은 완전히 새로운 배트맨이었다.

골든 에이지부터 50년대 말까지 나온 배트맨 이야기들은 지구-2[Earth-Two]에 사는 배트맨의 모험담으로 간주되었고, 현재의 배트맨은 지구-1[Earth-One]에 거주하는 것으로 설명되었다. 평행 세계인 지구-2의 개념은 〈플래시〉 만화에서 원조 플래시인 제이 게릭[Jay Garrick]이 새로운 플래시인 배리 앨런[Barry Allen]으로 교체된 뒤 원조의 모험담을 탐구하기 위한 방안으로 고안되었다. 배트맨의 경우 1940년에 딕 그레이슨을 입양하고 제2차 세계 대전 중에 저스티스 소사이어티 오브 아메리카와 함께 싸운 브루스 웨인이 지구-1의 동일인물보다 약 20년 정도 나이가 많은 것으로 설정 차이가 그려졌다. 이에 비해 새로운 모습 시대의 지구-1 배트맨은 저스티스 리그 오브 아메리카의 동료들과 마찬가지로 전성기의 기량을 가지고 있었다.

제이 게릭과 저스티스 소사이어티는 저스티스 리그와 나란히 싸우기 위해 종종 차원의 장벽을 넘어 다녔지만 지구-2의 배트맨은 그런 모험에 거의 동행하지 않았고, 반쯤 은퇴하여 팀 내의 자신의 자리를 성인이 된 로빈에게 넘겨주었다. 제2차 세계 대전 중에 범죄자들과 싸우고 1950년대에 외계인과 싸웠던 배트맨인 원조 어둠의 기사는 과거에 남겨졌다. 미래는 지

데스맨은 죽은 척하면서 배트맨에게서 여러 번 도망쳤다.

구-1의 배트맨의 것이 되었다.

이같은 커다란 변화는 큰 효과를 거두었다. 배트맨의 새로운 모습은 배트맨 월간 만화의 판매량을 높였고 다이나믹 듀오에게 살아남아 계속 싸울 기회를 보장해주었다. 그리고 수년 만에 처음으로 어둠의 기사는 현대 독자들에게 의미를 가지게 되었다. "1960년대 중반에 배트맨 책들은 번성하고 있었습니다." DC 코믹스 작가 마크 웨이드의 말이다. "새로운 모습을 만화 역사 속 하나의 주요 전환점이었다고 표현하면 그건 심각한 과소평가일 겁니다." 배트맨은 다시 스포트라이트 속으로 들어왔고 팬들과 할리우드도 주목하기 시작했다.

맞은편 배트맨과 로빈이 수수께끼의 '아웃사이더'와 싸우고 있다. 그 정체는 부활한 뒤 괴상한 변화를 거쳐 초능력을 얻고 미쳐 버린 충직한 집사 알프레드 페니워스였다. (카민 인판티노 및 조 지엘라 작, 1966년 10월자 《디텍티브 코믹스 356호》 표지)

위 데스맨은 실버 에이지의 '죽음은 세 번 두드린다!'라는 불길한 제목의 모험담에서만 단 한 번 등장했다. (셸던 몰도프 및 조 지엘라 작, 1966년 5월자 《배트맨 180호》 중에서)

4. 찰싹! 뻥! 퍽!

만화책들이 60년대 중반에 대중의 상상력을 사로잡는 동안, 배트맨은 지금까지 한번도 접한적 없었던 대중문화 혁명의 최전선에 놓였다.

만화책에 대한 관심이 다시 높아지면서, 무시당하며 잊혀졌던 1940년대 배트맨 단편 영화 연속극이 깜짝 부활했다. 작은 영화관과 지역 극장에서 상영된 이 연속극은 역설적이게도 과장된 연기와 저예산적 요소들을 높게 산 대학생들 사이에 열광적인 인기를 끌었다. 밥 케인은 〈플레이보이 Playboy〉 잡지 발행인이자 50년대와 60년대 멋을 선도했던 휴 헤프너 Hugh Hefner가 당시 배트맨 연속극의 열정적인 팬이었다고 주장한 바 있다. "그 사람은 열다섯 편을 하나로 묶어서 시카고의 플레이보이 클럽에서 상영회를 열면서 일부러 유치하게 악당이 나오면 야유하고 영웅이 나오면 박수치는 걸 큰 재미로 여겼죠."[1]

배트맨이 열광적인 새 팬들에게 다가가는 동안 ABC는 경쟁 방송사들인 NBC와 CBS를 더 선호했던 저연령층 시청자들과의 접점을 찾기 위해 애쓰고 있었다. ABC 경영진은 자신들이 얻고 싶어 했던 유행에 밝은 젊은 관객들을 사로잡고 있었던 당시 제임스 본드 James Bond 영화 시리즈의 성공에 자극을 받았다. ABC의 프로그램 기획 부장이었던 더글러스 S. 크레이머 Douglas S. Cramer는 007 영화에 열광하는 성인들과 더불어 그들의 자녀들도 좋아할 시리즈를 원했고, 인기 만화를 영상화하면 방송국에 필요한 성공을 안겨줄 것이라고 생각했다. 그는 플레이보이 클럽에서 배트맨 연속극 상영회가 열린다는 이야기를 듣고 어둠의 기사에게 주목했다.

"처음 선택한 딕 트레이시 드라마화가 불발되자 몇몇 임원들이 배트맨으로 가자고 결정했죠."《배트맨: 고전 TV 연속극에 대한 헌사 Batman: A Celebration of the Classic TV Series》의 공동 저자인 밥 가르시아 Bob Garcia의 말이다. "그들은 어렸을 때 배트맨 만화를 읽었고 배트맨 캐릭터와 아주 친숙했습니다."

ABC는 1965년에 배트맨 판권 계약을 맺은 뒤 20세기 폭스 20th Century Fox에 제작을 의뢰했다. 폭스의 TV 방영물 제작을 총괄했던 윌리엄 셀프 William Self는 윌리엄 도지어 William Dozier의 그린웨이 프로덕션 Greenway Productions에서 제작하면 적합할 것이라고 생각하고 ABC와 도지어의 만남을 주선했다. "도지어는 할리우드에서 수년간 활동한 사람으로 TV와 영화, 양쪽 모두의 제작 경험이 있었습니다."《배트맨: 고전 TV 연속극에 대한 헌사》의 공동 저자인 조 데스리스 Joe Desris의 설명이다. "셀프는 어떤 일이라도 맡길 수 있을 만한 사람들을 여럿 알고 있었지만, 배트맨의 경우에는 특히 적임자가 필요하다고 느꼈죠."

도지어와 방송사는 처음에는 액션으로 가득하고 상대적으로 심각한 분위기의 배트맨 시리즈를 만들 계획이었다. 하지만 당대의 만화책을 읽어본 뒤, 배트맨이라는 소재가 팝 아트적이고 극도로 과장된 접근법을 택하는 것이 나을 것 같다고 느꼈다. "고전 만화책을 여러 편 사서 쭉 읽으면서 작가들이 단체로 정신이 나간 게 아닌가 생각했어요." 도지어는 회상했다. "전부 동심이 너무나 가득했죠. 그때 아주 간단한 생각 하나가 머리를 스쳤어요. 바로 그런 측면을 과장하자는 거였습니다. 과장해버리면 어른들에게도 재미를 주면서 아이들도 자극할 수 있을 것 같았죠. 성공하기 위해서는 두 집단 모두에게 기대야만 했습니다."[2]

도지어는 베테랑 TV 각본가였던 로렌조 셈플 주니어 Lorenzo Semple Jr.를 고용해 파일럿 에피소드 대본을 맡겼고, 둘은《배트맨 171호》에서 영감을 얻었다. 새로운 모습 시대가 최고조에 달했던 1965년 3월에 출간되고 리들러의 복귀를 다루었던《배트맨 171호》는 도지어와 셈플의 배트맨과 악당들 해석에 결정적인 영향을 끼쳤다. "그 만화가 없었어도 배트맨 TV 파일럿 대본은 만들어졌을 겁니다." 데스리스의 말이다.

58쪽 애덤 웨스트의 망토 두른 십자군.

59쪽 창의적인 촬영 기법을 통해 배트맨(애덤 웨스트)과 로빈(버트 워드)은 고담시의 어떤 건물이라도 쉽게 오를 수 있었다.

캐스팅을 시작했다. 여러 배우들이 주연 오디션을 보았지만 해당 역할은 배트맨 만화를 읽으면서 성장했고 원작에 대해 깊은 애착을 가지고 있던 애덤 웨스트 Adam West 에게 넘어갔다. 잘생기고 참을성이 많은 이 배우는 1950년대부터 꾸준히 조연으로 활동해왔고 주요 방송사의 TV 드라마 출연을 항상 고대하고 있었다. "잔뜩 긴장한 상태로 도지어의 사무실로 들어가자마자, 배트맨을 영상화할 방향에 대한 이야기를 듣게 됐죠." 웨스트의 말이다. "전 웃었습니다. 파일럿 대본을 읽고 나서 더 크게 웃었죠. 제가 연기해볼 만한 게 많은 신선하고 혁신적인 무언가가 있었거든요."[3]

로빈 배역은 더 뽑기 어려웠고 제작사에서는 거의 천 명의 배우들을 심사했지만 성과가 없었다. 당시 버트 워드 Burt Ward 라는 예명을 쓰고 있던 버트 제비스 Burt Gervis 는 정확히 무슨 역할인지도 몰랐으면서도 협력 제작자인 찰스 피츠시몬스 Charles Fitzsimons 의 사무실로 무작정 찾아갔다. 젊은 배우는 붙임성 있는 성격과 무술을 배운 경험이 있었고, 피츠시몬스가 놀라운 소년에 기대했던 외모와 성격을 그대로 가지고 있었다. "그가 사무실에 들어왔을 때, 깜짝 놀라서 의자에서

"하지만 그 대본에는 리들러가 없었을 것이고, ABC에 큰 인상을 심어주지 못했을지도 모릅니다. 장기 연속극 제작은 커녕 파일럿 에피소드 자체가 제작되지 않았을지도 모를 일이죠."

파일럿 대본이 완성되고 ABC의 전폭적인 지지를 얻자 도지어와 그린웨이 프로덕션에서는 드라마

"제가 연기해볼 만한 게 많은 신선하고
혁신적인 무언가가 있었거든요."

나자빠질 뻔했습니다." 피츠시몬스의 말이다. "제가 찾고 있던 로빈의 모든 시각적인 요소들을 갖추고 있었습니다. 따로 연기할 필요도 없었어요. 그 친구가 곧 로빈이었습니다."[4]

배트맨과 로빈의 캐스팅이 끝나자, 그린웨이는 코미디언이자 성대모사의 달인인 프랭크 고신 Frank Gorshin을 리들러로 기용했고, 폭스 스튜디오에서 2부작 파일럿을 촬영하게 되었다. 당대의 인기 시트콤인 〈몬스터 가족 The Munsters〉에서 개조 차량을 선보였던 조지 배리스 George Barris가 배트모빌의 디자이너로 채용됐고, 그는 검은 링컨 퓨투라를 개조해서 망토 두른 십자군의 고성능 차량으로 탈바꿈시켰다. 디자이너 잰 켐프 Jan Kemp는 새로운 모습 시대 만화책이 담고 있던 생기를 총천연색 복장으로 구현해내서 다이나믹 듀오와 리들러에게 입혔다. 파일럿 에피소드 제작이 진행되어 가는 가운데 ABC 경영진은 제작 상황에 매우 감명을 받아 파일럿 에피소드의 촬영이 시작되기도 전부터 첫 시즌 제작을 통과시켰다. 주요 TV 방송사의 프로그램 제작 단계에서는 흔치 않은 일이었다.

방송국과 그린웨이 프로덕션에서는 배트맨 드라마 제작에 비용을 아끼지 않고 모든 것을 쏟아부었다. 정교한 세트장, 특히 배트맨의 최첨단 범죄와의 전쟁용 기지인 배트케이브 세트장이 제작되었다. 60년대 중반까지 미국 내 20% 미만의 가정만이 컬러 TV를 보유하고 있었을 정도로 아직 생소한 방식이었지만 드라마는 풀 컬러로 촬영하기로 했다.

첫 번째 시즌의 방영은 1966년 1월에 시작될 예정이었다. 촬영이 가까워지면서 대본 작가들은 리들러뿐만 아니라 배트맨의 로그스 갤러리 가운데 세 명의 주요 구성원들 펭귄, 조커, 그리고 캣우먼이 등장하는 대본을 쓰는 것에 집중했다.

만화판 캣우먼과 마찬가지로 드라마판 캣우먼도 배트맨의 사랑을 얻으려는 욕망으로 범행을 저지르는 진정한 팜 파탈이었다. "세상에, 그보다 대단한 대본

맞은편 위 테크니컬러 촬영 공정이 1966년 첫 방영한 〈배트맨〉을 시각적으로 가장 역동적인 TV 프로그램으로 만들어주었다.
맞은편 아래 브루스 웨인과 딕 그레이슨은 문제가 생기면 평상복 차림으로 배트-기둥을 타고 내려가 배트맨과 로빈 복장으로 배트케이브에 도착한다.

위 디자이너 조지 배리스는 1965년 10월에 첫 번째 배트모빌을 제작했다. 링컨 퓨투라를 배트맨의 상징적인 자동차로 개조하는 데 3주가 걸렸다.

위 범죄에서 손을 떼게 하려는 배트맨의 거듭된 설득에도 불구하고 줄리 뉴마가 연기한 캣우먼의 개심은 그리 오래 가지 못한다.

이 있었을까요?" 관능적인 셀리나 카일로 캐스팅되어 두 시즌 동안 연기했던 (이후에는 어사 키트Eartha Kitt가 복장을 이어받은) 토니상 수상 배우인 줄리 뉴마Julie Newmar가 웃으면서 한 말이다. "저는 각본가 스탠리 랄프 로스Stanley Ralph Ross의 타자기를 숭배했죠. 너무나 재미있는 사람이었어요! 180센티미터의 곰 같은 거구에 재미로 꽉 찬 사람이었어요. 근처에만 있어도 모두를 밝고 똑똑하며, 재치있고 재미있게 만드는 사람이었어요."

시저 로메로Cesar Romero는 조커로서 화려한 연기를 선보였고, 대본이 요구하는 대로 익살스러운 광대 역과 범죄 두목의 역할을 오가곤 했다. 킬킬대는 범죄계의 광대 왕자는 웃기는 장난과 농담을 하며 다이나믹 듀오를 지독하게 괴롭혔다. "그건 언제나 배우로서 하면 안 된다던 모든 일들을 할 수 있는 배역이었죠. 원하는 대로 하되, 전력을 다해 연기하라."5 로메로는 말했다.

아마도 실사화된 만화 캐릭터들 가운데 버제스 메러디스Burgess Meredith보다 더 어울리는 배우를 만나게 된 캐릭터는 없을 것이다. 《디텍티브 코믹스》에서 막 튀어나온 것처럼 생긴 메러디스의 펭귄은 끝없이 대담하고 야심찬 범행을 저지른다. 메러디스는 보석 강도를 꾀하거나 경마 경기를 조작하거나 고담 시장 선거에 출마하는 등의 행위를 하며 펭귄처럼 뒤뚱거리며 걸었고, 대사 사이에 새처럼 "꽥, 꽥, 꽥!"을 양념처럼 추가하는 연기를 즐겼다.

꽥, 꽥 소리를 낸 건 맡은 배역을 연기하던 메러디스의 신체적인 반응 때문이었다. "길에서 아이들이 절 보면 꽥꽥거리면서 제 뒤를 따라다녔는데, 그건 사실 제가 담배를 안 피는 사람이기 때문에 들어가게 된 소리였죠." 배우 메러디스의 설명이다. "배역을 위해서 담배를 펴야 했기 때문에 들어간 거였습니다. 전 담배를 피면 콜록거리기 시작하거든요."6

한편 연기 하나로 리들러를 2류 악당에서 배트맨의 가장 상징적인 숙적 중 하나로 올려놓은 프랭크 고신 Frank Gorshin 보다 촬영 과정을 즐긴 배우는 없는 것처럼 보였다. 고신은 리들러 연기를 통해 1966년 에미상의 코미디 부문 남우 조연상 후보에 오르기도 했으며, 같은 해에 재즈계의 상징 멜 토메 Mel Tormé 가 작곡한 〈리들러〉라는 제목의 장난스러운 노래까지 리들러 역할로 녹음했다.

"단연 최초의 드라마였죠." 고신이 드라마에 대해 회상하며 한 말이다. "TV 화면으로 옮겨진 만화책이었어요. 재미있는 드라마였고, 저한테는 리들러라는 캐릭터를 다시 만들어낼 기회가 되었죠. 제가 첫 편에 나왔기 때문에 어쩌면 제가 드라마의 방향을 세울 수 있을지도 모르겠다는 자신감을 가지고 임했습니다. 《배트맨》 만화책을 읽을 때마다, 전 배트맨과 모든 악당들과 그 모든 걸 좋아했습니다. 만화의 내용은 심각했죠. 웃으라고 만든 게 아니었어요. 웃기는 것과는 거리가 멀었죠. 하지만 우리가 드라마에서 표현한 건 하나의 풍자극이었고 유머였습니다."[7]

다이나믹 듀오가 여러 명의 이상한 적들과 한바탕 싸우는 드라마의 오프닝 장면은 유명 애니메이터였던 리 미쉬킨 Lee Mishkin 이 맡았고, 주제곡은 그래미상 수상자인 재즈 작곡가 닐 헤프티 Neal Hefti 가 작곡했다.

위 프랭크 고신의 리들러가 수면제가 가득 든 파이로 경비원을 기절시킬 준비를 하고 있다.
가운데 버제스 메러디스의 펭귄은 다른 악당들보다 많은 20편의 에피소드에 등장한다.
아래 시저 로메로는 조커 역을 연기할 때 콧수염을 깎는 것을 거부했다. 그래서 분장사들은 하얀 화장품으로 콧수염을 덮어야 했다.

"헤프티는 1965년에 이미 앨범 열세 장을 낸 거물이었습니다." 배트맨 역사가 밥 가르시아의 설명이다. "드라마 주제곡을 작곡해달라는 요청이 들어왔을 때 그는 막 영화 주제곡 작업을 시작한 참이었죠. 꽤 큰일이었고 드라마 방영 직후 그 노래 자체도 덩달아 히트곡이 되어 헤프티 자신한테도 상당한 수익을 가져다주었습니다."

수십 년이 지나도 잊을 수 없을 정도로 귀에 착착 감기는 "나-나-나-나" 후렴구가 인상적인 주제곡에 대해서 작곡가인 헤프티는 절대 작곡하기 쉬운 곡이 아니었다고 말했다. 초기 촬영분 일부를 본 뒤 헤프티는 유쾌하고 터무니없는 분위기에 맞는 주제곡을 만들기 위해 몇 개월간 씨름했다. "작곡한 곡을 음악 감독 라이오넬 뉴먼 Lionel Newman 과 20세기 폭스의 드라마 제작자에게 처음으로 소개할 때, 저 혼자 노래도 부르면서 피아노도 연주해야 했습니다." 헤프티의 회상이다. "전 제대로 된 가수나 피아노 연주자가 아니었지만, 라이오넬과 제작자인 빌 도지어가 귀를 기울이게 만드는 데는 성공했죠. 처음에는 그 두 사람이 곡을 듣자마자 바로 저를 내쫓아버릴 줄 알았는데, 계속 연

주를 하니 두 사람이 '오, 괜찮은데. 자동차 추격 장면에 어울리겠어.' 같은 말이 들리더군요. 외판원이었던 아버지가 하셨던 말씀이 '사람들이 좋다고 하면, 그들이 마음을 바꾸기 전에 빠져나와라.'였습니다. 빌이 미소 짓는 걸 본 순간 성공을 직감했죠."[8]

작곡가 넬슨 리들 Nelson Riddle 이 드라마의 배경 음악을 맡았다. "1965년의 리들은 경력의 정점에 있었습니다." 가르시아의 말이다. "그는 프랭크 시나트라 Frank Sinatra 와 랫 팩 the Rat Pack 이 선호하는 작곡가였고 50년대 말부터 그들을 위한 배경 음악을 작곡해왔었죠. 〈배트맨〉을 맡기 직전에 연속극 〈66번 국도 Route 66 〉의 배경 음악 작업을 막 마친 참이었어요."

퍼즐의 마지막 조각은 1940년대 배트맨 단편 영화들을 떠올리게 할, 급박한 시작과 끝부분의 내레이션을 맡을 역동적인 성우를 찾는 것이었다. 제작자인 윌리엄 도지어가 임시로 내레이션을 맡았지만 너무나 잘 어울렸기 때문에 결국 그 역할을 고정적으로 맡았다.

ABC에서는 인쇄 광고, 광고판, TV 광고 등 백만 달러짜리 홍보 캠페인을 벌이며 드라마에 대한 자신감을 표시했다. 방송사에서 시도한 가장 특기할 만한 홍보 활동은 방영 2주 전에 신년 맞이 행사 때문에 로즈 볼 경기장에 모인 관중들의 머리 위로 비행기를 날려 "배트맨이 온다!"는 문구를 하늘에 그린 것이었다.

〈배트맨〉 드라마는 1966년 1월 12일 오후 7시 30분에 ABC 채널에서 첫 방영되었고, 첫 에피소드는 로렌조 셈플 주니어 Lorenzo Semple Jr. 가 대본을 쓴 '안녕 디

아래 만화의 인기에도 불구하고 배트맨의 애니메이션 출연은 첫 등장 후 약 25년이 지난 뒤 제작된 드라마의 오프닝 장면이 처음이었다.

맞은편 1966년에는 모두가 〈배트맨〉 드라마를 시청했다. 심지어 만화 속 배트맨까지도 말이다. (카민 인판티노 및 조 지엘라 작, 1966년 8월자 《배트맨 183호》 표지)

드라마 주제곡은 "나-나-나-나" 후렴구가 인상적이며 수십 년이 지나도 잊을 수 없을 정도로 귀에 착착 감긴다.

위 배트맨이 리들러의 초강력 끈끈이 도료에서 탈출하기 위해 배트레이저를 쓰고 있다.

들 리들 ^Hi Diddle Riddle^'이었다. 해당 에피소드에서 다이나 믹 듀오는 리들러와 두뇌 싸움을 벌이는 모습을 보여 주었다. 비열한 악당 리들러와 그의 부하들이 로빈을 붙잡아 포박하고, 의식을 잃은 채로 묶여 있는 놀라운 소년에게 소름 끼치는 수술을 감행하려 하는 손에 땀을 쥐는 결말로 끝난다. 도지어는 간결한 설명으로 내레이션을 하며 드라마 결말의 극적인 효과를 더했다. "로빈은 탈출할 수 있을 것인가? 배트맨이 제때 로빈을 찾아낼 수 있을까? 정녕 이것이 우리의 다이나믹 듀오의 무서운 결말인가? 그 해답은 내일 저녁! 같은 시간, 같은 채널에서! 힌트 하나를 드리자면 최악의 상황은 아직 찾아오지도 않았다는 것!" 다음 날 저녁에 후편이 방영되며 시청자들에게 로빈이 어떻게 살아남는지를 바로 보여주었다.

첫 번째 에피소드의 시청률은 대박을 쳤고, 하룻밤 만에 〈배트맨〉은 온 동네에서 회자되기 시작했다. "그 드라마의 성공 비결은 계층과 세대를 막론하고 통했다는 거였습니다." 케인의 회상이다. "회사원들은 매디슨 가에서 퇴근한 뒤 동네 술집에서 악당들을 야유하고 영웅들을 응원하며 젊음을 되찾았죠. 반대로 멋쟁이 대학생들은 〈배트맨〉을 만화책 속 선악

구도와 대중오락에 대한 풍자라고 보았고요. 덜 냉소적인 아이들은 단순한 액션 모험 활극으로 받아들였죠. 그렇게 드라마는 60년대에 헌저하게 벌어졌던 세대 격차를 좁히는 데 도움을 주었습니다."[9]

1960년대의 〈배트맨〉 드라마는 1940년대 배트맨 연속극과 다르게 마치 생활 속에 들어온 만화책 같았고 슈퍼히어로의 유산을 그대로 포용하고 있었다. 드라마는 딕 스프랑이 그린 만화 속 색채를 그대로 가져온 듯 밝고 자극적인 테크니컬러로 촬영되었다. "〈배트맨〉은 그냥 컬러 드라마가 아니었어요." 가르시아는 말한다. "그건 미국과 세계의 모든 아이들을 최면에 걸리게 하는 신나고 터무니없고 화려한 컬러 드라마였죠. 그때까지 아무도 그런 드라마를 본 적이 없었어요. 기울어진 카메라들과 다채로운 조명 효과, 빠른 전개, 재미, 근사한 차와 아름다운 여배우들. 그리고 매 편마다 격투 장면이 나오죠. 좋아하지 않을 이유가 있겠어요?"

유머와 슈퍼히어로 액션의 조합이 〈배트맨〉 드라마를 60년대 중반의 TV 황금 시간대에 안성맞춤으로 만들어주었다는 것이 가르시아의 설명이다. "TV는 영화 장르 패러디물의 전성기에 있었습니다. 〈몬스터

가족^{The Munsters}〉, 〈겟 스마트^{Get Smart}〉, 〈호건의 영웅들^{Ho-}^{gan's Heroes}〉, 〈F 트룹^{F Troop}〉, 〈와일드 와일드 웨스트^{Wild} ^{Wild West}〉, 그리고 〈아이 스파이^{I Spy}〉까지. 배트맨과 같은 코미디물이 들어갈 자리가 마침 있었죠."

격투 장면들은 느슨하게 합을 맞췄고 볼거리와 속도에 중점을 두고 촬영되었다. 협력 제작자인 찰스 피츠시몬스는 드라마의 빡빡한 제작 일정과 부족한 재촬영 시간, 그리고 비용 절감을 위해서 주먹이 빗나 가거나 큐를 놓치거나 그 외 다른 실수들 때문에 재촬 영이 필요할 수 있는 장면들 사이를 채울 '시각적인 청 각 효과'를 개발했다. 그 효과들은 뻥! 퍽!처럼 만화책 에 등장하는 소리들을 화면 전체를 가득 채우는 형형 색색의 문구로 표현되었다. 배트맨 역사가 조 데스리 스의 말에 따르면, 작가 로렌조 셈플 주니어도 앞서 초 기 파일럿 대본 기획안에 '폭발하는 문구'처럼 유사한 개념을 언급한 바 있다고 한다. 이 극적 장치는 순식 간에 드라마의 상징들 중 하나로 자리 잡았다.

또한 이 드라마는 수많은 문구들을 만들어냈는 데, 그중 하나는 로빈이 즐겨 쓰는 끝없이 다양한 종 류의 감탄사들이다. 시청자들은 "이런, 배트맨!", "이 런 폭죽놀이 같은!"이나 "이런 연기가 있나!"부터 훨씬 복잡한 주문 같은 "이런 섬뜩한 사진 같은 정신적 과 정을 보았나!"와 "이런 값비싼 고대 에트루리아인 모 자 모음집 같은!"에 이르기까지 실로 다양한 감탄사를 듣게 되었다. "이런 감탄사들은 셈플 주니어가 파일럿 대본에 써넣은 것이었습니다. 감탄사의 사용은 ABC

측에서 약간의 반대를 했지만, 전파를 탄 뒤로 전 국 민의 무의식 속에 빠르게 자리 잡았죠. 드라마 전체를 통틀어 400번 이상의 감탄사가 사용됐습니다." 데스 리스의 말이다.

시청률은 계속 올라갔지만 일군의 충성스러운 배트맨 팬들은 온 미국이 환호했던 바로 그 이유 때문 에 드라마를 거부했다. "TV에서 패러디되는 배트맨의 모습을 반기지 않고, 배트맨이 더 진지하게 여겨져야 한다고 생각하는 만화책 팬들의 편지를 많이 받았습 니다." 케인의 설명이다. "불만의 편지들은 주로 어린 독자들에게서 왔습니다. 성인들은 드라마 속 유치한 풍자에 만족하는 것처럼 보였죠."

아래 만화 속 배트맨과 마찬가지로 애덤 웨스트의 배트맨도 다용도 배트콥터를 비롯한 다양한 도구와 장비들을 사용한다.
맨 아래 배트사이클은 배트모빌보다 운전하기 편했고 로빈을 사이드카에 태운 채로 고담시의 길거리를 질주할 수 있게 해주었다.

BATMAN CODE

For official communications with the Dynamic Duo or fellow BATMAN CLUB members.

ABCDEFGHIJKLMNOPQRSTUVWXYZ
defjklpqrvwxabcghiyzmnostu

© 1966 N.P.P. INC.

…삶은 만화 《배트맨 '66(Batman '66, …프 파커 Jeff Parker 는 이렇게 덧붙인 …락물은 어떤 식으로든 팬들을 갈 …만 그 드라마는 만화에 다시 생명을 불어… …많은 시청자들을 독자로 만들었습니다. 드라마는 어느 쪽으로 보든 긍정적인 효과를 가져왔죠."

새로운 모습 버전의 배트맨은 드라마의 시각 스타일에 큰 영향을 주었고, 드라마가 시작되자 만화 판매량도 치솟았다. 그 시너지 효과는 곧 드라마와 만화 간의 상호 이식의 형태로 반영되어 어느 한쪽에서 추가된 요소가 다른 한쪽에 채용되는 일이 흔해졌다. 범죄와의 전쟁용 첨단 장비의 정점에 있는 배트컴퓨터 Batcomputer 는 TV에서 처음 소개된 뒤 이듬해 만화 속 배트케이브에 등장했다. 실사판에서 앨런 네이피어 Alan Napier 가 품위 있는 연기를 선보였던 브루스 웨인의 충직한 집사 알프레드 페니워스는 TV 드라마에서 너무나 중요한 요소가 되었고, ABC 경영진은 죽은 상태였던 만화책 속 알프레드를 부활시키도록 영향력을 행사했다.

배트맨의 전성기를 활용하기 위해서 레저 신디케이트 Ledger Syndicate 에서는 케인의 작업실에 새로운 신문 만화를 의뢰했다. 그 신문 만화는 배트맨 베테랑 편집자인 위트 엘스워스 Whit Ellsworth 가 상당한 연재 기간 동안 담당했으며 케인의 대필 작화가였던 셀던 몰도프 Sheldon Moldoff 가 그림을 맡았다. "그 신문 만화는 엘…

위와 맞은편 아래 TV 드라마가 초래한 배트맨 열풍은 장난감, 보드게임, 그 외 여러 상품의 탄생으로 이어졌다.
인서트 1966년 배트맨 팬클럽 명함의 복제품.

스워스의 괴팍한 말장난과 유치한 농담 때문에 곧 진부해지기 시작했죠." 데스리스의 설명이다. "하지만 머지않아 엘스워스의 작품은 진지해지고 농담도 훨씬 덜 유치해졌습니다."

그 만화는 1966년 5월을 시작으로 꽤 많은 신문에 실리기 시작했지만, 드라마의 성공을 고려하면 신디케이트나 DC의 입장에서는 기대 이하의 성적이었다. 신문 만화의 초기 판매량이 낮은 원인으로 '낡은' 화풍을 지목한 신디케이트 측의 뜻에 따라 몰도프는 퇴출되고, DC 최고의 배트맨 작화가였던 카민 인판티노가 불려왔다. 하지만 이미 DC와의 계약으로 바빴던 카민 인판티노는 잠시 동안만 작화를 담당했고, 그 기간 동안 잉크 작업을 담당했던 조 지엘라 Joe Giella가 인판티노 이후 작화를 전담하게 되었다. 드라마의 성공이 신문 만화의 성공으로 완전히 이어지지는 않았지만, 배트맨이 나온다면 뭐든 찾는 대중들의 열망 덕분에 그 신문 만화는 첫 해 동안 느리지만 꾸준한 상승세를 보였다.

또한 대중들의 열망은 망토 두른 십자군이 한 번도 겪어본 적 없는 전격적인 상품화를 가져왔다. "초기의 배트맨은 관련 상품이 굉장히 적었습니다." 배트맨 수집가기도 한 데스리스의 말이다. "1940년대의 배트맨 관련 상품은 기본적으로 만화책 이외에 영화 포스터 몇 장과 영화 장면을 담은 딱지들, 그리고 일부 특별 상품 정도밖에 없었죠. 1950년대와 1960년대 초에는 양대 시리즈가 재판되기 시작했는데도 과거보다 수집품이 더 적어졌고요. 배트맨 TV 드라마가 방영되자 배트맨 열풍은 즉시 미국 전역을 휩쓸었지만, 장난감 회사인 해즈브로 Hasbro와 모형 회사인 오로라 Auro-ra처럼 일부 회사들만이 즉시 판매 가능한 상품들을 보유하고 있었죠. 대부분의 나머지 회사들은 상품 출

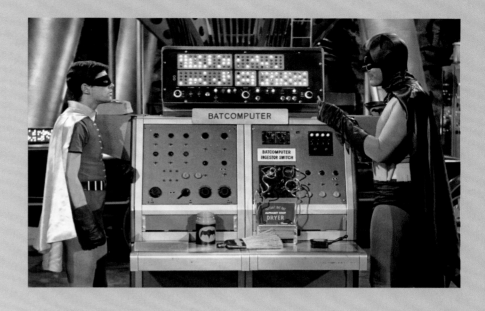

위 배트컴퓨터는 TV 드라마에서 처음 등장했으나 이후 만화책으로 역수출되었다.

BATMAN
69¢
PENCIL BOX
COPYRIGHT © NATIONAL PERIODICAL PRODUCTIONS, INC., 1966
BATMAN
WOW!
EMPIRE PENCIL Co., Shelbyville, Tenn. U.S.A. No. 999
CONTAINS PISTOL CASE 3 PENCILS...5 CRAYONS...ERASER!!

THE JOKER GETS TRUMPED
HO HO HO THE JOKER'S WILD
BATMAN
45 RPM RECORD

ONLY TO BE USED WITH MATTEL THINGMAKER® OR VAC-U-FORM® MACHINES
MATTEL
BATMAN'S
BAT MAKER-PAK
BAT SIGNIA-RINGS
BAT-SHOOTERS
BAT-STAMP
BAT-BRACELETS
BAT-NECKLACES
BAT-PENCILS
BAT-PINS
GENUINE
PLASTIGOOP
FOR THINGMAKERS
NON-TOXIC

위 〈더 조커 겟츠
트럼프드〉, 〈호호호, 더
조커즈 와일드〉 등의
경쾌한 곡들이 담긴 조커
레코드판을 비롯한 각종
배트맨 상품들.

맞은편 1966년작
〈배트맨〉 영화는 여러
나라에서 개봉되었으며
프랑스에서는 포스터에
나오듯 리들러가 르
스핑크스로 개명되었다.

시를 위한 계약을 맺기 위해 제작사에 앞다투어 찾아
왔습니다. 이 시기에 생산된 상품들 중 특기할 만한 것
으로는 배트랭과 한 묶음인 유틸리티 벨트와 런치 박
스, 다섯 종류의 톱스Topps 풍선껌 카드 시리즈, 배트맨
수면등, 할로윈 의상 등이 있었죠.”[10]

원래 도지어는 자신의 배트맨 영화가 TV 드라마
방영보다 먼저 개봉하길 바랐지만 시간과 예산 문제
가 길을 막았다. “TV 드라마가 대박을 치자마자 장편
영화 제작에 청신호가 켜져서 첫 시즌 제작 직후에 촬
영에 들어가 그해 여름에 개봉했죠.” 배트맨 역사가
밥 가르시아Bob Garcia의 말이다.

커다란 화면에는 그에 걸맞은 커다란 위기가 필
요했다. 〈배트맨: 더 무비Batman: The Movie〉라는 단순한 제
목이 붙은 이 영화는 캣우먼, 조커, 펭귄, 리들러가
UN 안전 보장 이사회 인사들을 납치하고 자신들을
전 세계의 새로운 지배자로 선포하는 계획을 실행하
기 위해 힘을 합친다는 내용이었다. 당시 다른 일정이
있던 줄리 뉴마 대신에 리 메리웨더Lee Meriwether가 캣우
먼을 맡은 것을 제외하면 로메로, 메러디스, 고신은 자

신들의 배역을 그대로 맡았다.

악당들은 계속 배트맨을 압박했다. 영화에서 가
장 기억에 남을 만한 장면은 망토 두른 십자군이 거대
한 시한폭탄을 처리하기 위해 먼 거리를 주파하는 장
면이다. 슬랩스틱 코미디였지만 애덤 웨스트는 절대로
냉정을 잃지 않았다. “그는 항상 진지하게 연기했죠.”
각본가이자 케빈 스미스Kevin Smith와 함께 팻맨 비욘
드Fatman Beyond라는 팟캐스트를 진행하는 마크 버나
딘Marc Bernardin의 설명이다. “애덤에게 있어서 브루스 웨
인은 리어 왕과 다를 바 없었어요. 그의 배트맨이 공포
에 가득 찬 표정으로 폭탄을 높이 들고 거리를 달리는
장면은 그런 면을 잘 보여줍니다. 중요한 건 바보 같아
보이는 장면이 사실은 엄청나게 진지한 상황이라는 점
이죠.”

TV 드라마의 인기에도 불구하고, 1966년 7월에
개봉한 〈배트맨: 더 무비〉는 150만 달러의 예산을 들
이고도 170만 달러의 소박한 수익을 거두는 데 만족
해야 했다. “제 생각에는 매주 두 번씩 집에서 공짜로
볼 수 있는 것을 돈까지 주면서 보고 싶었던 사람들이

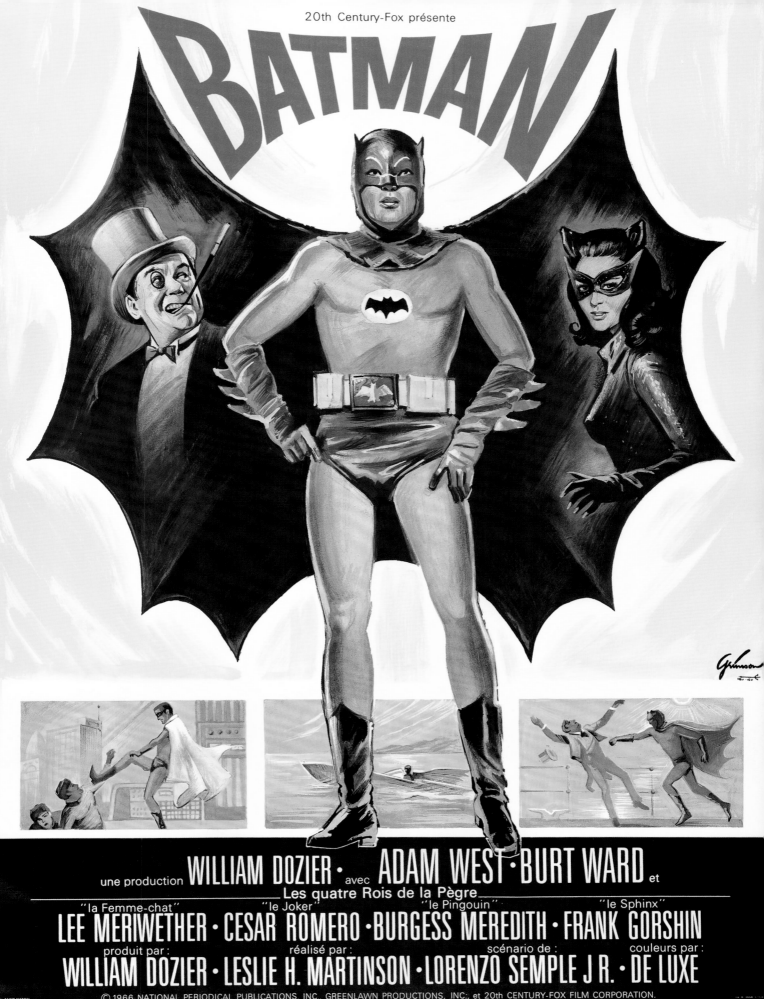

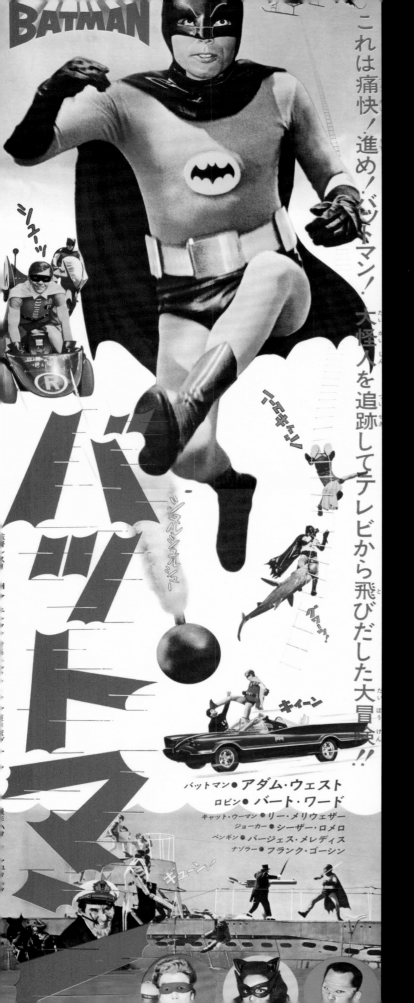

너무 적었던 것 같습니다." 데스리스의 지적이다. 하지만 그 영화는 1966년 가을에 배트맨 드라마가 돌아오기 전까지 여름 재방송 기간 동안 대중들에게 TV 드라마를 계속 각인시키겠다는 스튜디오의 최우선 목표를 달성하는 데는 성공했다.

첫 시즌의 성공이 배트맨 드라마의 위상을 상당히 높여주었고, 할리우드의 모든 A급 배우들이 시즌 2에 참여하고 싶어 하는 것 같았다. "그만큼 재미있었거든요." 뉴마의 말이다. "그래서 수많은 영화배우들이 드라마에 나오고 싶어 했던 거였어요. 원래 영화배우들은 절대로 TV에 안 나오죠. 어림없는 일이에요. 너무 많은 계단을 내려가는 거니까요. 리허설 시간도 없고, 모든 것이 정말 빨리 이루어져야 하는 환경에 있잖아요. 그런데도 프랭크 시나트라 Frank Sinatra 와 같은 대스타들까지 제작자들에게 출연할 거리를 달라고 부탁할 정도였죠." 비록 시나트라는 바쁜 일정 때문에 결국 고담시를 방문하지 못했지만, 새미 데이비스 주니어 Sammy Davis Jr. 같은 그의 친한 친구들 몇 명은 카메오로 출연하는 데 성공했다.

일부 배우들은 게스트 출연을 통해 자신의 경력을 부활시키고 싶어 했고, 데이비스 주니어 Davis Jr. 나 장기 연재된 DC 만화인 〈제리 루이스의 모험 The Adventures of Jerry Lewis〉의 주인공인 제리 루이스 Jerry Lewis 등은 단순히 재미있을 거라고 생각해서 출연하기도 했다. 수상 경력을 가진 감독 겸 배우인 오토 프레밍어 Otto Preminger 가 시즌 중간의 에피소드에 미스터 프리즈 Mr. Freeze 로 출연

맞은편 왼쪽 이 희귀한
일본판 1966년작
〈배트맨〉 포스터에는
경쾌한 액션과 모험이
담겨 있다.
맞은편 오른쪽 버트
워드와 애덤 웨스트가
카메오로 출연한 가수
새미 데이비스 주니어와
함께 〈배트맨〉 두 번째
시즌의 '클락 킹의 미친
범죄들'이라는 에피소드를
리허설하며 웃고 있다.

위 미스터 프리즈는
1960년대 드라마에서 세
명의 배우가 연기했지만,
오토 프레밍어가 연기한
모습이 가장 유명했다.

할리우드의 모든 A급 배우들이 시즌 2에 참여하고 싶어 하는 것 같았다.

했고, 시즌 마지막 에피소드에서는 유명 배우 일라이 월릭 Eli Wallach 이 그 역을 이어받았다.

심지어 당대 최고의 박스 오피스 스타였던 빈센트 프라이스 Vincent Price 까지도 대머리 모자를 쓰고 에그헤드 Egghead 로 드라마에 출연했다. 드라마를 위해 만들어진 악당 에그헤드는 노란색과 하얀색 양복을 입으며 달걀과 관련된 농담을 던지는 것을 좋아하고 달걀을 주제로 범죄를 저지르곤 했다. "아빠는 신세대로 멋지게 사는 걸 정말 좋아하셨어요." 프라이스의 딸 빅토리아 프라이스가 아버지를 추억하며 한 말이다. "배트맨 출연 제의를 받았을 때 기뻐서 펄쩍 뛰셨죠. 그래서 에그헤드를 연기하신 거였어요. 과장 그 자체의 배역이었고 드라마 자체도 유치했지만 아버지는 그 배역을 즐기셨어요."[11]

유명 배우들의 두 번째 시즌 카메오 출연을 둘러싼 과대광고들 속에서 배트맨이 게스트인 것처럼 보이기도 했다. 그러한 주객전도는 매주 수요일마다 위기로 끝맺으며 목요일 방영분에 대한 밑밥을 까는 정형화된 이야기 구조와 함께 마치 50년대와 60년대 초 배트맨 만화 독자들을 이탈시킨 반복적인 이야기들처럼 시청자들을 질리게 만들었다. 1966년 9월부터

죄와의 전쟁을 함께할 새로운 동료로 받아들인다.

이 잡지가 인쇄를 기다리고 있을 때, 윌리엄 도지어는 세 번째 시즌의 등장인물과 줄거리를 상의하기 위해 DC 코믹스를 방문했다. 도지어는 새로운 배트걸에 매료되었고, 미개척 영역이었던 여성 시청자들의 관심을 끌 수 있는 새로운 캐릭터가 TV 드라마에 새 생명을 가져다주길 바랐다. 그는 배트걸이 공동 주연으로 출연하는 새 시즌을 만들자고 방송국을 설득했다.

ABC는 세 번째 시즌의 제작에 동의하긴 했지만 낮은 시청률에 대한 우려 때문에 제작을 크게 축소했다. 세 번째 시즌은 일주일에 두 번씩 방영되었던 처음 두 시즌보다 줄어들어 일주일에 한 번 방영되는 30분 분량의 26부작으로 구성될 예정이었다. 이본느 크레이그 Yvonne Craig가 배트걸 배역으로 합류했고, 배트걸은 자신만의 세련된 배트사이클 Batcycle과 빌리 메이 Billy May가 작곡한 주제곡을 받았다. 배트걸의 등장은 드라마에 꼭 필요했던 신선한 충격을 주었고, 최소한 새로운 세대의 여성 팬들을 배트맨 세계로 이끄는 성과를 거두었다.

"저한테 그 드라마는 배트걸, 배트걸, 배트걸이었어요." DC의 〈틴 타이탄스 고! Teen Titans Go!〉 만화책을 그린 만화가인 레아 헤르난데즈 Lea Hernandez가 웃으면서 말했다. "처음 그 드라마에 대해서 알게 되었을 때, 전 배트걸이 나오는 에피소드가 아니면 볼 시간이 없었죠. 전 이본느 크레이그를 좋아했어요. 저한테 배트걸은 남성과 남자아이들의 바닷속에 있는 여성 캐릭터였죠. 배트걸은 똑똑했고, 모험을 경험하고 상처 입기 쉬우면서도 세상을 구하는 멋진 영웅이었죠. 그 특유의 복장도 좋아했어요."

"배트걸은 맞서 싸우는 것을 대표하기도 했죠. 전 지금까지 배트걸과 같은 캐릭터를 글로 써왔어요. 일어나서 영웅적인 일을 해내는 똑똑한 여자들, 끔찍한 배경이 없이도 세상과 다른 사람들을 위해서 선한 일을 하겠다고 마음먹을 수 있는 여자들을요."

하지만 슬프게도 배트걸의 출연은 때가 약간 늦었고, ABC는 세 번째 시즌을 끝으로 배트맨 드라마 제작을 중단했다. 조 데스리스는 낮은 시청률보다는 방송사에 생긴 피로감을 주된 원인으로 지적한다. "〈배트맨〉은 ABC가 드라마를 취소하던 때에도 여전히 황금 시간을 차지하고 있었습니다." 그의 설명은 이렇다. "방송사의 일부 임원들이 드라마를 질려 했고, 그들에게는 배트플러그를 뽑을 힘이 있었죠. 마지막 편은 1968년 3월 14일에 방영됐습니다."

드라마는 상대적으로 짧은 전성기를 누렸지만 마지막 에피소드의 방영 직후부터 다른 방송국으로 판매가 가능해지면서 초기 방송 시절을 초월하는 새 생명을 얻었다. "지역 방송국들은 폭스가 배트맨 드라마를 배급하기 시작하자 재빨리 계약했습니다." 데스리스의 말이다. "제 생각에는 1968년 4월부터 최소 하

1967년 3월 사이에 방영된 에피소드 60편의 시청률은 ABC가 세 번째 시즌 계약 여부를 불확실하게 여기도록 만들 정도였고, 제작사에서는 DC 코믹스에 도움을 청했다.

시대 내내 계속된 현상 유지를 깨기 위한 지속적인 노력의 일환으로 줄리 슈워츠, 가드너 폭스, 카민 인판티노는 1950년대 판과 무관한 새로운 배트걸을 소개할 계획을 세웠다. 제임스 고든 국장의 딸이자 새로운 배트걸인 바바라 고든은 우연히 슈퍼히어로로 뛰어들게 되었다. 박쥐 주제의 복장을 입고 가면 무도회로 가던 바바라는 우연히 악당 킬러 모스 Killer Moth와 부딪히게 되고 그녀는 킬러 모스가 정의의 심판을 받게 한다. 배트맨과 로빈은 그녀에게 경의를 표하고, 범

위 배트걸의 동작을 취하는 이본느 크레이그.

나의 방송국에서 드라마 재방송을 시작했다고 봅니다. 그 뒤로 공중파에서 내려간 적이 없었죠."

〈배트맨〉은 이후 모든 세대에 드라마 골수팬을 만들어왔으며, 계속 새로운 팬을 맞이하고 있었다. "모든 게 완벽한 드라마였어요." 뉴마의 말이다. "누구나 드라마를 사랑하고 아끼고 드라마에 감탄하고, 드라마에 참여한 모든 사람들에게 감사하고 그들을 칭찬할 수밖에 없을 거예요. 캐스팅은 천재적이었고요. 애덤과 버트는 완벽 그 자체였죠. 우리가 그 드라마에서 했던 모든 것이 최고였어요. 온 나라를 뒤집은 드라마였고 제작자들은 너무도 멋지고 재미있는 드라마로 만들었어요. 당시 우리에게 딱 필요했던 완벽한 드라마였어요."

위 이본느 크레이그의 배트걸은 별도의 오토바이와 주제곡을 받았다. 배트걸은 1968년에 ABC에서 독자적인 드라마 제작이 검토되기까지 했다.
아래 '배트걸의 백만 불짜리 데뷔!'(카민 인판티노 및 조 지엘라 작, 1967년 1월자 〈디텍티브 코믹스〉 표지)

5. 어둠의 기사 탐정

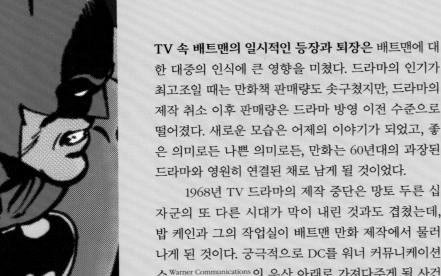

TV 속 배트맨의 일시적인 등장과 퇴장은 배트맨에 대한 대중의 인식에 큰 영향을 미쳤다. 드라마의 인기가 최고조일 때는 만화책 판매량도 솟구쳤지만, 드라마의 제작 취소 이후 판매량은 드라마 방영 이전 수준으로 떨어졌다. 새로운 모습은 어제의 이야기가 되었고, 좋은 의미로든 나쁜 의미로든, 만화는 60년대의 과장된 드라마와 영원히 연결된 채로 남게 될 것이었다.

1968년 TV 드라마의 제작 중단은 망토 두른 십자군의 또 다른 시대가 막이 내린 것과도 겹쳤는데, 밥 케인과 그의 작업실이 배트맨 만화 제작에서 물러나게 된 것이다. 궁극적으로 DC를 워너 커뮤니케이션스Warner Communications의 우산 아래로 가져다주게 될 사건인 키니 내셔널 컴퍼니Kinney National Company의 DC 코믹스 매입과 함께 케인은 자신의 작업실과 DC 코믹스 간의 계약을 끝내는 한편 배트맨에 대한 지분을 유지하기로 하는 계약을 재협상했다.

케인의 임기 종료는 줄리 슈워츠와 카민 인판티노가 매달 30페이지의 만화를 케인의 작업실로 넘기는 일에서 해방시켜주었을 뿐만 아니라 배트맨에 참여하는 창작자들이 제대로 된 대우를 받을 수 있도록 보장해주었다. 슈워츠와 인판티노는 배트맨의 모든 것을 제대로 흔들어놓을 수 있게 되었고, 5년 만에 두 번째로 새로운 독자들을 위한 배트맨 만화책을 재창조했다.

슈워츠는 더 어린 독자들에게 접근하기 위해서 60년대 아이들이 공감할 수 있는 만화를 만들 수 있는 작가와 작화가들을 활발하게 모집했다. 이 새로운 시대에 고용된 최초의 작가들 중 한 명은 인기 비행기 모험 신문 만화인 〈조니 해저드Johnny Hazard〉의 창작자였던 프랭크 로빈스Frank Robbins였다. 로빈스의 신문 만화는 이국적인 무대와 음모, 전면적인 액션 요소가 특징인 만화였고 슈워츠는 그의 특별한 스토리텔링 감각이 배트맨의 모험담을 새롭고 세련되게 만들어줄 것이

라고 여겼다. "프랭크 로빈스는 TV 드라마 팬들이 줄어들기 시작했을 때 배트맨을 우스꽝스러운 모습에서 탐정의 모습으로 전환시키는 일을 도왔습니다." 전 DC 코믹스 편집자이자 실버 에이지 역사가인 마이클 유리Michael Eury의 말이다. "로빈스는 더 어둡고 진중한 배트맨으로 가는 길을 천천히 닦았죠."

슈워츠와 친밀한 연락을 주고받던 청소년 마이크 프리드리히도 배트맨 만화에 글을 써보라는 DC의 초대를 받게 되었다. "창작 인력의 관점에서 보면 수많은 나이든 수문장들이 회사를 떠나고 있었고, DC에서는 정말로 새로운 사람들을 필요로 했죠." 프리드리히는 지적한다. "그들은 넓은 의미에서 팬 커뮤니티의 가치를 인식한 최초의 출판사였습니다. 아주 짧은 기간 동안 새로운 작가들이 무더기로 들어왔고 약 5년의 시간 동안 DC의 거의 모든 작가진이 교체됐습니다."

떠오르는 신성이었던 프리랜서 작화가 닐 애덤스 Neal Adams 는 DC에서 자신의 위치를 찾으려고 노력하면서 배트맨 타이틀에 깊은 관심을 기울이고 있었다. "DC 코믹스는 저한테 새로 고용된 편집자 딕 지오다노 Dick Giordano 의 맞은편에 있는 좁은 자리를 주었죠." 애덤스의 회상이다. "사실, 당시 전 수개월간 배트맨을 맡겨 달라고 슈워츠에게 요청했습니다. 드라마가 좋은

오락거리이긴 했지만 DC 코믹스가 배트맨의 본질을 놓치고 있고, 어쩌면 카민 인판티노 역시 배트맨이라는 캐릭터를 제대로 이해하지 못하고 있을 수도 있다는 점을 설득하려고 노력했었죠."

하지만 《배트맨》이나 《디텍티브 코믹스》의 자리를 따내지 못한 애덤스는 《더 브레이브 앤 더 볼드》의 편집자였던 머레이 볼티노프 Murray Boltinoff 에게 자신을

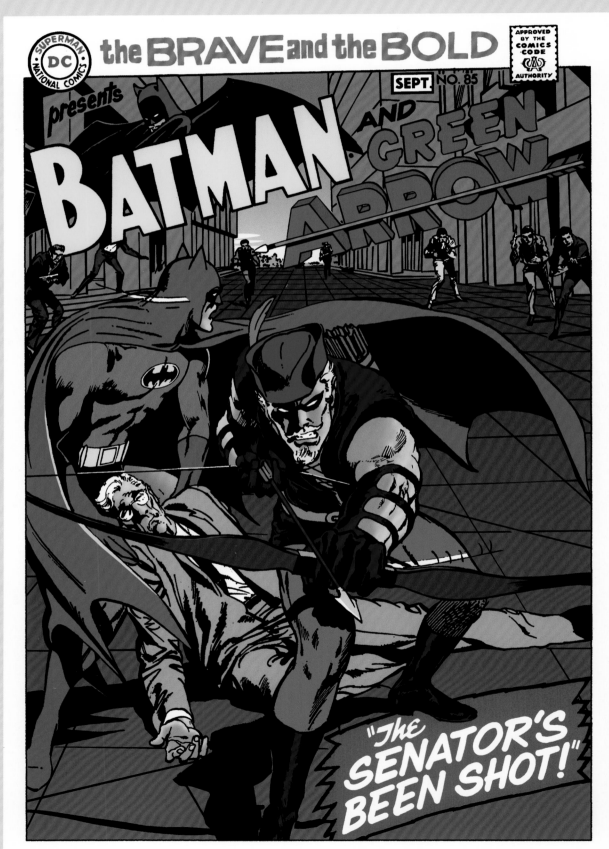

쪽 닐 애덤스 작,
3월자 《배트맨
표지 중에서.

래 이 그림은
새 DC 코믹스에서
향력 있던 두 명의
닐 애덤스와 버니
슨이 함께 작업한
사례인 《배트맨
1972년 5월) 표지의

애덤스가 그린 이
서 오컬트
히로인 데드맨은
죽인 더 훅이라는
찾아 고담시에
애덤스 작, 1968년
브레이브 앤 더 볼드
지)

배트맨과 짝을
획해 그린
모습도 닐
손에 완전히
었다. (닐 애덤스
년 9월자 《더
앤 더 볼드 85호)

NO NEED FOR :UH: CONCERN, MR. BATES! WE WERE WATCHING ALL THE TIME ... AND COMMISSIONER GORDON IS JUST OUTSIDE IN CASE ANYTHING GOES WRONG!

"어둡고 신비하며 박쥐 같은 배트맨의 모습은
배트-팬들이 기다려왔던 바로 그것이었습니다."

모든 게 그 한 편에 담겨 있었어요. 길쭉한 귀, 더 어둡고 불가능할 정도로 긴 망토까지도요. 애덤스는 박쥐를 다시 배트맨 속에 집어넣었을 뿐만 아니라, 인간적인 면도 불어넣었죠. 애덤스는 자신이 데드맨에게 가져다주었던 것만큼의 시각적 현실성과 이후 그를 명예의 전당에 오르게 해줄 다른 모든 요소들을 배트맨에게 선사했습니다."

팬들의 반응은 열광적이었고 판매량은 하늘을 찔렀다. 애덤스는 이렇게 회고했다. "어떤 화창한 날에 슈워츠가 손에 편지를 한 다발 들고는 절 맞이하면서 화내듯 물어왔습니다. '대체 뭘 했길래 이 수많은 팬들이 진짜 배트맨은 《더 브레이브 앤 더 볼드》 속에 있다고 말하는 거지?'" 팬들의 긍정적인 반응에 자극받은 슈워츠는 지위를 이용해 애덤스를 볼티노프의 《더 브레이브 앤 더 볼드》에서 빼내고 《배트맨》과 《디텍티브 코믹스》를 그리도록 했다. "슈워츠는 저한테 새로운 작가 데니 오닐과 일해보는 게 어떻겠냐고 물었죠."

오닐은 애덤스나 전임자인 프리드리히와 마찬가지로 DC가 1960년대 말에 고용했던 또 다른 젊은 인재였다. 오닐은 만화 업계에 이끌리기 전에는 자신의 고향인 미주리에서 기자로 활동했었고, 마블 코믹스에서 아주 잠깐 일한 뒤, 경쟁 출판사인 찰턴 코믹스 Charlton Comics에서 18개월 일하면서 편집자 딕 지오다노의 지시에 따라 슈퍼히어로로 만화를 집필했다. DC가 1968년에 지오다노를 편집자로 고용하자 그는 DC에 새로운 피를 수혈하기 위해 오닐과 같은 찰턴의 프리랜서들을 불러들였다.

비록 성급하고 무례한 성격과 권위에 대해 도전하는 버릇 때문에 마블에서 해고된 상태였지만, 29세의 청년은 젊은 문화가 넘치는 마블의 책들과 비교하면 보수적으로 보이는 책들을 내는 회사인 DC에서는 놀랍게도 잘 적응했다. "전 해군에서 복무하면서 얻은 경험 때문에 변했습니다." 권력과 폭력을 경멸해서 군대를 떠났던 오닐의 말이다. "세상도 저처럼 변했다는 걸 결국 깨달았죠. 그래서 대단한 이상을 품고 만화 업계로 갔습니다. 만화 일은 정부와 폭력을 숭상하지

위 닐 애덤스가 그린 역동적인 장면에서 배트맨이 불량배의 얼굴을 칸 밖으로 날려 버리고 있다. (닐 애덤스 작. 1969년 11월자 《더 브레이브 앤 더 볼드 86호》 중에서)

고용해달라고 했다. "볼티노프와 저는 죽이 아주 잘 맞았습니다. 제가 《더 브레이브 앤 더 볼드》 만화를 한번 그려 보면 안 되겠느냐고 물어봤을 때 볼티노프는 바로 승낙했습니다." 애덤스의 말이다.

당시 애덤스는 새로운 초자연적인 영웅인 데드맨이 등장하는 〈스트레인지 어드벤처 Strange Adventures〉 연재분을 성공적으로 마무리한 참이었고, 《더 브레이브 앤 더 볼드》에서 데드맨과 배트맨을 한데 묶어놓는 일은 애덤스와 작가 밥 헤이니 Bob Haney에게는 자연스러운 수순처럼 느껴졌다. 만화가이자 코믹스 역사가인 알렌 슈머 Arlen Schumer는 애덤스의 《더 브레이브 앤 더 볼드》 연재분이 배트맨이라는 캐릭터의 진화 과정에서 진정으로 획기적인 사건이었다고 본다. "《더 브레이브 앤 더 볼드》에서 데드맨과 힘을 합친 배트맨의 모습은 우리에게 예기치 못한 충격을 가져다줬죠." 슈머의 말이다. "어둡고 신비하고 박쥐 같은 배트맨의 모습은 배트-팬들이 기다려왔던 바로 그것이었습니다. 그리고 우리가 꿈꾸던 배트맨을 꺼낸 것만 같았습니다.

않으면서 가족을 위해 생계를 유지할 방법이었죠. 하지만 만화책 작가들은 평판이 좋지 않았습니다. 제 첫 장모님은 아마 부끄러워서 그러셨던 것 같은데, 사람들에게 제 직업을 말하지 않으셨죠."

반권위주의자이자 평화를 사랑했던 오닐은 보수적인 원로 슈워츠에게 가르칠 것이 많았고 그 반대도 성립했다. 성격과 일하는 습관의 차이에도 불구하고 두 사람은 서로의 접근법을 존중하게 되기에 이르렀다. "슈워츠와 저는 서로 노려보면서 빙빙 도는 두 마리의 길거리 개들과 같았죠." 오닐이 웃으며 한 말이다. "그 양반은 항상 흰 셔츠를 입고 넥타이를 매고 다녔고, 저는 자유로운 히피였거든요? 저는 티셔츠나 입고 다녔죠. 그렇지만 우린 좋은 친구가 되었어요."

1969년 12월에 출간한 1960년대 마지막 배트맨 작품인 《배트맨 217호》는 60년대와 새로운 모습 시대가 끝나갈 무렵에 슈워츠에게 세대 차이에 대한 인식이 분명히 존재했다는 것을 보여준다. 어둠의 기사가 눈물짓는 집사를 지나쳐 가며 "알프레드, 마지막으로 한번 둘러보게. 그러고 나서 배트케이브를 봉인해. 영원히!"라고 선언하는 해당 이슈의 충격적인 표지는 독자들에게 중요한 변화가 일어나고 있음을 경고했다.

배트맨이 오랫동안 사용해온 본부를 버리게 된 계기는 딕 그레이슨이 웨인 저택을 극적으로 떠나게 된 것과 관련되어 있었다. 60년대가 지나는 동안, 딕은 조숙한 소년에서 힘이 넘치는 청년으로 자라났고, 독자들은 밥 헤이니 Bob Haney 와 닉 카디 Nick Cardy 의 슈퍼히어로 단체물인 〈틴 타이탄스〉에서 선보인 대장으로서의 로빈의 모습에 긍정적인 반응을 보였다. 《배트맨 217호》는 허드슨 대학교에 입학하기 위해 집을 떠날 채비를 하는 딕 그레이슨을 통해 로빈이 그동안 얼마

나 성장했는지 보여주었다. 배트맨과 로빈 2인조가 영영 끝나 버린 건 아니었지만, 놀라운 청소년이 스승과 함께하는 모험은 그 빈도가 줄어들게 될 것이었다.

"그 변화는 슈워츠의 지시에 의해 일어났고, 슈워츠의 1960년대 말 작가들은 새롭고 어두운 배트맨을 다루기 위해 로빈을 배제했습니다." 코믹북 리소스 기고가이자 역사가인 브라이언 크로닌의 설명이다. 오닐은 로빈을 대학에 보내서 부르면 올 수는 있지만 항상 배트맨 곁에 있지는 않도록 만들자고 제안했다. "로빈은 여전히 품속에 있었어요." 오닐의 회상이다. "어린애가 필요하거나 배트맨에게 사이드킥이 필요하면 허드슨 대학에서 데려오면 됐죠."

새로운 십 년의 시작을 텅 빈 동굴과 함께하게 된 브루스 웨인은 시대에 따라 변화의 중요성을 깨닫고 범죄와의 전쟁을 현대화하기로 결심한다. 브루스는 알프레드에게 "우리는 시대에 뒤처지는 대단한 위기에 처해 있어! 바깥세상의 발전과 동떨어진 도도새들이 되어버렸지!"라고 선언한다. 고담시 외곽에서 거주하는 대신에, 브루스와 알프레드는 도시의 심장부에 위치한 웨인 재단 건물의 호화로운 펜트 하우스로 이사한다.

배트맨은 필요한 경우에는 배트케이브의 장비들을 여전히 사용했지만 활동 범위를 효율적으로 축소했다. 배트모빌, 유틸리티 벨트와 기본 도구들은 그대로 두었지만, 나머지 장비와 도구들은 웨인 저택 지하 깊은 곳의 저장고에 남겨 두었다. 또한 브루스는 옛날 배트맨의 모습으로 돌아가 암흑가에 공포를 심어줄 고독한 밤의 괴물이 되겠다는 뜻을 밝히고 새로운 부류의 범죄자들, 예를 들면 '대기업 명함'이나 '과장된 명성', '합법적 은폐'의 간판 뒤에 숨어 있는 부류의 인

맞은편 60년대와 배트맨과 로빈의 동료 관계는 배트맨이 새로운 세상에 맞게 일신하면서 극적인 결말을 맞이했다. (닐 애덤스 작, 1969년 12월자 《배트맨 217호》 표지)

위 브루스 웨인과 알프레드는 배트맨의 범죄와의 전쟁 활동을 시대에 맞게 바꾸기 위해 웨인 저택을 떠날 계획을 세운다. (어브 노믹 및 딕 지오다노 작, 1969년 12월자 《배트맨 217호》 중에서)

이 배트맨은 악당들을 응징할 때 미소 짓거나 농담을 던지지 않는 진지하고 사무적인 배트맨이다.

위 배트맨은 데니 오닐이 쓰고 닐 애덤스가 그린 첫 작품인 '미리 파 놓은 무덤들의 비밀' 편에서 돌로레스 무에르토의 충격적인 비밀을 밝히게 된다. (닐 애덤스 작. 1970년 1월자 《디텍티브 코믹스 395호》 표지)

맞은편 무시무시한 맨배트, 커크 랭스트롬은 진짜 악당이라기보다는 실패한 과학 실험의 피해자다. 70년대 말에 그는 배트맨의 우군 중 한 명이 되었다. (닐 애덤스 작. 1970년 6월자 《디텍티브 코믹스 400호》 표지)

간들을 주시하기 시작했다. 브루스 웨인과 배트맨의 새 시대가 열리고 있었다.

1970년 1월에 출간된 《디텍티브 코믹스 395호》는 단독 주인공으로서 배트맨의 새로운 십 년과 새 시대를 시작했다. 해당 이슈의 본편인 '미리 파 놓은 무덤들의 비밀 The Secret of the Waiting Graves'은 배트맨이 고딕풍의 살인 수수께끼를 풀기 위해 멕시코 중부로 떠나는 유령 이야기다. 이 배트맨은 악당들을 응징할 때 미소 짓거나 농담을 던지지 않는 진지하고 사무적인 배트맨이다. "애덤스와 제가 했던 모든 것은 빌 핑거의 기원담에 함축되어 있던 것입니다." 오닐의 말이다. "모든 게 그 속에 있었고, 우리는 단지 정교화시켰을 뿐입니다."

어둠의 기사 탐정으로 알려지게 된 오닐 담당 시기의 배트맨이 기본으로 돌아가게 되면서 배트맨 작

가진은 재구성된 영웅을 보완해줄 대담하고 새로운 방향으로 로그스 갤러리를 개편하기로 계획했다. TV 드라마에 등장했던 악당들의 경우 배우들의 과장된 묘사가 만화책 속 모습을 압도하고 결정했기 때문에 작가들은 그 짐을 내려놓고 싶어 했다. 대신에 그들은 드라마가 무시했던 고전 캐릭터들을 다시 소개하고 고담시를 위협할 새로운 악당들을 만들어내는 데 집중했다.

이 시기에 소개된 첫 주요 캐릭터는 커크 랭스트롬 Kirk Langstrom 박사였다. 배트맨은 1970년 6월의 기념비적인 《디텍티브 코믹스 400호》에서 박쥐 인간으로 변한 유전 공학자인 랭스트롬을 처음 만난다. 맨배트의 끔찍한 기원담과 소름 끼치는 얼굴은 새로운 모습 시대였다면 부적절하게 보였을 것이다. 맨배트는 배트맨 만화들이 이후의 십 년 동안 이어 가기 위해 노력하게 될 특유의 분위기를 정립했다.

"맨배트는 말 그대로 몇 년 전이었다면 불가능했을 캐릭터이기 때문에 다분히 상징적입니다." 코믹북 리소스의 기고가인 밥 크로닌의 말이다. "당시 코믹스 코드가 세운 경계선은 밖으로 밀려나고 있었고, 그중에서도 만화에 흡혈귀와 늑대 인간을 등장시키는 것

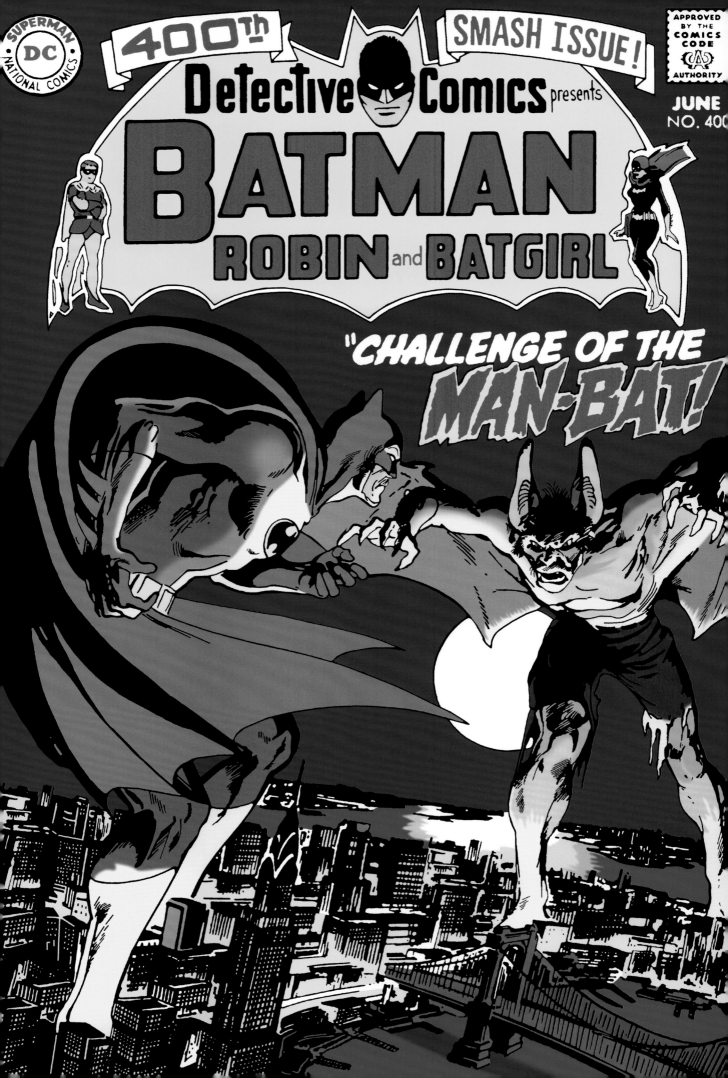

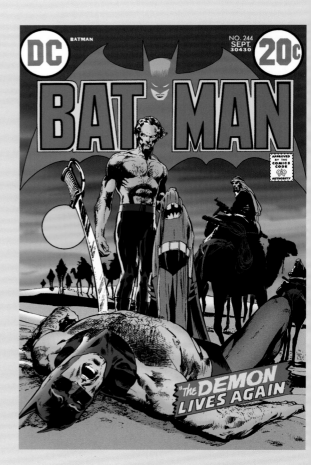

"악마의 딸'
서 처음 등장한
굴은 배트맨을
의에
려고 로빈과
납치한다. (닐
1971년 6월자
32호》 표지)

배트맨은
금까지 상대한
데 가장 교활한
스 알 굴과의
결에서
. (닐 애덤스 작,
월자 《배트맨 244호》

시 살아난 악마'
덤에서 돌아온
굴의 신질서
을 사람은
이다. (닐 애덤스
9월자 《배트맨
에서)

을 두고 첨예한 논쟁이 벌어졌습니다. 닐 애덤스는 이 시기 동안 경계선을 가장 밀어붙였던 작가들 중 한 명이었는데, 흡혈귀와 늑대인간의 조합인 맨배트 같은 캐릭터는 몇 년 전이었다면 나오지도 못하고 사라졌을 것이었죠. 당시 만화에서 흔히 볼 수 있는 것과는 전혀 다른 충격적인 모습이었다는 점이 맨배트를 그렇게 인기 있는 캐릭터로 만들어주었습니다."

맨배트가 배트맨에게 새로운 초자연적 위협을 가져다주었지만, 오닐과 애덤스는 로그스 갤러리에 배트맨에 맞먹는 지성과 신체 능력을 갖춘 진정으로 지능적인 악당이 없다고 느꼈다. "배트맨에게는 모리어티가 필요하다고 슈워츠를 설득했죠."

어둠의 기사가 만나게 될 새로운 숙적의 배경을 짜는 숙제는 데니 오닐에게 던져졌고, 외형을 디자인하는 것은 애덤스의 몫이 되었다. "슈워츠가 저한테 라스 알 굴 Rä's al Ghūl이라는 이름과 그 뜻인 '악마의 머리'를 말해주고는 집에 가서 캐릭터를 만들어오라고 하더군요." 오닐의 말이다. "그건 우리가 악의를 품고 일부러 공백을 메우기 위해 새로운 캐릭터를 만들어낸 몇 안 되는 순간들 중 하나였고 닐 애덤스의 역작이라고 생각합니다. 알 굴에게 진정한 품위를 주었죠."

리그 오브 어쌔신스 League of Assassins라는 이름의 국제 범죄 조직의 지도자인 라스 알 굴은 1971년 6월 《배트맨 232호》에서 어둠의 기사와 처음으로 마주친다. 이 악당의 목적은 보통의 악당들의 목적을 한참 넘어선 것으로 인류 대부분을 절멸시켜 지구 환경의 균형을 복구할 무시무시한 계획의 실행이었다. 그리고 수 세기 묵은 이 악당에게는 생명 연장을 가능케 하며 불사신처럼 보이게 만드는 라자러스 핏 the Lazarus Pit 이라고 불리는 신비로운 화학 물질 온천이 있기 때문에 인내심을 보일 여유까지 있었다.

"보통의 악당들의 활동이 강도질과 복수 따위에 한정되어 있었던 것과 달리 라스의 계획들은 더 야심 차고 모호했죠." 1989년 배트맨 영화의 각본가인 샘 햄 Sam Hamm 은 이야기한다. "그는 '새로운 세계 질서'를 어둡게 암시했고 배트맨과의 충돌도 무한히 거대한 계획과 관련된 것처럼 보였습니다. 배트맨이 라스를 꺾었을 때도 배트맨의 승리는 결코 완벽한 것이 아니었습니다. 라자러스 핏에 한 번 담갔다가 빼내기만 하면 악마는 부활할 수 있으니까요. 예전의 안락한 질서는 이제 다시는 회복될 수 없었죠."[1]

라스의 딸이자 아버지만큼 위험한 탈리아 알 굴 Talia al Ghūl 은 배트맨에게서 깊고 강렬한 관심을 끌어냈고, 서로가 같은 감정을 품었다. "탈리아를 실제로 보면 어떤 느낌일지 묘사하려고 노력했습니다." 탈리아의 모습에 대한 닐의 표현이다. "같은 테이블에 앉아만 있어도 입이 벌어져서 말이 안 나오는 여자. 그게 탈리아죠."

"같은 테이블에 앉아만 있어도 입이 벌어져서 말이 안 나오는 여자. 그게 탈리아죠."

배트맨은 자신의 싸움을 뒷받침해줄 수 있는 아름답고 유능한 상대를 발견했지만, 탈리아는 아버지에 대한 헌신을 어둠의 기사에 대한 감정보다 우선시하는 달래기 어려운 적으로 바뀔 수 있었다. 라스 알 굴이 배트맨을 탈리아의 신랑감이자 자신의 세계 제국의 후계자감으로 보고 흥미를 보이면서 상황은 더욱 복잡해진다.

배트맨의 로그스 갤러리에 상당한 양의 새 피를 수혈한 뒤에, 오닐과 애덤스는 고전 악당들에게로 눈을 돌려 새로운 이야기를 풀어내기 위한 노력을 기울였다. 그들의 담당 아래 가장 먼저 돌아온 옛 악당은 끔찍한 외모 때문에 아동 친화적인 실버 에이지 시절, 만화와 TV 드라마 모두에서 뒷전으로 밀려나 있어야 했던 투페이스였다. '악의 절반 Half an Evil' 이야기는 현대 세계에 하비 덴트를 무시무시하고 심각한 정신 이상자

악당으로 데려왔으며 투페이스를 배트맨의 '세상에서 가장 이상한 천재 범죄자 중 하나!'로 정립시켰다.

"'악의 절반'은 해적선과 강도극에 대한 단순한 미스터리물이었지만, 현대 투페이스의 범행 수법을 정립했습니다." 코믹북 리소스의 칼럼 기고가인 트로이 앤더슨 Troy Anderson 의 지적이다. "그는 여전히 강도질을 하고 범죄를 저지르지만, 동전이 그의 인생을 더 크게 좌우하게 되었죠. 배트맨은 이 점에 근거해서 투페이스의 정신 질환을 그를 약화시킬 수단으로 사용합니다."[2]

배트맨의 가장 문제 많은 악당은 오닐과 애덤스의 마지막 공동 작품들 중 하나인 '조커의 다섯 가지 복수! The Joker's Five-Way Revenge!'(배트맨 251호, 1973년 9월)에서 비로소 재등장했다. 그 만화에서 조커는 이듬해부터 아캄 어사일럼 Arkham Asylum 으로 불리게 될 고담시 치료 감호소에서 탈출해 자신의 귀환과 조커 맹독을 활용하고, 옛 동료들을 목표물로 삼는 연쇄 살인극을 예고한다.

아래 라스 알 굴을 꺾은 뒤 배트맨과 탈리아가 키스를 나누고 있다. 이루어질 수 없는 사랑이라는 것을 알면서도 말이다. (닐 애덤스 작, 1972년 9월자 《배트맨 244호》 중에서)

NO, HE'LL BE A *MEAL* FOR THE *SHARK* I FOUND HALF-DEAD ON THE BEACH! POOR FISHY WAS HURT BY THE *OIL* SPILLAGE!

NOW, FOR MY *PROPOSITION!* I'LL ALLOW *HOOLEY* TO *LIVE* IF YOU PER-MIT ME TO MANACLE YOUR HANDS BE-HIND YOU...

시저 로메로의 영향을 받은 바보 같은 익살꾼의 모습과 달리 이 조커는 배트맨과 맞먹는 지능을 보여준다. 그의 유머 감각은 우스꽝스럽고 무시무시한 양극단 사이를 저울질하며 나타난다. 독자들은 처음으로 완전한 정신 이상자이며 예측 불가능한 조커를 보게 되었다. 배트맨은 그 싸움에서 겨우 살아남고 조커의 다섯 목표물 가운데 한 명만 겨우 구해낸다.

"그 만화는 살인마 조커의 원래 측면을 회복시켰습니다." 전 DC 편집자인 밥 그린버거의 말이다. "만화가 제2차 세계 대전 중에 가벼워지고, 코믹스 코드의 등장과 함께 분위기가 그대로 유지되면서 조커는 뒤틀린 살인자라기보다는 대책 없는 골칫거리로만 남아야 했습니다. 하지만 이 조커는 전혀 관대하지 않고, 기쁜 마음으로 배트맨을 죽이려고 하는 위험한 조커였죠."

70년대 중반이 되면서 닐 애덤스는 특별한 프로젝트에 집중하기 위해 월간 연재물에서 물러나게 되었

지만, 데니 오닐은 계속해서 배트맨 만화를 집필했다. 브루스 웨인의 아직 드러나지 않은 과거에 약간의 빛을 밝혀줄 새로운 인물을 소개한 것도 바로 이 시기의 일이었다. "브루스 웨인의 전기에 있는 틈을 메울 기회를 포착했습니다." 오닐의 회상이다. "부모님이 살해당하는 것을 보고 배트맨이 되기 위한 대장정을 시작하기 전까지 정확히 뭘 했을까?" 오닐은 어린 브루스 웨인의 인생에 강한 여성 역할 모델을 소개할 기회를 포착했고, 실존하는 사회 활동가 도로시 데이 Dorothy Day 에게 영감을 받아 레슬리 톰킨스 Leslie Thompkins 를 창조했다. "데이는 급진과 여성의 원형이었죠." 오닐의 말이다. "그녀는 제 가장 친한 친구의 대모였고 제 첫 장모님의 아주 친한 친구였는데, 만나서 사연을 들어보니 아주 매혹적이었죠. 그녀는 깊은 배려심을 가진 여성이자 개혁적인 언론가였습니다. 마침 그녀를 모델로 하는 캐릭터를 만들 기회가 보였죠."

톰킨스는 《디텍티브 코믹스 457호》에 수록된 이

위 배트맨의 숙적은 '조커의 다섯 가지 복수!'에서 살인자의 모습으로 돌아온다. (닐 애덤스 작, 1973년 9월자 《배트맨 251호》 중에서)

야기인 '희망이 없는 곳, 크라임 앨리! ^{There Is No Hope in Crime Alley!}'에서 처음 소개됐다. 기억에 남을 만한 이 이야기는 파크 로우(Park Row, 일명 크라임 앨리)에서 웨인의 부모가 총에 맞아 죽은 직후, 경찰관들과 기자들 중 누구도 망연자실한 브루스 웨인에게 관심을 보이지 않고 있을 때 파크 로우에서 오랫동안 살아온 주민인 레슬리 톰킨스가 슬픔에 잠긴 아이를 위로해주었다는 사실을 밝힌다. 이 간단한 친절의 표시가 브루스 웨인에게 세상에는 여전히 선한 사람들이 있다는 사실을 보여주고, 브루스 웨인은 레슬리의 모범을 좇기 위해 노력하며 자신만의 십자군 전쟁을 시작하게 되는 것이었다.

오닐은 위대한 배트맨 작품들을 남겼지만 70년대 중반에는 DC에서 편집자 일을 맡게 되면서 일부 연재분의 집필에만 참여하게 되었다. 슈워츠가 후임으로 고용한 작가들은 불행하게도 오닐만큼 배트맨과 조연들에 대한 통찰력을 가지고 있지 못했다. "오닐과 애덤스 시대 이후 배트맨에게 생긴 일은 슈워츠가 지쳤음을 보여줍니다." 그린버거의 시각이다. "가장 잘 팔리는 슈퍼맨 시리즈에는 일군의 재능 있는 사람들을 순환시키며 투입하고 있었지만, 배트맨은 소홀하게 대했습니다. 그는 배트맨에서 눈을 떼고 나이든 작가나 평범한 작가들을 투입시켰습니다. 당시의 만화들은 읽을 만했지만 따분했습니다."

70년대 중반, 마블 코믹스가 신문 가판대 시장을 지배하기 시작하는 가운데 DC는 꾸준히 판매량이 하락하는 상황을 겪고 있었다. 상황을 반전시키기 위해서 DC는 새로운 출판인을 고용했다. 28세의 나이에 제넷 칸^{Jenette Kahn}은 어린 독자를 대상으로 하는 두 잡지인 〈키즈^{Kids}〉와 〈다이너마이트^{Dynamite}〉를 성공시킨 바 있었고 DC가 목표로 삼은 독자층에 대해 잘 알고 있었다. "1976년 2월에 칸이 DC에 왔을 때 장점은 적고 평범하기 그지없는 만화들과 마주쳤습니다." 그린버거의 말이다. "다행스럽게도 칸은 DC에 잘 정착해서 만화들을 읽어본 뒤 어떤 조치가 필요한지를 파악했습니다. 모든 것은 캐릭터들과 특징화와 관련된 문제였기 때문에 그녀는 새로운 인사들을 영입하기 시작했습니다."

칸이 첫 번째로 찾은 사람은 〈어벤져스 ^{The Avengers}〉를 가장 잘 팔리는 시리즈 중 하나로 탈바꿈시켰고 〈캡틴 아메리카〉에 워터게이트 사건과 관련하여 정치 부패와 싸우는 활극의 형태로 새 생명을 불어넣은 인기 마블 작가인 스티브 잉글하트^{Steve Englehart}였다. "칸이 회사를 구해달라고 전화했습니다." 잉글하트가 웃으면서 한 말이다. "칸은 '우리 캐릭터들은 전부 지루한 편인데, 당신은 어벤져스에서 재미난 시도를 했잖아요. 당신이 여기 와서 똑같은 시도를 해줬으면 좋겠어요.'라고 말했죠. 난 대답했어요. '알겠어요. 그런데 난 배트맨 책도 쓰고 싶어요. 어렸을 때 가장 좋아했던 캐릭터였으니까요.'"

배트맨 작가를 맡게 된 잉글하트는 어둠의 기사의 초기 모험담과 펄프 소설의 뿌리를 되돌아보면서

위 데니스 오닐과 딕 지오다노는 '희망이 없는 곳, 크라임 앨리!' 편에서 레슬리 톰킨스를 소개하며 배트맨의 밝혀지지 않은 과거에 약간의 빛을 밝혀주었다. (딕 지오다노 작, 1976년 3월자 《디텍티브 코믹스 457호》 중에서)

다. 복장 너머를 파헤치려고 했던 DC의 의도가 바로 당시 작업의 핵심이었죠. 전 브루스 웨인에 대해 더 알고 싶었습니다. 배트맨이 성인들과 만화에 관심을 끊은 사람들을 포함하는 대중에게 먹혀들게 만들 기회라고 생각했습니다. 그 방법 중 하나는 배트맨을 인간적인 존재로 만드는 것이어요. 이 접근법의 열쇠는 애인 역으로 실버 세인트 클라우드 Silver St. Cloud 를 소개하는 것이었죠. 전 배트맨에게 사생활이 필요하다고 생각했어요. 실제 성인이니까 말이죠. 그때까지는 모든 것이 코믹스 코드 하에 있었기 때문에 사생활은 아무에게도 없었습니다. 로이스가 슈퍼맨에게 몸을 던지면 슈퍼맨이 얼굴을 붉히며 말을 더듬는 건 바보 같아 보이기만 했습니다. 그 성인 캐릭터들에게는 어른스러움이 전혀 없었죠."

잉글하트가 설정한 목표의 또 다른 핵심 요소는 배트맨의 로그스 갤러리를 현대화하는 것이었다. 그는 펭귄을 배트맨에 맞먹는 유연한 사고력을 가진 전술의 귀재로 만들고, 1940년 12월호 《디텍티브 코믹스》에 나온 뒤로 오랫동안 잊혀진 상태였던 휴고 스트레인지 교수를 재조명했다. 배트맨의 이중 신분을 밝혀낸 스트레인지는 암흑가를 대상으로 배트맨의 정체를 경매에 올리려고 하다가 정보를 누설하기 전에 부패한 고담시 정치가인 루퍼트 쏜 Rupert Thorne 의 부하들에게 잔혹하게 고문 당하고 초죽음 상태가 된다.

오랫동안 잊혀졌던 또 다른 적수인 데드샷 Dead-shot 은 잉글하트의 《디텍티브 코믹스 474호》에 돌아오기 전까지 1950년 배트맨 만화에서 고작 한 번 출연한 것이 전부였다. 원래 데드샷은 굉장한 사격 실력을 가진 도둑 신사였다. 그는 배트맨의 명예를 실추시켜 고담시 최고의 자경단 자리를 빼앗고 동시에 고담시 최고의 범죄 두목이 될 계획을 세운다. 배트맨은 그의 계획을 밝혀내고 그를 교도소로 보낸다. "1950년대의 데드샷은 별로 쓸모없는 캐릭터였습니다." 잉글하트의 시각이다. "연미복을 입고 리볼버 두 자루를 허리에 찬 백만장자였죠." 잉글하트의 새로운 묘사에 따르면 데드샷은 수년간 감옥에 있으면서 피폐해져 가고 있었다. 감방 동료인 펭귄에게서 훔친 광선이 나가는 외알 안경을 이용해 탈옥할 때까지 말이다. 작화가인 마셜 로저스 Marshall Rogers 는 잉크 담당인 테리 오스틴 Terry Austin 의 도움을 받아 데드샷을 완전히 새로 디자인하고, 양 손목에 장착된 권총들과 조준경이 붙은 미래적인 은색의 가면을 더해 현대적인 거물 악당의 복장을 완성했다.

"그 만화들은 절대 재탕처럼 느껴지지 않았어요. 하나의 갱신처럼 느껴졌죠." 코믹스 얼라이언스 Comics Alliance 의 평론가인 크리스 심스 Chris Sims 의 말이다. "과거 역사에 대한 인정이 그 일부였습니다. 데드샷은 그냥 몸만 돌아온 게 아니었죠. 1950년에 자신을 감옥에 집어넣은 배트맨에 대한 증오, 그 복수심이 데

위 오랫동안 잊혀졌다 돌아온 악당인 휴고 스트레인지는 어둠의 기사의 정체를 밝히려하고 배트맨의 정신을 파괴하겠다고 위협한다. (마셜 로저스 및 테리 오스틴 작, 1977년 8월자 《디텍티브 코믹스 471호》 표지)

맞은편 스티브 잉글하트는 골든 에이지의 잊혀진 악당인 데드샷을 배트맨과 정면으로 맞설 수 있는 현대적인 최첨단 자객으로 재탄생시켰다. (마셜 로저스 및 테리 오스틴 작, 1977년 12월자 《디텍티브 코믹스 474호》 중에서)

배트맨을 현대로 이끌고자 했다. "DC에는 방이 하나 있었죠. 자사의 모든 만화책들을 가죽 표지로 제본해서 서가에 꽂아놓은 도서관이에요. 아무도 거길 이용하지 않았죠." 잉글하트의 말이다. "회사에서는 초기 《디텍티브 코믹스》와 《배트맨》 책들을 복사할 수 있게 해줬습니다. 1930년대와 40년대의 원조 만화들의 종이 위에 검은 잉크가 아주 많이 사용됐다는 점이 눈에 띄더군요. 그래서 그게 제 목표의 일부가 됐습니다. 전 모든 걸 어둡게 만들고 싶었습니다. 그래서 식자 담당인 존 워크맨 John Workman 에게 모든 패널의 외곽선을 더 굵게 처리해서 검은 잉크가 더 많은 부분을 차지하도록 요청하기까지 했죠."

배트맨을 1970년대로 데려오는 것은 동시에 그의 또 다른 신분을 시대에 맞게 최신화시키며 브루스 웨인을 망토 두른 십자군만큼 중요하게 만드는 것을 의미했다. "저는 정말로 브루스 웨인이 누구인지, 어떤 사람인지 알고 싶었습니다." 잉글하트의 말이다. "전 항상 복장보다는 그 속의 사람에 더 관심이 많았습니

I TRIED YOU *ONCE* THE *CLEVER* WAY-- THE *RICH MAN'S* WAY! I TRIED TO SIMPLY *DISCREDIT* YOU-- BUT THAT FAILED, SO I PLANNED A "SHOOTING ACCIDENT"!

AND YOU *OUTSMARTED* ME! I WAS A WEALTHY MAN--I WAS *SOMEBODY*-- TILL *YOU* PUT ME IN A *CELL*-- MADE ME *JUST ANOTHER CON*--

--BUT I *LEARNED* SOMETHING IN THERE!

I LEARNED TO RELY ON *POWER*, NOT *BRAINS*! I LEARNED NOT TO PLAY THOSE *FANCY GAMES*!

MY NEW *BLASTERS* ARE LIKE PARTS OF MY *ARMS*! EVERY *MAGNUM* CHARGE I *FIRE* COMES STRAIGHT FROM *ME*-- FROM MY *HATE*--

--NOT FROM SOME FANCY *SPORTING GUN*! NOW-- I TOUCH MY *MIDDLE FINGER* TO THE *FIRING BUTTON* IN MY PALM AND--

ZAWOK

MY SUDDEN APPEARANCE DIDN'T EVEN *FAZE* HIM!

HE'S UP AS FAST AS I AM!

I WORKED OUT *EVERY DAY* IN *PRISON*, BATMAN! I HAD NO *SUPER-POWER*-- NO *ESCAPE GIMMICKS*--

--BUT I KNEW, *SOMEDAY*, I'D GET MY *CHANCE*!

WHAT A *WASTE* OF ALL THAT *TIME*!

WASTE? *NO!*

COUNCILMAN RUPERT THORNE SAYS: "HELP KEEP GOTHAM CITY CLEAN!"

NOT WHEN *I* CAN BE THE MAN WHO *KILLED THE BATMAN*!

THAT'S BEEN TRIED BY *EXPERTS*--

--AND I'M *STILL HERE*!

13

"전 짧은 연재 기간 동안에 기억에 남는 걸
정말 남기고 싶었습니다. 그리고 때마침
모든 것이 제자리에 맞춰졌죠."

위 실버 세인트
클라우드는 브루스 웨인을
진심으로 사랑하지만,
그의 정체를 알게 된 뒤
고담시를 떠나기로
결정한다. (마셜 로저스 및
테리 오스틴 작, 1978년 4월자
《디텍티브 코믹스 476호》
중에서)

맞은편 스티브
잉글하트와 마셜 로저스의
짧은 협업은 2부로 구성된
'웃는 생선' 이야기에서 그
결실을 맺었다. 이
이야기는 역대 최고의
조커 이야기 중 하나로
평가된다. (마셜 로저스 및
테리 오스틴 작, 1978년 2월자
《디텍티브 코믹스 475호》
표지)

드샷의 동기가 되었습니다."[3]

잉글하트와 로저스 시대에 가장 특기할 만한 작품은 배트맨이 살인마로서의 모습과 1960년대 마련된 자아도취적인 흥행사의 모습을 모두 갖춘 조커와 상대하는 2부작이다. '웃는 생선!The Laughing Fish!'에서 조커는 고담시 인근 해역을 새로운 조커 맹독으로 오염시켜 모든 생선들이 뒤틀리고 끔찍한 미소를 짓게 만든 뒤, 특허청에 난입해 '조커 생선'의 특허를 신청한다. 접수원이 거절하자 복수를 맹세하고는 조커 맹독을 이용한 살인 행각을 이어 간다.

"'웃는 생선!'은 제가 말하긴 좀 그렇지만 유명한 만화죠." 잉글하트는 웃으며 말한다. "조커는 분명 미쳤지만 우리가 그때까지 봐온 건 이상한 것들과 엉뚱한 곡예들뿐이었죠. 그는 오랜 세월 동안 광대 왕자로 있으면서 수년간 거세되어왔습니다. 전 조커를 더 어둡게 만들고 싶었어요. 미쳐 버린 조커의 입장에서는 합리적이지만 독자들의 시각에서는 조커가 미쳤다는 걸 확연히 알 수 있을 만한 계획을 원했어요."

'웃는 생선!' 2부작에 대한 팬들의 반응은 폭발적이었고, 이는 스티브 잉글하트의 짧은 《디텍티브 코믹스》의 연재 기간 중 나온 최고의 반응이기도 했다. "잉글하트와 로저스의 작품은 배트맨의 본질을 완전히 놓친 작가진 때문에 위험할 정도로 활력을 잃었던

시대에 상상할 수 없을 만큼 반가운 오아시스처럼 느껴졌어요." DC 코믹스 작가 마크 웨이드의 말이다. "애덤스가 떠난 이후, 처음으로 《디텍티브 코믹스》가 정말로 훌륭했던 순간이었고, 열네 살짜리 소년이었던 저는 그들의 만화에 완전히 경도됐습니다."

잉글하트 본인은 최종 대본을 제출한 뒤 해외로 휴가를 떠났기 때문에 출간 이후 몇 개월 뒤까지 자신의 《디텍티브 코믹스》 결과물을 읽지 못했다. "당시 저는 만화를 누가 그리게 될지 모르고 있었고, 거의 6개월 뒤에 스페인에서 소포를 받기 전까지는 만화가 어떤 모습일지도 전혀 모르고 있었습니다." 잉글하트의 회상이다. "그것을 보자마자 제 반응은 어이쿠였습니다! 작화가인 마셜과 테리가 누구인지도 몰랐고, 제가 책을 봤을 땐 이미 그 연재는 끝난 상태였죠. 그 모든 건 굉장히 우연한 성공처럼 느껴졌습니다." 그는 덧붙인다. "전 짧은 연재 기간 동안에 기억에 남는 걸 정말 남기고 싶었습니다. 그리고 때마침 모든 것이 제자리에 맞춰졌죠."

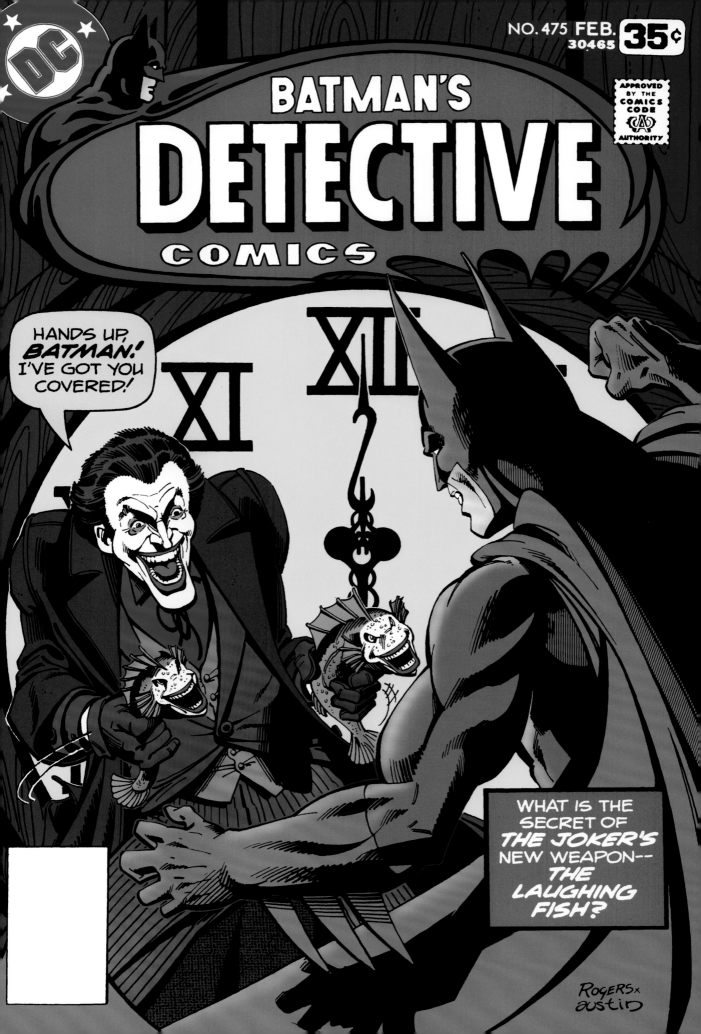

6. 한편, 홀 오브 저스티스에서는…

DC의 배트맨 만화들 속 모험들이 어두운 방향을 택한 상황에서, 보다 가벼운 분위기의 다이나믹 듀오를 원하는 사람들은 멀리 갈 필요 없이 안방극장으로 향하기만 하면 됐다.

　망토 두른 십자군의 애니메이션 출연은 실사판 드라마의 오프닝 장면에서 짧게 이루어진 바 있었지만 직접적인 애니메이션 데뷔는 1968년 가을의 필메이션 스튜디오 Filmation Studios 가 제작한 토요일 아침 애니메이션 시리즈인 〈더 배트맨 / 슈퍼맨 아워 The Batman/Superman Hour〉의 일부로 이루어졌다. 필메이션의 창업자인 루 샤이머 Lou Scheimer 는 1967년에 배트맨 애니메이션에 대한 판권을 획득했지만 계약에 의해 ABC의 드라마가 취소되기 전까지 제작을 유보해야 했다. 애덤 웨스트 드라마의 목에 칼이 떨어지자, 필메이션은 즉시 제작을 시작했다. 스튜디오의 공동 창업자인 할 서덜랜드 Hal Sutherland 가 〈더 배트맨 / 슈퍼맨 아워〉의 배트맨 분량이자 드라마판 배트맨의 분위기와 모습은 물론 등장인물까지 그대로 빌려온 〈배트맨의 모험 The Adventures of Batman〉의 감독을 맡았다. 배트맨과 로빈은 알프레드, 배트걸, 고든 국장과 함께 "고담시의 이상한 악당들인 범죄의 광대 왕자 조커와 살찐 사기꾼 사업가인 펭귄, 냉정하고 잔혹한 미스터 프리즈", 그리고 내레이션을 맡은 테드 나이트 Ted Knight 가 이름을 따로 불러주지 않은 그 외의 다른 악당들과 맞서 싸우며 세상을 지킨다.

　"필메이션의 1968년 배트맨은 제가 가장 좋아하는 배트맨 연작 중 하나입니다." 만화 문화 웹사이트인 13번째 차원 13th Dimension 의 편집자이자 발행인인 댄 그린필드 Dan Greenfield 의 말이다. "특별히 훌륭한 애니메이션은 아닙니다만, 재미있고 성인 취향의 과장 없이도 배트맨 드라마의 연속으로 기능했죠. 필메이션의

배트맨은 사실상 드라마의 4시즌이었죠. 에피소드 ██정, 클리프행어, 과장스러운 함정들, 오하라 부국장 O'Hara, 로빈의 '이런…' 표현들, 심지어 고든 국장의 ██투까지도 DNA가 유전됐다는 것을 보여주는 예시 ██이죠."[1]

　이 가벼운 분위기의 저예산 애니메이션 시██에는 가끔 성급할 때가 있는 어린 제자인 딕 그레이 ██과 조언자이자 선생님 역할을 하는 점잖고 책임감 ██는 배트맨이 등장해 은행 강도, 보석상 털이, 그외 ██담시의 거물급 악당들이 저지르는 엉뚱한 장난을 ██는다. 성우 올란 소울 Olan Soule 은 배트맨에게 알맞██신감 넘치는 목소리를 주었으며, 유망 배우인 케이██케이슴 Casey Kasem 이 로빈 역으로 합류했다. 해당 시██는 CBS에서 2년간 방영됐고 필메이션에게는 창업██도인 1963년 이래로 처음으로 커다란 성공을 가██주었다.

애니메이션판 배트맨과 로빈의 다음 등장은 1972년 〈뉴 스쿠비 두 무비스 The New Scooby-Doo Movies〉의 게스트 출연이었다. 이 토요일 아침 만화는 겁 많은 개와 그 친구들이 매주 다른 유명 인사들과 힘을 합치는 형식이었는데, 〈겟 스마트 Get Smart〉의 주인공 돈 애덤스 Don Adams와 혼성 듀오인 소니 앤 셰어 Sonny and Cher 등과 더불어 텔레비전 스타인 배트맨과 로빈이 미스터리 주식회사 Mystery, Inc.의 청소년 탐정들과 만나는 것은 자연스러운 일이었다. 소울과 케이슴이 다시 성우를 맡은 가운데(케이슴은 또한 스쿠비 두의 친구 새기의 목소리도 맡았다), 배트맨과 로빈은 조커와 펭귄의 지폐 위조 계획을 막기 위해 미스터리 주식회사와 힘을 합친다.

"당대 배트맨의 TV 속 모습은 애덤 웨스트가 결정했을지 모르지만 올란 소울은 배트맨에게 완벽한 목소리를 주었죠." 댄 그린필드의 지적이다. "소울의 배트맨은 믿음직스러우면서도 자신감이 넘치는 이상적인 조합의 목소리로 실버 에이지의 배트맨 성격을 잘 묘사했죠."[2]

밝고 활발한 다이나믹 듀오는 스쿠비 두의 활력 넘치는 세상에 잘 어울렸고, 뒤이어 해나 바베라가 제작하고 1973년 9월 8일 토요일에 첫 방영된 ABC의 애니메이션판 저스티스 리그 오브 아메리카인 〈슈퍼 프렌즈 Super Friends〉 출연의 기초를 마련했다. 소울과 케이슴이 배트맨과 로빈 역으로 돌아와서 슈퍼맨, 원더우먼, 아쿠아맨, 그리고 새로운 시리즈를 위해 특별히 만들어진 두 명의 청소년 슈퍼히어로 지망생 캐릭터인

92쪽 왼쪽 배트맨은 ABC의 토요일 아침 히트작 〈슈퍼 프렌즈〉에 고정 출연했다.
92쪽 오른쪽 〈뉴 스쿠비 두 무비스〉에서 펭귄은 배트맨과 로빈, 미스터리 머신 친구들을 위협한다.

93쪽 토요일 아침 만화를 보며 자란 세대는 ABC의 〈슈퍼 프렌즈〉에서 저스티스 리그 오브 아메리카와 함께한 배트맨의 모험에 열광했다.

위 조커의 애니메이션 등장 초기작은 1972년 〈뉴 스쿠비 두 무비스〉였다.
아래 배트맨과 로빈의 단독 애니메이션 시리즈 데뷔작은 1968년 〈배트맨의 모험〉이었다.

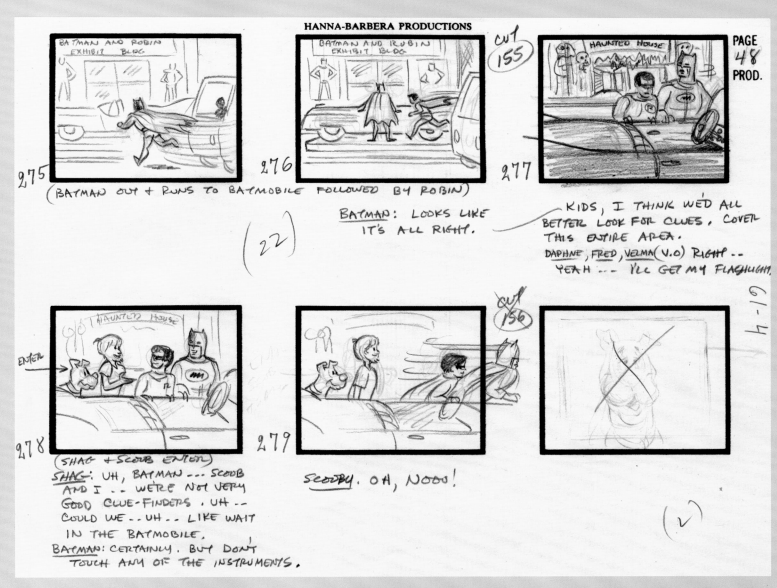

마빈 Marvin, 웬디 Wendy, 그리고 애완동물인 원더독 Wonder Dog과 함께 사악하지만 그렇게까지 사악하지는 않은 무리들과 싸웠다. 애니메이션 속에서 저스티스 리그는 다목적 기지인 홀 오브 저스티스 the Hall of Justice에 모여 최신식의 트러블러트 TroubAlert 컴퓨터가 알리는 긴급 경보에 대응한다. 배트맨은 청소년들의 도덕적 모델로서 불의와 싸울 때도 "위대한 고담시여!"보다 강한 감탄사를 쓰지 않는다. 〈슈퍼 프렌즈〉는 1973년 9월 8일 토요일에 첫 방영됐다.

배트맨과 로빈은 세상에서 가장 위대한 영웅들과 동등한 활약을 펼치며 자신들이 슈퍼 프렌즈 팀에 있어 중요한 구성원임을 입증해 보였다. "팀의 관점에서 보면 배트맨과 로빈은 초능력은 없어도 추리, 전투 전문가로 활약했고 배트맨의 지휘력은 위기 상황을 벗어나는 데 도움이 됐죠." 전 DC 편집자이자 역사가인 마이클 유리의 말이다. "그리고 당연한 말이지만 그들이 〈슈퍼 프렌즈〉에 포함된 진짜 이유는 상업적인 가치 때문이었죠. 〈슈퍼 프렌즈〉가 방영됐을 때, 배트맨 TV 드라마와 그 후속 애니메이션은 공중파에서 내려간지 몇 년 안 된 시점이었고, 드라마 배트맨이 평일 오후에 다른 방송국을 통해 재방영되고 있었기 때문에 한참 늦게 태어난 아이들도 재방영을 통해서 60년

대 에피소드들을 잘 알고 있었죠."

"그 애니메이션의 기본 콘셉트는 저스티스 리그 오브 아메리카를 1970년대 TV에 맞게 바꾼 것이었습니다." 코믹북 리소스 편집자인 브라이언 크로닌의 말이다. "1960년대에는 애니메이션들이 너무 폭력적이라는 도덕적 공황 사태가 일어났고, 70년대에는 어린이 텔레비전 대책 Action for Children's Television, ACT과 같은 단체들의 활동으로 인해 단속이 있었습니다. 〈슈퍼 프렌즈〉와 같은 만화들의 폭력 묘사 범위는 지극히 좁아졌

위 섀기와 스쿠비 두가 〈뉴 스쿠비 두 무비스〉의 두 번째 에피소드인 '다이나믹한 스쿠비 두 사건'의 스토리보드에서 원래 타던 미스터리 머신 대신 배트모빌을 시험 운전할 기회를 얻은 모습이다.
가운데 원래 슈퍼 프렌즈 구성원에는 초능력이 없는 슈퍼히어로들인 마빈, 웬디, 그리고 원더독이 포함되어 있었다.

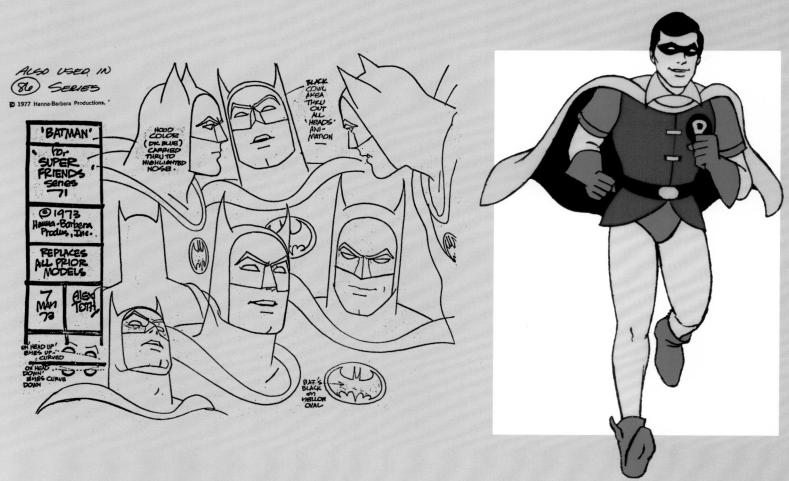

ALSO USED IN
86 Series
© 1977 Hanna-Barbera Productions.

'BATMAN'
for
SUPER
FRIENDS
series
'71

© 1973
Hanna-Barbera
Produc., Inc.

REPLACES
ALL PRIOR
MODELS

7
MAR
73

ALEX
TOTH

HOOD
COLOR
(DK BLUE)
CARRIED
THRU TO
HIGHLIGHTED
NOSE!

BLACK
COWL
AREA
THRU
OUT
ALL
'HEADS'
ANI-
MATION

ON HEAD UP!
EYES UP...
CURVED

ON HEAD
DOWN!
EYES CURVE
DOWN

BAT'S
BLACK
ON
YELLOW
OVAL

죠. 그건 악당들과 일상적으로 싸우는 주인공들이 나오는 만화에게는 심각한 문제였습니다."

영웅들이 총출동했음에도 불구하고, 〈슈퍼 프렌즈〉의 시청률은 ABC의 기대에 부응하지 못했다. "1973년쯤 되면 토요일 아침 방영되는 애니메이션들은 물론 극장 애니메이션들까지 형편없는 작품 수준을 보이고 있었습니다." 애니메이션 역사가인 제리 벡 Jerry Beck의 말이다. "TV 방송국들이 애니메이션 시리즈를 자체 단속하자 폭력은 사라지고 그 자리를 우정과 협력이 채웠습니다. 만화들은 엄격하게 아이들을 대상으로 삼았고, 모방의 우려가 있는 부정적인 행동의 묘사를 기피하게 되었죠. 심지어 악당들조차도 악당이 될 수 없었습니다. 펭귄과 조커가 빠지고 대신 실패한 과학 실험이 그 자리를 채웠습니다."

비록 〈슈퍼 프렌즈〉가 애니메이션 업계의 전설인 알렉스 토스 Alex Toth의 캐릭터 디자인과 필메이션 시리즈에 비해 약간 더 심각한 배트맨을 담고 있었지만, 많은 시청자들은 용기 있는 두 청소년과 지능 높은 개의 조합이 다이나믹 듀오와는 잘 어울리지 않는다고 느꼈다. "그 만화는 배트맨과 로빈을 희석된 저스티스 리

그에 집어넣었죠." 벡의 말이다. "시나리오 자체에는 새롭고 신나는 뭔가가 담겨 있었지만 우리는 그게 대화는 늘리고 액션은 줄인다는 걸 뜻한다는 점을 알지 못했죠."

〈슈퍼 프렌즈〉 등장인물들 중에 진짜 개성을 가

맞은편 위 슈퍼맨, 아쿠아맨, 원더우먼, 로빈, 그리고 배트맨은 〈슈퍼 프렌즈〉의 주요 구성원으로 대부분의 방영 기간 동안 주역으로 활동했다.
맞은편 왼쪽 아래 캐릭터 디자이너 알렉스 토스가 그린 배트맨의 다양한 표정들.
맞은편 오른쪽 아래 첫 시즌에 등장한 놀라운 소년, 로빈의 모습. 로빈은 자신의 조언자와 함께 모든 에피소드에 등장한다.

위 뛰어난 격투 실력을 가진 로빈은 슈퍼 프렌즈의 뛰어난 구성원으로 자리매김했다.
아래 70년대와 80년대의 애니메이션 속 배트맨의 모습은 60년대의 새로운 모습 시대의 영향을 받았다.

"TV 방송국들이 애니메이션 시리즈를 자체 단속하자 폭력은 사라지고 그 자리를 우정과 협력이 채웠습니다."

SUPER FRIENDS

지고 있던 인물이 있었는지 기억이 안 납니다." 슈퍼 프렌즈의 작가였던 존 셈퍼John Semper의 말이다. "애니메이션 속 슈퍼히어로들에게 특별한 개성을 불어넣는 시대는 한참 뒤에야 오게 됐죠. 배트맨과 다른 초능력 친구들은 성격이 아니라 순전히 능력으로만 누가 누군지 구별이 가능했습니다."

결국 이 버전의 저스티스 리그는 시청자들과 교감하는 데 실패했다. 〈슈퍼 프렌즈〉는 16시간 분량의 에피소드들이 제작된 뒤 취소되었고 1974년 가을을 끝으로 공중파에서 내려왔다.

다만 배트맨은 저스티스 리그 동료들 중 한 명이 거둔 성공 덕분에 금방 텔레비전 화면에 돌아오게 되었다. 린다 카터Lynda Carter 주연의 원더우먼 TV 드라마가 높은 시청률을 기록하면서 해나 바베라는 아마존 응징자가 등장하는 자체 시리즈를 다시 꺼내기로 결정했다. 〈슈퍼 프렌즈〉는 ABC에서 1976년 2월부터 토요일 아침에 재방송되기 시작했다. 〈슈퍼 프렌즈〉는 이전보다 훨씬 더 높은 시청률을 기록했고, ABC와 해나 바베라의 1977년 가을부터 새로운 시리즈로 〈올 뉴 슈퍼 프렌즈 아워 The All-New Super Friends Hour 〉를 제작 방영할 계획을 세웠다.

"웬디와 마빈이 등장한 슈퍼 프렌즈의 초기 시즌은 세상에서 가장 강력한 슈퍼히어로들이 김빠진 모습으로 나오는 토요일 아침 애니메이션이었습니다. 잘 안 풀렸죠." 부활한 〈슈퍼 프렌즈〉의 스토리 편집자로 일했던 제프리 스콧Jeffrey Scott의 말이다. "ABC에서는 슈퍼맨과 친구들을 진짜 슈퍼히어로들로 돌려놓으라는 명령을 내렸습니다. 이를 위해서 시리즈를 더 많은 열정과 힘을 지닌 애니메이션판 만화책으로 만들기로 결정했죠."

마빈, 웬디, 그리고 원더독은 애니메이션 연옥으로 추방당했고 그 자리는 엑소르Exxor 행성에서 온 초

위 새롭게 바뀐 슈퍼 프렌즈 구성원들. 젊은 영웅들인 잔, 제이나와 그들의 애완동물 글릭이 들어갔다.
아래 이 상징적인 형태의 배트모빌은 〈슈퍼 프렌즈〉 전체에서 배트맨의 주력 차량으로 사용되었다.

능력 청소년 외계인들인 원더 트윈스 the Wonder Twins, 잔Zan과 제이나Jayna가 채웠다. "원더 트윈스는 어린 시청자들이 이입할 수 있도록 수련생 슈퍼히어로들로 구성되었습니다." 토요일 방영 기간 동안 거의 125편의 에피소드 대본을 쓴 스콧이 한 말이다. "그들의 외계 원숭이인 글릭Gleek은 분위기 환기용으로 들어갔죠. 슈퍼히어로들이 주역을 차지했고 잔과 제이나는 위기를 한층 더해주는 캐릭터들로 활용됐습니다. 그리고 그 외의 DC 슈퍼히어로들이 카메오로 등장했습니다."

〈올 뉴 슈퍼 프렌즈 아워〉는 매주 네 편의 단편으로 구성되었고 그중 최소 한 편에는 배트맨과 로빈이 항상 등장했다. 선량한 배트맨 아저씨는 로빈과 원더 트윈스의 조언자로 등장하며 친절과 선량한 시민 의식을 강조하는 안전 정보를 제공했다. "전 1977년도의 〈올 뉴 슈퍼 프렌즈 아워〉를 가장 좋아합니다."《최고의 슈퍼 프렌즈 도우미 The Ultimate Super Friends Companion》의 저자인 윌 로저스Will Rodgers의 말이다. "단편 네 편으로 구성된 형식과 건강 및 안전 정보, 공작, 마술 비법, 암호 해독기가 포함된 부록들이 마음에 들었습니다."

〈올 뉴 슈퍼 프렌즈 아워〉는 문제 해결 시에 폭력의 사용을 지양하고 긍정적인 행동을 장려했던 〈슈퍼 프렌즈〉 본편과 동일한 기조를 유지했다. "배트맨과 로빈이 악당들에게 주먹질을 날리는 게 금지되면서

그 둘은 팀 내에서 도구적인 영웅들이 되었죠." 로저스의 지적이다. "배트맨이 팀에서 진정한 두뇌 역할을 맡도록 만들었습니다."

해나 바베라의 〈슈퍼 프렌즈〉가 텔레비전에 복귀하자, 경쟁 제작사인 필메이션에서도 1977년 가을에 자체 제작한 배트맨 애니메이션을 방영하기 시작했다. 〈배트맨의 새로운 모험 The New Adventures of Batman〉에는 로빈, 배트걸과 배트마이트까지 출연했다. 필메이션이 판권을 따낸 배트맨의 악당들은 조커, 펭귄, 캣우먼, 미스터 프리즈와 같은 상징적인 악당들이었고, 전부 해나 바베라의 〈올 뉴 슈퍼 프렌즈 아워〉에는 등

위 알렉스 토스가 그린 1973년의 〈슈퍼 프렌즈〉 에피소드인 '셰이몬 유' 스토리보드 일부. 이 에피소드에서 배트맨과 로빈은 미스터리 산에 갔다가 거대 토끼와 만난다.
아래 배트맨과 로빈은 필메이션의 1977년 애니메이션 시리즈인 〈배트맨의 새로운 모험〉에서 함께 모험에 나선다.

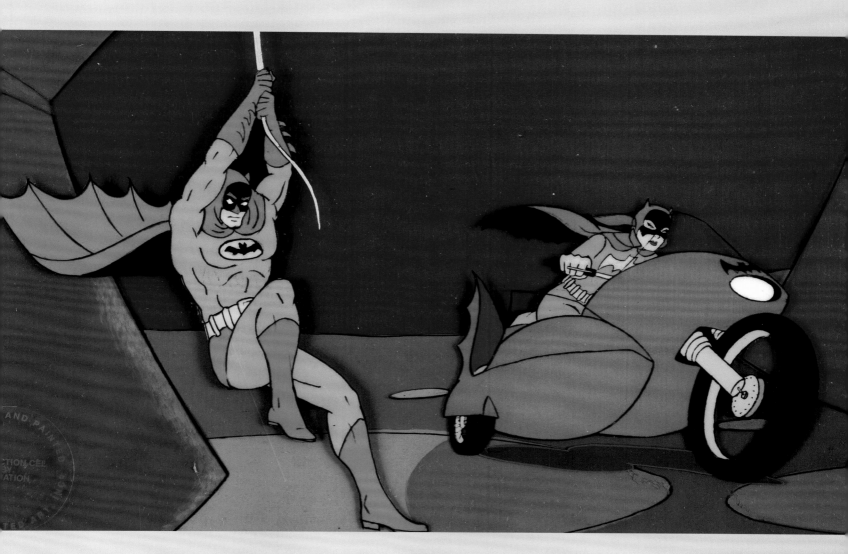

장이 제한됐다. 원래의 필메이션판 배트맨과 로빈 성우들이었던 올란 소울과 케이시 케이슴이 모두 불참하게 되자, 스튜디오에서는 애덤 웨스트와 버트 워드를 고용해 그들의 상징적인 역할을 다시 맡게 했다.

배트마이트와 같은 실수 연발의 분위기 환기용 캐릭터를 추가하는 것은 필메이션에서는 흔한 방침이었고, 로저스에 의하면 "필메이션의 수장인 루 샤이머가 1968년의 배트맨 시리즈에서는 목소리 출연을 하지 않았지만, 1977년 시리즈에는 적극적으로 참여해서 알프레드를 대신할 배트마이트의 역할을 맡음으로써 더 심각한 배트맨 애니메이션을 기대하던 팬들의 바람에 찬물을 끼얹었습니다." 해당 시리즈는 낮은 시청률과 배트맨과 관련된 모든 캐릭터의 판권을 해나 바베라에게 넘기기로 한 DC의 결정 때문에 단 한 시즌만 나오고 막을 내렸다.

한편, 해나 바베라의 새로운 〈슈퍼 프렌즈〉는 큰 성공을 거두었고, 그 시리즈는 우리의 영웅들이 DC의 가장 위험한 거물급 악당 13인이 총출동해서 만든 〈리전 오브 둠 the Legion of Doom〉에 맞서 싸우게 되는, 〈챌린지 오브 더 슈퍼 프렌즈 Challenge of the Super Friends〉라는 제목의 1978-79년 시즌으로 돌아오게 되었다. 슈퍼맨의 숙적인 렉스 루터 Lex Luthor 가 이끄는 팀에는 배트맨의 주요 악당 두 명이 포함되어 있었다. 바로 낄낄대는 익살꾼으로 묘사된 리들러와 공포 가스를 무기로 사용하는 스케어크로우였다.

〈슈퍼 프렌즈〉는 ABC의 토요일 주요 방영작이 되었고, 매 시즌마다 구성원과 작품 형식에 약간의 변화가 있었지만 배트맨과 로빈은 항상 출연했다. 1984년에 해당 시리즈는 〈슈퍼 프렌즈: 더 레전더리 슈퍼 파워스 쇼 Super Friends: The Legendary Super Powers Show〉로 이름이 바뀌었고, 그 다음 시즌은 당시 후원사 중 하나였던 장

난감 회사 케너의 슈퍼 파워스 컬렉션 제품군의 영향을 받아서 〈슈퍼 파워스 팀: 갤럭틱 가디언즈 The Super Powers Team: Galactic Guardians〉로 칭해졌다.

다른 영웅들이 등장과 퇴장을 반복하는 동안 배트맨은 슈퍼 프렌즈의 초능력자 동료 출연진들 사이에서 편안히 자리를 지켰다. "기본적으로 당시의 슈퍼맨이 커크 함장이라면 배트맨은 스팍이었고, 로빈은 더 아동 친화적이고 청소년의 유행을 따르고자 하는 소년이었죠." 당시 여러 시즌의 작가로 참여했던 앨런 버넷 Alan Burnett 의 시각이다. "그런 고전의 감성이 있었죠."

버넷은 〈갤럭틱 가디언즈〉의 네 번째 에피소드이자 최초로 애니메이션으로 묘사된 배트맨의 기원담인 '공포 The Fear'의 대본을 쓰는 공을 세웠다. 그것은 〈슈퍼 프렌즈〉의 가장 어두운 에피소드였다. "원래는 토요일 아침에 방영될 새로운 배트맨 애니메이션의 파일럿이었죠." 버넷의 회상이다. "방영이 불발되자, 조금 손봐서 〈슈퍼 프렌즈〉 마지막 시즌의 에피소드 하나로 만들었습니다. 당시 해나 바베라의 제작 책임자가 되었던 제프리 스콧이 방송국에 그걸 〈갤럭틱 가디언즈〉의 에피소드로 넣자고 이야기했습니다. 그때가 바로 브루스의 부모가 TV에서 처음으로 죽게 된

위 〈배트맨의 새로운 모험〉은 애덤 웨스트와 버트 워드에게 다시 배트맨과 로빈 역을 맡겼다.
아래 필메이션이 〈배트맨의 새로운 모험〉에서 그린 배트맨은 해나 바베라의 배트맨보다 더 근육질이었으며 보다 연한 파란색 복장을 입었다.

GALACTIC GUARDIANS

위 〈슈퍼 프렌즈〉의
마지막 시즌인 〈슈퍼
파워스 팀: 갤럭틱
가디언즈〉는 사이보그의
첫 애니메이션
데뷔작이었다.
아래 1985년에 만들어진
이 모델 시트에서 볼 수
있듯이 새로워진 〈슈퍼
프렌즈〉에는 파이어스톰,
사이보그와 같은 젊은
영웅들과 은하계 악당인
다크사이드와 그의 아들
칼리박, 충직한 하수인
디사드가 등장했다.

순간이었죠."

'공포'에서는 배트맨의 가장 취약해진 모습이 그
려진다. 스케어크로우가 어둠의 기사에게 가장 큰 두
려움인 부모님의 죽음을 떠올리게 만드는 장치를 썼
기 때문이다. 배트맨은 의지력을 발휘해 자신의 과거
를 받아들여 공포를 극복하고, 스케어크로우가 정의
의 심판을 받게 한다. "앨런 버넷이 참여하기 시작하
자 시리즈가 발전된 건 우연이 아닙니다." 워너 브러더
스 애니메이션 감독인 제임스 터커의 지적이다. "〈갤럭
틱 가디언즈〉는 훨씬 세련된 작품이었습니다. '공포'를

보면서 '그래. 이게 지금의 배트맨이지.'라고 생각했던
게 기억나는군요. 그것은 여러 면에서 1990년대 TV
애니메이션인 〈배트맨: 디 애니메이티드 시리즈 Batman:
The Animated Series〉의 준비 운동이라고 봅니다."

반응은 좋았지만 '공포'는 배트맨이 〈슈퍼 프렌
즈〉에서 마지막으로 빛난 순간이었다. ABC는 꾸준히
줄어드는 시청률 때문에 〈갤럭틱 가디언즈〉의 열 편의
에피소드를 끝으로 오랫동안 이어졌던 시리즈의 제작
을 취소했다. 하지만 〈슈퍼 프렌즈〉는 텔레비전에서
완전히 사라지지 않았고, 다른 방송국을 통해 주중에

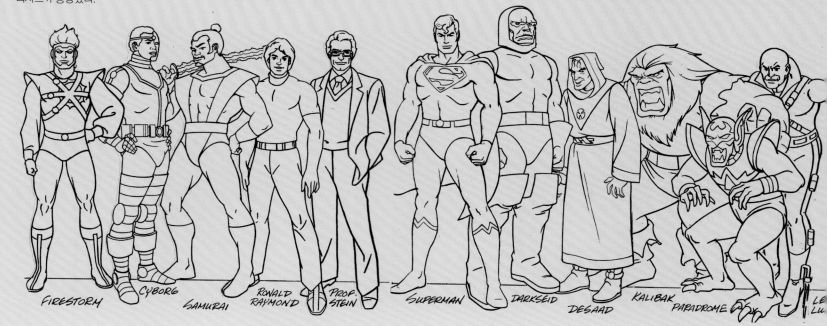

FIRESTORM   CYBORG   SAMURAI   RONALD RAYMOND   PROF. STEIN   SUPERMAN   DARKSEID   DESAAD   KALIBAK   PARADROME

방영되며 건강한 생명을 이어갔다.

60년대와 70년대에 태어난 배트맨 팬 세대들은 ABC에서 오랜 기간 방영된 〈슈퍼 프렌즈〉를 통해 배트맨을 처음 접했는데, 그중에는 미래의 코믹스 창작자들인 알렉스 로스 Alex Ross, 마크 웨이드 Mark Waid, 그리고 2010년부터 2018년까지 DC의 최고 창작 책임자로 재임했던 제프 존스 Geoff Johns 도 포함된다. "〈슈퍼 프렌즈〉는 제가 가장 좋아하는 TV 애니메이션입니다." 존스가 한 말이다.

"매우 단순한 선악 구도와 언제나 선이 악을 이기는 전개가 〈슈퍼 프렌즈〉를 그토록 오래가게 해줬던 점인 것 같습니다." 해당 애니메이션의 작가였던 존 셈퍼의 말이다. "그건 고전 배트맨 만화들이 독자들의 사랑을 받는 이유이기도 하죠. 현대적인 영웅의 동기들은 가끔 너무 어두운 경향이 있는데 배트맨과 같은 캐릭터들이 단순한 주제와 쉽게 예상할 수 있는 반전이 들어가 있는 잘 쓰여진 이야기 속에서 세상을 구하는 모습을 보는 것은 신선하게 다가왔죠. 오늘날의 복잡한 세상에서 그런 영웅은 모두에게 환영받는다고 생각해요."

가운데 이 모델 시트는 배트맨의 단독 시리즈 가능성을 시험하기 위해 제작된 〈갤럭틱 가디언즈〉의 '공포' 편에 나온 배트맨의 모습을 보여준다.
아래 〈챌린지 오브 더 슈퍼 프렌즈〉의 '공포주의자들의 침략' 편은 제작자 제프리 스콧이 각본을 맡은 125편의 〈슈퍼 프렌즈〉 에피소드 중 하나였다.
인서트 슈퍼 프렌즈의 가장 어두운 에피소드 '공포'의 스토리보드 일부.

CHALLENGE OF THE SUPERFRIENDS
INVASION OF THE FEARIANS

7. 아이덴티티 크라이시스

배트맨이 70년대 말에 진입했을 때, 배트맨과 DC 코믹스는 모두 변화의 물결을 타고 있었다. DC의 출판 철학과 운영, 그리고 편집 인력의 꾸준한 변화의 결과로 팬들에게나 업계 사람들에게나 불확실하고 예측 불가능한 환경이 조성되었다. 영화 〈슈퍼맨: 더 무비〉에 대한 기대감이 슈퍼맨에게 새로운 활력을 가져다 주고 있었지만, 망토 두른 십자군은 만화 역사에서 브론즈 에이지 Bronze Age 로 알려지게 될 과도기가 정점에 달했던 1978년에 갈림길에 서 있었다. "우리에게 썩 즐거웠던 시기는 아니었죠." 바로 그 해에 《배트맨》, 《디텍티브 코믹스》, 《더 브레이브 앤 더 볼드》의 편집자가

된 폴 레비츠 Paul Levitz 가 웃으면서 한 말이다.

원래는 장래가 밝은 해였다. 스티브 잉글하트와 마셜 로저스는 배트맨을 현대화하고 새 생명을 불어넣었으며, DC 코믹스는 신문 가판대를 지배하고 있던 마블 코믹스에게 도전할 대담한 계획의 일환으로 DC 익스플로전 DC Explosion 을 계획했다. 새로운 타이틀과 새로운 작가진, 그리고 각 만화의 지면 수를 늘려 회사의 모든 만화들에 새 생명을 불어넣겠다는 출판 전략이었다. 망토 두른 십자군은 그 계획에서 큰 부분을 차지하고 있었다. 《배트맨》, 《디텍티브 코믹스》, 《더 브레이브 앤 더 볼드》, 《저스티스 리그 오브 아메리카》, 《월드 파이니스트 코믹스》, 그리고 배트맨 조연들이 출연하는 앤솔로지 시리즈인 《배트맨 패밀리 Batman Family》에 이르기까지 6종의 정기 연재작이 배트맨과 관련되어 있었다. 그 책들 중 일부는 DC의 덜 알려진 캐릭터들을 조명하는 부록 만화들을 실을 예정이었다.

하지만 불행히도 1978년 초에 몰아친 사상 최대의 눈보라 탓에 DC는 만화책을 매주 소매점에 공급할 수 없었다. 이는 70년대 후반의 경기 침체와 함께 재정 적자의 원인으로 작용했고, DC는 당초 계획했던 확장안을 시작하자마자 폐기하게 되었다. 또한 DC는 직원을 감축하고 거의 40%에 달하는 기존 만화들과 계획된 신작들의 제작을 취소해야 했다.

단두대에 오른 만화들 중 하나는 70년대 말에 역사상 가장 낮은 판매량을 기록했던 《디텍티브 코믹스》였다. 일부 편집자들, 특히 폴 레비츠는 출판사 이름에 문자 그대로 DC를 넣게 만든 만화를 폐간하는 일은 절대 있어서는 안 된다고 주장했다. 다행히 그의 주장대로 《디텍티브 코믹스》는 폐간되는 대신에 로빈, 배트걸, 맨배트와 같은 《배트맨 패밀리》 조연들이 등장하는 두꺼운 앤솔로지 만화로 재탄생했다. 그 움직임은 이후 《배트맨 패밀리》 폐간의 길을 막았다.

출간작의 종류를 생산 지속 가능한 수준까지 줄

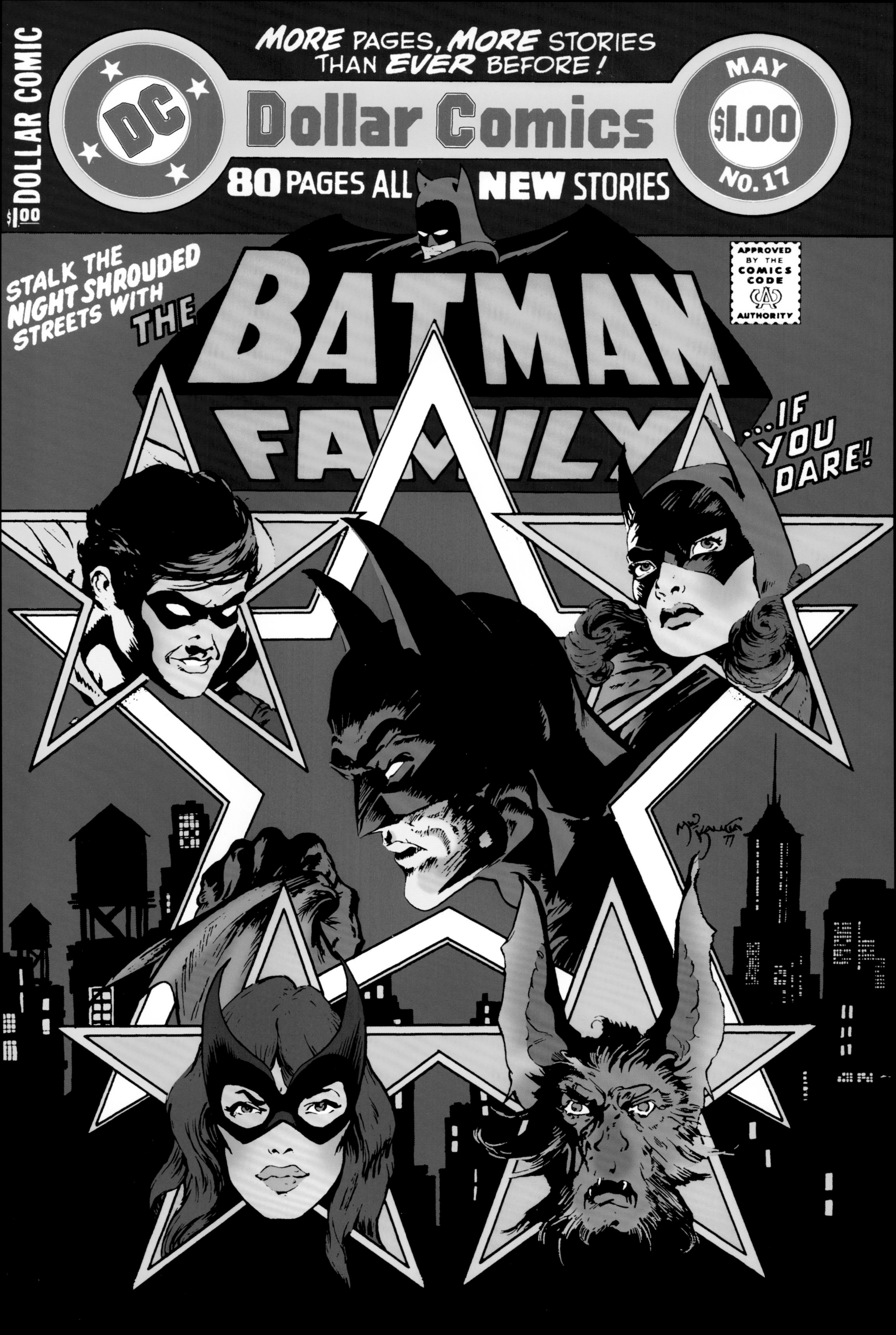

MORE PAGES, MORE STORIES
THAN EVER BEFORE!
DC
Dollar Comics
80 PAGES ALL NEW STORIES
MAY
$1.00
NO. 17
DOLLAR COMIC
$1.00
STALK THE NIGHT SHROUDED STREETS WITH
THE
BATMAN
FAMILY
...IF YOU DARE!
APPROVED BY THE COMICS CODE AUTHORITY

104쪽 왼쪽 짐 아파로 작, 1982년 3월자 《더 브레이브 앤 더 볼드 184호》 표지 중에서.

104쪽 아래 망토 두른 십자군의 미래를 상상한 이 만화에서 배트맨은 은퇴를 생각한다. (딕 지오다노 작, 1978년 6월자 《배트맨 300호》 표지)

105쪽 《배트맨 패밀리》라는 두꺼운 앤솔로지 연재작은 배트맨의 사이드킥들인 로빈, 배트걸, 헌트리스, 맨배트가 주인공이었다. (마이크 칼루타 작, 1978년 5월자 《배트맨 패밀리 17호》 표지)

위 웨인 엔터프라이즈의 CEO인 루시어스 폭스는 회사의 운영을 담당한다. (존 칼넌 및 딕 지오다노 작, 1979년 1월자 《배트맨 307호》 중에서)

맞은편 위 슬픔에 잠긴 지구-2의 브루스 웨인이 아내 셀리나 카일의 죽음을 비롯해 은퇴를 결심하게 만든 사건들을 회상하고 있다. (조 스테이턴 및 딕 지오다노 작, 1979년 4월자 《어드벤처 코믹스 462호》 중에서)

맞은편 아래 지구-2의 저스티스 소사이어티 오브 아메리카가 지켜보는 가운데 골든 에이지 배트맨의 장례가 치러진다. (짐 아파로 작, 1979년 4월자 《어드벤처 코믹스 462호》 표지)

"스티브 잉글하트는 여러 이슈에 걸쳐 스토리 라인이 이루어지고 설정이 연결되는 만화들을 써내려고 했던 최초의 배트맨 작가 중 한 명이었습니다."

작가들은 더 나이 든 청소년 독자층이나 신문 가판대 고객들을 계속 고려하라는 주문을 받았다. 세심하게 균형을 맞춰야 하는 문제였지만, 레비츠의 주도하에 배트맨은 날카로운 지혜와 최신의 기술을 활용해 경찰이 해결할 수 없는 범죄를 해결하는 심각하고 결연한 영웅으로 묘사되었다.

10년간 배트맨을 대단한 경지에 올려놨던 데니 오닐은 《디텍티브 코믹스》의 중심 작가로 기용됐다. 마블 코믹스에서 뉴 엑스맨과 울버린^{Wolverine} 같은 인기 캐릭터들을 공동 창작하며 성공을 거두었던 렌 윈^{Len Wein}도 《배트맨》의 작가가 되었다. "윈이 《배트맨》에 왔을 때, 그는 스티브 잉글하트가 구축해놓은 토대 위에 새로운 스토리를 써나갔죠." 레비츠의 회상이다. "스티브 잉글하트는 여러 이슈에 걸쳐 스토리 라인이 이루어지고 설정이 연결되는 만화들을 써내려고 했던 최초의 배트맨 작가 중 한 명이었습니다. 그 상당 부분은 마블에서의 경험에 기초한 것이었습니다. 렌 윈은 그보다 한 발 더 나아가 배트맨의 조연들을 보다 현대적인 감각에 맞게 만들어 나가기 위해 루시어스 폭스^{Lucius Fox}를 창조하여 우리에게 소개했습니다."

인 뒤 출판사는 남아 있는 타이틀들의 노선을 교정하는 노력에 박차를 가했다. 배트맨 쪽의 문제점을 찾던 폴 레비츠는 배트맨이라는 캐릭터가 여전히 생명력을 가지고 있지만 근래 몇 년 동안 초점을 상실했다고 주장했다. 《디텍티브 코믹스》에 등장하는 배트맨은 《더 브레이브 앤 더 볼드》에 등장하는 배트맨과 닮은 구석이 없었고, 그 만화들 속 설정의 연속성은 《월드 파이니스트》나 《저스티스 리그 오브 아메리카》 같은 단체 만화에는 반영되어 있지 않았다. "모두를 다시 같은 페이지 위로 올려놓을 필요가 있었습니다." 레비츠의 회상이다. "제가 처음 맡았을 때, 모든 배트맨 만화들을 처음부터 읽기 시작했습니다. 그 뒤에 첫 캐릭터 지침서를 작성했습니다. 이전까지는 배트맨을 만들 때 그런 것을 사용했던 경우가 없었던 것 같고, 캐릭터를 대상으로 하는 그런 작업도 DC에서는 최초였을 겁니다."

그 이후로 모든 배트맨 만화를 맡는 작가와 작화가들은 배트맨이 누구이며 어떤 세상에 살고 있는지를 명확하게 알려주는 레비츠의 캐릭터 지침서를 따랐다. 만화책들은 여전히 전연령이 접할 수 있었지만,

배트맨의 첫 흑인 조력자로 추가된 루시어스 폭스는 1979년에 렌 윈이 브루스 웨인의 기업인 웨인 엔터프라이즈^{Wayne Enterprises}의 핵심 두뇌로서 만든 캐릭터다. 기술 부문에 정통한 이 CEO는 브루스 웨인의 사업을 대신 운영하며 배트맨이 부담에서 벗어나 자경 활동에 더 집중할 수 있게 해주었다. "만약 브루스 웨인이 어마어마한 대기업인 웨인 엔터프라이즈를 가진 엄청난 부자라면, 그 회사의 일부를 함께 경영해

...AND HOW A BULLET *ENDED* IT, BY TAKING HIS WIFE'S LIFE LAST SUMMER.

BRUCE WAYNE LIT A *FUNERAL PYRE* FOR THE BATMAN THAT NIGHT...

나갈 누군가와 접촉하는 게 이치에 맞았죠." 레비츠의 말이다.

폭스를 새로운 조연으로 맞이한 브루스 웨인은 옛 동료이자 새로운 시대 직전에 범죄와의 전쟁에서 은퇴하고 배트맨의 인생에서 사라졌던 캐시 케인, 일명 배트우먼에게는 작별을 고해야 했다. 짧은 재회 뒤에 캐시는 《디텍티브 코믹스 485호》에서 리그 오브 어쌔신스에게 살해당하고, 배트맨은 곧 라스 알 굴의 또 다른 계획에 말려들게 된다. 마지막 배트우먼 이야기를 쓴 오닐은 1960년대에 배트걸(바바라 고든)이 추가된 뒤로 배트우먼의 등장이 불필요해졌다고 여기고, 배트맨과 세계관을 간소화하고자 하는 레비츠의 정책의 일부로 배트우먼을 하차시켰다.

한편, 레비츠는 또 다른 별개의 인물인 지구-2의 배트맨 만화를 끝내기로 결정했다. 이 대체 현실에서 브루스 웨인은 지구-1의 자신보다 훨씬 나이가 많으며 배트맨에서 은퇴한 상태로 셀리나 카일과 결혼하고 고담시 경찰 국장의 역할을 맡았다. 성인이 된 딕 그레이슨은 로빈으로 활동을 이어나가며, 브루스와 셀리나의 딸인 헬레나[Helena], 일명 헌트리스와 함께 계속 범죄와 싸운다. 1979년 4월의 《어드벤처 코믹스 462호[Adventure Comics #462]》에서 지구-2의 브루스 웨인은 위험한 초능력을 획득한 빌 젠슨[Bill Jensen]이라는 이름의 하찮은 악당에게서 고담시를 지키기 위해 마지막으로 망토와 가면을 쓰고 나섰다가 목숨을 잃는다. "굉장히 감성적인 만화입니다. 특히 배트맨의 딸인 헬레나가 아버지 브루스가 영웅적으로 죽는 장면을 보는 장면이 들어 있으니까요." 해당 이야기를 그린 조 스태턴[Joe Staton]의 말이다.

"당시에는 적절한 상황의 에피소드였다고 생각했던 것 같습니다. 나이 든 배트맨은 제대로 활동할 수 있는 상태가 아니었고, 배트맨을 대신할 헌트리스

와 로빈이 존재했으니까요." 레비츠의 말이다. "우리의 의도는 원래 부모님의 죽음을 재연하는 것이었지만, 되돌아보면 제대로 해냈던 것 같지 않습니다. 제 경력에서 다시 작업할 수만 있다면 좋겠다고 생각하는 만화들 가운데 하나입니다."

레비츠의 회의적인 시각과 달리, 해당 만화는 원래의 목표를 달성했고 지구-1의 브루스 웨인을 진정한 배트맨으로 정립시켰다. 이 점을 강조하기 위해서 레비츠는 1980년에 작가 렌 윈과 작화가인 짐 아파로[Jim Aparo], 존 번[John Byrne]에게 1980년 여름 출간될 이슈 3편 분량의 만화인 《언톨드 레전드 오브 더 배트맨[The Untold Legend of the Batman]》의 제작을 맡겼다. 현대 지구-1 배트맨의 완전하고 상세한 기원을 처음으로 재추적할 만화였다.

렌 윈이 쓴 《언톨드 레전드 오브 더 배트맨》의 줄거리는 이전 배트맨 기원담의 요소들을 통합하고 조정하는 한편, 브루스 웨인의 부모님의 죽음과 배트맨으로서의 첫 활동 사이의 수년간의 시간에 새로운 빛을 드리웠다. 《언톨드 레전드 오브 더 배트맨》에서 우리는 브루스가 세계 최고의 무술가들을 만나 수련하고, 형사 하비 해리스[Harvey Harris]에게서 연역 추리법과

사법 체계에 대해 배웠다는 사실을 알게 된다. 또한 배트맨의 복장과 무기의 기원도 드러났는데, 가령 최초의 배트모빌이 스턴트맨이자 공학자인 잭 에디슨[Jack Edison]의 손에 만들어졌다는 사실이 밝혀졌다. 이 새롭고 최신화된 기원은 나중에 추가된 브루스 웨인의 조력자들인 레슬리 톰킨스와 루시어스 폭스도 배트맨의 기원담에 포함시켰다.

이듬해 봄 《디텍티브 코믹스》의 500번째 이야기에서도 독창적인 배트맨 기원담이 묘사됐다. 500호 기념으로 레비츠는 인기 TV 드라마인 원더우먼의 대본을 작업한 작가 앨런 브레너트[Alan Brennert]에게 배트맨 이야기 한 편을 의뢰했다. 브레너트가 쓴 보통의 배트맨 정식 역사의 바깥에서 벌어지는 특별한 '상상 이야기'인 '전설 죽이기[To Kill a Legend]'에서 어둠의 기사는 팬텀 스트레인저[Phantom Stranger]로 알려진 초자연적인 존재의 방문을 받는다. 정의에 대한 수년간의 헌신에 대한 보답으로 팬텀 스트레인저는 배트맨에게 부모님인 토마스와 마사 웨인을 구할 수 있는 대체 현실을 찾아가볼 기회를 주겠다고 제안한다.

"제가 DC의 상상 속 이야기들을 좋아했던 이유는 캐릭터들이 신나는 모험을 벌이지만 특별한 발전은

맞은편 이슈 3편 분량의 이 미니시리즈는 실버 에이지 배트맨 기원의 결정판이었다. (호세 루이스 가르시아-로페즈 및 딕 지오다노 작, 1980년 8월자 《배트맨의 알려지지 않은 전설》 2호 표지)

위 《디텍티브 코믹스》는 일롱게이티드 맨, 호크맨, 그리고 슬램 브래들리 등 DC 최고의 탐정들을 맞이하며 500호를 기념했다. (짐 아파로, 딕 지오다노, 카민 인판티노, 조 쿠버트, 월트 시몬슨 작, 1981년 3월자 《디텍티브 코믹스 500호》 표지)

거의 일어나지 않는 보통의 시간이 정지된 만화들과 달리, 주요 캐릭터들의 삶이 돌이킬 수 없는 방식으로 변한 세상들을 보여주기 때문이었습니다." 브레너트의 회상이다. "저는 가드너 폭스가 구축한 아이디어에서 영감을 받았죠. 지구-2에서 먼저 벌어진 사건이 나중에 지구-1에서 벌어진다는 것을요. 그와 관련해서 든 생각이 만약에 그런 사건들이 현재 벌어지고 있는 지구가 있다면 어떨까? 브루스 웨인의 부모의 죽음이 바로 그 사건이라면?"

로빈도 여정에 동행하며 대체 지구에는 슈퍼히어로들이 존재하지 않는다는 사실을 알게 된다. 로빈은 영웅에게 영감을 줄 웨인 부부의 죽음이 일어나지 않은 대체 지구에는 영웅들이 영원히 출현하지 않을지도 모른다는 우려를 표시한다. 배트맨은 로빈의 논리를 거부하고 새로운 세계의 웨인 가족을 비극적인

아래 앨런 브레너트와 딕 지오다노의 '전설 죽이기' 편에서 수수께끼의 존재, 팬텀 스트레인저는 배트맨에게 토마스와 마사 웨인의 죽음을 막을 기회를 제공한다. (1981년 3월자 《디텍티브 코믹스 500호》 중에서)

운명으로부터 구해낸다.

결국 배트맨은 대체 현실의 브루스 웨인이 자신의 인생을 갈라놓은 비극적인 사건의 영향을 받지 않고 살게 되리라는 데 안도감을 느낀다. 그러나 이 만화의 에필로그에서는 대체 지구에도 언젠가 그렇게까지 어둡지는 않은 기사가 등장하게 되리라는 사실이 밝혀진다. 즉, 자신을 구해준 사람에게 영감을 받은 어린 브루스 웨인이 배트맨으로 거듭나게 되는 것이다. 슬픔이나 죄책감, 복수심이 아니라 경외심과 수수께끼, 그리고 감사하는 마음이 낳은 결과였다. 브레너트의 작품은 지극히 환상적인 설정에도 불구하고 캐릭터로서의 배트맨의 핵심을 관통했고 복수가 아니라 정의가 주요 목적이라는 개념을 강화했다.

'전설 죽이기'를 그린 딕 지오다노는 1982년에 폴 레비츠가 DC의 편집장직을 맡게 되면서 레비츠의 편집자 자리를 물려받았다. 지오다노는 《배트맨》과 《디텍티브 코믹스》를 모두 담당하여 꽉 짜여진 설정의 연속성을 구현해낼 단일 작가를 고용할 계획을 세웠다. 《디텍티브 코믹스》는 자매 만화인 《배트맨》보다 한참 부족한 성과를 내고 있었고, 지오다노는 두 만화의 부차적인 플롯과 현재 진행 중인 이야기를 서로 연결하면 두 책을 보다 비슷한 위치로 올려놓는 데 도움이 될 것이라고 생각했다.

지오다노의 새로운 작가인 게리 콘웨이 Gerry Con-

> "제가 DC의 상상 속 이야기들을 좋아했던 이유는 주요 캐릭터들의 삶이 돌이킬 수 없는 방식으로 변한 세상들을 보여주었기 때문이었습니다."

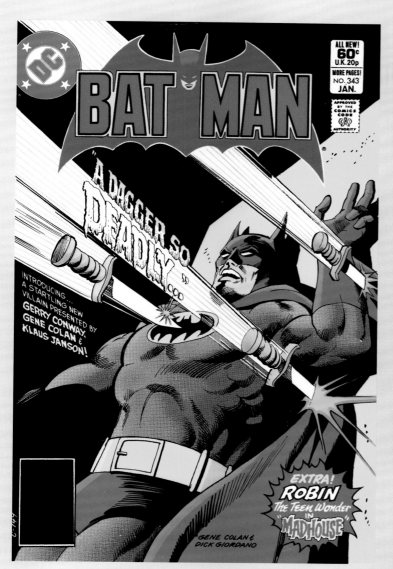

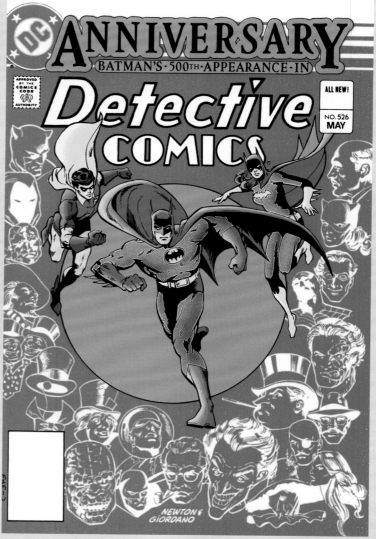

way는 1970년대에 마블의 주력 타이틀인 〈어메이징 스파이더맨The Amazing Spider-Man〉을 통해 팬들에게 사랑받는 작가가 되었고, DC 코믹스로 옮긴 뒤로는 《저스티스 리그 오브 아메리카》를 포함한 여러 인기 타이틀의 작가로 활동했다. 콘웨이가 활동했던 기간의 《배트맨》과 《디텍티브 코믹스》는 모험물과 고딕 로맨스물을 반반 섞은 것이었고, 그의 어둠의 기사는 무섭고 초자연적인 적들에 맞서 싸웠다. 콘웨이의 재임 기간 중에 핵심 작화가로 활동했던 이들은 역동적이고 실제적인 화풍을 통해 1980년대 초에 DC에서 가장 인기 있는 작화가 중 한 명이 된 돈 뉴턴Don Newton과 마블의 〈툼 오브 드라큘라Tomb of Dracula〉와 같은 타이틀에서 어둡고 변화무쌍한 작화를 선보여 업계 최고의 공포물 작화가 중 한 명으로 등극한 진 콜런Gene Colan이었다. 콘웨이의 브루스 웨인은 배트맨과 웨인 엔터프라이즈, 웨인 자선 재단의 회장직을 오가며 활발한 사회 활동을 하는 다재다능하고 깨어 있는 현대인이었다.

배트맨은 최첨단 컴퓨터와 최신 기술로 가득 찬 배트케이브를 기지로 활동했지만 그의 진정한 무기는 지혜와 신체 능력이었다. "배트맨을 그 모든 장비들과 떼어놓고 싶었습니다." 콘웨이의 말이다. "역사적으로 배트맨을 바라보면 그는 범죄 투사 주인공으로 DC의 두 번째 대성공을 가져다준 캐릭터였습니다. 그건 DC

유니버스에 수많은 초능력자들이 등장하기 이전의 일이었고 그 유산이 그를 아주 흥미롭게 만들어주었죠. 그에게는 초능력이 없고, 사실 돈이 초능력이라는 농담도 있었지만 사실은 그게 전부가 아니었습니다.

"배트맨의 '능력들'은 고도로 훈련된 격투가와 탐정이 보유한 능력들입니다. 배트맨을 배트맨으로 만들어주는 것은 캐릭터의 내용물, 즉 성격과 위험한 함정에서 탈출할 방법 등의 수수께끼를 푸는 천재성 같은 것들입니다."

콘웨이는 로빈과의 협력 관계가 배트맨 이야기의 또 다른 필수 요소라고 느꼈다. 콘웨이의 지도하에 딕 그레이슨은 다시 놀라운 청소년 로빈이 되어 배트맨과 함께 싸우기 위해 고담시로 돌아왔고 웨인 저택에서 상주하게 만들 계획을 세웠다. 70년대의 만화책 독자들은 배트맨을 단독으로 활동하는 자경단으로 보았지만 대중들의 배트맨에 대한 인식은 드라마의 재방송과 토요일 아침에 방송되는 〈슈퍼 프렌즈〉에 나오는 배트맨과 로빈 2인조의 모습으로 굳어졌다. 다이나믹 듀오에 대한 대중의 반응을 알고 있던 DC는 《배트맨》과 《디텍티브 코믹스》에 다이나믹 듀오를 다시 집어넣는 콘웨이의 계획을 지지했다.

하지만 딕 그레이슨이 웨인 저택을 떠나 있는 동안 상황은 많이 변해 있었다. 작가 마브 울프먼Marv

왼쪽 위 작화가 진 콜런은 1982년에 DC 코믹스로 이적한 뒤 고담시에 어둡고 변화무쌍한 분위기를 가져왔다. (진 콜런 및 딕 지오다노 작, 1982년 1월자 《배트맨 343호》 표지)

오른쪽 위 《디텍티브 코믹스 500호》를 기점으로 배트맨은 제이슨 토드를 새로운 로빈으로 들이게 되었다. (돈 뉴턴 및 딕 지오다노 작, 1983년 5월자 《디텍티브 코믹스 526호》 표지)

--THE *TODDS* ARE JUST *FANTASTIC!*

SO WHY DOES *LOOKING* AT THEM SEND A *CHILL* UP MY SPINE?

AND, AS DICK GRAYSON PONDERS AN INEXPLICABLE PREMONITION--

위 서커스를 방문한 딕 그레이슨은 공중그네를 공연하는 트리아나, 조셉, 제이슨 토드 가족을 보고 추억에 잠긴다. (돈 뉴턴 및 알프레도 알칼라 작, 1983년 3월자 《배트맨 357호》 중에서)

아래 딕 그레이슨은 제이슨 토드에게 로빈 옷을 물려준 뒤, 나이트윙이라는 새로운 신분을 취한다. (조지 페레즈 및 딕 지오다노 작, 1984년 7월자 《테일즈 오브 더 틴 타이탄스 44호》중에서)

Wolfman과 작가 겸 작화가인 조지 페레즈^{George Pérez}의 인도 아래, 로빈은 이제 DC 최고의 만화였던 〈뉴 틴 타이탄스^{The New Teen Titans}〉의 최고 인기 캐릭터가 되었고 많은 독자들 특히, 수많은 여성 독자들은 로빈을 단독 캐릭터로 받아들이고 있었다. 팬들은 다이나믹 듀오의 영광스러운 나날을 그리워했지만, 딕 그레이슨은 이제 젊은 성인이 되었고 과거 어린 사이드킥의 역할을 맡기에는 여러 면에서 너무 성장해버린 상태였다. 그럼에도 DC 코믹스 경영진은 로빈이 배트맨에 곁에 돌아와야 한다는 단호한 입장을 고수했다.

"배트맨 제작진은 배트케이브에 어리고 경험 부족한 로빈을 두고 싶어 했어요." 울프먼의 회상이다. 〈뉴 틴 타이탄스〉는 DC의 다른 만화들보다 훨씬 많이 팔리고 있었고, 울프먼과 페레즈는 수년의 시간을 들여 만들어낸 캐릭터의 성장을 무위로 돌리는 것이 싫었기에 타협안을 제시했다. "전 말했죠. '당신들은 로빈을 가져요. 하지만 그레이슨은 내가 계속 갖겠어요. 조수로 쓸 새로운 캐릭터를 만들어내면 관심을 끌 수 있을 겁니다.' 그들도 제 생각을 마음에 들어했어요. 우리도 어차피 로빈을 성인으로 만들고 그 바보 같은 초록색 반바지에서 벗어나게 만들 생각을 하고 있었기 때문에 모두에게 완벽한 해결책이었죠."

그리하여 1983년 3월의 《배트맨 357호》에서 딕 그레이슨은 유랑 극단을 찾아가 공중그네 공연자인 트리아나와 조셉 토드 부부와 그들의 어린 아들인 제이슨과 운명적으로 만나게 되었다. 이전의 플라잉 그레이슨즈가 그랬듯, 토드 가족도 서커스에서 돈을 뜯어낼 계획을 세운 파충류 범죄 조직 두목인 킬러 크록^{Killer Croc}의 목표물이 되었다.

"창작할 때만 해도 새로 만든 캐릭터가 제가 작업하는 만화들 외에 지속적인 영향을 남길 거라고는 상상도 하지 못했습니다." 킬러 크록의 공동 창작자인 게리 콘웨이의 말이다. "하지만 저는 배트맨을 익숙하지 않은 장소로 데려갈 캐릭터를 만들고 싶었죠. 배트맨은 기본적으로 건물 옥상과 도시의 길거리와 관련되어 있습니다. 킬러 크록은 지하 세계와 하수도의 주민이고, 흥미롭고 불편한 대조를 가져다줄 거라고 생각했죠. 배트맨의 악당들은 일반적으로 영리한 계획과 음모를 담은 고유의 수법들을 사용하곤 했습니다. 저는 배트맨을 제압할 수 있는 짐승 같은 힘을 가진 악당과 붙여놓고 싶었습니다."

그레이슨과 토드 가족은 킬러 크록의 계획을 막기 위해 힘을 합치나 그 과정에서 조세프와 트리나 토드가 살해당하고 만다. 그 비극은 딕 그레이슨과 제이슨 토드 사이에 유대를 형성한다. "역사가 반복된다는 개념을 써 보고 싶었죠." 콘웨이의 말이다. "그 비극의 결과가 이 캐릭터에게는 어떤 다른 형태로 이어질지를 말입니다."

딕 그레이슨은 고아가 된 제이슨 토드에게 입양을 제안하는데 브루스 웨인이 딕 그레이슨 대신 제이슨을 양자로 삼고 새로운 로빈으로 들이게 된다. "제게 제이슨은 배트맨과 로빈 만화를 쓸 기회를 얻기 위한 시도였습니다." 콘웨이의 회상이다. "전 배트맨이 어린 사이드킥을 가르칠 때의 역동성이 그리웠습니다. 그런게 꼭 존재해야 할 필요는 없었지만 새로운 로빈의 추가를 통해 메울 수 있는 잃어버린 연결 고리의 형태가 배트맨에 남아 있었죠. 그래서 비록 우리가 제이슨 토드의 창작을 훌륭하게 해냈다고는 생각하지는 않습니다만, 그 틈을 메우는 일에는 성공했습니다."

1984년 2월, 딕 그레이슨은 공식적으로 로빈 신분을 내려놓고 같은 달의 《배트맨 368호》에서 제이슨 토드가 복장을 차려입고 새로운 놀라운 소년으로 활동을 개시했다. 다이나믹 듀오가 복귀하고 불과 몇 개월 뒤에 그레이슨도 〈테일즈 오브 더 틴 타이탄스 44호^{Tales of the Teen Titans #44}〉에서 나이트윙^{Nightwing}이라는 새로운 신분을 취하게 되었다.

새로운 역동성이 자리 잡자, 게리 콘웨이는 《배트맨》과 《디텍티브 코믹스》를 당시 좋은 평가를 받았던 마블 코믹스의 〈문 나이트^{Moon Knight}〉 작가인 더그 먼치^{Doug Moench}에게 넘겼다. 콘웨이가 남기고 간 요소들을 그대로 받아들인 먼치의 만화들은 침착하고 독단적인 브루스 웨인과 무한한 자신감에 찬 배트맨을 담고 있었다. "딕 지오다노는 말 그대로 저한테 아무 DC 만화나 작업할 수 있는 기회를 제안했어요. 제게 그 선택은 간단했죠." 먼치의 회상이다.

"먼치는 콘웨이의 피를 이어갔습니다." 작화가이자 만화 가게 주인인 게리 에스포시토^{Gary Esposito}의 지

적이다. "두 사람 모두 스탠 리의 영향을 강하게 받았고, 캐릭터 구축과 이야기에 중점을 두었죠. 먼치는 특히 브루스의 영혼을 탐구하고 행동의 동기를 파헤치면서 배트맨의 핵심을 꿰뚫는 데 탁월했습니다. 최초의 등장 시절까지 거슬러 올라가는 전통을 가져왔죠. 배트맨이 그림자 속에서 살아가는 수수께끼의 사나이이며 범죄계와 고담 시민들에게는 불편한 존재이지만, 브루스 웨인일 때는 인간성을 유지하는 점 말입니다."

먼치의 연재는 서사시 그 자체인 특대판 이슈였던 《배트맨 400호》에서 정점을 찍었다. 공포 소설가 스티븐 킹^{Stephen King}이 서문을 쓰고, 당대 최고의 작화가인 아트 애덤스^{Art Adams}, 존 번, 조지 페레즈, 그리고 장기 연재된 전쟁 만화 〈서전트 락^{Sgt. Rock}〉, 실버 에이지판 호크맨^{Hawkman}의 공동 창작자로 잘 알려진 전설적인 DC 작화가 조 쿠버트^{Joe Kubert}까지 총출동하여 작화를 맡았다. "업무적으로는 악몽에 가까웠지만 감내할 만할 보람이 있었습니다." 먼치의 회상이다. "그 일의 마감 시한은 정신 나간 수준이었습니다. 수많은 작화가들이 참여해야 하는 통상 3배 분량이었고, 작화가들의 참여 가능한 일정이 각각 달랐기 때문에 저는 스토리를 짜는 것이 더욱 어려웠어요. 지오다노 이후 《배트맨》 편집자직을 계승한 렌 윈이 저한테 말했죠. '조 쿠버트가 참여하는 건 좋은데, 대신 자네가 내일

위 고담시 범죄계의 지배자가 되고 싶어하는 킬러 크록의 특이한 피부병은 그에게 파충류 같은 외모와 초인적인 맷집을 주었다. (커트 스완 및 로던 로드리게즈 작, 1983년 4월자 《배트맨 358호》 중에서)

ANNIVERSARY
ISSUE · 400

BATMAN

400
OCT. 86

APPROVED
BY THE
COMICS
CODE
AUTHORITY

Special
introduction by
STEPHEN KING

Written by
DOUG MOENCH

Illustrated by
ART ADAMS
TERRY AUSTIN
BRIAN BOLLAND
JOHN BYRNE
PARIS CULLINS
MIKE GRELL
MICHAEL W. KALUTA
KARL KESEL
JOE KUBERT
STEVE LEIALOHA
RICK LEONARDI
STEVE LIGHTLE
LARRY MAHLSTEDT
BRUCE D. PATTERSON
GEORGE PEREZ
STEVE RUDE
BILL SIENKIEWICZ
KEN STEACY
TOM SUTTON
RICARDO VILLAGRAN
BERNI WRIGHTSON

까지 플롯을 짜서 전달해야 해!' 하지만 결국에는 잘 풀렸죠. 전 조 쿠버트와 같이 일할 기회를 놓칠 수 없었습니다."

획기적인 이야기였던 '리서렉션 나이트!Resurrection Night!'에서는 라스 알 굴이 아캄 어사일럼의 대탈주를 사주해서 배트맨의 가장 위험한 악당들을 고담시에 풀어놓는 것이 묘사되었는데, 그중에는 먼치와 작화가 톰 맨드레이크Tom Mandrake가 1년 전《배트맨 386호》에서 처음 소개한 신흥 범죄 조직 두목, 블랙 마스크Black Mask도 포함되어 있었다.

《배트맨 400호》는 기념비적인 이슈를 낸 뒤 시리즈에서 하차한 먼치와 배트맨, 혹은 적어도 지구-1의 배트맨 자신에게 최종장의 역할을 했다. 지구-2의 등장은 DC 유니버스가 무한한 대체 현실들로 이루어진 DC 멀티버스DC multiverse가 될 때까지 여러 작가들에게 지구-3, 지구-B, 지구-프라임 등을 만들어낼 영감을 제공했다. 오랜 독자들은 이 복잡한 역사를 잘 받아들였지만, 보다 일직선적인 역사를 가진 마블 코믹스에 끌리던 신규 독자들에게는 장벽으로 작용했다.

DC가 1985년에 50주년을 맞이하면서, 하나의 간략화된 DC 유니버스와 함께 상쾌한 새 출발을 하자는 결정이 내려졌다. 〈틴 타이탄스〉의 작가들인 마브 울프먼과 조지 페레즈에게 새로운 세대를 위해 DC를 재창조하고 회사에 다시 생명을 불어넣을 만화를 만드는 임무가 주어졌다. 그들의 노력은 DC에서 출간되는 모든 월간 연재만화를 하나로 연결하며《무한 지구의 위기(Crisis on Infinite Earths, 이하 '크라이시스')》라는 제목의 12부작 미니시리즈로 결실을 맺었다.

"당시 회사는 두 번째 골든 에이지를 완성시킬 조각들을 짜 맞추고 있었죠." 1985년에 보조 편집자로 DC에 합류한 밥 그린버거의 말이다. "편집 측면에서 보면 다양한 작품들이 출간되고 있었고, 새로운 인쇄 기술이 소개됐고, 만화 전문 소매점의 판매 잠재력이 높아지고 있었죠. 제가 처음 회사에 갔을 때 확실한 힘이 넘쳤고 그 힘은 '크라이시스'의 진행에 따라 점점

"세계는 살 것이다. 세계는 죽을 것이다. 그리고 DC 유니버스는 예전과 같지 않을 것이다!"

더 커졌습니다."

《무한 지구의 위기》는 "세계는 살 것이다. 세계는 죽을 것이다. 그리고 DC 유니버스는 예전과 같지 않을 것이다!"라는 문구의 내용 그대로였다. 해당 미니시리즈가 진행되는 동안 DC 멀티버스는 거대한 초차원 전쟁 속에서 폐허가 되고 오직 하나의 지구만이 남겨진다. 배트맨의 모든 역사가 재설정되고, 그의 모든 과거 이야기들은 설정에서 배제된다.

위기에서 탈출한 어둠의 기사는 배트맨이라는 캐릭터의 근원으로 회귀하면서도, 세상이 지금껏 보지 못했던 배트맨으로 거듭나게 되었다.

맞은편 어둠의 기사는 '크라이시스' 이전 실버 에이지 배트맨의 모험의 마지막인《배트맨 400호》에서 라스 알 굴과 그 외의 어려운 적들과 맞선다. (빌 신케비치 작, 1986년 10월자 표지)

아래 플래시는 DC 유니버스가 다가올 위기 속에서 마주하게 될 위협을 경고하기 위하여 시공간을 여행해 배트맨을 찾아온다. (조지 페레즈 및 딕 지오다노 작, 1985년 5월자 《무한 지구의 위기 2호》 중에서)

8. 귀환

《무한 지구의 위기》는 DC 코믹스의 50년을 마무리 짓고, 배트맨을 포함한 모든 캐릭터들에게 새로운 가능성을 열었다. 모든 아이디어들이 책상 위에 놓여 있었다.

80년대 중반에 DC의 편집 직원으로 합류한 마크 웨이드는 창조적인 에너지와 긴장감이 자유롭게 흘렀다고 회상한다. "로이 토머스^{Roy Thomas}와 게리 콘웨이는 다양한 캐릭터들에 대한 최소 30가지의 개선안을 보냈는데 그중 하나가 기억에 남습니다." 그의 회상이다. 배트맨의 전성기가 이미 지나갔고 초능력자 동료들 사이에서 묻히게 되었다고 생각한 두 작가는 유별난 해결책을 제시했다. "그들은 배트맨이 다시 성공하려면 초능력을 가져야 한다고 느꼈죠. 비행 능력이라도요." 웨이드는 회상한다. "그 아이디어를 비웃으려는 게 아니라, 맥락을 보자는 겁니다. 최고점을 몇 번 찍었던 경우를 빼면, 70년대 초 이래로 훌륭한 고전 배트맨 작품들이 별로 없었던 것도 사실이었거든요. 배트맨에게는 뭔가가 필요했죠."

그 뭔가는 바로 프랭크 밀러^{Frank Miller}였다.

DC를 떠난 뒤 데니 오닐이 1980년에 마블 코믹스에서 처음으로 맡은 일은 〈데어데블^{Daredevil}〉의 편집이었다. 그 시리즈는 로저 맥켄지^{Roger McKenzie}가 쓰고, 클라우스 잰슨^{Klaus Janson}이 잉크 작업을 맡았으며, 연필 작업은 떠오르는 신성이자 천재 소년이라 불렸던 작화가 프랭크 밀러가 맡았다. "버몬트에서 뉴욕으로 온 이 애송이는 저랑 같이 시내를 걸으면서 일에 대해 아주 똑똑한 질문들을 던지곤 했죠." 오닐의 회상이다. "당시 수없이 많았던 업계의 소문들에 대한 질문이 아니라, 스토리텔링에 대해 제가 알고 있는 모든 것에 대한 질문을 던졌습니다. 제가 알고 있는 모든 것들에 대해 이해하려는 의지가 정말 강했어요. 그 뒤에 그 친구는 모든 걸 바꿔놨죠."

밀러의 독창적인 컷 구성과 역동적인 스토리텔링 기법은 팬들과 동료 작가들 사이에서 널리 회자되었고, 1981년 초에 〈데어데블〉의 작가까지 맡게 되자 밀러는 완전한 슈퍼스타가 되었다. 그는 〈데어데블〉을 어둡고 거칠고 현실적인 방향으로 이끌면서 결국 그 만화를 폐간의 위기에서 구하고 마블의 판매 차트 맨 위까지 올려놓았다.

밀러는 1983년 만화의 판도를 바꿔 놓은 〈데어데블〉 연재를 매듭지었고, 한창 자신의 다음 행보를 고민하던 중에 DC 코믹스의 연락을 받았다. "우리 모두가 그랬듯이 발행인 제넷 칸도 밀러의 〈데어데블〉에 큰 감명을 받은 상태였고, DC에서도 그만큼 훌륭한 만화를 만들게 하고 싶어 했죠." 당시 DC의 최고 운영 책임자중 한 명이었던 폴 레비츠의 회상이다. "그녀는 프랭크에게 연락해서 말했어요. '뭘 하고 싶어요? 이리 와요. 우린 모든 규칙을 깨버릴 겁니다. 우린 만화의 새 방향을 찾을 거예요.'"

밀러가 맡고 싶었던 것은 배트맨이었지만, 그는 어렸을 때 가장 좋아했던 캐릭터를 맡는 압박감에 주저했다. 그래서 밀러는 첫 작품으로 완전히 오리지널인 작품을 만드는 것을 선택했다. 밀러의 일본 만화 사랑에 강한 영향을 받은 〈로닌^{Rōnin}〉(1983)은 디스토피아가 된 뉴욕에 나타난 중세 사무라이의 현신에 대해 다루는 이슈 6편 분량의 실험적인 사이버 펑크 만화였다. 레비츠의 회상에 의하면 "프랭크는 그 뒤로 잠시 떠나서 '데어데블' 작업을 조금 더 하고는 우리한테 돌아와서, '좋아요. 이제 배트맨을 작업할 준비가 됐어요.'라고 말했죠."

경쟁 출판사인 다크호스^{Dark Horse}에서 밀러의 여러 작품을 편집했던 밀러의 오랜 친구, 다이애나 슈츠^{Diana Schutz}는 〈로닌〉이 신문 가판대에 올라간 그해에 밀러가 전성기가 한참 지난 나이든 배트맨에 관한 이야기의 구상을 자신한테 처음 밝혔다고 한다. "전 웃으면서 말했죠. '프랭크, 환갑 먹은 배트맨 만화는 아무

116쪽 데이비드 마추켈리 작, 1987년 5월자 《배트맨 407호》 중에서.

117쪽 프랭크 밀러의 첫 번째 배트맨 이야기의 첫 이슈 표지는 독자들에게 그 작품이 지금까지 봐왔던 어떤 만화와도 다를 것임을 단번에 알려주었다. (프랭크 밀러 및 린 발리 작, 1986년 6월자 《배트맨: 다크 나이트 리턴즈 1호》)

위 늙고 비감에 젖은 브루스 웨인이 고담시의 길거리를 걷고 있다. (프랭크 밀러 및 클라우스 잰슨 작, 1986년 6월자 《배트맨: 다크 나이트 리턴즈 1호》 중에서)

맞은편 젊은 범죄자들과 마주친 뒤 흔들린 브루스 웨인은 부모님의 죽음을 생생히 떠올린다. (프랭크 밀러 및 린 발리 작, 1986년 6월자 《배트맨: 다크 나이트 리턴즈 1호》 중에서)

도 보고 싶어 하지 않는다고!'"

밀러는 자신의 첫 배트맨 연재작을 직접 쓰고 그리며 〈데어데블〉의 잉크 담당이었던 클라우스 잰슨과 다시 힘을 합쳤다. 잰슨은 노화와 인간의 유한성에 대한 밀러의 걱정이 이후 《다크 나이트 리턴즈 The Dark Knight Returns》가 될 이야기의 구상에 중요한 역할을 했다고 회상한다. "그 만화는 뭔가 색다르고 거대한 작품으로 구상됐어요." 잰슨의 말이다. "눈에 띄는 무언가 말이죠. 프랭크는 처음에는 프로젝트의 방향을 갖고 있지 않았습니다. 30세가 되어간다는 걸 깨닫고 노화에 대한 자신의 걱정을 늙고 괴팍한 배트맨으로 표현할 열쇠로 삼기 전까지는요. 물론 지금의 우리는 둘 다 30세를 '늙었다'고 여기는 걸 보고 웃지만 어쩔 수 없는 일이잖아요?"

딕 지오다노와 1986년에 배트맨 관련작의 새 편집자로 DC에 돌아온 데니 오닐의 감독하에 밀러는 《다크 나이트 리턴즈》의 줄거리와 특별한 스토리텔링 접근법을 구상했다. "프랭크는 당시 그 책에서 내렸던 모든 결정들에 대해 심사숙고했죠." 잰슨의 지적에 따르면, "사실 정말로 적절한 접근법입니다. 우리가 내리는 모든 결정은 의미를 갖기 때문에 우리는 지금 하고 있는 일에 대해 정말로 깊게 생각해야 하죠. 각각의

칸의 크기, 페이지마다 칸을 몇 개 쓸지, 각각의 장면, 칸들 간의 시각적 연결에 이르기까지 모든 것이 의미를 가지고 있었어요. 전 프랭크가 자신이 맡은 책임을 진정으로 받아들이면서 모든 작품에서 그렇듯이 굉장히 심각하게 임했다고 봅니다."

이야기의 도입부에서 우리는 근미래에 배트맨이 로빈의 죽음을 계기로 망토와 가면을 내려놓고 알프레드의 냉소적인 눈길을 받으며 웨인 저택에 은둔하게 되었다는 사실을 알게 된다. 배트맨의 부재와 함께 고담시는 범죄와 부패의 온상이 되어 쇠락해간다. 배트맨의 전성기에 존재했던 다채로운 악당들은 대부분 은퇴했거나 시설에 가둬졌고, 조커는 배트맨이 사라진 뒤로 긴장증 증상을 보이고 있다. 그 사이 길거리 범죄자들은 뮤턴트 the Mutants 라고 불리는 무차별 폭력을 자행하는 청년 갱단의 모습으로 들고 일어났다. 뮤턴트와의 만남은 결국 브루스에게 부모의 죽음에 대한 생생한 기억을 불러일으킨다. 뚜렷해진 기억과 깨달음과 함께 어둠의 기사가 고담시에 돌아올 때가 온다.

프랭크는 진정으로 지옥 같은 고담시를 묘사했고, 그의 관점은 80년대 초 길거리에 범죄가 들끓던 뉴욕에서의 실제 경험에 의해 형성된 것이었다. 강도를 당하고 난 뒤, 프랭크는 스스로 유배 생활을 청산

하고 돌아오기 전까지 수개월간 뉴욕시를 떠나 있었다. 프랭크의 말에 따르면, "《다크 나이트 리턴즈》시리즈에는 뉴욕에서 제가 겪었던 많은 경험들이 직접적으로 들어가 있습니다. 특히 범죄와 관련된 경험들과 범죄가 제 인생에 가져온 끔찍한 압박감에 대한 자각, 그리고 범죄가 너무나 당연시되고 있는 나머지 사람들이 요새 같은 집에 살면서 희생자들처럼 보이게 행동하면서 생활하고 있다는 사실에 대한 분노말이에요. 사람들은 인생의 주도권을 남의 것을 빼앗으려는 야만적인 인간들에게 스스로 넘겨주고 있는 셈이죠."[1]

다만 밀러의 어두운 고담시는 허무하고 공허한 곳은 아니었다. 배트맨의 부재의 결과로 도시가 빠르게 쇠락한 점은 역으로 어둠의 기사의 십자군 전쟁이 전성기에 이루었던 성과를 빛내준다. "배트맨이 하는 일의 효과는 어마어마합니다." 밀러의 지적이다. "그는 고담시에서의 삶의 질을 높입니다. 모든 이들이 생각하고 살아가는 방식을 말이죠. 제가《다크 나이트 리턴즈》에서 설명하고자 하는 것은 슈퍼히어로들이 선한 생각에서 기원한 이들이라는 점입니다. 도시를 어느 정도 더 현실적으로 묘사하고, 사회에서 실제로 일어나는 것보다 더 많은 일들과 왜 그런 일들이 일어나는가를 보여줌으로써, 슈퍼히어로의 아이디어가 선하고 강력하며 가치 있다는 점을 보여주고 싶었습니다."[2]

고담시는 단점이 많은 곳이지만 확실히 거주하기에는 흥미로운 곳이었는데, 클라우스 잰슨이 느꼈던 뉴욕의 매력이 배트맨의 고향 묘사에 영향을 미쳤기 때문이다. "어린 시절 코네티컷에서 살았을 때, 텔레비전에서 뉴욕 방송이 나왔었죠. 누군가가 기차에 치이는 사건을 뉴스에서 듣곤 했어요. 전 계속 생각했죠. '와, 저기서 살고 싶다!' 그토록 흥미로운 곳이었어요. 기차를 피해서 살아남아야 하는 곳이잖아요."

"고담시는 배트맨만큼이나 중요한 캐릭터입니다."

《다크 나이트 리턴즈》에서 잰슨은 끝없는 위험과 모험의 감각을 포착하려고 노력했다. "저는 배트맨과 고담시를 차별하지 않습니다." 잰슨의 말이다. "고담시는 배트맨만큼이나 중요한 캐릭터입니다. 여러분은 보는 것만으로도 고담시를 구분할 수 있어야 합니다. 그곳은 뉴욕이 아닙니다. 시카고도 아니죠. 고담시입니다."

잰슨의 잉크 작업물을 채색한 것은 〈로닌〉을 1980년대 초 가장 충격적인 만화 작품 중 하나로 만드는 데 기여했던 작화가 린 발리 Lynn Varley였다. 그 재능 많은 순수 미술 화가는 자신의 특별한 시각을 밀러의 근미래 고담시에 투사했다. 책의 인쇄에 고급 광택 용지를 사용했기 때문에 베일리는 보통의 만화책이라면 불가능했을 넓은 범위의 색상을 사용할 수 있었다. 그녀는 이전까지의 배트맨 만화들과 차별화된 차분하고 절제된 색상들을 사용했다.

또한 베일리는 어둠의 기사의 새로운 로빈인 어린 천재 기술자 캐리 켈리 Carrie Kelley의 외모와 태도, 그리고 대사를 구상하는 일에 중요한 역할을 했다. 답이 없는 부모에게서 탈출한 뒤, 캐리 켈리는 거리로 나가 배트맨에게 자신을 사이드킥으로 삼으라고 종용한다. "전 캐리 켈리가 좋습니다." 클라우스 잰슨의 말이다. "1986년도에 남성 위주였던 캐릭터를 여성으로 바꿔놓는 건 시대를 한참 앞서간 일이었죠. 프랭크도 어쨌

맞은편 어둠의 기사의 귀환에 대한 청소년 캐리 켈리를 비롯한 고담 시민들의 반응. (프랭크 밀러 및 린 발리 작, 1986년 6월자 《배트맨: 다크 나이트 리턴즈 1호》 중에서)

위 배트맨은 더 젊고 강한 뮤턴트 두목을 쓰러트리기 위해서는 거칠게 싸울 필요가 있음을 깨닫는다. (프랭크 밀러 및 클라우스 잰슨 작, 1986년 7월자 《배트맨: 다크 나이트 리턴즈 2호》 중에서)

위 배트맨과 로빈이
고담시의 거리 위를 날고
있다. (프랭크 밀러 및
클라우스 잰슨 작, 1986년
8월자 《배트맨: 다크 나이트
리턴즈 3호》 중에서)

든 로빈의 복장이 여자아이한테 더 잘 어울린다고 입
버릇처럼 말하곤 했어요."

캐리는 고담시에 전쟁을 선포한 뮤턴트에 침투한
다. 이는 고담시의 서쪽 강변에서 벌어지는 배트맨과
뮤턴트 두목의 맨주먹 격투로 이어진다. "뮤턴트 두목
과의 진흙탕 싸움에서 캐릭터의 잉크 작업을 배트맨
과 다른 방식으로 하는 것을 염두에 두었습니다. 더 실
험적인 접근법으로요." 잰슨의 말이다. "영웅은 흥미
로운 악당이 있어야만 그만큼 더 흥미로워지기 때문
에 악당을 더 크고 강하며, 영웅보다 더 위협적으로
만들어서 영웅에게 패배의 가능성을 만들어주면 좋
죠."

그 잔혹함으로 1980년대 독자들에게 충격을 선

사했던 화려한 액션 장면에서 배트맨은 경악하는 뮤
턴트들 앞에서 보란 듯이 두목을 이긴다. 두목이 패배
하자 그 추종자들 대다수는 새로 이름 붙인 무리인 배
트맨의 아들들 ^{Sons of Batman} 로 소속을 바꾼다.

그 배트맨은 미래의 배트맨이었지만, 동시에 현
대 문화와 사회를 바라보는 프랭크 밀러의 시각을 반
영한 배트맨이기도 했다. 그의 이야기는 도시의 황폐
화부터 길거리 폭력, 레이건 시대의 애국주의와 냉전
의 마지막 진통에 이르기까지 80년대의 정치적 불안
을 다루고 있다. 그 문제들은 뉴욕에 처음 와서 겪었
던 길거리 범죄와 더불어 《다크 나이트 리턴즈》를 쓰
던 때의 밀러를 강하게 짓눌렀다. "개인적으로는 그걸
쓸 당시 제가 얼마나 화나 있었는지 생각할수록 놀랍

습니다." 그는 말한다. "전 극도로 화가 나 있었고, 더티 해리 Dirty Harry 영화들에 빠져 있었어요. 저는 배트맨을 가능한 최대로 분노한 인물로 만들었죠."[3]

밀러의 긴장감 넘치는 디스토피아적인 미래의 고담시에서 사람들은 어떤 형태의 탈출구라도 찾으려고 애쓴다. 배트맨의 귀환 소식을 듣고 생기를 얻은 조커는 문화적인 상징으로 변신하며, 살갑게 구는 대중 심리학자들이 조커가 아캄 어사일럼을 떠나 사회로 복귀할 준비가 되었다고 믿게끔 속여 넘긴다. "프랭크는 《다크 나이트 리턴즈》에서 조커를 그릴 때, 특히 씬 화이트 듀크 Thin White Duke 시절의 데이비드 보위 David Bowie의 모습을 참고했습니다." 잰슨의 지적이다. "데이비드 엔도크린 쇼(레이트 나잇 위드 데이비드 레터맨 토크 쇼의 패러디)에 출연하는 하얀 양복 입은 조커를 보면 데이비드 보위가 공연을 다닐 때 입을 만한 옷처럼 생겼다는 걸 느끼실 겁니다. 하얀 양복은 영 아메리칸스 Young Americans 시절(데이비드 보위가 씬 화이트 듀크라는 예명을 처음 소개했을 때)의 옷이죠."

조커는 언제나처럼 미친 살인자이기에 곧 TV 방청객들을 학살하고 고담시의 지하 세계로 도피한다.

그리고 오랜 숙적이 고담시 축제 중에 유원지에 모인 수백 명의 사람들을 죽이려고 하자, 배트맨은 이를 막기 위해 조커와 대결한다. 싸움 도중에 배트맨은 자신의 한계를 느끼고, 이번이 자신과 조커의 마지막 싸움이 되리라는 사실을 고통스럽게 깨닫는다. "이야기 속 배트맨의 기본 갈등은 자신과 같은 종류의 힘이 세상에 필요한지 여부를 결정하고자 하는 내적 갈등입니다." 밀러의 관측이다. "어떤 면에서 그 이야기는 시대에 뒤떨어진 역할을 가진 영웅이 나오는 고전적인 사례의 하나죠. 그는 본질적으로 죽음을 희망하는 마음을 품고 있습니다. 안식을 찾기 위해 마지막으로 전투에 뛰어드는 전사와 같은 마음을요."[4]

그러나 조커가 마지막 싸움에서 자살하고 배트맨에게 살인자 누명을 씌우면서 안식은 배트맨에게서 멀어진다. 조커의 뻔뻔한 행동 때문에 고담시 경찰뿐만 아니라 미국 정부와 슈퍼맨까지 배트맨을 쫓게 된다.

슈퍼맨은 《다크 나이트 리턴즈》에서 국가의 편에 굳건히 서 있고, 윤리에 대한 그의 단순한 흑백 논리는 냉전이 최고조에 달했던 시기인 레이건 행정부

아래 배트맨은 조커와의 대결에서 겨우 살아남고, 조커는 제압당한 뒤 스스로 목숨을 끊는다. (프랭크 밀러 및 클라우스 잰슨 작, 1986년 8월자 《배트맨: 다크 나이트 리턴즈 3호》중에서)

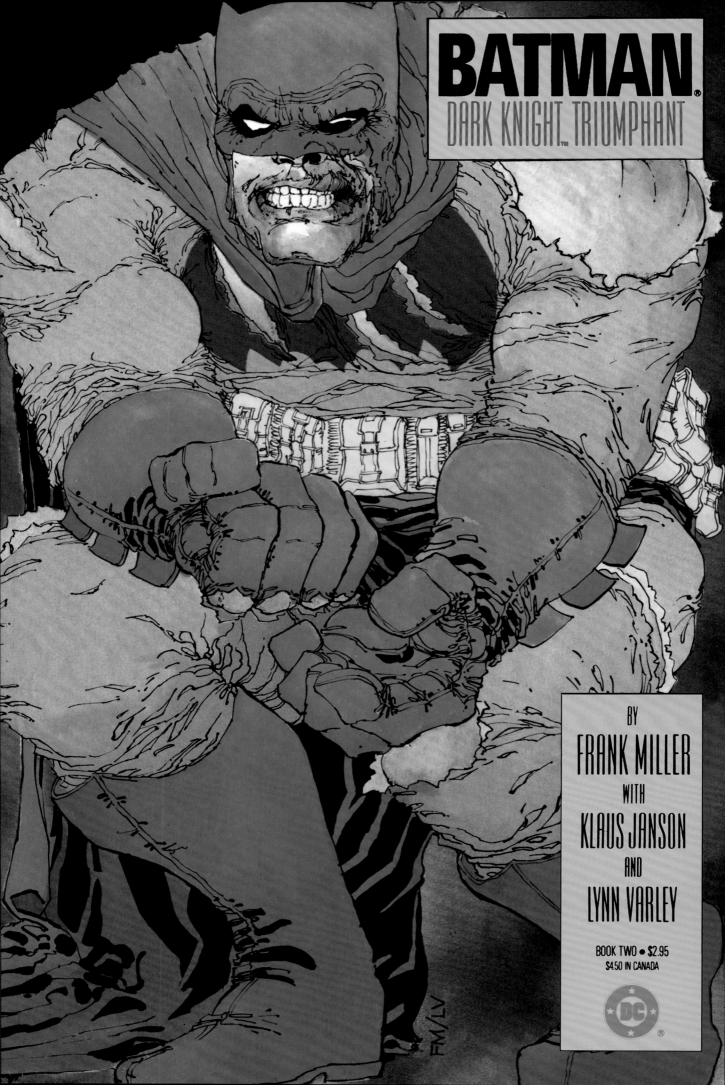

와 완벽하게 일치한다. "전 어쨌든 그들이 절대 좋은 친구가 될 수 없다고 느꼈습니다." 슈퍼맨을 어둠의 기사와 완전한 대척점에 둔 것에 대한 밀러의 설명이다. "특정한 근본적인 문제에 있어서 이견을 보일 겁니다. 슈퍼맨은 하늘을 날 수 있고 뭐든지 할 수 있기 때문에 범죄에 온건한 입장을 취할 수 있는 여유가 있죠. 원한다면 신을 두들겨 팰 수도 있는 게 슈퍼맨이니까요. 하지만 배트맨은 훨씬 어려운 싸움에 대비해 단련된 인물이고, 제가 볼 때 그들은 자연히 서로 적이 될 수밖에 없었습니다."

"슈퍼맨이 이 만화에 나와야 했던 이유, 그리고 굵직한 배트맨 이야기에 등장해야 하는 이유는 그 둘이 선천적으로 함께 묶이기 때문입니다. 그들은 아폴로와 디오니소스입니다. 악당들을 거칠게 다루는 친구와 경찰 배지라도 달 것 같은 날아다니는 친구. 그들에게는 서로가 필요해요."[5]

그러나 슈퍼맨의 임무는 냉전이 과열되고 미국과 소련 사이에 핵전쟁이 일어나면서 방해받는다. 슈퍼맨은 남아메리카의 코르토 말테제 섬 상공에서 폭발한 소련 핵미사일을 막지 못하고, 그 결과 서반구의

모든 전자 기기가 고장 나 세상은 어둠에 빠지며 핵겨울이 찾아온다.

배트맨은 종말의 혼란 속에서 힘을 얻고 배트맨의 아들들과 고담 시민들을 하나로 묶는다. 《다크 나이트 리턴즈》는 레이건 시기의 만연했던 불안을 반영합니다." 〈중력의 죄수들 Prisoners of Gravity〉이라는 제목의 만화 문화 TV 방송의 작가이자 제작자였고 밀러의 오랜 친구인 마크 애스퀴드 Mark Askwith 의 지적이다. "빈부격차가 심화되고 정치인들이 종종 대기업의 꼭두각시가 되곤 한다는 사실이 분명해지고 있었죠. 프랭크는

맞은편 프랭크 밀러의 배트맨은 전통적으로 묘사되는 어둠의 기사보다 더 나이 들었고 거대하다. (프랭크 밀러 및 린 발리 작. 1986년 7월자 《배트맨: 다크 나이트 리턴즈 2호》 표지)

아래 강화복을 입은 배트맨이 약해진 슈퍼맨과 맞붙고 있다. (프랭크 밀러 및 클라우스 잰슨 작. 1986년 12월자 《배트맨: 다크 나이트 리턴즈 4호》 중에서)

"슈퍼맨이 이 만화에 나와야 했던 이유, 그리고 굵직한 배트맨 이야기에 등장해야 하는 이유는 그 둘이 선천적으로 함께 묶이기 때문입니다."

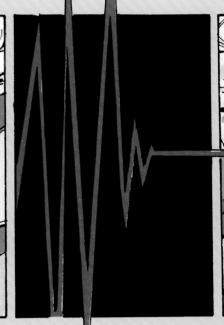

정치, 권력이라는 주제와 그것들이 어떻게 타락할 수 있는지 파헤쳤습니다. 그는 배트맨이 부패하고 쇠락해 가는 종말 직전의 세상에서 활동할 때 가장 효과적이라고 느꼈죠. 강렬한 시각적 묘사가 배트맨의 '1인 군대'적인 측면을 정당화시켜 주었습니다."

슈퍼맨과의 잔혹한 마지막 대결이 배트맨의 심장마비로 끝나면서 그의 임무도 끝난 것처럼 보였다. 하지만 배트맨의 공식적인 죽음은 사실 지하에서 십자군 전쟁을 이어가기 위한 계획이었다. 이제 법적으로 사망하여 정부에게 더 이상 쫓기지 않게 된 배트맨은 로빈과 배트맨의 아들들을 다음 세대의 자경단으로 훈련시키기 위해 새로운 배트케이브를 건설한다.

밀러의 결말은 미래의 브루스 웨인과 그 아군들이 등장할 후속작의 여지를 남겨 두었다. 그리고 배트맨의 범죄와의 전쟁 경력에 있어서 충분히 가능한 한 가지의 결말을 제공했다. 이는 이전까지 주류 슈퍼히어로물 만화에서 볼 수 없었던 종류의 이야기였다. "《다크 나이트 리턴즈》는 단독 작품이라는 사실에서 힘을 얻습니다." 비평가 그레임 맥밀란 Graeme McMillan 은 해당 시리즈가 가져온 충격에 대해 설명하며 지적한다. "더 나아가 배트맨 신화에 결말을 제공했죠. 물론 배트맨 결말의 결정판은 아니지만 《다크 나이트 리턴즈》는 결말이 주는 즐거움을 찾는 사람들에게는 충분히 만족스러운 결말로 받아들여질 수 있는 작품이고 실제로 그런 기능을 하기도 합니다. 슈퍼히어로물이 전통적으로 영원히 작동하는 이야기 기계로 존재하게끔 의도되었음을 감안하면 그 또한 참신한 점이었습니다."[6]

총 4편으로 구성됐던 만화는 배트맨에게 획기적인 순간이었으며 출간 당시 만화 업계 전체에 충격을 주었다. 《다크 나이트 리턴즈》의 모든 요소는 독자들에게 그 만화가 보통 만화가 아님을 알렸는데, 특히 한

줄기 번개가 치는 검고 푸른 배경 위에 배트맨의 실루엣을 묘사한 표지가 그러했다. 그 책은 전통적인 배트맨 로고를 뺐고, 제목은 보통의 신문 가판대 만화라기보다는 현대 도서의 디자인에 가까운 단순하고 세련된 글꼴로 적혀 있었다. "당시로서는 굉장히 혁신적이었습니다." 애스퀴드의 말이다. "DC의 일부 사람들은 책의 디자인이 충분히 '배트맨'답지 않고, 로고와 상품 외장 면에서 다른 배트맨 서적들의 디자인을 따르지 않는다고 느끼며 강하게 반발했습니다."

하지만 매번 신간이 나올 때마다 반응은 커져 갔다. 신문들과 롤링 스톤 Rolling Stone 같은 잡지들도 주목하며 연재작에 대한 특집 기사를 싣고 《다크 나이트 리턴즈》를 "수정주의자의 대중 서사시"로 선언했다. 《다크 나이트 리턴즈》의 단행본판은 1986년 말에 "아마도 보급판으로 출간된 최고의 만화 예술 작품일 것"이라고 선언한 스티븐 킹의 추천사와 함께 서점에 퍼졌다.

"《다크 나이트 리턴즈》가 만화 업계에 끼친 영향은 핵폭탄과 같았습니다." 다이애나 슈츠의 말이다. "프랭크의 배트맨은 혁신적이고 대담했습니다. 린 발리의 채색은 보통의 색상과 전통적인 '플랫' 기법에서 근본적으로 탈피한 것이었고, 순수 미술을 전공한 배경 또한 언급하지 않을 수 없죠. 그녀는 그 감각 또한 집어넣었습니다. 그리고 그 책의 제작 과정 역시 당시로서는 최첨단이었습니다. 이전에 나온 어떤 것과도 다른 배트맨 만화였죠."

배트맨의 성격 묘사에 대한 독자들의 반응은 양분되었는데, 일부 팬들은 어둠의 기사의 무관용 자세를 환영했지만 다른 독자들은 미래의 배트맨을 자신이 싸우는 범죄자들만큼이나 위험한 파시스트로 평가절하했다. 밀러는 그 두 가지 관점이 모두 자신의 생각과 맞지 않는다고 느꼈다. "가장 오해받았다고 느꼈던

위 배트맨이 슈퍼맨에게 승리를 거두는 데는 대가가 따랐다. 전투의 피로 때문에 그는 치명적인 심장마비를 일으킨 것처럼 보였다. (프랭크 밀러 및 클라우스 잰슨 작, 1986년 12월자 《배트맨: 다크 나이트 리턴즈 4호》 중에서)

맞은편 배트맨은 마지막 전투 끝에 죽은 것처럼 보였지만 브루스 웨인은 살아남아 캐리 켈리와 배트맨의 아들들과 함께 범죄와의 싸움을 이어 간다. (프랭크 밀러 및 클라우스 잰슨 작, 1986년 12월자 《배트맨: 다크 나이트 리턴즈 4호》 중에서)

It's a twenty block walk to the enemy camp.

It's been educational. I was sized up like a piece of meat by the leather boys in Robinson Park. I waded through pleas and half-hearted threats from junkies at the Finger Memorial. I stepped across a field of human rubble that lay sleeping in front of the overcrowded Sprang Mission.

Finally, the worst of it.

The East End.

부분은 저는 배트맨을 가장 순수한 영웅으로 묘사하는 것이 의도였는데 사람들은 제가 배트맨을 안티 히어로로 묘사했다고 생각했던 점입니다." 밀러의 말이다. "제 기본적인 생각은 배트맨이 국가 질서가 잘못되고 뒤집어야 했던 시절에 소개된 로빈 후드 같은 캐릭터와 같다는 것이었죠. 그는 정치적으로 급진적이고 부패한 경찰국가를 뒤집고자 하는 혁명가인 겁니다. 원래는 굉장히 애국적이고 준법적인 이야기지만 국가 기관이 잘못된 짓을 하고 있었으니, 정의를 구현하기 위해 무법자의 길을 택한 거죠."[7]

《다크 나이트 리턴즈》가 배트맨에 대한 팬들의 시각을 영원히 바꿔놓은 것과 별개로, 그것의 가장 큰 업적은 신인들부터 밀러의 동료들에 이르기까지 만화 창작자들에게 영향을 끼친 점일지도 모른다. "가장 직접적이고 압도적인 차이는 배트맨과 가면 아래에 있는 브루스 웨인 양쪽의 묘사에서 분명히 드러납니다." 당시 만화 가게를 강타했던 DC 코믹스의 미니시리즈인 〈왓치맨 Watchmen〉의 앨런 무어 Alan Moore 의 시각이다. "오랜 세월에 걸쳐 현실 참여적인 사회 개량가와 복수심으로 가득 찬 사이코패스로 묘사되어왔던 캐릭터의 두 가지 측면의 해석은 이 만화에서 쉽게 연결되는 데

성공하고 이는 동시에 훨씬 크고 설득력 있게 실현된 인격 속에 통합됩니다. 모든 세밀한 언어적·신체적 표현들과 모든 몸짓이 지니고 있는 미묘한 의미는 배트맨이 드디어 자신이 언제나 되었어야 했던 존재, 즉 전설이 되었음을 설명해줍니다."[8]

《다크 나이트 리턴즈》가 배트맨 경력의 종지부가 될 만한 사건을 기록했다면, 밀러의 다음 작품인 '배트맨: 이어 원 Batman: Year One'은 그 시작을 탐구했다. "만약 《다크 나이트 리턴즈》가 '마지막' 배트맨 이야기라면 뒤이어 시작편을 내는 게 당연한 일이었죠." 저술가이자 케빈 스미스 Kevin Smith 와 함께 공동으로 팻맨 비욘드라는 팟캐스트를 진행하는 마크 버나딘의 설명이다. "수많은 만화들은 광대한 중간 이야기들입니다. 도입부나 결말은 없죠. 단순히 더 많은 모험담으로 이어지는 이야기의 연속일 뿐입니다. 하지만 브루스 웨인과 같은 캐릭터에게 시작과 끝 모두를 선사하는 일은 프랭크 밀러 같은 이야기꾼한테는 거부할 수 없는 유혹이었을 겁니다."

밀러는 '배트맨: 이어 원'을 쓸 예정이었지만, 《다크 나이트 리턴즈》를 200페이지 가까이 그린 뒤의 회복기를 마련하기 위해서 높은 평가를 받은 밀러의 데

위 브루스 웨인은 '배트맨: 이어 원'의 첫 이슈에서 범죄 활동을 포착하기 위해 퇴역 군인으로 변장해 홍등가를 급습한다. (데이비드 마추켈리 작, 1987년 2월자 《배트맨 404호》 중에서)

맞은편 새로운 삶의 방향을 찾은 젊은 브루스 웨인이 배트맨 활동 원년에 처음으로 망토와 가면을 준비하고 있다. (데이비드 마추켈리 작, 1987년 3월자 《배트맨 405호》 중에서)

어데블 만화 〈본 어게인Born Again〉을 그린 삽화가 데이비드 마추켈리David Mazzucchelli와 협업하기로 결정했다. "프랭크는 〈데어데블〉에서 마추켈리의 작화와 사랑에 빠졌습니다." 애스퀴드의 지적이다. "그 만화를 작업하는 주된 이유가 마추켈리와 함께하기 위해서라는 말도 했었죠."

작화가와 화풍의 변경은 스토리텔링 방식의 변화를 동반했다. 《다크 나이트 리턴즈》가 본격적인 블록버스터 액션 영화였다면, '배트맨: 이어 원'은 미묘한 캐릭터 탐구였다. "프랭크는 《다크 나이트 리턴즈》를 '매우 강하게', 오페라 풍으로 썼죠." 마추켈리의 지적이다. "하지만 그는 제가 지닌 작화가로서의 강점이 일상적인 장면에 더 잘 맞는다는 점을 인식했습니다. 제가 '이어 원'을 그릴 때 목표로 삼은 형태와 화풍에 대해 굉장히 구체적인 결정을 내렸고, 그 결정을 사람들이 좋아할지 싫어할지 잘 몰랐습니다. 그건 오랫동안 배트맨에서 사용된 화풍과 다른 굉장히 단순화되고 뚜렷한 화풍이었죠."[9]

그 책의 채색은 데이비드 마추켈리의 아내이자, 만화 가게보다는 화랑 전시전에 더 익숙했던 재능 있는 화가 리치몬드 루이스Richmond Lewis가 맡았다. 특유의 긴밀한 협력 관계 덕분에 마추켈리는 자신의 화풍을 밀어붙일 수 있었다. "전 그녀를 만화에 끌어들여야만 했습니다." 마추켈리의 말이다. "그녀는 제가 알고 있는 예술가들 가운데 가장 창조적이고 상상력 넘치는 사람이고, 제 작업에 지대한 영향을 끼쳐온 사람이죠. 《배트맨》을 작업할 때 제가 채색에 있어서 더 많은 조정권을 갖게 되리란 걸 알고 있었고, 채색이 작화에서 더 커다란 역할을 맡을 수 있게 할 수 있었어요."[10]

'배트맨: 이어 원'은 독자들에게 고담시에 새로 전근 온 중년의 경위 제임스 고든을 소개한다. 바로 그날, 25세의 백만장자 브루스 웨인은 궁극의 범죄 투사로 거듭나기 위해 필요한 기술을 배우고 인생의 새 단계를 시작하기 위해 10년 넘는 세월 만에 고담시로 돌아온다.

제임스 고든을 화자로 삼음으로써 그 이야기는 고담시 최고의 경찰뿐 아니라 배트맨 자신에게도 새로운 빛을 비추어준다. DC 코믹스 역사가 피터 샌더슨의 지적이다. "'배트맨: 이어 원'에서 고든의 국장 취임 이전의 고담시 경찰은 부패한 상태였다는 점이 정립됐죠. 밀러는 슈퍼히어로인 배트맨으로의 길을 찾아가는 브루스 웨인과 부패한 세상에서 평범하고 정직한 사람으로서 자신의 길을 찾아가는 고든을 병렬시키는 데 흥미를 느꼈던 것처럼 보입니다. 궁극적으로 '이어 원'은 배트맨과 고든의 우정과 동료 관계가 어떻게 형성되었는지에 관한 이야기죠. 그들은 고담시를 청소하는 공동의 목표를 이루기 위해 서로를 필요로 합니다."

고든이 자신의 위치를 찾아가는 동안, 브루스 웨

인의 범죄와의 전쟁은 시작부터 삐걱댄다. 요약하자면 베트남 참전 용사로 변장한 브루스는 홍등가에서 사건을 찾다가 칼에 찔리고 총에 맞아 체포당한다. 그는 탈출해서 웨인 저택으로 돌아가는 데 성공하지만 만신창이가 된다.

실패하고 사기가 꺾인 브루스는 자신의 임무에 의문을 품는다. 그는 수단과 기술, 방법 모두 가지고 있지만 자신의 계획에 뭔가가 빠져 있음을 안다. 바로 그때, '어떤 징조도 없이' 거대한 박쥐 한 마리가 브루스의 서재 창문을 깨고 들어와 토머스 웨인의 흉상 위에 내려앉는다. "그래요, 아버지. 전 박쥐가 될 겁니다." 브루스는 미소를 지으며 말한다.

그 뒤 브루스는 알프레드를 호출해 부상을 치료하고 여정의 다음 단계를 돕게 한다. 《다크 나이트 리턴즈》가 가져온 덜 유명한 변화점이 있다면 배트맨의 충직한 집사, 알프레드 페니워스에 대한 밀러의 묘사가 알프레드에게 끼친 영향일 겁니다." 코믹북 리소스 칼럼 기고가인 브라이언 크로닌의 말이다. "알프레드는 이제 예리하고 냉소적인 성격을 가지게 되었습니다. 미래의 다른 모든 배트맨 작가들이 택하게 되는 요소죠. '배트맨: 이어 원' 시절의 밀러는 브루스가 어렸을 때도 알프레드를 웨인 가의 집사였던 것으로 묘사한 최초의 만화 작가였습니다. 그것은 알프레드의 역사에 잘 자리 잡게 되는 시초가 되었죠."[11]

깨달음을 얻고 몇 주일이 지난 뒤 브루스 웨인은

검은 망토와 가면, 평범한 검은 박쥐 마크가 붙어 있는 복장(1939년 밥 케인의 첫 배트맨 만화에 등장하는 원조 복장과 비슷한 복장)을 입고 배트맨으로서 첫 활동을 개시한다. 밀러의 시제품 배트맨은 현실적인 군용 장비와 배트랭으로 무장하며, 이후의 수년간 채택하게 될 장비들보다 훨씬 간단한 장비만을 받았다.

"그 복장은 그를 신비롭고 초인처럼 보이게 만들어주고 적들을 위협해주죠." 샌더슨의 설명이다. "'배트맨: 이어 원'에서 브루스는 복장을 갖춰 입기 시작하면서부터 범죄와의 싸움에 훨씬 유능한 모습을 보입니다. 현실적으로는 말이 안 되지만, 상징적인 의미를 가지고 있죠. 복장을 입음으로써 그는 브루스 웨인보다 우월한 존재가 됩니다."

이전까지 고담시에는 배트맨 같은 존재가 없었고, 그의 범죄에 대한 1인 전쟁은 즉시 효과를 거둔다. 길거리 범죄가 하룻밤 만에 감소하고, 배트맨은 범죄 조직과 도시의 부패한 정치인들에게로 눈을 돌린다.

이후 몇 주 동안, 배트맨은 고담시의 개혁적인 지방 검사인 하비 덴트와 손을 잡고, 수수께끼의 캣우먼, 일명 셀리나 카일의 도움을 받아 팔코니의 범죄 조직을 일망타진한다. 고든은 점차 배트맨이 고담시에 가져온 효과를 인정하기 시작한다. 연말이 되자 그들은 팔코니의 본거지를 급습하고, 고담시의 부패한 경찰 국장을 사임하게 만드는 일련의 사건을 일으킨다. 이야기 마지막에 제임스 고든은 경감으로 진급한다.

위 첫 임무 중, 3인조 강도를 상대하는 배트맨의 모습. (데이비드 마추켈리 작, 1987년 3월자 《배트맨 405호》 중에서)

인서트 프랭크 밀러의 '배트맨: 이어 원' 대본 일부.

--stairwell's collapsing fall with--

--get away from the fire--

--that old man doesn't have a chance -- can't help him--

--can't help him--

"프랭크 밀러는 그게 어떤 어린아이에게는
첫 만화가 될 수도 있다는 점을 좋아했습니다.
그에게는 정말 강한 향수를 불러일으켰다고 봅니다."

'배트맨: 이어 원'은 원래 심각하고 성숙한 배트맨 이야기로 만들기 위해 그래픽 노블로 출간될 예정이었다. 하지만 밀러는 월간 《배트맨》 만화로 연재하고 그 이후에 그래픽 노블 형식의 단행본을 출간하자고 편집자 데니 오닐과 그의 동료들을 설득했다. "프랭크는 열정적이었고, DC가 그 만화를 월간 연재만화로 출간하도록 설득할 수 있는 충분한 힘을 가지고 있었습니다." 애스퀴드의 지적이다. "보통의 종이 위에 리치몬드 루이스의 고전풍 채색이 올라갔죠. 프랭크 밀러는 그게 어떤 어린아이에게는 첫 만화가 될 수도 있다는 점을 좋아했습니다. 그에게는 정말 강한 향수를 불러일으켰다고 봅니다."

심지어 오닐은 밀러에게 '배트맨: 이어 원'의 첫 편을 《배트맨 1호》로 삼음으로써 월간 《배트맨》 만화를 재시작하고 과거의 모든 설정을 없애는 변화의 선봉에 설 의향이 있는지 물어보기까지 했다. 하지만 밀러는 배트맨의 장구한 역사에 대한 존중의 의미로 거절했다. "지금까지 이어져 온 설정을 싹둑 잘라내고 싶지 않았습니다." 1987년 당시 밀러의 말이다. "《다크 나이트 리턴즈》 작업은 배트맨이라는 아기를 목욕물에서 아직 빼내고 싶지 않을 정도로 좋은 소재들이 충분히 많다는 점을 제게 보여주었습니다. 배트맨 역사에서 알려지지 않은 부분을 드러냈다고 해서 지난 50년의 모험담을 없앨 권리를 얻는 건 아니라고 생각했습니다."[12]

1987년 2월에 출간된 《배트맨 404호》에 '배트맨: 이어 원' 연재가 시작됐을 때, 오랜 만화 독자들 가운데 일부는 배트맨의 기원에 대한 밀러의 충격적인 해석에 불만을 느꼈다. 한 독자는 해당 만화의 독자 편지 소개란에 배트맨의 기원 변경이 "거의 신성모독 수준"이라고 주장했고, 일부 독자들은 1980년에 나온 《언톨드 레전드 오브 더 배트맨》이 정립한 기원이 더 좋다고 지적했으며, 다른 이들은 단순 간결함을 지향하는 마추켈리의 화풍에 불만을 표시했다.

밀러와 마추켈리의 기원은 전통적이면서도 판에 박히지 않은 것이었고, 당시 DC 편집자였던 밥 그린버거의 지적에 따르면, "당시엔 어둡고 거친 만화의 시대가 열리고 있었기 때문에 그 작품은 분위기상 완벽했

위 고담시경이 배트맨을 한 버려진 건물에 몰아넣자 부패한 경찰 국장인 질리언 로브는 폭탄 투하를 지시해 건물을 통째로 허문다. (데이비드 마추켈리 작, 1987년 4월자 《배트맨 406호》 중에서)

습니다. '배트맨: 이어 원'은 밥 케인과 빌 핑거가 처음 두 페이지짜리 기원담에서 만들어낸 내용을 조금도 잘라내지 않았고 장식을 더했습니다. 또한 다른 작가들이 사용하게 될 요소들을 소개하면서 그 버전의 배트맨을 당대와 이후 독자들의 인식 속에 굳혔습니다. 아주 훌륭한 작품이기도 했고요."

판매량을 감안하면 독자들도 그린버거의 평가에 동의한 것으로 보인다. '이어 원'은 DC 코믹스에게 큰 성공을 가져다주었기 때문이다. 첫 이슈의 판매량은 이전의 두 배 이상이었고 《배트맨》은 하룻밤 만에 가장 널리 읽히는 월간 연재만화가 되었다. '배트맨: 이어 원'은 DC 코믹스의 만화 속 배트맨 뿐만 아니라 배트맨이라는 캐릭터 전체에 새로운 출발점을 찍었다. "배트맨의 이야기 방식을 바꾼 작품을 찾고 있다면, '배트맨: 이어 원'을 보면 됩니다." 2000년대 배트맨 작가인 저드 위닉Judd Winick의 말이다. "어디에나 들어가 있어요. 영화들에도 들어가 있고, TV 방송에도 들어가 있고, 애니메이션판에도 들어가 있고, 모든 곳에 들어가 있지요. 그건 진실 되고 범접할 수 없는 배트맨 기원담입니다. 그 작품은 매우 간단하고 우아하게 배트맨이라는 캐릭터의 정신과 동기를 파악했습니다. '배트맨: 이어 원' 속의 수많은 순간들은 문자 그대로 배트맨을 구성하는 상징적인 장면들이기도 합니다. 완벽 그 자체인 작품이죠."

"우리는 프리퀄과 리부트의 세계에 살고 있고, 그 대부분은 얄팍한 재반복에 불과하죠." 버나딘의 말이다. "하지만 '배트맨: 이어 원'이 나왔을 때만 해도 우리는 그런 것을 본 적이 없었습니다. 새롭고 색다른 작품이었고 브루스 웨인의 가면 아래로 파고들어 우리가 사랑하는 요소들을 증폭시켰죠."

《다크 나이트 리턴즈》와 '배트맨: 이어 원'의 여덟 이슈의 연재는 프랭크 밀러를 최고 등급의 만화 창작자 위치로 올려주었고, 현대 슈퍼히어로 만화에 새로운 수준의 세련미를 더해주었으며, 배트맨에게 하나의 캐릭터로서의 활력을 불어넣었다. "전 그 책들이 배트맨뿐만 아니라 온 미국 매체에 걸쳐 만화의 스토리텔링까지 바꿔 놓는 과정을 직접 목격했습니다." 만화 작가이자 편집자인 마크 웨이드의 말이다. "프랭크는 정말로 근본으로 돌아가고 싶어 했습니다. 그는 이전에 나온 것과는 너무나 달라서 일종의 계시처럼 느껴졌던 배트맨 이야기를 풀어놓았고, 그것은 훌륭했습니다. 그 작품들은 배트맨과 브루스 웨인을 재창조하기 위해 배트맨에게서 모든 것을 벗겨내고 기본만 남기면서 실버 에이지 시절에 달린 장식들을 의도적으로 무시했습니다. 프랭크는 배트맨을 슈퍼히어로물이 아니라 범죄물로 만드는 것이 얼마나 큰 잠재력을 가지고 있는지 보았고 모든 것을 바꿔 놓았습니다."

위 범죄 조직의 두목인 카마인 팔코니 요새에 침투하기 위해 공중 강습을 준비하는 배트맨의 모습. (데이비드 마추켈리 작, 1987년 5월자 《배트맨 407호》 중에서)

맞은편 배트맨은 고담시의 명사들에게 자신의 등장을 공표하기 위해 연회를 급습한다. (데이비드 마추켈리 작, 1987년 3월자 《배트맨 405호》 중에서)

9. 전환점

《다크 나이트 리턴즈》와 '배트맨: 이어 원'은 배트맨과 고담시를 영원히 바꿔놓았다. 프랭크 밀러는 배트맨을 다시 한 번 가장 신나는 만화 캐릭터로 만들어냈고, DC는 거친 어둠의 기사에 대한 시각을 가지고 있는 창작자들을 기용해 1987년과 그 이후에도 성공을 이어 가고자 했다.

'배트맨: 이어 원'이 제작되는 동안 성공을 자신한 데니 오닐은 속편 기획에 착수했다. 하지만 오닐은 밀러와 마추켈리 모두 '배트맨: 이어 원'이 완성되면 월간만화에서 물러나기로 결정했으므로 '배트맨: 이어 원'의 작가진을 투입할 수 없다는 점을 알고 있었다. 하지만 오닐에게는 《디텍티브 코믹스》 작가인 마이크 W. 바Mike W. Barr가 준비되어 있었다.

《디텍티브 코믹스》에서 하나의 스토리 단위로 연재되기로 한 '배트맨: 이어 투'는 바가 2년 전에 썼으나 빛을 보지 못한 '배트맨 1980'에 기원하고 있었다.

그 이야기에는 배트맨의 총기 사용 거부와 고든 국장과의 관계 같은 핵심 요소들에 대한 새로운 통찰과 배트맨 기원담의 현대화 시도가 담겨 있었다. 오닐이 바에게 '배트맨: 이어 투'에 대해 제안했을 때, 바는 폐기되었던 자신의 '배트맨 1980' 기획안의 요소들이 프랭크 밀러가 '배트맨: 이어 원'에서 재창조한 여러 요소들과 더불어 새로운 이야기에 재활용될 수 있겠다고 느꼈다. 자신의 거부된 기획안을 마침내 실현할 수 있게 되어 기쁘긴 했지만, 지난 10년을 통틀어 가장 유명한 배트맨 책 중 한 편의 후속작을 쓰는 일은 결코 쉽지 않은 작업이었다. 바는 수많은 시간을 들여 대본을 쓰고, 고쳐야 했다. "저는 해답이 눈앞에서 절 바라보고 있다는 사실을 깨달았죠." 바의 말이다. "'배트맨: 이어 원'이 배트맨 기원의 기본 요소들 이외의 기존 설정들을 거의 사용하지 않았던 것과 달리, '배트맨: 이어 투'에서는 과거 이야기에서 사용 가능한 요소

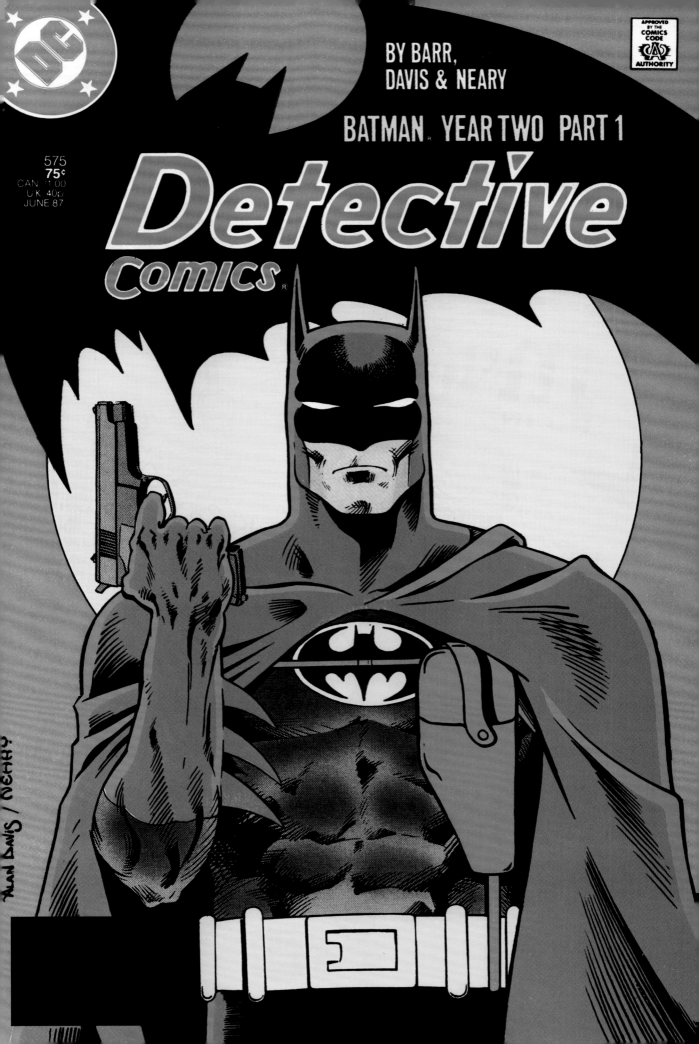

...BUT POLITICS MAKES STRANGE BEDFELLOWS, HUH?

NAME'S JOE CHILL.

THE MAN WHO, TWENTY-FIVE YEARS AGO, CREATED THE BATMAN...

... THE MAN WHO MURDERED THOMAS AND MARTHA WAYNE.

임무를 위해 범죄자 조 칠과 손을 잡는데, 배트맨은 그를 처음 보자마자 자신의 부모를 죽인 자임을 알아본다.

SSSSSH

134쪽 왼쪽 토드 맥팔레인 작, 1988년 9월자 《배트맨 423호》 표지.

134쪽 아래 배트맨은 '배트맨: 이어 투'의 첫 이슈에서 총기에 대한 혐오감을 표출한다. (앨런 데이비스 및 폴 니어리 작, 1987년 6월자 《디텍티브 코믹스 575호》 중에서)

135쪽 독자들은 배트맨이 자신의 부모님을 죽인 조 칠의 총을 든 것을 보고 기겁했다. (앨런 데이비스 및 폴 니어리 작, 1987년 6월자 《디텍티브 코믹스 575호》 표지)

위 조 칠과 대면한 배트맨. (토드 맥팔레인 및 알프레도 알칼라 작, 1987년 7월자 《디텍티브 코믹스 576호》 중에서)

가운데 고담시의 가장 위험한 자경단인 더 리퍼가 돌아온다. (토드 맥팔레인 및 알프레도 알칼라 작, 1987년 7월자 《디텍티브 코믹스 576호》 중에서)

들을 도입하고자 노력했습니다. 특히 최초이자 최고의 배트맨 작가인 빌 핑거가 쓴 작품들에서 가져오고자 했죠."[1]

4편으로 구성된 연재작의 첫 편은 영국인 작화가인 앨런 데이비스[Alan Davis]가 그리게 되었다. 그는 배트맨이 저스티스 리그에서 나온 뒤 잠시 만들었던 슈퍼히어로 팀이 나오는 《배트맨 앤 디 아웃사이더스[Batman and the Outsiders]》의 연재 기간에 바와 합을 맞춘 적이 있었고, 《디텍티브 코믹스》의 고정 작화가였다. 하지만 데이비스는 첫 번째 편 이후에 편집상의 갈등으로 하차하고, 당시 떠오르는 신인이던 토드 맥팔레인[Todd McFarlane]으로 교체되었다. 맥팔레인은 DC 코믹스에서 인피니티 주식회사[Infinity, Inc.]라는 슈퍼히어로 팀 만화를 2년간 그린 뒤 막 하차한 상태였었다. 바의 말에 따르면, "두 가지 다른 화풍을 사용하는 것은 상상하기 어렵지만 각각의 작화가들은 자신만의 캐릭터를 만들어 낸 것처럼 보였습니다. 데이비스의 배트맨은 닐 애덤스의 영향을 짙게 받았습니다. 밤에 스며들고 밤을 자신의 것으로 만드는 부드러운 유기체, 쥐가오리 같은 모습이었죠. 맥팔레인은 밥 케인에게 더 큰 영향을 받은 것처럼 보였습니다. 그의 배트맨은 깜깜한 밤으로 자신의 몸을 꿰뚫은 검은 유리의 폭발 같았죠."[2]

'배트맨: 이어 투'는 '배트맨: 이어 원' 시절보다 더 자신감 있고 경험 많은 배트맨을 묘사했고, 배트맨은 1960년대 새로운 모습 시절의 모습을 연상케하는

보다 전통적인 슈퍼히어로로 복장을 착용했다. '배트맨: 이어 투'에서 제임스 고든은 경찰 국장으로 막 승진한 상황이고, 배트맨은 고담시 경찰과의 긴밀한 협력 관계를 누린다. 브루스 웨인은 웨인 엔터프라이즈의 회장 역할에 적응했고, 알프레드 페니워스와 고담시의 크라임 앨리에서 부모님이 죽은 뒤 자신을 돌봐주었던 여인인 레슬리 톰킨스의 지원을 받는다. 바와 데이비스는 '배트맨: 이어 투'를 위해서 톰킨스를 고담시 최악의 지역에서 무상 의료 시설을 운영하는 신념에 찬 의사로 재해석했다. "작업 초기에 저는 데이비스에게 새로 바꾼 레슬리 톰킨스의 역할에 대해 설명하려고 했습니다." 바가 한 말이다. "그들이 약간의 의견 충돌은 있지만 서로 사랑하는 관계라는 점을 설명하면서 열변을 토하고 있을 때 데이비스가 제 말을 끊고 말했죠. '엄마 같은 사람이란 거잖아.'"

브루스의 삶에서 유일하게 빠져 있던 것은 로맨스였고, 아직 선서를 하지 않은 견습 수녀인 레이첼 캐스피안 Rachel Caspian과 만나면서 그것도 실현될 수 있을 것처럼 보이게 된다. 두 사람은 돌풍 같은 사랑을 즐기고, 브루스는 그녀와 함께하기 위해 배트맨 신분을 버릴 생각까지 하지만, 그전에 우선 살인을 저지르는 더 리퍼를 붙잡아 정의의 심판을 받게 해야만 한다. 이를 위해 범죄자 조 칠과 손을 잡는데, 배트맨은 그를 처음 보자마자 자신의 부모를 죽인 자임을 알아본다. 더 리퍼를 붙잡고 나면 살인자를 죽이려 했던 배트맨의 계획은 더 리퍼가 조 칠을 죽이면서 실패한다. 뒤이어 더 리퍼는 배트맨과의 싸움에서 죽고, 그의 정체는 레이첼 캐스피안의 아버지로 밝혀진다. 그 비극적인 사건들의 결과에 충격을 받은 레이첼은 브루스와의 약

혼을 깨고 당초의 계획대로 수도원에 들어간다. 브루스 웨인은 살상 수단의 사용을 거부하고 배트맨의 길은 홀로 걸어야 하는 것이라는 점을 받아들이며 임무에 다시 헌신하기로 다짐한다.

"브루스 웨인이 행복해질 수 있는지의 여부는 작가와 편집자, 독자의 취향에 따라 다릅니다." 전 DC 편집자인 밥 그린버거의 지적이다. "배트맨의 어두운 임무는 1941년 제2차 세계 대전의 참전과 함께 빠르게 밝아졌죠. 그는 행복했고 잘 적응한 것처럼 보였습니다. 그에게는 친구들이 있었고 사회생활이 있었으며 그의 기원은 무의미해졌죠. 그 점은 별로 바뀌지 않았어요. 줄리 슈워츠가 TV 드라마의 제작 취소를 계기로 프랭크 로빈스와 데니 오닐의 도움을 받아 배트맨을 재창조하기 전까지는요. 배트맨을 복수의 기계로

아래 배트맨은 양손에 조 칠과 리퍼의 무기를 쥐고 자신의 마지막 전투가 될 것이라고 예상하는 전투를 준비한다. (토드 맥팔레인 및 파블로 마르코스 작, 1987년 9월자 《디텍티브 코믹스 578호》 표지 중에서)

위 '로빈은 오늘 밤 죽었나?'라는 불길한 제목의 이야기에서 조커는 딕 그레이슨의 로빈 경력에 종지부를 찍는다. (크리스 워너 및 마이크 드카를로 작, 1987년 6월자 《배트맨 408호》중에서)

변신하는 정신적으로 상처 입은 소년으로 돌아가게 한 것은 주로 데니의 업적이었습니다. 데니가 오랜 기간 배트맨을 쓰고 편집하면서 그게 그대로 캐릭터의 틀이 되었죠. 데니의 편집과 프랭크의 글을 거치면서 1986년경의 배트맨은 과거 때문에 행복을 누릴 수 없는 사람이 되어버렸습니다."

"저는 마사 웨인의 진주 목걸이가 떨어지는 순간, 브루스 웨인이 브루스 웨인을 그만두었다는 입장입니다." 전 DC 편집자인 마이크 골드가 덧붙인다. "클락 켄트는 조나선과 마사 켄트에게 길러져서 슈퍼맨이 되었지만, 브루스 웨인은 브루스 웨인에게 길러져서 배트맨이 되었습니다. 그는 결코 복수에 성공할 수 없습니다. 그 자신도 악을 몰아낼 수 없다는 사실을 압니다. 그렇지만 그를 산 채로 잡아먹을 때까지 그는 최대한 악을 없애려 할 겁니다."

동기가 무엇이었든 간에, 배트맨의 결심은 '배트맨: 이어 투'의 사건을 통해 시험대에 오르고 더욱 강화되었으며, 그 결심은 이후 배트맨의 범죄와의 전쟁 기간 중 여러 시련의 시기에 그를 바른길로 인도해주는 역할을 하게 된다.

배트맨의 새로운 기원이 두 편의 프리퀄, '배트맨: 이어 원'과 '배트맨: 이어 투'에서 정립되면서 《배트맨》과 《디텍티브 코믹스》는 배트맨의 현대 모험담으로 돌아왔다. 그의 모든 역사는 《무한 지구의 위기》의 결과로 리부트되었고 그 만화들은 현대 DC 유니버스에서 배트맨의 세상이 얼마나 변화했는지를 정립했다.

'배트맨: 이어 원'의 사건들 이후 수년 뒤로 시점이 맞춰진 새로운 배경의 모험들은 크라이시스 이후 다시 딕 그레이슨이 맡은 로빈에게 조커가 강도 행위 중에 총을 쏴 치명상을 입히는 대사건으로 시작된다. 이후 고담시의 언론들은 로빈이 싸움 중에 숨졌다는 오보를 낸다. 배트맨은 죄책감을 느끼고, 고담시를 지키기 위한 임무에 로빈의 생명을 거는 것은 잘못된 일이라고 믿기에 이른다. 배트맨은 로빈에게 동료 일을 그만두라고 부탁하고, 딕은 마지못해 받아들이며 로빈 신분에서 은퇴하게 된다. 비록 이후에 틴 타이탄스의 대장인 나이트윙으로 일선에 복귀하게 되지만 말이다.

겨우 4년 전에 《배트맨》에서 소개된 '크라이시스' 이전의 로빈인 제이슨 토드는 딕 그레이슨의 복제품이었고, 서커스단 출신 배경까지 동일했다. 《무한 지구의 위기》와 함께 모든 과거 설정들이 지워지자, 배트맨 작가진은 제이슨 토드를 딕 그레이슨과 대조적인 현대적인 도시 소년 로빈으로 재창조할 기회를 포착했다.

"로빈의 새 기원을 써달라는 주문을 받았죠." 미스터리물 작가이자 딕 트레이시 신문 만화의 작가였고 밀러 이후 시대의 배트맨의 새 모험을 엮어가게 된 맥스 앨런 콜린스 Max Allan Collins 의 회상이다. '배트맨: 이어 투'가 《디텍티브 코믹스》로 출간될 예정이었기 때문에 그의 첫 스토리 라인은 '배트맨: 이어 원'에 뒤이어 《배트맨》에서 연재되게 되었다. "밀러가 제게 배트맨 세계를 뒤집어놓을 자신의 계획을 말해줬던 기억은 납니다만, 그 외에는 거의 아무런 지침도 주어지지 않았습니다. 《다크 나이트 리턴즈》는 읽어봤지만 정작 제가 모방해야 할 '배트맨: 이어 원'은 제공받지 못했는데, 사실 꼭 읽어보았어야 했던 상황이었습니다. 리부트 때문에 당시에는 새로운 작가들을 위한 지침서도 존재하지 않았습니다. 프랭크의 뒤를 잇는 건 일종의 자살 행위와 같았죠."

콜린스의 새로운 로빈 기원담은 딕이 틴 타이탄스에 합류하기 위해 떠난 뒤 약 18개월이 지난 시점에 벌어진다. 그 이야기는 배트맨이 부모님의 기일에 크라임 앨리를 방문하면서 시작된다. 배트모빌로 돌아온 그는 누군가가 바퀴를 훔쳐갔음을 깨닫는다. 너무나 어이없는 상황에 어둠의 기사조차도 웃고 만다. 도둑이 범죄 현장에 다시 돌아오자 배트맨은 범인이 고담시의 빈민가에서 혼자 사는 제이슨 토드라는 이름의 어린 소년이라는 것을 알고 놀란다. 제이슨은 크라임 앨리의 청소년 범죄 조직을 없애는 일을 돕고, 제이슨에게서 친절한 영혼을 감지한 배트맨은 그를 새로운 로빈으로 삼기로 결정한다.

"전 50년대와 60년대의 배트맨을 보면서 자랐고 딕 그레이슨을 사용하는 쪽을 더 선호했습니다." 콜린스의 말이다. "하지만 이건 일종의 리부트였고, 제이슨 토드를 재창조할 방안으로 거리의 아이 설정이 떠올랐던 것 같습니다. 물론 데니 오닐이 저한테 준 아이디어일 수도 있지만요. 그 꼬마가 배트모빌의 바퀴를 훔쳐 가게 한 게 제 아이디어였다는 건 기억합니다. 제 유머 감각은 배트맨 순수 주의자 팬들에게 말썽을 일으켰어요. 제 생각에 데니는 제 만화인 미즈 트리 Ms. Tree 에서 했던 것처럼 배트맨을 거칠게 묘사하길 바랐던 것 같습니다. 하지만 전 딕 스프랑의 배트맨을 보면서 자랐거든요. 저는 캐릭터들을 심각하게 묘사했지만 너무 심각하고 어둡게 만들지는 않았습니다."

콜린스가 새로운 배트맨과 로빈 팀을 소개하고 있을 때, 오닐은 '배트맨: 이어 투' 완결 이후 《디텍티브 코믹스》를 맡을 새로운 작가진을 영입하고자 했다.

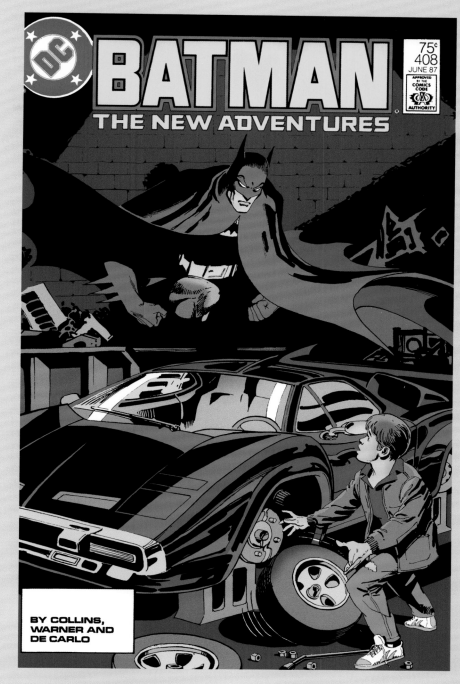

BY COLLINS, WARNER AND DE CARLO

월간 판매량에서 《디텍티브 코믹스》는 《배트맨》에게 오랫동안 뒤처졌었다. 오닐은 덜 팔리는 만화는 시리즈의 사정을 개선하고, 고유한 색채를 확립하기 위한 파격적인 조치를 자유롭게 시도해야 한다고 느꼈다. 그래서 영국의 인기 앤솔로지 만화 잡지인 〈2000 AD〉로 돌풍을 일으키고 있던 두 명의 영국 작가 존 와그너 John Wagner 와 앨런 그랜트 Alan Grant 를 섭외하고, 그들의 특별한 스토리텔링 감각을 《디텍티브 코믹스》의 배트맨 단독 모험담 속에 도입시키고자 했다. 특히 오닐은 그 잡지에 실린 와그너와 작화가 카를로스 에즈퀘라 Carlos Ezquerra 의 만화 〈저지 드레드 Judge Dredd〉의 팬이었고, 그들이 〈저지 드레드〉에서 선보였던 어두운 유머와 화려한 액션의 조합이 배트맨에도 잘 녹아들 것이라고 기대했다.

"우리는 이야기들 속에서 대단한 자유를 부여받았습니다." 그랜트의 말이다. "전 《디텍티브 코믹스》 속 배트맨이 사람들에게 '단독 만화 사이에 쉴 때의 모습'으로 여겨졌다고 생각합니다. 그리고 월간 판매

위 거리의 아이였던 제이슨 토드는 배트모빌의 타이어를 훔치다가 걸리면서 배트맨에게 잊을 수 없는 첫인상을 심어 주었다. (딕 지오다노 작, 1987년 6월자 《배트맨 408호》 표지)

NOGODY MAKES A MONKEY OUTA ME! DIE, YA DOITY RAT!

GUAA GUDDA GUDDA

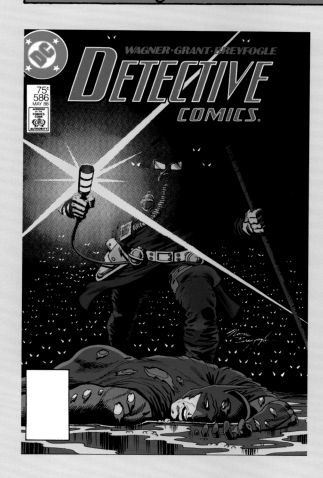

WAGNER·GRANT·BREYFOGLE
DETECTIVE COMICS

"벤트릴로퀴스트와 스카페이스가 배트맨의 로그스 갤러리에 잘 녹아들 거라고 생각했습니다. 엄청나게 과장됐고 유머러스하며 완전히 미친 악당이니까요."

코넬리우스 스터크 Cornelius Stirk, 맹독성의 코로시브맨 Corrosive Man, 죽음에 집착하는 자객인 모티머 카다바 Mortimer Kadaver, 그리고 3인조의 가장 성공적인 악당인 벤트릴로퀴스트(Ventriloquist;복화술사)와 스카페이스 Scarface가 있었다.

고담시에서 가장 무서운 범죄 조직 두목들 중 하나인 스카페이스는 사실 벤트릴로퀴스트라는 이름으로 통하는 조용하고 온화하며 심약한 이중인격의 범죄 기획자가 조종하는 목제 꼭두각시 인형이다. 스카페이스의 갱단은 미친 인형 때문에 공포에 떨며 생활하고, 벤트릴로퀴스트는 단순한 고용인으로 취급된다. 그 조합 덕분에 그는 당시까지 배트맨에 존재하는 악당 중 가장 이상한 악당이 되었다. "우리가 정확히 어디서 영감을 얻어서 벤트릴로퀴스트와 스카페이스를 만들었는지는 기억이 안 납니다만, 존 와그너와 함께 그 악당을 처음 만들 때만 해도 저지 드레드의 악당으로 쓸 목적이었습니다." 그랜트의 회상이다. "그렇지만 드레드라면 벤트릴로퀴스트를 그냥 쏴버리고 인형은 불태우고 말았을 거라, 우리의 미사용 악당 목록에 넣어두기로 결정하고 1, 2년 정도 방치했죠. 데니 오닐이 우리에게 처음으로 배트맨 대본을 써달라고 요청했을 때, 우리는 벤트릴로퀴스트와 스카페이스가 배트맨의 로그스 갤러리에 잘 녹아들 거라고 생각했습니다. 엄청나게 과장됐고 유머러스하며 완전히 미친 악당이니까요."

배트맨이 창작의 재부흥기를 누리고 있을 무렵,

맞은편 영국 출신의 존 와그너와 앨런 그랜트는 곧바로 '런던에 나타난 미국 배트맨' 편에서 배트맨을 영국에 소개했다. (놈 브레이포글 작, 1988년 9월자 《디텍티브 코믹스 590호》표지)

위 성질 급하고 다혈질인 스카페이스는 온화한 성격의 '파트너' 벤트릴로퀴스트와 극명한 성격차를 보인다. (놈 브레이포글 및 킴 디멀더 작, 1988년 2월자 《디텍티브 코믹스 583호》 중에서)

가운데 랫캣쳐라는 괴상한 악당이 된, 불만에 가득찬 미화원 출신의 오티스 플레니건은 80년대 말에 배트맨을 괴롭힌 수많은 새로운 악당 중 하나였다. (놈 브레이포글 작, 1988년 5월자 《디텍티브 코믹스 586호》 표지)

량이 저점을 찍으면서 오닐은 판매량을 다시 올려놓기 위한 실험에 열중했죠."

오닐은 그랜트와 와그너에게 만화 몇 편의 작업 경험밖에 없던 놈 브레이포글 Norm Breyfogle 이라는 신인을 붙여주었다. "오닐은 브레이포글의 미래가 밝다고 보았습니다." 그랜트의 말이다. "그보다 더 선견지명이 있을 수가 없었죠! 오닐은 알맞은 작화가를 알맞은 작가와 짝지어주고 마음대로 일하도록 맡겼습니다."

그랜트와 와그너, 브레이포글이 《디텍티브 코믹스》를 작업한 첫해 동안 배트맨의 로그스 갤러리에는 유례없이 많은 새로운 악당들이 추가되었고, 그 예로 살인자 랫캣쳐 Ratcatcher, 공포에 집착하는 사이코패스인

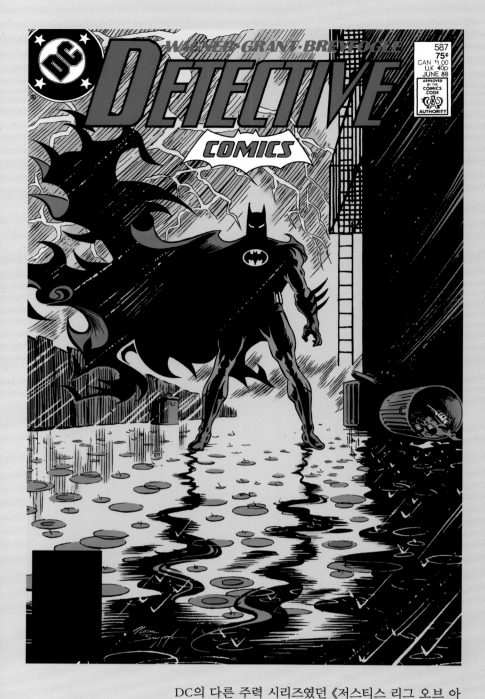

위 놈 브레이포글의 극적이고 세련된 표지들은 팬들에게 그를 한 세대를 풍미한 배트맨 작화가로 만들어주었다. (놈 브레이포글 작, 1988년 6월자 《디텍티브 코믹스 587호》 표지)

맞은편 첫 번째 배트맨 오리지널 그래픽 노블인 《선 오브 더 데몬》은 과감하게 성인 대상의 노선을 취했다. (제리 빙엄의 1987년 9월작 《배트맨: 선 오브 더 데몬》 표지)

DC의 다른 주력 시리즈였던 《저스티스 리그 오브 아메리카》에는 새로운 방향이 필요한 상황이었다. 1987년에 해당 타이틀은 배트맨이 블루 비틀^{Blue Beetle}, 부스터 골드^{Booster Gold}, 블랙 커네리^{Black Canary}, 마샨 맨헌터^{Martian Manhunter} 등 비교적 덜 알려진 영웅들의 오합지졸 집단을 이끄는 〈저스티스 리그^{Justice League}〉로 재시작됐다. 작가인 키스 기펜^{Keith Giffen}과 J. M. 디머테이스^{J. M. DeMatteis}, 그리고 신참 작화가인 케빈 맥과이어^{Kevin Maguire}는 월간 〈저스티스 리그〉 시리즈의 노선을 액션 코미디로 잡았고, 그 대장인 배트맨은 정상인 역할에 가장 어울리는 캐릭터였다. "전 우리의 배트맨이 약간 더 이성적이고 더 인간적이면서, 심각한 겉모습 아래 끓어오르는 유머 감각을 가지고 있었다고 생각합니다." 디머테이스의 지적이다. "배트맨은 블루 비틀^{Blue Beetle}, 부스터 골드^{Booster Gold}나 그 외 다른 이들에 대해 끝없이 불평을 늘어놓지만, 사실 마음속 깊은 곳에서는 그 정신 나간 친구들과 보내는 매 순간을 아낍니다. 우리

는 그런 묘사들을 통해 배트맨의 금욕적인 겉모습 아래에 다른 층들이 겹겹이 깔려 있음을 암시했습니다. '그래, 난 음울한 어둠의 기사지. 하지만 재밌는 걸 어떡해. 내가 그걸 꼭 말로 표현해야겠어?'"

그러나 〈저스티스 리그〉와 같은 만화 속 배트맨의 가벼운 모험은 80년대 말에는 점점 희귀해지게 되었다. 당시의 전형적인 작품들은 작가 마이크 W. 바와 작화가 제리 빙엄^{Jerry Bingham}의 《배트맨: 선 오브 더 데몬^{Batman: Son of the Demon}》과 같은 만화들이었다. 해당 그래픽 노블에서 배트맨은 탈리아와 라스 알 굴과 손을 잡고 카인^{Qayin}이라는 이름의 위험한 테러리스트와 맞선다. 카인을 쫓아 지구를 누비는 동안, 배트맨과 탈리아는 유혹에 굴복하고 자신들의 관계를 완성시킨다. 그러나 적을 제거한 뒤 배트맨과 탈리아는 자신들의 불행한 사랑이 이루어질 수 없다는 사실을 느끼며 각자의 길로 향한다. 임무가 끝나고 9개월 뒤의 이야기를 다룬 에필로그에서 배트맨과 탈리아의 사이에 아들이 태어났다는 사실이 드러나고, 탈리아는 아이를 숨겨진 장소의 고아원에 맡기고 떠난다.

딕 지오다노의 편집하에 만들어진 그 그래픽 노블은 1987년에 DC에게 높은 판매량을 선물해주었지만, 탈리아와 라스 알 굴의 공동 창작자이자 월간 배트맨 만화의 편집자였던 데니 오닐은 성인 독자용 그래픽 노블에서 배트맨이 했던 행동에 대해 불편함을 느꼈다. "우린 불행히도 서로 생각이 달랐죠." 오닐의 말이다. "배트맨은 결혼도 하지 않았는데 아이를 만들지 않습니다. 그건 배트맨답지 않아요." 오닐은 《배트맨: 선 오브 더 데몬》의 사건들을 없던 것으로 하기로 선택했고 《배트맨》이나 《디텍티브 코믹스》에서도 언급하지 않았다.

또한 오닐은 편집자로서 자신과 상충하는 가벼운 접근법을 지향한 《배트맨》 작가 맥스 앨런 콜린스와도 점점 불화가 심해지고 있었다. "오닐과 저는 그냥 잘 맞지 않았습니다." 콜린스의 말이다. "제가 새로운 방향을 잘못 잡은 것이었을 수도 있고, 요청받은 것처럼 밀러 같은 방향으로 가지 않은 게 잘못이었을 수도 있지만요. 그가 원하는 분위기를 정확히 맞추는 것은 거의 불가능했어요. 그가 실제로 편집하는 게 아니었거든요."

콜린스의 배트맨 연재 기간 중에 작화진의 일관성이 유지되지 않았기 때문에 그들의 이견은 더욱 심해졌고, 그 결과 그 만화는 정체성을 찾는 것에 어려움을 겪었다. "사실상 오닐은 밀러-마추켈리의 뒤를 콜린스와 단 한 편만을 그리고 하차한 크리스 워너^{Chris Warner}로 이음으로써 '배트맨: 이어 원'의 대단한 상업적 성공을 낭비했다고 말할 수 있습니다." DC 전 편집자인 밥 그린버거의 지적이다. "분위기 자체가 달랐고 전편에 대한 부정처럼 보였습니다."

콜린스를 교체하기로 결정한 오닐은 70년대와

ROBIN, WHAT HAPPENED?!

ROBIN, DID FELIPE FALL...

...OR WAS HE PUSHED?

21

80년대 초 마블 코믹스의 획기적인 '우주' 만화들과 작가 본인이 직접 소유한 스페이스 오페라물인 드레드스타 Dreadstar 로 이름을 떨쳤던 작가인 짐 스탈린 Jim Starlin 을 찾았다. "그때 저는 버니 라이트슨 Bernie Wrightson 이 그림을 맡은 〈더 컬트 The Cult〉라는 배트맨 미니시리즈를 작업하고 있었는데, 오닐이 제게 대타로 《배트맨》을 써 달라고 요청했죠." 스탈린의 말이다. "그리곤 다른 이야기를 또 쓰고, 그 다음에도 또 썼습니다. 그래서 제가 물어봤죠. '이러면 제가 사실상 《배트맨》 정식 작가가 되는 것 아닙니까?' 그랬더니 오닐이 이러더군요. '생각해볼게.'"

기본으로 돌아가는 '배트맨: 이어 원'의 접근법에 영감을 받아 스탈린은 배트맨에 대해 맥스 앨런 콜린스보다 더 거친 접근법을 택했고 오닐은 이를 승인했다. "전 당시 엘모어 레너드 Elmore Leonard 작품을 많이 읽고 있었습니다." 스탈린의 말이다. "그래서 범죄자들의 대사는 거의 엘모어 레너드에게서 가져온 것들이었죠. 전 절대로 '조커가 고담시를 손에 넣고 싶어해' 같은 이야기를 쓰는 사람이 되고 싶지 않았습니다. 전 다른 노선을 시도해보고 싶었어요. 프랭크 밀러가 배트맨을 다뤘던 방식으로요. 전 그의 배트맨을 정말 좋아했습니다."

하지만 배트맨에게서 스탈린이 좋아하지 않았던 한 가지 요소는 십대 사이드킥이었다. "전 언제나 로빈이 웃기는 캐릭터라고 생각했습니다. 검은색과 회색 옷을 입고 그림자 속에 숨어서 범죄와 싸우는 사람이 원색으로 차려입은 십대 소년과 같이 싸우는 건, 제가 보기에는 아동을 위험에 빠트리는 것을 넘어 아동 학대 수준이었죠. 그래서 저는 항상 제이슨 토드를 활용하는 걸 피하고자 했습니다. 제 단독 배트맨 만화들을

보면 초기작에는 제이슨이 아예 등장하지 않습니다. 제이슨이 인기 캐릭터가 아니라는 걸 알고 있기도 했거니와 제이슨에 대해 아는 게 없었거든요. 제이슨은 제가 쓰고 싶은 캐릭터도 아니었고 관심 있는 캐릭터도 아니었습니다."

오닐은 스탈린에게 제이슨 토드를 가능하면 자주 사용하도록 권유했지만, 스탈린은 편집자의 요청을 무시하고 로빈을 미미한 조연 역할로 한정시켰다. 로빈이 제대로 출연하기 시작했을 때는 로빈을 거만하고 반항기 심하게 묘사했으며 캐릭터에 대한 자신의 경멸감을 숨기지 않았다. 토드가 1983년에 소개되었을 때, 일군의 팬들은 로빈을 교체한다는 개념에 분노했고 1987년의 새로운 기원담도 그들을 별로 진정시키지 못했다. 스탈린의 연재 기간 동안 많은 팬들은 로빈을 증오하게 되기에 이르렀다. 스탈린이 가장 공평하게 묘사했을 때조차도 로빈은 스릴을 찾는 다혈질 소년이거나 어둡고 웃음기 없는 자경단으로 묘사되었는데, 1988년 봄에 연재된 분량인 '텐 나이츠 오브 더 비스트 Ten Nights of the Beast'에서 제이슨이 고담시를 위협하는 외국 공작원을 제압하기 위해 과잉 대응도 불사할 뜻을 보였던 것을 예로 들 수 있다.

네 편짜리 이야기 속에서 배트맨과 로빈은 로널드 레이건 대통령 시절 미국과 소련간의 갈등을 격화시켰던 미사일 방위 체계 계획인 일명 스타워즈 계획의 핵심 인물 10명을 암살하기 위해 소련에서 날아온 암살 요원 KG비스트 KGBeast 와 맞서 싸운다. KG비스트는 배트맨과 동급의 힘과 재주를 가지고 있고, 양심의 가책을 느끼지 않는 확고한 신념의 소유자이기 때문에 어둠의 기사가 싸워본 적들 가운데 가장 위험한 적 중 한 명이었다.

맞은편 범죄자가 수상한 상황에서 추락사하자 근심에 찬 배트맨은 로빈을 추궁한다. (마크 브라이트 및 스티브 미첼 작, 1988년 10월자 《배트맨 424호》 중에서)

위 KG비스트라는 이름으로 알려진 전술의 귀재는 배트맨을 육체적, 정신적으로 압박한다. (짐 아파로 및 마이크 드카를로 작, 1988년 6월자 《배트맨 420호》 중에서)

"우리는 냉전의 끝에 도달해 있었고, 배트맨은 진정한 냉전 시대의 적수를 만나본 적이 없었다는 점이 KG비스트의 창작 배경이 됐죠." 그린버거의 지적이다. "시기적절하고 흥미로우며 신선한 악당이었습니다. 맥스 앨런 콜린스와 작화가가 계속 교체되던 연재 기간이 끝난 뒤에 만들어진 건 뭐든지 발전처럼 느껴졌죠."

"전 신문 중독자였습니다." 스탈린은 시인한다. "신문 기사를 읽으면서 배트맨 만화에 어떻게 쓰일 수 있을지, 어떻게 전개해나갈 수 있을지 생각하는 일을 즐겼죠. 그리고 80년대 말에는 모두의 머릿속에 소련 생각밖에 없었습니다."

스탈린의 《배트맨》 이야기가 어두운 방향으로 진행된 것은 프랭크 밀러의 직접적인 영향을 받은 것과 관련되어 있을지도 모른다. 하지만 출판사들이 성인 독자들을 대상으로 혁신을 꾀했던 것과 맥락을 함께하는 80년대 말의 어둡고 거친 슈퍼히어로 만화 사조의 일부이기도 했다. 앨런 무어가 쓰고, 미국 독자들에게는 공상 과학 판타지 서사시인 〈카멜롯 3000 Camelot 3000〉으로 가장 잘 알려진 영국 작화가 브라이언 볼란드 Brian Bolland가 그린 《킬링 조크 The Killing Joke》보다 그 추세를 더 잘 예증해주는 작품은 없을 것이다. "저는 브라이언 볼란드와 같이 작업하고 싶었고, 마침 DC에서 배트맨 만화를 제안했죠." 무어의 말이다. "브라이언의 관심사는 조커였고, 전 말했습니다. '좋아. 조커를 조명하는 이야기를 생각해볼게.' 그래서 저는 조커에 대해 당시까지 알려졌던 내용들을 읽고 기존 설정을 파악했습니다. 그리고 기존 설정과의 충돌이 없는 선에서 이야기의 확장을 시도했죠. 저는 조커가 조커가 되기 전에 레드 후드였다면, 레드 후드가 되기 전에는 누구였으며 어쩌다 레드 후드가 되었을까?를 전달하려고 했습니다."[3]

무어의 이야기 도입부에 조커는 자신이 범죄계의 광대 왕자가 된 것이 어떤 운수 나쁜 하루가 가져온 결과였다고 주장한다. 아내가 사고로 죽었을 뿐만 아니라, 협박을 받아 강도질에 강제로 참여하고 화학 폐기물 통에 떨어져 피부가 분필처럼 표백되기까지 했다. 그런 운수 나쁜 날은 누구의 인생이든 망쳐놓을 수 있다는 뒤틀린 지론하에, 조커는 자신의 미친 이론을 시험하기 위해 고든 국장의 아파트로 향한다. 그곳에서 조커는 고든의 딸이자 최근 배트걸에서 은퇴한 바바라에게 총을 쏴 척추를 관통시킨다. 소름 돋게 침

맞은편 브라이언 볼란드의 사악한 표지 그림은 앨런 무어의 1988년작 그래픽 노블인 《킬링 조크》의 분위기를 조성한다. (1988년 3월작 《배트맨: 킬링 조크》)

아래 에이스 화학 공장에서 독극물로 목욕하고 나온 조커는 완전히 미쳐 버린다. (브라이언 볼란드의 1988년 3월작 《배트맨: 킬링 조크》 중에서)

위 배트맨은 아캄 어사일럼의 조커를 찾아가지만 범죄계의 광대 왕자가 이미 탈옥했고 대역을 세웠다는 사실을 알게 된다. (브라이언 볼란드의 1988년 3월작, 2008년에 채색 보정을 거친 《배트맨: 킬링 조크》 중에서)

착한 조커가 사지가 마비된 바바라의 옷을 벗기고 고든을 대상으로 하는 계획에 쓰기 위해 나체 사진을 찍는 동안, 조커의 부하들은 고든 국장을 납치한다.

배트맨은 조커가 고든에게 딸의 유혈 낭자한 나체 사진을 강제로 보여주며 정신적, 육체적으로 고문하고 있던 고담시 외곽 지역의 버려진 놀이동산에 도착한다. 배트맨은 국장을 구출하고 고든은 배트맨이 조커를 붙잡을 때 반드시 법을 지켜야 한다고 주장한다. 배트맨은 고든의 뜻에 따르고, 두 적수는 치열한 싸움 끝에 기진맥진한 채 그들의 역사상 가장 초현실적인 순간을 맞이한다. 그들은 조커를 아캄으로 호송할 경찰이 오기 전까지 기다리면서 감정을 주체하지 못하고 웃어댄다.

《킬링 조크》의 충격은 즉각적이고 압도적이었다. 팬들은 프랭크 밀러의 획기적인 책들 이후 성인용 만화의 출현을 기다리고 있었고, 즉시 볼란드의 예술적인 그림과 무어의 소름 돋는 조커 묘사에 푹 빠졌다. 그 책은 전국의 만화 가게에서 품절됐고 1989년 윌 아이스너 시상식 Will Eisner Comic Industry Awards에서 최고의 작가상, 최고의 작화가상, 그리고 최고의 그래픽 노블상의 3개 부문을 수상하는 돌풍을 일으켰다.

그러나 《킬링 조크》 속 끝없이 계속되는 어둠은 배트맨의 모험에 전환점을 새겼고, 점점 어두워지는 성인 취향의 이야기들의 출간과 망토 두른 십자군의 진정한 순수의 상실로 이어지는 명백한 변화를 야기했다. "《킬링 조크》는 놀라운 이야기라는 것에 대해 누구도 이의를 제기할 수 없을 겁니다." 2000년대 배트맨 작가인 데빈 K. 그레이슨 Devin K. Grayson의 말이다. "역사상 최고의 배트맨 이야기 중 하나입니다만, 바바라 고든에게 벌어진 일은 고통스러울 정도로 반페미니즘적이고 불편한 일입니다. 여성을 표현하는 측면에서는 좋은 이야기가 아니었습니다. 그럼에도 불구하고 그 만화의 산물로 눈에 보이는 장애를 가지고 있으면서도 대단한 활동력과 지혜, 의지를 가진 놀랍도록 강한 여성 캐릭터 오라클 Oracle이 출현했죠. 이전까지의 모든 활동에 긴밀하게 참여하고, 그 동료들과 친하게 지냈던 과거를 빼앗긴 데서 오는 분노는 의도된 결과가 아니었겠지만 배트맨 세계에서 여성으로 살아가는 것에 대한 뛰어난 해석이 되었습니다. 바바라는 원래의 창작 의도를 뛰어넘은 캐릭터들 중 하나이며, 끝없는 탐구 거리를 제공해줍니다. 저는 그녀의 지혜와 그들과 함께해온 역사, 그리고 표면 아래 깔려 있는 좌절과 분노를 사랑합니다."

《킬링 조크》의 어려운 시련들과 별개로 더 어두운 시절이 다가오고 있었고 그것이 바로 배트맨 팬들이 원하는 바이기도 했다. 1987년에 '배트맨: 이어 원'이 불러일으킨 열풍을 되찾기 위한 노력의 일환으로 몇몇 DC 직원들과 경영진은 배트맨의 미래, 특히 1987년 재등장 이래로 점점 인기를 잃어 갔던 제이슨 토드, 로빈의 운명을 결정하기 위해 모였다. 오닐은 로빈의 운명을 독자들의 손에 맡기자고 제안했다. 10년 전 〈새러데이 나이트 라이브 Saturday Night Live〉 방송에서 영감을 받아 제이슨 토드의 미래를 결정할 전화 투표를 제안했다.

"편집자들 모두가 제넷 칸, 폴 레비츠와 딕 지오다노와 함께 새롭고 멋진 방안을 구상하기 위해 모였습니다." DC 편집자 마이크 골드의 회상이다. "오닐은 전화 투표를 제안했습니다. 저는 실제로 과거에 디스크 자키로 일하면서 전화 투표를 여러 번 해보았기 때문에 투표가 어떤 식으로 진행되며, AT&T 측의 업무는 무엇인지, 그리고 투표를 위해서는 어떤 자원이 필요한지 설명했습니다. 제이슨 토드가 그리 사랑받고 있지 않다는 점은 의심할 여지가 없었고 괜찮은 시도처럼 보였죠."

1988년 가을, 스탈린은 《배트맨 426호》를 시작으로 전화 투표를 사이에 두고 진행될 '가족의 죽음ᴬ Death in the Family'이라는 불길한 제목의 4편짜리 만화를 썼다. "그 모든 건 몇 주만에 이루어졌습니다." 짐 스탈린의 말이다. "오닐이 아이디어를 내서 DC에 말했고, 딕 지오다노와 제게 말했습니다. 저는 일주일 내에 플롯을 짜서 제출했죠. 며칠 만에 대본을 썼던 걸로 기억합니다. 모든 것은 지금보다 훨씬 빠르게 진행됐습니다."

스탈린의 만화는 배트맨이 로빈의 부주의하고 산만한 행동을 문제 삼아 로빈에게 근신 처분을 내리

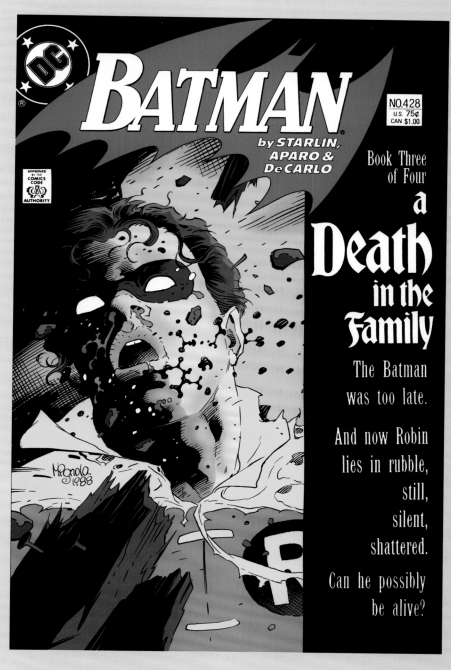

는 것으로 시작한다. 견책을 받은 제이슨 토드는 자신의 생모를 찾아 해외로 나가게 된다. 토드는 여정 끝에 조커의 계획 때문에 어머니가 붙잡혀 있는 아프리카로 가게 된다. 배트맨은 토드와 조커의 뒤를 쫓아 에티오피아에 도착하지만, 다이나믹 듀오의 재회는 지극히 짧았고 2인조는 다시 갈라진다. 배트맨은 조커에게 오염된 의료 물자의 행방을 추적하고, 토드는 홀로 조커에게 맞선다. 그러나 그는 정신 나간 범죄의 달인의 상대가 되지 못하고, 쇠지렛대에 맞아 사경을 헤매게 되며 시한폭탄과 함께 창고에 갇히는 신세가 된다. 그리고 시한폭탄은 배트맨이 임무를 완수하고 돌아오기 직전에 터지고 만다.

로빈의 운명은 《배트맨 427호》의 출간 당시에는 알려지지 않은 상태였고, 전화 투표에 의해 결정될 예정이었다. 행사 몇 개월 전에 DC 코믹스는 "조커는 복수를 원하기 때문에 누군가는 죽게 될 것입니다. 하지만 여러분이 막을 수 있습니다."라는 광고로 행사를

위 악명 높은 배트맨 전화 투표의 결과는 '가족의 죽음'의 세 번째 이슈에서 밝혀졌다. (마이크 미뇰라 작, 1988년 12월자 《배트맨 428호》 표지)

NOW ISN'T THIS TOUCHING!

MY OLD PALS, SUPERHAM AND BATPEST, HAVE COME TO CONGRATULATE ME!

IT'S TRUE, GUYS. I'M THE NEW IRANIAN AMBASSADOR TO THE U.N.!

EAT YOUR HEARTS OUT.

며 보냈다. 뉴스위크 Newsweek 는 "독자들은 새로운 로빈을 징징대는 찬탈자로 간주했고 사형을 결정했다."라는 대단히 무감정한 표현을 썼다. 뉴욕 타임즈 New York Times 도 마찬가지로 "이런 폭발을 봤나! 진짜 로빈은 싸워나간다!"라는 제목으로 제이슨 토드를 원래의 놀라운 소년, 딕 그레이슨의 불필요한 대체품으로 일축하는 기사를 실었다.

'가족의 죽음'의 완결은 배트맨의 역사상 가장 어두운 해의 끝을 차갑게 장식했다. "타이밍이 좋지 않았습니다." 그린버거의 말이다. "처음에는《킬링 조크》에서 바바라 고든이 불구가 되더니 불과 몇 달 뒤인 이번에는 제이슨 토드가 사망했죠. 그 어두운 사건들은 계획 없이 벌어졌고, 배트맨 시리즈에게는 그저 잔혹했던 시기였습니다."

《킬링 조크》가 출간된 뒤 로빈을 생사가 갈리는 상황에 집어넣는 결정을 내린 일은 80년대 말 배트맨이 따라가고 있던 어두운 길을 보여주는 명확한 증거다. 만화 팬들은 배트맨을 외롭고 어두운 복수자로 묘사하는 새로운 방향의 전환을 환영했고, 그 만화들은 50주년이 다가오고 있던 어둠의 기사의 사상 최대의 모험의 전기를 마련했다.

예고했다. 1988년 9월 15일과 16일 이틀 동안, 팬들은 두 가지 전화번호에 전화를 걸 수 있었다. 하나는 로빈을 죽이는 데 투표하는 번호였고, 다른 하나는 로빈의 생존을 위한 번호였다.

투표가 마감되자, 데니 오닐은 결과물을 짐 스탈린에게 넘겨 그와 작가진이 다음 편을 완성하고 재빨리 인쇄할 수 있게 했다. 5,343표 대 5,271표. 단 72표의 차이로 제이슨 토드의 운명은 정해졌고, 그는 폭발에서 살아남지 못했다. "우리는《배트맨 428호》를 거의 완성해 놓았었고, 마지막 몇 페이지만을 남겨 두고 있다가 인쇄 직전에 완성했습니다." 스탈린의 말이다. "하지만 저는 사실 제이슨이 살아남을 경우의 이야기 계획은 준비해놓고 있지 않았어요. '가족의 죽음' 이후 연재분을 이미 작업해서 보내놨던 상태였습니다. 로빈이 어떻게 될지 몰랐기 때문에 배트맨 단독 이야기로 만들어둔 상태였죠."

언론은 큰 관심을 보였고, 오닐은 3일간 제이슨 토드의 죽음에 대한 주요 언론들의 질문에 답변을 하

위 조커는 로빈을 살해한 뒤 이란 대사가 되어 외교관 면책 특권을 이용해 배트맨의 복수를 피하려고 든다. (짐 아파로 및 마이크 드카를로 작. 1988년 12월자 《배트맨 428호》 중에서)

맞은편 배트맨은 어머니를 구하려던 제이슨 토드를 구하러 갔지만 때는 이미 늦었다. (짐 아파로 및 마이크 드카를로 작. 1988년 12월자 《배트맨 428호》 중에서)

10. 저런 멋진 장난감들을 어디서 구했지?

워너 브러더스는 배트맨 50주년을 맞이하는 1989년에 배트맨 팬들을 새로운 수준으로 끌어올려 줄 망토 두른 십자군의 첫 대자본 영화를 내놓을 계획을 세웠다. 그러나 배트맨의 은막으로의 귀환은 길고 어려웠다. 그 첫 여정은 약 20년 전에 할리우드에서 2천 마일 이상 떨어진 곳에서 시작되었다.

인디애나 주에서 태어난 자칭 '만화광', 마이클 유슬란Michael Uslan은 1972년, 인디애나 대학에서 만화에 대한 세계 최초의 정식 강의를 실시하며 만화 업계의 주목을 끌게 되었다. DC는 아직 학생이었던 유슬란에게 여름 동안의 부업을 제안했고, 그는 즉시 열정적인 만화 역사가이자 팬으로서 동료들 사이에서 두각을 드러냈다. 유슬란은 만화 업계에서의 성공을 추구하면서도 더 야심찬 꿈을 가지고 있었다. 그는 배트맨을 영화관에 돌려놓을 길을 찾고자 했다.

1960년대 텔레비전 드라마가 어둠의 기사의 진정한 영혼을 모독했다고 느꼈던 유슬란은 배트맨에 대한 자신의 시각, 만화책에 강한 뿌리를 둔 시각을 반영할 영화를 만들고 싶었다. "전 말했죠. 언젠가 어떻게든 진짜 배트맨을, 어둡고 진지한 배트맨을 세상에 보여줄 방법을 찾고 말겠다고요." 유슬란의 말이다. "저는 세계인들의 집단 무의식에서 끔찍한 세 단어인 펑! 꽝! 우지끈!을 없앨 길을 찾고자 했습니다. 그게 당시 막 형태를 갖춰가고 있던 제 경력의 궁극적인 목표라고 생각했죠. 나중에야 깨닫게 되지만 그건 경력뿐만 아니라 제 삶까지 바꿔 놓은 결정이었습니다."

영화 제작 경험은 부족했지만 유슬란은 DC 코믹스에서 일하는 동안 영화 판권을 사기 위해 부사장인 솔 해리슨Sol Harrison에게 접근했지만 곧 회의론에 부딪혔다. 유슬란의 회상에 따르면, "해리슨은 말했어요. '유슬란, 아무도 배트맨에게 더 이상 관심이 없어. 배트맨이라는 브랜드는 도도새처럼 죽어버렸다고. 가서 자격증을 좀 따고 돌아오게. 판권은 안 팔고 놔둘 테

니까 말이야. 만약에 누군가가 의사를 보이면 자네에게 즉시 알려주겠네만 보장컨대 그럴 일은 결코 없을 거야.'"

유슬란은 공부를 마치기 위해 인디애나로 돌아온 뒤에도 계속해서 만화 대본을 작업하며 DC를 위해 일했다. 그가 1975년에 작업한 최초의 만화는 배트맨의 직계 조상 중 하나인 쉐도우 만화였다. 그의 작업물은 편집자인 줄리 슈워츠에게 감명을 주었고, 슈워츠는 유슬란에게 배트맨 작업을 제안하며 어린 시절의 꿈을 이뤄주었다. "드디어 제 첫 번째 배트맨 만화를 출간하는 날이 온 겁니다." 유슬란의 말이다. "말 그대로 기쁨의 눈물을 흘렸죠."

그는 다른 대본들도 작업하고 있었다. 그는 배트맨에 대해 어떤 드라마틱한 관점에서 접근할 수 있는지의 예시로 쓸 수 있는 배트맨 영화의 각본을 썼다. '리턴 오브 더 배트맨Return of the Batman'이라는 제목의 이야기는 평생 갈 상처를 입었으나 주위에 알프레드밖에 도와줄 사람이 없는 다섯 살배기 브루스 웨인을 중심으로 하는 이야기였다. 각본을 다듬기 위해서 두 번째 초고를 작성할 때는 친구인 마이클 본Michael Bourne의 도움을 받았다.

유슬란은 법률 관련 직종을 갖는 것이 할리우드에 들어갈 방법이라 생각하고 1976년에 로스쿨을 졸업한 뒤, 유나이티드 아티스츠United Artists 스튜디오에서 일하기 위해 뉴욕으로 이사했다. 그곳에서 그는 〈지옥의 묵시록Apocalypse Now〉, 〈성난 황소Raging Bull〉, 〈검은 종마The Black Stallion〉와 〈록키Rocky〉 등 여러 인상적인 영화의 법률적·재정적 문제를 처리했다. 영화 업계에서 2년 반의 실무 경험을 쌓은 뒤 유슬란은 여전히 배트맨 판권을 파는 데 주저했던 해리슨을 다시 찾아갔다.

"그는 말했죠. '유슬란, 난 자네가 돈을 날리는 걸 보고 싶지 않아.'" 유슬란의 말이다. "'배트맨이 죽었다는 걸 아직도 모르겠나? 브랜드 가치가 전혀 없다는

152쪽 〈배트맨〉(1989)의
마지막 장면을 담은 이
스틸 사진에서 어둠의
기사는 고담시를 계속
지켜본다.

153쪽 망토와 가면을
착용하고 배트맨이 된
마이클 키튼.

아래와 맞은편 의상
디자이너인 밥 링우드의
초기 배트슈트 디자인은
고전적인 파란색과 회색을
사용했다.

걸?' 전 말했죠. '아뇨. 아직 아무도 어둡고 진지한 슈퍼히어로 영화를 본 적이 없어요. 이 작업은 새로운 오락 형태를 개발하는 것과 같다고요.' 그러자 해리슨이 말했어요. '자네를 내가 어떻게든 설득할 수 없을까?' 제가 대답했어요. '아뇨. 설득할 수 없어요.' 그랬더니 그 사람 말이, '알겠어. 이리 와봐.' 그렇게 해서 6개월짜리 협상이 시작된 겁니다."

1979년 10월 3일, 유슬란은 배트맨의 영화 판권 계약에 서명하고, 망토 두른 십자군을 영화 주연으로 부활시키는 일의 잠재력을 알아본 메트로 골드윈 메이어 MGM의 고참 제작자인 벤 멜니커 Ben Melniker 와 함께

"우리는 밤에 어둠 속에서 활동하는 배트맨, 즉 슈퍼맨과는 다른 이중성을 가진 인간을 원했습니다."

영화화를 추진하기 시작했다. 그러나 업계에서 유슬란과 멜니커의 열정에 동조한 사람은 거의 없었다.

"할리우드의 모든 스튜디오에서 퇴짜를 맞았습니다." 유슬란의 말이다. "그 사람들은 절 보고 미쳤다고 했죠. 지금까지 들어본 것 중 최악의 아이디어라는 말까지 들었습니다. 어두운 슈퍼히어로물과 만화를 심각하게 만드는 것은 불가능하다고 말했어요. 옛날 TV 드라마로 영화를 만드는 것도 불가능하다고 했죠. 당시에는 만화를 여전히 깔보고 무시하는 풍조가 사회에 만연했고, 그 창작자들에 대해서도 전혀 존중하지 않았어요. 그게 우리가 살던 세상의 현실이었고 그 모든 건 바뀌어야 했습니다."

당시 유슬란의 어둡고 진지한 배트맨이 성공할 수 있을지도 모르겠다고 느낀 경영자가 한 명 있었다. 바로 피터 거버 Peter Guber 였다. 그는 저명한 독립 편집자로 변신하기 전까지 콜럼비아 픽처스의 월드와이드 프로덕션 사업부의 부사장직에 있었던 인물이었다. 거버는 유슬란과 멜니커를 만난 뒤, 1979년 11월에 배트맨 영화의 제작 계약을 체결했다. 대본 작성은 1978년의 블록버스터 작품인 〈슈퍼맨: 더 무비〉의 각본에 참여한 톰 맨키비츠 Tom Mankiewicz 에게 맡겨졌다. 맨키비츠가 쓴 배트맨 각본의 분위기는 유슬란과 그의 새로운 동업자들이 배트맨에게 기대했던 어두운 세계보다는 밝고 낙관적인 슈퍼맨 세계에 가까웠다.

"우리는 밤에 어둠속에서 활동하는 배트맨, 즉 슈퍼맨과는 다른 이중성을 지닌 인간을 원했습니다." 거버의 말이다. "슈퍼맨은 그 정반대로 테크니컬러의 캐릭터죠."

여러 감독들이 프로젝트에 관심을 표함에 따라 영화 기획은 수년간 계속되었다. 조 단테 Joe Dante 는 파라마운트 Paramount 에서 〈컴퓨터 우주 탐험 Explorers〉을 감독하기 전까지 후보 중 한 명이었고, 이반 라이트만 Ivan Reitman 역시 〈고스트 버스터즈 Ghostbusters〉 감독직을 수락하기 전까지 후보 중 한 명이었다. "이 감독, 저 감독이 관심을 가졌지만, 스튜디오에서는 1년 정도 기

다리기를 원했습니다. 그럼 다들 다른 영화를 찍으려고 떠났죠." 유슬란의 말이다. "그 뒤로도 감독들은 하차하거나 다른 영화를 작업하거나 입장을 철회했고, 스튜디오에서는 특정 감독이 더 이상 유망하지 않다고 결정하기도 했죠. 제작 연기가 거듭됐습니다."

그때 팀 버튼 Tim Burton 이 찾아왔다.

그 젊은 감독은 1980년대 초에 디즈니의 견습 애니메이터로 업계에 처음 뛰어들었다. 그는 〈토드와 코퍼 The Fox and the Hound〉, 〈트론 Tron〉, 〈타란의 대모험 The Black

Cauldron〉의 스토리보드 작성과 콘셉트 아티스트로도 일했고 디즈니에서 자신의 특별하고 음울한 유머 감각을 담은 두 편의 단편 영화인 스톱 모션 기법의 〈빈센트 Vincent〉와 실사판 〈프랑켄위니 Frankenweenie〉를 제작하기도 했다. 〈빈센트〉는 1982년에 청소년 드라마인 〈텍스 Tex〉와 묶여서 2주 동안 극장 개봉되었었다. 〈프랑켄위니〉의 경우 죽은 강아지를 되살리기 위해 신비한 소생술을 동원하는 전개가 디즈니의 어린 시청자들을 대상으로는 부적절하게 여겨져서 창고로 보내졌다(영

위 데이비드 러셀이 그린 설정화에서 자신을 부르는 배트시그널을 응시하는 배트맨.

맞은편 오른쪽 데이비드 러셀의 스토리보드에서 복장을 착용하는 브루스 웨인의 모습.

국의 극장들과 홈 비디오 시장으로 다시 판로를 찾게 되지만 말이다).

그럼에도 버튼의 단편들은 할리우드에서 열렬한 숭배자들을 만들어냈다. 그중 한 명인 워너 브러더스의 경영진 마크 캔튼 Mark Canton 은 당시 배우 폴 루벤스 Paul Reubens 가 80년대 초부터 구축해온 피위 허먼 Pee-wee Herman 캐릭터를 주인공으로 하는 영화를 제작하고 있었다. 버튼의 감각이 프로젝트에 알맞다고 본 캔튼은 당시 겨우 28세였던 버튼을 감독으로 고용해서 기발하고 경쾌한 코미디 영화를 만들게 했다. 1985년에 개봉한 〈피위의 대모험 Pee-wee's Big Adventure〉은 놀라운 성과를 거두면서 버튼의 명성을 드높여 주었다.

일단 버튼의 이름이 배트맨 영화 감독직 후보군에 들어가자, 유슬란은 그 감독과 직접 만나보았고 배트맨의 역사에 대해 가르치는 것을 자신의 사명으로 삼았다. 캘리포니아 버뱅크에서 자란 버튼은 괴물 영화에 열중했지만 만화는 본 적이 없었다. "전 디즈니에서 애니메이션을 만들다 온 친구가 만화 팬이 아니라는 걸 알고 놀랐습니다." 유슬란의 말이다. "만화는 그 친구의 배경에 없었습니다. 저는 버튼을 바보 같고 이상한 작품들에게서 떼어놓고 어두운 배트맨을 묘사한 최고의 작품들을 보게 만드는 것이 제 임무라고 결심했죠."

유슬란은 자신의 소장품을 버튼에게 대여해주고, 배트맨의 첫 등장 작품들인 《디텍티브 코믹스》 27호부터 38호까지 읽게 했다. "조커와 캣우먼이 처음 나오는 《배트맨 1호》도 읽게 했죠." 유슬란의 말이다. "데니 오닐과 닐 애덤스의 1970년대 연재분을 보여줬습니다. 어둡고 낭만적인 스티브 잉글하트와 마셜 로저스 연재분도 보여줬고요. 3일차 점심 무렵에는 이 친구가 적임자라는 걸 확신했죠. 그에게는 혜안이 있었습니다. 그 혜안을 표현할 수 있는 능력이 있다고 보았

1

BEGIN BRUCE'S TRANSFORMATION / Hero shots - Bruce dons the Bat gloves.

(SFX: Theme music begins, soft at first...)　　　　　CUT

2

Batman dons his cape.

(SFX: Theme music swells...)　　　　　CUT

3

Profile on Batman's chest - CAM. BEGINS A 180 DEGREE MOVE...
(SFX: Theme music swells...)

4

... CAM. SETTLES on FULL-FRONTAL CU. of emblem...
(SFX: Theme music nears crescendo...)

5

...BATMAN MOVES FORWARD until emblem FILLS FRAME!
(SFX: Theme music crescendo)　　　　　CUT/END SEQ.

고요. 스튜디오도 그렇게 보았습니다."

애덤 웨스트의 텔레비전 드라마를 보면서 자랐던 버튼은 배트맨에게 자신이 쉽게 이해할 수 있는 이중성이 있었다고 말한다. "전 이중성이라는 개념을 좋아했습니다. 제게는 만화보다는 괴물 영화와 비슷했죠. 지킬 박사와 하이드, 빛과 어둠, 그 모든 면에서요." 버튼의 말이다. "바로 그게 제가 배트맨에 열광했던 이유였습니다. 저는 〈오페라의 유령 Phantom of the Opera〉 같은 거라고 이해했어요. 그건 제가 개인적인 애착을 가질 수 있는 것이었죠."

버튼이 영화 감독직을 받아들이자 워너 브러더스는 스토리를 필요로 했다. 수년간 맨키비츠의 대본을 포함해 스티브 잉글하트의 기획안, 그리고 프랑켄위니를 제작한 줄리 힉슨 Julie Hickson 의 기획안 등 여러 기획안이 제출되었다. 제작 과정 도중에 배트맨 공동 창작자인 밥 케인까지도 워너 브러더스와 접촉해서 스

튜디오의 임원이었던 리사 헨슨Lisa Henson과 대화를 나누며 배트맨이 어떻게 영화로 해석될 수 있을지에 대한 자신의 생각을 전달하기도 했다.

1986년 초 각본가이자 배트맨의 오랜 팬인 샘 햄Sam Hamm이 버튼의 다음 작품에 대해 알게 되었을 때, 그는 다른 프로젝트를 작업 중이었다. "어느 날 오후에 워너 브러더스에서 임원으로 있던 제 후원자인 보니 리Bonni Lee를 찾아갔었습니다. 톰 맨키비츠의 배트맨 각본 초안이 책장에 있길래 꺼내서 읽어보기 시작했죠." 햄의 말이다. "그냥 시간을 때우기 위해서였지만 읽고 나서 생각했죠. '맙소사! 재미있잖아. 하지만 나라면 이 이야기를 완전히 다른 방식으로 풀어가겠어.'"

햄은 그의 다른 작업들을 계속했지만 배트맨에 대한 생각을 멈출 수가 없었고, 결국 소개를 받아 버튼과 만나게 되었다. "우린 금방 친해졌지만 배트맨에 대해서는 전혀 말을 꺼내지 않았죠." 햄의 말이다. "버튼은 이미 줄리 힉슨이 만든 배트맨 기획안에 꽂혀 있었으니까요. 어느 날 보니가 말했어요. '팀이 사무실에서 좀 보자고 하네요.' 전 찾아가서 물어봤죠. '무슨 일이죠?' 그랬더니 그가 하는 말이, '혹시 배트맨 프로젝트 작업에 관심 있어요?' 전 대답했죠. '오, 물론이죠!' 우린 배트맨의 영화화 방향에 대해 비슷한 시각을 가지고 있었습니다."

로스앤젤레스에 있던 버튼과 샌프란시스코에 있던 햄은 주말마다 만나서 영화의 줄거리를 구상했다. 초고를 작성하는 동안, 햄은 오닐과 애덤스의 고전 《배트맨》과 잉글하트와 로저스의 《디텍티브 코믹스》를 비롯한 배트맨 만화를 탐독했다. 또한 그는 아직

출간되지 않은 상태였던 프랭크 밀러의 《다크 나이트 리턴즈》와 앨런 무어의 《킬링 조크》 대본을 먼저 읽어볼 기회까지 얻었다. 버튼은 특히 《킬링 조크》에 매료되어 있었고, 그 만화 속 조커의 기원담은 영화판 숙적의 묘사에 영감을 주게 되었다.

햄은 각본을 쓰는 동안 현대 관객들이 공감할 수 있는 현대적인 배트맨을 창조하는 데 집중했다. "우리는 현실 세계 속 배트맨에 관한 이야기를 하고 싶었어요." 햄의 표현이다. "만약 배트맨이 실제로 존재한다면 어떨까? 그 세계는 어떤 모습일까? 현실에는 복장을 차려입고 범죄와 싸우는 사람들이 없죠. 그래서 우리는 이야기의 수수께끼를 '그는 왜 이런 일을 할까?', '그런 일을 뒷받침해주는 환경은 무엇일까?'로 설정했죠. 우리는 거기서부터 거꾸로 출발했습니다."

햄의 대본은 배트맨의 극초기 활동과 조커의 기원을 탐구했다. 고담시는 범죄의 온상이고, 시 정부와 경찰 내에는 부패가 만연하며 사람들은 밤길을 걷길 꺼린다. 일부 목격자들이 인간 박쥐로 묘사하는 수수께끼의 존재가 고담시 최악의 동네를 순찰하기 시작하고, 범죄계에 전쟁을 선포한다. 그런데 얼마 뒤, 고담시의 그 어떤 범죄 조직 두목보다도 무시무시한 새로운 인물이 나타난다. 액시스 화학 공장^{Axis Chemicals}을 습격했다 실패한 살인자 잭 네이피어^{Jack Napier}는 유독성 화학물 통에 빠져 조커라는 이름으로 알려진 악당으로 변신한다.

"우리한테 들어온 각본은 굉장히 특별했고 그걸 영화로 바꿔놓기 위해서는 팀 버튼과 같은 능력을 가진 사람이 필요했죠." 거버의 말이다. "워너 브러더스에서는 시놉시스가 소년 관객들을 대상으로 하는 소

년 영화 같다고 생각했죠. 하지만 〈비틀쥬스^{Beetlejuice}〉의 성공과 함께 순풍이 불기 시작했습니다."

1988년 작인 〈비틀쥬스〉는 괴상한 인간 가족을 자신들의 집에서 내쫓기 위해 '인간 퇴치 무당' 악마를 고용한 유령 부부가 등장하는 사후 세계 코미디 영화로 박스 오피스에서 큰 성공을 거두었으며 심지어 아카데미 분장상을 타기까지 했다. 마이클 키튼^{Michael Keaton}은 주연으로 찬사를 받았고, 〈뉴욕의 사랑^{Night Shift}〉과 〈미스터 마마^{Mr. Mom}〉와 같은 성공작에 출연한

맞은편 위 콘셉트 아티스트 데이비드 러셀은 어두운 배트맨의 모습을 그리기 위해 고전적인 색상의 사용을 지양했다.
맞은편 아래 배트케이브에 들어서는 비키 베일을 묘사한 데이비드 러셀의 설정화.

위 설정화에서 배트윙을 타고 나는 배트맨.
아래 파인우드 스튜디오의 〈배트맨〉 촬영장에서 팀 버튼 감독과 마이클 키튼.

160-161쪽 장갑을 제외한 모든 배트맨 복장을 착용한 키튼이 버튼과 대화하고 있다.

이래로 지속된 할리우드 최고의 코미디 배우 중 한 명이 되었다. 일단 키튼이 배트맨의 주연 선상에 오르자 버튼은 그 생각에 대해 빠르게 호감을 표시했다.

"전 수많은 배우들을 만났습니다." 버튼의 말이다. "훌륭한 사람들을 많이 만나봤어요. 하지만 그들은 늘 이런 식으로 말을 했습니다. '그래, 슈퍼히어로니까 아놀드 슈워제네거 Arnold Schwarzenegger 같은 사람을 뽑아야 하지 않나?' 그렇지만 저는 그들의 생각과 달랐습니다. 캐스팅 과정에서 계속 생각했어요. '만약에 아놀드 슈워제네거 같은 사람이라면 뭐하러 박쥐 같은 옷을 입겠어?' 그래서 전 '왜'의 심리학을 택했습니다. 제게 있어서 마이클은 박쥐처럼 차려입어야 하는 친구로 보였습니다." 버튼의 설명은 이어진다. "그는 액션 스타가 아니에요. 근육질의 슈퍼히어로도 아니고요. 그 친구는 어떤 이유를 가지고 있든 간에 박쥐처럼 차려입을 필요성을 느끼는 친구인 겁니다. 액션 스타를 뽑으면 안 된다는 생각이 확고해졌습니다. 정신 나간 사람처럼 생기고 박쥐처럼 차려입고 다니게 생긴 누군가여야만 했죠."

다만 키튼은 자신이 적임자인지를 완전히 확신하지 못하고 있었다. "팀이 처음 대본을 들고 왔을 때 저는 공손하게 읽었습니다." 키튼의 말이다. "그러면서도 제가 배트맨을 맡게 될 일은 없을 거라고 생각하고 있었죠. 그 역할은 저랑 어울리지 않았어요. 누군가가 '배트맨'이라고 할 때마다 '나군.'이라는 생각이 들었던 것도 아니었고요. 하지만 대본을 읽어보면서 생각했죠. '이 친구 재미있는데!' 전 그를 본질적으로 우울한 사람이라고 생각했습니다. 팀은 제 말에 동의하지

않을 거라고 생각하면서 제 생각을 말했더니 이렇게 대답하더군요. '그게 바로 제 시각이에요.' 제 선택은 배트맨을 정직하게 연기하는 거였습니다. 그래서 전 생각하기 시작했습니다. '어떤 부류의 사람이 그런 옷을 입을까?' 그 해답은 다소 불편한 것이었죠. 이 친구는 고통 받는 인간인 겁니다."[1]

워너 브러더스가 키튼의 캐스팅을 발표했을 때, 스튜디오에는 키튼이 망토 두른 십자군을 코미디로 만들 것이라고 우려하는 팬들의 편지 수만 통이 쇄도했다. 하지만 제작자들은 여론에 흔들리지 않고, 키튼을 강하게 지지해주었다. "그는 다재다능한 배우였습니다. 과장된 연기를 잃지 않으면서도 서사와 극적인 요소를 잘 전달할 수 있었습니다." 마크 캔톤의 말이다.

사람들의 분노를 생각하지 않은 채 키튼은 역할에 빠져들었다. 배트맨에 대한 견지를 얻기 위해 옛날 만화들을 읽으며 파헤치는 대신, 그는 대본과 본능에 주로 의지했다. "저는 일찍부터 결심했습니다. 난 배트맨 만화를 처음부터 다 읽거나 하진 않을 거야. 그런 식으로는 연기하고 싶지 않으니까." 키튼의 말이다. "난 이 배트맨을 혼자 우뚝 선 존재로 만들고 싶어."[2]

조커의 경우 한 명의 이름이 모두의 목록 맨 위에 올라 있었다. "전 잭 니콜슨 Jack Nicholson 이 조커 역을 맡을 수 있는 유일한 사람이라고 생각했습니다." 유슬란의 말이다. "니콜슨이 캐스팅됐을 때, 제게는 모든 경력을 통틀어 최고의 순간과 같았죠."

하지만 니콜슨의 캐스팅은 상당한 설득을 필요로 했다. 거버는 전설적인 배우를 만나 시간을 보내며 보통의 천만 달러 대신 6백만 달러를 출연료로 주겠

왼쪽 위 고담 시청 장면을 찍는 중에 버튼이 키튼의 의견을 묻고 있다.
오른쪽 위 조커로 분장한 잭 니콜슨.

맞은편 기왕 갈 거면, 웃으면서 가자고. 〈배트맨〉 촬영장에서의 버튼과 잭 니콜슨.

"니콜슨이 캐스팅됐을 때, 제게는 모든 경력을 통틀어 최고의 순간과 같았죠."

위 고담시 200주년 기념 행진에서 배트윙을 피해 도망치는 조커의 모습. 데이비드 러셀이 그린 설정화 중에서.

맞은편 의상 디자이너 밥 링우드의 초기 조커 디자인은 전통적인 만화 속 범죄계의 광대 왕자 복장의 영향을 강하게 받았다.

다고 제안해야 했던 상황을 기억한다. "멀홀랜드에 있는 니콜슨의 집으로 찾아갔던 때가 기억납니다." 거버의 말이다. "그와 한 시간 반 정도 이야기를 나누고 계약 이야기를 했죠. 우리는 예산이 빠듯했기 때문에 제작비를 절감하는 차원에서 영화 수익의 상당 부분을 제안했습니다. 하지만 그는 계약을 체결하기에 앞서 우선 감독과 만나보고 싶어 했어요. 그리고 얼마 뒤, 니콜슨에게 연락이 왔습니다. 팀과 저는 잭과 만나 같이 시간을 보내기 위해서 애스펀 Aspen 까지 가야 했죠. 저는 팀에게 '그가 자네를 만나고 싶대. 그런데 저 위의 사유지에서 말을 좀 같이 타자는군.'" 거버의 설명은 이어진다. "팀은 제게 말했죠 '전 말은 못 타는데요.' 전 대답했죠. '이제부터 타도록 해.' 팀은 썩 내켜 하지는 않았지만 성공했습니다. 그리고 우린 오랜 시간 이야기를 나눴죠. 그 뒤에는 둘이 거의 두 시간 동안 이야기를 나눴습니다. 그리고 그 직후에 니콜슨은 계약을 맺고 영화에 출연하는 데 동의했습니다."

배트맨과 조커의 배역이 결정되자, 다른 주요

배역들의 캐스팅도 시작됐다. 토니상 Tony Award 수상자인 영국 배우 마이클 고프 Michael Gough 가 알프레드를 맡아 브루스 웨인의 충직한 집사에게 특유의 메마른 재치를 더해주었다. 빌리 디 윌리엄스 Billy Dee Williams 는 작은 역할인 고담시의 지방 검사인 하비 덴트 역을 맡았다. 고든 국장은 베테랑 성격파 배우인 팻 힝글 Pat Hingle 이 맡았다. 뜨거운 드라마 영화인 〈나인 하프 위크 9½ Weeks〉와 로버트 레드포드 Robert Redford 의 야구 드라마 〈내츄럴 The Natural〉에 등장했던 본드걸 출신 여배우 킴 베이싱어 Kim Basinger 가 비키 베일 역으로 출연진에 합류하여 고담시의 배트맨 출현에 대해 취재하면서 브루스 웨인과 사랑에 빠지는 기자를 연기했다(원래는 션 영Sean Young 이 비키를 맡을 예정이었으나, 승마 중에 팔이 부러지면서 빠지게 되었다). 베일의 동료 기자인 알렉산더 녹스 Alexander Knox 역할에는 로버트 월 Robert Wuhl 이 캐스팅됐다.

영화 제작은 영국 런던에서 약 20마일쯤 떨어진 곳에 위치한 파인우드 스튜디오 Pinewood Studios 에서 1988년 10월부터 시작될 예정이었다. "영국에서 아무도 뭔가를 만들고 있지 않았습니다." 버튼의 말이다. "우리가 파인우드를 독차지했죠. 신선하게 느껴졌고, 환상적이었습니다."

햄은 고담시를 "미래의 도시: 선이 강하고 그림

위 〈배트맨〉 촬영장에서 영상을 돌려보는 팀 버튼과 마이클 키튼.
아래 팀 버튼이 웨인 저택 촬영장에서 비키 베일 역을 맡은 킴 베이싱어에게 연기를 주문하고 있다.

맞은편 왼쪽 위 웨인 저택 서재 촬영장의 팀 버튼과 마이클 키튼.
맞은편 오른쪽 위 팀 버튼과 잭 니콜슨이 조커로 변하게 되는 범죄 조직원인 잭 네이피어가 등장하는 장면을 찍으면서 함께 웃고 있다.
맞은편 아래 어둠의 기사가 한 가족을 강도들로부터 구하는 크라임 앨리 촬영장 위를 걷는 팀 버튼.

자가 따라다니며 빽빽하고, 꽉 차 있고 숨 막히는 곳. 강철과 콘크리트가 무작위적으로 뒤얽히고 스스로 재생산되는 곳이자 거의 지하 세계처럼 보이는 곳, 마치 지옥이 보도를 따라 올라와 솟아나고 있는 듯한 곳."으로 묘사했다. 그 악몽 같은 도시의 모습을 구현하는 임무는 프로덕션 디자이너인 안톤 퍼스트 Anton Furst 의 몫이었다.

퍼스트와 버튼은 고담시의 극적인 건축 디자인에 대해 길게 논의했고, 버튼은 실존하는 도시들과 달리 고담시의 건축 양식에는 제한이 없다는 생각을 제시했다. 퍼스트는 뉴욕과 시카고의 마천루들, 파시스트 건축물, 교도소 설계에 영향을 받은 악몽 같은 도시 풍경을 꿈꿨다. "우리는 다양한 스타일을 대단히 변칙적으로 사용했습니다." 퍼스트의 말이다. "안토니 가우디를 마천루로 확장시키고, 오토 바그너를 갈색 사암 건물들에 집어넣고 파시스트 건축물의 전면부를 달고, 브루넬 식의 빅토리아 풍 교각들까지 넣었지요. 순수한 잡탕이자 다다이즘적인 여러 양식들의 병렬을 통해서 우리는 고담시의 사악한 특질을 표현하고 싶었습니다."[3]

"고담시는 어느 정도는 미국 도시의 불변의 상징인 뉴욕의 캐리커처입니다." 버튼의 말이다. "뉴욕의 스카이라인을 가져다가 약간만 압축해놓으면, 건물들은 약간 더 높고 거대하고 무거워 보이겠죠. 여러 양식들의 조합은 조금 더 갑갑해 보일 겁니다. 갈색 사암과 거대한 철제 상자들의 형태로요. 저는 세트장을 캐릭터들의 연장으로 보았고, 미치광이들이 날뛰는 놀이터로 만들고 싶었습니다. 특별한 곳, 너무 미래적이지 않으면서도 특정 시대에 얽매이지도 않은 곳. 현재처럼 보일 수도 있고 어느 시대로도 보일 수 있는 곳 말이죠."[4]

아래 데이비드 러셀의 고담시 모습은 빛이 거의 없는 악몽 같은 세상이다.

그 시각을 현실화하기 위해서 거의 200명의 장인으로 구성된 건설 노동자 부대 하나가 일주일에 6일간 매일 12시간씩 교대하며 일해야 했다. 〈배트맨〉은 1963년의 대작 〈클레오파트라〉 이래로 가장 거대한 야외 세트장을 두고 있었고, 고담시의 거리와 건물들은 파인우드의 116평 규모의 배후지와 열여덟 개의 무대 대부분을 가득 채우고 있었다.

기회가 있을 때마다 〈배트맨〉은 실존하는 영국 건축물을 이용했다. 영국풍 전원 주택인 네브워스Knebworth 저택은 웨인 저택으로 쓰였고, 그 지역의 액튼 레인 발전소Acton Lane Power Station와 리틀 바포드 발전소Little Barford Power Station는 액시스 화학 공장으로 쓰였다. 그러나 배트맨의 지휘 본부인 배트케이브는 기초부터 만들어야 했고, 파인우드의 514평의 D번 구역을 가득 채

위 프로덕션 디자이너 안톤 퍼스트의 초기 설정화에는 레드 후드가 조커가 되는 기원담을 다룬 1951년 만화의 배경인 모나크 트럼프 카드 회사에 대한 경의가 담겨 있다.

웠다. "우리는 땅속 동굴처럼 보이지 않게 만들기로 결정했습니다." 퍼스트의 말이다. "우리는 지하 세계처럼 만들기로 결정했죠. 오페라의 유령스럽게요. 그래서 동굴 대신에 고담시의 토대가 되게끔 만들었습니다. 멋진 부벽들이 위에서 내려왔고, 동굴을 묘사하기 위해 그 속에 바위 구조물을 붙였죠."[5]

배우들의 입장에서 세트장에 들어가는 것은 또 다른 세상에 들어가는 것처럼 느껴졌다. "초현실주의 작품 같았어요." 베이싱어의 말이다. "환상의 일부인 것 같으면서도 아주 특별한 장소였죠."[6]

거대한 세트장은 영화 제작의 극히 일부에 불과했다. 배트맨의 범죄와의 전쟁용 의상에도 그만큼의 큰 관심이 들어갔다. 버튼은 여러 권의 스케치북을 배트슈트의 스케치로 가득 채웠고, 이를 오스카상 후보에 올랐던 의상 디자이너 밥 링우드 Bob Ringwood에게 넘겨서 자신의 시각에 생명을 불어넣게 했다. "우리에게는 만화에 가까우면서도 키튼에게 입혔을 때 현실성이 있게 보일 만한 뭔가가 있었습니다." 링우드의 말이다. "그를 인크레더블 헐크 Incredible Hulk 처럼 보이게끔 빚어낸 의상을 만들고 싶지는 않았죠. 마치 공기가 들어간 것처럼 보일 의상들 말입니다. 그는 현실성이 있어 보여야 했기에 사실 그렇게 대단한 전신 의상을 받지는 못했습니다. 단지 외곽선과 비율을 알맞게 만들어 줄 수 있도록 몸의 모양을 날씬하게 만드는 의상일 뿐이었죠."[7]

링우드와 그의 보조들은 키튼과 스턴트맨들이 입을 복장을 10벌 넘게 제작했다. 배트슈트들은 실리콘을 칠한 발포 고무로 제작되었고 찢어지기 쉬웠기

때문에 세트장에서 지속적인 관리를 필요로 했다. "조각해서 만든 잠수복 같았죠." 링우드의 말이다. "그건 접착제로 붙이지 않은 보정 의상입니다. 대부분의 보정 의상에는 피부의 일부인 것처럼 보이게 하려고 접착제를 바르죠. 그 의상은 그렇게 보이려는 시늉조차 안 했습니다."[8]

몸에 딱 맞는 외형과 달리 그 복장에는 어딘가 제한점이 많아서 특정 움직임을 연기하는 것을 어렵게 만들었고 몇몇 핵심 격투 장면의 촬영을 위해서 무술 전문가인 데이브 레아 Dave Lea 같은 스턴트 연기자들이 동원되어야 했다. "키튼은 모든 격투 장면을 직접 찍기 위해 용감히 애를 썼습니다." 제2 제작진 감독인 피터 맥도널드 Peter MacDonald 의 말이다. "하지만 당시의 의상들은 그런 종류의 움직임에 적합하지 않았습니다. 키튼은 굉장히 애썼지만 장면에 필요한 만큼의 움직임의 흐름과 흥분을 담지 못했죠. 저는 대역을 데려다가 격투 장면의 세컨드 유니트 촬영을 진행했습니다. 우리에게는 그 일에 놀랍도록 적합했던 최고의 무술가 친구가 있었습니다. 물론 그 친구도 의상 때문에 고생했죠."

맞은편 고담시를 그린 안톤 퍼스트의 설정화에서는 위압적이고 무질서한 건축물이 고담시의 풍경을 지배하고 있다.

아래 파인우드 스튜디오에 세워진 거대한 고담시 광장 촬영장.

> "초현실주의 작품 같았어요.
> 환상의 일부인 것 같으면서도
> 아주 특별한 장소였죠."

전체 잭 네이피어가
조커가 되는 화학
공장(맞은편 오른쪽 위) 등
안톤 퍼스트가 묘사한
다양한 고담시의 명소들.

위 잭 니콜슨이 〈배트맨〉
촬영장에서 팀 버튼과
상의하고 있다.

맞은편 갈고리 총(위)과
집라인(가운데), 유틸리티
벨트(아래) 등 배트맨의
도구를 그린 설정화.

그와 대조적으로 링우드가 니콜슨을 위해 디자
인한 주문 제작 의상은 훨씬 입기 편했다. 정장의 색상
들은 캐릭터의 광기가 심해지면서 더욱 진해진다. "그
의 복장은 원래의 만화를 반영해야 했기 때문에 보라
색과 초록색이어야만 했습니다." 링우드의 말이다.
"니콜슨은 바보 같아 보이지만 않는다면 뭐든 해도 상
관없다고 말했습니다. 다행히도 외투 색상인 가지색은
알고 보니 니콜슨이 응원하는 로스앤젤레스 레이커스
농구팀의 색상이었죠."9

하지만 조커로 변신하기 위해 필요한 얼굴 보형
물의 사용과 분장은 완전히 다른 문제였다. 분장 전문
가인 닉 더드먼 ^Nick Dudman^ 은 매일 아침마다 니콜슨의
얼굴에 보형물을 붙이고 화장하는 것에 90분을 썼고,
어두운 초록색 가발을 붙이는 일에 20분을 썼으며, 분
장 완성에 10분을 더 써야 했다.

미친 캐릭터의 설정이 니콜슨에게 만화책 악당

이 될 방법을 제시해주었다. "형이상학적으로 말하자
면, 조커는 화학 물질에 빠져서 사회의 다른 이들과 달
리 제정신을 잃게 된 거였죠." 니콜슨의 말이다. "자신
의 정체성을 뇌 속에 녹여버린 겁니다. 말하자면 그는
정신의 부식과 함께 흘러가는 거죠." 잭 니콜슨은 〈샤
이닝 ^The Shining^〉의 가정 폭력 알콜 중독자인 잭 토렌스
부터 〈이스트윅의 마녀들 ^The Witches of Eastwick^〉의 악마에
이르기까지, 정신적으로 불안한 배역들을 훌륭하게 연
기했던 것으로 유명했다. 니콜슨은 조커의 사악한 깊
이를 탐험할 기회를 즐겼다고 말한 바 있다. "전 언제
나 제가 어디까지 갈 수 있는지 보려고 노력합니다. 대
부분의 배우들은 어둡게 가는 것을 두려워하지만, 전
언제나 제대로 한번 어두워져 보자고 말하곤 하죠."10

장비 없는 배트맨은 진정한 배트맨이 아니기 때
문에 만화와 마찬가지로 영화에서도 배트맨의 장비는
최첨단이다. 심지어 조커조차도 영화에서 "저런 멋진

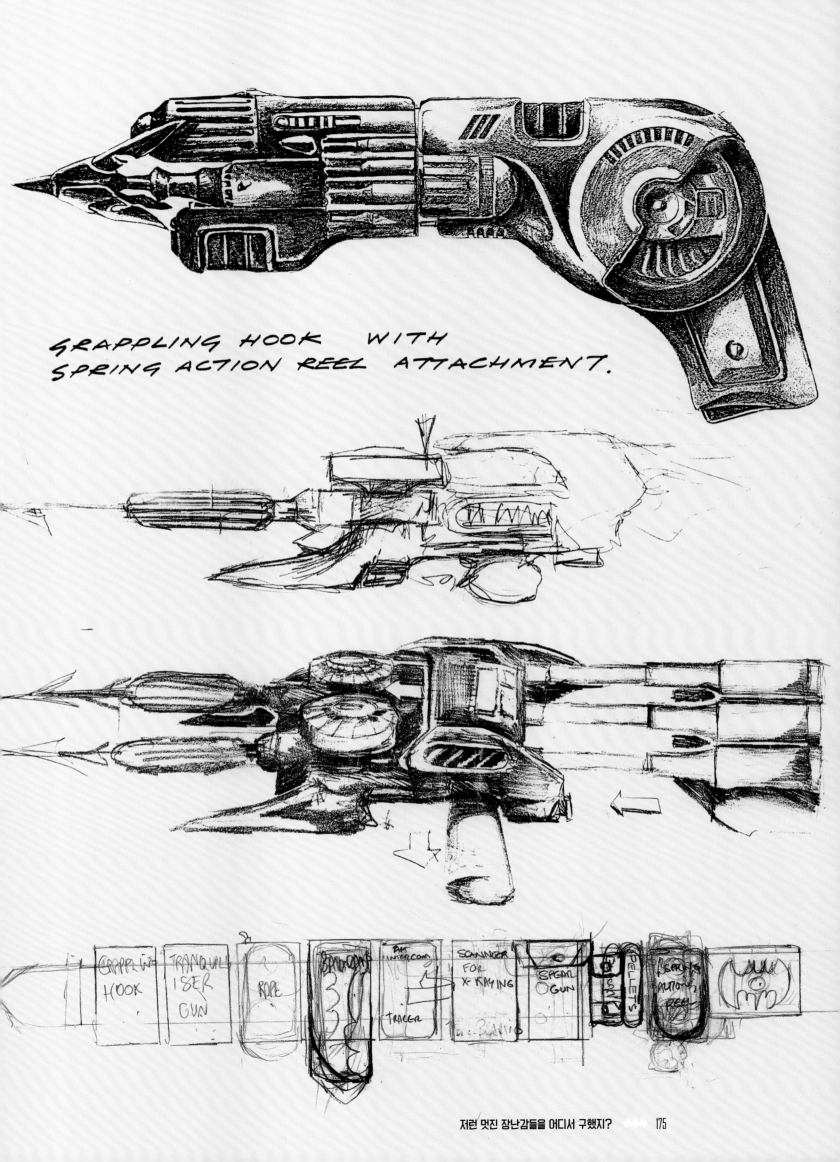

GRAPPLING HOOK WITH
SPRING ACTION REEL ATTACHMENT.

장난감들을 어디서 구했지?"라고 감탄을 표현한다. 제임스 본드 시리즈에서 일한 베테랑인 특수 효과 감독 존 에반스[John Evans]는 배트랭과 갈고리 총, 배트맨의 유틸리티 벨트를 디자인했다. 또한 에반스는 퍼스트와 미술 감독인 테리 애클랜드-스노우[Terry Ackland-Snow]와 함께 영화의 대표적인 상징인 20피트 길이에 1.5톤짜리 도로 위의 기계인 배트모빌과 박쥐 형태를 딴 비행기인 배트윙도 디자인했다. 영화 제작자들은 〈배트맨〉의 무대로 만들고 있던 어두운 세계에 논리적으로 들어맞는 인상적인 기계를 만들어내려고 했으며 속도와 멋 또한 중요한 고려 사항이었다.

"자동차의 경우, 우린 어떤 시대에도 속하지 않는 난폭한 기계를 구상했죠." 퍼스트의 말이다. "우린 블랙버드 정찰기처럼 우리가 생각해낼 수 있는 가장 무거운 이미지들에서 요소들을 가져왔고, 속도 기록 경쟁용으로 쓰이던 40년대의 소금 평원용 경주 차량들까지 거슬러 올라갔죠. 그리고는 스팅레이 차 같은 차량들에 도입된 난폭한 요소들을 모조리 가져와서 합쳤습니다. 그리고 우리는 그 차가 엔진에 바퀴가 달린 것처럼 보이게끔 굉장히 빨리 달린다는 느낌을 주고 싶었죠. 굉장히 극비 무기처럼 보이게도 만들고 싶었습니다. 우리가 본 것 중에 가장 극비 무기는 냉전 시대의 정찰기들이었으니 특유의 스텔스 요소도 갖게 됐죠."[11]

배트맨 이야기의 핵심 요소 중에 유일하게 빠진 것은 놀라운 소년 로빈이었다. 버튼과 햄은 브루스 웨인의 양자를 이야기 속에 집어넣기 위해 애썼지만 진전이 없었다. "팀과 저는 로빈을 대본에 끼워넣기 위해 악몽 같은 시간을 보냈습니다." 햄의 말이다. "스튜디오에서는 로빈을 정말 넣고 싶어 했습니다. 다들 배트맨과 로빈이 하나라는 걸 알고 있었으니까요. 우린 열심히 플롯을 짰습니다. 하지만 말이 되는 시나리오를 도저히 만들 수가 없었죠. 배트맨은 어두운 친구입니다. 정서 장애가 있죠. 자신의 문제를 풀어 나가고자 노력하는 친구입니다. 그래서 어린애를 데려다 조수로 쓰지요. 하지만 그것은 우리가 구축하려고 했던 캐릭터와는 전혀 조화되지 않았습니다. 하지만 스튜디오는 로빈을 소개해야 한다고 닦달했죠."

촬영이 시작되기 전에, 햄과 버튼은 로스앤젤레스에서 만나 이틀간 머리를 맞댔고 결국 두 사람 모두 만족할 해결책을 내놓았다. 딕 그레이슨은 영화 마지막 부분에 곡예 장면에서 부모님의 죽음과 함께 소개될 것이었다. "그 주말이 끝날 무렵에 우리는 로빈을 집어넣고, 소개하고 다음에 닥칠 사건을 소개한 뒤 영화를 끝내는 재미있는 장면을 구상했습니다." 햄은 설명한다. "우리는 결과물에 정말 아주 만족했고 제가 스튜디오에 제출한 모든 대본에 로빈이 들어가 있었죠."

그러나 1988년 10월에 런던에서 제작이 시작되자 상황이 바뀌었다. "그들은 배역 캐스팅도 안 하고, 로빈이 소개될 커다란 장면을 위해서 소품부터 만들어놓은 상태였죠." 햄의 말이다. "그 시점에 영화의 제작 예산은 2천 만 달러를 초과해 있었고, 그들은 물어보기 시작했습니다. '이걸 가지고 어떻게 하지? 여기서 뭘 끌어낼 수 있을까?' 얼마 뒤, 모두의 눈이 밝아졌죠. 로빈! 싹둑! 로빈은 대본에서 잘려 나갔습니다. 모든 고통은 허사가 됐죠."

3개월의 촬영 기간 동안, 파인우드 세트장의 비밀은 배트케이브의 위치만큼이나 극비리에 부쳐졌다. (배트맨의 창작자 케인은 극소수의 방문자 중 한 명이었다) 햄이 작가 조합의 파업 때문에 대본을 재작업할 수 없게 되자 촬영이 진행되던 도중에 제작자들과 워너 브러더스 임원들의 결정에 따라, 각본가 워렌 스카렌[Warren Skaaren]이 대본 수정을 위해 투입됐다. 버튼은 집계에 따

맞은편 위 데이비드 러셀의 날개 달린 초기 배트모빌 디자인은 딕 스프랑의 1950년대 고전 배트모빌에서 영감을 얻었다.
맞은편 아래 배트케이브 촬영장에서 배트모빌 옆에 선 버튼.
인서트 버튼의 영화 마지막에 로빈을 소개하려다 기각된 장면을 다룬 데이비드 러셀의 스토리보드.

33

INT. VAN - MOVING - O.T.S. JOKER - HE SEES THE
STAGE AND HIGH WIRE PLATFORMS AHEAD.

34

CLOSER ON STAGE, AS WORKERS BEGIN
TO SET-UP A SAFETY NET...   SC.CONT.D

PG.
26

35 | ANGLE ON JOHN GRAYSON.

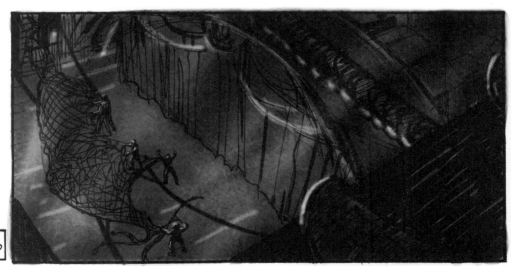

36 | P.O.V. JOHN — HE SEES THE SAFETY NET BEING ERECTED.

PG. 28

37

JOHN WAVES CONFIDENTLY TO MARY.

38

WIDER - MARY WAVES BACK FROM HER
PLATFORM.

PG.
29

(cont.) ...FOLLOWED BY BATMAN.

41

THE VAN ROARS RECKLESSLY PAST STAGE
WORKERS AND ONTO AN ACCESS ROAD.

PG.
31

BATMAN

THE HIGH WIRE CABLE SNAPS; DICK LEAPS
FOR IT, AND CATCHING IT...

...SWOOPS OVER THE FLAMING STAGE

SC. CONT'D

PG. 42

라 제작비가 3천만에서 4천 500만 달러까지 불어난 거대한 영화 제작을 이끌면서도 인내심을 발휘하며 침착해 보였다. 감독은 자주 시간을 내서 배우들과 함께했고, 그와 키튼은 배트맨의 움직임을 가장 완벽하게 영화에 담을 방법을 연구했다.

"키튼과 저는 어떻게 서 있어야 하고 어떤 포즈를 잡아야 할지 항상 연구했습니다." 버튼의 말이다.

"한 장면에서 좋은 자세를 뽑더라도 그 자세를 다른 장면에서 쓰면 너무 보기 안 좋아서 당황스러울 정도였죠. 제대로 된 결과를 얻을 때까지 우린 말하곤 했습니다. '천천히 움직여야 돼요.', '좋아요. 박쥐처럼 잽싸게 움직여요.' 지시에 따라 움직이는 키튼은 형편없는 무성 영화의 배우처럼 보였어요. 보는 입장에서는 엄청 웃겼죠. 박쥐 옷을 입은 그 사람을 보면 애들 장

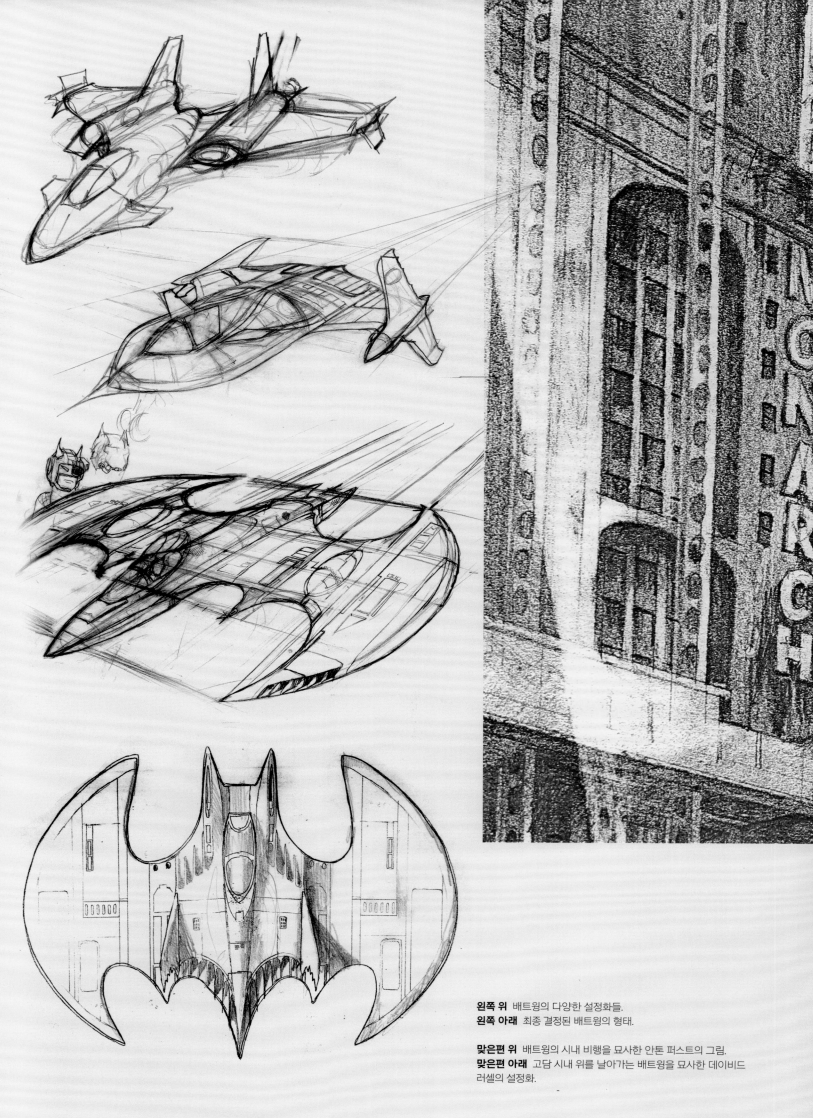

왼쪽 위 배트윙의 다양한 설정화들.
왼쪽 아래 최종 결정된 배트윙의 형태.

맞은편 위 배트윙의 시내 비행을 묘사한 안톤 퍼스트의 그림.
맞은편 아래 고담 시내 위를 날아가는 배트윙을 묘사한 데이비드 러셀의 설정화.

난 같아서 계속 웃었습니다. 우리는 엄청난 예산을 들여서 뒷마당에서 슈퍼히어로로 놀이를 하는 기분이었습니다."[12]

물론 긴장 가득한 순간들도 많았다. 세컨트 유닛 감독인 피터 맥도널드는 배트모빌이 나오는 장면을 찍을 때 뭔가가 잘못되어 차에 손상이 가거나 부서질까 두려웠다고 회상한다. "굉장히 무서웠습니다. 배트모빌을 딱 한 대 만들었거든요." 그의 말이다. "우리는 운전용이 아니라 전시용으로 만든 차로 스턴트를 해야 했기 때문에 항상 긴장의 연속이었습니다. 그 점을 일찍 깨닫고 스턴트맨 대신에 얼음판 위에서도 잘 운전할 수 있는 랠리 선수를 데려왔죠. 배트모빌을 다루기 너무 어려워서요."

영화 제작이 막바지로 향해 가면서 버튼은 피로의 징후를 보이고 있었다. 제작이 끝나기 직전에 제작자들은 배트맨과 조커가 고담시 대성당에서 대결하는 영화의 클라이맥스 장면을 더 긴장감 넘치게 바꾸어야 할 필요가 있다고 결정했다. 두 숙적을 단순히 고층 건물에서 치고받고 싸우게 하는 대신, 조커에게 납치된 비키 베일이 현장에 있도록 대본이 변경되었다.

"제 자신이 크고 작게 느꼈던 악몽 같은 순간들 중 하나였습니다." 버튼의 말이다. "수많은 사람들이 기다리고 있는 거대한 제작 과정을 진행하고 있는데, 갑자기 모든 게 싹 잘못되었다고 해서 장면을 다시 찍어야 하는 상황인 겁니다. 전 생각했죠. '맙소사 난 왜 처음부터 이렇게 될 걸 몰랐지? 어떻게 이런 일이 벌어지도록 놔뒀지?' 처음에는 답이 없었지만 결국 우린 좋은 결과를 만들어냈습니다."[13]

촬영이 마무리되자, 대니 엘프만 Danny Elfman은 관현악곡을 써달라는 요청을 받았다. 엘프만은 일찍이 〈피위의 대모험〉과 〈비틀쥬스〉에서 버튼과 같이 작업한 바 있었지만, 이 정도 규모의 프로젝트는 아직 맡아본 적이 없었다. "배트맨 배경 음악은 꽤나 정신분열증적인 곡입니다." 엘프만의 말이다. "매우 우울하고 어두운 악장에서 출발해 기괴한 고전 음악의 분위기를 거쳐 굉장히 제멋대로 올라갔다가 고전적이고 영웅적인 순간들로 향하죠."[14]

거기에 추가로 워너 브러더스 경영진은 영화에 팝 음악이 있어야 한다고 생각했다. 곧바로 프린스 Prince에게 연락이 갔고, 다작으로 유명한 그 음악가는 영화를 위해 앨범 하나 분량의 곡을 썼다. 스튜디오의 지시에 따라 프린스의 노래들 중 두 곡 〈파티맨 Partyman〉과 〈트러스트 Trust〉가 영화의 주요 장면에 들어가게 되었으나 버튼 자신은 그 곡들을 영화 속에 제대로 집어넣지 못했다고 느꼈다.

"전 프린스를 좋아합니다." 감독의 말이다. "그 친구는 영화를 보고 자신이 할 일을 했습니다. 하지만 전 그 노래들을 효과적으로 쓸 수가 없었고, 영화와 프린스에게 해를 끼쳤다고 생각합니다. 그렇지만 회사에서는 그 곡들을 꼭 넣길 바랐죠. 분명히 그들은 영

맞은편 위 대성당 대결 장면을 찍은 뒤 영상을 돌려보는 잭 니콜슨과 마이클 키튼.
맞은편 아래 대성당 촬영장에서 조커의 부하들과 싸우는 장면 중 익스트림 클로즈업 방식의 촬영을 준비하는 마이클 키튼.

위 대성당 장면 촬영 중간에 팀 버튼과 휴식을 취하는 마이클 키튼과 잭 니콜슨.

전체 고담시 200주년 행진 장면을 위해 콘셉트 아티스트들이 디자인한 다양한 풍선들. 미묘하게 사악한 풍선들은 영화의 절정부에 조커가 독극물을 도시에 풀어놓는 용도로 쓴다.

화로 떼돈을 벌었으니 그들의 입장에서는 성과를 얻은 것이리라고 봅니다. 하지만 전 제가 제대로 그 곡들을 사용했다고 느끼지 않습니다. 특정 시간에 너무 많은 것을 들어가게 했어요."[15]

1989년 6월 23일의 개봉일까지 몇 달간 전례 없는 언론 홍보의 전쟁이 벌어졌다. 워너 브러더스는 영화 홍보를 위해 TV 특집을 제작했으며 판권을 얻은 톱스 Topps 에서는 일련의 수집용 카드 제품과 기념품 잡지를 내놓았고, 생각할 수 있는 모든 출판물이 어떻게든 배트맨을 표지에 싣고자 했다. 블록버스터급의 영화가 개봉되자마자, 여름 박스 오피스를 휩쓸며 북미 극장에서만 2억 5천만 달러 이상을 벌어들였다.

영화는 평론가들에게도 찬사를 받았다. "어둡고 잊혀지지 않는 시적인 작품인 팀 버튼의 〈배트맨〉은 살아 있는 웅장한 만화책이다." 할 힌슨 Hal Hinson 은 워싱턴 포스트 Washington Post 에 이렇게 썼다. "오프닝 장면에

서 카메라가 고담시의 어둡고 빽빽한 거리 속으로 하강함과 동시에 영화는 당신을 중력처럼 끌어들인다."[16] 영화 업계도 〈배트맨〉에 주목했다. 프로덕션 디자이너인 안톤 퍼스트는 고담시를 획기적인 시각으로 묘사한 점을 인정받아 1990년 아카데미 미술상을 수상했다.

얼마 지나지 않아 모두가 배트맨 옷을 입기 시작했다. 노란색 타원형의 배트맨 상징이 붙은 검은색 티셔츠가 수천 만 벌 팔렸다. 이발소들은 배트맨을 주제로 한 머리 모양을 선보이기 시작했고, 전국에 있는 열혈 팬들의 머리 위에 고전적인 박쥐 상징을 새겨주었다. 프린스의 OST는 빌보드 차트 정상에 오르며 1,100만 장 이상을 파는 기염을 토했다.

심지어 데니 오닐이 쓰고 제리 오드웨이 Jerry Ord-way 가 그린 만화화된 영화 책도 1989년 여름에 50만 부 이상 팔렸다. "그 영화는 6월 23일 금요일에 개봉했

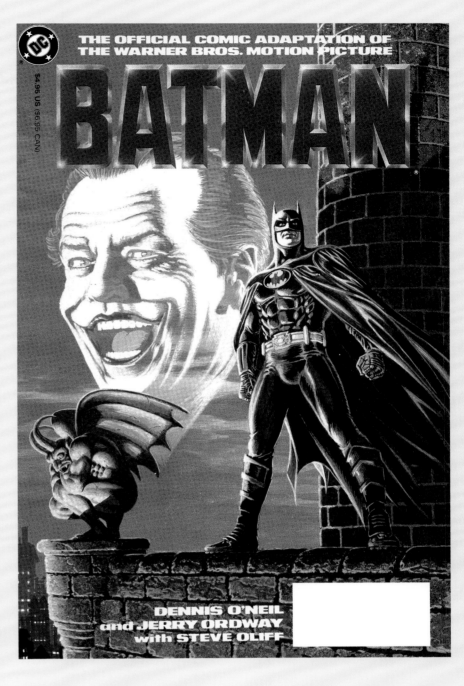

고 우리의 만화는 영화 개봉 주말 직후부터 팔리기 시작했습니다." 오드웨이의 말이다. "우리 만화는 극장에서 팔렸는데 당시에는 듣도 보도 못한 일이었지만, 수많은 사람들이 우리의 책을 산 뒤 각자의 동네 만화책 서점으로 달려갔습니다. 모두에게 좋은 일이었죠."

유슬란에게 있어서 영화의 개봉은 심각한 배트맨 영화를 영화관에 걸겠다는 일생의 꿈의 실현이었다. "저는 전 세계적인 박스 오피스 대성공이 〈배트맨〉의 가장 중요한 측면이라고는 생각하지 않습니다." 그의 말이다. "영화가 이뤄낸 업적은 미래의 영화 제작자들과 영화들, 그리고 단순히 박스 오피스뿐만 아니라 세계 문화에 충격을 가져다주었다는 점일 겁니다. 진정으로 국경과 문화의 경계를 뛰어넘은 최초의 만화책 영화였고, 그 충격 자체는 어마어마한 것이었습니다. 그 영화는 분명 할리우드를 바꿔놓았고 만화 업계를 바꿔놓았습니다. 혁명적이었죠."

배트맨의 영화 혁명은 막 시작된 것에 불과했다.

맞은편 위 영화에서 극적인 최종 대결의 무대가 되는 고담시 대성당의 내부를 묘사한 안톤 퍼스트의 설정화.

위 〈배트맨〉 공식 만화 작품은 엄청난 성공을 거두었고 출간 이후 50만 부 가량이 팔렸다. (제리 오드웨이 작, 1989년 6월자 《배트맨: 워너 브러더스 영화의 공식 만화판》)

186-187쪽 고담시 행진 장면 촬영 중간에 찍은 팀 버튼과 잭 니콜슨.

11. 죽기에는 외로운 곳

배트맨 영화가 개봉하기 몇 개월 전부터, DC는 1989년이 배트맨 만화 세계에서도 똑같이 극적인 해가 되도록 만들 계획을 세웠다. 어둠의 기사가 슬픔과 싸우고 《킬링 조크》와 '가족의 죽음'의 두 비극을 극복하기 위해 애쓰는 동안, DC는 배트맨 신화의 다양성을 기념하는 다양한 프레스티지^{Prestige}판 만화 제작을 통해 배트맨 50주년의 도장을 찍었다.

1940년 이후 나온 최초의 배트맨 단독 연재작인 《레전드 오브 더 다크 나이트 ^{Legends of the Dark Knight}》는 1989년 가을부터 출간되기 시작했고 로빈이 합류하기 이전인 '배트맨: 이어 원' 시기의 배트맨 이야기를 담았다. 《배트맨》과 《디텍티브 코믹스》보다 더 높은 연령대를 대상으로 잡은 그 책은 DC 유니버스와 엄격한 설정의 제약에 묶이지 않았다. 그 결과 편집자 아치 굿윈 ^{Archie Goodwin}은 데니 오닐, 더그 먼치, 하워드 체이킨, 그리고 클라우스 잰슨 등의 최고의 작가와 작화가들에게 그들이 원하는 방식대로 그들만의 독특한 배트맨 이야기를 풀어갈 기회를 약속하며 참여시킬 수 있었다.

"새 책을 내기에 알맞은 때였습니다." 데니 오닐의 회상이다. "'배트맨: 이어 원' 단행본이 엄청나게 팔려나가고 있었기 때문에 배트맨의 그 시절 인생을 다시 다루는 건 이치에 딱 맞았죠."

초기의 한 이야기는 브루스 웨인이 박쥐 가면을 쓴 무당에게 치료받은 뒤 배트맨 복장을 정했을지도 모른다는 가능성을 보여주었다. 다른 이야기는 미친 과학자 휴고 스트레인지 박사와 어둠의 기사의 첫 대결을 묘사했다. 배트맨은 전투력을 높이기 위해 복용한 베놈이라는 이름의 초강력 스테로이드제에 중독되기도 한다. 젊고 경험 부족한 배트맨은 현재 시점의 배트맨이라면 생각할 수 없는 실수들을 범하며, 이야기 전개의 끝없는 가능성을 열어주었다.

《레전드 오브 더 다크 나이트》가 배트맨의 표준 설정에 대해 느슨한 접근법을 취하고 있었던 데 비해, 이 시대의 다른 이야기들은 정식 DC 유니버스의 바깥에서 진행됨으로써 작가들에게 배트맨에 대한 완전히 다른 해석을 내놓을 수 있게 해주었다.

그런 대체 현실 속 이야기 가운데 가장 먼저 나온 《가스등 아래의 고담 ^{Gotham by Gaslight}》은 옛날 런던에서 잭 더 리퍼를 붙잡고자 시도하는 빅토리아 시대의 배트맨을 묘사했다. "80년대 후반에 상상 속 이야기는 유행에서 벗어났고, DC의 방침은 조금이라도 이상한 내용은 다루지 않으며 실버 에이지 풍의 이야기 전개에서 최대한 거리를 두는 것이었죠." 당시 DC에서 〈시크릿 오리진스 ^{Secret Origins}〉라는 월간 연재작을 편집했던 마크 웨이드의 말이다. "특대판 〈시크릿 오리진스〉 정기 특집호를 내야 하는데 넣을 만화가 없었습니다. 오랜 시간 고민한 끝에 주요 캐릭터들이 등장하는 24페이지 분량의 대체 우주 이야기를 네 편 싣기로 결정했습니다."

동료 편집자이자 작가인 브라이언 어거스틴 ^{Brian Augustyn}은 〈시크릿 오리진스〉의 정기 특집호에 싣기 위해서 이후 《가스등 아래의 고담시》로 거듭나게 될 이야기를 제시했지만, 웨이드는 그 이야기가 독자적인 단편 형태로 출간될 자격이 있다고 보고 그 생각을 편집 책임자인 딕 지오다노에게 전달했다. "그는 우리가 적당한 작화가를 찾아낸다면 승인해주겠다고 말했습니다." 웨이드의 회상이다. "하도 예전 일이라 이제는 그날 있었던 일인지 아닌지 기억도 안 납니다만, 멋진 일화를 만들기 위해서 그냥 같은 날이었다고 합시다. 마침 마이크 미뇰라가 작업물을 제출하러 사무실로 왔길래, 브라이언과 저는 그를 구석으로 몰았습니다."

'가족의 죽음'의 표지 네 장을 모두 그렸던 미뇰라는 DC의 떠오르는 스타였다. 버클리 출신의 미뇰라는 일반적인 슈퍼히어로 만화에서 벗어날 길을 찾고 있었다. 미뇰라는 빅토리아 시대를 배경으로 배트맨과

고담시를 재창조하는 생각에 매료되어 있었다. "고담시를 표현하려면 엄청나게 많은 작업이 필요할 거라고 생각했던 게 기억납니다. 당시 런던의 모습, 마차 같은 것들에 대해 조사해야 할 테니까요. 하지만 그 만화는 슈퍼히어로물보다는 미스터리-호러물에 가까울 것이고, 전 차라리 그런 만화로 기억되고 싶었습니다." 미뇰라의 회상이다. "그게 바로 제가 그 책을 맡기로 한 이유였습니다. 옷을 갈아입어서 다른 종류의 작화가로 인식되고 싶었어요. 제 생각에는 효과가 있었던 것 같습니다. 당시 제게는 가장 상업적으로 성공한 책이었고, 저의 가장 유명한 책 중 하나라고 생각합니다.

미뇰라는 빅토리아 시대를 배경으로 배트맨과 고담시를 재창조하는 생각에 매료되어 있었다.

그리고 사람들이 아직까지도 제게 배트맨을 다시 그릴 생각이 있냐고 물어보는 주된 이유인 것 같기도 하군요." 미뇰라의 다음 배트맨 만화인 '생텀 Sanctum'은 《레전드 오브 더 다크 나이트》에 실렸으며 나중에 그가 내놓게 되는 작가 소유 만화인 〈헬보이 Hellboy〉의 초자연적 주제를 예고했다.

《가스등 아래의 고담시》의 성공은 DC에게 배트맨과 다른 영웅들의 대체 현실을 다루는 일련의 작품군인 엘스월즈 Elseworlds를 출범시킬 영감을 제공했다. 각 서적의 서문에서 설명되듯이, 엘스월즈에서 영웅들은 평소의 설정에서 벗어나 이상한 시대와 장소에 존재한다. 일부는 존재했거나 존재했을지도 모르는 이야기를 다루고, 나머지는 존재할 수도 없고 존재했을 수도 없으며 존재해서도 안 될 이야기를 다룬다.

그 대체 세계들 중 하나는 5년만에 배트맨에 복귀한 더그 먼치의 손에 만들어졌다. 그는 이렇게 회상한다. "오닐이 저한테 엘스월즈 만화를 작업할 기회를 제안했을 때, 제 머리에 스친 생각은 두 명의 '박쥐 인간' 배트맨과 드라큘라를 한자리에 가져다놓는 거였습니다." 먼치와 이야기를 나눈 잉크 담당자인 말콤 존스 3세 Malcolm Jones III는 자신이 닐 게이먼 Neil Gaiman의 〈샌드맨 The Sandman〉에서 협업했던 켈리 존스 Kelley Jones를 이야기에 알맞은 작화가로 추천했다.

"켈리가 제게 연락했고, 우리는 바로 친해져서 제작을 시작했습니다." 먼치의 말이다. 그 결과물은 《레드 레인 Red Rain》, 《블러드스톰 Bloodstorm》, 《크림슨 미스트 Crimson Mist》로 구성된 배트맨&드라큘라 그래픽 노블 3부작이었다. "엘스월즈 만화였기 때문에 그건 거의 상상 속 배트맨이었습니다." 먼치의 말이다. 현대의 복잡한 설정을 빼고 기본적인 설정만 취했습니다." 먼치의 무시무시한 이야기는 드라큘라의 초자연적인 능력에 맞서기 위해서 스스로 흡혈귀가 되는 배트맨의 모습을 그렸다. 흡혈귀의 힘은 결국 배트맨을 타락시키고, 그는 세상에서 악을 제거하기 위해 로그스 갤러리의 대부분을 학살하기에 이른다. 배트맨의 충직한 집사 알프레드가 타락한 영웅을 구하기 위해 자신의 목숨을 희생하자, 충격을 받은 배트맨은 정신을 되찾고 자신이 드라큘라보다 더 위험한 존재가 되는 것을 피하기 위해 스스로의 목숨을 희생한다.

그랜트 모리슨 Grant Morrison이 쓰고 데이브 맥킨 Dave McKean이 그린 특별한 심리 스릴러 만화에서는 더욱 어두운 배트맨 세계가 등장했다. 그들의 1989년작 양장본 그래픽 노블인 《아캄 어사일럼: 엄숙한 땅 위의 엄숙한 집 Arkham Asylum: A Serious House on Serious Earth》은 배트맨과 그의 로그스 갤러리를 새롭고 대담한 시각에서 묘사했다. 《아캄 어사일럼》이 발표되었을 무렵, 스코틀랜

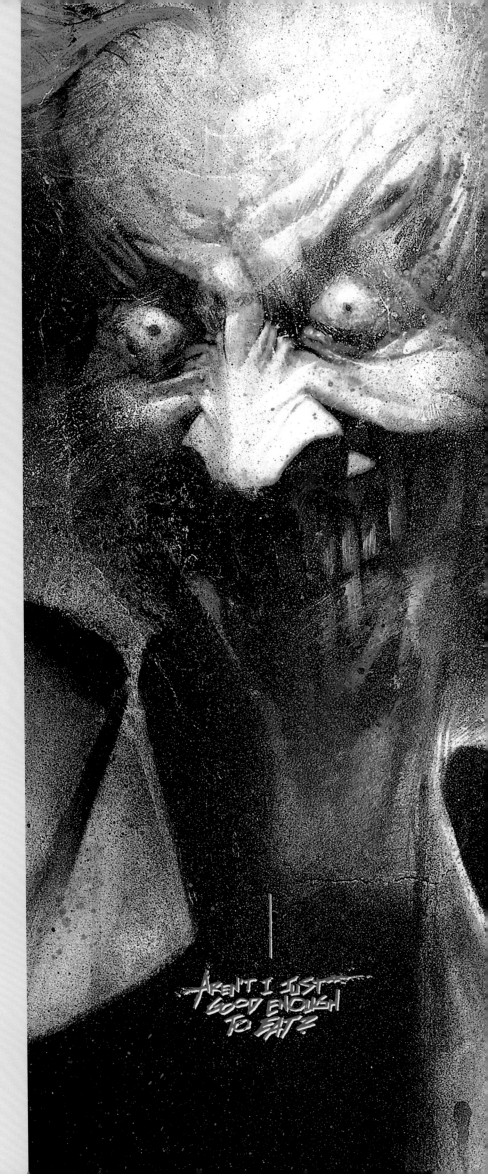

드 작가인 모리슨은 DC 코믹스의 독자들에게는 엉뚱한 성인용 슈퍼히어로물인 〈애니멀 맨Animal Man〉과 〈둠 패트롤Doom Patrol〉로 가장 잘 알려져 있었다. 그는 출판사에서 가장 유명한 캐릭터를 건드려보고 싶어 했다. "《아캄 어사일럼》은 제가 수년간 구상했던 이야기였습니다." 모리슨의 말이다. "그건 렌 윈이 DC 캐릭터 백과사전인 《DC 유니버스 인명록Who's Who in the DC Universe》의 '아캄 어사일럼' 항목에서 만들어낸 설정을 보고 영감을 받았죠. 거기서 묘사된 정신 병원의 기본적인 역사는 제게 다른 방식의 배트맨 만화에 대한 기초를 제공해주었습니다. 정신 병원의 창립자인 아마데우스 아캄Amadeus Arkham이 어느 날 밤 집에 있던 아내와 아이가 '미친 개' 호킨스라는 자에게 토막 살해당한 광경을 목격하고, 1929년의 주식 시장 붕괴를 계기로 완전히 미쳐버렸다는 설명에 매료됐습니다. 저는 가족 살인 사건의 측면에서 그 자가 미쳐버린 원인을 더 탐구할 수 있겠다고 느꼈죠!"

1987년, 모리슨은 영국 작가들을 채용하기 위해 런던을 찾아온 DC 편집자들과의 모임에서 자신의 아이디어를 친구인 짐 클레멘츠Jim Clements와 함께 발전시켰다. 《아캄 어사일럼》은 다른 배트맨 만화들과는 전혀 다른 만화가 될 것이었다. 융의 심리학과 다층적인 이야기 전개를 가미한 성인용 공포 그래픽 노블이 될 것이었다.

모리슨의 구상에 감명받은 편집자 카렌 버거Karen Berger는 당시 닐 게이먼이 쓴 그래픽 노블 〈바이올런트 케이시스Violent Cases〉를 작업하고 성인 대상의 DC 만화들에 충격적인 표지를 제공하면서 유명해진 작화가

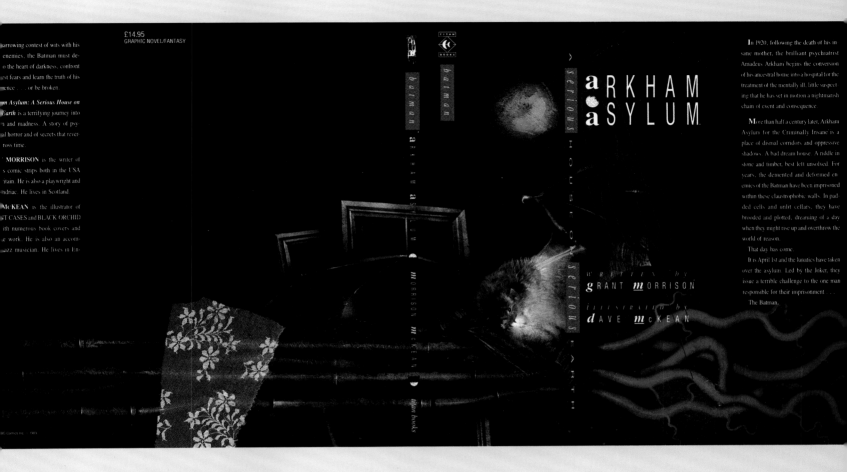

데이브 맥킨과의 협업을 권했다. "원래의 대본에는 로빈이 있었고 제가 별로 안 좋아하는 세부 사항 몇 가지가 포함되어 있었습니다." 맥킨의 회상이다. "당시 저는 또 다른 슈퍼히어로물 특히 배트맨을 그릴 마음이 없었습니다만, 그랜트와 멋진 점심 식사를 했고 그 친구는 만화를 보다 상징적인 이야기로 만들어낼 준비가 된 사람처럼 보였죠. 그 만화를 일반적인 슈퍼히어로물에서 벗어나게끔 추진하고 절 설득시킨 건 순전히 그랜트의 의지가 가져온 결과였습니다."

《아캄 어사일럼》은 조커와 동료 수감자들이 폭동을 일으키고 어둠의 기사가 자신들의 인질로 들어오지 않으면 의사와 경비원들을 전원 죽이겠다고 맹세하는 장면으로 시작한다. 배트맨은 마지못해 동의하고, 아캄 수용자들의 집단 광기에 직면하여 이성을 잃게 되지 않을까 걱정한다. 조커는 배트맨을 아캄의 미로 같은 방을 따라 지나가게 하고, 최대의 적수들과 더불어 내면의 악마, 특히 제이슨 토드의 죽음과도 맞서게 한다. 배트맨은 조커의 도전에서 살아남지만 마지막에는 감정적, 정신적으로 지치고 만다. 외부 세계로 돌아가는 배트맨에게 조커는 불길한 작별 인사를 던진다. "잊지만 말라고. 모든 게 너무 힘들어지면… 여기에는 언제나 자네를 위한 자리가 있다는걸."

비록 1989년 기준으로 75센트짜리 월간 만화에 비해 훨씬 비싼 24.95달러로 가격이 책정되었지만, 《아캄 어사일럼》은 큰 성공을 거두었다. 〈배트맨〉 영화의 성공으로 힘을 받아서 출간 당시 18만 부 이상이 팔렸고, 오늘날까지도 DC의 베스트셀러 그래픽 노블 중 하나로 남아 있다.

"하지만 팬들의 반응은 출간 당시 상당히 부정적이었고, 저는 한동안 소극적인 반론을 펴고 그 책을 무시하게 되었습니다." 모리슨의 지적이다. "그리고 어느 정도는 데이브도 한동안 그렇게 느꼈던 것 같습니다. 하지만 시간이 흐른 뒤, 전 《아캄 어사일럼》이 자랑스러웠고 지난 30년간 다르게 생각해본 적이 없습니다."

《아캄 어사일럼》이 출간되고 불과 몇 개월 뒤, 또 다른 양장본 그래픽 노블인 《배트맨: 디지털 저스티스 Batman: Digital Justice》가 전국의 서점과 만화책 가게를 휩쓸었다. 그 책은 독학으로 공부한 디지털 예술가이자 샌프란시스코의 펑크 운동을 통해 기술의 힘을 빌린 대담한 시각 예술을 실험해온 페페 모레노 Pepe Moreno의 작품이었다. 모레노는 당시 DC의 그래픽 노블과 배트맨 만화에서는 처음으로 컴퓨터 기술만을 활용해서 그래픽 노블을 작업했다. "전 편집자 마이크 골드에게 세상은 받아들일 준비가 되어 있다고 말했죠." 모레노의 말이다. "골드와 폴 레비츠가 맨하탄의 블리커 스트리트에 있는 제 아파트로 찾아왔습니다. 전 컴퓨터를 준비해놓고, 그들을 위해 시연을 해보였죠. 그리곤 가상 현실과 컴퓨터 바이러스를 담은 말도 안 되는 미친 줄거리를 진땀 흘려가며 설명했습니다. 모든 설명을 들은 그 사람들의 반응은 이랬어요. '이게 뭐지?'"

모레노의 열정과 재능에 감명을 받은 DC에서는 완전한 디지털 만화의 제작을 통과시켜주었다. 모레노

191쪽 왼쪽 배트맨이 원조 박쥐 인간, 드라큘라의 부하들과 싸우고 있다. (켈리 존스와 말콤 존스 3세의 1991년작, 《배트맨 & 드라큘라: 레드 레인》 중에서)

191쪽 오른쪽 아캄 어사일럼에 찾아온 배트맨을 환영하는 조커는 광기의 극치를 보여준다. (데이브 맥킨의 1989년 12월작, 《아캄 어사일럼: 엄숙한 땅의 엄숙한 집》 중에서)

맞은편 그랜트 모리슨의 작품에서 배트맨은 아캄의 미궁 같은 통로를 지나가며 자신의 가장 깊고 무서운 공포와 마주하게 된다. (데이브 맥킨의 1989년 12월작, 《아캄 어사일럼: 엄숙한 땅의 엄숙한 집》 중에서)

위 데이브 맥킨의 표지 설계, 표현, 그리고 도상적 표현은 독자들이 그동안 배트맨 만화에서 봐온 것과는 사뭇 달랐다. (데이브 맥킨의 1989년 12월작, 《아캄 어사일럼: 엄숙한 땅의 엄숙한 집》)

MAYBE IT'S TIME FOR ME TO GO PUBLIC! SHOW THEM MY SHINING PERSONALITY! HOW COULD THEY RESIST?

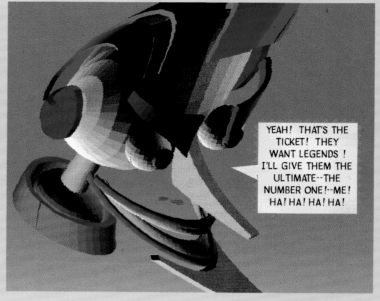

YEAH! THAT'S THE TICKET! THEY WANT LEGENDS! I'LL GIVE THEM THE ULTIMATE--THE NUMBER ONE!--ME! HA! HA! HA! HA!

위 조커는 예측불허의 혼돈 그 자체인 컴퓨터 바이러스의 모습으로 21세기 고담시에 돌아온다. (페페 모레노의 1990년 2월작, 《배트맨: 디지털 저스티스》 중에서)

라고 대답하죠. 그리고는 곧바로 '가긴 어떻게 가? 로켓도 없고, 아무것도 없는데?'라고 생각하잖아요? 가진 걸로 어떻게든 해보는 수밖에 없죠." 모레노는 웃으며 말한다. "그게 바로 디지털 혁명이었어요."

디지털 혁명은 더그 머레이 Doug Murray 가 대본을 쓴 모레노의 만화 속 핵심 주제다. 21세기 말의 고담시는 부패한 정부의 조종을 받는 영혼 없는 최첨단 기술 사회다. 조커가 설계한 지성을 가진 컴퓨터 바이러스가 깨어나 도시를 위협하고, 고든 국장의 손자인 제임스 고든 형사는 위협을 막기 위해 배트맨의 망토를 두른다. 브루스가 만든 인공지능 배트컴퓨터와 알프레드라는 이름의 로봇, 로버트 챙 Robert Chang 이라는 이름의 불량 청소년 출신의 새로운 로빈의 도움을 받아 배트맨은 미래의 고담시의 정의와 디지털 정의를 가져오게 된다.

그러나 《디지털 저스티스》 속의 낙관론은 보통의 배트맨 전개에서 묘사되는 현대 고담시에서는 먼 세상 이야기처럼 보였다. 배트맨은 여전히 조커의 제이슨 토드 살인과 바바라 고든 습격을 극복하기 위해 애쓰고 있었다. 다행히도 바바라의 경우는 하반신 마비에 적응하며 치료 과정을 시작한 참이었다. 바바라의 운명은 부부 작가 팀인 존 오스트랜더 John Ostrander 와 킴 예일 Kim Yale 덕분에 바뀌게 되었다. 부부는 악당 단체물인 〈수어사이드 스쿼드 Suicide Squad〉를 쓰고 있었는데 《킬링 조크》에서 바바라가 받은 대접을 보고 당황했다. 상황을 바로잡고 싶었던 그들은 배트맨 편집부의 허락을 받아 바바라 고든을 〈수어사이드 스쿼드〉로 데려와, 그녀를 오라클이라는 이름으로 영웅들의 범죄와의 전쟁을 돕는 천재 해커이자 정보 중개자로 재창조했다. "그녀의 설정 중 하나는 컴퓨터를 잘 다룬다는 거였고, 우린 그 점을 이용하기로 결정했죠." 오스트랜더의 회상이다. "그녀는 다른 그 누구도, 배트맨조차도 알아내지 못했던 일들을 알아낼

는 포토샵 이전의 시대에 사용 가능했던 가장 복잡한 컴퓨터 장비와 소프트웨어를 사용하여 1년 넘는 시간을 들여 다음 시대의 배트맨을 다른 미래적인 이야기를 만들어냈다. "사람들이 '우린 언젠가 달에 갈 거야.'라고 말하면 우리는 '그래, 우린 언젠가 달에 갈 거야.'

수 있었죠."

오라클은 거물급 악당들로 구성된 정부의 비밀 특공대인 수어사이드 스쿼드의 믿을 만한 조언가가 되지만, 그녀의 마음은 언제나 고담을 향해 있었고 얼마 지나지 않아 그녀는 배트맨의 컴퓨터 전문가로 상주하며 범죄와의 전쟁을 돕는 것을 최우선 목표로 삼는다. "우린 제대로만 해낸다면 오라클로서의 바바라가 DC 유니버스에서 특별한 위치를 갖고, 다른 작가들에게도 유용하게 쓰일 수 있을 거라고 생각했죠." 오스트랜더의 지적이다. "그녀는 플롯의 문제점을 빠르게 해결해주거든요."

조커의 행동에 휘둘리지 않겠다고 결심한 바바라 고든의 모습은 배트맨이 킬링 조크 사건에 대해 느끼고 있던 죄책감과 특히 자신의 존재가 주변 사람들에게 해를 끼칠 수 있다는 생각을 이겨내는 데 도움이 되었다. 그러나 제이슨 토드의 죽음에 대한 죄책감은 여전히 그를 좀먹고 있었다. 그는 점점 충동적으로 변해 갔고, 결국 폭력을 최우선 수단으로 택하게 되었다. 래비저 Ravager 라고 자칭하는 단역 악당과 싸우던 중에 평소답지 않게 부주의했던 배트맨은 심각한 부상을 입고 적을 붙잡는 데도 실패한다. 어둠의 기사는 제이슨을 구하는 데 실패한 일 때문에 스스로에게 벌을 내리는 것처럼 그려진다.

그러나 배트맨의 어둡고 복수심에 가득찬 외로운 모험은 오래가지 않았다. '가족의 죽음'이 판매량을 높이고 배트맨 만화에 새로운 관심을 가져왔지만, DC 경영진들은 다이나믹 듀오를 폭력적으로 해체하는 데

"우리에겐 새 로빈이 필요하고, 당장 내일 필요해."

반대했고 편집자 데니 오닐에게 이렇게 통보했다. "우리에겐 새 로빈이 필요하고, 당장 내일 필요해."

제이슨 토드의 부활은 고려 대상이 아니었다. 오닐이 '가족의 죽음' 직후에 표현한 바에 따르면, "그를 되살리는 건 정말 어리석은 묘기가 될 것"이었다. 새롭고 호감 가는 청소년 조수가 필요했던 오닐은 원조 로빈을 DC에서 가장 인기 있는 월간 연재물 〈뉴 틴 타이탄스〉의 사랑받는 주역으로 만들었던 작가 마브 울프먼과 작화가 조지 페레즈에게 도움을 구했다.

울프먼과 페레즈는 '배트맨: 이어 쓰리 Batman: Year Three'라는 이야기에서 새로운 로빈을 위한 초석을 다졌다. 그 이야기는 딕 그레이슨의 기원을 탐구하고, 플라잉 그레이슨즈가 죽던 날 밤에 관람객들 사이에 있었으며 로빈과 배트맨의 정체를 추리해낸 팀 트레이크 Tim Drake 라는 어린 소년을 새로 소개한다.

드레이크는 나이트윙과 마찬가지로 배트맨의 자기 파괴적인 행동을 눈치채게 되기 전까지 자신이 아는 사실을 남에게 알리지 않았다. 1989년의 스토리라인인 '어 론리 플레이스 오브 다잉 A Lonely Place of Dying'에

맞은편 아래 《배트맨: 디지털 저스티스》는 DC에서 컴퓨터만으로 만화를 제작해본 첫 시도작이었다. (페페 모레노의 1990년 2월작, 《배트맨: 디지털 저스티스》)

위 조커에게 부상을 당하고 충격에 빠진 바바라 고든은 스스로의 의지로 강력한 정의의 사자 오라클로 거듭난다. (루크 맥도넬 및 조프 이셔우드 작, 1990년 4월자 〈수어사이드 스쿼드 38호〉 중에서)

여읨을 받았다. "팀 드레이크의 기본 아이디어는 모두가 함께 어울리고 싶어 하는 친구로 만드는 것이었죠." 작가 데빈 K. 그레이슨의 말이다. "팀은 최고 중의 최고인 친구입니다. 처음부터 굉장히 친근하고 현대적이었죠."

새로운 로빈의 존재는 브루스 웨인을 인간적으로 만들어주고, 브루스 웨인은 어린 피보호자에게서 자기 자신의 모습을 많이 발견한다. 팀의 부모가 범죄자들에게 납치된 뒤 그들의 유사성은 더욱 커지게 된다. 팀의 어머니는 결국 죽고, 아버지는 신체가 마비되고 만다. 1991년 척 딕슨 Chuck Dixon 이 쓰고 톰 라일 Tom Lyle 이 그린 《로빈》 미니시리즈에서 묘사되듯이 브루스는 팀에게 조언자이자 아버지 대역이 되고, 계속되는 훈련 과정을 통해 두 사람은 단단한 결속을 이뤄 낸다. "독자를 설득할 수 있는 방법으로 팀을 로빈으로 만드는 것이 제 임무였습니다." 딕슨의 말이다. "전 팀을 보다 조심스러운 성격으로 만들어서 분석적이고 바로 행동으로 뛰어들지 않는 이성적인 로빈으로 만들었습니다. 제가 받은 명령은 팀을 제이슨 토드와 최대한 다르게 만들라는 것이었죠."

바바라 고든의 복귀와 새로운 로빈의 소개와 함께 배트맨 세계에도 희망이 돌아왔다. 하지만 새로운 위험이 지평선에 떠오르고 있었다. 배트맨의 범죄와의 전쟁 경력을 끝내놓을지도 모르는 위험이었다.

서 드레이크는 나이트윙에게 배트맨을 위해서라도 다시 로빈으로 돌아가달라고 간청하지만 그레이슨은 거절한다. 그래서 드레이크는 어쩔 수 없이 배트맨과 나이트윙을 투페이스에게서 구하기 위해 로빈 옷을 입는다. 그 뒤, 딕 그레이슨의 보증과 함께 배트맨은 드레이크를 새로운 로빈으로 훈련시키는 데 잠정적으로 동의한다.

"제이슨에 대한 분노 어린 반응을 고려할 때, 이번에는 제대로 하는 게 중요했습니다." 울프먼의 말이다. "그리고 딕의 부모의 죽음을 팀과 연결시킨 점이 팀을 '가족의 일원'으로 만들어주었죠. 팀도 이해하고 있으니까요." 배트맨은 다시 로빈을 곁에 두게 되었고, 드디어 스스로의 치료 과정을 시작할 수 있게 되었다.

그러나 〈배트맨〉 감독 팀 버튼의 이름을 따서 만들어진 팀 드레이크는 성급하게 새로운 로빈으로 활동을 개시하지 않았다. 그는 무대 뒤편에서 일하고 훈련받으면서 독자들과 배트맨으로 하여금 가면 아래의 소년에 대해 알아갈 기회를 주었다. 그 똑똑하고 호기심 많은 꼬마는 뛰어난 운동선수이자 컴퓨터 천재이며 약간 너드 같은 면이 있다는 점에서 팬들의 귀

위 알프레드와 배트맨과 나이트윙의 소식을 기다리는 팀 드레이크가 다이나믹 듀오의 거취에 대해 생각하고 있다. (짐 아파로 및 마이크 드카를로 작, 1989년 12월자 《배트맨 442호》중에서)
아래 처음 활동을 시작한 로빈이 세 명의 악당들을 때려 눕히는 것을 지켜본 배트맨이 인정하는 눈길로 딕 그레이슨을 바라본다. (팻 브로더릭 작, 1989년 8월자 《배트맨 437호》 중에서)

맞은편 '배트맨: 이어 쓰리'는 원조 배트맨과 로빈의 초기 모험을 새롭게 다루었다. (조지 페레즈 작, 1989년 9월자 《배트맨 438호》 표지)

12. 부러진 박쥐

90년대 초에, 배트맨 만화의 종류는 《배트맨》, 《디텍티브 코믹스》, 《레전드 오브 더 다크 나이트》, 《배트맨: 박쥐의 그림자 Batman: Shadow of the Bat》, 《로빈》 미니시리즈, 그리고 엘스월즈 작품들과 독립적인 그래픽 노블들, 단행본들, 그 외 다른 미니시리즈에 이르기까지 한껏 불어난 상태였다. 배트맨의 복잡한 설정을 유지하기 위해서 배트맨 편집진은 나머지 DC 유니버스와도 공조해야 했다. 〈아마겟돈 2001 Armageddon 2001〉이나 〈신들의 전쟁 War of the Gods〉 같은 회사 전체 규모의 크로스오버 이벤트들은 DC의 설정에 커다란 변화를 가져오곤 했기에 특히 문제가 많았다.

내용의 조정을 위해서는 초인적인 노력이 필요했고, 배트맨 편집진과 작가들은 1년에 두 번 모여서 이듬해 분량의 전개를 계획하고, 크로스오버를 논의하며 개별 시리즈를 기획했다. 당시 DC는 얼마 전에 외계인 전사 둠스데이 Doomsday가 슈퍼맨을 죽이는, 상상도 할 수 없는 일을 달성하는 '슈퍼맨의 죽음 The Death of Superman' 편의 출간을 통해 신문에 수많은 기사를 올린바 있었다. 배트맨 창작자들은 자신들만의 신문 기사를 만들어야 할 때가 왔다는 것을 알고 있었다.

"우리에겐 배트맨을 죽일 누군가가 필요했죠." 데니 오닐이 웃으면서 한 말이다. "아니면 최소한 죽는 것처럼 보이게 만들 누군가라도요. 그리고 우리에겐 1년 정도 배트맨을 대신해서 활동할 누군가가 필요했어요. 그건 연재작들 간의 일관성에 굉장히 복잡한 영향을 끼치는 일이었고 우리가 당시까지 해본 작업 가운데 가장 복잡했죠. 하지만 그게 '나이트폴 Knightfall'을 움직인 동력이었습니다."

'나이트폴'은 모든 월간 배트맨 연재작들 《배트맨》, 《디텍티브 코믹스》, 《박쥐의 그림자》에 걸쳐 진행되는 야심찬 크로스오버물이었으며 그 이야기의 절정에서 브루스 웨인은 은퇴하고 더 날카롭고 어두운 배트맨이 자리를 대신한다. "팬들은 더 폭력적인 배트맨을 요구했습니다. 당시 잘 나갔던 마블의 퍼니셔 Punisher나 울버린 같은 배트맨이요." 《디텍티브 코믹스》 작화가인 그레이엄 놀란 Graham Nolan의 설명이다. "오닐은 팬들이 원하는 걸 주고 싶어 했어요. 팬들에게 그게 왜 안 좋은 생각이고, 배트맨의 불살 원칙이 배트맨을 차별화시키는 요인이자 영웅으로 만들어주는 것이라는 사실을 강조해 보이고자 했죠."

그로부터 5년 전, 렌 윈과 딕 지오다노가 편집자로 있을 때 《배트맨》 작가인 더그 먼치가 비슷한 아이디어를 냈다가 거부당한 적이 있었다. "오닐은 브루스 웨인에게 부상을 입히고 교체하는 제 옛날 아이디어를 언급하기에 이르렀습니다." 먼치는 회상한다. "전 오닐을 쳐다보고는 전에 안 된다는 말을 들었다고 말했죠. 그러자 오닐은 절 쳐다보면서 미소를 짓고는 말했어요. '이 마을 보안관은 이제 바뀌었어.'"

'나이트폴' 시기에 배트맨 편집진에 합류한 보조 편집자인 조던 B. 고핀켈 Jordan B. Gorfinkel은 프로젝트 진행 중의 신나는 분위기를 기억한다. '나이트폴'은 그냥 또 다른 한 편의 이야기가 아니었다. 가령 《다크 나이트 리턴즈》에서처럼 브루스 웨인을 어둡고 위험하고 불안정한 인물로 표현한 최근의 묘사들에도 불구하고 브루스 웨인은 훨씬 미묘한 깊이를 가지고 있다는 점을 독자들에게 상기시켜줄 기회였다. "우리는 브루스 웨인이 굉장히 결연하고 아주 선량한 사람, 거대한 고통을 동기 삼아 움직이는 사람이라고 느꼈습니다." 고핀켈의 말이다. "그는 상담사들을 찾아가서 정신적으로 치료받고 싶어 하지 않았습니다. 그 대신에 자신의 고통을 받아들이고, 자신이 눈앞에서 부모의 죽음을 지켜보면서 겪었던 고통을 다른 그 누구도 겪게 하지 않으려는 점을 움직이는 동력으로 삼죠. 그건 정신 이상이 아닙니다. 제가 봤을 때 그건 영웅적이고 신화적이고 심지어 종교적인 수준의 희생이죠."

"만약에 우리가 팬들에게 원하는 것을 주면 어

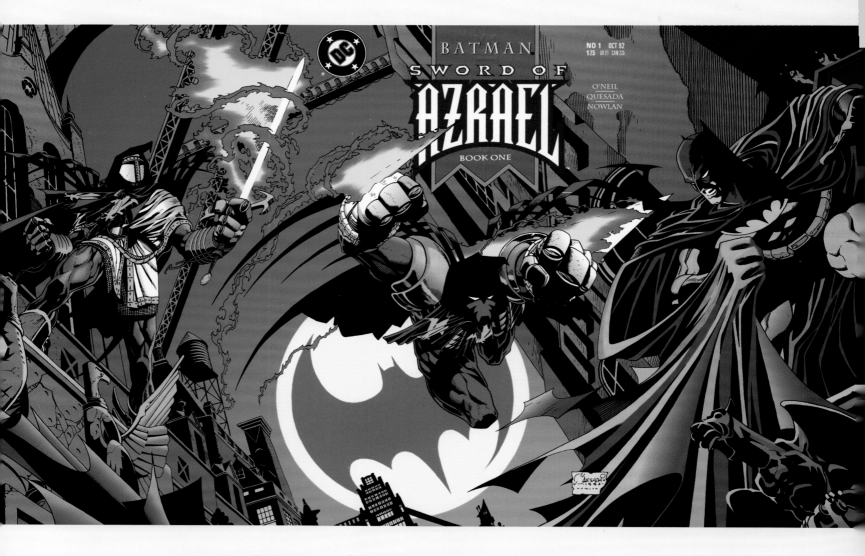

떻게 되겠습니까? 싸이코 배트맨이 나오죠. 정신 나간 인간이자 살인자, 결과로 수단을 정당화하는 인간 말입니다."

'나이트폴'은 1993년 봄과 여름에 전개될 예정이었지만 그전까지 오닐과 그의 팀, 먼치, 척 딕슨, 앨런 그랜트 Alan Grant 등의 작가들은 브루스 웨인을 대신해 배트맨이 될 인물을 소개하면서 크로스오버의 밑작업을 시작했다. "제가 배트맨이라는 프렌차이즈 전체를 편집하고 있었기 때문에 그 이야기를 쓰는 건 제 몫이 되었습니다." 오닐의 말이다. "펑크&왜그널스(Funk & Wagnalls, 민담, 전설, 신화 백과사전)와 성경을 뒤적이던 중에 이름 하나가 눈에 띄더군요. 아즈라엘 Azrael 말이에요. 그래서 좀 더 조사해보고 나서 사악한 천사 개념은 우리가 이제껏 사용한 적 없었던 거라고 생각했습니다."

오닐은 원래 아즈라엘을 '나이트폴'의 핵심 악당으로 구상했지만, 편집자 아치 굿윈과 작화가 조 퀘사다 Joe Quesada, 케빈 놀란 Kevin Nowlan이 개발 과정에 참여하면서 캐릭터의 노선이 바뀌게 되었다. 그들 모두 아즈라엘은 도덕적으로 복잡한 안티 히어로가 될 잠재력을 가지고 있는 캐릭터이며 배트맨 세계에 악당보다는 조력자로 들어갔을 때 더 가치 있을 것이라고 보았다. 약간의 손질을 거친 뒤 아즈라엘은 정식 배트맨 타이

틀과 별개인 1992년 4편 분량의 미니시리즈인 《소드 오브 아즈라엘 Sword of Azrael》에서 처음 등장했다. "우리는 독자들에게 지금 보는 캐릭터가 차기 배트맨이라는 사실을 흘리고 싶지 않았죠." '나이트폴'의 전개로 독자들에게 충격을 주고 싶어 했던 오닐의 말이다. "그래서 우리는 아즈라엘을 단순히 새로운 배트맨 조연으로 소개했죠."

그 미니시리즈에서는 오더 Order of St. Dumas의 수호자인 암살자 아즈라엘로 활동하던 아버지가 고담시의 거리에서 살해당한 뒤 배트맨의 세계에 뛰어들게 되는 컴퓨터 과학 전공자인 장 폴 밸리 Jean-Paul Valley가 독자들에게 소개된다. 살인 사건을 파헤치던 밸리는 스위스까지 가게 되고, 그곳에서 자신이 태어났을 때부터 아버지의 자리를 계승하기 위해 '시스템'이라고 불리는 최면 훈련을 받으며 자라왔으며 그 덕분에 궁극의 전사인 아즈라엘이 될 자격이 있음을 알게 된다.

배트맨도 살인 사건을 조사하다가 새로운 아즈라엘의 자취를 쫓게 되고 스위스에서 힘을 합쳐 장 폴의 아버지를 죽인 범인인 무기 상인을 붙잡는다. 아즈라엘의 능력에 감명을 받은 배트맨은 그를 오더의 영향력하에 놔둔 채 떠나고 싶지 않았다. 결국 배트맨은 장 폴을 고담시로 데려와 자신의 감독하에 추가 훈련을 시킨다. 한편 고담시의 범죄자들과의 끝없는 전쟁

198쪽 조 퀘사다 및 지미 팔미오티 작, 1994년 10월자 《배트맨: 레전드 오브 더 다크 나이트 0호》 표지 중에서.

199쪽 고담시의 새로운 자경단 아즈라엘이 사악한 무기 상인이자 배트맨을 사로잡고 그 옷을 훔친 칼턴 르하를 쓰러트린다. (조 퀘사다 및 케빈 놀란 작, 1993년 1월자 《배트맨: 소드 오브 아즈라엘 4호》 표지)

위 배트맨은 젊은 영웅 아즈라엘에서 대단한 잠재력을 보았고, 그 복수 천사가 고담시에 큰 도움이 될 수 있을 것이라 믿었다. (조 퀘사다 및 케빈 놀란 작, 1992년 10월자 《배트맨: 소드 오브 아즈라엘 1호》 표지)

으로 피로해지고 쇠락해진 배트맨은 외부의 도움을 구한다. 브루스 웨인은 유명 물리 치료사인 숀드라 킨솔빙 박사Dr. Shondra Kinsolving를 찾아가고 만성 피로 증후군이라는 진단을 받는다. 그럼에도 배트맨은 정의의 이름으로 스스로를 한계까지 몰아붙인다.

아즈라엘이 '나이트폴'의 악당이 되어서는 안 된다는 결정이 내려지자 오닐은 척 딕슨과 작화가 그레이엄 놀란에게 또 다른 악당을 만들어달라고 요청했다. 새로운 악당 베인Bane은 배트맨에게 결정적인 패배를 안겨줄 인물로 기획되었기 때문에 배트맨이 지금까지 대결했던 적들 가운데 가장 위험한 적수로 만들어줄 뒷이야기가 필요했다. 그의 기원은 '나이트폴'에 앞

서 나온 1993년의 단편 《배트맨: 벤전스 오브 베인Batman: Vengeance of Bane》에서 그려졌다.

그는 베놈이라는 약물로 강화된 근육질의 거대한 육체를 갖고 있었으며, 지능면에서도 배트맨과 동등했다. "베인은 복잡한 캐릭터입니다." 놀란의 말이다. "그는 나쁜 짓을 하면서도 스스로를 악인이라고 생각하지 않습니다. 자기 자신을 희생자로 보죠. 자신이 행하는 나쁜 짓들을 세상에 대한 앙갚음으로 정당화합니다."

베인은 섬나라 산타 프리스카Santa Prisca의 범죄자, 살인자, 정치범을 수용하는 최고 보안 수준의 교도소 페나 두로Peña Duro의 담장 안에서 태어났다. 그의 아버

위 브루스 웨인이 '나이트폴' 마지막 장의 상징적인 표지에서 줄을 타고 날아가고 있다. (조 퀘사다 및 케빈 놀란 작, 1993년 10월자 《배트맨 500호》)

지는 교도소를 탈옥한 혁명가였고 부패한 정부에서는 아버지의 종신형 형기를 갓난아이인 아들이 이어 가게 했다. 교도소 생활은 어린 소년을 단련시켰고, 동료 수감자를 죽인 뒤 그는 10년 넘게 독방 생활을 하면서 정신과 육체를 완벽한 수준까지 끌어올린다. 이후 독방을 벗어난 그는 베인이라는 이름을 취하고 교도소 내에서 전설이 되었다.

　새로운 초강력 스테로이드제인 베놈의 인체 실험에 자원한 뒤, 명석한 전술가인 베인은 동료 죄수들인 좀비 Zombie, 트로그 Trogg, 그리고 버드 Bird와 함께 페나 두로에서 탈옥한다. 4인조는 고담시로 향하고, 베인은 배트맨을 꺾고 도시를 손에 넣을 계획을 세운다.

　배트맨의 과거와의 연결점과 베인의 트라우마

가득한 세월은 베인을 배트맨의 어두운 그림자처럼 보이게 만들었다. "브루스 웨인처럼 베인도 끔찍한 유년기를 보냈고 시련을 통해 위대한 경지에 오릅니다. 분명 이타적이지 않은 경지이지만요." 당시 DC 코믹스 보조 편집자였던 스콧 피터슨의 말이다. "그는 킬러 크록만큼 강하고, 라스 알 굴 수준으로 명석한 것으로 묘사되곤 합니다. 베인은 아마도 완력과 지능 면에서 배트맨과 동급이거나 오히려 배트맨보다 우수한 유일한 악당일 겁니다."

　베인에게 초인적인 힘을 가져다주는 베놈 약물은 1991년에 《레전드 오브 더 다크 나이트》에서 배트맨이 범죄와의 전쟁에서 우위를 점하기 위한 수단으로 근력을 강화하기 위해 일시적으로 사용했던 약물

위, 맞은편 위
도착한 베인은
배트맨을 찾아
(글렌 패브리 작,
《배트맨: 벤전스
1호》 중에서)

아래 초강력
스테로이드제로
힘을 얻는 베인
배트맨이 상대한
가운데 가장 강
능력을 가진 적
(글렌 패브리 작,
《배트맨: 벤전스
1호》 표지 중에서)

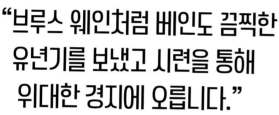

"브루스 웨인처럼 베인도 끔찍한 유년기를 보냈고 시련을 통해 위대한 경지에 오릅니다."

로 소개된 바 있었다. 배트맨은 약물이 가진 강한 중독성과 지능 및 감정에 초래하는 부정적인 효과 때문에 약물을 끊었다. 하지만 베인은 그런 걱정을 하지 않았다. 힘과 기술, 베놈 복용이 그를 진정으로 무서운 적수로 만들었다. "당시까지 베인처럼 배트맨과 빼닮은 숙적이자 모든 측면에서 겨뤄볼 수 있는 유일한 악당은 KG비스트밖에 없었습니다." 작가 척 딕슨의 지적이다. "그리고 소련의 붕괴와 함께 KG비스트는 존재의 의미를 잃었죠."

"척과 저는 베인이 누구이며 어디서 왔고 동기는 무엇인지에 대해 한동안 이야기를 나눴습니다." 작화가 그레이엄 놀란의 회상이다. "어디서 영감을 받아서 복장을 만들까 고민하다가 멕시코의 루차도르 luchador 레슬러 복장을 참고하기로 결정했습니다. 제가 원래 디자인한 가면은 눈과 코, 입 부분이 뚫려 있었습니다. 하지만 편집진이 더 신비한 모습을 연출하기 위해 구멍을 덮자고 결정했죠."

고담시에 도착한 뒤 몇 개월 만에 베인은 거대한 범죄 제국을 건설하고 아즈라엘은 망토 입은 십자군의 제자로서 훈련을 이어 간다. 배

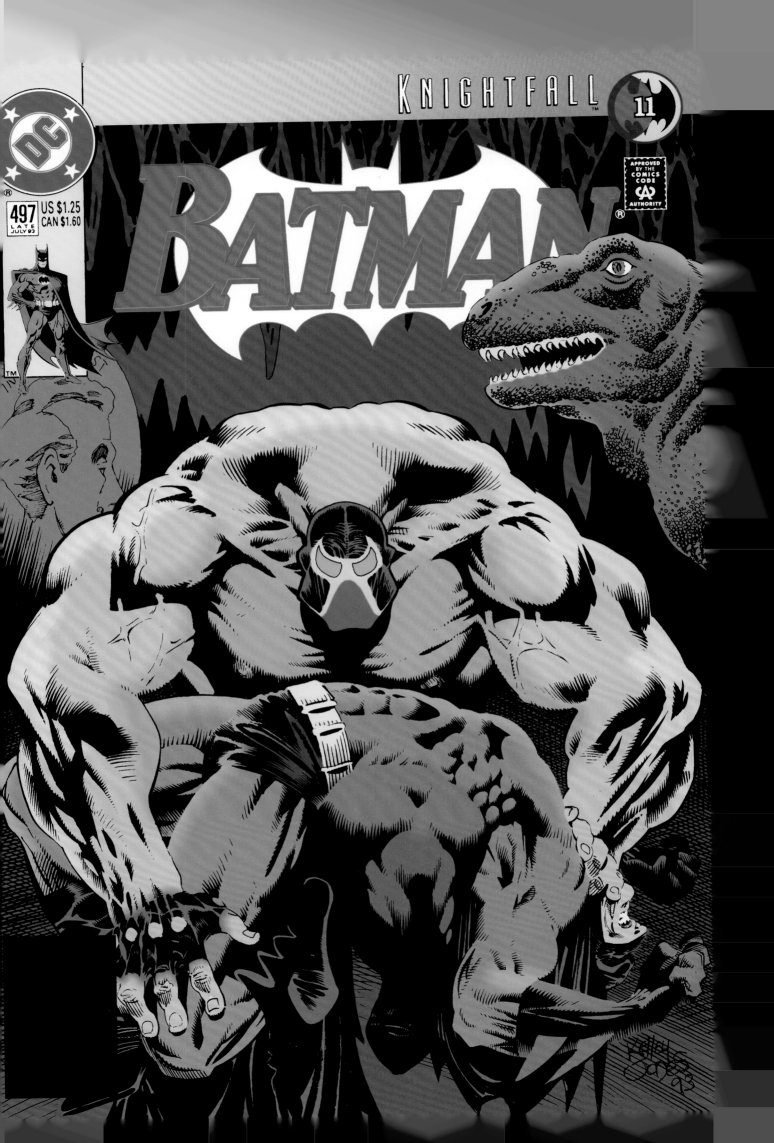

트맨의 피로는 점점 누적되어가지만 그는 고담시와 시민들에 대한 헌신의 뜻을 굽히지 않는다.

주연들이 자리를 잡자 독자들이 그동안 알고 지냈고 사랑했던 배트맨의 종말을 보여줄 22부작, 7개월짜리 스토리라인 '나이트폴'의 무대가 세워졌다. 그 크로스오버 작품은 베인과 부하들이 로켓 발사기로 아캄 어사일럼의 벽을 부수면서 화려하게 막을 올리고, 고담시에서 가장 위험한 범죄자들을 풀어주며 배트맨이 혼란을 수습하기 위해 바삐 움직일 수밖에 없게 만든다. 이후의 몇 주일 동안 배트맨은 로그스 갤러리에서 가장 위험한 적들을 붙잡으려고 한계 이상까지 노력한다. 베인의 동료들인 트로그, 버드, 좀비를 쓰러트린 뒤 배트맨은 기절해버린다. 그는 가까스로 배트모빌에 지친 몸을 싣고 배트케이브로 돌아간다. 잔뜩 지친 배트맨은 뜻밖에도 배트맨의 정체를 밝혀내고 배트맨의 집에서 그를 무너뜨릴 준비를 마친 베인의 환영을 받게 된다.

세기의 대결을 기대하던 팬들은 충격에 빠졌다. 최고의 기량을 보이는 베인은 어둠의 기사를 흠씬 두들겨 팬다. 싸움의 절정부에서 베인은 배트맨을 헝겊 인형처럼 들어 올리고는 무릎으로 척추를 꺾어 버리고 바닥으로 내팽개친다.

절정 부분의 한판 승부는 20년 전 인기를 끌었던 《더 브레이브 앤 더 볼드》 연재를 시작으로 수많은 배트맨 만화를 그려 온 작화가 짐 아파로의 손에 묘사되었다. 배트맨이 경력이 끝나고도 남을 부상을 입는 상징적인 표지는 켈리 존스가 그렸다. "베인이 배트맨의 허리를 꺾을 거라는 말을 듣고 충격 받았던 게 기억납니다." 존스의 말이다. "하지만 첫 표지를 그리고 난 뒤 베인이 제 눈에 단순한 악당 이상으로 보이기 시작해서 오히려 그리기가 편해졌습니다. 저는 그를 끔찍한 괴물로 생각했습니다. 다른 악당들이 보기에도 괴물처럼 보일 존재로요."

배트맨은 초인적인 힘을 가진 악당들과 이전에도 여러 번 싸워보았지만, 다른 악당들과 베인의 진정한 차별점은 특유의 교활함과 지능이었다. "베인은 거대한 근육의 장벽이기도 하지만 배트맨만큼 결연한 인물이기도 합니다." 존스는 덧붙인다. "일반적인 배트맨의 악당들과 달리 미치거나 이상하지 않고, 순수한 의지로 가득하죠. 배트맨은 만화의 주인공이니 강하고 자신감 넘치는 모습을 보여야 합니다. 하지만 베인은 위협적으로 보여야 하고 배트맨을 무너뜨릴 수 있는 능력을 갖춘 것처럼 보여야 하죠."

배트맨을 제거한 뒤 베인은 고담시에서 자신의 입지를 굳히고, 몸이 마비된 브루스 웨인은 팀 드레이크에게 지시를 내려 자신의 오랜 동료인 딕 그레이슨 대신에 아즈라엘을 새 배트맨으로 활동하게 한다. 나이트윙 대신 아즈라엘을 새로운 배트맨으로 삼는 결정은 독자들을 놀라게 했지만, 모두 브루스의 계산에

따른 것이었다. "딕 그레이슨은 근본적으로 착한 친구고 이타적인 사람이며 천사 같다고도 말할 수 있을 겁니다." 조던 B. 고핀켈의 말이다. "그러지 않고서야 어떻게 그 오랜 시간 동안 박쥐의 그림자 아래에서 살아남을 수 있었겠어요? 팀 드레이크도 비슷한 성격을 갖고 있습니다. 하지만 제이슨 토드의 경우는 아닙니다. 제이슨은 어둠을 품고 있죠. 하지만 밸리는 두 가지 성격을 모두 지니고 있다는 점, 즉 천사이자 검은 천사라는 점에서 수많은 후계자와 조수들 중에서 특별한 존재입니다. 제 생각에 배트맨은 아즈라엘이 베인을 상대로 성공 가능성이 가장 높은 사람이라고 생각한 것 같습니다. 나이트윙이 끝내지 못할 일을 해낼 수 있다고 본 거죠."

고담시의 새로운 배트맨으로서의 역할을 받아들인 아즈라엘은 베인을 상대하는 데 필요한 장비를 업그레이드하기 위한 시스템 훈련에서 기술과 지식을 얻는다. 새로운 복장과 무자비한 정신으로 무장한 새로운 배트맨은 고담시 광장에서 베인과 공개적으로 싸우고 끝내 악당을 물리친다. 고담시는 다시 안전해졌

맞은편 배트맨 역사상 가장 충격적인 이야기에 속하는 작품에서 베인은 어둠의 기사의 정체를 밝혀내고 배트케이브에 침입한다. (켈리 존스 작. 1993년 7월자 《배트맨 497호》 표지)

위 '나이트폴'의 절정부에 해당하는 11번째 이슈에서 배트맨의 척추는 베놈을 복용한 베인의 손에 산산조각 난다. (짐 아파로 및 딕 지오다노 작, 1993년 7월자 1993년 7월자 《배트맨 497호》 중에서)

고, 베인은 패배했으며 아캄의 악당들은 다시 체포되었다. 질서가 회복되었다는 사실을 알게 된 고담 시민들은 편히 쉴 수 있게 되었다.

그러나 고담시의 주민들은 편집진이 '아즈뱃츠Az-Bats'라고 부른 장 폴 밸리가 배트맨의 범죄와의 전쟁에 굉장히 다른 방식을 사용하리라는 사실을 전혀 모르고 있었다. 잠재의식 속의 시스템에 정신적으로 조종을 받은 밸리는 스스로를 복수 천사로 여기고 고담시에서 범죄를 몰아내는 일을 문자 그대로 십자군 전쟁으로 여기기에 이른다. 옛 배트맨의 배트랭과 유틸리티 벨트, 그리고 배트모빌은 면도날처럼 예리한 투사체와 갑옷, 그리고 로켓 추진식 탱크로 교체되었다.

잔혹한 아즈라엘이 사냥감을 찾아다니는 동안 그의 방식은 점점 어둡고 잔인해지며, 도시의 범죄율은 급격히 떨어지고 고담시의 범죄자들은 배트맨을 전례 없이 두려워하게 된다. 캣우먼과 조커와 같은 오랜 적들과 브루스 웨인의 여러 친구와 동료들은 배트맨의 변화를 눈치챈다. 고담시의 거친 형사인 하비 불록Harvey Bullock은 배트맨의 새로운 방식을 환영하지만, 고든 국장은 위험한 가짜가 원조 배트맨의 자리를 빼앗은 게 아닌지 의심하기 시작한다.

그런 위기감은 켈리 존스가 그린 '나이트폴'의 충격적인 표지들에 잘 반영되어 있다. "전 독자들이 살짝 보기만 해도 브루스 웨인이 당시 배트맨이 아니라는 사실을 알길 바랐습니다." 존스의 지적이다. "그래서 저는 표지에 으레 등장하는 전형적인 영웅의 행동을 무시무시하고 폭력적인 행동들로 대체했죠." 그런 표지 중 하나는 배트맨을 꺾는 베인의 모습을 그대로 투영하면서 아즈라엘의 새 배트맨이 로빈을 자신의 단독 십자군 활동에 장애물로 여기고 압박하는 모습을 묘사하는 표지다. "원래는 서로 얼굴을 맞대고 노려보는 표지로 그렸습니다." 존스의 말이다. "하지만 단순히 사람들에게 충격을 주는 것만이 아니라, 독자들이 퍼니셔 같은 배트맨을 반기기보다는 브루스를 그리워하도록 만들 필요가 있다고 느꼈습니다. 전 기사로서의 배트맨을 좋아합니다. 배트맨이 살인 청부업자가 되는 건 바라지 않았어요. 그래서 그런 방향으로 갔습니다."

아즈뱃츠가 고담시의 범죄자들을 청소하는 동안, 브루스 웨인은 '나이트퀘스트KnightQuest'라는 독립 크로스오버 줄거리에서 자신만의 십자군 원정을 떠난다. 움직임이 제한되는 상황에서도 브루스는 자신의 물리 치료사인 숀드라 킨솔빙을 찾아낼 수 있었다. 킨솔빙은 그동안 그녀의 숨겨진 치유 능력을 이용해 돈을 벌려고 했던 이복동생에게 납치된 상태였다. 브루스의 구출 시도는 실패로 돌아가지만, 킨솔빙은 자신의 치유력을 모두 써서 브루스의 부러진 척추를 낫게 해 주고 대신 자신의 힘과 온전한 정신을 희생한다.

고담시로 돌아온 브루스는 자신이 손수 고른 계승자가 그동안 폭력적으로 변해갔다는 사실을 알고 충격에 빠진다. 독자들도 아즈뱃츠가 필요 이상으로 오랫동안 있었다고 느꼈다. "우리는 팬들이 생각하는 완벽한 배트맨에 대한 생각이 잘못된 것이라는 점을 팬들에게 보여줄 예정이었고, 정말로 보여주었죠. 그게 바로 우리의 계획이었습니다." 딕슨이 시인하며 한 말이다. "우리는 정말로 독자들이 이번 변화가 영구적인 것이라고 믿게 만들고 싶었습니다. 심지어 실제보다 6개월 더 그 상태로 놔둘 예정이었죠. 하지만 아즈뱃츠에 대한 부정적인 반응 때문에 판매량이 극적으로 떨어지기 시작한 터라 우리는 계획을 수정했죠."

"제 생각에는 우리가 '나이트폴'의 성공에 너무 고무된 나머지 타락해버린 배트맨 계승자에 대한 환상적인 이야기를 풀어나갈 수 있는 시간적 여유를 충분히 벌었다고 짐작했던 것 같습니다." 고핀켈의 설명이다. "하지만 '나이츠엔드KnightsEnd'를 준비할 때쯤에는 우리도 이미 아즈뱃츠가 필요 이상으로 오랫동안

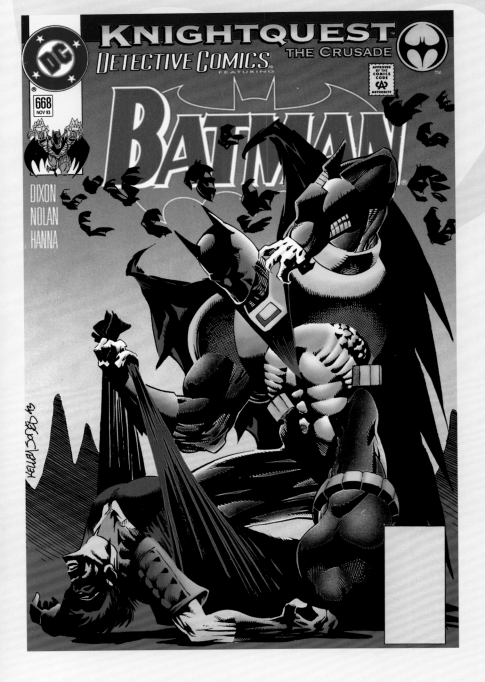

아래 배트맨을 꺾은 베인의 구도를 그대로 옮긴 켈리 존스의 무시무시한 표지에서 아즈라엘은 로빈을 제압한다. (켈리 존스 작. 1993년 11월자 《디텍티브 코믹스 668호》)

있었다는 걸 알고 있었고, 피로감이 생겨나고 있었죠. 팬들은 브루스 웨인을 그리워했어요. 우리도 브루스 웨인을 그리워했고요."

　그러나 열 편짜리 미니시리즈 '나이츠엔드'에서 이루어진 브루스 웨인의 귀환은 쉬운 과정이 아니었다. 아즈뱃츠가 쉽게 배트맨 망토를 넘길 뜻이 없었기 때문이다. 브루스 웨인은 결국 자신의 찬탈자에게 승리를 거두는 데 성공하지만 그를 꺾고도 전혀 기뻐하지 않았다. 전혀 준비되지 않은 상태였던 아즈라엘에게 역할을 맡긴 것이 잘못이라는 사실을 깨달았기 때문이다. 아즈라엘을 경찰에 넘기는 대신 배트맨은 그에게 구원을 찾아 떠날 기회를 주고, 이제는 배트맨과 아즈라엘 모두 인생에 자리한 어둠을 뒤로 남겨두고 새 출발을 할 때가 됐다고 여긴다.

　"'나이트폴'은 우리와 배트맨 모두에게 교훈을 주었습니다." 편집자 스콧 피터슨 Scott Peterson 의 말이다. "그리고 그 교훈들 가운데 일부는 오래가지 않았죠. 늙은 박쥐에게 새로운 재주를 가르치는 건 어려운 일이었어요."

　"하지만 중요한 건 그게 바로 배트맨을 인간적으로 만들고, 우리가 가장 열망하는 영웅들 중 하나로 만드는 점이라는 겁니다. 그는 슈퍼맨이나 원더우먼처럼 신이 아닙니다. 그는 인간이고 우리가 열심히 노력하면 될 수 있는 존재죠. 내면과 외면 모두 상처 입을 수 있다는 점은 배트맨을 오히려 강하게 만들고, 우리가 그를 더욱 좋아하게 만들었습니다."

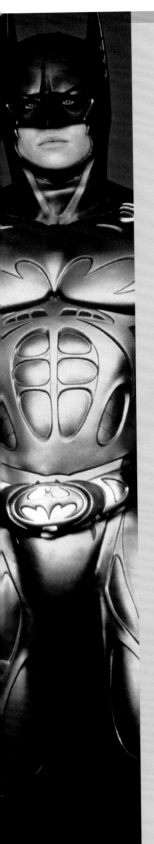

13. 배트맨의 승리

배트맨 만화가 80년대 말과 90년대 초에 실험적인 시도와 창의성 증진의 수혜를 누리는 동안 어둠의 기사는 박스 오피스에서도 힘을 키워갔다.

팀 버튼의 〈배트맨〉 성공은 워너 브러더스의 기대치를 한껏 넘어서는 수준이었고, 결국 그 영화는 당시 역사상 다섯 번째로 높은 수익을 올리며 상영을 마무리했다. 워너 브러더스는 즉시 속편 제작을 원했지만, 계약상으로 더 이상의 배트맨 영화를 감독해야 할 의무가 없었던 버튼의 뜻은 달랐다. "전 상당히 지친 상태였고, 영화에서 뭘 표현할 수 있을지 몰랐습니다." 버튼의 말이다. "어떤 감독이든 처음으로 대규모 작품을 찍고 나면 약간의 충격에 빠진다고 말할 것 같습니다만 전 여전히 영화 제작 직후 우울증을 앓고 있었죠."[1]

버튼은 대신 각본가 캐롤라인 톰슨 Caroline Thompson과 함께 만들어낸 이야기에 기초하여 〈가위손 Edward Scissorhands〉이라는 소규모의 개인적인 작품을 20세기 폭스에서 만들었다. 한편 워너 브러더스는 배트맨 영화의 밝은 미래에 여전히 주목하고 있었고 샘 햄을 고용해 속편의 대본을 작업하게 했다. 스튜디오에서는 배트맨이 이번에는 두 명의 적과 싸워야 한다고 결정했기 때문에, 햄의 대본에서는 캣우먼과 펭귄이 힘을 합쳐 겨울의 고담시에서 숨겨진 보물을 찾는 동안 배트맨에게 누명을 씌울 계획을 짜는 것으로 함께 등장했다.

버튼이 〈가위손〉의 작업을 끝내자, 당시 워너 브러더스의 제작 파트너였던 데니스 디 노비 Denise Di Novi가 〈비틀쥬스〉나 〈배트맨〉의 속편 둘 중의 하나를 제작할 선택권을 제안하며 버튼에게 접근했다. 그는 한 가지 비밀스러운 이유 때문에 또 다른 고담시 모험담을 작업하기로 했다. "난 동물 인간들이 좋거든요?" 버튼의 말이다. "배트맨, 펭귄, 캣우먼 등 동물 인간들이라는 개념이 좋아요. 그래서 만화 중에서 동물 인간들이 무더기로 나오는 배트맨을 가장 좋아했어요."

배트맨 이야기를 햄의 대본보다 더 어두운 방향으로 이끌고 싶었던 디 노비는 블랙 코미디 영화 〈헤더스 Heathers〉의 각본가 다니엘 워터스 Daniel Waters를 찾았다. 그는 버튼과 비슷한 삐딱한 감수성을 가지고 있었

고, 배트맨보다는 악당들에게 더 큰 초점을 맞춘 이야기로 바꿨다. 옛날 애덤 웨스트 TV 드라마의 에피소드 두 편에서 영감을 얻은 워터스는 펭귄이 고담시의 전력을 빨아들일 거대한 시설을 지을 계획을 가지고 있는 사악한 지방 유력자 맥스 쉬렉 Max Shreck 의 지원을 받아 고담시 시장 선거에 출마한다는 줄거리를 고안했다. "저는 우리가 사는 세상의 진정한 악당들은 꼭 이상한 복장을 입지 않는다는 사실을 보여주고 싶었습니다." 각본가의 말이다.[2]

워터스의 대본은 펭귄을 점잔 빼는 "범죄의 귀족"에서 부모에게 버림받고 하수도에 살면서 세상을 증오하는 사악한 인물인 오스왈드 코블팟으로 탈바꿈시켰다. 또한 워터스는 캣우먼을 새롭게 해석했다. 셀리나 카일은 쉬렉의 비서로 일하는 똑똑하지만 온순한 독신녀다. 셀리나가 고담시의 전력을 독차지하려는 계획을 우연히 알게 되자, 쉬렉은 그녀를 창문 밖으로 밀어 버린다. 그러나 쉬렉은 입막음을 한 것이 아니라 셀리나를 잔인한 세상에 벌을 내리는 위험한 복수

자로 재탄생시켰을 뿐이었다. 죽음을 면하고 부활하여 새로 자신감을 얻은 셀리나는 고담시의 지붕 위에서 캣우먼으로 변장한 채로 배트맨과 싸운 뒤 사랑에 빠진다.

"팀은 캣우먼에 대한 저의 해석을 정말 마음에 들어 했어요." 워터스의 말이다. "제 해석은 만화와는 아무 관련이 없습니다. 많은 사람들이 강한 여성 역할을 글로 쓸 때 주먹질하고 사내들이 말할 법한 방식으로 욕을 하면서 폼을 잡게 하는 실수를 범합니다. 전 캣우먼을 자신만의 정신 세계를 가진 여성으로 표현하고 싶었습니다. 그녀는 단순히 영화에 액션을 집어넣기 위해서 사람들을 해치고, 미친 짓을 하는 게 아니라 정신적인 문제를 발산하기 위해 그런 행동을 합니다."[3]

버튼과 다시 함께하게 되어 기뻤던 키튼은 이번에는 배트맨 연기와 해석을 미세하게 조정할 수 있겠다고 느끼면서 역할을 다시 맡는 데 동의했다. "스토리, 아이디어도 괜찮았고, 속편을 만들기에 적기였습니다." 키튼의 말이다. "처음에 우리가 모여 앉아서 속편이나 또 다른 배트맨 역에 대해 이야기했을 때 전 똑같은 것을 되풀이하고 싶지는 않다고 했어요. 우리가 제 배역에 더 많은 것을 담아야 하고 캐릭터를 더 풍부하고 생생하며 명확하게 만들어야 한다고 생각했죠. 전 배트맨을 약간 밝게 만들어주고 싶었고, 그래서 유머러스한 장면들이 조금 더 들어갔습니다. 블랙 코미디라고 해도요."[4]

그로테스크한 코블팟 역을 위해 대니 드비토 Danny DeVito 가 기용되었고, 버튼과 마찬가지로 미친 이방인을 바라보는 드비토의 시각에도 어느 정도의 동정심이 들어 있었다. "펭귄은 사실 대단히 똑똑한 사람입니다. 항상 인정받길 원하는 사람이죠." 드비토의 말이다.

208쪽 왼쪽 〈배트맨 포에버〉에서 배트맨을 연기한 발 킬머의 모습.
208쪽 아래 마틴 A. 클라인이 그린 〈배트맨 리턴즈〉 설정화에서 배트시그널이 웨인 저택 위의 밤하늘을 밝히고 있다.

209쪽 대니 드비토는 〈배트맨 리턴즈〉의 펭귄 역으로 완벽했다.

맞은편 위 토마스 W. 레이 주니어가 그린 설정화에서 코블팟 가족이 크리스마스 맞이를 준비하고 있다.
맞은편 아래 마틴 A. 클라인이 그린 설정화에서 아들의 탄생 소식을 기다리는 오스왈드 코블팟의 아버지.

오른쪽 위 힘을 합친 셀리나 카일(미셸 파이퍼)과 오스왈드 코블팟(대니 드비토).

맞은편 위 토마스 W. 레이 주니어가 그린 선거 사무실 위층에 있는 펭귄의 거처 설정화.
맞은편 아래 토마스 W. 레이 주니어가 그린 펭귄의 선거 사무실 설정화.

위 자크 레이가 그린 펭귄의 시장 선거 포스터 설정화들.

위 마이클 앤소니 잭슨이
그린 스토리보드에서
고담시의 지붕 위를 넘어
다니는 캣우먼.

"그는 자신의 정신 세계와 현실 세계 양쪽에 사는 친구입니다. 제가 하고 싶은 말은 그 부모들이 갓난 아이를 그냥 흘깃 보고는 완전히 버리지 않았냐는 말입니다. 만약에 부모가 그 흉측한 '펭귄 소년'의 내면에 한 명의 인간이 들어 있다는 사실을 이해하려고 시도했다면 그는 또 다른 아인슈타인이 되었을지도 모릅니다."[5]

1922년 작 독일 표현주의 흡혈귀 영화인 〈노스페라투 Nosferatu〉의 주연이었던 배우 막스 쉬렉의 이름을 딴, 발전소에 미친 사업가인 쉬렉 역은 크리스토퍼 월켄 Christopher Walken 이 맡았다. 낯선 위협이 스며나오는 배

역들에 누구보다도 익숙한 오스카상 수상자는 쉬렉의 새하얀 가발과 누르스름한 안색이 처음부터 정해져 있었다고 설명한다. "우리가 처음 만났을 때, 팀은 나에게 옛날 영화 속 빈센트 프라이스 사진들을 보여주었습니다." 월켄의 말이다. "팀은 그의 의상과 머리에 매혹되어 있었어요. 쉬렉도 그런 모습을 갖길 바랐죠."[6]

셀리나 카일 역할은 아네트 베닝 Annette Bening 이 맡을 예정이었지만, 촬영 직전에 임신하면서 빠지고 대신 미셸 파이퍼 Michelle Pfeiffer 가 역할을 맡게 되었다. 파이퍼는 당시 최고의 박스 오피스 스타 중 한 명이었고

〈위험한 관계 Dangerous Liaisons〉와 〈사랑의 행로 The Fabulous Baker Boys〉를 통해 아카데미상 후보에 두 번이나 오른 바 있었다.

"가면이나 의상이나 모든 걸 딱 맞게 만들어 놓았는데 아네트가 임신했다는 소식을 듣고 우리 모두가 혼란에 빠졌었죠." 디 노비의 말이다. "미셸은 배역을 맡는 일을 정말 기뻐했고, 맡겠다는 의지가 정말 강했습니다. 굉장히 빠르게 참여했어요. 너무나 빨랐던 나머지 우리가 아네트를 위해 만들어놓았던 소품들 일부를 꺼내 써야 했고, 채찍 사용법과 체력 단련을 곧바로 시작해야 했죠."

"캣우먼은 제가 제일 좋아했던 어린 시절 영웅이었거든요." 파이퍼는 덧붙인다. "전 TV 드라마를 보면서 캣우먼이 나오길 기다리곤 했는데, 제가 원하는 것만큼 나오는 법이 없었죠. 그녀는 여성 역할의 모든 고정 관념을 깨버렸던 것 같아요. 굉장히 충격적이고 금지된 모습이었습니다. 그리고 당시 전 제 성별에 대해 심각하게 자각해가고 있던 무렵이었고, 캣우먼은 보기만 해도 스릴 넘쳤습니다."[7]

크레딧에는 올라가지 않았지만 〈케이프 피어 Cape Fear〉의 웨슬리 스트릭 Wesley Strick 이 대본 수정에 참여한 바 있었다. 그 대본에는 로빈이 십대 정비사 소년으로

맨 위 〈배트맨 리턴즈〉의 옥상 장면 촬영 중에 팀 버튼과 상의하는 미셸 파이퍼와 마이클 키튼.
왼쪽 위 캣우먼으로 변화하기 전에는 서투른 비서였던 셀리나 카일.
오른쪽 위 가까워진 브루스(키튼)와 셀리나(파이퍼).

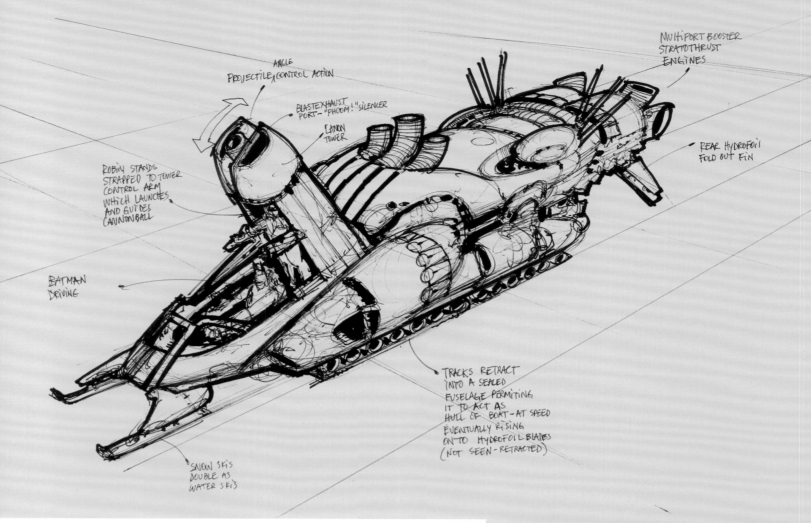

ANGLE
PROJECTILE/CONTROL ACTION

BLAST EXHAUST
PORT - "PHOOM!" SILENCER

CANON
TOWER

ROBIN STANDS
STRAPPED TO TOWER
CONTROL ARM
WHICH LAUNCHES
AND GUIDES
CANNONBALL

MULTIPORT BOOSTER
STRATOTHRUST
ENGINES

REAR HYDROFOIL
FOLD OUT FIN

BATMAN
DRIVING

TRACKS RETRACT
INTO A SEALED
FUSELAGE PERMITING
IT TO ACT AS
HULL OF BOAT - AT SPEED
EVENTUALLY RISING
ON TO HYDROFOIL BLADES
(NOT SEEN - RETRACTED)

SNOW SKIS
DOUBLE AS
WATER SKIS

> "한때 위대한 대도시였지만 사리사욕을 채우는
> 악당들이 초래한 부패 때문에 몰락한 도시의
> 장관을 연출하고 싶었습니다."

위 자크 레이가 그린 배트맨의 스키 보트 설정화. 그 장비는 펭귄의 하수도 기지에 침투하는 용도로 쓰였다. 비록 이번에도 출연은 좌절되고 말았지만 설정화 상에는 무기를 조작하는 로빈이 함께 그려져 있는 것을 볼 수 있다.

맞은편 위 크리스마스 기념 연설 중이던 맥스 쉬렉을 펭귄의 부하들이 방해하는 장면의 무대인 고담시 광장 설정화.
맞은편 아래 〈배트맨 리턴즈〉의 고담시 광장 세트장.

설정되었고 말런 웨이언스 Marlon Wayans가 연기하기로 결정되었지만, 로빈은 촬영이 시작되기 전에 삭제되었다. "대본에 넣을 자리가 없었습니다." 디 노비의 말이다. "펭귄, 캣우먼, 배트맨의 삼각 관계가 주가 됐습니다. 그 이상 넣기에는 너무 많았어요."

버튼은 비록 〈배트맨 리턴즈 Batman Returns〉가 현대 역사상 가장 성공적인 영화의 후속편임에도 불구하고 독자적인 작품으로써 입지를 가져야 한다고 생각했다. "〈배트맨 리턴즈〉는 〈배트맨〉의 속편이 아닙니다." 버튼의 말이다. "첫 번째 영화의 끝부분에서 이어가지 않죠."[8]

파인우드로 돌아가는 대신, 제작 세트장은 버튼의 고향인 캘리포니아 버뱅크에 있는 워너 브러더스 부지에서 이루어졌다. 미술 감독들인 톰 더필드 Tom Duffield, 릭 하인리히 Rick Heinrichs, 그리고 〈비틀쥬스〉와 〈가위손〉을 맡았던 프로덕션 디자이너인 보 웰치 Bo Welch가 고담시를 다시 디자인하고 제작했다. 불규칙적

으로 뻗은 고담 광장 세트장은 워너 브러더스의 부지에서 가장 큰 16번 무대에 12주간의 건설 기간을 거쳐 세워졌다.

"사전 제작 단계가 시작됐을 때 우리에겐 아직 최종 대본이 없었기 때문에 캐릭터들과 분위기, 플롯, 세트장에 대해 넓은 의미로만 이야기했죠." 웰치의 말이다. "하지만 버튼과 함께라면 우린 언제나 버튼이 직접 그리는 아름다운 캐릭터 설정화를 가지고 시작할 수 있었죠. 버튼이 그린 배트맨, 펭귄, 맥스 쉬렉, 캣우먼, 기타 등등의 그림들은 끝없이 대화를 나눠야 할 필요성을 없애주었어요. 저는 곧바로 등장인물의 맥락을 어떻게 하면 가장 잘 반영할 수 있을지 고민하는 작업에 착수할 수 있었죠. 그들은 어떤 세상에서 살고 있을까? 예를 들어서 저는 맥스 쉬렉을 흡혈귀 기업가로 여겼기 때문에 그의 사무실 벽들은 관 내부에 두르는 천처럼 생겼죠."

고담시의 경우, 웰치와 그의 사람들은 〈배트맨〉 속 도시의 모습을 재현하는 한편 또다시 파시스트 건축물들과 1920년대 말의 서유럽 건축물, 독일 표현주의에서 영감을 얻었다. "한때 위대한 대도시였지만 사리사욕을 채우는 악당들이 초래한 부패 때문에 몰락한 도시의 장관을 연출하고 싶었습니다. 파시스트 건축물이 가미된 쇠락한 모습을요." 웰치의 말이다. 더필드는 거기에 이렇게 덧붙인다. "파시즘스러운 분위기를 강화하기 위해서 모든 것을 실제보다 키웠습니다. 우리는 높이 16피트짜리 교회 문을 만들었습니다. 모든 게 현실보다 과장된 크기였지만, 배트맨 자

체가 그런 존재니까요. 고담시는 현실보다 훨씬 거대
했습니다."

크리스마스 무렵이라는 시간적 배경은 디자이너
들이 겨울의 색상 범위 내에서 작업하도록 만들어주
었다. 고담시는 주로 어둠에 잠겨 있고, 부분적으로 눈
으로 덮인 곳이 될 것이었다. "녹색으로 경계선을 다
듬거나 하지 않았습니다." 하인리히의 말이다. "여러
면에서 흑백의 기조를 유지했죠. 모든 것이 시각적 감
성을 담고 있었습니다."

그 감성은 고담시의 버려진 동물원 지하에 숨겨
진 펭귄의 은신처에도 적용되었다. 세트장을 짓기 위
해 제작사에서는 근처에 있던 유니버설 스튜디오의
12번 무대를 임대했는데, 그곳은 회사의 부지 가운데
가장 거대한 곳이었다. "살면서 가본 세트장 중에 가
장 냄새나는 곳이었습니다. 진짜 펭귄들을 썼기 때문
에 펭귄들과 조련사들을 위한 특별한 펭귄 정비 구역
이 필요했고, 우리가 급조한 물탱크에서는 물이 줄줄
샜죠." 더필드의 말이다.

드비토는 또 다른 불편을 참아야 했다. 특수 분
장 분야의 전설적인 인물인 스탠 윈스턴^{Stan Winston}과 그

218-219쪽 토마스 W.
레이 주니어가 그린
〈배트맨 리턴즈〉
설정화들에는 영화의 겨울
배경과 파시스트풍 건축이
잘 드러나 있다.

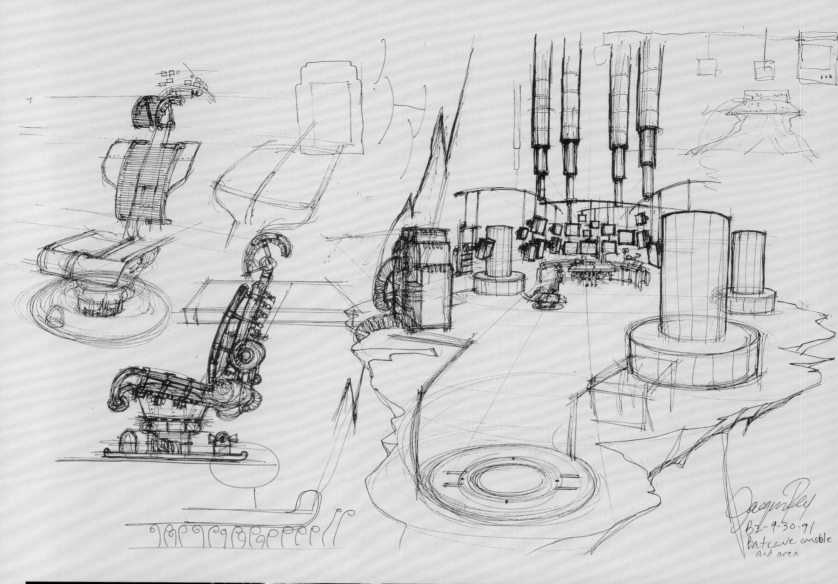

SEVERAL
CRAY
SUPERCOMPUTERS

220-221쪽 〈배트맨
리턴즈〉의 배트케이브
초기 설정화와 최종
설정화. 팀 버튼의
전작보다 훨씬 많은
제작비가 들어갔다.

맞은편 아래 〈배트맨
리턴즈〉 촬영 중간의 휴식
시간에 마이클 키튼이 팀
버튼의 지시를 듣고 있다.

PENGUIN'S HIDEOUT
THE OLD ABANDONED ANTARCTIC HABITAT
BM2   M. KLINE '91

의 팀이 제작한 펭귄 의상을 입고 벗는 것에 매일 네 시간 반 이상 소모됐다. 드비토가 입은 커다란 부피의 전신 의상은 20파운드의 실리콘으로 채워졌고 그의 몸 실루엣을 실제 펭귄과 더욱 닮게 바꾸어놓았다. 또한 드비토는 버튼이 원했던 펭귄의 끈적한 모습에 부합하기 위해 보형물 코와 날카로운 가짜 치아를 착용하고 머리카락에는 기름을 발랐다.

한편 파이퍼는 촬영 중 12시간 이상 입고 있어야 했던 몸에 착 달라붙는 캣우먼의 라텍스 의상 속에 들어가기 위해서 전신에 활석 가루를 뿌려야 했다. 그녀는 다른 방식으로도 캐릭터에 대한 열정을 보여주었다. 특히 캣우먼이 펭귄의 애완 새를 위협하는 장면에서 파이퍼는 비범한 수준의 행동까지 보여주었다. "그녀는 살아 있는 새를 입에 넣었다가 날려 보내기까지 했습니다." 버튼의 말이다. "새를 입 속에 30초 동안 넣고 있었습니다. 그게 진짜 배우가 가진 에너지죠. 안전 문제는 전혀 없었습니다. 영화 제작 기간 동안 다친 동물은 전혀 없습니다. 사람들만 다쳤을 뿐이었죠."

발포 고무로 만든 키튼의 배트슈트도 비록 여전히 행동에 제약을 주긴 했지만 첫 영화보다는 매끄럽게 개선되었다. "전 상반신을 더 크고 대담하고 강하

게 움직였는데 효과가 있었습니다." 키튼의 말이다. 그와 별도로 화면상의 배트맨을 더 위협적으로 보이게 만들기 위해서 그는 캐릭터에게 신비감을 더해줄 수 있으리라는 판단하에 대사의 상당 부분을 손수 삭제했다. "화면상에서 그 의상이 갖고 있는 이미지의 힘을 깨달은 뒤부터 그걸 적극적으로 활용했죠." 그의 말이다.[9]

비록 촬영은 이른 가을에 무더운 캘리포니아 남부에서 시작되었지만 배우들과 제작진은 고담시의 추운 크리스마스 배경에 잘 몰입했다. 버튼은 영화의 시간적 배경에 맞춰 배우들의 입에서 입김이 나오는 것을 보고 싶어 했다. 하지만 CG 기술이 발전하기 전이었던 그 시절에 그것은 무대의 기온을 거의 영하까지 내려야 함을 뜻했다.

"냉방에만 백만 달러 이상을 썼습니다." 더필드의 말이다. "우린 습도를 높이기 위해 가습기를 동원했고, 그 다음에는 모든 것을 엄청 춥게 만들어야 했습니다. 가장 큰 무대를 모든 사람들의 입김이 보일 정도로 춥게 만들려면 약 일주일이 걸렸는데, 단 한 사람이 대문을 통해 밖에 나가기만 해도 그 모든 작업이 허사가 됐습니다. 요즘이라면 그냥 디지털로 만들어서 추가하고 말겠지만 당시에는 진짜로 해야 했습니다."

맞은편 위 마틴 A. 클라인이 그린 설정화에서 볼 수 있듯이 펭귄의 기지는 원래 버려진 박람회풍 놀이공원에 위치할 예정이었다.
맞은편 아래 버려진 놀이공원의 폐허 한가운데 위치한 펭귄의 거대한 기지를 묘사한 팀 플래터리의 초기 설정화.

위 지하 기지의 무대 한가운데에 선 펭귄을 그린 팀 플래터리의 설정화.

〈배트맨 리턴즈〉의 영화미술

THE ART OF
BATMAN
RETURNS

앞 쪽 팀 플래터리가 그린 펭귄의 비행용 우산 설정화.
왼쪽 자신의 가족 내력을 파헤치는 오스왈드 코블팟을 그린 토마스 W. 레이 주니어의 설정화.
위 자크 레이가 그린 펭귄의 오리 자동차 설정화에는 펭귄이 하수도에서 길거리로 올라올 때 사용할 수 있는 접이식 장치가 추가되어 있다.

Bulb
Lots of brass/horns

Single
Humongous
HEAD LAMP

맞은편 펭귄의 부하들이 사용하는 탈것들을 그린 자크 레이(오른쪽 위는 레이와 마틴 A. 클라인 합작)의 화려한 설정화들.
위 배트모빌을 원격조종할 때 펭귄이 사용하는 축소형 배트모빌의 스케치.

맞은편 팀 플래터리가 그린 펭권 기지 전경.
왼쪽 위와 오른쪽 위 마틴 A. 클라인이 그린 펭권 기지의 내부와 외부 전경.
아래 배트맨의 스키 보트가 펭권의 기지로 접근하는 모습을 담은 마틴 A. 클라인의 설정화.

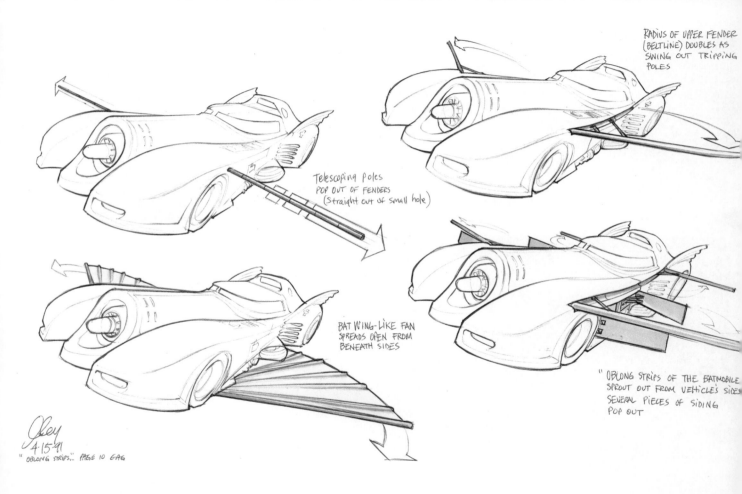

RADIUS OF UPPER FENDER
(BELTLINE) DOUBLES AS
SWING OUT TRIPPING
POLES

Telescoping Poles
POP OUT OF FENDERS
(straight out of small hole)

BAT WING-LIKE FAN
SPREADS OPEN FROM
BENEATH SIDES

"OBLONG STRIPS" OF THE BATMOBILE
SPROUT OUT FROM VEHICLE'S SIDES
SEVERAL PIECES OF SIDING
POP OUT

Oley
4·15·91
"OBLONG STRIPS..." PAGE 10 GAG

전투 상황에서 배트모빌에서 펼칠 수 있는 장대를 묘사한 자크 레이의 설정화.

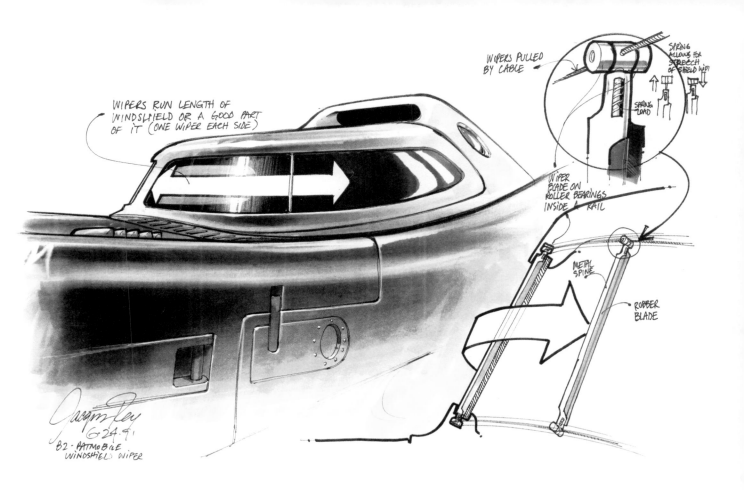

배트모빌의 차창 와이퍼를 그린 자크 레이의 설정화.

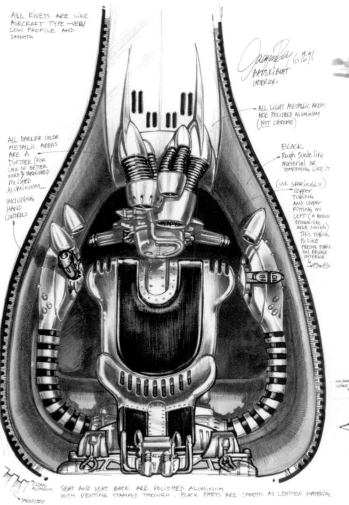

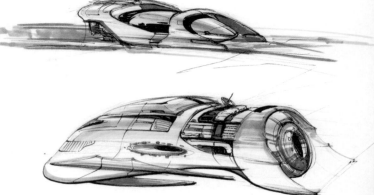

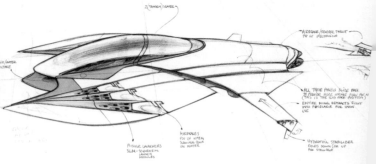

왼쪽 자크 레이의 배트맨의 스키 보트 내부 설정화.
오른쪽 위 팀 플래터리의 배트맨 스키 보트 설정화.
오른쪽 아래 자크 레이의 배트맨 스키 보트 설정화.

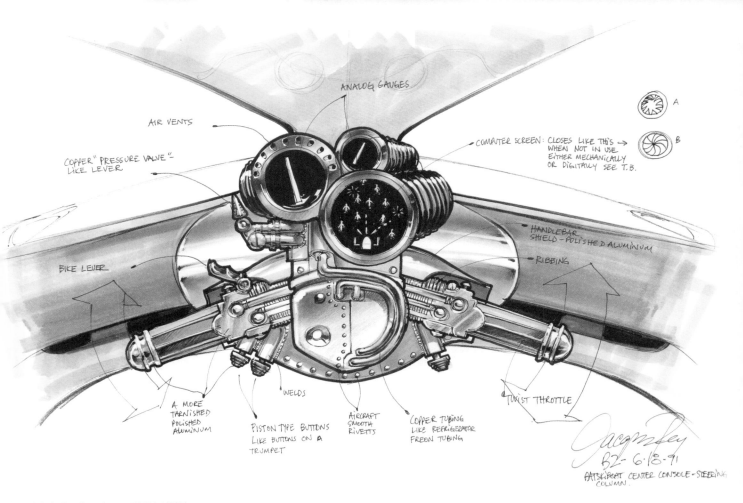

ANALOG GAUGES

AIR VENTS

COPPER "PRESSURE VALVE"-
LIKE LEVER

COMPUTER SCREEN: CLOSES LIKE THIS →
WHEN NOT IN USE
EITHER MECHANICALLY
OR DIGITALLY SEE T.B.

A

B

HANDLEBAR
SHIELD - POLISHED ALUMINUM

RIBBING

BIKE LEVER

A MORE
TARNISHED
POLISHED
ALUMINUM

WELDS

PISTON TYPE BUTTONS
LIKE BUTTONS ON A
TRUMPET

AIRCRAFT
SMOOTH
RIVETTS

COPPER TUBING
LIKE REFRIGERATOR
FREON TUBING

TWIST THROTTLE

Jacques Rey
B2 - 6/8-91
BATSKIBOAT CENTER CONSOLE - STEERING
COLUMN.

자크 레이의 배트맨 스키 보트 조종석 설정화.

감독 팀 버튼이 고담 시내 장소들을 구상하며 그린 낙서들.

그 냉방은 오스왈드 코블팟의 군대의 일부를 이루기 위해 불려온 실제 펭귄들에게는 안락한 조건을 만들어주기는 했다(그중에는 윈스턴 사단이 만든 애니매트로닉 인형들도 섞여 있었다). "가장 어려운 문제는 펭귄들이었습니다." 디 노비의 말이다. "그 자리에 데려다 놓고, 다른 곳으로 움직이지 않게 하고, 짝짓기 철에 대처하고 정신 나간 일이었죠."

〈배트맨 리턴즈〉는 1992년 6월 16일에 개봉했고, 박스 오피스 역사상 최고의 개봉 첫 주 수익 기록을 세웠으며 전 세계에서 2억 6천 8백만 달러의 수익을 올렸다. 영화에 대한 평가는 갈렸고, 많은 영화광들과 어린 자녀를 둔 부모들은 영화가 아이들이 보기에는 너무 어둡고 불쾌하다고 보았다. "여름 최고의 기대작이었던 〈배트맨 리턴즈〉는 좋은 뜻으로든 나쁜 뜻으로든 팀 버튼 감독의 우울한 상상력이 낳은 산물이다." 영화 평론가 케네스 투란Kenneth Turan이 당시 로스 앤젤레스 타임즈Los Angeles Times에 기고했던 평가다. "그의 어둡고 우울한 시각은 분명 볼만하지만 외향적이라기보다는 폐소공포증적이고 관객을 들뜨게 만들기보다는 억압하며, 영화를 질식시켜 거의 모든 즐거움을 앗아가 버린다."[10]

워너 브러더스는 영화사, 비디오 게임 개발사, 출판사와 판권 계약을 체결해 첫 번째 영화가 왜소해 보일 정도로 거대한 홍보 사업을 진행하며 소비자들의 기대를 한껏 올려놓았다. 그러나 많은 업체들은 PG-13 등급을 받은 영화의 내용이 어린아이들에게 상품을 파는 데 도움이 되지 않는다는 것에 의견을 같이했다.

"되돌아보면, 워너 브러더스에서는 영화에 아주 만족했던 것 같지는 않습니다." 버튼의 말이다. "첫 영화는 아주 성공적이었고 여러 가지 함정이 산재해 있었지만 전 그 점을 너무 많이 생각하지 않으려고 애쓰면서 그냥 재미있고 신나는 영화를 만들려고 했습니다. 전 〈배트맨 리턴즈〉를 아주 좋아합니다. 첫 번째 영화보다 더 좋아해요. 너무 많이 어둡다는 반발을 샀습니다만, 제 눈에는 오히려 첫 영화보다 덜 어둡게 보입니다."[11]

버튼은 세 번째 배트맨 영화까지 감독할 생각을 잠시 했었지만, 스튜디오 측에서 넌지시 다른 길을 택하게 했다고 이야기한다. "지금도 기억에 남습니다. 워너 브러더스에 가서 회의를 하면서 다음에는 이걸 할 수도 있고, 저걸 할 수도 있다고 제 생각을 이야기했더니 모두의 반응이 이랬죠. '팀, 이제는 좀 더 작은 영화를 만들고 싶지 않나?' 한 시간 반쯤 회의가 진행된 뒤, 전 직구를 던졌습니다. '제가 속편 만드는 걸 원하지 않는 거죠?' 그랬더니 다들 손사래를 치면서 '아니, 아니, 아니. 그런 건 아니고…' 결국 회의를 그대로 마쳤죠."[12]

맞은편 위 토마스 W. 레이 주니어가 그린 설정화에서 볼 수 있듯이 펭귄의 기지에는 수상 이동 기구들과 펭귄들이 있으며 죄수들도 불편한 모습으로 붙잡혀 있다.
맞은편 아래 고담시의 혹독한 추위 때문에 오스왈드 코블팟의 남극관 기지 외벽이 얼어 붙었다. 팀 플래터리의 설정화.

아래 오스왈드 코블팟의 황제 펭귄 군단을 그린 팀 플래터리의 설정화.

"너무 많이 어둡다는 반발을 샀습니다만, 제 눈에는 오히려 첫 영화보다 덜 어둡게 보입니다."

전체 펭귄의 다양한 우산형 무기들을 그린 설정화들.

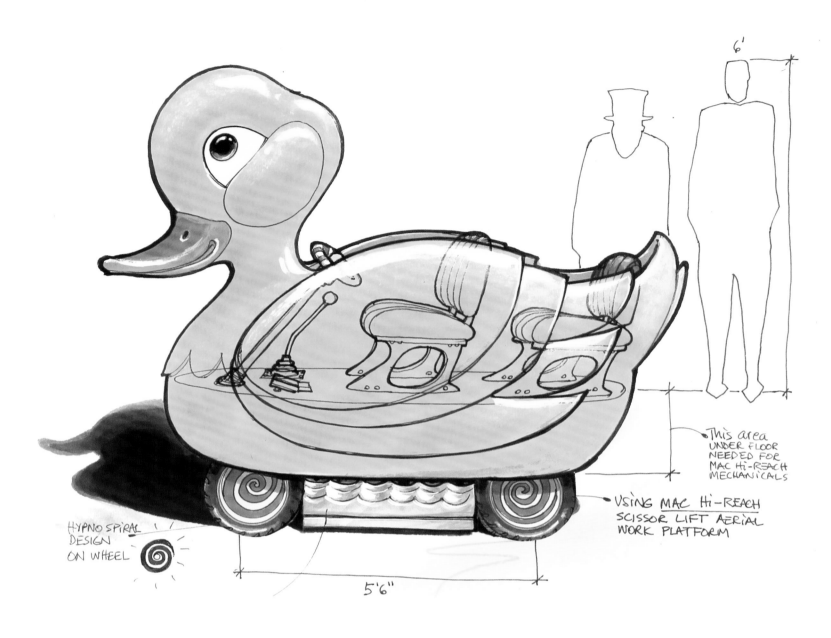

6'

This area UNDER FLOOR NEEDED FOR MAC Hi-REACH MECHANICALS

USING MAC Hi-REACH SCISSOR LIFT AERIAL WORK PLATFORM

HYPNO SPIRAL DESIGN ON WHEEL

5'6"

위 팀 플래터리가 디자인한 펭귄의 이동 수단인 거대한 오리 자동차.
아래 오리 자동차는 고담시의 광대한 하수도망을 이용하는 펭귄(대니 드비토)의 주요 이동 수단으로 쓰였다.

위 〈배트맨 포에버〉에서 새로운 배우가 배트슈트를 입게 되면서 복장도 새로 디자인하게 되었다. 마일즈 테베스가 그린 설정화.

맞은편 〈배트맨 포에버〉에서는 발 킬머가 배트슈트를 입었고, 로빈(크리스 오도넬)이 마침내 영화에 첫 등장했다.

1993년에 버튼은 하차했고 워너 브러더스는 새로운 감독인 조엘 슈마허Joel Schumacher를 다음 배트맨 영화의 감독으로 고용하면서, 청춘 영화 〈열정St. Elmo's Fire〉과 코미디 공포물인 〈로스트 보이The Lost Boys〉와 같은 성공적이고 절충적인 작품들에서 보여준 힘을 이어가길 바랐다. "첫 번째 배트맨 영화가 표준을 세웠지만 두 번째 영화는 분위기가 어두웠죠. 너무 멀리 갔습니다." 워너 브러더스의 국제 마케팅 홍보 부사장인 롭 프리드먼Rob Friedman의 말이다. "우리는 사람들이 지난 번보다 더 밝고 재밌는 새로운 배트맨을 기다리고 있다는 걸 알고 있었죠."[13]

그러나 슈마허는 버튼의 권유가 없었다면 배트맨의 감독을 맡지 않았을 것이라고 말한다. "한편으로는 생각했죠. '우아, 어렸을때 제일 좋아했던 배트맨 만화를 영화로 만들게 되다니!'" 슈마허의 말이다. "전 슈퍼맨 팬이었던 적이 없었어요. 배트맨이 훨씬 어두워서 좋았습니다. 저는 윗사람들에게 팀이 승인해주는 경우에만 맡겠다고 했습니다. 팀을 내쫓고 배트맨 영화를 만들 생각은 없었거든요. 나와 팀은 점심을 함께하게 됐는데, 팀이 나에게 말했습니다. '제발 맡아줘요.'"

버튼은 제작자로 남았고, 슈마허와 대본 초안을 작성한 부부 각본가인 리 배츨러Lee Batchler와 자넷 스콧 배츨러(Janet Scott Batchler, CBS TV 드라마인 〈맨하탄의 사나이The Equalizer〉에 참여)와의 초기 회의에도 직접 참석하기까지 했다. 이번 이야기에도 배트맨의 로그스 갤러리 가운데 두 명의 고전 악당들이 등장할 예정이었다. 이번에 등장하는 악당은 리들러와 투페이스였다. 그 2인조는 고담 시민들의 정신에 침투해 배트맨의 정체를 비롯한 모든 시민들의 비밀을 캘 수 있는 리들러의 발명품인 뇌파 장치의 개발비를 마련하기 위해 돈을 훔칠 계획을 짠다.

각본가들은 브루스 웨인의 상대는 리들러로, 배트맨의 상대는 투페이스로 만들고 싶어 했다. "브루스 웨인의 상대라면 근육이 그렇게 많이 필요하지 않죠." 스콧 배츨러의 말이다. "지혜와 마케팅 같은 사업가의 도구를 활용할 겁니다. 사업가들은 보통 직접 나가서 싸우지 않죠. 배트맨과 상대하는 악당의 경우에는 배트맨과 마찬가지로 육체적인 측면이 중요할 테고요."[14]

대본에 근거해서 제작 과정이 진행되고 있었지만 배츨러 부부는 다른 스튜디오와의 계약을 이행하기 위해 배트맨 프로젝트에서 떠나야 했다. 슈마허는 당시 존 그리샴John Grisham 원작의 스릴러인 〈의뢰인The Client〉을 멤피스에서 촬영하고 있었고, 그 영화의 각본가인 아키바 골즈먼Akiva Goldsman에게 배트맨 대본 속의 캐릭터들을 다듬어달라고 부탁했다. "그보다 빨리 승낙한 적이 없었죠." 골즈먼의 말이다. "저는 약간의 심리적인 현실성을 부여하기 위해서 시간을 들여가며 노력했는데, 일부는 끝까지 남았지만 일부는 아니었죠."

마이클 키튼은 세 번째 영화에서도 주연을 맡을 계획이었지만, 스튜디오와의 협상이 결렬되면서 키튼은 1994년 7월에 하차했다. 2017년의 키튼은 당시 배트맨을 포기하기로 결정한 이유에 대해 더욱 솔직한 대답을 내놓았다. "대본이 좋았던 적이 없었어요. 전 슈마허가 왜 그런 걸 넣고 싶어하는지 이해하지 못했죠. 그 사람이 '왜 모든 게 너무나 어두워야만 하죠?'라고 말했을 때부터 문제가 생길 거라는 것을 직감했습니다."[15]

새로운 배트맨을 찾는 슈마허의 시도는 굉장히 금방 끝났다. 1993년의 서부물인 〈툼스톤 Tombstone〉을 본 뒤 그는 즉시 발 킬머 Val Kilmer를 캐스팅했다. 발 킬머는 〈탑 건 Top Gun〉, 〈윌로우 Willow〉, 그리고 올리버 스톤 감독의 음악 전기 영화인 〈도어즈 The Doors〉 등 다양한 성공작에 출연한 배우였다. "그 주말에 〈툼스톤〉을 봤는데, 닥 홀리데이 역의 발 킬머가 너무 훌륭했고 영화에 검은 코트가 참 많이 나왔습니다." 슈마허는 영화에 등장하는 검은 코트를 보고 배트맨의 망토가 떠올랐다고 한다. "친구들에게 이렇게 말했던 게 기억나요. '발 킬머는 멋진 배트맨이 될 거야.' 그렇게 해서 캐스팅이 추진됐고, 전작의 배트맨보다 더 젊은 배우를 캐스팅하게 되었습니다. 그는 키튼보다 훨씬 젊었거든요."

"브루스 웨인은 항상 매력 넘치면서도 어둡고 고통받은 내면을 가지고 있는 인물이었습니다. 저는 발 킬머가 그 모든 측면을 연기할 수 있다는 점을 알고 있었죠." 슈마허는 덧붙인다.[16]

배역 제안을 받았을 당시 발 킬머는 남아프리카에 있었고, 그는 대본을 읽어보지도 않고 즉시 제안을 받아들였다. 킬머 자신의 말에 따르면 그는 만화를 읽어본 적도 애덤 웨스트의 드라마를 본 적 없었기 때문에, 킬머가 생각하는 배트맨의 모습은 주로 버튼의 영화 속 키튼의 모습이었다. 그러나 그는 배트맨에게 뭔가 모습을 찾을 기대에 부풀어 있었다. "배트맨은 아주 흥미로운 캐릭터입니다." 킬머의 말이다. "50년간 독자들과 관객들이 배트맨에게 흥미를 가진 데는 이유가 다 있죠. 매력적이고 활동적인 이미지 같은 것 말입니다. 동시에 두 명의 다른 사람을 연기할 수 있다는 점도 그냥 재미있는 수준이 아니었죠."[17]

리들러는 로빈 윌리엄스가 연기할 예정이었다. 배츨러 부부는 그가 이 배역을 맡는 것을 상정하고 대본을 쓴 상태였다. "로빈 윌리엄스는 배트맨 악당 역을 맡기로 약속받은 상태였습니다." 슈마허의 회상이다. "전 리들러를 쓰고 싶었고, 로빈 윌리엄스가 정말 현명하고 재미있으니 그 역할에 적임자라고 생각했습니다. 비록 리들러처럼 생기지는 않았지만, 연기력으

위 〈배트맨 포에버〉는 배트맨의 가장 위험하고 예측 불허인 악당 투페이스(토미 리 존스)와 리들러(짐 캐리)를 팀으로 엮어 위험을 한껏 고조시켰다.

맞은편 왼쪽 〈배트맨 포에버〉에서 투페이스와 리들러는 자신들의 기지에 침투하는 배트맨과 로빈을 막는 과정에서 개조된 배틀쉽 보드게임을 사용한다. 제임스 카슨의 설정화.

맞은편 오른쪽 니그마테크 본사 건물의 정면은 창업자인 리들러에 맞춰 대담하고 휘황찬란하며 초록색이 가미되어 있었다. 마틴 A. 클라인의 설정화.

로 충분히 해결할 수 있는 문제라고 생각했죠. 그래서 전 거의 세 번쯤 샌프란시스코로 가서 로빈과 점심을 먹었습니다. 그는 항상 말하곤 했습니다. '영화를 하긴 할 건데 지금 당장은 못 해요.' 그게 1년 넘게 이어졌습니다."

〈배트맨 포에버 Batman Forever〉라는 제목이 붙게 된 그 영화에 윌리엄스를 캐스팅하는 일이 스케줄 문제로 난항을 겪자 슈마허는 또 다른 천재 코미디 배우이자 만화 기반의 성공작인 〈마스크 The Mask〉에서 열연한 짐 캐리 Jim Carrey를 캐스팅했다. 프랭크 고신의 고전적인 리들러 묘사에 정통했던 캐리는 에드워드 니그마 Edward Nygma가 등장하는 장면들 속에서 으스스한 힘을 보여주었다. "짐 캐리는 한밤중에 거울 앞에서 맨몸으로 지팡이를 든 채 리허설을 했습니다." 슈마허는 덧붙인다. "그는 정말 유능한 연기자입니다. 캐리가 지팡이를 들고 취했던 빙빙 돌리는 것 같은 많은 행동들은 모두 그의 창작이었습니다."

오스카상 수상자이자 슈마허의 〈의뢰인〉에 등장했던 토미 리 존스(Tommy Lee Jones, 〈도망자 The Fugitive〉 출연)가 하비 덴트 역을 맡았고, 드류 베리모어 Drew Barrymore와 데비 메이저 Debi Mazar가 2인조 여자 부하들인 슈가와 스파이스 역을 맡았다. 특수 효과 마법사인 릭 베이커 Rick Baker는 당시로서는 최신의 그래픽 프로그램이었던 어도비 포토샵을 포함한 최첨단 기술을 활용해 투페이스의 외모를 만들었다.

"만화 속 투페이스는 눈이 커다랗고 여러 개의 치아가 노출되어 있는데, 그걸 구현하기 위해서 얼굴에 보형물을 부착하고 고무로 만든 치아를 붙이면 연기가 굉장히 제한되죠." 베이커의 말이다. "전 원래 콘택트렌즈를 사용해서 눈 아래의 피부를 당기고 싶었지만 토미 리가 받아들이지 않았죠. 그 배우는 분장 기술의 발전에 대해 잘 몰랐어요. 진한 분홍색을 포함

해서 거의 20가지에 달하는 수많은 기괴한 색상 분말을 사용해서 첫 분장 시험을 진행했습니다. 만화책 기반이었기 때문에 너무 현실적으로 보이게 만들고 싶지는 않았습니다. 특유의 광택과 방사능 같은 색깔은 의도된 것이었습니다."[18]

슈마허는 배트맨의 동료들 중 니콜 키드먼 Nicole Kidman을 브루스 웨인의 상대역이자 배트맨에게 매혹된 심리학자 체이스 메리디안 박사 Dr. Chase Meridian 로 캐스팅했다. 그리고 수많은 실패 끝에 마침내 로빈의 등장이 결정되었고, 25세의 인기 배우였던 크리스 오도넬 Chris O'Donnell이 딕 그레이슨으로 캐스팅되었다. 만화 속 기원을 유지하여 딕 그레이슨은 투페이스의 테러 공격으로 가족을 잃은 서커스 곡예 단원으로 설정됐다. 이후 브루스는 홀로 남은 그 청년을 집으로 데려온다.

"딕 그레이슨은 거리에서 집시 같은 삶을 살아

위 마틴 A. 클라인의 설정화에서 완전히 새로워진 배트케이브를 관리하는 알프레드.
가운데 출동을 준비하는 배트맨을 묘사한 〈배트맨 포에버〉의 스토리보드.

온 친구입니다." 1960년대 TV 드라마 속의 버트 워드의 로빈 연기를 보면서 자랐던 오도넬의 말이다. "그는 거칠고 건방지며 가족을 잃은 심각한 비극에 처해 있습니다. 그는 화난 상태고 복수를 원하죠."[19]

"로빈 없는 배트맨은 상상해본 적이 없었습니다." 〈배트맨 포에버〉에 놀라운 소년을 넣기로 결정했던 일에 대한 슈마허의 설명이다. "너무나 자연스러워 보였어요. 오도넬은 그 역할에 완벽했고, 뛰어난 재능을 갖고 있었죠. 그리고 다이나믹 듀오를 드디어 한 화면에서 볼 수 있게 되었다는 점 자체가 환상적이었습니다."[20]

슈마허와 제작자인 피터 맥그리거 스콧 Peter Macgregor-Scott 은 대담한 시각 효과와 더욱 대담한 연기를 담은 배트맨 영화를 만들 계획을 세우고 있었다. "전 영상으로 만화책을 만들어내고 싶었습니다." 슈마허의 말이다. "흰색으로 칸을 만드는 것까지는 가고 싶지 않았지만, 만화책의 각 장면이 주는 느낌과 효과를 재현할 수 있는 방식으로 움직임을 포착하고자 했죠. 컴퓨터 기술의 발전 덕분에 우리는 모든 건물들을 만들어내고, 만화책의 채색을 재현할 수 있도록 색감을 증폭시킬 수 있었습니다."[21]

더 밝고 아동 친화적인 배트맨 영화를 위해 호화로운 웨인 저택, 웨인 엔터프라이즈의 최첨단 사무실, 고담시의 제멋대로 뻗은 길거리, 배트맨과 투페이스의 극적인 공중 추격 장면의 배경이 되는 고담시 자유의 여신상에 이르기까지 각종 정교한 세트장이 지어졌다. 프로덕션 디자이너인 바바라 링 Barbara Ling 은 최신의 현대 건축물과 산업 시대의 디자이너 레이먼드 로위 Raymond Loewy 의 고전 작품들에서 세트장에 대한 영감을 얻었다. 세트장은 억만장자 은둔자인 하워드 휴즈 Howard Hughes 가 그의 유명한 비행기를 보관했던 캘리포니아의 롱 비치의 스프루스 구즈 돔 Spruce Goose dome 에 지어졌다.

"제 접근 방식은 고담시를 활짝 열어서 다양한 문화와 옛 건축물, 미래적인 건축물이 혼재되어 있는 광경을 통해 관객들이 실제 도시에서 찾을 수 있는 다양성을 느낄 수 있게 하는 것이었습니다." 링의 말이다. "전 고담시가 특정 시대로 고정된 것처럼 보이게 만들고 싶지 않았습니다. 배트맨 만화의 가장 위대한 측면 중 하나는 시대를 초월하는 점이니까요."[22]

의상 디자이너인 밥 링우드가 다시 돌아와 킬머의 배트슈트를 디자인하게 되었고, 배우의 캐릭터 해석에 부합하는 딱 맞는 실루엣을 가진 의상을 제작했다. "킬머는 표범처럼 날렵합니다." 링우드의 말이다. "그는 배트맨을 보다 관능적인 방식으로 연기했습니

중간 팀 플래터리는 〈배트맨 포에버〉의 배트모빌을 디자인할 때 〈에일리언〉의 콘셉트 아티스트, H. R. 기거의 작품에서 영감을 받았다. 맨 아래 새로운 배트모빌의 가장 극적인 특징을 꼽자면 칠흑 같은 밤에도 밝게 빛나는 노출된 엔진부일 것이다.

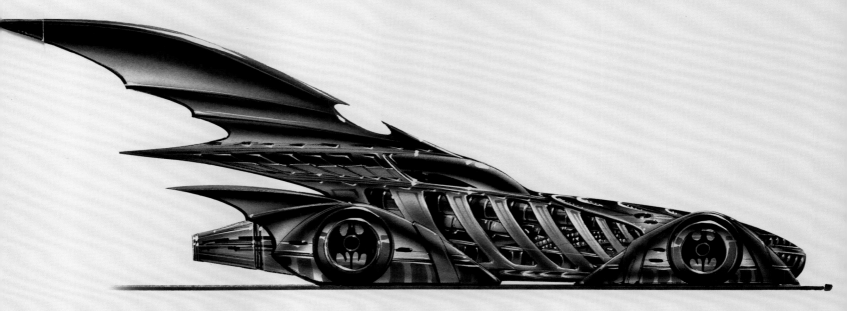

> "전 고담시가 특정 시대로 고정된 것처럼 보이게 만들고 싶지 않았습니다. 배트맨 만화의 가장 위대한 측면 중 하나는 시대를 초월하는 점이니까요."

다. 키튼의 경우에는 대조적으로 배트맨을 거칠고 폭력적으로 연기했죠."[23]

영화의 촬영은 캘리포니아 남부에서 100일 동안 진행됐고, 맨하탄에서 2주, 그리고 웹 해군 조선 공과 대학 Webb Institute of Naval Architecture 이 웨인 저택의 외부 모습으로 선정됨에 따라 롱 아일랜드에서 잠시 촬영됐다. 세트장에서 감독은 킬머가 혼돈의 바닷속에서 이성의 닻을 내린 존재로서의 브루스 웨인과 배트맨을 말수 적고 사려 깊은 인물로 잘 표현해 냈다고 말한다. "킬머는 우울한 생각에 잠겨 있다고 할 수 있습니다." 슈마허는 회상한다. "아주아주 복잡하죠. 자신만의 세계에 있다고 생각해요."

작곡가 엘리엇 골든탈 Elliot Goldenthal 이 배경 음악의 작곡가로 고용됐고, 슈마허는 그에게 전작에 사용된 대니 엘프만의 곡과 비슷해지는 것을 피해달라는 특별한 주문을 했다. "영화에서 모든 캐릭터들이 뚜렷하게 묘사되어 있던 점이 아주 도움이 되었습니다." 골든탈의 말이다. "영웅들은 영웅들이고, 악당들은 악당들이고, 광대는 광대 같았습니다. 오프닝 테마곡의 경우에는 강력한 힘과 비상하는 느낌을 담고 싶었습니다."[24]

이전 영화들과 마찬가지로 〈배트맨 포에버〉에서도 대중가요가 중요한 배경 음악 요소로 사용되었다. 〈배트맨 리턴즈〉의 경우 영국의 포스트펑크 밴드인 수지 앤 더 밴시스 Siouxsie and the Banshees 의 노래인 〈페이스 투 페이스 Face to Face〉를 브루스와 셀리나가 서로의 정체를

눈치채는 장면에서 사용한 바 있었다. 〈배트맨 포에버〉는 U2의 〈홀드 미, 스릴 미, 키스 미, 킬 미 Hold Me, Thrill Me, Kiss Me, Kill Me〉와 실 Seal 의 그래미상 수상곡인 〈키스 프롬 어 로즈 Kiss from a Rose〉 두 곡을 사용해 히트곡으로 만들었다.

영화는 1995년 6월 16일에 개봉했고, 전편들과 마찬가지로 개봉하자마자 대성공을 거두었다. 1억 8천 4백만 달러의 미국 내 수입을 거두면서, 픽사의 획기적인 컴퓨터 애니메이션인 〈토이 스토리 Toy Story〉의 뒤를 이어 1995년에 두 번째로 많은 수익을 거둔 작품이 되었다.

슈마허는 어린 관객들에게 적합한 형태의 배트맨을 만드는 데 성공했고 워너 브러더스는 지체없이 1997년 6월 개봉을 목표로 한 속편 제작 의뢰에 착수했다. 당시 슈마허는 각본을 맡은 골드먼과 함께 그리샴 원작 영화인 〈타임 투 킬 A Time to Kill〉에 참여하기로 한 상태였지만, 감독과 각본가 모두 〈배트맨과 로빈 Batman & Robin〉 계약을 바로 체결했다.

위 이 〈배트맨과 로빈〉 설정화에는 조엘 슈마허가 상상한 특별한 고담시의 모습. 번쩍이는 미래의 황금 도시가 잘 표현되어 있다. 타니 쿠니타케가 그린 설정화.

맞은편 션 하그리브스가 그린 〈배트맨 포에버〉의 설정화에서 볼 수 있듯이 대담하게 우뚝 선 웨인 엔터프라이즈 건물조차도 고담시의 스카이라인에서는 거대한 건물들 한가운데 갇힌 것처럼 보일 정도다.

SUBJECT: **Robin's Icemobile**
SUB:
SOURCE: Art Dept.
DATE: 8/22/96
COMMENTS:

후속편 계획은 1995년 8월에 시작되었지만, 제작진은 새로운 배트맨이 필요하다는 사실을 금방 알게 되었다. 킬머는 1997년 스릴러물인 〈세인트 The Saint〉에 출연하기 위해 한 편의 영화를 끝으로 고담시를 떠나게 되었다. 슈마허는 새로운 망토 두른 십자군의 모습을 조지 클루니 George Clooney에게서 찾았다. NBC의 인기 의료 드라마인 〈이알 ER〉로 에미상을 수상한 그 배우는 로버트 로드리게즈 Robert Rodriguez의 1996년 서부 흡혈귀물인 〈황혼에서 새벽까지 From Dusk till Dawn〉를 통해 영화 경력을 막 쌓기 시작했으며, 블록버스터의 주연을 맡는 것은 이번이 처음이었다.

클루니는 초기의 배트맨들과 달리 브루스 웨인을 '적응 잘한' 친구로 묘사하며 영화배우의 매력을 가득 담았다. "조엘과 이야기해서 동의를 구했던 부분이 한 가지 있다면 부모님이 죽는 회상 장면을 상당히 많이 빼는 것이었습니다. 4번째 영화이기도 했고, 그런 장면을 첫 세 편의 영화에서 많이 보았으며 어느 정도 과거를 이겨낸 모습까지 보았으니까요." 클루니의 말이다. "이제 약간 성장할 때가 된 겁니다. 앞으로 나아갈 때가 된 거죠."[25]

"클루니는 브루스 웨인과 배트맨에 신선한 인간미를 가져왔고 우리는 어둡고 자기중심적인 배트맨에서 물러나 더 성숙하고 친근한 배트맨을 만들었습니다." 슈마허의 말이다.[26]

오도넬의 로빈과 더불어 브루스 웨인은 알프레드의 가족 친구이자 부모를 자동차 사고로 잃은 어린 바바라 윌슨 Barbara Wilson을 동료로 받아들이게 되었다. 〈클루리스 Clueless〉로 스타가 된 알리샤 실버스톤 Alicia Silverstone이 배역을 맡은 바바라는 곧 배트걸이라는 슈퍼히어로로 신분을 얻게 된다. 그들은 함께 악의 무리들과 싸우게 된다. 포이즌 아이비(〈펄프 픽션 Pulp Fiction〉의 우마 서먼 Uma Thurman)이다. 서먼은 유혹적인 악당을 연기하는 동안 여배우 메이 웨스트 Mae West의 모습을 참고해서 연출했다. 서먼은 웨스트를 가리켜 '자신감과 평정심의 화신'이라고 묘사한 바 있다. 그녀는 배트맨과 로빈을 이간질하고, 그들은 그녀의 사랑을 받기 위해 질투하며 싸운다.[27]

"배트맨과 로빈은 온갖 일로 싸우죠." 오도넬의 말이다. "딕은 브루스의 그림자에서 사는 데 질린 상태입니다. 배트맨이 주인공이거든요. 딕은 생각하죠. '왜 나한테는 관심을 안 줘? 나도 나름대로 범죄와 싸우고 있다고.'"[28]

한편 냉정하고 말장난을 던지는 악당 미스터 프리즈를 연기한 아놀드 슈워제네거보다 존재감이 큰 배우는 없을 것이다. 그 액션 슈퍼 스타는 출연진 중 가장 높은 금액인 2,500만 달러를 받는 대가로 의상 제작자 테리 잉글리시 Terry English가 제작한 푸른 형광빛 전투복을 착용했다. 그 복장은 23개의 금속 부품으로 만들어졌고, 총 15벌이 제작되었다. "전 26킬로그램짜리 갑옷을 입고 11킬로그램짜리 냉동 가방을 메야 했

맞은편 〈배트맨과 로빈〉 속 놀라운 소년을 위해 의상 일러스트레이터인 마일즈 테베스는 배트맨의 복장 속 요소들을 도입하면서도 만화 속 나이트윙의 모습에서 영향을 받은 새로운 의상을 만들었다.

위 〈배트맨과 로빈〉에서 배트맨과 그 동료들은 새로운 특수 목적 차량들을 사용한다. 해럴드 벨커가 그린 로빈의 설상차도 그중 하나다.

왼쪽 위 마일즈 테베스가 그린 설정화에서 유혹적인 포즈를 취하고 있는 포이즌 아이비.

부록 마일즈 테베스와 수잔 자라테 등의 콘셉트 아티스트들이 그린 포이즌 아이비 설정화들.

오른쪽 위 포이즌 아이비로 분장한 우마 서먼.

맞은편 위 말장난을 좋아하는 미스터 프리즈 역을 맡은 아놀드 슈워제네거.

맞은편 아래 의상 디자이너 카를로스 로사리오가 그린 설정화에서 볼 수 있듯이, 미스터 프리즈의 죄수복은 전투용 강화복과 대조적으로 굉장히 전통적인 모습이다.

습니다."

슈워제네거의 말이다. "조지나 크리스가 겪은 곤경의 두 배를 겪었습니다." 하지만 슈워제네거는 출연에 동의한 시점부터 이미 그런 고생을 겪으리라는 점을 알고 있었다고도 말한다. "〈배트맨〉 영화에 출연한다는 것은 편히 쉴 수 없다는 말과 마찬가지죠."[29]

과장된 캐릭터 디자인은 프로덕션 디자이너 바바라 링이 속편에서 상상해낸 고담시의 모습과 궤를 함께한다. 동부권 건축물과 미래적인 디자인을 한데 묶은 고담시는 링의 표현에 따르면 '황홀경에 빠진 세계 박람회'와 같다. 미스터 프리즈의 무대를 만들기 위해서 링은 마일라 필름, 플라스틱, 심지어 은박지까지 동원해 세트장을 지었다. "전 얼음을 초현실적으로 굉장히 들쭉날쭉하고 뾰족하게 만들고 싶었습니다. 미스터 프리즈의 세트장에는 냉기, 연기 같은 것도 필요했는데 우리는 질소와 이산화탄소를 섞어서 쉽게 흩어지는 드라이아이스와 달리 무겁게 흐르는 연기를 만들어 냈습니다."[30]

배트모빌 역시 새로운 상상력을 통해 길이가 9미터에 달하는 커스텀 차량으로 재탄생했다. 로빈도 잠깐 동안 공중에 떠 있을 수 있는 레드버드 Redbird 라고 이름 붙인 날렵한 오토바이를 받게 되었다(그 외에도 배트해머 Bathammer 라는 로켓 썰매나 로빈의 설상차인 배트슬레드 Batsled, 배트걸의 다목적 이동수단인 배트블레이드 Batblade, 미

스터 프리즈의 프리즈모빌 Freezemobile 등 영화를 위해 여러 가지 차량이 고안되었다).

로빈의 레드버드는 영화에서 가장 인상 깊은 액션 장면 중 하나의 주역으로 등장한다. 바로 프리즈와 그의 부하들이 고담 박물관을 얇은 겹의 얼음으로 덮고 다이나믹 듀오와 맞서는 장면이다. "처음에는 바닥 전체를 얼렸죠. 스케이트를 탄 상태로 찍을 예정이었어요. 그래서 워너 브러더스의 큰 무대 바닥 하나가 통째로 아이스링크가 되었죠." 해당 장면을 촬영한 세컨드 유닛 감독인 피터 맥도널드의 말이다. "하지만 고생하는 것에 비해서 얻을 수 있는 이점이 적다는 걸 사람들도 깨달았는지, 그냥 보통의 바닥으로 하고 익스트림 롤러스케이트 선수들을 데려왔죠. 꽤나 정신 나간 일이었습니다만, 상당히 신나는 장면을 만들어내는 데 성공한 것 같았습니다. 조지와 크리스에게 꽤 괜찮은 명대사를 칠 기회를 주었죠."

포이즌 아이비와 그녀의 부하 베인(지프 스웬슨 Jeep Swenson 이 연기함)의 탄생에 책임이 있는 미친 과학자 제이슨 우드로 박사 Dr. Jason Woodrue 를 연기한 존 글로버 John Glover 는 세트장에서 절제가 전혀 되지 않았다고 말한다. "슈마허는 메가폰을 들고 크레인 위에 앉아서 매 장면을 찍을 때마다 소리 질렀죠. '기억해요, 여러분. 이건 만화라고요!'"[31]

슈마허가 예정보다 2주 빨리 촬영을 매듭지으면

서 전반적인 영화 제작도 빨리 끝났다. "제 스스로도
놀라운 일이었습니다." 감독 본인의 말이다. "하지만
우린 굉장히 준비가 잘된 상태였고 전작과 함께한 제
작진도 많았지요. 제가 봤을 때는 일단 한 번 에베레
스트산을 오르고 나면 나중에 또 갔을 때, 어떤 장비
를 챙겨야 하고 누굴 밧줄에 묶어야 할지를 잘 알게
되는 것과 같습니다."[32]

〈배트맨과 로빈〉은 1997년 6월 20일에 개봉했다.
개봉 첫 주에 4천 3백만 달러를 벌어 들였지만 얼마 지
나지 않아 부정적인 입소문이 퍼지면서 관객이 급감했
다. 평론가들은 거대 예산이 들어간 소란스러운 놀이를
두고 번쩍이기만 하고 실속이 없다며 일축했다. 그리스
조각상에서 영감을 받아 제작된 유두가 돌출된 클루니
의 배트맨 의상은 특히 비웃음의 대상이 되었다.

해외에서의 성공 덕분에 영화는 상당한 이익을
냈지만, 1억 2,500만 달러의 제작비와 1,500만 달러의
홍보비를 쓰고도 미국 내에서는 1억 700만 달러를 벌
어들이는 데 그치며 흥행에 실패했다. "제가 평이 갈
리는 영화를 여러 편 만들긴 했습니다만, 〈배트맨과
로빈〉은 그중 하나라고 생각하지 않습니다." 슈마허의
말이다.

"가끔 안 되는 영화들이 있습니다." 골즈먼은 덧
붙인다. "진실을 말씀드리자면 저희는 그 영화를 사랑
했지만, 망치고 말았다는 겁니다. 아주 끔찍한 기분이

"진실을 말씀드리자면 저희는 그 영화를 사랑했지만, 망치고 말았다는 겁니다. 아주 끔찍한 기분이었죠."

위 미스터 프리즈의 강력한 냉동 무기에 대항하기 위해 배트걸, 배트맨, 로빈이 보온 소재의 프리즈용 전투복을 입었다.

아래 마일즈 테베스의 배트걸 의상 설정화.

맞은편 배우 조지 클루니가 〈배트맨과 로빈〉의 기본 복장을 입고 자세를 잡았다.

었죠."

그러나 워너 브러더스는 아직 슈마허를 포기할 준비가 되어 있지 않았었다. 스튜디오 측에서는 스케어크로우와 배트맨의 로그스 갤러리에 당시 새로 추가된 조커의 애인 할리 퀸 Harley Quinn 을 등장시킬 예정으로 기획 중이던 〈배트맨의 승리 Batman Triumphant 〉이라는 가제가 붙은 영화의 감독직을 제안했다. 그러나 감독은 사양했다. "더 이상 할 마음이 남아 있지 않았어요." 슈마허의 말이다. 그의 하차는 영화의 기획 개발을 지연시켰고, 그 프로젝트는 워너 브러더스가 향후 배트맨의 방향에 대해 재검토하면서 점점 사그라졌다.

결국 배트맨은 그림자 속으로 물러가게 되었고 훗날 영화에 대한 웅대한 감각을 지닌 전도유망한 젊은 감독 한 명이 배트맨의 이야기를 기원부터 다루는 묘안을 떠올리기 전까지 그 자리에서 수년 동안 기다리게 되었다.

나는 밤이다

극장 화면을 통해 큰 충격을 주고 있던 배트맨은 텔레비전에서도, 애니메이션의 형태로 인상적인 귀환을 준비하고 있었다. 팀 버튼의 첫 〈배트맨〉 영화가 개봉되고 얼마 지나지 않아 워너 브러더스에서 급성장하고 있던 애니메이션 부서에서도 〈루니 툰스 Looney Tunes〉에서 영감을 얻은 〈타이니 툰 어드벤처 Tiny Toon Adventures〉를 통해 승승장구하고 있었다.

워너 브러더스 애니메이션 사장인 진 맥커디 Jean MacCurdy는 스튜디오의 애니메이션 성과를 높이고 싶어 했고, 1990년에 그녀는 직원들에게 당시 워너 브러더스의 가장 인기 있는 자산인 배트맨을 주제로 새로운 작품의 기획안을 제출하도록 장려했다.

"당시 저는 진과 수년간 함께 일한 바 있었습니다." DC 코믹스 발행인인 폴 레비츠의 말이다. "우리가 수년 전에 〈슈퍼 프렌즈〉를 작업할 때, 마지막 시즌에서 앨런 버넷이 각본을 쓴 배트맨 기원 에피소드인 '공포'를 사실상의 파일럿으로 삼아 배트맨 단독 시리즈 제작을 시도했었죠. 하지만 당시 우리는 배트맨 시리즈를 구입해줄 방송국을 구하지 못했습니다. 진이 워너 브러더스로 자리를 옮기면서 배트맨을 끝마치지 못한 일로 여긴 건 자연스러운 일이었죠." 1985년에는 단독 배트맨 시리즈를 팔기가 어려웠지만, 1989년 팀 버튼의 영화 덕분에 배트맨의 운명은 크게 달라졌다. 〈타이니 툰〉 제작진은 맥커디가 배트맨 단독 시리즈에 대해 관심을 가지고 있다는 이야기를 듣게 되었을 때, 그들 중 많은 이들이 기회를 포착하고 자신들의 아이디어를 내놓았다.

"우리에게 배트맨 애니메이션을 만들 수 있는 가능성이 생겼을 때, 우리는 적재적소에 있었고 상황은 이보다 완벽할 수가 없었죠." 오랜 배트맨 팬이자 맥커디에게 기획안을 제출한 최초의 애니메이터들 중 한 명이었던 브루스 팀 Bruce Timm의 회상이다. "저는 워터맨 Waterman을 비롯해서 아무 슈퍼히어로 패러디나 작업할 수만 있으면 행복한 사람이었지만, 배트맨은 진짜 중의 진짜였죠."

여러 애니메이터들이 기획안을 제출했는데, 그 중 특히 두 명이 맥커디의 관심을 사로잡았다. 팀은 1989년 팀 버튼 영화의 감각을 고전 만화책 디자인과 섞은 느와르풍 배트맨을 제시했다. 그와 별개로 애니메이터 에릭 라돔스키 Eric Radomski는 고담시 자체에 집중해서 우울하고 항상 어둠에 잠겨 있는 아르데코 풍 도시 풍경을 그려냈다. 그는 검은 종이에 도시 디자인을 그렸고, 음산하게 붉은 하늘과 하이라이트를 통해 미묘하게 드러나는 전경 요소들을 담았다. 라돔스키의 고담시에서는 절대 태양이 빛나지 않았다.

팀과 라돔스키는 맥커디에게 기획안을 각자 제출했지만, 기획안들을 본 맥커디는 두 기획안이 완벽히 서로를 보완하고 있다는 점을 깨달았다. 그녀는 두 애니메이터를 짝으로 맺어주고, 방송사에 기획안을

제시하는 데 도움이 될 2분 분량의 단편 제작을 요청했다. 팀은 단편 영화의 스토리보드를 작업했고, 라돔스키와 그의 동료인 〈타이니 툰〉 배경 디자이너 테드 블랙맨 Ted Blackman은 '다크 데코'라고 이름 붙인 독특한 작풍을 더욱 깊게 개발해나갔다. 스토리보드와 디자인, 배경 작업이 모두 완료되었고 이 결과물들은 2분 분량의 단편 제작을 위해 캐나다의 라이트박스 Lightbox 스튜디오에 있는 그렉 더펠 Greg Duffell에게 보내졌다. 완성된 애니메이션을 받아본 뒤, 팀과 라돔스키는 임시 대사를 더빙하고 효과음과 대니 엘프만의 〈배트맨〉 배경 음악 일부를 넣어 편집했다. 그렇게 해서 2분짜리 단편 영화가 6주만에 완성되었다.

단편 영화에서 일군의 강도들은 극적인 습격을 감행하고 옥상으로 도망치다가 배트맨의 제지를 받는다. 배트맨은 강도들이 쏜 총알을 피하고, 주먹과 배트랭으로 그들을 쓰러트린다. 뒤이어 도착한 고든 국장과 고담시 경찰들은 옥상에서 뛰어내려 고담시의 밤 하늘로 줄을 타고 사라지는 배트맨의 신비로운 모습을 확인한다.

단편 영화의 역동적인 액션과 세련된 디자인들은 배트맨 애니메이션 개발을 진행하도록 워너 브러더스를 확신시켰다. 스튜디오는 팀과 라돔스키의 더 어둡고 진지한 아동용 애니메이션에 대한 구상안에 엄청난 신뢰를 보이며 그 두 명을 공동 제작자로 고용했다. 워너 브러더스는 폭스 방송과 계약을 체결하고 팀과 라돔스키가 자신들의 구상을 구현하는 데 필요한

모든 예산을 제공하기로 했다. 〈배트맨: 디 애니메이티드 시리즈 Batman: The Animated Series, B:TAS 이하 'B:TAS'〉는 2년도 채 남지 않은 1992년 9월 주중에 방영되기로 결정됐고, 즉시 제작이 시작되었다.

진 맥커디가 재빠르게 워너 브러더스 최고의 각본가들에게 대본 작성을 의뢰하는 동안, 팀과 라돔스키는 제작진을 모으는 데 집중했다. 애니메이터인 로니 델 카르멘 Ronnie del Carmen은 자신이 차기작에 참여할 기회를 놓쳤다고 여기고 있었지만 친구의 설득에 따라 팀에게 포트폴리오를 보여주었다. "정식으로 제출하지도 않았어요. 이미 제작진을 다 모집했다고 들었거든요." 델 카르멘은 회상한다. "하지만 혹시 몰라서 제작업물을 그들에게 보여주고 제가 아직 별다른 일이 없음을 알렸습니다. 며칠이 지난 뒤에 브루스 팀이 제게 전화를 걸더니 묻더군요 '무슨 일을 하고 싶어요?' 전 말했죠. '캐릭터 디자인?' 그러자 그가 말했어요. '아뇨, 당신은 스토리보드를 작업해요. 거기서부터 시작해요.'"

캐릭터 디자이너인 글렌 무라카미 Glen Murakami는 첫 번째 시즌의 제작이 한창이던 1991년 여름에 합류했다. 그는 작화진의 폭넓은 미술적 배경에 즉시 감명받았다. 그들의 작품에는 체스터 굴드 Chester Gould의 딕 트레이시와 프랭크 로빈스의 조니 해저드 같은 초창기 신문 만화부터 〈더 스피릿 The Spirit〉의 창작자 윌 아이스너와 유럽 만화가인 세르지 클레르크 Serge Clerc와 이브 샬라 Yves Chaland의 영향이 들어가 있었다. "팀은 다양한

242쪽 왼쪽 〈배트맨: 디 애니메이티드 시리즈〉는 어둠의 기사에게 역사상 가장 분위기 있고 원작을 충실히 반영한 애니메이션판 분신을 선사해 주었다.

242쪽 아래 캣우먼의 복장에는 〈배트맨〉 드라마의 줄리 뉴마의 복장과 〈배트맨 리턴즈〉의 미셸 파이퍼의 복장의 요소들이 도입되었다.

243쪽 〈배트맨: 디 애니메이티드 시리즈〉의 첫 시즌을 홍보하기 위해 폴 디니가 만든 홍보용 이미지.

위 웨인 저택은 고담시 변두리의 절벽 위에 세워져 있다.

측면들을 애니메이션으로 가져와서 이식하는 방법을 고민하고 있었습니다." 무라카미의 말이다. "40년대 느와르와 고전적인 모든 것들을 어떻게 합쳐서 시각적인 상징만 남을 때까지 정제시킬 수 있을까? 어깨가 넓은 양복과 헐렁한 옷들, 반짝이는 립스틱을 바른 매력적인 여성들. 펜과 잉크로 그린 그림으로 익숙한 기호들을 어떻게 가져와야 상징적인 형태로 단순화시킬 수 있을까? 그것이 사고의 과정이었습니다."

작화진은 최대한 열심히 일하고 있었지만, 애니메이션의 제작자들은 처음 의도했던 분위기를 담아내지 못한 극초기 대본에 만족하지 못했다. 모든 것을 제 궤도에 올려놓기 위해서 〈타이니 툰 어드벤처〉의 대본 작가인 폴 디니 Paul Dini 와 각본가 미치 브라이언 Mitch Brian 이 시리즈의 기본 지침을 정립하기 위해 투입되었다.

해당 시리즈의 기본 지침은 극초기 배트맨 작품의 영향을 깊게 받았으며 대본 작가들에게 네 가지의 기본 규칙을 제시하였다.

1. 배트맨은 단독으로 활동하며, 보통 혼자 일한다. 알프레드와 로빈을 동료로 두고 있지만 매 에피소드를 전달하는 것은 배트맨 자신의 몫이다.

2. 배트맨은 경찰과 직접적으로 협력하지 않는다. 그는 공권력의 일원이거나 합법화된 사법 요원이 아니다. 배트시그널이나 직통 전화는 없기 때문에 경찰은 배트맨에게 연락할 수 없다. 배트맨이 경찰에게 알릴 일이 있으면 직접 연락할 것이다.

3. 로빈은 배트맨과 항상 함께하는 동료가 아니다. 배트맨에게 입양되고 훈련을 받았을지 몰라도 딕 그레이슨은 대학생이자 한 명의 자경단으로서 독립적인 삶을 영위한다.

4. 우리 이야기들은 전력 투구하는 악당들이 등장하는 현실적인 범죄 드라마물이 될 것이다. 비록 그 중 많은 수가 배트맨의 유명한 로그스 갤러리에서 나올 것이지만, 우리는 그들을 최대한 난폭하고 어둡고 사악하게 만들 것이다. 또한 매 편마다 거대한 인공 배경과 놀랄만한 장면을 담아 시청자가 언제나 기대하게 만들 요소로 만들 것이다.[1]

위 제작자 에릭 라돔스키가 상상한 고담시의 모습은 거의 항상 한밤중인 도시다. 도시의 어두운 본성을 강조하기 위해 배경은 검은 종이 위에 그려졌다. **아래** 설정화에서 볼 수 있듯이 고담시의 건축물은 아르데코 양식의 많은 요소를 반영했다.

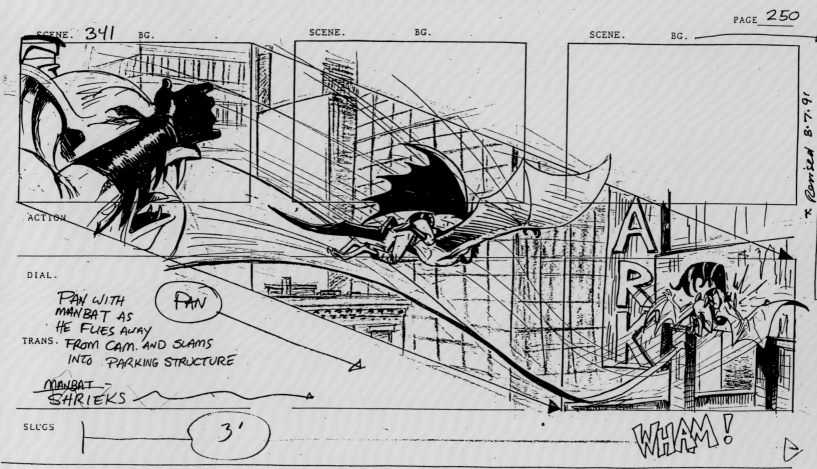

SCENE 341 BG.   SCENE.   BG.   SCENE.   BG.

ACTION

DIAL.

PAN WITH   PAN
MANBAT AS
HE FLIES AWAY
TRANS. FROM CAM. AND SLAMS
INTO PARKING STRUCTURE

MANBAT-
SHRIEKS

SLUGS   3'

WHAM!

시리즈의 지침이 확립되자, 워너 브러더스 애니메이션 사장인 진 맥커디는 앨런 버넷을 전임 작가-제작자이자 스토리 편집자로 고용했다. 맥커디는 버넷의 〈슈퍼 프렌즈〉 에피소드인 '공포'를 잊었던 적이 없었고, 배트맨에 대한 그의 시각이 새로운 프로젝트의 방향을 굳혀줄 수 있을 것이라고 믿었다. "제가 처음 투입됐을 때 팀과 라돔스키는 여러 편의 대본을 애니메이션으로 만들고 있던 참이었습니다." 버넷의 말이다. "당시 이야기의 방향을 두고 몇 가지 이견이 있었습니다. 전 기본적으로 애니메이션을 보다 심각한 방향으로 이끌었죠."

배트맨은 상대적으로 묘사하기 쉬운 캐릭터였다. 버넷의 말에 따르면 "그는 말수가 적은 영웅입니다. 햄릿이 아니에요." 그러나 출연하는 악당들은 만들어내기 훨씬 어려웠고 보통은 그들이 극의 주역이었다. "언제나 악당의 이야기가 우선입니다. 거의 모든 이야기들이 악당들에 의해 진행됩니다. 우리가 그들을 동정적으로 만들거나 아니면 최소한 시청자들이 악당들의 잔인한 행동의 동기를 이해할 수 있게 만들면 이야기는 자동적으로 더 깊어지고 몰입하기 쉽게 되니

다. 주동 인물은 항상 계획을 갖고 있는 인물입니다. 반동 인물은 계획에 맞서 싸우는 자죠. 배트맨은 영원한 반동 인물입니다."

애니메이션에 출연하는 악당들 상당수는 최고의 만화 원작들을 기반으로 만들어졌고 배트맨과 마찬가지로 기본으로 돌아가는 접근법을 통해 디자인되었다. "물론 우리들도 우리의 조커가 무서워야 한다는 건 알고 있었지만, 재미있는 요소도 들어가야만 했습니다. 뛰어난 광대와 불량 학생의 조합, 상대를 웃게 만든 뒤 곧바로 칼로 찌르고 돌리는 미치광이인 거죠." 각본가 폴 디니의 말이다.

그러나 고전 악당들은 과거 모습 그대로 굳어져 있던 것이 아니었고, 제작진은 그들만의 방식으로 악당들을 변주하는 데 관심을 가졌다. "'조커가 아끼는 친구 _Joker's Favor_'라는 대본을 쓰던 중에 조커와 대화할 부하 한 명이 필요했습니다." 디니는 회상한다. "그리고 전 생각했죠. '새롭고 재미있게 만들어보면 어떨까?' 60년대 드라마에서는 조직에 여성 조직원 하나가 단역으로 들어간 경우가 종종 있었는데, 거기서 착안해서 비슷한 걸 넣어보기로 결심했죠. 그리고 전 그 여

맞은편 위 브루스 팀은 커크 랭스트롬의 다른 모습인 맨배트를 인간의 정신이 전혀 없는 문자 그대로의 박쥐 인간으로 만들면서 어둠의 기사가 만나게 되는 적들 가운데 가장 무서운 적수에 속하게 만들었다.
맞은편 아래 브래드 레이더가 그린 스토리보드에서 배트맨이 맨배트에 매달려 있다. 〈배트맨: 디 애니메이티드 시리즈〉의 첫 번째 에피소드인 "가죽 날개를 달고" 편의 내용이다.

아래 딕 그레이슨은 〈배트맨: 디 애니메이티드 시리즈〉의 첫 시즌 당시 이미 대학교 기숙사에서 생활하고 있었고 어쩌다 한 번씩만 특별 출연했다.

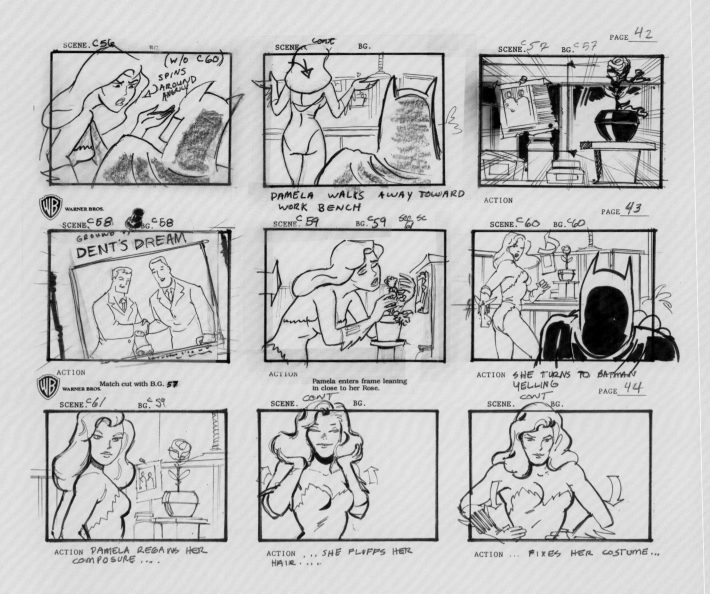

PAGE 42

PAGE 43

PAGE 44

자가 단순히 명령을 받는 사람이 아니라, 굉장히 활발하고 재미있고 장난스럽게 사악하다면 어떨까 생각했죠. 그러면 단순히 조커에게 명령을 받거나 조커를 무서워하는 인물이 아니라 조커와 대조를 이루는 인물이 될 거라고 생각했어요."

디니는 자신의 생각을 브루스 팀에게 설명했고, 팀이 새로운 캐릭터를 위해 눈길을 사로잡는 빨간색과 검정색 어릿광대 복장을 디자인해 주면서 애니메이션 최고의 돌발 인기 캐릭터인 할리 퀸이 탄생했다. 퀸의 유머 감각과 심각한 충동 조절 장애, 조커에 대한 완전한 헌신은 성공적인 조합으로 드러났고, 디니는 그녀를 최대한 많은 대본에 포함시키려 했다. 퀸과 자주 함께 활동하는 포이즌 아이비는 B:TAS에 등장한 기존 로그스 갤러리 출신 악당들 중 한 명이다. 파멜라 아이슬리 Pamela Isley 는 만화책에서는 비중 없는 악당이지만, 애니메이션에서는 천재적인 식물학자이자 독극물 연구자였다가 환경 테러리스트로 변신해서 자연에 대한 사랑 때문에 범죄를 저지르며 어둠의 기사와 충돌하는 인물로 재해석되었다. 리들러, 맨배트, 스케어크로우, 매드 해터 the Mad Hatter, 클레이페이스 Clayface 등의 다른 악당들도 디니, 팀, 버넷의 손에 재해석되고 재창조되었으며 새 생명을 얻었다.

1992년, 영화 후속작인 〈배트맨 리턴즈〉의 스타들인 캣우먼과 펭귄도 영화 개봉 전에 스타 파워를 구축하고자 했던 워너 브러더스의 결정에 따라 애니메이션에서 중요한 역할을 맡게 되었다. 두 캐릭터의 디자인은 영화의 영향을 강하게 받았지만 각본가들은 다른 방향에서 자신들만의 해석을 내놓을 수 있는 자유를 얻었다. 셀리나 카일은 상류층의 세련된 도둑으로 재해석되었고, 디니의 말에 따르면 펭귄은 "작고 무자비한 불량배지만 자신을 피하는 사회의 인정을 받고 싶어 하는 자"가 되었다.[2]

펭귄과 캣우먼이 〈배트맨: 디 애니메이티드 시리즈〉에서 자의로 악당들이 된 것과 대조적으로, 애니메이션판 지방 검사 하비 덴트는 비극적인 사고로 얼굴에 상처를 입은 일을 계기로 평생 동안 억눌러 왔던 어두운 면을 분출하며 악당이 된 사례다. "제가 다루고 싶었던 악당은 투페이스였습니다." 버넷의 말이다. "전 그 캐릭터를 개발하는 과정에서 아동 심리학자와 시간을 보내기도 했습니다. 저는 그동안 봐 온 다중 인격을 다룬 이야기들이 전부 성적인 원인을 시발점에 두고 있는 점이 신경 쓰였고, 그걸 피하고 싶었죠. 저는 '나쁜 면'이 다양한 방식으로 촉발될 수 있다는 사실을 배웠습니다."

위 시즌 1의 에피소드인 '아름다운 독약'에서 포이즌 아이비가 배트맨에게 자신의 계획을 밝히는 대목을 그린 스토리보드.

해당 시리즈에서 가장 비극적인 악당은 냉정한 미스터 프리즈다. 과거에 등장했을 때의 프리즈는 특정 복장과 냉동 광선으로 무장한 일회용 범죄자였다. 디니는 〈배트맨: 디 애니메이티드 시리즈〉의 극초기 에피소드 중 하나인 '얼어붙은 심장 Heart of Ice'에서 가슴 아픈 기원을 밝히면서 미스터 프리즈라는 캐릭터에게 새로운 깊이를 추가해 주었다. 고스코프 GothCorp, 빅터 프라이스 Victor Fries는 저온학 연구의 개척자였지만 그의 아내인 노라가 희귀한 불치병 진단을 받자, 프라이스는 치료법이 발견될 때까지 노라를 냉동시킨다. 고드콥에서 냉동 장치의 전원을 끄려 하자 프라이스는 반발한다. 프라이스는 아내를 구하려다 고드콥의 경영자인 페리스 보일 Ferris Boyle 때문에 냉동 화학 물질을 뒤집어쓰고 죽도록 방치된다. 프라이스는 살아남았지만, 사고의 결과로 영하 이외의 환경에서는 생존할 수 없는 몸이 된다.

"미스터 프리즈를 만들면서 우린 더 많은 동정심을 유발하는 악당을 만들 기회를 갖게 되었죠." 디니의 회상이다. "브루스 팀과 저는 프리즈가 사고를 당한 뒤 스스로를 모든 감정이 죽어버린 사람으로 여기게 되었다는 개념을 고안했습니다. 문자 그대로 그를 얼려버린 겁니다. 하지만 그는 여전히 불운한 아내에 대한 열정을 동기로 삼아 움직이고, 그 점은 그에게 아직도 한 조각의 인간성이 남아 있음을 보여줬죠."

그 시리즈의 복잡하고 미묘한 캐릭터들에게는 다른 TV 애니메이션과 차별화되는 목소리 연기가 필요했다. 제작자들은 〈타이니 툰 어드벤처〉의 존경받는 성우 감독 안드레아 로마노 Andrea Romano에게 연락해 〈배트맨: 디 애니메이티드 시리즈〉의 성우를 섭외하고, 성우들의 연기를 감독해 달라고 요청했다. "첫 오디션은 1991년 초에 있었고, 성우들은 마치 연극이나 영화를 연기하는 것처럼 등장인물들을 '진짜 같이' 연기하라는 주문을 받았습니다." 디니의 회상이다. "그 주문이 〈배트맨〉의 목소리 연기에 독특한 수준의 세련미를 더해 주면서 시리즈의 어두침침한 모습과 성숙한 분위기의 대본을 보완해주는 결과를 가져왔습니다."

로마노는 배트맨과 조연들에게 생명을 주기 위해 영화, 드라마, 연극 배우들을 데려와 드림팀을 구성하고, 상대적으로 무명이었던 케빈 콘로이 Kevin Conroy에게 작품을 이끌어갈 주연을 맡겼다. "우린 배트맨의 목소리가 어두운 면과 동시에 섹시한 면도 갖고 있길 바랐습니다." 로마노의 설명이다. "배트맨이라는 캐릭터는 여자들이 보기에 정말 매력적인 면을 가지고 있습니다. 예의바른 슈퍼맨 캐릭터와는 차이가 있어요.

위 3시즌의 에피소드인 '할리의 휴일' 편에서 배트맨과 로빈이 갱생에 화려하게 실패한 할리 퀸을 아캄으로 돌려보내는 장면.

나는 밤이다 249

위 B:TAS 첫 시즌의 '광대 되기' 편에서 버려진 놀이공원에 가게를 차린 조커의 모습.

아래 간소한 우아함을 보여주는 〈배트맨: 디 애니메이티드 시리즈〉의 캐릭터 디자인들. 왼쪽부터 배트맨, 브루스 웨인, 로빈, 고든 국장, 투페이스, 캣우먼, 미스터 프리즈, 리들러.

배트맨은 규칙을 깨는 자죠."

제작진과 달리, 콘로이는 1991년의 첫 오디션 이전까지는 배트맨 전문가가 아니었다. "전 애덤 웨스트 드라마만 봤을 뿐, 만화책은 읽어본 적이 없었습니다." 본인의 말이다. "브루스 팀은 제가 얼마나 순진한 상태인지 확인하고 놀라워했죠. 그가 저한테 배트맨에 대해 얼마나 아냐고 물었을 때, 전 대답했습니다. '글쎄요, 애덤 웨스트의 드라마라면 아는데.' 그랬더니 팀이 놀라며 말했어요. '아뇨! 아뇨! 우리가 원하는 건 그런 방향이 아녜요! 모두가 애덤을 좋아하긴 하지만, 우리가 하려는 건 그런 게 아녜요. 어둠의 기사가 겪은 비극에 대해서는 알잖아요? 브루스가 어렸을 때 부모님이 살해당했던 것 말이에요?'"

"전 그런 건 전혀 몰랐어요." 콘로이가 웃으면서 한 말이다. "제가 전혀 선입견 없는 너무나 순진한 상태로 오디션장에 들어간 건 우연 그 자체였습니다. 전 그 자리에서 어린 소년의 정신에 완전히 이입하고, 비극이 어떤 영향을 끼쳤을까 생각하면서 자유롭게 즉흥적으로 연기했습니다. 그는 비극을 선한 일을 하는 동기로 바꾸었고, 그건 시청자들이 배트맨을 사랑하

는 이유이기도 했죠."

콘로이가 배트맨으로 캐스팅 되자, 조연들도 한 명씩 캐스팅되기 시작했다. 유명 배우 에프렘 짐발리스트 주니어 Efrem Zimbalist Jr. 가 알프레드 페니워스 역을 맡았고, 젊은 로렌 레스터 Loren Lester 가 청소년 딕 그레이슨 역을, 그리고 베테랑 성격파 배우인 밥 하스팅스 Bob Hastings 가 고든 국장을 맡았다. 배트맨의 로그스 갤러리는 쟁쟁한 스타들의 장이었는데 싱어송 라이터인 폴 윌리엄스 Paul Williams 가 펭귄 역을, 연극 및 영화배우인 에이드리언 바보 Adrienne Barbeau 가 캣우먼 역을, 〈나이트 코트 Night Court〉의 리처드 몰 Richard Moll 이 투페이스 역을 맡았고, 마지막으로 스타워즈 Star Wars 의 루크 스카이워커 Luke Skywalker 역으로 가장 유명한 마크 해밀 Mark Hamill 이 조커를 맡았다.

해밀은 원래 '얼어붙은 심장 Heart of Ice' 에피소드에 고드콥 경영자인 페리스 보일 Ferris Boyle 역으로 특별 출연했었다. "그냥 에피소드 한 편이었는데, 어마어마한 에피소드였죠! 에미상 대본상을 탔으니까요." 해밀의 회상이다. "저는 기획 단계에서부터 촉각을 세우고 있었고, 제작과 관련된 누군가에게서 그들이 맥스 플라이셔 Max Fleischer 의 슈퍼맨 애니메이션과 같은 수준의 작품을 만들려고 노력하고 있다는 말을 들었죠. 그래서 저는 제 에이전트한테 전화해서 그 애니메이션이 평범한 토요일 아침에 하는 아이들 만화가 아닐 거라고 말했습니다. 어린 시청자들을 대상으로 하면서도 보다 높은 연령대의 시청자들에게까지 지평을 넓히려고 하고 있다고요. 전 정말 참여하고 싶다고 말했습니다. 그들은 제게 그 역할을 곧바로 맡겼습니다. 오디션을 볼 필요도 없었어요. 그들이 이러더군요. '당신은 미스터 프리즈 에피소드에 나올 겁니다.' 전 말했죠. '오! 오토 프레밍어처럼 독일 억양을 써야 할까요?' 그랬더니 그

사람들 말이 '아뇨, 너무 흥분하지는 마세요. 당신은 미스터 프리즈 역이 아니니까.'" 해밀이 웃으면서 한 말이다. "그들은 마이클 안사라 Michael Ansara 에게 그 역할을 맡겼고, 그는 엄청난 적임자였던 걸로 드러났죠."

해밀은 더 중요한 역할을 맡고 싶어 하는 뜻을 숨기지 않았고, 안드레아 로마노는 원래 〈록키 호러 픽쳐쇼 The Rocky Horror Picture Show〉의 스타 팀 커리 Tim Curry 가 맡기로 했던 조커 역을 다시 섭외해야 하는 상황이 오자 해밀을 초대해 대본을 읽게 했다. "대본에 쓰여 있던 유일한 지침은 '니콜슨을 떠올리지 않기!'였죠." 해밀의 말이다. "바로 든 생각이 '아이고, 위대한 잭 니콜슨이 이 역할을 맡았단 걸 상기시키지 말라고. 이미 충분히 긴장된단 말이야.' 시저 로메로와 잭 니콜슨은 저한테 아주 깊은 인상을 남긴 상태였습니다. 그리고 특유의 치아가 아주 기억에 남았는데 비틀즈 애니메이션 단편인 〈노란 잠수함 Yellow Submarine〉에 등장하는 블루 미니 Blue Meanie 가 연상됐죠. 그래서 그것도 목소리에 약간 집어넣었습니다."

만화책 골수팬이었던 그는 조커의 대사를 읽을 때 고전 공포 영화 〈투명인간 The Invisible Man〉 속의 클로드 레인스 Claude Rains 의 연기와 더불어, 해밀 자신이 브로드웨이에서 연기했던 모차르트의 시끄럽고 공격적인 웃음소리에서 얻은 영감을 반영했다. "오디션을 볼 때 저는 자신감에 가득 차 있었습니다. 왜냐면 전 이

> "저는 제 에이전트한테 전화해서 그 애니메이션이 평범한 토요일 아침에 하는 아이들 만화가 아닐 거라고 말했습니다."

렇게 생각했거든요. '저 사람들이 이 상징적인 악당 역을 나한테 줄 리가 없다. 마이클 키튼을 배트맨 역으로 발표했을 때 생겼던 논란이 재연되는 걸 원하지 않을 테니까.' 제가 어차피 배역을 얻는 게 불가능하다는 걸 알고 있었던 점이 연기할 때 긴장을 싹 없애주었습니다. 덕분에 완전히 긴장을 풀고 생각했죠. 날 기용 못 하는 걸 정말 아쉽게 여기도록 만들어주겠다고요."

해밀은 조커 역을 얻었고, 처음에 느꼈던 불안감에도 불구하고 그는 역할을 받아들이고 자신만의 것으로 만들어냈다. "조커를 연기할 때 해밀의 에너지는 위험한 수준이었습니다." 동료 케빈 콘로이의 표현이다. "마이크를 잡아먹는 것처럼 보였다니까요!"

〈배트맨: 디 애니메이티드 시리즈〉는 후반 작업과 추가 편집, 대사 녹음이 끝난 뒤, 1992년 9월에 폭스 방송에서 첫, 선을 보였고 즉시 엄청난 시청률을 기록했다. 만화책 팬들은 배트맨과 악당들을 원작에 충실하고 진지하게 묘사한 애니메이션에 이끌렸고, 그 시리즈는 〈TV 가이드 TV Guide〉, 〈롤링 스톤〉 그리고 〈배트맨: 디 애니메이티드 시리즈〉를 1992년 최고의 TV 시리즈로 선언한 〈엔터네이먼트 위클리 Entertainment Weekly〉와 같은 잡지들에게서 긍정적인 평가를 받았다.

〈배트맨: 디 애니메이티드 시리즈〉가 압도적으로 긍정적인 반응을 받자 워너 브러더스에서는 제작 범위를 애니메이션을 기반으로 하는 비디오 출시용 영화 제작까지 확대하기로 했다. 〈배트맨: 마스크 오브 더 팬타즘 Batman: Mask of the Phantasm〉는 아직 밝혀지지 않은 브루스 웨인의 과거를 보여주고 새로운 상대역과 새로운 악당을 소개하여 배트맨의 세계를 넓힐 예정이었다.

제작 기간 동안에 에릭 라돔스키는 시청자들을 3D로 구현된 고담시의 길거리로 데려가는 당시로는 혁신적인 오프닝 장면을 구상한 바 있었다. 라돔스키는 그 아이디어가 소박한 프로젝트의 운명을 근본적으로 바꾸게 될 줄은 꿈에도 몰랐다. "3D 컴퓨터 기법은 당시로서는 새로운 것이었습니다." 영화의 공동 제작자인 앨런 버넷의 말이다, "스튜디오의 최고 경영진 중 한 명이 그걸 보고는 이렇게 말했죠. '이걸 아예 영화로 만들면 어때?' 아무래도 그 사람은 영화의 나머지 분량은 주로 2D 애니메이션이 되리란 걸 깨닫지 못했던 것 같습니다. 정신을 차려 보니 어느새 전 영화 쪽 사람들에게 스토리를 전달하고 있었고, 그 프로젝트는 공식적으로 극장 개봉용 장편 영화 제작이 되었죠."

앨런 버넷의 순수 창작 스토리에 기반한 〈마스크 오브 더 팬타즘〉의 각본은 버넷, 폴 디니, 마틴 파

아래 〈유령의 마스크〉 스토리보드에서 안드레아 보몬트가 아버지의 비극적인 죽음의 원흉이라고 생각하는 조커에게 복수를 시도하고 있다.

위 팬타즘의 정체를 알게 된 배트맨, 그리고 브루스 웨인은 괴로움을 느낀다.

스코 Martin Pasko, 마이클 리브스 Michael Reaves가 나누어 썼다. 영화 속 감정선의 중심에는 브루스 웨인의 일생의 사랑인 안드레아 보몬트 Andrea Beaumont가 자리하고 있다. 일련의 회상 장면을 통해 우리는 브루스가 배트맨이 되기 직전에 안드레아와 결혼해 행복한 삶을 살기 위해서 범죄와의 전쟁이라는 임무를 포기할 뻔했다는 사실을 알게 된다. 하지만 운명이 훼방을 놓으면서 안드레아는 약혼을 파기하고 고담시를 떠나버린다. 실연의 아픔을 겪은 브루스는 다시 마음을 다잡고, 그날 밤 배트맨이 태어난다.

"전 사랑 이야기를 만들고 싶었습니다. 이전까지 우리는 시리즈 속에서 그 주제를 별로 다루지 않았고 배트맨의 기원에 대해서도 거의 설명하지 않았죠." 버넷의 회상이다. "브루스는 너무나 수도사 같은 친구라서 강한 성격과 뛰어난 지혜를 가진 여자만이 그의 관심을 끌 수 있습니다."

수년 뒤 안드레아가 고담시에 돌아왔을 때, 브루스는 그녀가 아버지를 죽인 범죄 조직원들에게 복수하기 위해 더 팬타즘 the Phantasm이라는 가면을 쓴 살인마 자경단이 되었다는 사실을 알게 된다. 그녀는 결국 배트맨과도 맞서게 되고, 브루스는 복수의 길을 포기하라고 간청한다. 그녀는 그의 제안을 거절하고 이후 대폭발 속에서 숨진 것처럼 보였다. 하지만 안드레아는 여전히 살아 있었고, 자신이 생존했다는 증거로 자신과 브루스의 사진이 담긴 목걸이를 배트케이브에 남

겨둔 채 고담시를 영원히 떠난다.

"브루스 웨인은 애정 전선만 불행한 게 아니라, 인생이 불행합니다." 버넷의 설명이다. "우리는 배트맨이 망토를 두르기 시작한 날은 고담시에게는 최고의 날일지도 모르지만, 브루스 웨인에게는 최악의 날이었을 거라고 말하곤 했어요. 그는 영원히 망토 뒤에 갇혀 버리게 되죠."

〈유령의 마스크〉를 극장에서 개봉한다는 결정이 내려졌을 때, 제작자들에게는 영화를 만들 시간이 겨우 8개월밖에 없었다(장편 애니메이션의 제작 기간은 보통 2년이 걸린다). 영화는 가까스로 1993년 크리스마스에 맞춰 개봉했지만, 홍보가 덜 되었고 600만 달러의 예산을 들였음에도 짧은 개봉 기간 동안 580만 달러를 벌어 들이는 데 그쳤다. "우리는 당시 뉴욕에 살고 있었고, 전 너무나 흥분됐습니다." 해밀은 영화가 개봉된 날을 이렇게 회고한다. "극장에 갔는데 열두 명인가가 있더라고요! 전부 애니메이션 시리즈의 열렬한 팬들이었고, 절 바로 알아봤죠. 자리에 앉아 있으면서 극장이 얼마나 텅 비었는지 깨달았던 게 기억납니다. 줄이 길게 늘어서 있지 않아서 실망했습니다."[3]

다행히 그 영화는 이듬해 비디오테이프로 출시되면서 애니상 후보에도 올랐고, 비디오 출시 때는 유명 영화 평론가인 진 시스켈 Gene Siskel과 로저 이버트 Roger Ebert에게 '엄지손가락 두 개' 평점을 받기도 했다.

〈배트맨: 마스크 오브 더 팬타즘〉은 애니메이션

으로 만들어진 배트맨 이야기 중 단연 최고입니다." 배트맨 영화 제작자인 마이클 유슬란의 말이다. "그 영화의 출연진 케빈 콘로이와 마크 해밀을 보면 믿기지가 않을 정도입니다. 케빈의 목소리는 배트맨과 브루스 웨인의 결정판이죠. 전 해밀에게 만약 조커 얼굴을 새긴 러시모어 산을 만든다면 거기에는 니콜슨, 히스 레저, 그리고 해밀의 얼굴이 있을 거라고 말했던 적이 있습니다. 해밀은 그 정도의 충격을 주었죠. 팬들에게만이 아니라 전 세계 시청자들한테요."

비록 〈배트맨: 마스크 오브 더 팬타즘〉은 박스오피스에서 주춤했지만, 〈배트맨: 디 애니메이티드 시리즈〉는 65편이 방영되며 압도적인 성공을 거두었고, 폭스 방송에서는 로빈이 더 많이 출연해야 한다는 조건하에 20편의 속편을 더 주문했다. 새로운 제목을 실은 새로운 오프닝 장면과 함께 시작되는 〈배트맨과 로빈의 모험 The Adventures of Batman & Robin〉은 1995년 9월까지 방영을 이어 갔다.

〈배트맨: 디 애니메이티드 시리즈〉는 수많은 명작 에피소드를 남겼으며, 팬들은 최고의 에피소드가 무엇인지에 관해 오늘날까지도 논쟁을 이어가고 있다. 콘로이가 가장 좋아하는 에피소드 중 하나인 '그레이 고스트를 경계하라 Beware the Gray Ghost'서 배트맨은 수십 년 전에 TV에서 그레이 고스트라는 슈퍼히어로를 연기했던 비극 배우 사이먼 트렌트와 힘을 합친다. 그레이 고스트의 복장과 비밀 신분, 엄격한 도덕적 신념은 어린 브루스 웨인에게 강한 인상을 심어주었고 수년 뒤 배트맨이라는 영웅을 만드는 데 영향을 끼친다. 1960년대 〈배트맨〉 TV 드라마에 대한 예우의 뜻으로 트렌트 역은 콘로이의 어린 시절 영웅이었던 애덤 웨스트가 맡았다. "환상적인 분입니다. 직접 만나기 전까지는 굉장히 긴장하고 있었습니다. 그 정도로 상징적인 방식으로 혼연 일체된 연기를 선보인 누군가의 역할을 맡는다는 건 남의 영역을 침범하는 일처럼 느껴지니까요. 하지만 만나보니 그분은 그보다 공손하실

수가 없었죠. 이렇게 말하시더군요. '난 배트맨을 충분히 맡았어요. 이제는 당신 차례니까 즐기도록 해요.'"

해밀이 가장 좋아하는 에피소드는 놀랄 일은 아니지만 조커가 조명을 받는 에피소드. '거의 잡을 뻔했는데 Almost Got 'Im'는 배트맨의 가장 위험한 적수들이 한데 모여 포커 놀이를 하는 색다른 분위기의 에피소드다. "'거의 잡을 뻔했는데'는 악당들 위주라 재미있었죠." 해밀은 회상한다. "펭귄의 폴 윌리엄스, 투페이스의 리처드 몰, 포이즌 아이비의 다이앤 퍼싱 Diane Pershing, 그리고 킬러 크록의 아론 킨케이드 Aron Kincaid, 그리고 조커 역의 저까지 다 함께 테이블에 모여 앉아 각자가 배트맨을 거의 잡을 뻔했던 일을 이야기하며 불평하죠. 마지막에 킬러 크록의 정체가 조커의 최근 계획에 대한 정보를 캐내려고 변장한 배트맨이었다는 반전도 있고요."

시리즈의 제작이 끝나고 얼마 지나지 않아 워너 브러더스는 새로운 배트맨 애니메이션을 제작하기로 결정했다. "그 이유는 크게 두 가지가 있습니다." 디니의 지적이다. "우선 폭스에서 방영된 시리즈는 수년간 재방송을 거쳐 '키즈 WB! Kids' WB!'에서 방영되고 있었고 워너 브러더스에서는 그 시리즈를 신선하게 만들고 싶어 했습니다. 그리고 〈배트맨과 로빈〉 영화가 1997년 중순에 개봉할 예정이었기 때문에 워너 브러더스에서는 영화에 새로 등장하는 배트걸을 배트맨의 팀의 일원으로 고정 출연시키고 싶어 했죠."

앨런 버넷, 브루스 팀, 그리고 폴 디니가 제작한 새로운 시리즈에도 새로운 로빈과 딕 그레이슨의 나이트윙을 포함하는 배트맨 패밀리가 총출동할 예정이었고, 크리퍼 Creeper나 에트리간 더 데몬 Etrigan the Demon 같은 DC 유니버스의 캐릭터들이 특별 출연할 예정이었다. 〈뉴 배트맨 어드벤처 The New Batman Adventures〉는 수석 캐릭터 디자이너인 글렌 무라카미의 감독하에 더욱 대담한 쇄신을 거치게 되었으며, 1997년 가을에 키즈 WB!에서 방영 개시될 예정이었다. 무라카미의 재설계

맞은편 배트맨, 배트걸, 로빈이 〈뉴 배트맨 어드벤처스〉의 홍보용 그림에서 조커, 캣우먼, 투페이스와 대결하고 있다.

아래 글렌 무라카미는 브루스 웨인을 보다 세련되고 현대적인 모습으로 바꾸었고, 어린 팀 드레이크를 새로운 로빈으로 소개했으며 배트걸을 보다 역동적이고 활동적인 모습으로 만들었다.

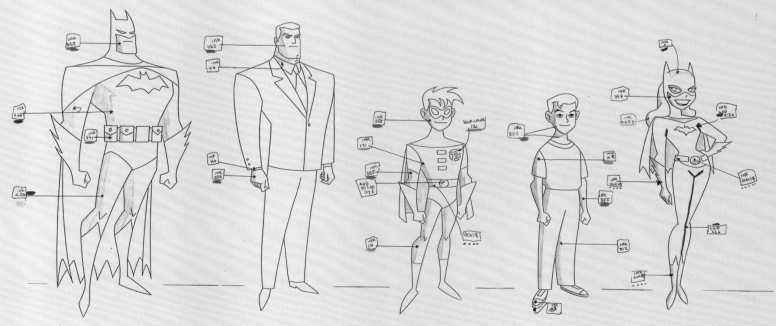

위 폴 디니와 브루스 팀이 만든 아이즈너상 수상작 할리 퀸의 기원을 다룬 만화, '매드 러브'(1994)는 1999년 〈뉴 배트맨 어드벤처스〉의 마지막 에피소드로 영상화되었다.

결과물은 〈배트맨: 디 애니메이티드 시리즈〉 속의 브루스 팀의 디자인을 연상케 하면서도 더욱 양식화, 간소화된 형태였다. "새로운 모습의 배트맨과 더 생생한 버전, 그게 바로 저의 방향이었습니다." 무라카미의 말이다. "미술 방향 지시의 측면에서 저는 최소를 지향했습니다. 제 입장에서는 제게 공이 많다는 말을 받아들이기 어렵습니다. 브루스 팀이 시작한 걸 이어갈 뿐이라고 느꼈기 때문입니다. 브루스가 이미 만들어놓은 것을 지키는 수문장 역할을 하면서 그가 세운 규칙을 따랐습니다. 이건 팀의 스타일이었고, 전 단지 '그래, 그렇게 더 해.'라고 말했을 뿐입니다."

〈뉴 배트맨 어드벤처스〉에서 가장 야심찼던 에피소드는 '어둠의 기사의 전설 Legends of the Dark Knight'일 것이다. 그 에피소드는 신비로운 도시 전설로의 배트맨에 대해 탐구하는 1973년의 고전 《배트맨 250호》의 '아무도 모르는 진짜 배트맨의 모습! The Batman Nobody Knows!' 편을 기반으로 삼고 있었다. 고담시의 아이들이 모여서 배트맨에 대한 이야기를 나누고, 이야기 속 배트맨은 각각 다른 작풍으로 그려진다. 한 장면은 1950년대 딕 스프랑이 그린 배트맨의 모습을 그대로 반영하고 있으며, 다른 장면은 〈다크 나이트 리턴즈〉에서 배트맨과 뮤턴트 두목의 운명적인 대결을 그대로 옮긴 것이다. 악당 파이어플라이 Firefly의 방화 활동을 막기 위해서 배트맨이 진짜 나타나 아이들이 직접 두 눈으로 확인했음에도 불구하고 여전히 진정한 배트맨의 모습에 대해 합의점에 이르지 못한다.

해당 시리즈의 마지막 에피소드인 '매드 러브 Mad Love'에서는 할리 퀸의 기원이 그려진다. 그 에피소드는 폴 디니가 쓰고 브루스 팀이 그린 동명의 아이즈너상 수상작을 만화화했다. '매드 러브'는 아캄 어사일럼에서 조커를 치료하다 사랑에 빠지고만 할린 퀸젤 박사 Dr. Harleen Quinzel의 사연을 보여주며 할리의 비극적인 출발에 초점을 맞춘다. 조커의 심리적인 조종 결과 퀸젤 박사는 타락하고, 망치를 휘두르는 악당이 되고 만다.

디니는 팀과 자신이 만든 어두운 기원담을 아동 친화적인 〈뉴 배트맨 어드벤처스〉의 에피소드로 만들 기회를 받았을 때 깜짝 놀랐다. "우린 애니메이션의 에피소드로 삼기에는 지나치게 성인풍이고 분위기도 매우 다르다고 생각했어요." 디니의 회상이다. "그 만화가 대중 사이에서 유명해지고 고전 명작 같은 작품으로 남게 된 게 저희에겐 큰 행운이었습니다. 방송국에서는 약간 미심쩍긴 하지만 대중적인 만화라는 걸 깨달았고, 우리가 마침 애니메이션을 만들고 있었으니 한번 해보라고 허락했죠. 내용을 딱히 많이 수정했던 기억도 없고, 꽤 잘 만들 수 있었습니다."

〈뉴 배트맨 어드벤처스〉의 제작이 마무리되고 있을 때, 워너 브러더스에서는 시리즈의 제작자들에게 접근해 더 젊고 망토를 두른 십자군이 등장하는 또 다른 배트맨 시리즈의 제작을 제안했다. "더 어린 브루스 웨인을 다루면 배트맨이 되기 전이 배경이기 때문에 모든 악당들과 배트맨 복장을 잃게 될 거라는 사실이 금방 확연해졌습니다." 제작자 앨런 버넷의 말이다. "하지만 미래를 배경으로 잡으면 완전히 새로운 최첨단 배트맨을 만들 수 있고, 더 나이든 악당들이나 옛날 악당들을 모방한 적들을 출연시킬 수 있는 가능성이 생기죠."

"굉장히 아이러니한 점은 우리가 그 애니메이션을 이전 배트맨보다 더 어두우면 어두웠지, 밝지는 않은 시리즈로 만들었다는 점입니다. 하나의 팀으로서의 우리들에게는 아동 취향의 배트맨을 만들 수 있는 능력이 없었어요. 우리도 어쩔 수 없었죠. 우리의 유전자에는 없는 것이었습니다."

새로운 시리즈는 〈배트맨 투모로우 Batman Tomorrow〉, 〈더 투모로우 나이트 The Tomorrow Knight〉, 〈B2〉 등의 가제를 거쳤고 제작자들은 마침내 제목을 〈배트맨 비

윤드^{Batman Beyond}〉로 정했다.

시리즈 제작자인 브루스 팀은 오래 전에 은퇴한 나이든 브루스 웨인의 지시를 받으며 활동하는 새로운 청소년 배트맨인 테리 맥기니스^{Terry McGinnis}가 입을 검정색과 빨간색이 두드러지는 의상을 디자인했다. 제작진이 미래에 배트맨의 악당 대부분을 은퇴시키기로 결정한 뒤, 음파로 공격하는 슈릭^{Shriek}이나 자유자재로 형체를 바꾸는 팜 파탈 잉크^{Inque} 같은 완전히 새로운 로그스 갤러리를 만드는 일은 글렌 무라카미와 셰인 글라인스^{Shane Glines}의 몫이 되었다. 팀과 그의 디자인 팀은 〈블레이드 러너^{Blade Runner}〉나 〈아키라^{Akira}〉 같은 근미래를 다룬 작품들을 참고해 기술적으로 발전하고 휘황찬란해진 미래의 고담시를 만들었다.

청소년 배트맨의 성우를 찾던 성우 감독 안드레아 로마노는 ABC의 시트콤 〈보이 미트 월드^{Boy Meets World}〉에 출연한 20대 초반의 배우 윌 프리들^{Will Friedle}을 선택했다. 브루스 웨인 역은 케빈 콘로이가 다시 맡았다. "전 연락을 받고 이렇게 말했죠. '제가 80대를 연기하기에는 너무 젊지 않나요?'" 콘로이는 웃으며 말했다. "하지만 윌 프리들은 그 역할을 계승하기에 완벽한 친구였습니다."

〈배트맨 비욘드〉의 첫 에피소드는 2019년을 배경으로 나이 든 배트맨이 영웅 일에서 은퇴하고 브루스 웨인이 세간의 이목을 피해 사라지면서 시작한다.

위 테리 맥기니스가 비디오로 출시된 장편 애니메이션인 〈배트맨 비욘드: 조커의 귀환〉에서 인간-하이에나 합성체인 우프와 싸우고 있다.

아래 브루스 웨인의 충직한 애완견인 에이스는 주인의 친구이자 경호원 역할을 맡는다.

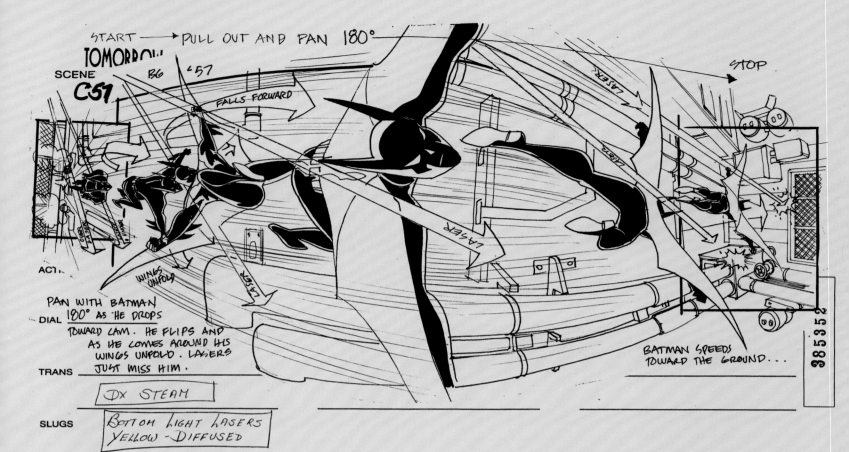

그의 부재 기간 동안에 웨인 엔터프라이즈는 공격적인 CEO인 데렉 파워스Derek Powers가 운영하는 회사와 합병하고, 새로운 회사인 웨인-파워스는 세계에서 가장 거대하고 영향력 있는 기업이 된다.

16세의 테리 맥기니스가 은퇴한 배트맨의 정체를 알아채고, 이후 아버지의 원수를 갚기 위해 데렉 파워스가 고용한 살인 청부업자를 붙잡으려고 최첨단 배트슈트를 훔치자 브루스는 20년간의 은둔 생활에서 벗어난다. 브루스는 테리에게서 자신의 모습을 보고 그를 새로운 배트맨으로 훈련시키기로 한다. 브루스는 테리의 조언자로 활동하는 동시에 웨인-파워스 이사회에서 존재감을 드러내고 회사를 쇄신하며 고담시를 사악한 CEO에게서 구한다.

〈배트맨 비욘드〉 제작진이 〈배트맨: 디 애니메이티드 시리즈〉나 〈뉴 배트맨 어드벤처스〉에서 정립된 설정들을 해치지 않으려고 노력하는 가운데, 새로운 애니메이션은 완전히 미래에 관한 내용이었고 과거에서는 거의 시간을 보내지 않았다. "〈배트맨 비욘드〉는 고성능 자동차 같이 모든 것이 더 빠르고 날렵하게 움직였습니다." 무라카미의 말이다. "한 스타일에서 다른 스타일로 이행하는 진화 과정을 보여줍니다. 이야기들은 점점 야심차게 변해 갔습니다. 초기 이야기들은 인물 중심적이었고 더 심리적인 내용을 담고 있었습니다. 모든 것의 속도가 점점 빨라졌죠."

〈배트맨 비욘드〉는 1997년 키즈 WB!에서 토요일 아침 시간대에 방영되기 시작하면서 인상적인 시청률을 기록했다. 기자이자 작가인 마크 버나딘은 2000년에 〈엔터네인먼트 위클리〉에서 그 시리즈를 '가장 영리한 슈퍼히어로 애니메이션'이라고 불렀고, 3시즌이

방영되는 동안 데이타임 에미상과 애니상two Annie Awards을 각각 두 번씩 수상했다.

〈배트맨 비욘드〉의 제작은 현재의 배트맨이 등장하는 새로운 애니메이션 시리즈 〈저스티스 리그Justice League〉의 제작으로 이어졌다. 2001년부터 2004년까지 카툰 네트워크Cartoon Network에서 방영된 그 시리즈에서 배트맨은 슈퍼맨, 원더우먼, 플래시, 그린 랜턴, 호크걸Hawkgirl, 마션 맨헌터 등 세계 최고의 영웅들과 함께 활약한다. "제작하기까지 준비가 필요했습니다." 브루스 팀과 드웨인 맥더피Dwayne McDuffie와 더불어 시리즈를 공동 제작했던 제임스 터커James Tucker의 회상이다. "그보다 수년 전에는 우리가 〈저스티스 리그〉 애니메이션을 만들 수 있을 거라고 생각하지 않았습니다. 너무 크고 광대했죠. 하지만 우리가 〈슈퍼맨: 디 애니메이티드 시리즈Superman: The Animated Series〉와 〈배트맨 비욘드〉에서 수많은 공상 과학 요소를 등장시키고 나자 팀은 우리가 〈저스티스 리그〉 애니메이션을 만들 수 있겠다고 확신했죠. 우리에게 자신감이 생긴 겁니다. 물론 어려운 도전이 되리란 건 여전히 알고 있었지만, 우린 수많은 도전을 거듭해왔었죠."

〈저스티스 리그〉와 그 후속작인 〈저스티스 리그 언리미티드Justice League Unlimited〉 속 배트맨은 자신감이 넘치며 슈퍼맨과 더불어 리그의 공동 지휘자로 활동한다. 터커는 초능력이 없는 점이 역설적으로 배트맨을 팀에서 가장 중요한 구성원으로 만들어주었다고 말한다. "만약에 배트맨이 그런 캐릭터들을 상대할 수 있다면, 시청자들도 얼마든지 할 수 있다는 말이죠. 그는 다른 캐릭터들까지 인간적으로 만들어줍니다. 다른 캐릭터들도 각자가 시청자들과 연결될 수 있는 점을 가

위 스토리보드에서 볼 수 있듯이 테리 맥기니스의 배트슈트는 자체 비행을 가능케 하는 접이식 날개를 비롯해 수많은 환상적인 기능들을 갖추고 있다.

지고 있긴 합니다만, 배트맨은 충분히 죽을 수 있는 인물이다 보니 다른 이들을 바라보는 그의 시각이 시청자들을 그 캐릭터들과 이어주는 줄의 역할을 하게 되죠."

2006년에 〈저스티스 리그 언리미티드〉의 마지막 에피소드가 방영되면서 많은 팬들이 '팀버스the Tim-mverse'라고 부르는 시리즈는 대단원의 막을 내렸다. 그러나 팀은 언제나 자신의 동료들과 배트맨에게 공을 돌린다. "사람들이 종종 저한테 〈배트맨: 디 애니메이티드 시리즈〉의 성공에 대해 놀랐냐고 물어볼 때마다 재미있습니다. 전 언제나 그 시리즈가 훌륭했든 그렇지 않았든 우리가 어떻게 만들었든 상관없이 성공하리라는 걸 알고 있었다고 말합니다. 팀 버튼 영화의 성공 때문에 그 당시에는 배트맨이 정말 인기 있었고, 훌륭한 슈퍼히어로로 애니메이션을 기대하는 사람들이 너무나 적었기 때문에 경쟁 상대도 없었습니다. 그래서 전 그 시리즈가 성공할 거라고 어느 정도 확신하고 있었습니다."

그러나 케빈 콘로이는 1991년에 했던 한 번의 오디션이 자신의 경력을 바꿔 놓고 모든 세대의 팬들이 그를 배트맨 배우의 결정판으로 여기게 만들어줬다는

"만약에 배트맨이 그런 캐릭터들을 상대할 수 있다면, 시청자들도 얼마든지 할 수 있다는 말이죠. 그는 다른 캐릭터들까지 인간적으로 만들어줍니다."

사실을 여전히 놀랍게 여긴다. "수많은 사람들이 제게 자신들의 삶과 어린 시절에 관해 마음에서 우러나오는 이야기를 털어놓곤 합니다. 절 항상 알고 지내온 사이처럼 느끼고 있기 때문이에요." 그는 말한다. "그들은 배트맨을 깊게 신뢰하고 있고, 그 캐릭터의 목소리를 낸 제게도 같은 반응을 보입니다. 배트맨은 힘든 시기를 보내는 수많은 아이들에게 진정한 탈출구입니다. 안전 지대, 아군과 같죠. 그동안 저는 시청자들에게 배트맨이 어린 시절에서 살아남는 걸 도와주었다는 놀라운 이야기들을 들어왔습니다. 시청자들이 그렇게 공감할 수 있는 작업물을 가질 수 있다는 건 제겐 너무나도 큰 선물입니다. 단순한 연기 이상의 의미를 주죠."

위 카툰 네트워크의 〈저스티스 리그〉 애니메이션 시리즈에서 배트맨이 동료들과 함께 출동하고 있다.
아래 〈저스티스 리그〉의 제작에 사용된 배트맨 모형. 이와 같은 3차원 모형들은 캐릭터들을 여러 각도에서 볼 수 있게 해주기 때문에 애니메이터들에게 필수적인 참고 도구로 사용된다.

무법과 신질서

배트맨이 크고 작은 화면에서 새로운 관객들을 만나는 동안, 만화 속 모험들은 점점 규모가 커져 갔다. 1990년대에 만화 업계를 지배한, 야심찬 크로스오버 이벤트들은 독자들이 좋아하는 캐릭터들이 등장하고 점점 복잡해지는 스토리라인을 따라갈 수 있도록 매달 여러 종류의 만화를 사게끔 장려했다.

'나이트폴'은 2년 동안 진행되면서 배트맨의 패배, 교체, 귀환을 백 편이 넘는 이슈를 통해 묘사했다. 만화책들이 판매량 기록을 갈아치우는 상황이었지만, 독자들과 창작자들은 끊임없이 이어지는 크로스오버 이야기들 때문에 월간 배트맨 시리즈들이 개성을 잃었다고 느꼈다. 배트맨 편집부에서는 방향을 바로잡기 위해서 당시 월간 연재작인 《배트맨》, 《디텍티브 코믹스》, 《박쥐의 그림자》, 《로빈》, 《캣우먼》, 《아즈라엘》의 각각의 시리즈가 고유의 정체성을 찾을 수 있도록 주요 크로스오버 이벤트의 실시를 보류했다. "'나이트폴'이 끝날 때쯤에는 우리도 대중들이 스토리라인을 따라가기 위해서 여러 권의 책을 사야 하는 상황에 지쳐가고 있다는 사실을 명확하게 인지하고 있었습니다." 보조 편집자 조던 B. 고핀켈의 말이다. "각각의 책이 고유한 정체성을 되찾고 작가와 작화가 중심이 되도록 놔두자는 편집자 오닐의 결정이 내려진 것도 그때였죠."

90년대 중반의 배트맨 시리즈들은 가면 아래 있는 사내에게 새로운 관심을 보였다. '나이트폴' 이전까지 배트맨은 언제나 계획을 갖고 있는 자이며 모든 가능성에 대비하는 천재 전술가였다. 하지만 베인에게 패배하고 고담시의 운명을 아즈라엘에게 넘긴 일은 배트맨이 실패할 수도 있는 존재임을 증명해 보였다. 배트맨은 범죄와의 전쟁을 시작한 이래 처음으로 자신의 한계를 고통스럽게 깨달았고 자신의 통제를 넘어서는 힘에 대응하는 법을 배워야만 했다.

1994년, 우주적인 대사건을 그린 《제로 아워: 크라이시스 인 타임 Zero Hour: Crisis in Time!》의 중심에 거대한 힘 하나가 있었다. 만화에서 시간을 바꾸는 악당 엑스탠트 Extant 는 현실 왜곡 능력을 사용하여 우주를 변화시키고, DC 코믹스의 역사를 상당 부분 바꾼다. 엑스탠트의 음모가 초래한 한 가지 예기치 못한 결과가 있다면, 바로 배트맨이 자신의 부모를 죽인 자가 조 칠이 맞는지 확신하지 못하게 된 점이었다. "배트맨이 평범한 삶을 포기하고 밤마다 위험에 뛰어드는 이유 중 하나는 자신이 붙잡은 강도가 자신의 부모를 죽인 자일 수도 있기 때문입니다." 당시 《배트맨》의 보조 편집자였던 스콧 피터슨의 말이다. "문자 그대로 그렇다는

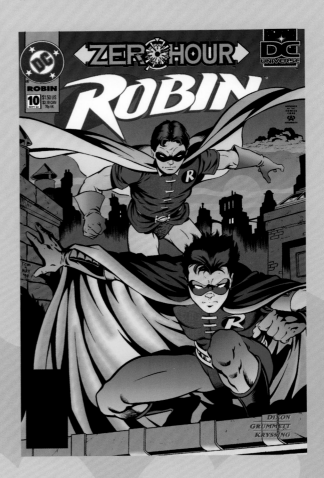

건 아니지만, 상징적으로는 맞는 말이죠. 오닐은 살인자의 정체를 확정한 순간, 그 이유가 날아가 버렸다고 느꼈습니다." 부모님의 살인 사건을 해결된 상태로 두지 못하게 된 브루스 웨인은 큰 충격에 빠지고 배트맨으로서의 사명에 의문을 던지게 된다.

《제로 아워》 이후 브루스 웨인은 도시를 떠나 자신의 삶을 되돌아볼 시간을 갖기로 하고 딕 그레이슨을 잠시 자신의 대역으로 임명한다. 몇 개월 동안 딕 그레이슨은 로빈으로 활동하는 팀 드레이크의 도움을 받아 배트맨으로서 고담시를 수호한다. "그 스토리라인의 절반은 팬들의 반응이 가져온 것이고, 절반쯤은 우리들 스스로가 팬이 된 결과죠." 고핀켈은 웃으며 말한다. "누군가가 박쥐 망토를 물려받는다면 딕 그레이슨이 아니겠어요? 딕 그레이슨은 원래 가장 당연한 후계자였지만, 우리가 사이코-배트맨 콘셉트를 탐구하면서 부당한 대우를 받은 적이 있었으니 이제는 딕 그레이슨에게 정당한 기회를 줄 때가 된 거죠."

딕 그레이슨은 짧은 배트맨 임기 동안 훌륭하게 수행하고 브루스 웨인이 돌아오자 기꺼이 망토와 가면을 포기한다. "딕 그레이슨이 배트맨이 되고 동굴을 물려받을 권리를 얻은 탕

자라는 개념은 개인적으로 아주 공감이 가는 자연스러운 전개였고, 이해가 잘 가는 훌륭한 스토리텔링이었습니다." 고핀켈의 말이다. "이야기의 바탕에 감정의 흐름이 깔려 있지 않다면 이야기의 의미가 없죠."

고담시에서 잠시 떠나 있는 동안 브루스는 범죄자에 대한 보다 적극적인 접근법을 개발하고, 변화의 상징을 보여주는 뜻으로 팀 버튼 영화에 등장하는 검은 복장에 영향을 받아 새롭고 더 어두운 복장을 입기로 한다. 새로운 활력을 얻은 배트맨은 러시아 갱단을 비롯해 새롭게 변형된 실버 에이지 시절의 적 스펠바인더 Spellbinder 와 70년대의 적이었던 블랙 스파이더 Black Spider 같은 새로운 위협에 맞서 싸운다.

배트맨의 기존 악당들 중 상당수도 고담시에서 다시 입지를 다지기 위해 노력한다. 오스왈드 코블팟, 일명 펭귄은 합법적인 사업가이자 아이스버그 라운지 Iceberg Lounge 라는 화려한 나이트클럽의 겸손한 소유주로 행동하지만, 사실은 그 뒤에서 몰래 범죄 활동을 벌인다. 1985년에 더그 먼치와 작화가 톰 맨드레이크가 공동 창작했던 블랙 마스크도 자신의 갱단 폴스 페이스 소사이어티 False Face Society 의 지지를 받아 고담시의 암흑가에서 강자로 떠오른다. 사실 블랙 마스크는 브루스 웨인의 어린 시절 친구였던 로만 시오니스 Roman Sionis 로 사업이 실패한 뒤 범죄자가 되었다. 그는 특히 고

문을 좋아하는 잔인한 악당이다.

오닐은 배트맨&드라큘라 3부작으로 유명한 더그 먼치와 켈리 존스에게 월간 《배트맨》 연재 기간 동안 고담시의 더 어두운 측면을 탐구해보라고 요구했다. "먼치는 배트맨을 다시 탐정과 그림자 속 존재로 돌려놓고 싶어 했죠." 존스의 말이다. "그는 편집증과 느와르물 요소를 가득 담은 자신만의 어두운 이야기를 만들고 싶어 했습니다. 그리고 그는 고담시가 하나의 캐릭터가 되길 바랐습니다. 배트맨에게서 거추장스러운 것들을 덜어내고 자신이 생각하는 배트맨의 근본으로 돌아가고 싶어 했죠. 그의 생각은 옳았습니다."

"우리는 연재 기간 동안 DC 유니버스 속 가장 어두운 구석들을 탐험했습니다. 우리에게는 스웜프씽 Swamp Thing, 에트리건 더 데몬, 스펙터 Spectre가 있었죠. 온갖 으스스한 것들을 다 썼습니다. 존스의 강점을 활용하려고 했죠." 먼치의 말이다.

먼치와 존스가 월간 《배트맨》에 공포 요소를 도입할 때, 작가 척 딕슨과 작화가 그레이엄 놀란의 《디텍티브》는 배트맨을 액션 영웅으로 묘사했다. "우린 좋은 친구였고, 배트맨을 묘사하는 방향에 같은 생각을 갖고 있었죠." 오랫동안 딕슨과 작업해온 협력자 놀란의 설명이다. "현실 세계 같은 환경과 어두운 사건들 속에 녹아 있는 약간의 유머, 그리고 고담시를 구원하기 위해 진지한 십자군 전쟁을 벌이는 고결한 배트맨의 모습을 말이에요."

1996년 봄, 배트맨 편집부는 전체 배트맨 시리즈 규모의 크로스오버 이벤트를 재개해서 '컨테이전 Contagion'이라는 제목의 2개월짜리 스토리를 연재했다. "우리는 각각의 책에 정체성을 부여하고 창작자들이 하고 싶은 일을 하도록 놔두려는 우리의 입장과 크로스오버를 통해 판매량을 늘리고 싶어 하는 회사의 입장 사이에서 대안을 구했습니다." 고핀켈의 지적이다. "단순히 돈을 벌기 위한 목적이 아닌, 충분한 독자를 얻지 못하고 있던 만화들에 더 많이 팔리는 만화들을 통한 부양 효과를 줘서 독자 수를 늘리기 위한 시도였죠. 수위가 올라가면 모든 배가 뜨게 되는 법이니까요."

'컨테이전'은 모든 월간 배트맨 연재작뿐만 아니라 배트맨 패밀리가 등장하는 다른 책들에서도 진행되었다. 이야기에서는 에볼라 걸프 A Ebola Gulf A, 일명 클렌치 Clench라고 불리는 바이러스가 고담시를 덮치고 온 도시를 죽음의 공포에 떨게 한다. "'컨테이전'이 처음 만들어졌을 때는 에볼라 바이러스를 다룬 최초의 베스트셀러 리차드 프레스턴 Richard Preston의 책 《핫 존 The Hot Zone》이 한창 유행하고 있었습니다." 편집자 스콧 피터슨의 지적이다. "동료 배트맨 편집자인 대런 빈센조 Darren Vincenzo가 그 책을 가장 먼저 읽어봤던 것 같은데, 나중에 그 친구에게 받아서 읽어보고 같이 충격에 빠졌

"우리는 연재 기간 동안 DC 유니버스 속
가장 어두운 구석들을 탐험했습니다."

죠. 그것은 이야기의 완벽한 소재가 되었습니다.

"위대한 악당을 만드는 열쇠 중 하나는 악당을 영웅보다 더 빠르고 강하며 영리하고, 영웅보다 무언가 뛰어난 면이 있게 만드는 겁니다. 여기서 우리는 배트맨이 때리거나 찰 수도 없고, 전통적인 방법으로는 막을 수 없는 악당과 만나게 되죠. 그 악당은 배트맨이 사랑하는 도시에 로그스 갤러리의 그 어떤 악당들보다 더 큰 피해를 가져옵니다. 배트맨처럼 강박 관념이 심한 사람에게는 매우 충격적인 일일 겁니다."

팀 드레이크도 생물학 공격의 피해자 중 한 명이

위 작화가 켈리 존스는 1990년대 배트맨 세계에 특별한 고딕 호러 감각을 불러왔다. (켈리 존스 및 존 비티 작, 1996년 4월자 《배트맨 529호》 표지)

된다. 하지만 아즈라엘과 캣우먼을 포함한 배트맨의 동료들의 도움으로 치료제가 발견되고, 팀과 수천 명의 고담 시민들은 대규모 감염 사태에서 살아남는다.

그러나 불과 몇 달 뒤에 이어진 크로스오버 이벤트인 '레거시 Legacy'에서 클렌치를 앓았던 생존자들이 재발의 징후를 보인다. 배트맨은 바이러스의 기원지를 찾아 중동까지 가게 되고, 그곳에서 대규모 감염 사태의 배후 조종자가 라스 알 굴이라는 사실을 알게 된다. "우리는 알 굴은 아껴 쓸 때 가장 좋은 악당이라고 생각했습니다. 그렇게 쓸 때 가장 효과적이고, 그의 등장은 더욱 특별해지죠." 피터슨의 지적이다. "그리고 우리는 애초에 《디텍티브 코믹스 700호》에서 특별한 걸 하고 싶었기 때문에 우리에게 알 굴은 당연한 선택이었습니다."

고담시와 전 세계 사람들에게는 다행스럽게도 배트맨은 '나이트폴'의 사건 이후로 최고의 기량을 가지고 있었다. 하지만 알 굴의 사악한 음모를 막기에는 세계 최고 탐정으로서의 능력을 총동원해도 모자랐다. 다행히 로빈, 나이트윙, 헌트리스, 아즈라엘, 캣우먼, 그리고 오라클의 도움을 받아 배트맨은 라스 알 굴을 막고 클렌치의 치료법을 찾아낸다.

결국 클렌치 사건은 배트맨에게 세상에는 혼자 처리하기에는 너무 거대한 위협들이 있다는 사실을 상기시켜 주면서, 오랜 공백기를 깨고 '저스티스 리그 오브 아메리카'에 재합류하는 계기가 되었다. 저스티스 오브 아메리카의 주목적은 수십 년 만에 처음으로 슈퍼맨, 원더우먼, 마샨 맨헌터, 아쿠아맨, 그린 랜턴, 플래시, 그리고 배트맨까지 포함하며 DC 코믹스의 가장 유명한 캐릭터들을 한데 모으는 것이었다.

"당시의 배트맨 편집장이자 제가 큰 존경심을 가지고 있는 위대한 데니 오닐은 배트맨이 저스티스 리그 오브 아메리카에 등장하는 것을 결사반대했습니다." 1997년 시작된 새로운 저스티스 리그 오브 아메리카 시리즈, JLA의 작가였던 그랜트 모리슨의 말이다. "당시의 유행은 배트맨을 '현실적'이거나 그럴듯하게 묘사하는 것이었습니다. 개인적으로는 우스운 생각이라고 봅니다만, 변호를 해 주자면 그 유행하에서 훌륭한 작품들이 상당수 탄생하긴 했어요. 배트맨을 그 접근법에 해를 끼칠 수 있는 공상 과학이나 판타지물에 등장시키지 않으려고 하는 게 당시 유행이었습니다. 저는 배트맨이라는 캐릭터가 우리가 뭘 던지든 대처할 수 있을 정도의 적응력을 갖추고 있다고 확신했고, 편집자인 댄 라스플러 Dan Raspler를 통해서 오닐과 논쟁하게 되었습니다."

모리슨은 끈질겼고 그가 배트맨을 최대한의 존경심과 경의를 가지고 대하겠다고 거듭 약속하자, 오닐이 양보하면서 배트맨은 빅 세븐의 일원이 되었다. "저는 배트맨을 '신들의 모임'에서 인간 측을 대표하는 자로 봅니다." 모리슨의 말이다. "JLA의 맥락에서 보면

그는 다른 누구도 생각해낼 수 없는 전략을 고안하는 전략가이자 실용주의적인 인물입니다. 바로 그게 제가 작화가 하워드 포터 Howard Porter와 작업한 첫 JLA 이야기에서 초능력을 가진 외계인 침략자들을 상대로 결정적인 첫 한 방을 날리는 주인공으로 배트맨을 선택한 이유이기도 합니다."

한편, 보다 '현실적인' 배트맨을 찾는 팬들은 어둠의 기사의 활동 초창기를 배경으로 하는 살인 사건 추리극인 〈롱 할로윈 The Long Halloween〉을 보면 되었다. 작가 제프 로브 Jeph Loeb와 작화가 팀 세일 Tim Sale은 이전에 특별 프로젝트 담당 편집자인 아치 굿윈의 지도로 할로윈을 주제로 한 배트맨 특별편 세 편을 작업하고 좋은 평가를 받은 바 있었다. 굿윈은 로브에게 배트맨 로그스 갤러리의 시대를 열어주는 계기이기도 한 사건인, 고담시에서 가장 악명 높은 범죄 조직 팔코니 파의 몰락에 관한 이야기를 써보라고 제안했다.

로브는 '배트맨: 이어 원'의 시대를 배경으로 삼았다. 그리고 그는 주요 기념일마다 팔코니 가문의 구성원들을 한 명씩 살해한 뒤 기념일에 맞는 기념품을 표시로 남기는 연쇄 살인범을 중심으로 하는 3편 분량의 추리극을 구성했다. 또한 그 이야기는 배트맨과 고담시 지방 검사 하비 덴트 사이의 짧고 비극적인 협력 관계와 하비 덴트를 투페이스로 만든 사건을 다룬다.

맞은편 카마인 팔코니의 조카이자 홀리데이 킬러의 첫 희생자가 되는 존 비티의 결혼식에 참석한 진지한 표정의 브루스 웨인. (팀 세일 작. 1996년 12월자 《롱 할로윈 1호》 중에서)

아래 홀리데이 킬러는 잭 오 랜턴처럼 살인 현장마다 기념일에 맞는 상징적인 물건을 놔둔다. (팀 세일 작. 1996년 12월자 《롱 할로윈 1호》 표지 중에서)

"마크 웨이드는 저에게 하비 덴트에 초점을 맞추는 게 어떻겠냐고 제안했고, 그 말을 듣자마자 머릿속에 줄거리가 떠올랐죠." 로브의 말이다. "줄거리 속 하비는 자신의 영혼까지 걸면서 고담시를 지키려는 의지를 가진 사람이었습니다. 줄거리에는 브루스가 어디까지 갈 의지가 있는지에 관한 우화도 있었어요. 그리고 조직 범죄자들이 고담시를 장악하던 시대에 대한 이야기를 담을 재간이 있었고, 다음으로는 괴짜들이 고담시를 장악하게 되는 변화도 넣을 수 있었죠. 그 일이 언제 일어났고, 어떻게 일어났고, 배트맨은 어떻게 연관됐을까? 등의 이야기말이에요."

홀리데이 Holiday라는 별명이 딱 맞는 살인자를 쫓는 과정에서 배트맨은 스케어크로우, 조커, 지성은 거의 없지만 괴력을 가진 솔로몬 그런디 Solomon Grundy, 그리고 기존처럼 악당과 연인을 오가는 캣우먼과 맞서게 된다. 캣우먼은 변장한 상태일 때는 배트맨을 유혹하고, 셀리나 카일과 브루스 웨인일 때는 서로의 정체를 모른 채 진지한 교제를 이어간다. "그녀는 브루스가 필요로 하는 모든 것이었습니다." 로브의 말이다. "그리고 그건 불가능한 일이었죠. 브루스도 자신이 그녀와 사랑에 빠지면 임무도 그대로 끝나게 되리라는

걸 알고 있었으니까요. 우리는 캣우먼을 마치 1940년대 사람인 것처럼 쓰고 그렸습니다. 그녀는 로렌 바콜 Lauren Bacall, 소피아 로렌 Sophia Loren 같죠. 남자들을 손에 쥐고 갖고 노는 정말 강한 여성들이요. 모두가 배트맨을 두려워하지만, 그녀는 '당신은 내가 던지고 놀 수 있는 털실 뭉치일 뿐이지.'라고 생각합니다."

마지막 장에서 홀리데이의 정체는 카마인 팔코니의 아들인 알베르토로 드러나고, 카마인 자신은 하비 덴트에게 죽으면서 '긴 할로윈'에 종지부를 찍고 고담시에서 팔코니 제국의 종말을 알리는 시작이 된다.

《롱 할로윈》은 출간과 동시에 찬사를 받았고, 아치 굿윈의 특별 프로젝트 성공에 자극받은 정기 배트맨 만화들의 편집자들도 자신들의 만화를 통해 대서특필되고 싶어 했다. 그들은 충격을 주기 위해 배트맨을 다시 한 번 안락한 상태에서 몰아내고 고담시의 모든 것을 흔들 때가 됐다고 결정했다.

1998년 봄에 출간된 '카타클리즘 Cataclysm' 크로스오버 이벤트에서 파괴적인 지진이 고담시를 쑥대밭으로 만들고, 클렌치의 여파에서 회복 중이던 도시에 치명타를 날린다. 도시 거의 전체가 심각한 붕괴 피해를 입고, 배트케이브는 물론 배트모빌을 비롯한 배트맨의 대부분의 장비들도 지진으로 파괴된다.

그러나 그것은 배트맨 보조 편집자인 조던 B. 고핀켈이 기획한 대형 크로스오버 이벤트의 서막에 불과했다. "휴가가 다가오고 있었습니다. 유대교 안식일이 끝난 토요일 밤에 컴퓨터 앞에 앉았는데 이 이야기가 갑자기 떠올라서 열 페이지짜리 기획안을 썼습니다."

아래 아캄 어사일럼의 수감자들을 무방비 상태의 고담시에 풀어놓음으로써 노 맨스 랜드의 세계에 더 큰 혼돈을 가져왔다. (알렉스 말리브 및 웨인 파우처 작, 1999년 3월자 《배트맨: 노 맨스 랜드 1호》 중에서)

맞은편 전설적인 작화가 빌 신케비치가 그린 생생하고 극적인 표지에서 생각에 잠긴 배트맨이 고담시에 일어난 거대한 변화를 감지하고 있다. (빌 신케비치 작, 1998년 3월자 《디텍티브 코믹스 719호》)

> "줄거리 속 하비는 자신의 영혼까지 걸면서 고담시를 지키려는 의지를 가진 사람이었습니다."

Feudalism is alive and well here...

...helped along by Jeremiah Arkham's decision to let all the criminals in his asylum back on the streets before he left town.

ARKHAM

고핀켈의 회상이다. "그리고 해가 뜨자마자 이메일로 보내버렸죠. 그리고 전 휴가를 떠났습니다. 일주일 뒤에 살을 한껏 태우고 느긋하게 사무실에 출근했을 때 전 기획안에 대해 까맣게 잊어버린 상태였습니다. 사무실로 들어가는데 다들 등을 툭툭 치면서 얘기하더군요. '잘했어, 고핀켈!' '훌륭해, 고핀켈!' '대단해, 고프!' 전 이 사람들이 무슨 말을 하는 건지 도통 알수가 없었죠."

"그래서 오닐의 사무실로 가서 물어봤습니다. '무슨 일이요?' 그랬더니 그 양반의 대답이, '자네가 보낸 그 기획안 있잖아, 윗선에 올려 보냈어. 자네 기획안을 보고는 '이걸 내년도 배트맨 내용으로 하지.'라고 하더군. 내가 구조를 정해서 1년 분량의 줄거리를 짤 거야. 그 다음에는 우리가 뼈에 살을 붙여 완성하는 거지.'"

고핀켈은 만화 역사상 한 번도 시도된 적 없었던 거대한 이벤트인 '노 맨스 랜드 No Man's Land'의 아이디어를 내놓은 것이었다. 주요 내용은 《배트맨》, 《디텍티브 코믹스》, 《박쥐의 그림자》, 《레전드 오브 더 다크 나이트》 등 4개의 월간 배트맨 만화를 통해 매주 연재되며 《로빈》, 《나이트윙》, 《캣우먼》, 《아즈라엘》에서도 배트맨 편집부의 지휘 아래 다룰 예정이었다. 각종 미니시리즈들과 단편 특집들까지 포함하는 '노 맨스 랜드'의 스토리라인은 1999년 한 해 동안 80편으로 연재될 예정이었는데, 1년간 출간되는 크로스오버 이슈의 숫자로는 '나이트폴'조차 왜소하게 보이게 만들 정도였다.

고핀켈이 그린 윤곽 속에서 미국 정부는 고담시를 도저히 재건이 불가능한 상태로 규정하고, 브루스 웨인을 비롯한 고담시의 가장 저명한 인사들의 반대에도 불구하고 도시를 '무인 지대'로 선포한다. 48시간의 소개령이 끝난 뒤 고담시로 통하는 모든 교각이 파괴되고, 주방위군이 경계선을 세워 누구도 고담시를 드나들지 못하게 막는다. 고담 시민의 대다수는 무인 지대의 효력이 발생하기 전에 고담시에서 빠져나가는 데 성공하지만 수만 명의 시민들, 특히 고담시의 이재민과 빈민들, 소규모의 고담시경 인원들, 그리고 지진의 결과 무너진 블랙게이트 교도소 Blackgate Penitentiary와 아캄 어사일럼에서 탈옥한 수많은 범죄자들은 도시에 남는다. 감금 상태에서 해방된 악당들은 적대 세력들을 이루고 고담시의 폐허 속에 제각기 구역을 설정한다.

"제 계획은 고담시를 다양한 영토로 나누고 모

위 미군이 고담시로 통하는 모든 다리를 끊고 3개월이 지난 뒤 군용 헬기 한 대가 고담시의 폐허를 정찰하고 있다. (알렉스 말리브 및 웨인 파우처 작. 1999년 3월자 《배트맨: 노 맨스 랜드 1호》 중에서)

인서트 배트맨과 고담시의 암흑가가 지진으로 폐허가 된 도시를 서로 장악하기 위해 싸우면서 노 맨스 랜드의 영토 경계선은 거의 매일 변한다. 이 지도는 미국 정부가 고담시를 무인지대로 선포한 뒤 3개월이 지난 시점의 상황을 묘사하고 있다. (알렉스 말리브 및 웨인 파우처 작. 1999년 3월자 《배트맨: 노 맨스 랜드 1호》 중에서)

든 악당들이 각자의 지역을 통치하게 한 뒤, 배트맨이 각각의 영토를 찾아가서 한 번에 한 지역씩 되찾게 하는 것이었습니다." 보드 전략 게임인 '리스크'에서 스토리라인에 대한 영감을 얻었다는 고핀켈의 설명이다. 그 게임의 주요 참가자는 펭귄과 투페이스, 그리고 해당 이벤트 종반에 새로 DC 코믹스 유니버스의 본편에 데뷔하게 된 할리 퀸을 새로운 사이드킥으로 맞이한 조커였다.

DC는 2000년 1월 1일 자정에 Y2K 컴퓨터 버그가 일어나 기술과 사회의 붕괴를 가져올 것이라는 언론 보도 이후, 이 이야기가 새 천년 공포증에 사로잡힌 독자들의 공감을 얻을 수 있을 것이라고 느꼈다. 그럼에도 이벤트 하나에 1년간의 배트맨 출판 일정을 통째로 바치는 것은 위험한 사업이었다. 고핀켈과 배트맨 편집진은 독자들이 광대한 스토리라인을 계속 붙잡고 있게 할 목적으로 크로스오버의 제작을 위한 스타 작가들을 모집했다. 이전의 크로스오버에서 여러 부분으로 구성된 스토리 단위의 각 장을 서로 다른 작가들이 나누어 맡았던 것과 달리, '노 맨스 랜드'에서는 1~4편의 이슈로로 구성되는 각각의 스토리 단위를 작가 한 명이 전담함으로써 작가들에게 각자가 맡은 분량 내에서의 더 큰 통제권을 보장해주었다. 고핀켈이 뽑은 작가들 중에는 〈배트맨: 디 애니메이티드 시리즈〉의 각본가인 폴 디니와 《지아이 조 G.I. Joe》를 오랫동안 맡았고 《울버린》의 작가로도 일했던 래리 하마 Larry Hama, 그리고 《캣우먼》을 썼고 여러 편의 배트맨 미니시리즈를 통해 좋은 반응을 받았던 떠오르는 스타, 데빈 K. 그레이슨이 포함되어 있었다.

또한 고핀켈은 만화책 업계 바깥에서도 재능을 가진 사람을 찾으려고 했다. "배트맨은 배트맨이잖아요." 고핀켈의 말이다. "배트맨은 최고의 만화 캐릭터죠. 저는 할리우드에도 저처럼 배트맨을 보고 자란 누군가가 있을 거라고 추측하고, 당시 제가 좋아하던 할리우드 각본가 여러 명에게 연락을 취했습니다."

1985년의 히트작 〈백 투더 퓨쳐 Back to the Future〉와 그 후속작의 각본가이자 제작자였던 밥 게일 Bob Gale 은

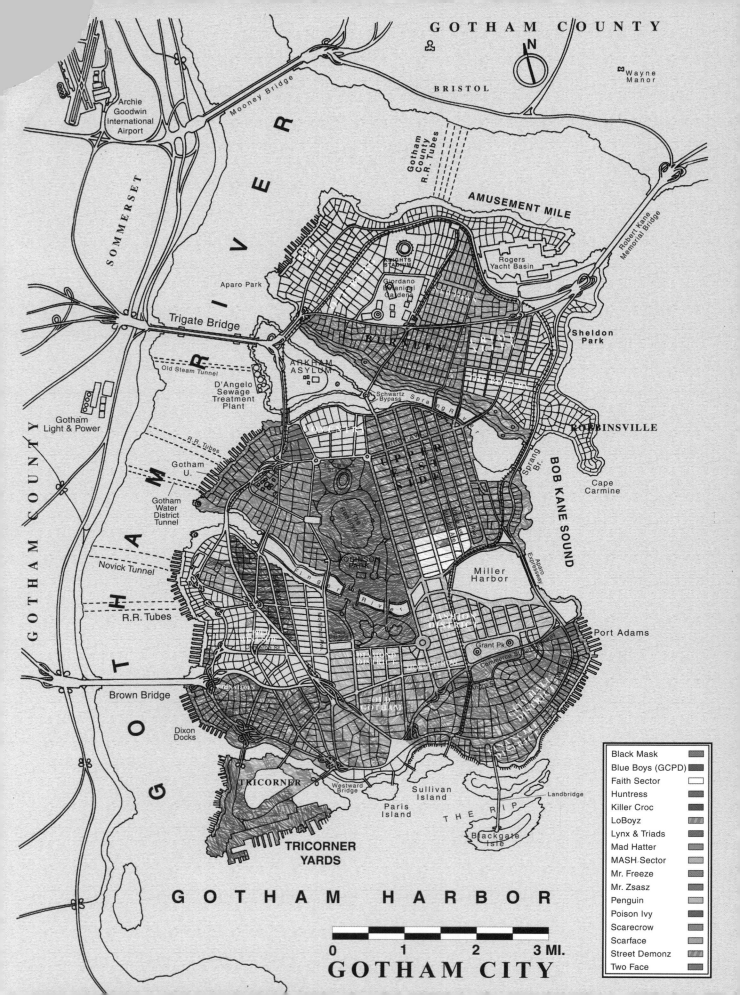

를 써야 한다고 입을 모아 주장했다. 게일이 쓴 이야기에서 고담시를 버리기로 한 정부의 결정에 낙심한 배트맨이 도시를 떠나 완전히 자취를 감추면서 도시에 힘의 공백이 생기고 로그스 갤러리가 날뛰게 된다. "진정한 어둠의 기사였습니다." 게일의 설명이다. "가능한 한 최대로 어두운 기사라고나 할까요. 우리는 1년 길이의 배트맨 이야기를 시작한 참이었는데, 배트맨은 첫 이슈에 아예 나오지도 않았죠."

새로이 봉쇄 상태에 놓인 고담시에서 처음으로 권력 투쟁을 개시한 악당은 외부 세상과 고담시를 잇는 밀수업자이자 정보 중개인으로 변신한 펭귄이었다. "저는 캐릭터들을 최대한 묘사해 낼 수 있도록 복잡한 캐릭터들을 만드는 데 집중하길 바랐습니다." 게일의 말이다. "그러고나면 캐릭터들이 알아서 자신들이 무슨 일을 할 것인지 우리에게 말해 주게 될 터였죠. 펭귄은 더 이상 한결같이 바보 같은 캐릭터가 아니라 부정부패의 달인이 되었습니다. 멸망한 제국들과 역사를 연구한 뒤, 그 모든 상황을 자신에게 유리하게 이끄는 방법을 아는 인물이 되었죠."

배트맨의 부재 기간 동안 평화를 유지하는 이들은 고담시경의 잔존 인원들이다. 배트맨의 실종을 자신에 대한 배신으로 받아들이는 고든 국장과 거칠고 요령 있는 경찰이자 국장의 착실한 아내인 새라 에센 고든 Sarah Essen Gordon 경위, 고담시의 새로운 상황에 빠르게 적응하는 하비 불록, 서부 개척 시대 같은 무인 지대 속의 상황을 즐기는 생존 전문가인 윌리엄 페티트 William Pettit, 그리고 대피령이 내려졌을 때 미처 고담시에서 빠져나가지 못한 대가족과 함께하는 르네 몬토야 Renee Montoya 형사가 그 중심에 있다. 몬토야는 1992년 초에 월간 《배트맨》 만화에서 먼저 등장한 바 있었지만 원래는 그해 가을에 방영될 〈배트맨: 디 애니메이티드 시리즈〉 첫 시즌을 위해 신참 경찰 역할로 만들어진 캐릭터였다. 배트맨 만화책에서 조연으로 자리잡은 뒤, '노 맨스 랜드'에서는 처음으로 주연의 자리를 꿰찼다.

몬토야의 이야기를 확대해 나간 사람은 또 다른 신규 배트맨 작가인 그렉 루카 Greg Rucka 였다. 루카는 이름이 널리 알려진 범죄 소설가였고, 최근 출판사 오니 프레스 Oni Press 에서 《화이트아웃 Whiteout》을 내며 만화계에 데뷔해 좋은 평을 받은 바 있었다. 루카가 뉴욕에

굉장히 열렬한 반응을 보였다. "전 제안을 받고 기뻤습니다." 게일의 말이다. "고핀켈이 저한테 전화해서 말하더군요. '배트-정상회담 Bat-summit에 당신을 초대하고 싶습니다.' 전 말했죠. '와, 애덤 웨스트 드라마에 나올 것 같은 단어네요!'"

비록 게일은 배트맨 세계의 작가로는 신참이었지만, 만화책 역사를 꿰고 있었고 편집진에게 자신의 의견을 주저하지 않고 이야기했다. "제가 가장 강하게 느끼던 점을 이렇게 피력했습니다. '저도 일곱 살 때부터 만화책을 읽어온 사람인데, 요즘에는 진행에 수개월이 걸리는 거대한 이야기가 많지만 대부분 용두사미더란 말입니다. 여러분은 훌륭한 생각을 갖고 출발했지만 어디로 가야 할지 모르고 있어요. 저나 많은 각본가들이 취하는 접근법은 목적지를 먼저 정해놓는 겁니다. 그럼 도착하기가 더 쉬워지죠.'"

배트맨 편집자들은 게일의 혜안에 매우 감명 받았고, 게일이 새로운 고담시의 상황을 정립하는 이슈 4편 분량의 도입부인 '무법과 신질서 No Law and a New Order'

있는 출판사를 방문했을 때, 그의 팬이었던 데니 오닐이 점심 식사에 초대했고 배트맨 만화 몇 편을 써 달라고 부탁했다. 루카는 이렇게 회상한다. "전 제때 들어가게 된 셈이었습니다. 그들은 한창 작가들을 근무 교대시키는 중이었고 대형 이벤트가 다가오고 있었으니까요. 그때 전 젊고 열정적이었으며 잠도 안 자고 일할 수 있는, 이제 막 경력을 시작한 참이었죠. 그래서 굉장히 순식간에 그들의 만능 선수로 뛰게 되었습니다."

'노 맨스 랜드' 기간 중 루카가 처음 작업한 이야기에는 몬토야와 투페이스의 복잡한 관계가 그려진다. 투페이스는 어린 형사를 마음에 들어하고, 그녀의 호감을 사기 위해 자신의 어두운 면을 억누르려고 애쓴다. "당시로서는 여자일 뿐만 아니라 라틴계이기까지 한 조연 캐릭터의 존재는 혁명적인 것이었습니다." 루카의 말이다. "게다가 부패 경찰도 아니고, 악당도 아니죠. 그래서 전 즉시 그 설정을 낚아챘습니다." 영감이 떠오른 루카는 몬토야의 자세한 배경 설정을 썼다. 그녀는 고담시에서 태어나 자랐고, 이민자 가정의 자녀이며, 동성애자이지만 가족과 동료들에게는 그 사실을 숨기기로 결심한다.

"이 부분을 이해하려면 고담시의 특수성을 이해해야 합니다." 루카의 말이다. "고담시는 거지 같은 도시입니다. 그런데 이 젊은 여성은 경찰이 되고 싶어 하죠. 사람들이 그녀에 대해 뭐라고 이야기하겠습니까? 솔직히 말해서 고담시 경찰국에 지원하는 사람들의 95퍼센트는 불법적인 짓을 해서 많은 돈을 벌기 쉬운 직장이라 들어가는 거거든요. 하지만 몬토야의 경우에는 그게 지원 동기가 아니었어요."

'노 맨스 랜드'에서 고담시경 측의 투페이스 담당 특별 연락책이 된 그녀는 자신의 영향력을 이용해 고담시의 덴트 지배 구역에 평화를 가져오기 위해 노력하는 과정에서 지위를 초월하는 업무까지 해내게 된다.

"몬토야의 이야기를 쓸 때, 저는 DC 유니버스에 있는 모든 사람들이 저마다 특별한 능력을 가지고 있다는 생각을 갖고 있었습니다." 루카의 말이다. "모든 사람들이 비행이나 방탄 능력을 가진 건 아니지만, 그들은 뭔가를 해낼 수 있습니다. 몬토야의 경우에는 하비 덴트와 투페이스 모두가 자신의 말을 듣게 만들 수 있는 것이 그 능력이었죠. 그녀는 하비와 투페이스 모두가 동의할 수 있는 유일한 대상입니다. 그 결론을 내린 직후에 저는 재빨리 덴트를 몬토야에게 반하게 만들었고, 그녀가 동성애자라는 사실을 꼭꼭 숨기고 있기 때문에 그들의 관계가 이루어질 수 없다는 점을 분명히 했습니다. 고담시의 동성애자 경찰이라면 당연한 일이겠죠."

배트맨이 사라지자 또 다른 고담시의 자경단인 헬레나 버티넬리[Helena Bertinelli], 일명 헌트리스가 나타나 그 빈자리를 채운다(1989년에 처음 등장한 이 헌트리스는 살해당한 범죄 조직 두목의 딸이며 1977년에 등장했던 지구-2의 배트맨과 캣우먼 사이에서 태어난 딸과는 아무 관계가 없다). '카타클리즘' 이전까지 헌트리스는 거칠고 폭력적인 방식 때문에 배트맨과 자주 다투었지만, 일단은 서로를 마지못해 용인하고 있었다. 배트맨이 사라진 것처럼 보이자 헌트리스는 자신의 이름을 배트걸로 바꾸고는 어둠의 기사가 여전히 몰락한 도시를 지키고 있는 것처럼 보이도록 박쥐 문양의 낙서를 도시 곳곳에 하고 다닌다.

고담시가 세상과 단절되고 세 달이 지났을 무렵, 브루스 웨인이 돌아온다. 의회를 설득시키는 데 실패한 뒤 사기가 떨어진 브루스는 자신의 임무를 버리고 자기 연민에 빠진 채로 세상을 여행하며 몇 주를 보낸 상태였다. 브루스는 도시의 황폐화된 상태를 감안할 때, 법과 질서를 복구하는 일이 배트맨에게조차 버거운 일임을 깨닫고 그동안 소원했던 헌트리스, 로빈, 나

위 고담시에서 배트맨이 사라진 일은 그를 알던 모든 사람들, 특히 고든 국장에게 큰 충격을 주었다. (알렉스 말리브 및 웨인 파우처 작, 1999년 3월자 《배트맨: 노 맨스 랜드 1호》 중에서)

맞은편 배트맨이 '노 맨스 랜드' 초기 시절의 오랜 부재를 깨고 자신의 복귀를 알린다. (알렉스 말리브 및 웨인 파우처 작, 1999년 3월자 《배트맨 563호》 중에서)

이트윙, 오라클 등 동료들과 재결합하기 위해 노력한다. 또한 배트맨은 고담시를 재건하고자 하는 나름의 이유를 가지고 있는 숙적들, 펭귄, 투페이스, 포이즌 아이비와도 이례적으로 동맹을 맺는다. 오래갈 것 같지 않은 그 동맹 세력들은 배트맨과 고담시경이 도시를 한 구역씩 수복해 나가는 일을 도와준다.

고담시 내의 힘의 균형은 이후 몇 달 동안 배트맨 패밀리와 고담시경이 노 맨스 랜드의 가혹한 세상에서 도덕과 진실성을 유지하려고 분투하면서 끊임없이 흔들린다. 헌트리스가 균형을 유지하지 못하고 비틀거리자, 배트맨은 그녀를 해고하고 오라클의 추천을 받은 십대 무술가 카산드라 케인 Cassandra Cain 을 새로운 배트걸로 삼는다. "'노 맨스 랜드' 시점에서 배트맨의 방식은 '내 뜻대로 하든지, 나가든지'입니다." 루카의 말이다. "그는 의견 차이를 받아들이지 않죠. 그 결과 헌트리스가 거의 죽을 뻔했습니다. 덜 독재적이고, 더 조심스럽고 더욱 성숙한 배트맨을 만들어나가는 것이 1년 동안 우리가 진행해야 할 방향 중 하나였습니다. 그는 스스로 변화하지 않는다면 어떤 대가를 치르게 되는지를 이미 확인했죠."

배트맨은 '노 맨스 랜드' 시작 직전에 예고 없이 갑작스럽게 고담시를 떠나면서 가장 오랜 친구 중 한 명인 제임스 고든을 잃었다. 고든이 그 일을 자신에 대한 배신 행위로 받아들였기 때문이다. 고든은 거의 1년간 배트맨과의 만남을 거부한다. 두 사람이 결국 대면하게 되었을 때, 배트맨은 자신이 그동안 고든의 우정을 당연한 것으로 여겨 왔다는 점을 시인하고, 국장의 신뢰를 회복하기 위해 자신의 정체를 밝히겠다고 제안한다. 고든은 거절하지만 진심 어린 제안에 감사를 표하고, 두 오랜 동료들 사이에 생겼던 균열은 마침내 회복된다.

그해가 끝나가면서 밥 게일이 거대한 크로스오버 이벤트를 시작할 때 제시했던 웅장한 피날레의 무대가 세워졌다. "우리는 그 모든 일들 뒤에 숨겨져 있는 동기를 고안해내려고 애쓰고 있었죠. 그러던 어느 날 아침에 일어나자마자 생각이 떠올랐습니다. 그렇지! 렉스 루터가 모든 걸 사들이려고 했던 거야!" 게일의 이야기에서 슈퍼맨의 숙적은 노 맨스 랜드 배후에서 사건을 조종하는 미지의 인물이며, 겉으로는 이타적인 척 행세하지만 뒤로는 도시를 집어삼킬 계획을 짠다. 루터의 회사인 렉스코프 LexCorp 는 정부가 고담시를 포기하지 않도록 압력을 넣는 웨인 엔터프라이즈의 활동에 공개적으로 합세한다. 그러나 뒤로는 몰래 베인을 고용해 고담시 기록물 보관소를 파괴함으로써 문서를 조작해 시민들의 부동산 소유권을 빼앗으려 한다.

다행히 사업가 브루스 웨인과 그의 CEO인 루시어스 폭스가 루터의 화이트칼라 범죄를 망치는 데 성공하고, 고담시를 에워싼 차단선은 마침내 새해 첫날 걷힌다. 그러나 그들의 승리는 비극 속에 묻히고 만다. 크리스마스이브 일주일 전에, 새라 에센 고든 경위가 갓난아기들을 조커에게서 구하다가 살해당했기 때문이다.

배트맨은 자신이 한때 푸대접했던 동료들과의 긴밀한 협력을 통해 한때 포기하려 했던 고담시가 재난에서 벗어날 수 있도록 이끌었다. 그들은 힘을 합쳐 전례 없는 시련을 이겨내고, 새해부터 벌어질 일들에 대비한다.

"'노 맨스 랜드'를 성공적이었다고 말할 수 있다면, 그건 전적으로 이야기 속 감정의 흐름 덕분입니다." 조던 B. 고핀켈의 말이다. "배트맨은 아무 도움도 없이 정의의 싸움을 이어가는 상황에 내몰리죠. 배트케이브도 없고, 고든 국장도 없고, 조수들도 없습니다. 배트맨은 어떻게 할까요? 과연 그는 외로운 어둠의 기사가 되는 길을 계속 받아들일까요? 아니면 '난 5년 전의 그 친구가 아니구나. 내겐 가족이 있구나. 가족을 포용해야 하는구나.'라고 깨닫게 될까요? 그게 바로 '노 맨스 랜드'의 감정 흐름입니다. 제게는 그게 그 이야기의 전부였습니다."

위 과거 회상담인 《그라운드 제로》 편에서는 배트맨이 고담시를 떠나게 되고 헌트리스가 새로운 배트걸이 되는 일련의 사건들이 밝혀진다. (글렌 오르빅 작, 1999년 12월자 《배트맨: 노 맨스 랜드 0호》 표지 중에서)

맞은편 배트맨이 《엔드게임, 에필로그: 데이즈 오브 올드 랭 사인》 편에서 죽은 친구를 추모하고 있다. (알렉스 말리브 작, 2000년 2월자 《배트맨: 박쥐의 그림자 94호》 표지)

16. 진화

'노 맨스 랜드'의 사건들은 고담시와 배트맨에게 새 출발할 기회를 주었다. 브루스 웨인은 도시를 재건하면서 범죄와의 전쟁을 이어 갈 준비를 하며 자신의 아군들과의 관계를 돈독히 만들었다.

배트맨을 멋진 신세계로 인도하는 것은 새로운 작가들과 작화가들의 몫이었고, 처음으로 편집자 데니 오닐이 방향타에서 손을 떼게 되었다. "저는 17년 동안 배트맨 편집자로 일했고, 그건 만화 업계에서 최고의 직업이었습니다." 오닐의 말이다. "그리고 회사의 간섭을 받은 적이 한 번도 없었죠. 그 이유 중 하나는 배트맨이 굉장한 이익을 남겨주었기 때문인데, 그건 대부분의 만화들에게는 쓸 수 없는 표현이죠. 다른 만화 중 일부도 때때로 이익을 보여주긴 했습니다만 배트맨의 경우에는 확실했죠."

2000년, 오닐은 편집부에서 은퇴할 준비를 하면서 다음 해 분량의 배트맨 이야기의 기초를 깔아두었다. 그의 구상 속 부활한 고담시에서 신흥 조직 두목들은 자신들의 지분을 넓히려 하고, 기존의 악당들은 새로운 세상의 질서 속에서 자신들의 위치를 재확립하려 했다. 동시에 '노 맨스 랜드' 기간 동안 고담시에 남아 있었던 OG(Original Gothamites; 원조 고담 시민들)가 도시를 떠났다가 돌아오기 시작한 디지스(DeeZees; 탈주자들)에게 적대감과 원망을 드러내면서 혼란에 빠지게 되었다.

1년 동안 고담시를 재건하는 임무는 '노 맨스 랜드'의 주요 작가 세 명에게 주어졌다. 《디텍티브 코믹스》는 그렉 루카가 맡았고, 래리 하마는 《배트맨》을, 데빈 K. 그레이슨은 《배트맨: 고담 나이츠 Batman: Gotham Knights》라는 신규 월간 타이틀을 쓰게 되었다.

"'노 맨스 랜드' 직후 《디텍티브》를 맡는 건 엄청 압박되는 일이었습니다." 루카는 시인한다. "데니는 제게 그건 기회가 될 것이라 했고, 새로운 걸 시도해보라고 말했습니다. 하지만 당시의 전 너무 젊어서 그 말에 대해 진지하게 생각해보지 않았죠."

루카는 새로운 방향의 일환으로 자신이 보기에 '노 맨스 랜드' 이전의 사건에서 너무 자기혐오적으로 변하고 친구와 동료들과 거리가 멀어진 배트맨을 인간적으로 만들고자 하는 노력을 계속했다. 동시에 그는 '노 맨스 랜드'의 배트맨에게서 브루스 웨인의 측면이 거의 완전히 사라진 상태였기 때문에 그를 고담시 최고의 명사 중 한 명으로 표현해내는 것이 특히 중요하다고 생각했다. "전 브루스 웨인을 묘사할 때 시도할 수 있는 것들이 많아서 좋습니다." 루카의 말이다. "이 논쟁은 수없이 들어보셨을 겁니다. 슈퍼맨은 클락 켄트지만, 배트맨은 배트맨이다. 브루스 웨인이라는 건 존재하지 않고, 단지 배트맨이 배트맨으로 활동하지 않을 때 쓰는 가면일 뿐이라는 이야기요. 제가 봤을 때는 그 말속에 상당한 진실이 담겨 있고, 그 점이 각각의 캐릭터 디자인의 핵심에 들어 있다고 봅니다. 그가 브루스 웨인으로서 하는 모든 일들은 배트맨을 위한 일입니다."

루카의 《디텍티브 코믹스》가 고담시의 길거리에 초점을 둔 느와르 풍의 범죄 드라마라면, 래리 하마의 《배트맨》은 스콧 맥다니엘Scott McDaniel의 역동적이고 화려한 작화와 함께하는 액션 위주의 만화였다. "DC가 《배트맨》에서 해도 되는 일과 안 되는 일이 담긴 50페이지짜리 스프링노트를 줬던 시절입니다." 하마의 지적이다. "저는 《다크 나이트 리턴즈》를 따라 하면 안 된다는 점과 목표 독자층은 여전히 아이들이라는 점에 대해 분명히 들었죠. 전 8년 동안 마블 코믹스의 울버린을 쓸 때 활용했던 접근법인 '자신의 도덕률을 따르는 나쁜 남자'라는 방향을 배트맨에게도 적용하려고 노력했습니다."

"오닐은 배트맨이라는 캐릭터의 도덕적 중심에 대해 굉장히 구체적인 생각들을 가지고 있었고, 전 그 생각들을 존중했습니다. 거기에 제가 어렸을 때 좋아했던 배트맨의 요소를 추가로 주입하려고 했죠."

하마가 마블에서 10년 넘게 활동하며 명성을 쌓

274쪽 짐 리 및 스콧 윌리엄스 작, 2002년 12월자 《배트맨 608호》 표지.

275쪽 데이브 존슨이 그린 새로운 스타일의 표지에서 볼 수 있듯이 '노 맨스 랜드' 이후 시대의 배트맨 만화들은 대담하고 새로운 방향의 작품을 과시했다. (데이브 존슨 작, 2000년 6월자 《디텍티브 코믹스 742호》 표지)

위 배트맨은 최대한 그림자 속에 남기 위해 노력했지만 새롭게 재건된 고담시에서 어느새 점점 더 많은 조명을 받게 되었다. (데이브 존슨 작, 2000년 3월자 《배트맨: 고담 나이츠 1호》 표지)

은 유명 작가였던 것과 대조적으로 그레이슨은 상대적으로 업계 신참 작가였다. '노 맨스 랜드'에서 그레이슨의 참여작을 보고 깊은 인상을 받은 오닐이 자신만의 월간 배트맨 연재작을 시작할 기회를 제안했다. "제가 배트맨에 대해 가장 흥미롭게 느끼는 점은 희생의 개념, 다시 말해 배트맨이 무술이나 범죄와의 싸움, 추리 능력을 얻기 위해서 뭔가를 희생해야 했다는 개념입니다." 오닐에게 배트맨과 유사 가족과의 관계에 중점을 둔 연재물 《고담 나이츠》의 기획안을 제시했던 그레이슨의 말이다. "그리고 제가 생각하기에 그는 최소한 처음에는 친밀한 대인 관계와 내적인 성장을 희생했다고 봅니다."

"하지만 나중에는 결국 그런 것들을 찾게 되죠.

나중에 그의 인생에도 그 두 가지를 되찾거나, 아니면 최소한 자신이 의도치 않게 만들어 가고 있는 관계가 가족 관계라는 사실을 천천히 알아가는 시기가 찾아옵니다. 가족은 그에게는 굉장히 어려운 단어입니다. 사람들과 그처럼 가까워지는 일이 굉장히 위험하기 때문이죠. 그들이 죽거나 그들을 잃는 건 그의 입장에서는 가장 공포스러운 일이지만 그 사람들에게 둘러싸여 있는 게 현실입니다. 저는 '외로운 배트맨'과 '가족적인 배트맨'을 화해시키고 싶었습니다."

《고담 나이츠》에서 그레이슨은 배트맨과 그의 유사 가족, 특히 바바라 고든, 팀 드레이크, 그리고 그녀가 가장 좋아하는 캐릭터 딕 그레이슨 간의 유대를 탐구했다. 이름의 성이 똑같은 건 우연이 아니었다.

"솔직히 말하자면 개명한 이름이에요." 그레이슨의 말이다. "태어났을 때는 그 이름이 아니었지만 아주 일찍 배트맨 유니버스에 관심을 가지기도 전에 개명했죠. 그래서 전 이미 그 이름에 대한 소유권을 가지고 있었던 셈이지만, 제가 칭찬하고 존경하고 닮고 싶어하는 누군가의 이름이기도 하다는 점을 발견하게 된 건 기쁜 일이었죠."

"이름과 관련된 직업을 가지게 될 줄 알았으면 다른 이름을 골랐을 거예요. 너무 뻔한 감이 있으니까요." 그녀가 웃으며 한 말이다.

짧은 시간 동안이었지만 오닐의 가르침은 그레이슨에게 아주 귀중했다. 그녀는 《고담 나이츠》 연재 기간 동안 한 가지 조언을 특히 명심했다. "언젠가 오닐이 배트맨은 '도시의 성격을 흡수한 존재'라고 말한 적이 있었죠. 위험한 요소들을 가져다가 자신의 것으로 이용한다는 점에서요. 제게 그 말은 배트맨에 대한 가장 완벽한 표현이었죠. 전 그 말이 좋아요. 도시 하나를 가져다가 의인화하고 당신 편으로 만들면 그게 바로 배트맨인 거예요."

루카, 하마, 그레이슨이 배트맨 단독 연재물들 속에서 인간적이고 관계성을 가진 브루스 웨인의 모습을 정립하는 동안, 작가 마크 웨이드는 배트맨의 동료들에 대한 오랜 불신이 초래한 역효과를 묘사했다. 2000년의 월간 JLA 연재분인 '바벨탑 Tower of Babel'에서 배트맨이 동료들의 약점을 포함해 각종 정보를 정리해 놓은 비밀 문서를 라스 알 굴이 해킹해서 저스티스 리그를 패배시키면서 저스티스 리그와 배트맨의 관계는 무너지기 직전까지 몰린다.

배트맨은 자신이 세운 JLA 격파 대책을 성공적으로 막아 내지만, 저스티스 리그 구성원들은 배트맨에게 배신감을 느낀다. "저는 배트맨이 자신이 작성한 돌발 상황용 대책을 알 굴이 왜곡해서 써먹은 뒤에도 그걸 도난당한 것 외에는 잘못한 게 없다고 느꼈으리라고 봅니다." 웨이드의 설명이다. "후회는 브루스의 사전에서 자주 쓰이는 말이 아니거든요."

저스티스 리그에서 잠시 퇴출당한 뒤 배트맨은 슈퍼맨과 만났고 그들은 서로에게, 그리고 JLA의 나머지 사람들에게 개방적인 자세를 취하기로 약속한다. 배트맨은 관계의 치유 속도를 높이기 위해서 회의를 소집하고 플래시와 그린 랜턴과 같은 JLA의 핵심 구성원들에게 자신의 정체를 공개한다.

"그는 동료들을 믿지 않은 대가를 통감했습니다." 웨이드의 지적이다. "슈퍼맨도 지적하지만 계획을 만든 것 자체는 용서할 수 없는 행동이 아니었습니다. 일리가 있는 행동이었거든요. 슈퍼맨 자신도 오히려 장려했을 겁니다. 세상에 정신 조종 능력을 가진 악당들이 너무나 많기 때문에 구성원 중 누구라도 언제든지 리그에 등을 돌릴 상황이 생길 수 있었으니까요."

"배트맨이 잘못한 점은 동료들에게 돌발 상황용

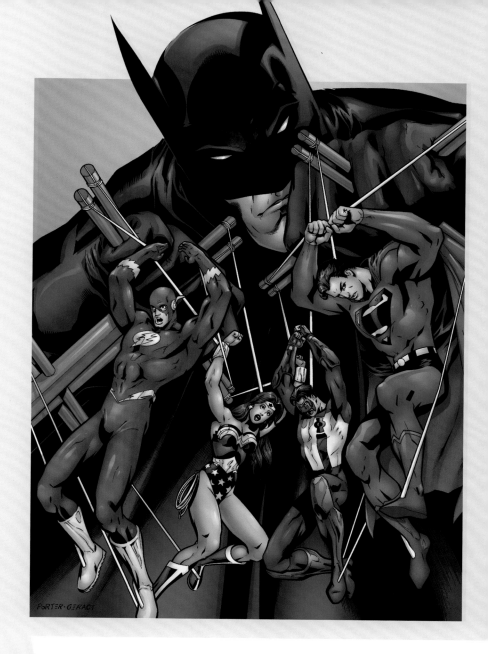

"후회는 브루스의 사전에서
자주 쓰이는 말이 아니거든요."

계획이 있다는 사실을 밝히지 않은 겁니다. 좋은 동료가 되려고 하는 것과 친구들을 대상으로 하는 계략을 짜놓는 것에는 큰 차이가 있죠."

웨이드의 JLA는 데니 오닐의 아래에서 일을 배운 여러 직원들 중 한 명인 댄 라스플러에게 편집 도움을 받았다. 오닐은 2000년 봄에 공식적으로 은퇴하면서, 당시 업계에서 높은 평가를 받고 있었으며 새롭고 신선한 관점을 보여줄 수 있는 편집자였던 밥 쉬렉 Bob Schreck에게 자신의 자리를 넘겼다. 1980년대 초부터 쉬렉은 유명 중소 출판사인 코미코 Comico, 다크호스, 그리고 1997년에 자신이 공동 창립한 회사인 오니 프레스에서 훌륭한 작가들과 협력해본 경험이 있었다. "저는 예기치 못한 관점의 주제들이 가져다주는 도전을 즐깁니다." 쉬렉의 말이다. "그리고 전 다른 사람이

위 라스 알 굴이 JLA를 쓰러트리기 위해 배트맨이 세워 놓은 계획을 이용하자 배트맨과 저스티스 리그의 관계는 파탄 직전까지 갔다. (하워드 포터 및 드류 제라치 작, 2000년 8월자 《JLA 44호》 표지)

망토 두른 십자군에 적임자라고 생각하지 않을 새로운 작가들을 초빙하는 걸 즐겼죠."

쉬렉은 자신의 역할에 안착했고, 오늘이 2000년 초에 고용한 작가진을 대부분 그대로 유지했다. 그는 이미 오니 프레스에서 그렉 루카가 《화이트아웃》을 쓸 때 밀접한 협력 관계를 이뤘던 적이 있었으며 두 사람은 서로의 스토리텔링 감각을 신뢰하고 있었다. 루카와 그레이슨의 작가직을 유지시킨 것과 달리 래리 하마는 금방 교체했다. 그의 액션 위주 대본이 쉬렉이 추구했던 더 어둡고 현실적인 시리즈의 방향과는 맞지 않았기 때문이었다. 범죄물에 탁월한 재능을 가진 신예 작가, 에드 브루베이커 ^{Ed Brubaker}가 하마의 후임으로 월간 《배트맨》 연재를 맡게 되었다.

정기 배트-정상회담에서 만난 브루베이커와 루카는 고담시경의 내부 활동에 대해 몇 시간 동안 토론을 나누었고 회의가 끝날 때쯤에는 자신들이 공동으로 집필할 수 있는 경찰물의 기획안을 내놓았다. 루카는 새로운 시리즈인 《고담 센트럴 ^{Gotham Central}》의 기본 주제를 '배트맨 없는 배트맨 책'으로 묘사하고, 영웅들과 악당들이 밀집한 세상에서 경찰로 살아가면서 겪는 특별한 도전들을 다루려고 했다.

아래 고담 센트럴의 '절반짜리 삶' 스토리라인에서 투페이스는 르네 몬토야의 사랑을 얻기 위한 정신병적인 시도의 일환으로 르네 몬토야의 동성애 성향을 폭로한다. (마이클 라크 작, 2003년 10월호 《고담 센트럴 10호》 표지 중에서)

"《뉴욕 센트럴》이 아니라 《고담 센트럴》인 데는 이유가 있죠." 에드 브루베이커의 설명이다. "사실, 정말로 밀어붙인다면 일반 경찰물을 낼 수도 있었을 겁니다. 하지만 그 아이디어에는 제가 커트 뷰식 ^{Kurt Busiek}과 알렉스 로스의 마블 작품인 《마블스 ^{Marvels}》를 흥미롭게 봤던 이유와 똑같은 요소가 들어 있었죠. 소시민의 입장에서 바라보는 거요. 만약에 우리가 배트맨 유니버스와 관계없는 책을 썼다면, 제목은 《강력반》 같은 게 되었을 겁니다."[1]

첫 스토리라인을 공동 집필한 뒤 두 작가는 대본 작업을 분담하는 특이한 접근 방식을 택했다. 루카는 작중에서 주간조인 르네 몬토야를 담당하고, 브루베이커는 야간조인 하비 불록을 맡기로 했다. 《고담 센트럴》은 고담시경의 개별 구성원들을 새롭게 조명했을 뿐만 아니라, 배트맨을 바라보는 신선한 시각까지 추가했다. "다른 사람의 눈을 통해 배트맨을 바라보면 상당한 극적인 효과를 얻을 수 있다고 봅니다." 루카의 말이다. "《고담 센트럴》은 배트맨 작가라면 받아들일 수밖에 없는 현실에서 출발합니다. 고담시 경찰이 기능 장애를 갖고 있다는 사실이요. 제대로 굴러가질 않고 심하게 부패해 있죠. 95퍼센트의 고담시 경찰들이 뇌물을 받습니다. 하지만 정직한 사람인 제임스 고든은 국장직에 올랐습니다. 그래서 저는 만약에 5퍼센트의 믿을 만한 경찰들이 존재한다면 고든이 그들을 찾아낼 것이라고 봤죠. '좋아, 자네들은 날 따라오게.'"

《고담 센트럴》에 배트맨이 아예 등장하지 않는 것은 아니다. 작가들은 신규 독자들의 유입과 판매량 유지를 위해서 어둠의 기사를 정기적으로 카메오 출연시키는 데 신경 썼다. 고담시경의 많은 경찰들은 고담시의 거리에 배트맨이 존재한다는 사실에 힘을 얻지만, 일부 경찰들은 그를 자신이 쫓는 범죄자들보다 별로 나을 것이 없는 불법 자경단으로 여긴다. "전 현실적인 시각에서 보는 것이 좋습니다." 브루베이커의 말이다. "이런 질문을 던지게 되죠. 배트맨 같은 사람에게 경찰들은 어떤 기분을 느낄까? 매번 사건을 해결하지 못할 때마다 배트시그널을 켜곤 하죠. 그건 정말 사기를 떨어트리는 일일 겁니다. 그들은 국장이 배트시그널을 켜기 전까지 범인을 잡아야 하는 시간제한을 두는 일을 싫어할 게 분명합니다."[2]

이후의 스토리라인에서 브루스 웨인은 사귐과 헤어짐을 반복하던 라디오 토크쇼 진행자인 베스퍼 페어차일드 ^{Vesper Fairchild}를 살해했다는 누명을 쓰고 체포되고, 고담시경과 배트맨의 관계는 더욱 흔들리게 된다. 몇 개월의 시간을 쓰고 탈옥까지 감행한 뒤에야 브루스는 비로소 누명을 벗고 진짜 살인자를 찾아낼 수 있었다. 암살자의 이름은

데이비드 케인(David Cain, 배트걸 카산드라 케인의 아버지)이었다. 렉스 루터가 지난 '노 맨스 랜드' 위기 당시 루터의 부동산 계획을 망쳐놓은 브루스에게 복수하기 위해 케인을 고용한 것이었다.

그 이야기를 묘사한 두 편의 크로스오버 이벤트 '브루스 웨인: 살인자?Bruce Wayne: Murderer?'와 그 속편 '브루스 웨인: 도망자Bruce Wayne: Fugitive'를 끝으로 그렉 루카는 《디텍티브 코믹스》 연재를 마치고 물러났고 후임은 브루베이커가 맡았다. 그러나 월간 《배트맨》의 다음 작가진에 대한 정보는 극비로 남았다. 밥 쉬렉과 DC 코믹스의 직원들은 현대 만화 역사상 가장 인기 있는 두 명의 창작자들을 한데 모아 새 천년에 맞게 배트맨을 새롭게 정의하고 배트맨에게 활력을 불어넣을 1년간의 연재를 준비했다.

당시 《롱 할로윈》의 속편인 열셋 편짜리 미니시리즈 〈다크 빅토리Dark Victory〉의 연재를 마쳤던 제프 로브가 열두 편짜리 이야기를 맡게 되었다. 할리우드 각본가 일과 만화 작가 일을 병행하고 있었던 로브는 자신이 배트맨 거대 프로젝트를 진행할 수 있을지 반신반의하던 상태였다. 그러나 DC의 미술 감독인 마크 치아렐로Mark Chiarello는 로브에게 거부할 수 없는 제안을

했다. "치아렐로가 저한테 와서 말했죠. '짐 리Jim Lee가 배트맨을 정말 그리고 싶어 하는데, 같이 작업하면 멋진 만화가 나올 겁니다.'"

1991년에 짐 리는 가장 인기 있는 만화가로 떠올랐다. 그는 큰 인기를 얻은 마블 코믹스의 《언캐니 엑스맨Uncanny X-Men》 연재에 뒤이어 《엑스맨X-Men》이라는 간단한 제목의 스핀오프 책으로 판매 기록을 갈아 치운 바 있었다. 이듬해 리는 새로운 출판사인 이미지 코믹스Image Comics를 공동 설립하고, 그의 새로운 만화 출판 자회사인 와일드스톰WildStorm의 주력 작품인 《와일드캐츠Wildcats》로 대박을 쳤다. 1998년, 리는 사업보다 작품 활동에 집중하기 위해 와일드스톰을 DC에 매각했다. 치아렐로는 이후 DC에서 여러 가지 소규모 프로젝트를 진행한 리에게 DC 최고의 인기 캐릭터인 배트맨의 월간 연재를 제안했다.

쉬렉은 로브와 리의 조합이 《배트맨》을 판매량 순위표 꼭대기에 올려주리란 걸 알고 있었다. 또한 그는 두 창작자들이 많은 제작 시간을 필요로 한다는 사실도 알고 있었다. 로브의 경우는 다른 계약들 때문이었고, 리의 경우는 세밀하고 노동 집약적인 작업 방식 때문이었다. "우리가 실제로 해낼 수 있을지 없을지를

위 고담시경이 범죄자와 초인 범죄자들에 맞서 자신들의 도시를 지키기 위해 서 있다. (마이클 라크 작, 2003년 2월자 《고담 센트럴 1호》 표지)

두고 모두가 내기를 하기 시작했죠." 로브의 말이다. "제 스케줄은 끔찍했습니다. 그리고 리는 《엑스맨》이후로 열두 편짜리 만화 같은 건 그린 적이 없었죠. DC 사람들은 이렇게 말했습니다. '이 책은 절대로 세상의 빛을 보지 못할 거다.' 그래서 우린 이렇게 말해 뒀죠. '우리한테 마감 기한을 주지 말고, 우리가 작업 중이라는 걸 아무한테도 말하지 마라.' 그건 기밀이었습니다. 그리고 비밀이라는 점을 사람들에게 상기시키기 위해 우리는 원본 그림 위에 '쉿 Hush'이라고 썼습니다."

"원래는 제목도 없었습니다. 내기의 내용은 우리가 2001년 6월에 시작해서 다음 밸런타인데이까지 일곱 편의 작품을 만들어낼 수 있는지의 여부였죠. 한 달에 한 편 이상의 작업량입니다. 우리가 밸런타인데이까지 일곱 편을 만들어내지 못하면, 그들은 모든 제작을 철회하겠다고 했죠. 짐 리의 《배트맨》을 내친다니 지금 들으면 미친 소리 같지만 당시에는 2002년 말까지 여섯 페이지도 못 그릴 거라고 생각하는 사람들이 있었습니다."

프로젝트 기획 단계에서 로브와 리에게 주어진 요구 중 하나는 배트맨에게 새롭고 오래 가는 악당을 만들어주라는 것이었다. "DC 발행인 폴 레비츠가 저한테 찾아와서는 20년도 더 전에 라스 알 굴이 만들어진 뒤로는 쓸 만한 새 악당이 나오지 않고 있다고 말했죠." 로브의 지적이다. 상징적인 배트맨 악당을 만들어 내는 일에 착수한 로브는 수수께끼의 꼭두각시 조종자를 만들어내고 허쉬 Hush라 불렀다. 허쉬의 정체는 세계적으로 유명한 외과 의사인 토마스 엘리엇 Thomas El-

liot이다. 그는 어린 시절의 친구인 브루스 웨인에게 평생 동안 원한을 품어왔으며, 브루스의 정체에 대한 익명의 제보를 받아 허쉬의 모습을 취하고 배트맨을 없애기 위한 거대한 음모를 지휘한다.

그 음모에는 킬러 크록, 조커, 할리 퀸, 포이즌 아이비 등 배트맨의 많은 유명 악당들을 포함한다. 그리고 엘리엇이 개발한 새로운 성형 수술을 받아 기적적으로 얼굴을 회복된 하비 덴트도 들어가 있다. 원래의 얼굴을 되찾으면서 덴트의 정신도 일단 회복된 것처럼 보인다. 배트맨은 오랜 적수의 변신을 여전히 미심쩍어 하지만 말이다.

배트맨은 허쉬의 정체를 밝히려고 노력하는 동안 캣우먼과 그 어느 때보다도 친밀해지고, '크라이시스' 이후의 연재에서 처음으로 그는 자신의 정체를 셀리나 카일에게 밝힌다. "'허쉬'를 만들 때 우린 얘기했죠. 배트맨의 가면을 전부 벗겨버리자고 말이에요." 로브의 회상이다. "전 그들이 서로 알고 있었다고 생각합니다. 그는 세계 최고의 탐정이고, 그녀는 세계 최고의 도둑이잖아요. 코앞에 있는 사람이 브루스 웨인이라는 걸 모른다면 실력이 형편없는 거죠!"

배트맨이 마침내 허쉬와 대면하고 그의 정체를 알게 된 순간, 배트맨은 음모의 내막이 자신이 상상했던 것보다 훨씬 깊었다는 사실을 깨닫는다. 엘리엇은 알고 보니 배트맨을 쓰러뜨리기 위해 에드워드 니그마인 리들러와 손을 잡았었고 배트맨의 정체를 밝혀낸 리들러에게 정보를 얻은 것이었다.

"리들러는 제가 굉장한 애착을 갖고 있던 캐릭터

맞은편 배트맨은 1년 동안 계속된 '허쉬' 스토리라인에서 가장 위험한 적들과 잇따라 대결하게 되지만 다행히 그의 곁에는 그를 도와줄 로빈과 오라클 등의 동료들이 있다. (짐 리 및 스콧 윌리엄스 작, 2003년 11월자 《배트맨 619호》 표지)

위 토마스 엘리엇 박사가 브루스 웨인에게 응급 수술을 실시한 뒤 결과를 언론에 알리고 있다. (짐 리 및 스콧 윌리엄스 작, 2003년 1월자 《배트맨 609호》 중에서)

입니다. 그 이유 중 하나는 그가 농담거리가 되었기 때문이에요." 로브의 말이다. "그는 분명히 가장 똑똑한 사람이지만 사람들은 그 사실을 잊곤 했습니다." '허쉬'의 에필로그에서는 리들러가 원래 암에 걸려 죽어가고 있었고, 라스 알 굴의 라자루스 핏 중 하나에 들어가서 회복하는 데 성공했다는 사실이 드러난다. 구덩이에서 나왔을 때 리들러는 잠시 깨달음을 얻어 수년간 자신을 괴롭혀 왔던 수수께끼인 배트맨의 정체를 밝혀냈다. "여기 똑똑한 친구가 한 명 있습니다. 하지만 누구도 그 사람을 똑똑하다고 칭찬해주지 않고, 똑똑하다고 생각하지도 않죠." 로브의 말이다.

'허쉬'는 2002년 12월 《배트맨 608호》부터 2003년 11월 《배트맨 619호》까지 매달 연재되는 동안 만화책 판매량 순위표의 꼭대기를 지켰다.

배트맨 월간 만화책에 새로운 활력을 불어넣는 것만으로는 성에 차지 않았던 밥 쉬렉은 1986년, 미니시리즈 《다크 나이트 리턴즈》의 속편인 《다크 나이트 스트라이크 어게인 The Dark Knight Strikes Again》, 일명 DK2를 발표하며 만화책 팬들을 충격에 빠트렸다. 그동안 작가 소유 만화들과 할리우드 각본 작업을 했던 프랭크 밀러가 복귀해 글과 그림을 맡기로 했다. 《씬 시티 Sin City》와 《기브 미 리버티 Give Me Liberty》 등 밀러의 작가 소유 만화들 중 상당수가 다크호스에서 편집자로 일하던 밥 쉬렉의 손을 거쳤기에 두 사람은 작가와 편집자로서 긴밀한 협력 관계를 이루었던 경험이 있었다. "제가 배트맨 프랜차이즈에 들어가면 밀러도 배트케이브로 돌아와서 저랑 같이 놀고 싶어 할지도 모른다는 점은 굳이 DC의 참모진이 아니라도 알 수 있는 사실이었습니다." 쉬렉의 지적이다.

"밀러는 배트맨을 다시 한 번 작업하기로 결심한 뒤에 DC의 제 사무실에 전화해서 말했죠. '저기, 쉬렉! 자살 시도에 동참해보겠나?' 그는 모두가 《다크 나이트 리턴즈》를 처음 읽었던 시절로 돌아가고 싶어 한다는 사실을 너무나 잘 알고 있었어요. 하지만 그는 진정으로 고향에 돌아가는 건 불가능하다는 사실도 알고 있었고, 이야기꾼으로서 과거에 했던 이야기를 반복하는 데는 관심이 전혀 없었죠."

밀러는 《다크 나이트 리턴즈》의 3년 뒤를 무대로 세 편 분량의 속편을 쓰고 그리기로 했다. 브루스 웨인은 그동안 렉스 루터의 경찰 독재 체제에 맞서기 위해 예전 뮤턴트 갱단의 구성원들로 이루어진 배트 보이즈 Batboys 군대를 조직해왔다. 루터가 세계 정복을 시도하자 브루스 웨인은 캣걸 Catgirl 로 이름을 바꾼 예전의 로빈, 캐리 켈리의 도움을 받아 배트맨으로 돌아가고, 생존해 있는 영웅들을 모집하며 루터의 지배를 종식할 혁명의 시작을 알린다.

연재작의 방향은 첫 이슈 이후로 급격히 변하게 되었다. 밀러가 두 번째 이슈의 대본을 쓰고 있던 2001년 9월 11일, 테러리스트 공격이 뉴욕을 덮쳤기 때문이다. 밀러는 《다크 나이트 스트라이크 어게인》을 쓰기 시작했을 때부터 뉴욕으로 다시 이사 온 상태였고, 헬스 키친의 아파트에서 참상을 직접 목격했다. "두 번째 이슈에서 메트로폴리스에 거대한 폭탄이 터지는 장면을 한창 쓰던 중에 911 테러가 벌어졌죠. 단순한 공명 이상이었고 소름이 쫙 끼쳤습니다. 그 순간 저는 작가로서 그때 일어난 일과 새로 공개된 세상에 반응을 표현할 저만의 방법을 찾아야 한다고 느꼈습니다."[3]

밀러의 초기 대본은 배트맨을 안주하는 사회를 파괴하는 위험한 무법자로 찬미할 예정이었지만 911 테러를 계기로 멈추었다. 그는 약간의 반성을 거친 뒤 DK2의 마지막 두 이슈를 다시 작업했다. "원래는 장난이었습니다. '이걸 가져다 재밌는 패러디를 만들어 보자.'라고 생각했었죠. 바로 그때 911 테러가 터졌고, 당시 전 배트모빌을 고층 빌딩으로 날려서 메트로폴리스 중심가를 날리는 장면을 묘사해놓은 상태였죠. 저는 벽에 부딪혔습니다."[4]

밀러는 다시 대본 작업을 시작한 뒤 911 테러에 정면으로 맞섰다. 배트맨의 귀환을 계기로 루터는 메트로폴리스에 본격적인 공격을 개시해 슈퍼맨의 고향을 평정하고 수백만 명의 무고한 사람들을 죽인다. 대규모 파괴에도 불구하고 배트맨의 영웅 정신은 슈퍼맨과 그 외 저스티스 리그에서 오랜 시간 사라졌던 구성원들에게 귀감을 주어 어둠 속에서 세상으로 나와 루터를 몰아내게 만든다.

논란이 많은 결말부에서 배트맨은 부활한 듯한 조커를 물리친다. 사실 그 정체는 수십 년 전에 로빈으로 활동하다 해고된 뒤 완전히 미쳐버리고 유전자 개조를 거쳐 불사의 존재가 된 딕 그레이슨이었다. 격렬한 전투 후에 배트맨은 동굴의 자폭 장치를 작동시키고 바닥에 균열을 일으켜 동굴과 그 속에 있는 것들을 전부 없애버릴 지하 화산을 노출시킨다. 마지막 순간에 슈퍼맨이 나타나 배트맨을 구하지만, 딕은 그대로 용암에 삼켜진다.

DK2 속 밀러의 그림은 대담하고 상징적이며 스타일면에서는 클라우스 젠슨이 잉크 작업을 맡았던 기존 작품의 신중하게 계산된 구성 형태에서 완전히 탈피했다. 린 발리는 채색 담당가로 복귀했지만 이번에는 디지털로 작업했으며, 실험적이고 야단스러운 색상을 도입했다. 밀러가 《다크 나이트 리턴즈》의 네 번째 이슈 직후부터의 이야기를 이어갈 거라고 기대했던 독자들은 스토리텔링의 급격한 변화에 큰 충격을 받았다. 일부 평론가들과 팬들, 그리고 제임스 코찰카[James Kochalka]와 토니 밀리어네어[Tony Millionaire] 같은 인디 만화가들은 속편의 '펑크 락' 접근법을 사랑했지만, 많은 사람들은 풍자적인 요소들이 의도적인지, 아닌지 확신하지 못했고 그 책을 혼란스러운 문젯거리로 여겼다. 퍼블리셔 위클리[Publishers Weekly]는 DK2를 가리켜 전

편보다 '싱겁고 번지르르' 하고 '여러 면에서 의도적으로 불편하게 만든 만화'라고 불렀다.

밀러의 오랜 친구이자 팬이며 만화책 편집자인 다이애나 슈츠는 DK2의 급격한 변화에 놀라지 않았다. 밀러 자신도 두 책을 내는 사이에 많은 변화를 겪었기 때문이다. "1986년도에 프랭크는 스물아홉 살이었고, 그에게 있어서 《다크 나이트》는 캐릭터를 정의할 최초의 큰 기회였습니다." 그녀의 말이다. "하지만 2001년에 밀러는 마흔 네 살이었고, 역설적인 말처럼 들리지만 밀러와 슈퍼히어로 장르 간의 관계도 성숙되었다고 믿습니다. 그 장르 속 캐릭터들과 관련된 모든 건 과장의 극치죠. DK2는 그걸 표현한 겁니다. 밀러의 시각적 표현 방식이 변해가는 방향도 그대로 반영하고 있죠."

"밀러는 그 영웅들을 놀렸던 게 아니었어요. 영웅들과 놀았던 거죠. 그 모든 것은 사랑에서 비롯된

맞은편 배트맨에게 자신의 정체를 숨기기 위해서 허쉬는 얼굴이 치료된 뒤 갱생한 하비 덴트를 범인으로 모는 가짜 단서를 곳곳에 심어두었다. (짐 리 및 스콧 윌리엄스 작, 2003년 6월자 《배트맨 614호》 표지)

위 프랭크 밀러와 린 발리는 《다크 나이트 리턴즈》에서 완전히 탈피한 대담한 시각적 양식과 함께 고담시에 돌아왔다. (프랭크 밀러 및 린 발리 작, 2002년 3월자 《다크 나이트 스트라이크 어게인 1호》 표지)

겁니다. 밀러가 그 캐릭터들에 대해 어린 시절부터 가져왔던 애정에서 비롯된 거죠."

배트맨을 더 어둡고 현실적으로 접근하는 방식이 80년대의 밀러에게는 매력적으로 보였지만, 그는 슈퍼히어로물이 어둡고 거친 이야기들로 과포화 상태에 빠졌다고 느끼게 되었고 그 이야기들 중 상당수는 그의 작품에 영향을 받은 것이었다. "우리들 중에는 슈퍼히어로 만화의 경계를 시험하고자 하는 사람들은 많지만 그 경계를 깬 결과가 항상 좋게 나오는 건 아니었습니다." 밀러는 말한다. "우린 구시대의 벽을 밀었고 그 벽은 무너졌죠. 하지만 그 벽을 대체할 만한 벽은 제대로 지어지지 않았습니다. 그리고 이제 지붕에서는 물이 새고 하수구는 역류하고 있죠. 그래서 전이 소재를 다시 가져와 신나게 놀아봄으로써 이게 얼마나 신나는 물건인지 보여주려 했습니다. 저는 냉소없이 작업했고 최선을 다했습니다. 작업하면서 굉장히 좋은 시간을 보냈고요."[5]

《다크 나이트 스트라이크 어게인》에 대한 반응은 엇갈렸지만 DC에게는 큰 성공을 가져다주었고, 밀러의 다음 배트맨 작품은 불과 몇 년 뒤인 2005년에 다시 만화 가게에 나타났다. 새로운 정기 연재작인 《올스타 배트맨 앤 로빈 더 보이 원더》All Star Batman and Robin the Boy Wonder는 밀러가 《다크 나이트 리턴즈》의 과거 편으로 구상한 책으로 배트맨-딕 그레이슨 2인조의 기원을 밝힐 예정이었다. 밥 쉬렉의 제안에 따라, 밀러

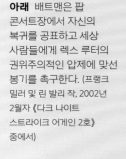

아래 배트맨은 팝 콘서트장에서 자신의 복귀를 공표하고 세상 사람들에게 렉스 루터의 권위주의적인 압제에 맞선 봉기를 촉구한다. (프랭크 밀러 및 린 발리 작, 2002년 2월자 《다크 나이트 스트라이크 어게인 2호》 중에서)

는 '허쉬'의 작화진인 짐 리, 스콧 윌리엄스, 그리고 채색 담당가인 알렉스 싱클레어Alex Sinclair와 협업하기로 했다.

밀러와 리의 만화는 플라잉 그레이슨즈의 사망 사건과 배트맨의 딕 그레이슨 영입을 다시 다루었다. 그런데 다이나믹 듀오의 첫 만남을 현대적으로 재해석한 이 이야기에서 외부 세계는 배트맨이 12세 소년을 부패한 경찰들에게서 구한 것이 아니라, 납치한 것으로 바라본다. 자신이 공공의 적 1호가 되었다는 사실을 의식하지 못한 거칠고 성질 급한 배트맨은 딕을 훈련시켜 세계 최고의 범죄 투사이자 놀라운 소년 로빈으로 훈련시키는 일에 매진한다.

《올스타 배트맨 앤 로빈 더 보이 원더》는 이전의 DK2와 마찬가지로 팬들에게 양극단의 반응을 받았다. 일부 사람들은 재미있는 고품질의 슈퍼히어로 활극으로 보았지만, 나머지 사람들은 밀러의 다이나믹 듀오 해석과 배트맨의 하드보일드한 대사들이 심각하게 과장됐다고 느꼈다. 밀러의 논란 가득한 접근법은 무시하기가 어려운 요소였고, 목소리를 높여 험담하는 사람들도 있었지만 《올스타 배트맨 앤 로빈 더 보이 원더》는 상업적으로 성공했다. "배트맨, 프랭크 밀러, 짐 리의 조합은 독자들을 흥분시킬 만했습니다. 첫 이슈는 아주 많이 팔렸습니다. 거의 30만 부에 달했고, 이후에도 전반적으로 잘 팔렸죠." DC 역사가 피터 샌더슨의 말이다.

HIS AIM IS, OF COURSE, IMPECCABLE.

"우린 구시대의 벽을 밀었고 그 벽은 무너졌죠."

"하지만 동시에 많은 독자들이 그 연재작과 거리를 두었습니다." 그의 설명은 이어진다. "제가 봤을 때 그 원인은 다크 나이트 속편들과 더불어 그 만화로 인해 배트맨 작가로서의 프랭크 밀러의 명성이 떨어졌기 때문인 것 같습니다. 많은 독자들은 그 속에 묘사된 배트맨이 화나 있고 사디스트적으로 폭력적이며 천박할 정도로 거만하다는 반응을 보였죠. 배트맨은 전통적으로 로빈의 아버지 상으로 묘사되어 왔기 때문에, 많은 독자들은 《올스타 배트맨 앤 로빈 더 보이 원더》에서 배트맨이 딕 그레이슨을 가혹하고 고약하게 대하는 걸 보고 경악했죠."

그러나 밥 쉬렉은 팬들의 반응에 대해 다른 반응을 내놓는다. "멋쟁이 젊은이들과 인디 만화가들은 밀러의 행동을 이해하고 《올스타 배트맨 앤 로빈 더 보이 원더》에 찬사를 보냈습니다. 밀러는 배트맨을 누구보다도 잘 아는 사람이고, 그와 짐 리는 매 이슈마다 배트맨에게 새 숨결을 불어넣었습니다. 일부 사람들이 그들의 작업물을 신성 모독이라고 여기는 건 저도 압니다만 밀러와 리는 배트맨을 본능적으로 잘 아는 사람이었고, 전 그 시리즈의 모든 페이지가 마음에 듭니다."

쉬렉은 계속해서 월간 배트맨 만화에 새로운 인물들을 영입했고, 그중에는 최근 입이 걸걸한 열 살짜리 과학 신동이 나오는 《베리 윈, 보이 지니어스 Barry Ween, Boy Genius》의 연재를 마친 저드 위닉도 포함되어 있었다. 위닉이 《디텍티브 코믹스》에서 일련의 부록 이야기들을 쓰고 난 뒤 쉬렉은 그에게 로브와 리의 '허쉬'가 완결된 뒤 월간 《배트맨》의 정식 작가를 맡아보겠냐고 제안했다.

위닉의 첫 번째 이야기인, '까마귀 날 듯이(As the Crow Flies, '일직선으로'라는 뜻의 관용구이기도 함)'에서는 고담 시에 돌아온 스케어크로우가 등장하는데 조너선 크레인은 배트맨이 전에 마주쳤던 모습들과는 전혀 다르다. 펭귄에게 고용된 스케어크로우는 자신도 모르게 독극물을 주사 받고, 위협받을 때마다 강력한 괴물인 스케어비스트 Scarebeast 로 변신하게 된다. "스케어크로우는 처음 등장한 1941년부터 거의 항상 같은 모습이었

위 미국 대통령의 막후 실세로 군림하던 렉스 루터를 물리치는 어둠의 기사. (프랭크 밀러 및 린 발리 작, 2002년 2월자 《다크 나이트 스트라이크 어게인 2호》 중에서)

위 자신의 부모님인
플라잉 그레이슨즈의
죽음을 목격한 딕
그레이슨. (짐 리 및 스콧
윌리엄스 작, 2005년 9월자
《올스타 배트맨 앤 로빈 더
보이 원더 1호》 중에서)

맞은편 박쥐의 눈으로
내려다본 배트케이브를
묘사한 이 장면에 잘
드러나듯이 짐 리는
업계에서 가장 세밀한
묘사를 추구하는 작가들
중 한 명이다. (짐 리 및 스콧
윌리엄스 작, 2006년 3월자
《올스타 배트맨 앤 로빈 더
보이 원더 4호》 중에서)

습니다.” 위닉의 지적이다. “그걸 아예 비틀어 버리면
재미있을 것 같았어요. 전 스케어크로우가 배트맨을
정신적으로만이 아니라 육체적으로도 괴롭힐 수 있게
하면 재밌을 것 같았습니다. 그리고 이것을 2005년에
출간된 레드 후드 이야기로 통하는 쪽문으로 쓰자고
생각했죠.”

위닉의 레드 후드는 경쟁자들을 가차 없이 죽이
며 고담시의 범죄자들을 새롭게 위협하고 고담시 지
하 세계의 차기 지배자로 떠오르는 가면 쓴 인물이다.
배트맨은 수개월 동안의 과정을 거쳐 마침내 레드 후
드와 대면하게 되고, 그 정체가 죽음에서 돌아온 제이
슨 토드라는 사실을 알고 충격 받는다. 토드는 크로스
오버 이벤트 ‘인피니트 크라이시스 Infinite Crisis’의 여파로
시공간에 균열이 생기면서 살아난 상태였다.

처음에는 거의 백치 상태였던 토드는 탈리아 알
굴에게 발견되고, 탈리아는 그를 아버지의 라자루스
핏에 집어넣어 원래의 모습을 일부 되찾게 한다.

“저는 ‘가족의 죽음’이 어둡고 용감하고 슬픈 시
도라고 봅니다.” 제이슨 토드가 불공정한 대우를 받았

다고 항상 느꼈다는 위닉의 말이다. “전 그걸 이목을
끌기 위한 묘기라고 보지 않았어요. 캐릭터를 보관하
기 위한 용도라고 보았죠. ‘진짜’ 로빈, 딕 그레이슨은
여전히 살아 있었습니다. 토드는 버릴 수 있는 로빈과
같았습니다. 그 일이 배트맨에게 입힌 상처를 생각하
면 토드는 아마도 살아 있는 캐릭터로서보다는 죽은
캐릭터로서 더 많은 의미를 가졌을 거라고 봅니다. 배
트맨에게는 아마도 부모님의 죽음 이래로 겪었던 일
들 가운데 가장 끔찍한 일이었을 겁니다.”

수년 전 토드의 죽음을 초래했던 열정과 분노는
부활 후에도 계속해서 그를 괴롭히고 그의 죽음으로
이어진 사건들은 복귀 이후 제이슨의 범죄와의 전쟁
방법을 결정한다. “제이슨 토드는 자신을 죽게 한 배
트맨에게 복수하기 위해서 그 수많은 노력을 기울인
게 아닙니다.” 위닉의 말이다. “토드는 배트맨이 조커
를 죽이지 않은 점을 용서하지 못한 거죠. ‘그놈은 날
죽였는데, 그냥 살려두다니.’”

토드의 죽음에 대한 죄책감은 토드가 부활한 뒤
에도 배트맨을 괴롭힌다. 토드가 조커를 죽일 뜻을 품

은 풀리지 않은 채로 남게 된다.

거대한 전쟁의 결과 어둠의 기사와 그의 가장 가까운 동료 두 명은 육체적, 정신적으로 크게 지쳤고, 주요 3인은 잠시 영웅 일을 쉬기로 결정한다. 안식년에 브루스 웨인은 자신이 범죄와의 전쟁을 준비하기 위해 처음으로 고담시를 떠났을 때의 발자취를 따라가기로 마음먹는다. "난 배트맨을 다시 만들어갈 거다." 그는 친구들에게 알린다. "그렇지만 이번에는 다를 거다."

브루스 웨인의 원래 여정은 고독했다. 슬픔과 분노에 이끌린 한 젊은 청년의 모험이었다. 그러나 수년의 시간은 그에게 가족과 친구들의 중요성을 알려주었고, 그는 두 양자들, 딕 그레이슨과 팀 드레이크의 도움을 받아 인생의 다음 단계로 나아가게 되었다. 시간과 입양 가족의 도움을 받아 이듬해에는 더 행복하고 건강해진 배트맨이 고담시를 지키기 위해 돌아올 예정이었다.

고 조커를 납치하고 감금했다는 사실을 알게 된 어둠의 기사는 자신의 최대의 적을 구하기 위해 이전의 동료와 싸우게 된다.

"제게 그 이야기는 전부 하나의 오페라였습니다." 위닉의 말이다. "큰 비극이죠. 제이슨 토드는 배트맨에게서 배운 모든 것을 뒤틀어버렸습니다. 토드는 악당은 아닙니다. 하지만 그는 배트맨이라면 절대 하지 않았을 짓들을 하죠. 살인도 하고 고통을 주는 일도 불사하고요. 하지만 그는 부상 입은 아들이기도 합니다. 그 점에서 사람들이 공감할 수 있다고 봅니다."

"슬픈 이야기죠. 하지만 그게 배트맨 이야기의 본질이기도 합니다. 상실과 비극에 대한 이야기죠. 그 속에서 배트맨은 자신의 영웅심을 찾고 자신이 누구인지 자각합니다."

그러나 《인피니티 크라이시스》의 사건들 속에서 배트맨이 메트로폴리스를 파괴하려 하는 악당들의 군대에 맞서기 위해 슈퍼맨, 원더우먼, 그리고 수많은 영웅들과 함께 떠나면서 배트맨과 제이슨 토드의 갈등

위 펭귄이 세운 책략의 결과 조너선 크레인은 통제 불능, 예측 불허의 괴물 같은 스케어비스트로 변했다. (더스틴 응우엔 및 리처드 프렌드 작, 2004년 7월자 《배트맨 628호》 중에서)

맞은편 레드 후드가 돌아오고, 그 정체는 배트맨을 송두리째 뒤흔든다. (맷 와그너 작, 2005년 2월자 《배트맨 635호》 표지)

배트맨에게 한계란 없다

2000년대 초에 배트맨은 수년간 극장에서 사라진 상태였지만 완전히 잊혀진 것은 아니었다. 워너 브러더스의 임원들은 영웅을 다시 큰 화면 위에 데려올 방안을 찾으려고 노력했지만, 그들의 모든 노력은 개발 단계를 벗어날 길을 찾지 못했다. 2003년, 스튜디오가 크리스토퍼 놀란 Christopher Nolan 과 접촉하기 전까지는 그랬다.

놀란의 제작 파트너인 엠마 토머스 Emma Thomas 는 놀란의 에이전트에게서 감독이 워너 브러더스에서 배트맨 프로젝트를 진행하는 데 관심이 있을지 묻는 전화를 받았다. "전 이랬죠. '크리스가 관심을 보일 만한 점이 있을 것 같지 않은데요.'" 감독의 부인이기도 한 토머스의 말이다. "전 이전 영화들을 참고해서 말한 거였고 크리스가 그런 영화를 만드는 데 관심이 있을 거라고 생각하지 않았어요. 그래서 크리스에게 전달해보겠다고만 말했죠. 그 사람 반응은, '재미있는 말이네. 난 지금까지 영화로 나오지 않은 배트맨 이야기가 분명 있을 거라고 항상 생각해 왔거든.'"[1]

놀란은 가이 피어스 Guy Pearce 가 과거를 찾으려 애쓰는 기억 상실증에 걸린 주인공으로 등장하는 영화 〈메멘토 Memento〉를 감독해 독립 영화계의 신성으로 떠올랐다. 그의 다음 작품인 〈인썸니아 Insomnia〉는 알 파치노 Al Pacino, 로빈 윌리엄스, 힐러리 스웽크 Hilary Swank 가 등장하는 침울한 범죄 스릴러물이었고, 놀란을 상처 입은 인물들과 그들에게 벌어지는 사건들을 다루는 정교한 영화를 만드는 진지한 감독으로 각인시켰다. 그는 배트맨 영화를 감독할 기회를 받자 극적이고 지성적인 영화로 만들겠다는 포부를 밝혔다.

"워너 브러더스가 배트맨을 새로운 방향으로 표현하고 싶은데, 정확히 그 방향을 어떻게 잡을지는 정하지 못했다는 말을 들었죠." 놀란의 말이다. "영화 제작자에게는 엄청난 기회를 제공하는 캐릭터이기 때문에 배트맨이 좋았습니다. 당시 그 캐릭터의 기원은 영화에서 묘사된 적이 없었고 만화에서도 포괄적으로 그려진 적이 없었기 때문에 단독 작품으로서의 기원담을 만드는 건 괜찮은 생각 같았죠. 일단 기원담을 방향으로 결정하고 나니 다룰 거리가 많겠다는 느낌이 들었습니다."

"우린 놀란이 제시한 아이디어에 즉시 푹 빠졌습니다." 당시 워너 브러더스의 프로덕션 전무였던 제프 로비노프 Jeff Robinov 의 말이다. "우리는 걱정하지 않았습니다. 그는 정말로 자기가 하려는 일에 대해 잘 알고 있는 것 같은 신뢰감을 주었거든요."[2] 당시 스튜디오 대표였던 앨런 혼 Alan Horn 은 놀란의 제안에 청신호를 보냈다.

놀란은 지금까지 영화에서 다루지 않았던 배트맨 이야기의 일부분, 즉 젊은 브루스 웨인이 배트맨의 모습으로 고담시에 극적으로 귀환하기 전까지 세계를 여행하며 범죄와의 싸움에 필요한 기술들을 배우던 시절에 집중하고 싶었다. 대본 초고를 작성하기 위해 배트맨 신화에 정통한 동료가 필요했던 놀란은 당시

영화 〈다크 시티 Dark City〉와 〈블레이드〉의 크레딧에 이름을 올렸던 만화 전문가이자 배트맨 팬인 데이비드 S. 고이어 David S. Goyer와 손을 잡았다.

　　그들은 자신들의 이야기의 무대를 팀 버튼 특유의 양식으로 묘사된 고담시나 조엘 슈마허의 광택 가득한 테크니컬러 놀이동산도 아닌 곳으로 만들고 싶었다. 놀란은 배트맨을 현실 세계 속에 뿌리내리게 만들고, 범죄자들을 위협하고 자신의 고향을 지키기 위해 야행성의 생활 방식을 택한 사람의 심리를 진지하게 탐구하고자 했다.

　　"배트맨에게 70년대나 80년대 액션 영화 속 영웅들과는 전혀 다른 새로운 무대를 주고 싶었습니다." 놀란의 말이다. "제 입장에서는 작품 속 세계를 믿고, 그 세계 속의 법칙을 받아들일 수 있는 영화가 더 재미있습니다. 사람들이 그들의 불신을 잠시 멈추게 하는 것을 원하지 않았어요. 그건 드라마를 약화시키죠. 전 관객들이 믿을 수 있도록 만드는 노력을 기울이는 감독들의 모습을 보고 싶습니다."[3]

　　고이어는 덧붙인다. "우리들은 배트맨 영화를 극사실주의적으로 만들자는 이야기를 나누기 시작했습니다. 브루스 웨인이 개발한 모든 기술들이 현재 실제로 개발되고 있는 것에 바탕을 둔 기술이라면 어떨까

요? 그 생각은 모든 것에 대한 이유를 제시해야 하는 매우 엄격한 스토리텔링 방법론으로 이어졌습니다."

　　놀란과 고이어 모두 브루스 웨인이 변장한 모습만큼 흥미로워져야 할 필요가 있다고 강하게 느꼈다. "이전의 영화들에서는 '그래서 언제쯤 복장을 입는데?' 같은 느낌이 있었습니다." 고이어의 말이다. "우리는 사람들이 브루스 웨인을 한 명의 인물로 받아들이며 좋아하고 인디애나 존스 Indiana Jones나 제임스 본드에게 그러듯이 관심을 가져 주길 바랐습니다."

　　고이어는 그러한 요소들을 염두에 두고 대략 8주 만에 초고를 작성했다. 그 뒤 놀란은 대본을 다듬어 도입부에 브루스 웨인의 어린 시절을 넣고 단편 만화 '맨 후 폴스 The Man Who Falls'에 영향을 받은 핵심 장면을 포함시켰다. 소년 브루스 웨인은 박쥐가 가득한 동굴 속으로 떨어지고, 그를 구조한 아버지는 이렇게 묻는다. "우리는 왜 넘어질까?" 브루스 웨인은 대답한다. "일어서는 법을 배우기 위해서요."

　　수년이 지난 뒤, 브루스는 아버지의 가르침을 기억해 내고 부모님의 죽음에 대한 분노를 의미 있는 일로 승화시키겠다고 맹세한다. 범죄자의 습성을 공부하고 불의와 싸울 방법을 찾기 위해 세계를 돌아다니던 그는 리그 오브 섀도즈 League of Shadows라는 고대 비밀 결

290쪽 왼쪽, 291쪽
배트맨이 된 크리스찬 베일.
290쪽 아래 다크 나이트 3부작의 감독인 크리스토퍼 놀란.

위 크리스토퍼 놀란이 〈배트맨 비긴즈〉의 세트장에서 리그 오브 섀도즈의 닌자 스타일 전사들을 연기한 단역들에게 연기를 주문하고 있다.

"우리는 브루스가 아버지를 잃은 공포와 아버지의
그늘에서 살아가는 공포를 극복해가는 이야기를
하는 것이 목표임을 일찍부터 분명히 했습니다."

사 조직을 발견하고 그곳에서 듀카드 Ducard 라는 이름의 수수께끼의 사나이를 스승으로 모신다. 하지만 비밀 결사 조직의 범죄를 해결하는 방식이 잘못된 방향이라는 것을 알게 된 뒤 그는 고담시로 돌아와 무서운 범죄 사냥꾼이 된다. 각본의 제목은 〈배트맨 비긴즈 Batman Begins〉였다.

대본에는 이전까지 영화화된 적 없었던 두 명의 악당이 등장했다. 라스 알 굴과 조너선 크레인, 일명 스케어크로우였다. "우리는 브루스 웨인에 대해서 어떤 이야기를 해 나갈지, 그리고 브루스 웨인에게 어떤 종류의 도전을 부과할 것인지를 먼저 파악하고 나서 그 이야기에 가장 적합하거나 알맞은 도전을 줄 수 있는 악당을 로그스 갤러리 안에서 찾기로 결정했습니다." 고이어의 설명이다.

"우리는 브루스가 아버지를 잃은 공포와 아버지의 그늘에서 살아가는 공포를 극복해가는 이야기를 하는 것이 목표임을 일찍부터 분명히 했습니다. 그 점은 자연스럽게 우리를 조너선 크레인에게 이끌어줬죠."

"라스 알 굴은 배트맨 만화 속 악당들 가운데 거의 유일하게 고령이고 아버지와 같은 존재입니다. 그리

고 이 두 악당은 브루스와 대척점을 이룰 수 있는 적으로서 논리적인 선택이 되었습니다."

대본이 완성되기도 전부터 놀란은 고담시 최고의 영웅을 묘사할 적임자를 탐색하기 시작한 상태였다. 크리스찬 베일 Christian Bale 은 놀란이 가장 먼저 만났던 배우였다.

베일은 13세 때, 스티븐 스필버그의 1987년 대작인 〈태양의 제국 Empire of the Sun〉에서 주연을 맡아 눈에 띄는 연기를 선보였다. 독립 영화인 〈아메리칸 사이코 (American Psycho, 2000)〉와 〈머시니스트 (The Machinist, 2004)〉는 그에게 폭넓은 연기 영역을 가진 카멜레온 같은 재능의 소유자라는 명성을 가져다주었다. 그는 〈아메리칸 사

왼쪽 〈배트맨 비긴즈〉 촬영 중에 놀란이 안전 장비를 점검하고 있다.
오른쪽 위 브루스 웨인이 리그 오브 섀도즈를 찾아 히말라야를 여행하는 장면을 아이슬란드에서 촬영할 때 놀란이 촬영장에서 베일에게 연기를 주문하고 있다.
오른쪽 아래 웨인 저택 침실 촬영장에서 놀란이 베일과 알프레드 페니워스 역할에 무게감을 실어준 마이클 케인에게 연기를 주문하고 있다.

왼쪽 위 브루스 웨인이
배트슈트에 도입하게 될
장갑 형태가 그려진 헨리
듀커드와 라스 알 굴의
설정화.
오른쪽 위 〈배트맨
비긴즈〉 후반에 말에 탄
스케어크로우가 레이첼
도스를 공격하는 장면을
그린 설정화.

이코〉에서는 살인자 성향이 있는 월 스트리트 중역인
패트릭 베이트만 Patrick Bateman 을 연기하기 위해 복근을 만
들었고 〈머시니스트〉에서는 죄책감에 시달리는 불면
증 환자 역을 맡아 약 30킬로그램의 체중을 감량했다.

베일이 〈머시니스트〉를 찍고 있을 때, 놀란은 그
에게 배트맨 역의 스크린 테스트를 해보면 어떻겠냐
고 물었다. 〈머시니스트〉의 촬영이 끝나자마자 베일은
불과 몇 주일의 시간 만에 변장한 자경단 역할에 걸맞
게 보일 만한 수준까지 체중을 불려야 했다. "문제는
'말라깽이 상태에서 어떻게 스튜디오에게 내가 그 배
역에 맞는 사람이라는 걸 납득시킬 수 있을까?'였습니
다." 베일의 말이다. "남아 있는 5, 6주 동안 얼굴을 굉
장히 살찌웠고 필요한 수준만큼 체중을 불리는 데 성
공했습니다. 근육 같은 건 없었습니다만 다행히 스크
린 테스트 때는 보여줄 필요가 없었으니까요."[4]

베일은 브루스 웨인과 배트맨을 각각 두 장면씩
연기하며 오디션을 봤다. 후자를 연기하기 위해서 〈배

트맨 포에버〉에서 발 킬머가 입었던 배트슈트를 입었
다. "어떻게인지는 모르겠지만 베일은 스크린 테스트
전에 일반적인 연기를 하면 안 된다는 걸 깨달았죠."
놀란의 말이다. "복장에 의문을 던지지 않게 만들기
위해서는 엄청난 에너지를 방출해야만 합니다. 그건
느낌과 목소리의 문제죠. 그는 배트맨이 브루스 웨인
과 다른 목소리를 가져야 할 필요가 있고, 그러려면 가
짜 목소리를 내야 한다고 결정했습니다. 그 결정은 배
트맨의 모습에 힘을 실어 줄 뿐만 아니라, 사람들이
목소리로 그의 정체를 알아보지 못하는 이유 또한 설
명해 주죠."[5]

베일은 이렇게 덧붙인다. "그 복장 속에 들어가
면 야수가 되지 않고서는 제대로 해낼 수가 없어요."[6]

베일은 곧 세 편의 출연 계약을 체결했고, 놀란과
엠마 토머스는 나머지 출연진을 구성하기 시작했다.

리처드 도너 Richard Donner 의 1978년 걸작 〈슈퍼맨:
더 무비〉에서 영감을 얻은 놀란은 유명한 배우들이

각자의 배역을 내재화하게 만들고자 했다. "전 이것을 만화책 영화처럼 다루고 싶지 않았습니다." 놀란의 말이다. "저는 리처드 도너가 〈슈퍼맨〉에서 꾸렸던 것과 마찬가지로 훌륭한 배우진을 원했습니다. 1978년의 그 영화 속 배우들도 전혀 만화를 영화화한 것처럼 연기하지 않았죠."

놀란의 손을 통해 단순한 집사와 고용인 관계가 아니라 진정한 양아버지 격의 인물이 된 알프레드 역은 마이클 케인 Michael Caine 이 맡았다. 브루스 웨인의 마음속에 항상 소중하게 남아 있는 소꿉친구이자 지방 검사보인 레이첼 도스 Rachel Dawes 역은 케이티 홈즈 Katie Holmes 가 맡았다.

도전을 요하는 배역과 깊은 결점을 지닌 배역들에 잘 몰입하는 것으로 유명한 게리 올드먼 Gary Oldman 이 미래의 경찰 국장인 제임스 짐 고든을 맡아 '배트맨: 이어 원' 속 고든의 모습을 취했다. "그는 고든역을 내재화했습니다." 놀란의 말이다. "그는 고든의

본질, 선량함, 그리고 피로감을 묘사했죠."[7] 모건 프리먼 Morgan Freeman 은 웨인 엔터프라이즈의 응용 과학 부서장이자 007의 Q와 같은 인물인 루시어스 폭스 역으로 합류했다.

악당들의 경우, 고담시의 범죄 조직 두목 카마인 팔코니 역은 저명한 영국인 성격파 배우 톰 윌킨슨 Tom Wilkinson 이 맡았다. 와타나베 켄 Ken Watanabe 은 브루스 웨인이 라스 알 굴이라고 믿는 수수께끼의 인물을 맡았다. 물론 나중에는 리암 니슨 Liam Neeson 이 연기한 브루스의 스승인 헨리 듀카드 Henri Ducard 가 리그 오브 쉐도우즈의 지도자인 알 굴이라는 사실이 밝혀지지만 말이다. 크레인 박사 역할은 배트맨 역을 위해 스크린 테스트를 받았던 아일랜드인 배우인 킬리언 머피(Cillian Murphy, 〈28일 후〉)에게 갔다.

배트맨 세계의 환경과 각종 장비들을 재구성하는 과정에서 놀란은 비현실적인 물건들을 현실적으로 납득이 가는 방향으로 해석할 방법을 모색했다. 그는

위 단호한 배트맨(크리스찬 베일)이 부패 경찰 아놀드 플래스(마크 분 주니어)를 고담시 거리 위의 높은 곳에서 심문하고 있다.

맨 위 마이클 케인의 알프레드는 브루스 웨인의 삶을 안정시켜주는 인물이다.

왼쪽 위 모건 프리먼은 루시어스 폭스 역으로 영화에 상당한 존재감과 유머를 가져다 주었다.

오른쪽 위 부패한 체제 속에서 일하는 선량한 경찰인 개리 올드먼의 짐 고든은 배트맨이 고담시에 나타났으니 정의가 회복될 것이라는 믿음을 가지고 있다.

배트모빌부터 시작했다. 감독은 그 자동차를 도시형 장갑차와 이탈리아제 스포츠카의 조합으로 생각했다. 그는 자신의 생각을 프로덕션 디자이너인 네이선 크롤리 Nathan Crowley 에게 설명했고, 크롤리는 전차와 람보르기니 모형을 구입해서 한데 섞어 조립했다.

"우리는 차 2대가 들어가는 놀란의 차고에 작업실을 차렸습니다." 크롤리의 말이다. "자동차 모형을 잔뜩 사 와서 줄톱으로 토막 내고 마음에 드는 형태가 나올 때까지 이리저리 붙였죠."

전차보다 작고, 빠르며 민첩하면서 파괴가 거의 불가능한 차량을 구상하는 과정은 상당한 시행착오가 필요한 일이었다. 하지만 다섯 가지의 시제품을 만든 뒤, 마침내 놀란이 텀블러 Tumbler 라고 이름 붙인 배트모빌의 최종 모습이 탄생했다. "오직 모형들만을 가지고 설계했습니다." 크롤리의 말이다. "그림은 단 한 장도 그리지 않았어요. 우리는 어느 각도에서 봐도 아름다운 짐승 같은 기계를 만들고 싶었죠."

영화를 위해 도합 여덟 대의 배트모빌이 제작되

었고, 그중 다섯 대는 연료를 넣으면 실제로 주행이 가능했다. 제작진은 배트맨과 승객들이 타고 내릴 수 있는 전기 개폐식 지붕이 달린 차량도 제작했다.

고담시도 완전히 재해석되었다. 영화 제작자들은 뉴욕의 지도를 바탕으로 작업을 시작했다. 물론 고담시의 중심이 되는 섬은 현대 맨해튼의 세 배나 되는 크기로 구상되었지만 말이다. "우리의 고담시는 산업 도시가 아니라 상업 도시였습니다." 크롤리의 말이다. "현대 도시들은 상업적이지, 산업 도시가 아닙니다. 고담시는 쇠락한 곳이지만 우리는 굴뚝 도시를 보고 싶지 않았습니다. 우리는 주변을 둘러싼 물에 가로막힐 때까지 자연스레 성장한 혼돈의 도시를 원했습니다."[8]

세트들은 잉글랜드의 셰퍼턴 스튜디오 Shepperton Studios의 무대에 지어졌고 놀란이 원하는 사실주의와 드라마를 표현할 수 있도록 디자인되었다. "배트맨에게는 따로 초능력이 없습니다. 돈을 갖고 있을 뿐이죠." 크롤리의 말이다. "사실주의는 이제는 많이 쓰이는 말이지만 당시에는 참신한 콘셉트였습니다. 우린 판타지 영화를 만들고 있지 않았습니다. 이 세상에 정말로 존재할 수 있는 사람에 대한 이야기를 만들고 있었죠."

크롤리와 그의 팀이 스튜디오의 가장 큰 무대에 지은 것은 폭포로 입구를 숨기고 암반으로 이루어진 배트케이브였다. 놀란과 크롤리는 웨인 저택 지하의 박쥐들이 가득한 실제 동굴에 있는 주인공의 기지가 단순히 장비를 보관하는 창고가 아니라 일터에 가까운 모습이길 바랐다. "거긴 그의 차고죠." 크롤리의 말이다. "동굴 속에 대들보를 올려놓고 거기다 등을 매달아 놓았습니다."

또한 셰퍼턴 스튜디오는 베일에게 더 나은 배트슈트를 만들어줄 임무를 받은 의상 디자이너 린디 헤밍 Lindy Hemming의 작업 공간도 제공해주었다. "이전 영화들 속의 배트슈트의 형태를 고수했지만 남성성의 부각은 뺐습니다." 헤밍의 말이다. "전 거대한 고무 잠수복을 입는 사람은 도저히 상상이 안 갑니다. 가장 방해되는 옷일 것 같네요."

작중에서는 루시어스 폭스가 전술 활동용으로 설계한 복장으로 묘사된다. 그래서 놀란은 의상이 군용의 느낌을 보여주길 바랐다. 그러나 동시에 망토가 필수적이라고 보았기 때문에, 헤밍은 나일론을 사용해서 그녀의 말을 빌리자면 "박쥐처럼, 박쥐들이 날갯짓할 때처럼 펄럭이게 하는" 디자인을 고안했다.

"배트맨을 함축하면 어둠입니다. 시각적으로는 뾰족한 두 귀와 망토죠." 놀란은 덧붙인다. "되돌아보면 당연한 이야기지만 망토가 없으면 배트맨이 아니라

아래 텀블러의 인체 공학적인 내부 구조를 보여주는 설정화들.
맨 아래 이전까지의 배트모빌들과는 전혀 다른 극사실적인 전투 차량인 텀블러의 설정화.

는 사실을 금방 알게 됩니다. 일종의 미래적인 경찰 특공대 같은 친구가 되죠."[9]

베일은 그 의상이 장시간 착용에는 불편함이 따랐지만, 배트맨의 내면의 불길을 표현하는 데는 도움이 되었다고 말한다. "심각하게 죄어들었습니다." 그의 말이다. "당연하겠지만 가면은 엄청나게 조였죠. 두세 시간 촬영하고 나면 머리가 부서질 듯이 아팠습니다. 출연하겠다고 한 건 저니까 불평할 생각은 없었습니다. 대신에 그 고통을 다른 방향으로 이용했죠. 전 배트맨이라는 사람을 대단한 집중력과 분노와 상념을 가득하게 만드는 격렬한 두통을 가진 누군가로 보았습니다."[10]

2004년 3월부터 9월까지 촬영이 이어졌고, 세계 곳곳의 촬영 장소를 찾아다니며 이루어졌다. 아일랜드 동부 지역이 리그 오브 섀도즈의 본부가 위치한 히말라야 지역으로 쓰였다. 얼어붙은 호수 위에서 펼쳐지는 브루스 웨인과 듀커드의 주요 대결 장면은 거대한 빙하의 가장자리에서 촬영되었다. "얼음 위에서 치고받고, 빙판에 몸을 던졌는데 갑자기 호수 중앙에서부터 크게 쩌적 하는 소리가 나는 겁니다." 베일은 회상한다. "우린 전부 동작을 멈추고 주변을 둘러봤죠. 그때 안전 담당하는 친구들이 소리를 질렀어요. '자, 밖으로 나와요! 나와요!' 하루 만에 촬영을 끝내서 다행이었습니다. 이튿날부터는 빙판이 다 녹아서 호수로

돌아갔거든요."[11]

〈배트맨 비긴즈〉는 시카고에서도 3주간의 촬영을 거쳤다. 영화 제작자들은 특유의 건축물로 유명한 중서부의 도시의 독특한 고층 건물들이 고담시의 스카이라인에 제격이라고 생각했다. 시카고는 영화에서 가장 스펙타클한 장면 중 하나의 배경을 제공해 주기도 했다. 바로, 배트맨이 부상 입은 레이첼을 안전한 곳으로 데려가기 위해 시내에서 배트모빌을 고속으로 몰며 온갖 자동차들을 부수고 지나가는 장면이다.

"놀란은 그 추격 장면이 오늘날의 기술을 사용한 현대 액션 추격 장면과 〈프렌치 커넥션 The French Connection〉의 거칠고 정제되지 않은 느낌 중간에 있는 느슨하고 요란한 느낌을 보여주길 바랐습니다." 촬영 감독 월리 피스터 Wally Pfister의 말이다.[12]

2005년 6월 15일에 개봉된 〈배트맨 비긴즈〉는 흥행 성적과 비평을 동시에 잡았다. 로스앤젤레스 타임스에 기고한 영화 평에서 케네스 투란은 놀란의 작품에 찬사를 보내며 이렇게 적었다. "배트맨이 드디어 집에 돌아왔다. 기원을 상세하게 묘사하는 이야기로만이 아니라 아름답게 어울리는 어두운 스타일로도 돌아왔다."[13]

놀란은 만화책 영화에 대한 모든 편견에 도전하며 배트맨과 그를 둘러싼 신화를 높이 끌어올리는 데 성공했다. 〈배트맨 비긴즈〉의 개봉 후 얼마 지나지

아 속편에 대한 논의가 진행되었지만, 놀란과 고이어는 두 번째 영화를 평범한 속편으로 만드는 데는 흥미가 없었다. 대신 그들은 철저하게 창조적으로 작업하기 시작했다.

"고이어와 저는 대본 작업 과정 초기부터 3부작의 가능성을 이야기했습니다. 그리고 얼마 지나지 않아 그 생각을 즉시 옆으로 치워버렸죠." 놀란의 말이다. "우리는 배트맨 영화에서 우리가 보고 싶은 모든 것을 〈배트맨 비긴즈〉에 넣고 최선을 다해서 최고의 이야기를 하기로 결정했습니다. 우리가 제대로 해내면 그 이야기를 이어 나갈 수 있으리란 걸 내심 알고 있었죠."

그들이 다음 배트맨 영화에 대해 숙고하는 동안, 놀란은 빅토리아 시대 두 마술사의 경쟁을 소재로 하며 베일이 출연하는 또 다른 영화인 〈프레스티지 Prestige〉의 제작에 전념했다. 그 영화의 제작 기간 동안 놀란과 고이어는 어둠의 기사의 다음 이야기를 신중히 생각하다가, 브루스 웨인이 망토와 가면을 쓰기로 한 결정이 가져온 결과들을 탐구하기로 결정했다. 〈배트맨 비긴즈〉의 결말에서 우리는 위험도의 상승을 암시했습니다. 배트맨이 도시 내의 범죄 조직들을 쫓고 그들의 사업을 공격함으로써 범죄계의 더 강력한 대응을 촉발하게 되리라는 점을 말이죠." 놀란의 말이다.[14]

그들은 이제 배트맨이 최고의 숙적인 조커와 대

맞은편 위 시카고 시내에서 촬영된 장면에서 고담시경이 텀블러를 쫓고 있다.
맞은편 아래 배트맨의 순찰 지역인 고담시의 빈민가 내로우스의 세트장.

아래 알프레드(마이클 케인)가 지켜보는 가운데 브루스 웨인(크리스찬 베일)이 새로운 범죄와의 전쟁 기지로 삼은 웨인 저택 지하의 동굴로 내려오고 있다.

아래 크리스토퍼 놀란이 〈다크 나이트〉 도입부의 은행 강도 장면의 촬영 중간에 가면을 쓴 히스 레저에게 연기를 주문하고 있다.

적해야 한다는 결정을 내렸다. 이미 조커 등장의 씨앗도 심어놓은 상태였다. 〈배트맨 비긴즈〉의 마지막 장면에서 짐 고든은 주인공에게 정보를 던진다. "극적인 것을 좋아하는 취향"을 가졌으며 조커 트럼프 카드를 명함으로 남기고 다니는 누군가가 있다고 말이다.

조커가 놀란의 현실적인 고담시 속에 존재하려면 전혀 새로운 방식으로 묘사되어야만 했다. "그는 배트맨을 주먹으로 이길 수가 없습니다. 머리로 이겨야 하죠." 고이어의 말이다. "우린 조커가 배트맨에게 흥미로운 상대가 될 거라고 생각했습니다. 만약 배트맨이 무권위 주의자나 허무주의자와 상대해야 한다면, 그 어떤 규칙도 따르지 않는 누군가를 설득하는 건 굉장히 어려운 일일테니까요. 우리는 배트맨이 세우려는 질서의 개념 자체를 부정하는 자로서 조커를 표현하기로 결정했죠."

놀란과 고이어는 이야기 요소들을 짜는 데 힘을 합쳤고, 놀란은 최종 대본을 자신의 동생인 조너선 놀란Jonathan Nolan과 함께 썼다. 그들이 속편에서 내린 여러 가지 결정 중 가장 대담한 것은 조커의 기원을 완전히 모호하게 남겨두는 것이었다. 그들의 각본 속에서 조커는 자기 얼굴의 웃는 모양 흉터가 생긴 배경을 여러 가지 이야기로 설명한다.

"조커를 무섭게 만드는 것이 우리의 논점이었습니다." 데이비드 고이어의 말이다. "우리는 누군가를 무섭게 만드는 방법은 그들의 머릿속을 절대 다루지 않는 거라고 결정했습니다. 조커를 〈죠스Jaws〉의 상어처럼 만들자고 했죠. 우리는 이해할 수도 붙들 수도 없는 누군가를 원했습니다."

크리스토퍼 놀란은 덧붙인다. "대본을 쓰는 과정에서 우리는 한 사람이 인구 전체에 끼칠 수 있는 영향에 대해 탐구하기 시작했습니다. 한 명의 사람이 모든 사람들의 조화를 깨트릴 수 있는 방법과 사람들이 삶과 윤리, 믿음, 인간성에 대해 세워놓은 규칙들에 스스로 등을 돌리게 만드는 방법들을 탐구했죠. 우린 우리가 살고 있는 이 세상 속에서도 그런 일의 메아리를 보아왔다고 말할 수 있을 것입니다. 같은 맥락에서 저는 무정부 상태와 혼돈은 물론, 그것들이 나타날 기미가 보이는 것조차도 사회가 가장 두려워하는 일이라고

믿게 되었습니다. 현대 사회에서는 더더욱 말이죠."

　　놀란은 1989년 잭 니콜슨이 연기한 조커의 해석에 위압되지 않을 배우가 필요하다는 생각에 히스 레저 Heath Ledger 와 접촉했다. 비극적인 로맨스물 〈브로크백 마운틴 Brokeback Mountain〉을 통해 오스카 남우주연상 후보에 오른 바 있었던 호주 배우는 조커를 특별하게 연기할 기회가 오자 흥미를 보였다. "전 〈배트맨 비긴즈〉가 정말 마음에 들었고, 조커 캐릭터는 거절하기에는 그 자체로 너무 훌륭했죠." 레저가 했던 말이다. "전제 연기의 무대가 될 세계에 대해 이미 보았습니다. 그래서 신선한 해석을 선보일 수 있는 여지가 있다는 걸 알고 있었죠. 그리고 그때 비상한 생각이 떠올랐는데 알고 보니 바로 그게 놀란이 찾고 있던 거더군요."15

　　배역을 준비하는 동안 레저는 디스토피아적인 악몽을 담은 작품인 스탠리 큐브릭 Stanley Kubrick 의 〈시계태엽 오렌지 A Clockwork Orange〉 속 말콤 맥도웰이 연기한 쾌활하고 가학적인 갱단 두목 알렉스의 모습과 프랜시스 베이컨 Francis Bacon 의 어두운 그림들을 보며 영감을 받았다. 제작이 시작되기 전, 거의 한 달 동안 런던의 호텔 방에 혼자 머물며 스스로를 고립시키고, 조커의 일기와 악당의 목소리를 구상했다. "상징적인 목소리와 웃음소리를 찾아내는 게 중요했습니다." 레저가 했던 말이다. "결국에는 자신의 행동에 양심의 가책이 전혀 없는 사이코패스의 영역으로 더 들어가고자 했죠."16

　　의상 디자이너 헤밍은 절충적인 보라색 의상을 제작했다. "조커와 같은 누군가에게 접근하는 방법은 일단 만화를 많이 살펴보고 그동안 어떤 모습들이 있

> ## "결국에는 자신의 행동에 양심의 가책이 전혀 없는 사이코패스의 영역으로 더 들어가고자 했죠."

었는지 확인하고, 항상 보라색과 초록색인 그의 색채 구성에서 벗어나 현실 속 모습을 찾아낼 방법을 생각하는 겁니다." 헤밍의 말이다. 그녀는 또한 피트 도허티 Pete Dougherty, 이기 팝 Iggy Pop, 자니 로튼 Johnny Rotten, 시드 비셔스 Sid Vicious 등의 음악가들을 살펴보았다. "현대의 멋쟁이들은 모두 공작새 같은 옷을 입었으며, 가끔은 그 옷을 입고 자거나, 옷을 입은 상태로 병에 걸리거나, 시궁창에 빠지거나 술에 진탕 취한 것 같은 사람들이죠. 그 외에도 알렉산더 맥퀸 Alexander McQueen 과 비비안 웨스트우드 Vivienne Westwood 의 작품들 같은 좋은 패션들도 집어넣었어요."

　　헤밍은 레저가 완성된 의상 중 한 벌을 처음 입자마자 캐릭터에 빠져들었다고 회상한다. "그는 제 커다란 가위를 들고는 손가락으로 빙빙 돌리기 시작했습니다." 그녀는 말한다. "그 모습을 본 사람들은 이런 반응이었어요. '맙소사, 조커가 왔구나.'"

　　분장사인 존 카글리온 주니어 John Caglione, Jr. 는 조커의 위협적인 분위기를 강조할 수 있는 외모를 만들기 위해 레저와 놀란과 긴밀히 소통했다. 카글리온은 레

위 히스 레저의 조커는 광대 가면을 벗으면 더 무섭다.

저의 얼굴에 회색과 하얀색 물감을 칠하고 눈 주변에 검은색 물감을 칠했다. 그리고 배우 본인이 직접 빨간 립스틱을 입가에 문질렀다. "그는 캐릭터 표현의 일부로서 그렇게 해야 한다고 느꼈어요." 카글리온의 말이다. "조커는 화장을 직접 할 테니 레저도 직접 하고 싶어 했죠. 물론 밀 작업이나 제가 하는 다른 작업들은 할 수 없었지만요."[17]

조커의 흉터를 표현하기 위해 특수 분장사 코너 오설리번 Conor O'Sullivan 은 붙이는데 겨우 25분밖에 걸리지 않는 유연한 실리콘 조각들을 만들어 냈다. "완성된 피부 질감은 굉장히 현실적이고 세련됐습니다." 그의 말이다.[18]

배우 애런 엑하트 Aaron Eckhart 도 조커가 도시를 위협하기 시작한 가운데 고담시의 거리를 청소하고자 하는 지방 검사 하비 덴트 역으로 합류했다. 덴트는 애인인 레이첼 도스의 강권에 못 이겨 결국 배트맨, 짐 고든과 불편한 동맹을 맺게 된다(레이첼 역은 케이티 홈즈가 일정 문제로 하차하면서 매기 질렌할 Maggie Gyllenhaal 에게 넘어갔다).

당시 엑하트는 두 가지의 인상 깊은 배역으로 유명했다. 바로 〈땡큐 포 스모킹 Thank You for Smoking 〉에서 인과응보를 받은 달변가 광고업자 배역과 닐 라뷰트 Neil LaBute 의 〈남성 전용 회사 In the Company of Men 〉에 등장한 능수능란한 회사원 배역이다. 놀란은 엑하트가 미국적인 가치와 모호한 위협의 분위기를 동시에 표현할 수 있다고 보았고 이를 영화 마지막에 복수심에 가득 찬 악당 투페이스로 변하게 되는 덴트 역에 필수적인 요소라고 보았다.

"덴트는 민중들이 선택한 사람이죠. 그는 배트맨과 굉장히 다른 형태의 미국적인 영웅입니다." 놀란의 말이다. "고담시에 있어 희망을 상징했던 덴트와 그에게 일어난

비극, 그리고 투페이스로의 변신은 한 편의 놀라운 이야기죠."[19]

놀란은 자신의 두 번째 영화를 〈다크 나이트 The Dark Knight 〉로 칭하며 제목에 주인공의 이름이 들어가지 않은 첫 번째 배트맨 영화로 만들었다. 놀란의 급진적인 선택은 그게 끝이 아니었다. 그의 두 번째 배트맨 영화는 고담시가 인질로 잡히고 주인공이 매 순간마다 위기에 몰리며 손에 땀을 쥐게 만드는 도시 테러극

맞은편 히스 레저의 조커는 체포되고 끝난 것처럼 보이는 상황에서도 언제나 비장의 수를 숨겨 두고 있다.

왼쪽 위 레저의 조커 분장은 촬영 중간마다 다시 손봐야 했다.
오른쪽 위 조커와 그의 부하들이 고담시경에 침투해 고담 시장의 암살을 시도하는 장면에서 하얀 분장을 하지 않은 레저의 얼굴을 잠시 볼 수 있다.
아래 조커의 특징적인 얼굴 흉터를 보여주는 설정화.

이다. 놀란에게 영화 외적으로 가장 직접적인 영감을 준 작품은 로버트 드 니로 Robert De Niro 가 노련한 범죄자로 나오고 알 파치노가 그 뒤를 쫓는 완고하지만 지친 형사로 나오는 마이클 만 Michael Mann 의 1995년 걸작 범죄물 〈히트 Heat 〉였다.

시각적인 면에서 놀란은 〈배트맨 비긴즈〉 때보다 더 큰 스케일을 추구했고 아이맥스 카메라를 이용해 여섯 장면을 촬영했다. 그 장면 중 하나는 〈히트〉의 영향을 받은 도입부의 6분짜리 숨 막히는 은행 강도 장면이다. 이는 관객들에게 조커를 처음 소개하는 장면이기도 하다. 영화에서 가장 먼저 완성된 은행 강도 장면은 2007년 4월에 시카고의 옛 중앙 우체국 건물에서 단 5일 만에 촬영되었다.

촬영 기간 동안 놀란과 크롤리는 진중한 범죄극에 맞는 현대적인 미학을 추구했다. 프로덕션 디자이너인 크롤리는 영화에 독특한 모습을 선사하고자 "고담시에서 고딕을 없애려고" 생각하고 가능하면 실존하는 건물 속에 세트장을 짓거나 건축물을 개조했다. 웨인 저택이 〈배트맨 비긴즈〉의 마지막에 불타 없어지면서, 크롤리는 브루스 웨인의 드넓은 펜트하우스와 새로운 배트케이브로 쓰이는 동굴 같은 배트-벙커를 디자인할 기회를 얻었다. "전 제가 시카고의 모든 건축물을 자유롭게 이용할 수 있다는 사실을 깨달았고, 그 영화에 공공건물들과 도시 환경을 담아 내 심플하게 보이는 영화로 만들었습니다. 하비 덴트의 사무실, 회의실들, 웨인 엔터프라이즈 등 시카고의 건축물들을 이용해서 거대한 이미지들을 만들어 낼 수 있었어요." 크롤리의 말이다.

배트맨이 마천루 꼭대기 근처에서 내려다보는 장면을 찍기 위해서 놀란은 베일을 완전히 분장시킨 뒤 윌리스 타워 Willis Tower 꼭대기에 세웠다. 이전까지 시어스 타워 Sears Tower 라는 이름으로 불렸던 110층짜리 건물은 미국에서 두 번째로 높은 건물이다. "전 시카고 전체가 내려다보이는 세계에서 가장 높은 건물 중 하나인 110층 꼭대기에 서 있었고, 헬기 한 대가 제 앞에 떠 있었죠." 베일의 말이다. "바람이 불어서 꼭대기에

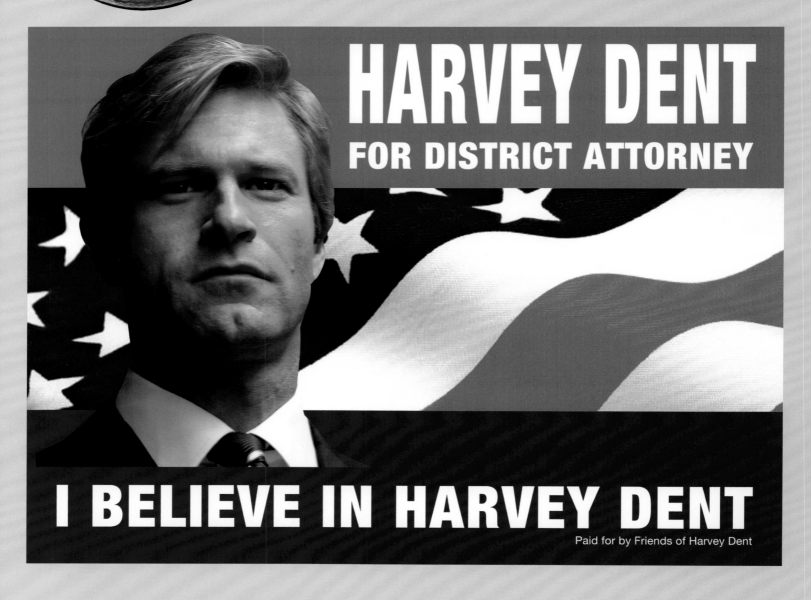

맞은편 위 하비 덴트의
얼굴과 정신에 상처를
입힌 폭발 사고로 훼손된
행운의 주화의 설정화.
맞은편 아래 하비 덴트의
선거 문구가 담긴 영화용
선거 포스터.

위 배트슈트를 보관하는
설비의 설정화.
아래 〈다크 나이트〉에
등장하는 배트-벙커의
설정화.

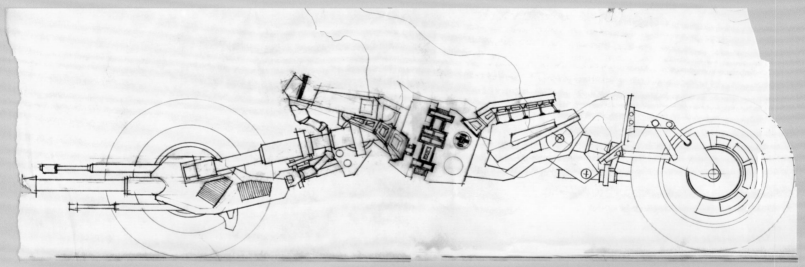

서 떨어질 것 같을 때마다 심장이 떨렸습니다."[20]

프로덕션 디자이너 크롤리는 배트맨의 새 차량을 개발하는 일을 맡았다. 대본에는 텀블러가 스펙터클한 추격 장면에서 결국 부서지고 잔해에서 오토바이 한 대가 튀어나온다고 쓰여 있었다. 그러나 배트포드 Bat-Pod 로 알려지게 될 장비의 개발 과정은 극비리에 부쳐졌다. "우린 배트맨이 자동차를 희생시키는 장면을 넣을 거라는 사실을 누구한테도 말할 수 없었어요." 크롤리의 말이다.

크롤리와 놀란은 또다시 감독의 차고에 모여서 철물점에서 산 물건들을 가지고 실물 크기의 시제품을 만들었다. 모형을 완성하기 위해서 그들은 텀블러 자동차가 보관되어 있는 버뱅크의 워너 브러더스 스튜디오에서 텀블러의 앞바퀴를 떼어와 붙였다. "전 놀

란에게 말했어요. 워너 브러더스로 가서 바퀴를 빌리
고, 그 이유는 비밀로 하자고요." 크롤리의 말이다. "그
렇게 해서 우린 차고에서 배수관을 가지고 실물 크기
의 오토바이 모형을 만들었습니다. 우린 그걸 상자에
넣고 잉글랜드로 보내서 제작하게 했죠."

배트포드의 첫 등장은 배트맨과 조커 사이의 스
릴 넘치는 야간 대결 중에 이루어진다. 그 장면은 배트
맨이 배트포드의 견인 케이블을 이용해서 조커가 몰
고 있는 바퀴 18개짜리 트레일러를 뒤집는 것으로 끝
난다. 특수 효과 감독 크리스 코보울드 Chris Corbould 와 그
의 팀은 시카고 중심가의 주요 도로인 라살 스트리트
에서 도로 위에 배치된 다섯 대의 거대한 카메라들과
차량 위에 장착된 카메라 한 대가 지켜보는 가운데 트
럭 스턴트 장면을 연출했다. 촬영은 한 치의 오차도 없
이 진행되었다.

"트럭이 뒤집어지고 코보울드가 말한 그 위치에
착지하는 걸 보는 것은 정말 인상 깊었습니다." 놀란의
말이다. "트럭이 우뚝 선 순간에는 거의 초고층 건물
이 서 있는 것처럼 보일 정도였고, 곧바로 굉장히 우아
하게 뒤집어졌습니다. 그런 건 살면서 처음 봤어요."[21]

배트맨은 조커를 잠시 붙잡는 데 성공하고, 이후
놀란이 지켜보는 내내 재미있었다고 말하는 긴박한
심문 장면으로 이어진다. "팀 버튼의 영화에 참여했던
제작진이 많았는데, 세트장에서 굉장히 회의적인 분위
기를 느낄 수 있었습니다." 놀란의 말이다. "그들은 잭
니콜슨의 해석에 많은 애착을 가지고 있었고 다른 누
군가가 그 배역을 맡는 일을 미심쩍게 여겼어요. 하지
만 그 사람들이 레저의 연기에 반응하는 모습과 뭔가
엄청난 게 나올 거라는 걸 깨닫는 모습을 보면서 정말
재미있었어요."

레저의 전혀 동요하지 않는 연기는 촬영 기간 동
안 계속됐다. 조커가 고담시 종합 병원을 폭파시키는
장면을 찍을 때, 영화 제작자들은 시카고의 브래치스
사탕 공장이 철거 예정이라는 사실을 알게 되었다. 코
보울드와 그의 팀은 공장을 폭발물로 가득 채우고 간
호사 복장을 입은 레저가 카메라를 향해 걸어올 때 격
발시켜 그의 등 뒤로 불길을 가득 일으켰다. "레저가
건물에서 걸어 나오고 그 뒤에서 건물이 가장 스펙터
클한 방식으로 무너졌어요." 편집자 리 스미스 Lee
Smith 의 말이다. "하지만 레저는 뒤를 돌아보지도 않았
죠. 정말 굉장했어요."[22]

비극적이게도 레저는 촬영이 끝나고 불과 몇 개
월 뒤인 2008년 1월 22일에 약물 오용으로 28세의 나
이에 세상을 떠났다. 영화가 2008년 7월 18일에 개봉
했을 때 관객들과 평론가들은 모두 레저가 이뤄낸 성
과에 충격을 받았으며, 그는 이례적으로 사후에 오스
카상을 받게 되었다.

'그의 조커는 무시무시한 삶이 낳은 존재이며 그
의 연기는 너무나 본능적이고 오싹하며 줄기차게 이어

져 당신을 순식간에 끌어들일 수 있을 정도다.' 마놀
라 다지스 Manohla Dargis 는 뉴욕 타임즈에 이렇게 썼다.
'조커가 칼을 휘둘러 블랙 달리아 사건처럼 입을 찢어
놓는 장면을 보면 당신은 웃음이 싹 달아나게 될 것이
다.'[23]

〈다크 나이트〉는 전 세계 박스 오피스에서 10억
달러 이상을 벌어들였고 3부작의 중간 편이라기보다
는 배트맨 영화의 결정판처럼 느껴졌다. 눈에 띄는 캐
릭터 작업과 획기적인 비주얼, 놀란의 대담하고 타협
하지 않는 비전을 담은 놀라운 예술 작품은 배트맨이
하비 덴트의 신화를 유지하기 위해 죄를 대신 뒤집어
쓰고 투페이스의 정체를 비밀에 부치는 마지막 장면

맞은편 위 배트포드는
도로 위 추격 장면 중간에
텀블러에서 그럴듯하게
발진해야 했기 때문에
디자인하기에 어려운
숙제였다.
맞은편 가운데 배트포드의
러프 스케치. 배트맨의
탑승 위치가 표시되어 있다.
맞은편 아래 시카고 도심
촬영 중에 사용된 실제
주행 가능한 배트포드.

위 배트포드가 텀블러에서
발진하는 장면을 보여주는
설정화들.

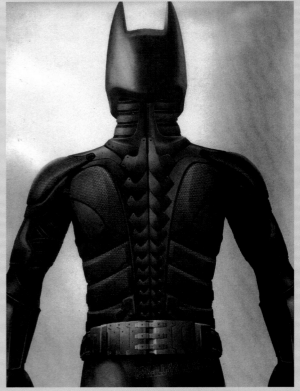

까지 힘을 잃지 않는다.

사업적인 측면에서 보면 후속편 제작은 당연한 수순처럼 여겨졌지만 영화 제작자들에게 3편은 조심스럽게 고려할 만한 일이었다. 그 사이에 놀란은 꿈을 훔치는 기발한 블록버스터 범죄 영화인 〈인셉션 Inception〉을 찍기 위해 고담시를 떠났고, 2010년에 개봉된 그 영화는 좋은 평가를 받았다. 〈다크 나이트 라이즈 The Dark Knight Rises〉는 상당한 시간이 지난 뒤에야 모습을 갖추어가기 시작했다.

"사실을 말씀 드리자면, 우리는 각각의 영화를 독립적인 영화로 작업했고 우리가 할 수 있는 모든 걸 각각의 영화에 집어넣으려고 노력했습니다." 놀란은 설명한다. "일단 영화가 나오고 난 뒤에 우리는 이야기를 계속 진행할지 여부를 결정했죠. 그 이유 때문에 후속 제작의 시간 간격들은 보통의 감독들이 속편 사이에 두는 기간보다 훨씬 길었습니다. 첫 두 편 사이에는 3년의 간격이 있었고 나머지 두 편 사이에는 4년의 간격이 있었죠. 그 시간이 우리에게 스토리를 다듬고 각색할 기회를 주었습니다."

마침내 놀란은 고이어를 점심 식사에 초대해 세 번째 배트맨 영화에 대한 아이디어를 논의해보기로 했다. 그들은 3부작을 매듭지을 장면을 구상했다. 알프레드가 한 카페에서 어둠의 기사로서의 나날을 뒤로 한 채 편안하고 만족스러운 생활을 하는 브루스 웨인의 모습을 보는 장면이었다. 그 아이디어는 다른 아이디어들을 낳았고, 얼마 지나지 않아 그들은 〈다크 나이트 라이즈〉가 될 이야기를 만들어가게 되었다.

"우린 브루스가 배트맨이라는 모습으로 자멸하

고 있다면 어떨까라는 생각을 했습니다." 고이어의 설명이다. "그는 자신이 배트맨으로 죽지 않는 삶은 생각하지 못합니다. 브루스 웨인으로서 살아가는 인생은 생각하지 못하죠. 일단 그 아이디어를 떠올리고 나자 우리가 만들 수 있는 세 번째 이야기가 있을 거라는 생각이 들었습니다. 아버지의 그림자와 박쥐에서의 탈출뿐만 아니라, 놀란 감독은 자신이 새로운 종류의 배트맨 이야기를 하는 것에 관심이 있다고도 했습니다. 이전 두 영화에서 한 적 없었던 다른 시각을 통해 캐릭터를 바라보고자 했죠."

"〈배트맨 비긴즈〉는 전형적인 영웅의 여정입니다." 놀란의 말이다. "그건 기원담이고 기원 신화이기 때문에 그에 맞는 낭만주의 또는 연극적 분위기를 포함하고 있죠. 〈다크 나이트〉에서는 영화의 스케일을 바꾸기 위해서 도시 이야기를 택했고 범죄극으로 갔습니다. 영화 뒤에 깔려 있는 도시 기반의 사회 경제적 아이디어 때문에 다른 시각적 접근법이 요구됐죠. 그리고 〈다크 나이트 라이즈〉로 오면서 우리들은 재난 영화나 역사 영화 장르로 이동했습니다. 우리는 장르를 바꾸는 것을 영화의 규모를 키우는 방식으로 선택했습니다."[24]

이야기에 살을 붙이는 과정에서 고이어와 놀란은 고담시가 지진으로 폐허가 되고 거주 불가 지역이 되는 1999년의 크로스오버 이벤트 '노 맨스 랜드'에서 영감을 받았다. 제작자들은 로그스 갤러리를 다시 찾아보며 혁명과 경제 붕괴의 위기에 처한 도시라는 더 큰 주제에 적합한 악당을 찾으려고 했다. 그들은 7년간 속세를 떠나 웨인 저택에서 옛날의 정신적, 육체적 상처를 돌보고 있던 과거의 껍데기만 남은 브루스 웨인을 물리적으로 위협할 수 있는 악당을 찾고 있었다.

"배트맨은 자신보다 영리한 조커와 두뇌를 겨룬 적이 있었기 때문에 이번에는 단순히 괴물 그 자체인 누군가와 맞설 필요가 있었죠." 고이어의 말이다. "실제로 나이가 들고 망가졌으며 예전만큼 활동적이지 못한 브루스 웨인보다 모든 면에서 더 뛰어난 누군가 말입니다." 그 각본가의 말에 따르면 자신과 놀란은 원래 킬러 크록을 가장 먼저 염두에 두었지만, 놀란이 선호하는 현실적인 세계와는 거리가 한참 멀게 느껴져서 다른 악당을 찾았다고 한다.

두 번째 악당, 가면 쓴 베인에게는 잠재력이 있었다. 〈다크 나이트 라이즈〉는 '나이트폴' 스토리라인에서 많은 요소들을 가져왔다. 신체적으로 우월한 베인

맞은편과 아래 〈다크 나이트〉의 배트슈트는 덩치를 줄이고 목을 더 자유롭게 움직일 수 있는 형태로 다시 디자인되었다.

이 약해진 배트맨을 지속적으로 압도하고 결국 주인공의 등을 꺾어 추방하고 고담시를 완전히 장악하는 내용이 그에 해당했다.

놀란은 톰 하디 [Tom Hardy]가 배역에 맞을지도 모르겠다고 생각했다. 두 사람은 〈인셉션〉에서 함께 일했던 사이였다. 하디는 원래 조지 밀러 [George Miller]의 〈매드맥스: 분노의 도로 [Mad Max: Fury Road]〉에 출연할 예정이었지만 영화 제작이 예기치 못하게 연기되면서 갑자기 일정이 비게 된 상황이었다. "저는 하디를 그 배역에 최우선으로 고려했습니다. 톰이 이번 영화 이전까지 언제나 우스꽝스럽게 묘사되어왔던 베인이라는 캐릭터를 현실적으로 인상 깊게 묘사해낼 수 있으리라는 걸 알았기 때문입니다." 놀란의 말이다.[25]

크리스찬 베일처럼 하디도 배역을 위해 비범한 노력을 기울이는 것으로 유명했다. 2008년작 〈장기수 브론슨의 고백 [Bronson]〉에서 일명 찰스 브론슨 [Charles Bronson]으로 불리는 영국인 죄수 마이클 피터슨 [Michael Peterson]을 연기하기 위해 그는 해병대 출신 트레이너의 도움을 받아 16킬로그램의 체중을 불렸다. 2011년작 〈워리어 [Warrior]〉를 위해서는 MMA 선수 같은 몸을 만들기도 했다. 베인 역도 비슷한 접근법을 요구했다. 하디는 배트맨에게 진정한 물리적 위협을 줄 수 있는 가면 쓴 용병으로 보일 수 있도록 또다시 14킬로그램 가량의 근육을 키웠다.

그의 위협적인 형상은 군대풍의 복장과 얼굴의 상당 부분을 가려주는 가면을 통해 더욱 강화되었다. "만화 속 베인의 모습을 보면 레슬링 가면과 레슬링 복장을 착용하고 있죠." 의상 디자이너 린디 헤밍의 말이다. "놀란이 만드는 영화에서는 그런 걸 넣을 수가 없었어요. 전 수백 장의 그림을 그렸죠. 놀란과 같이 앉아서 논의한 끝에 우리는 베인의 입을 가리기로 결정했습니다. 전 거미들과 으르렁댈 때의 개코원숭이의 주둥이를 참고했고 거기에서 얼굴 앞에 금속 관들이 내려오는 형상에 대한 영감을 받았죠."

"바이스처럼 머리를 죄는 물건이었지만 하디는 굉장한 인내심을 발휘했습니다." 헤밍은 덧붙인다. "우린 쉽게 탈착할 수 있도록 앞부분 부품들 아래에 자석을 심어놓았습니다. 그 아랫부분은 개스킷 같은 밀착 효과를 주기 위해 고무로 만들었죠. 개스킷은 순수 탄성으로 피부에 달라붙었기 때문에 굉장히 압박감이 심했어요."[26]

조너선 놀란은 이전에 인상적으로 영화화된 바 있는 배트맨 유명 악당인 캣우먼을 추가하자고 제안했다. 크리스토퍼 놀란은 브루스 웨인에게 고양이 도둑, 셀리나 카일을 소개시켜주는 일을 오랫동안 주저해왔지만 자신의 현실적인 고담시에 어떻게 어울릴지 깨닫자 생각을 바꾸었다.

"그녀가 여성 범죄자, 사기꾼, 고전 영화 속 팜 파탈이 될 수 있다는 걸 깨달았습니다." 크리스토퍼 놀

10/04/2011

란의 말이다.[27] "그 캐릭터 없이는 풀어갈 수 없는 이야기였죠." 조너선 놀란은 덧붙인다. "선도 악도 아닌 도덕적으로 모호한 신념을 가진 그녀는 배트맨에게 드디어 동질감을 느낄 수 있는 누군가로 다가옵니다. 그 연결 고리와 그들 사이에 일어나는 그 불꽃은 배트맨의 어둠을 약간이나마 덜어주죠."[28]

브루스 웨인은 셀리나를 만났을 때 7년째 은둔 상태였다. 배트맨이 하비 덴트의 살인 혐의로 지명 수배 상태에 놓이면서, 브루스는 홀로 남아 방황했다. 셀리나는 칵테일 웨이트리스로 위장해서 웨인 저택에 침투하고 금고에서 브루스 웨인의 지문을 얻은 뒤, 그의 모친의 진주를 훔쳐 창밖으로 달아난다. "오랜 고립 끝에 브루스는 자신이 보기에 재미있고 우스운 여자를 만나고, 교류의 측면에서 상당한 충격을 받습니다." 베일의 말이다. "그녀는 브루스 웨인이 누구인지 아예 신경도 안 쓰고, 배트맨일 때도 전혀 겁먹지 않습니다. 그에게는 일종의 모욕처럼 느껴지는 일이지만 지금까지 누구도 그를 그렇게 대한 적이 없었기 때문에 환상적이죠."[29]

그 탐나는 역할은 〈레이첼, 결혼하다 Rachel Getting Married〉로 2009년 오스카 후보에 올랐던 앤 해서웨이 Anne Hathaway에게 주어졌다. 연기의 특징을 잡기 위해서 해서웨이는 만화 속 캣우먼의 창작에 영감을 준 것으로 알려진 1940년대의 여배우 헤디 라마르를 참고

했다. "캣우먼의 특징으로 쓸 만한 걸 찾아내려고 헤디 라마르의 수많은 영화를 찾아봤어요." 해서웨이의 말이다. "전 그녀가 아무리 감정적으로 고양되는 장면이라고 해도 항상 차분하게 행동하는 인물이라는 걸 깨달았죠. 그래서 연기할 때 그렇게 하려고 노력했어요."[30]

전작들과 마찬가지로 놀란은 이번에도 유명 배우들을 핵심 조연들로 기용했다. 벤 멘델슨 Ben Mendelsohn은 브루스의 경쟁자이자 베인과 몰래 손을 잡은 인물인 존 데거트 John Daggett로 등장한다. 〈인셉션〉의 출연 배우였던 조셉 고든 레빗 Joseph Gordon-Levitt이 배트맨의 정체를 추리해 낸 고아원 출신 순경인 존 블레이크 John Blake 역을 맡기로 계약했다.

〈인셉션〉의 또 다른 출연 배우 마리옹 꼬띠아르 Marion Cotillard는 정체를 숨기고 있는 여성 사업가 미란다 테이트 Miranda Tate 역으로 합류했다. 그녀의 정체는 탈리아 알 굴이고, 고담시를 무너뜨리려 했던 아버지의 임무를 완수하기 위해 베인과 협동한다.

〈다크 나이트 라이즈〉는 주로 피츠버그와 로스앤젤레스에서 촬영되었고, 인도와 뉴욕을 비롯한 다른 곳에서도 촬영이 이루어졌다. 처음 두 영화에서 그랬듯이 놀란은 최소한의 컴퓨터 시각 효과를 추구하며 굉장히 야심찬 장면들을 대본에 담았다.

베인이 CIA 보호하에 있는 핵물리학자를 공중

맞은편 베인은 설정화에서 볼 수 있듯이 〈다크 나이트 라이즈〉에서 복합적인 현대판 전사로 재탄생했다.

왼쪽 위 베인의 또다른 설정화.

오른쪽 위 크리스토퍼 놀란과 의상 디자이너 린디 헤밍이 톰 하디의 베인 의상 착용을 돕고 있다.

> "그녀는 브루스 웨인이 누구든 아예 신경도 안 쓰고, 배트맨일 때도 전혀 겁먹지 않습니다."

에서 납치하고 비행기를 폭파한 뒤 탈출하는 프롤로 그 장면을 위해 프로덕션 매니저인 토마스 헤이슬 립 Thomas Hayslip 은 미국 정부에게 C-130 허큘리스 군용 기를 임대했고 남아프리카 공화국에서 반데이란치 소 형 제트기를 구해와 스코틀랜드 인버네스 상공에 띄워 놓고 아이맥스 카메라로 촬영했다. 비행 중에 공중 스턴트 연기자들이 베인의 부하들 역할을 맡아 비행기의 동체에 매달렸다. "비행기 외벽에 달라붙어 있던 네 명은 비행 중에 실제로 줄에 매달려서 붙어 있던 겁니다." 촬영 감독 월리 피스터의 말이다.[31]

베인은 고담시를 장악하려는 노력의 일환으로 고담시 미식축구 경기장에 폭탄 테러를 감행한다. 그 장면은 피츠버그의 하인즈 필드 Heinz Field 에서 만 천 명의 엑스트라를 동원해 촬영되었고, 피츠버그 스틸러스 Pittsburgh Steelers 선수들이 고담 로그스 Gotham Rogues 선수들 역할을 맡았다. 경기장 관객석 윗부분은 폭발물로 채워져 촬영 개시와 함께 격발됐다. 스턴트 연기자들

은 이리저리 뛰면서 지하도 속으로 들어가는 연기를 선보였다. 경기장의 지면은 컴퓨터 그래픽으로 대체되었다. 시각 효과 장인들이 장면을 완성하는 데는 수개월이 걸렸다.

하지만 베인의 은신처에서 배트맨의 등을 꺾는 격투 장면에는 아무런 시각 효과도 필요하지 않았다. 베일과 하디는 오랜 리허설을 거친 뒤 격투 장면을 직접 연기했다. "우린 그 장면에서 전율을 주고 싶었습니다." 놀란의 말이다. "톰 하디와 크리스찬 베일은 엄청나게 많은 작업을 했습니다. 그들이 함께 어찌나 멋진 장면을 만들어 내는지, 정말 주목할 만한 일이었습니다. 그 상징적인 두 캐릭터들이 싸우는 장면은 무서울 정도로 현실적이었고 굉장히 실제적이었으며 보기만 해도 상당히 위협적이었습니다. 베일은 벽돌로 쌓은 벽을 들이받는 것 같은 사람의 모습을 온 힘을 다해 연기했습니다."[32]

〈다크 나이트 라이즈〉는 베인의 은신처로 삼은

위 셀리나 카일을 연기하는 앤 해서웨이.

THE DARK KNIGHT TRILOGY
BEHIND THE SCENES
다크 나이트 3부작 제작 과정

서 10억 달러 이상을 벌어들이면서 배트맨에 대한 관객들의 관심이 여전히 높다는 사실을 증명해 보였다.

다크 나이트 3부작을 통해 크리스토퍼 놀란은 배트맨의 초기 시절부터 마지막까지를 다루는 훌륭한 이야기를 만들어냈다. 각본가이자 감독은 자신이 추구하는 현실성을 유지하면서도 매 편마다 스릴러, 범죄극, 대재난 서사시의 장르를 취하며 서로 다른 종류의 배트맨 이야기를 선보였다. 놀란의 작품은 만화책 영화에 대한 모든 선입견을 뛰어넘었으며, 절대 주인공을 만화적인 인물이나 범접할 수 없는 신화적 인물로 다루지 않았다. 놀란의 브루스 웨인과 배트맨은 근본적으로 마음속의 악마들 때문에 고통받고 극한까지 몰렸던 상처 입은 인물이자 관객이 깊게 공감할 수 있는 인물이다.

놀란의 3부작 결정판이 나온 뒤, 어떤 배트맨 영화가 또 나올 수 있을지 상상하기도 어려울 정도였다. 그러나 브루스 웨인의 극장 화면 속 은퇴는 그리 오래가지 않았다.

위 〈다크 나이트 라이즈〉의 배트케이브 촬영장의 크리스토퍼 놀란.

맞은편 배트맨이 고담시경의 추격을 피하는 장면을 찍을 때는 로스앤젤레스 현지 촬영장에 케이블을 설치하고 실물 크기의 더 배트를 매달았다.

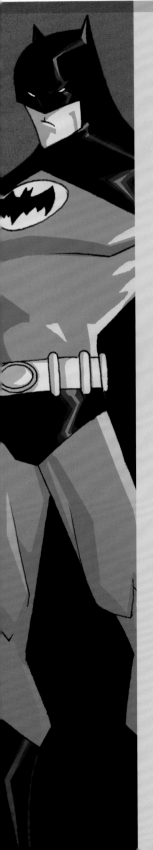

18. 배트맨 습격하다!

2000년대에 배트맨이 만화와 영화 양쪽에서 극적인 재창조 과정을 거치는 동안 애니메이션 쪽에서도 혁신성을 보이고 있었다. 2000년대 초에도 〈배트맨: 디 애니메이티드 시리즈〉의 그림자는 여전히 강하게 드리워져 있었고 많은 팬들은 그 작품을 어둠의 기사와 그 세계를 담은 거의 완벽한 작품으로 여겼다. 비록 B:TAS와 그 파생작들의 뒤를 잇는 건 어려운 일이었지만 워너 브러더스는 젊고 현대적인 망토 두른 십자군이 나오는 단독 애니메이션 시리즈이자 새로운 세대를 위한 새로운 배트맨 애니메이션을 제작할 때가 되었다고 느꼈다. 〈배트맨: 디 애니메이티드 시리즈〉 출신들인 앨런 버넷과 글렌 무라카미가 새 시리즈를 만들게 되었고 10여년 만에 처음으로 워너 브러더스에서는 당시 〈저스티스 리그〉와 〈저스티스 리그 언리미티드〉의 총제작자로 활동하느라 바빴던 브루스 팀의 감독이나 특유의 화풍 없이 새로운 배트맨 애니메이션을 만들기로 했다.

〈더 배트맨 The Batman〉이라는 간단한 제목이 붙여진 새 시리즈는 워너 브러더스의 요구에 따라 이제 막 경력을 시작한 젊은 배트맨을 다룰 예정이었다. "당시 키즈 WB! 방송사는 토요일 아침에 방송되는 6세에서 11세 사이의 시청자들이 좋아할 배트맨 애니메이션을 원했습니다." 앨런 버넷의 말이다. "그래서 제작자 샘 레지스터 Sam Register 는 아예 새로운 창작자들을 영입했죠."

카툰 네트워크 소속 제작자인 레지스터는 대담하고 새로운 작풍으로 그려진 역동적인 액션으로 가득 찬 배트맨 애니메이션을 만들고 싶었다. 그는 워너 브러더스가 〈더 배트맨〉에서 얻고자 하는 바로 그 연령대에게 인기를 끌었던 작품이자 성공을 거두었던 애니메이션 시리즈인 소니 픽쳐스 Sony Pictures 의 〈재키찬 어드벤처 Jackie Chan Adventures 〉에 참여했던 사람들을 데려왔다.

그중 제일 먼저 고담시에 온 사람들은 감독 마이클 고구엔 Michael Goguen 과 공동 창작자-총제작자인 듀안 카피지 Duane Capizzi 였다. "우리의 임무는 현대 일본 애니메이션과 현대 액션 영화에서 영향을 받은 요소들과 과거 배트맨 만화 속의 고전적인 요소들을 혼합하여 2000년대 초의 어린이들이 과거 작품들에 비해 친밀하게 느낄 수 있을 만한 새로운 배트맨 애니메이션을 만들어내는 것이었습니다." 고구엔의 말이다.

카피지는 또 다른 동료인 스티븐 멜칭 Steven Melching 을 애니메이션의 주 각본가 중 한 명으로 데려왔다. "카피지는 그 시리즈를 '배트맨: 이어 쓰리'로 하자고 했죠." 멜칭의 말이다. "브루스 웨인은 여전히 일하는 법을 배워가고 장비를 제작해나가는 중이고, 경찰은 아직 완전히 그의 편이 아닙니다. 현재 시점에는 길거리 수준 범죄를 거의 일소한 상태지만, 이제 로그스 갤러리의 다채로운 미치광이 악당들이 배트맨에 대한

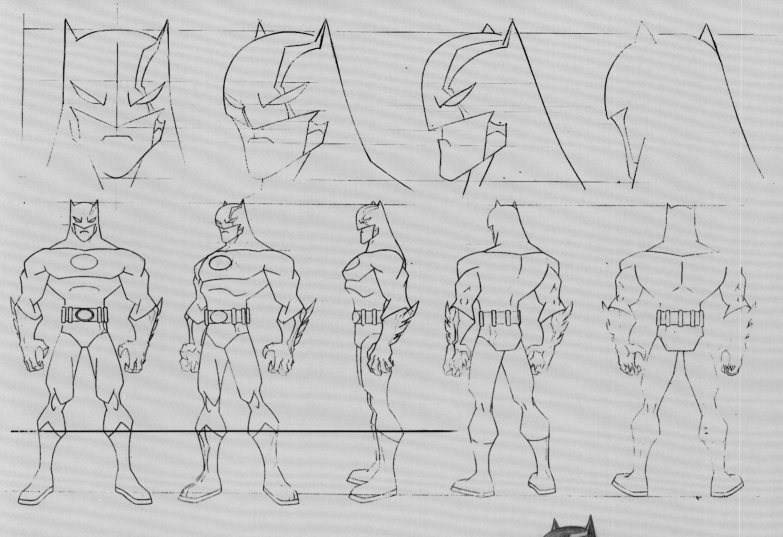

반동으로 나타나기 시작하죠."

　그 시리즈에는 배트맨 시청자들이 예상할 만한 1960년대 TV 드라마나 팀 버튼 영화 등 모든 것이 들어 있었지만, 동시에 제작진은 어둠의 기사 탐정의 면모를 미묘하게 전달하는 것 역시 목표로 삼았다. "우리의 임무는 브루스 웨인이라는 캐릭터에 더 집중해서 시청자들을 가면 속으로 이끌고, 안에서 밖을 바라보는 방향으로 배트맨을 파악해나가는 것이었죠." 고구엔은 설명한다. "우리는 액션 위주의 현대적인 감각이 느껴지는 시리즈를 만들기 위해 브루스 웨인과 배트맨의 다양한 장비와 차량들의 발전 과정도 강조할 예정이었습니다. 운이 따르면 브루스 웨인과 배트맨이 우리 모두가 알고 있는 성숙한 범죄 투사와 탐정으로 성장해가는 모습을 보여줄 시간이 생기게 될 터였죠."

　또한 기원 이야기의 제작은 카피지와 고구엔에게 배트맨의 세계에서 가장 오랫동안 동료로 지내온 인물을 조명할 기회도 주었다. "그 이야기는 브루스에게 사실상 대리 부모 역할을 해왔던 알프레드와의 관계를 탐구할 기회를 주었습니다." 고구엔의 말이다. "알프레드는 브루스의 인생과 젊은 배트맨의 경력 속에서 보다 적극적인 지원자 역할을 수행하고 때로는 브루스를 보호하고 조언까지 해주기도 합니다. 그 부분은 감성적인 요소도 더해줬고 저희도 작업하면서 즐거움을 느꼈죠. 저희는 그 시리즈가 2004년에 실제로 일어나고 있던 일처럼 느껴지길 간절히 바랐습니다. 그건 일부 나이 든 팬들에게는 이상하고 어쩌면

316쪽 왼쪽 완성된 《더 배트맨》 주인공의 모습.
316쪽 아래 제프 마쓰다의 《더 배트맨》 속 캐릭터 디자인은 브루스 팀과 글렌 무라카미가 90년대에 정립한 틀을 완전히 깨는 것이었다.

317쪽 《더 배트맨》의 캐릭터 디자이너인 제프 마쓰다는 《더 배트맨》의 만화판인 《더 배트맨 스트라이크스!》의 표지를 몇 장 그리기도 했다. (제프 마쓰다 및 데이브 맥케이그 작, 2004년 11월자 《더 배트맨 스트라이크스! 1호》)

위 제프 마쓰다의 《더 배트맨》 모델 시트.
아래 《더 배트맨》에는 전성기의 신체 능력을 가진 젊고 경험 부족한 망토 두른 십자군이 등장한다.

받아들이기 어려웠을 수도 있습니다만 우리는 어린 팬들도 그들만의 배트맨을 가질 자격이 있다고 느꼈거든요."

새로운 배트맨의 성우는 1999년 마블 스튜디오의 TV용 작품인 〈스파이더맨 언리미티드Spider-Man Unlimited〉에서 그린 고블린Green Goblin 역을 맡아 슈퍼히어로물 출연 경험이 있는 캐나다인 성우 리노 로마노Rino Romano가 맡았다. 영국인 성격파 배우 앨리스테어 던칸Alastair Duncan이 중요한 배역인 알프레드를 맡아 배트케이브에서 배트맨을 지원하게 되었다.

시리즈를 현대적으로 보이게 만드는 작업은 〈재키찬 어드벤처〉에 자신의 흔적을 깊게 남긴 캐릭터 디자이너인 제프 마쓰다Jeff Matsuda에게 주어졌다. "제 기본 접근 방향은 온 세상이 이미 〈배트맨: 디 애니메이티드 시리즈〉를 알고 있으니 절대 그걸 뛰어넘으려고 들지 않는 것이었죠." 마쓰다의 말이다. "그 애니메이션은 다른 시대의 작품이고 너무나 훌륭하게 만들어졌습니다. 제 목표는 새 애니메이션이 이전의 것과 상당히 다르기 때문에 미술적으로도 상당히 다른 방향을 추구하는 것이었습니다. 우린 똑같은 것을 반복하고 싶지 않았습니다."

일본 애니메이션에서 영감을 받은 마쓰다의 배트맨은 B:TAS의 선배 배트맨보다 더 젊고 빠르고 훨씬 곡예 같은 움직임을 보여주었다. "당시 시청자들뿐만 아니라 제작진의 특징을 반영한 결과이기도 합니다."

위 〈더 배트맨〉의 홍보용 이미지에서 배트맨과 배트걸이 포이즌 아이비를 공격하고 있다.
아래 고담 시내를 질주하는 배트모빌을 그린 제프 마쓰다의 설정화.

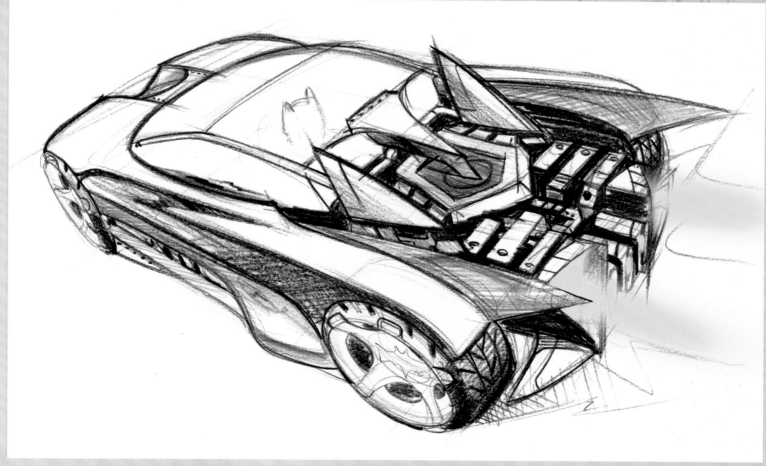

맨 위 조커, 킬러 크록, 클루마스터, 스케어크로우 모두 〈더 배트맨〉에서 모습이 크게 바뀌었다.

왼쪽 위 거대한 로봇 스카페이스가 등장하는 이 설정화에서 벤트릴로퀴스트와 스카페이스는 입장이 뒤바뀐 것처럼 보인다.

오른쪽 위 리들러는 제프 마쓰다가 마릴린 맨슨 비슷한 모습을 선택할 때까지 여러 모습을 거쳤다.

〈뉴 배트맨 어드벤처스〉에서도 일한 경력이 있었던 스토리보드 아티스트인 브랜던 비에티 ^Brandon Vietti 의 말이다. "제가 기억하기로 예전 제작진은 고전 할리우드 감독들에 대한 이야기를 많이 했었는데 〈더 배트맨〉 제작진은 현대 일본 애니메이션에 더 많이 집중했죠. 그리고 B:TAS 시절과 비교해 보면 미국 내에서 일본 애니메이션은 이전보다 우리가 〈더 배트맨〉을 만들었던 때에 더 많이 알려져 있었습니다. 저는 당시 시청자들이 그런 스타일의 액션을 찾고 있었다고 생각합니다."

〈더 배트맨〉의 근본적인 스타일 변경은 고담시의 변장한 범죄자들인 캣우먼, 미스터 프리즈, 클레이페이스 등의 외형 변화에서 가장 잘 드러난다. "고전적인 악당들과의 첫 대결을 다시 상상해내는 건 어렵고도 재미있는 일이었습니다." 고구엔의 말이다. "그리고 우리 입장에서는 제프 마쓰다가 내놓은 악당들의 독창적이고 새로운 모습들이 신선했으며 놀라운 도전처럼 느껴졌습니다. 배트맨이 그 악당들과 처음 만났을 때 느꼈을 법한 느낌을 받게 해주었죠."

"우리는 모든 캐릭터들에게 한 가지씩 놀랄만한 점을 넣어주고 싶었습니다." 마쓰다는 덧붙인다. "인상적이거나 강렬하지 않으면 이전에 만든 것을 반복하는 거나 다름없었죠. 우리는 각각의 캐릭터를 만들 때마다 세상이 그 캐릭터에 대해 알고 있는 점을 살펴보고, 그걸 뒤바꿔 놓았죠."

각본가 스티븐 멜칭은 배트맨의 유명 악당들에게 새로운 기원과 배경을 만들어주었는데 그중 하나가 펭귄이었다(팬들에게는 네모바지 스폰지밥 SpongeBob SquarePants의 성우로 가장 잘 알려진 톰 케니 Tom Kenny가 목소리를 맡았다). "전 오스왈드 코블팟이 기존 작품들에서 가장 덜 발전됐고 가장 잠재력 있는 캐릭터라고 보았습니다." 멜칭의 말이다. "듀안 카피지와 함께 일하면서 우리는 그를 브루스 웨인의 대척점으로 만들기로 결정했습니다. 브루스 웨인은 사람들에게 존경받는 반면에 오스왈드는 기피 대상입니다. 브루스가 부유하고 인기 많

은 것과 대조적으로 오스왈드는 가난하고 멸시받죠. 하지만 오스왈드는 어떻게든 브루스처럼 되고 싶어 합니다. 그는 브루스 웨인을 미친 듯이 질투하고, 브루스가 가진 것을 무너뜨리면서 부를 얻고 가문의 명성을 회복하고 싶어 합니다. 이런 말 하긴 좀 그렇지만 전 우리들이 가장 강렬하고 흥미로운 펭귄을 만들어 냈다고 생각합니다."

배트맨의 가장 교활한 적인 리들러는 가수 마릴린 맨슨을 연상시키는 고스족 캐릭터로 디자인되었으며 범죄 방식에 있어서도 더욱 어두운 방향을 택하게 됐다. 한편 조커는 혼돈을 내재한 인물로 재탄생했다. 역사상 처음으로 어둠의 기사와 신체 능력이 맞먹는 강하고 민첩한 체조 기술 보유자로 바뀌었다.

배트맨의 로그스 갤러리 다른 구성원들도 새로운 해석의 최우선 대상이 되었다. "만화 속에서 베인은 베놈을 통해 힘을 얻고 배트맨을 해치고 싶어 하죠."

위 펭귄과 벤트릴로퀴스트의 설정화에서 볼 수 있듯이 제프 마쓰다는 〈더 배트맨〉의 로그스 갤러리를 디자인할 때 이전의 캐릭터 디자인과는 최대한 다른 방향을 취했다.

전체 산타 프리스카 출신의 거한 베인은 제프 마쓰다가 어린 시절 좋아했던 모기의 모습에서 영감을 받은 최종 디자인을 택할 때까지 다양한 캐릭터 디자인을 거쳤다.

마쓰다의 말이다. "그게 그 캐릭터의 핵심입니다. 그는 예전에 이미 루차도르 레슬러로 등장했기 때문에 우린 그런 걸 피하고자 했습니다. 그래서 우리는 평소에는 마르고 평범한 친구였다가, 약물을 주입하면 평소의 회색 몸이 분노를 반영해서 붉게 변하게 했습니다. 그리고 몸에 붙어 있는 밴드도 밝게 변하게 했죠."

그 변화는 마쓰다가 어렸을 때 매혹됐던 모기의 모습에서 영감을 받았다. "모기가 피를 빨면 배가 팽팽하게 부풀기 시작하고 그 속에서 피가 흐르는 게 보이죠. 우리가 만든 베인의 모습은 거기서 출발했습니다. 베인의 몸집이 커지고 더 강해지고 더 분노하고 커져도 복장 크기는 그대로 유지됩니다. 다만 팽팽하게 부풀뿐이죠."

〈더 배트맨〉은 2004년 9월 11일에 키즈 WB! 방송사의 가을 신규 방송으로 방영되었다. 세련된 오프닝 장면과 U2의 기타리스트 디 에지^{the Edge}가 연주한 으스스한 오프닝 테마곡은 시청자들에게 이 배트맨 애니메이션이 이전의 그 무엇과도 다름을 즉시 알게 했다. "제작자 입장에서는 시청자가 캐릭터를 신선하게 받아들이게 하기 위해서 스토리나 비주얼을 항상 다른 각도에서 보여주고 싶어 하죠." 시리즈의 각본가인 애덤 비첸^{Adam Beechen}의 말이다. "그리고 〈더 배트맨〉이 나오던 무렵에는 완전히 새로운 세대의 아이들이 애니메이션을 보고 있었기 때문에 디니와 팀의 배트맨이 그 세대의 아이들에게 그랬듯 새로운 배트맨을 선사하고 싶었어요."

시리즈의 진행에 따라 배트맨은 점점 자신감이 붙고 경험이 늘어갔으며, 마찬가지로 적들도 성장을 보인다. 다행스럽게도 어둠의 기사에게는 새로운 동료들이 악의 무리와의 전쟁에 참전하게 된다. 처음 두 시즌 동안 배트맨은 고담시 경찰의 신뢰를 얻게 된다. 활동 6년째를 맞이하는 세 번째 시즌에서는 어린 영웅 한 명을 조수로 받아들일 준비가 될 정도로 성숙한 주인공이 된다.

전통을 깨는 의미에서 배트맨의 첫 사이드킥은 십대 배트걸, 바바라 고든이었다. "배트걸은 디자인 측면에서 굉장히 흥미로웠죠." 마쓰다의 말이다. "그동안 수많은 배트걸이 존재해왔고, 당시 만화에서도 여러 명이 있었습니다. 우리 애니메이션은 명백하게 오마주를 하지 않았지만, 우린 애덤 웨스트의 60년대 시리즈에 빠져 있었습니다. 최소한 색상에 있어서는 이본느 크레이그가 연기했던 60년대 배트걸의 복장을 참고했죠. 가면 밖으로 나오는 머리카락과 복장 색상을 그런 느낌으로 했습니다."

네 번째 시즌에서 배트맨은 범죄 조직원 토니 주코^{Tony Zucco}의 손에 부모를 잃은 딕 그레이슨을 거둬들여 조수로 삼는다. "우리는 각각의 시즌에서 배트걸과 로빈을 깜짝 소개했습니다." 마쓰다의 말이다. "우린 언젠가 로빈을 출연시키게 되리란 것과 구체적으로 언제 등장할지, 그리고 로빈이 등장하면 애니메이션 속 배트맨의 모습이 한층 성장하게 될 거라는 사실을 알고 있었어요. 우리는 로빈을 디자인하는 과정에서 어떻게 해야 할지 스스로에게 질문을 던졌습니다. 우린 악당들의 모습을 완전히 바꿔버렸지만 배트맨의 복장은 사실 그리 큰 차이가 없었죠. 로빈의 경우에도 너무 바꿔놓고 싶지 않았습니다. 전 로빈에게 조그만 로빈 날개 같은 것만 달아줬습니다."

조커와 할리 퀸, 렉스 루터와 포이즌 아이비, 펭귄과 시네스트로^{Sinestro} 같은 악당들은 〈더 배트맨〉의 다섯 번째이자 마지막 시즌에서 두 명씩 힘을 합쳐 고담시를 공격한다. 두 배의 위협과 맞서 싸우기 위해 배트맨은 저스티스 리그 오브 아메리카의 구성원들인 슈퍼맨, 그린 애로우^{Green Arrow}, 플래시, 그린 랜턴 등과 힘을 합친다. 시리즈 마지막에서 배트맨은 마침내 한 사

위 맨배트가 배트맨을 공격할 준비를 하고 있다. (제프 마쓰다 및 데이브 맥케이그 작, 2004년 12월자 《더 배트맨 스트라이크스! 2호》 표지)
아래 〈더 배트맨〉은 딕 그레이슨을 처음으로 십대 초반의 나이에 놀라운 소년 로빈이 되는 것으로 설정한 애니메이션 시리즈였다.

위 제임스 터커의
배트맨은 힘이 넘치고
근육질에 과장된 체격의
소유자다.

람의 영웅이자 조언자, 그리고 동료로 우뚝 서게 된다.

어린 팬들은 〈더 배트맨〉을 반겼고, 이전 배트맨 애니메이션 팬들도 〈더 배트맨〉이 2008년에 5시즌으로 막을 내릴 때까지 조금씩 모여들었다. "간혹 가다 한 번쯤은 모든 걸 한껏 흔들어놓는 게 필수적이라고 생각합니다. 〈더 배트맨〉은 그런 면에서 대담한 발걸음을 옮겼죠." 브랜던 비에티의 말이다. "캐릭터의 핵심만 유지된다면 익숙한 캐릭터를 새로운 각도에서 바라보는 건 신나고 보람 있는 경험이죠. 〈더 배트맨〉은 그런 면에서 성공했다고 생각합니다."

〈더 배트맨〉의 마지막 시즌이 제작되는 동안 워너 브러더스 애니메이션에서는 망토 두른 십자군이 등장하는 새로운 시리즈의 개발에 착수했고, 이번에는 고전 배트맨 만화에서 영감을 얻었다. "워너 브러더스는 크리스토퍼 놀란 감독의 〈다크 나이트〉와 같은 결의 배트맨 애니메이션을 원했지만, 아이들이 보기에는 너무 어두웠기 때문에 그를 따라 한 애니메이션을 만들 수가 없었어요." 당시 〈저스티스 리그 언리미티드〉 제작을 막 마치고 새로운 배트맨 애니메이션의 콘셉트를 잡는 일을 맡았던 제작자 제임스 터커의 말이다. "그래서 그들은 확연히 다른 방향을 시도하고 싶어 했죠. 장난감으로 만들기 좋으면서도 지극히 배트맨스러운 방향을요. 그래서 저는 어렸을 때 가장 좋아했던 배트맨 만화책인 〈더 브레이브 앤 더 볼드〉를 꺼내 봤습니다. 그건 절 배트맨에게 인도해준 배트맨 만화책이었습니다. 한 권의 가격에 두 가지 이야기를 담고 있었죠. 매 편마다 배트맨이 다른 영웅과 힘을 합치는 내용이 나왔고, 전 용돈이 부족한 아이였습니다.

합리적인 소비였죠."

〈더 브레이브 앤 더 볼드 The Brave and the Bold〉라는 제목이 붙여진 새 시리즈는 한 가지 간단한 전제하에 만들어졌다. 세상에는 영웅 혼자 처리하기에는 너무 어려운 위협들도 있다는 것. "배트맨은 똑똑합니다." 터커는 말한다. "자기 혼자 다 할 수 없다는 걸 알아요. 혼자 힘으로 하고 싶을 수도 있겠지만, 사람들과 함께 일해야만 한다는 걸 알고 있습니다. 저는 항상 배트맨이 동료들과 함께 다녔던 시절을 겪은 사람입니다. 그는 우울하고 외로운 사람이 아니었어요. 그는 슈퍼 프렌즈의 일원이었죠."

〈더 브레이브 앤 더 볼드〉는 배트맨과 특별 출연 캐릭터가 공동의 적과 맞서 싸우기 위해 매주 힘을 합치는 시리즈로 기획되었다. 슈퍼맨과 원더우먼 같은 낯익은 동료들 외에도 카만디 Kamandi, 메탈 맨 the Metal Men, 그리고 조나 헥스 Jonah Hex 같은 덜 알려진 DC 코믹스 캐릭터들이 망토 두른 십자군을 도울 인물로 선정되었다. 또한 그 애니메이션은 배트맨을 안락한 안방에서 데리고 나와 아틀란티스 Atlantis, 워월드 Warworld, 아포콜립스 Apokolips 같은 DC 유니버스에서 가장 먼 장소들까지 데려가곤 했다. "각각의 에피소드는 서로 굉장히 다른 무대에서 펼쳐질 예정이었습니다. 적어도 초기에는요." 터커의 말이다. "우린 첫 시즌에는 고담시와 평소의 클리셰를 피했습니다. 나중에는 우리도 스스로 제한을 풀었지만, 원래 취지는 가급적이면 배트맨을 원래의 요소들 속에 넣지 않는 것이었습니다. 우린 절대 고담시를 볼 수 없고, 브루스 웨인을 볼 수 없죠. 배트맨을 한 명의 슈퍼히어로로 엄격히 묘사했습니다."

터커는 〈배트맨의 새로운 모험〉의 1998년 에피
소드인 '어둠의 기사의 전설'에 등장하는 상징적인 배
트맨 작화가 딕 스프랑의 작품에 기반을 둔 장면에서
영감을 받았다. "그때는 몰랐지만 제게는 〈더 브레이
브 앤 더 볼드〉의 예행 연습이었던 셈입니다." 터커의
말이다. "저는 딕 스프랑을 전설적인 마블 만화가 잭
커비와 조합할 생각을 했습니다. 80년대에 커비가 DC
에서 《슈퍼 파워스 Super Powers》 만화를 그린 적이 있었
고, 굉장히 마블스러운 배트맨을 그렸다는 게 생각났
거든요. 그리고 그 그림은 딕 스프랑이 연상되기도 했
죠. 그래서 전 생각했습니다. 아, 두 스타일은 서로 맞
물리는구나. 그렇게 〈더 브레이브 앤 더 볼드〉의 분위
기와 시각적 특징의 방향을 결정했습니다."

비록 〈더 브레이브 앤 더 볼드〉는 스프랑의 화풍
에 많은 영향을 받았지만 터커와 그의 각본가들은 다
양한 배트맨 모습들에서 영감을 받았다. 그들의 어둠
의 기사는 자신감이 충만한 영웅적인 모험가로서, 자
신의 주먹을 "정의의 망치"라고 부르며 세상에서 범죄
를 몰아내는 십자군 전쟁을 망설임 없이 이어 나간다.
"배트맨은 그만큼 매력적인 캐릭터입니다." 〈더 브레
이브 앤 더 볼드〉에 각본가로 참여한 J. M. 디머테이스
는 덧붙인다. "그 모든 망토, 가면, 도구 들을 가졌음에
도 불구하고 그는 DC에서 가장 인간적인 캐릭터입니
다. 그는 지혜와 주먹으로 누구든 이길 수 있지만, 우
리는 가면 뒤에 있는 사나이가 마법 같은 초능력의 도
움을 받지 못하는 그냥 평범한 인간이라는 걸 알죠.
그리고 〈더 브레이브 앤 더 볼드〉가 정말 금방 마음에

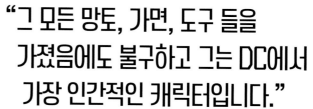

"그 모든 망토, 가면, 도구 들을 가졌음에도 불구하고 그는 DC에서 가장 인간적인 캐릭터입니다."

들 만한 시리즈다 보니 누구와도 같이 일을 잘하는 배
트맨의 모습을 받아들일 수밖에 없죠."

배트맨의 목소리를 찾아야 할 때가 왔을 때 터
커는 단 한 사람 밖에 생각나지 않았다고 한다. 바로
ABC의 장수 시트콤인 드류 캐리 쇼 The Drew Carey Show 의
오스왈드 역으로 유명한 코미디 배우 디드릭 베이
더 Diedrich Bader 였다. "베이더는 배트맨 역으로 훌륭했습
니다. 물론 오디션을 봐야 하긴 했지만 머릿속으로는
그가 되리란 걸 알고 있었죠."

배트맨 역을 연구하는 동안 베이더는 1992년의
〈배트맨: 디 애니메이티드 시리즈〉 이후 어둠의 기사
목소리의 결정판으로 여겨졌던 케빈 콘로이의 연기를
모델로 삼으려고 노력했다. "케빈은 대단해요. 제가 가
장 좋아하는 배트맨이에요." 베이더의 말이다. "케빈
처럼 하는 건 불가능했기 때문에 전 그저 최선을 다했
습니다. 방영 당시 사람들이 익숙했던 배트맨보다 더
가벼운 분위기의 애니메이션을 만들 거라는 걸 알고
있었기 때문에 저는 목소리에 무게감을 실으려고 했
습니다. 분명히 그 시리즈는 완전히 다른 시대의 만화

위 제임스 터커는 〈더
브레이브 앤 더 볼드〉 초기
설정화를 그릴 때 자신이
가장 좋아하는
만화가들인 딕 스프랑과
잭 커비에게서 영감을
받았다.

책들과 텔레비전 속으로 되돌아가는 걸 지향하고 있었습니다. 그래서 저는 가능하면 최대한 안정감을 유지하려고 노력했죠. 그 시리즈에는 대사에 농담이 별로 많지 않았기 때문에 배트맨에게 허용되는 범위 안에서 웃기려고 했습니다."

"배트맨에게는 존중받아야 할 진지한 면이 있는데, 우리가 〈더 브레이브 앤 더 볼드〉를 위해 준비한 가벼운 분위기의 대본을 생각하면 선을 명확히 그을 필요가 있었습니다." 베이더가 덧붙인다. "그래서 저는 배트맨이 언제나 현재 일어나고 있는 상황이나 주변에 있는 캐릭터들, 예를 들어 아쿠아맨처럼 자유롭게 날뛰는 캐릭터에 대한 통찰력을 가지고 있는 듯한 목소리를 찾으려고 노력했습니다. 제 배트맨은 안정감을 가져다주는 요소 같은 거였죠."

영웅들이 힘을 합치는 본편과 별도로 그 시리즈는 매 편마다 본편과 관계없는 짧은 예고편으로 시작했다. "거의 에피소드 두 편을 동시에 작업하는 것과 같았습니다." 터커의 말이다. "예고편 내용은 본편과 아예 관계없기 때문에 에피소드 한 편을 만들 때 두 편을 만드는 것과 똑같은 작업량이 들어갔습니다. 시리즈의 분위기를 만들기 위해 제목이 뜨기 전에 예고편을 넣던 로저 무어 Roger Moore 시기의 제임스 본드 영화와 비슷한 거였죠. 그렇게 함으로써 우리는 에피소드 한 편을 통째로 할애하지 못할 수도 있는 캐릭터들을 보여줄 기회도 얻을 수 있었습니다. 아주 많은 부가

작업을 해야 했지만 그래도 재미있는 작업이었습니다."

그 시리즈는 2008년 11월 14일에 카툰 네트워크에서 처음 방영됐고, 즉시 팬들과 평론가들에게 폭발적인 반응을 얻었다. 온라인 리뷰 사이트인 더 AV 클럽에서는 그 시리즈를 일컬어 "카툰 네트워크에서 현재 방영되는 대부분의 오리지널 프로그램들보다 훨씬 낫다"고 했다. 〈더 브레이브 앤 더 볼드〉는 방송사와의 연장 계약을 거듭해 총 세 시즌 동안 65편의 에피소드가 제작되었으며 애니메이션 팬인 베이더 자신과 그의 가족은 더할 나위 없는 행복을 느꼈다.

"당시 제게는 정말 큰 의미를 가졌던 시리즈입니다." 베이더의 말이다. "제가 가장 좋아하는 배역이기도 하지만 그 시리즈를 통해서 만화책을 좋아하는 아들과 정말 깊은 교감을 나누었죠. 제가 배트맨이었다는 게 아들에게는 정말 큰 의미를 가져다주었습니다."

베이더의 경력에 이정표를 세워 준 것은 두 번째 시즌의 눈에 띄는 에피소드인 '칠 오브 더 나이트! Chill of the Night!'이었다. 그 슬픈 에피소드에서는 배트맨의 기원이 다뤄지며 애덤 웨스트와 줄리 뉴마가 토마스와 마사 웨인 역을 맡았다. "제가 가장 깊게 이입한 순간은 애덤 웨스트가 들어온 순간이었습니다." 베이더는 회상한다. "그건 배트맨이 부모님을 죽인 살인자와 대면해야만 하는 내용이죠."

"노스 캐롤라이나 대학교 예술대학에 다닐 때

아래 이 연필 스케치는 〈더 브레이브 앤 더 볼드〉 2시즌의 에피소드인 '배트마이트가 선사하는 배트맨의 가장 이상한 사건들!' 편에 나오는 일본 애니메이션 풍의 배트맨과 로빈을 보여준다.

연기 선생님 말씀이 배우로서 배역 속으로 넘어가는 순간이 있다고 하셨죠. 자신과 캐릭터의 생각과 감정이 하나가 되는 순간. 그때가 되면 진정한 연기를 하는 거라고요. 그리고 웨인 부부의 살인자와 대면하는 순간, 전 배역 속으로 완전히 넘어가버렸습니다. 배트맨에게 너무나 큰 의미를 가진 일이라서 저도 울부짖기 시작했죠. 비록 제 얼굴에서 3인치 떨어진 곳에 마이크가 있었고 다른 배우들이 제 옆에 있었지만 전 상실감을 느꼈습니다. 끝맺음을 느꼈죠. 아름다운 일이었습니다."

2011년 11월, 세 시즌이 방영된 뒤 〈더 브레이브 앤 더 볼드〉는 종영됐다. 다음 배트맨 시리즈의 개발은 즉시 시작됐다. 제임스 터커와 시리즈 총제작자인 샘 레지스터는 이제 배트맨을 완전히 다른 방향에서 다루고 진지한 작품을 만들 때가 왔다고 느꼈다. "전 배트맨이 하나의 정수라고 생각합니다." 터커의 말이다. "배트맨의 기존 전제를 올바르게 잡아놓고, 그의 기원담 속에 '부모가 살해당했고 그게 그의 인생을 바꾸어서 영웅이 되는 동기를 주었다' 같은 기둥들만 똑바로 세워놓고 그의 성격만 일관적으로 유지한다면 어느 환경에 데려다 놔도 똑같이 작동합니다. 즉, 배트맨의 모습을 정직하게 유지시키고 성격을 그대로 놔두기만 하면 어떤 종류의 시리즈든 상관없이 배트맨을 얻을 수 있는 겁니다."

터커는 청소년 시청자를 대상으로 하는 CG 애니메이션 시리즈의 기획안을 카툰 네트워크에게 제출하기 위해 제작자 미치 왓슨 Mitch Watson 과 손을 잡았다. "〈더 브레이브 앤 더 볼드〉는 코미디 방향의 극한까지 갔죠." 왓슨의 설명이다. "우린 그들이 이미 코미디물을 시도했고 너무나 잘 만들었기 때문에 다시 코미디물을 만들 수 없다는 걸 알고 있었습니다. 다시 말해 더 어두운 시리즈를 만들 수밖에 없었죠."

왓슨과 터커의 첫 기획안은 1999년의 '노 맨스랜드' 만화에 영감을 받은 지진으로 파괴된 고담시가 무대였다. 그 세상에서 배트맨은 옛날 서부 영화의 보안관처럼 펭귄과 조커 같은 악당들이 장악한 파괴된 도시의 구역들에 법과 질서를 가져오려고 노력한다. 다행히 어둠의 기사는 나이트윙과 오라클의 지원을 받는다. "배트케이브는 파괴됐지만 오라클은 고담시의 하수도를 따라 몰고 다닐 수 있는 이동식 배트케이브를 갖고 있죠." 터커의 말이다. "굉장히 재밌고, 아주 어두웠죠. 우리는 놀란 형제에게 기획안을 보냈습니다. 당시 크리스토퍼 놀란과 그 동생이 아직 배트맨 프렌차이즈를 이끌고 있었기 때문에 그들의 승인을 받아야 했죠. 그들은 그걸 마음에 들어 했고 우린 승인을 받았지만, 카툰 네트워크 쪽에서 '이건 어두워도 너무 어둡다'고 하면서 기각해버렸죠."

터커와 왓슨의 두 번째 기획안은 훨씬 더 의외의 작품에서 영향을 받아 만들어졌다. "우리끼리는 그걸 '배트맨: 가십 걸 Batman: Gossip Girl'이라고 불렀죠." 왓슨은 회상한다. 그 시나리오에서 브루스 웨인과 렉스 루터는 대학교 친구이자 젊은 청년들이 되어 고담시에서 재회

위 〈더 브레이브 앤 더 볼드〉가 유쾌하고 재미있는 노선을 택한 덕분에 제임스 터커와 제작진은 캣우먼, 조커, 고릴라 그로드의 디자인에서 잘 드러나듯이 자신들이 좋아하는 골든 에이지의 만화가들의 화풍을 적극적으로 반영할 수 있었다.

한다. 한편 메트로폴리스의 기자인 클락 켄트는 렉스의 수상한 계약을 조사하기 위해 웨인 타워를 찾아갔다가 그곳에 이미 와 있던 젊은 원더우먼을 만난다.

"젊은 슈퍼히어로들이 방탕하게 노는 이야기였습니다." 왓슨의 말이다. "배트맨과 슈퍼맨이 서로 싸우다가 진짜 악당이 루터라는 걸 깨닫고 힘을 합치고, 원더우먼을 끌어들이고 동시에 원더우먼의 관심을 끌려고 경쟁하죠." 카툰 네트워크는 기획안을 승인했지만 DC의 빅3는 이미 차기 영화인 〈배트맨 대 슈퍼맨 Batman v Superman〉에 함께 등장할 예정이었기 때문에 워너 브러더스 영화 부서에서는 중복을 피하기 위해 터커와 왓슨의 두 번째 기획안을 거부했다. 그 시점에서 터커는 새 시리즈 개발에서 빠지고, 대신 창조적인 힘의 방향을 독립 애니메이션 작품들의 제작으로 돌렸다.

터커는 워너 브러더스에서 여러 편의 비디오 출시용 영화를 제작했다. 특히 《킬링 조크》와 '허쉬' 같은 명작 배트맨 이야기들의 영상화를 진행했다. 또한 그에게는 꿈의 프로젝트인 1960년대 〈배트맨〉 드라마

에 기반한 〈배트맨: 리턴 오브 더 케이프트 크루세이더스 Batman: Return of the Caped Crusaders〉와 〈배트맨 대 투페이스 Batman vs. Two-Face〉을 제작하기도 했다. 두 작품 모두에서 애덤 웨스트, 버트 워드, 줄리 뉴마가 아무도 결코 흉내 낼 수 없는 배트맨, 로빈, 캣우먼 연기를 다시 한 번 선보였다.

한편 왓슨은 다시 작업대로 돌아가, 일본 애니메이션 영향을 받은 액션 코미디물 시리즈 〈틴 타이탄스〉을 만들었던 글렌 무라카미와 함께 새로운 시리즈의 기획안을 짰다. "당시 워너 브러더스 애니메이션의 사장 자리에 있던 샘 레지스터가 제게 새로운 배트맨 시리즈를 작업하고 싶은지 물어봤죠." 무라카미의 말이다. "전 바로 그렇다고 말했지만 차별화된 시리즈를 만들고 싶다면 많은 것들을 다르게 해야 한다는 사실을 알고 있었어요. 대중들이 생각하는 캐릭터들의 모습은 〈배트맨: 디 애니메이티드 시리즈〉 속 모습이고, 그걸 뛰어넘는 건 상당히 어려운 일이었죠. 그래서 전 자문했습니다. '배트맨을 어떤 식으로 다르게 생각할 수 있을까?'"

위 60년대 드라마의 영향을 받은 비디오 출시작 〈배트맨: 리턴 오브 더 케이프트 크루세이더스〉에서는 버트 워드와 애덤 웨스트가 왕년의 다이나믹 듀오 역할을 다시 맡았다.

〈비웨어 더 배트맨Beware the Batman〉이라는 제목이 붙은 새로운 기획안은 자신의 재치와 신체 능력에 의존하면서도 현대 법의학 기술을 사용하는 범죄 투사이자 세계 최고의 탐정으로서 배트맨이 갖고 있는 재주를 강조했다. "그는 여전히 배트맨답지만 셜록 홈스 같기도 하죠." 왓슨의 말이다. "사건을 해결하기 위해 여러 가지 기술과 두뇌를 동시에 사용하는 괴짜 천재이며 계속해서 자신의 육체를 한계까지 시험하죠. 우리는 그에게 식사 대용 음료를 먹게 하고 신체 기능을 유지하면서 잠을 얼마나 줄일 수 있는지 시험하는 모습을 보여주었습니다. 박쥐처럼 차려입고 뛰어다니는 친구로 만들기 보다는 탐정의 측면을 더 강조했습니다."

이 배트맨도 범죄와의 전쟁에서 최첨단 기술을 사용하기는 하지만, 왓슨과 무라카미의 새로운 시리즈는 가면 속에 있는 인물의 비범한 재능으로부터 눈을 돌리지 않으려고 했다. "전 배트맨이 여러 가지 도구를 가지고 돌아다니면서 사람들에게 해를 끼치는 친구가 아니라는 사실이 좋습니다." 왓슨의 말이다. "수많은 에피소드들이 추리해야 할 수수께끼를 담고 있었죠. 우리는 배트맨을 근본으로 돌려놓고 탐정으로 만들려고 정말 노력했어요. 놀란 형제는 우리의 기획을 승인했습니다. 카툰 네트워크에서도 아이디어를 마음에 들어 했고 우리에게는 2013년 여름 방영에 대한 청신호가 떨어졌죠."

아래 글렌 무라카미의 〈비웨어 더 배트맨〉 속 날카롭게 각진 디자인은 이전까지의 애니메이션 속 어둠의 기사의 모습과 큰 대조를 이룬다.

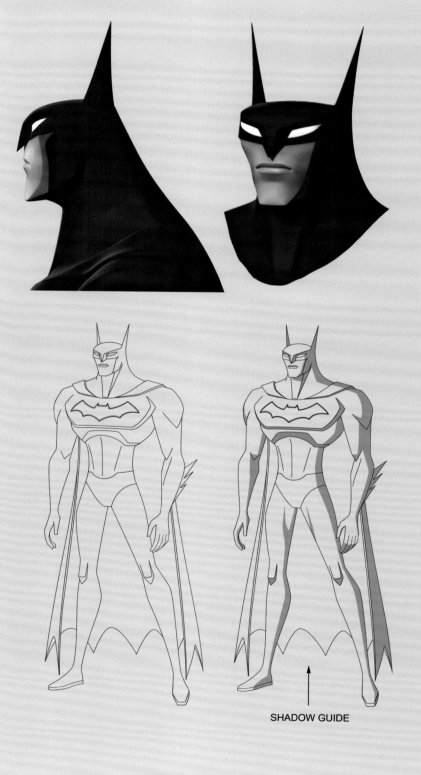

SHADOW GUIDE

〈더 배트맨〉과 마찬가지로 이 시리즈도 경력을 막 시작하던 시점의 젊고 경험 부족한 배트맨을 묘사했다. "제가 새로운 시리즈를 만들고 싶었던 한 가지 이유는 많은 것을 뒤바꿔놓고 싶어서였습니다." 왓슨의 말이다. "우리가 지금까지 본 적 없었던 일들을 시도해보고 싶었죠. 초창기 에피소드에서 배트맨이 여러 번 호되게 얻어맞는 광경을 보고 DC에서 별로 좋아하진 않았던 것 같습니다. 그렇지만 우린 배트맨이 스물다섯 살 밖에 안 되었고 그 일을 별로 오래 하지 않은 상태라고 항변했죠. 실수를 하는 게 허용되어야 했습니다."

배트맨의 조연진도 극적인 변화를 거쳤다. "제가 스스로에게 가장 먼저 던졌던 질문 중 하나는 '알프레드를 바꾸면 어떨까?'였죠." 무라카미의 말이다. "만약 알프레드를 더 젊고 토마스 웨인이 아들과 영화를 보러간 날이 하루 쉬는 날이었던 경호원으로 만들면 부부가 살해당한 뒤 아주 큰 죄책감을 느꼈겠죠. 제임스 본드가 배트맨을 키웠다면 어땠을까? 그게 제 접근 방향이었습니다."

알프레드는 타츠 야마시로Tatsu Yamashiro와 더불어 배트맨의 동등한 동료 역할을 담당한다. 야마시로는 DC 코믹스 골수 독자들이라면 배트맨의 아웃사이더스 시절 동료인 카타나Katana로 기억하고 있을 인물로서 브루스 웨인의 운전 기사이자 경호원으로 일한다. 3인조는 고담시의 길거리에서 범죄를 몰아내기 위해 싸우는 한편 더 거대한 규모의 부패와 테러와도 싸우게 된다. "세상이 변했거든요." 무라카미의 설명이다. "배트맨은 이제 더 세계적이고 국제적인 위협에 맞서야 하죠. 우리는 라스 알 굴과 리그 오브 어쌔신스를 소개하고 그들을 국제적인 범죄 조직으로 바꾸었습니다. 카타나, 알프레드, 그리고 브루스 웨인은 국제적인

범죄 사냥 조직에 가까워졌죠."

또한 무라카미는 범죄에 대한 배트맨의 접근 방식을 현대적으로 바꾼 것과 같은 맥락에서 배트맨의 성격을 새롭게 해석했다. "저의 해석은 '브루스 웨인이 이전만큼 절망한 상태가 아니라면 어떨까?'였죠. 그는 우울하게 동굴에 앉아 있지 않습니다. 그는 자신의 결점에 대해 조금 더 자각하고 있고 범죄와 싸우기 위해 조금 더 적극적인 방법을 택합니다. 배트맨의 기존 구조를 취하되 약간 다르게 생각하면 어떨까요?"

〈비웨어 더 배트맨〉은 배트맨의 로그스 갤러리에 대해서도 전형적이지 않은 접근법을 택했고 덜 알려진 악당들, 특히 이전까지 애니메이션에 한 번도 등장한 적 없는 악당들을 선정했다. "우린 아나키Anarky, 맥파이Magpie, 프로페서 피그Professor Pyg, 미스터 토드Mister Toad처럼 정말 생소하고 어두운 악당들을 소개해야 했습니다." 왓슨의 설명이다. "글렌의 생각은 그들처럼 잘 다루어지지 않은 캐릭터들에게 집중하면 이전 시리즈들과 정말 차별화할 수 있다는 것이었죠."

"그리고 우리는 틴 타이탄스의 악당 데스스트로크Deathstroke를 주요 악당으로 설정하고 그와 알프레드 사이의 과거사를 덧붙였습니다. 시즌의 후반부에 우리는 그가 알프레드의 제자들 중 하나였고 알프레드에게 퇴출당한 뒤 배트맨에게 분노의 화살을 돌리게 된 거라고 밝혔죠."

〈비웨어 더 배트맨〉은 어두운 분위기뿐만 아니라 어둡고 그림자 가득한 화면이 특징이었다. "애니메이션 자체가 너무나 어두웠던 이유는 TV용으로 CG 애니메이션을 만드는 게 여전히 보통 일이 아니기 때문입니다." 왓슨의 지적이다. "우리는 고담시를 만들어냈지만 문제는 길거리에 사람들을 넣을 수 없다는 것이었죠. 왜냐면 더 많은 사람들이 화면에 나올수록 더

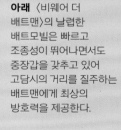

아래 〈비웨어 더 배트맨〉의 날렵한 배트모빌은 빠르고 조종성이 뛰어나면서도 중장갑을 갖추고 있어 고담시의 거리를 질주하는 배트맨에게 최상의 방호력을 제공한다.

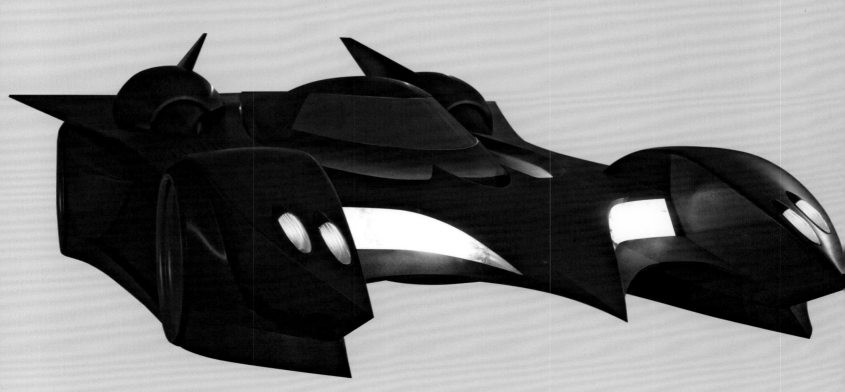

위 〈비웨어 더 배트맨〉의 망토 두른 십자군은 비교적 경험이 부족한 편이라고 해도 고도로 훈련받은 무술가다.
가운데 알프레드는 타츠 야마시로, 일명 카타나를 브루스 웨인의 경호원이자 운전수로 고용한다.
아래 리그 오브 어쌔신스의 지휘관인 레이디 시바가 열 번째 에피소드인 '희생'에서 치명적인 소울테이커 검을 쥐고 있다.

"궁극적으로 우린 우리가 만들고 싶은 애니메이션을 만들었고, 그것만으로도 충분합니다."

위 미치 왓슨과 글렌 무라카미는 사악한 프로페서 피그와 그의 미친 동료인 미스터 토드 같은 배트맨의 덜 유명한 악당들을 조명했다.

맞은편 〈비웨어 더 배트맨〉의 어둠의 기사는 항상 어둠에 잠긴 고담시를 지키면서 애니메이션 속 선배들보다 더 이름에 걸맞는 삶을 살아간다.

많은 CG 작업 시간이 필요하니까요. 그래서 우리는 사람들이 모두 자러 가서 거리에 별로 없다고 말할 수 있기 위해 시리즈 대부분의 배경을 밤이나 어둠 속으로 설정했습니다. 그렇게 함으로써 〈비웨어 더 배트맨〉이 우리가 의도했던 것보다 훨씬 어두워졌지만 애초에 어둡고 거친 시리즈로 기획됐으니까요."

〈비웨어 더 배트맨〉은 2013년 7월 13일에 카툰 네트워크에서 첫 선을 보였고 엔터테인먼트 위클리, 더 AV 클럽 The AV Club, 버라이어티 Variety 등에서 대체로 좋은 평을 받았지만 시청률은 평범한 수준이었다. 그 결과 2013년 10월에 11번째 에피소드가 방영된 이후 공백 기간이 예정보다 길어졌다. 나머지 열다섯 편의 에피소드들은 2014년 여름까지 방영되지 않았고, 마지막 에피소드가 방영된 뒤 그 시리즈는 조용히 제작 취소되었다.

〈비웨어 더 배트맨〉은 샘 레지스터와 워너 브러

더스 사람들에게 열광적인 지지를 받았지만, 왓슨은 그 시리즈가 결국 취소된 이유가 카툰 네트워크의 다른 작품들과 맞지 않았기 때문이라고 생각했다. "우리가 그걸 방영하기 시작했던 때는 〈어드벤처 타임 Adventure Time〉, 〈레귤러 쇼 Regular Show〉, 그리고 〈검볼 Gumball〉 같은 괴상한 코미디물의 전성기였고 그 작품들 모두 시청자들에게 잘 먹혔습니다." 그의 말이다. "우린 그 사이에서 이상하고 어두운 배트맨 애니메이션을 내놓았고, 사람들의 반응은 '이게 뭐야?'였죠. 전 우리가 좋은 애니메이션을 만들었다고 생각합니다만, 그건 사람들이 원했던 애니메이션이 아니었습니다. 그들이 원했던 건 괴상한 코미디였는데 우리가 그들에게 건넨 건 〈브레이킹 배드 Breaking Bad〉였죠."

왓슨은 〈비웨어 더 배트맨〉이 끝내 시청자 층을 확보하지 못한 것을 아쉽게 여겼지만 배트맨의 애니메이션 역사에 새로운 한 장을 더했다는 점을 기쁘게 생각했다. "궁극적으로 우린 우리가 만들고 싶은 애니메이션을 만들었고, 그것만으로도 충분합니다."

19. 위협적인 게임들

수십 년간 만화, 영화, 그리고 텔레비전에서 거대한 힘을 발휘해 온 배트맨은 자신들만의 어둠의 기사 이야기를 제작하고 싶은 비디오 게임 개발자들에게도 열망의 대상이 되었다. 기술의 진화에 따라 배트맨의 모험들도 점점 복잡하게 발전해갔으며, 주인공의 각종 도구와 주인공과 고담시의 악당들 간의 적대 관계를 영리하게 활용하여 마음을 움직이는 이야기를 만들어 내는 수준에 이르렀다.

그러나 그 경지에 오르기까지는 오랜 세월이 걸렸다. 배트맨이 등장하는 초기 게임들은 실제 배트맨이 되는 경험을 제공하는 것과는 거리가 한참 멀었다. "초기 배트맨 비디오 게임 속의 배트맨은 보통의 비디오 게임 주인공을 껍데기만 바꾼 것에 불과했습니다." 비영리 조직인 비디오 게임 역사 재단 Video Game History

Foundation의 설립자인 프랭크 시팔디 Frank Cifaldi의 설명이다. "저는 옛날 게임들이 창고에 있던 비디오 게임 콘셉트를 재활용해서 배트맨을 등장시킨 것 말고 배트맨을 진정으로 비디오 게임에 맞게 개량하려고 노력한 적이 없다고 봅니다."

어둠의 기사의 비디오 게임 데뷔작은 1986년에 오션 소프트웨어 Ocean Software가 유럽 시장을 겨냥한 가정용 컴퓨터 게임으로 내놓은 3D 쿼터뷰 형식의 〈배트맨〉이었다. 게임의 내용은 간단하다. 플레이어는 로빈을 구하기 위해 배트케이브를 탐험해 배트모빌을 고치는 데 필요한 부품들을 모아야 한다. 그런데 그 게임은 자동차 수리가 완료되면 그대로 끝난다.

"사실 게임 속에서 당신은 실제로 로빈을 구하지는 못합니다. 단지 자동차만 계속 수리하죠." 시팔디의 말이다. "게임에서 실제로 해볼 기회도 주어지지 않는 멋진 모험을 떠나려고 뭔가를 해내야만 하는 겁니다."

이후 수년간 다양한 기종으로 수십 가지의 배트맨 게임 타이틀이 나왔다. 1989년 팀 버튼의 블록버스터 영화 개봉에 맞춰 NES Nintendo Entertainment System 기종으로 출시된 〈배트맨〉은 그해 가장 많이 팔린 게임 중 하나였다. 3년 뒤 버튼의 속편에서 영감을 얻어 제작된 〈배트맨 리턴즈〉는 SNES Super Nintendo Entertainment System용 진행형 격투 액션 게임으로 인기를 끌었다. 한편 MS-DOS용으로 만들어진 〈배트맨 리턴즈〉의 경우에는 경험의 폭을 보다 넓혔다. 그 게임은 화살표를 움직여 클릭하는 어드벤처 게임으로 플레이어가 사건 해결을 위해 단서를 찾고 목격자와 대화하게 하는 등 배트맨의 힘과 전투 능력보다는 지적 능력에 초점을 맞추었다.

그로부터 2년 뒤 〈배트맨: 디 애니메이티드 시리즈〉의 후반부 에피소드인 〈배트맨과 로빈의 모험 The Adventures of Batman & Robin〉에 기초해 제작된 동명의 게임은 애니메이션의 이야기들을 게임 속 다양한 스테이지들의 소재로 사용했으며 배트맨의 각종 도구들을 매끄

럽게 게임 속에 구현해낸 최초의 비디오 게임이었다. "유틸리티 벨트의 도구들을 진짜 쓸 수 있게 한 최초의 게임이었습니다." 시팔디의 말이다. "매 스테이지를 시작하기 전에 어떤 도구를 가져갈지 선택할 수 있었죠. '연막탄을 가져갈까? 갈고리 총을 가져갈까?' 정말 배트맨 같죠."

배트맨 게임들은 계속 나왔다. 1995년에는 조엘 슈마허의 첫 영화의 연계작인 〈배트맨 포에버〉 게임이 나왔다. 그 게임은 기술적으로는 야심찼다. 플레이어들은 배트맨이나 로빈을 골라 투페이스와 리들러의 계획을 저지할 수 있었지만 형편없는 조작 때문에 고통 받아야 했다. 마찬가지로 슈마허의 영화에 기반을 둔 1997년작 〈배트맨 앤 로빈〉은 3D 오픈 월드의 구현을 시도하면서 플레이어들이 미스터 프리즈 같은 악당들을 추격하기 위해 배트모빌을 타고 거리를 질주할 수 있게 했다. "고담시를 진짜 무대로 만들고자 했던 최초의 시도였습니다." 시팔디의 말이다.

2003년작인 〈배트맨: 라이즈 오브 신주 Batman: Rise of Sin Tzu〉는 짐 리가 만들어낸 새로운 악당을 소개했지만, 이름뿐인 그 캐릭터는 고담시의 신화에서 설 자리를 얻지 못했고 이후 다시는 등장하지 않았다. "주변을 걸어 다니면 나쁜 악당들이 튀어나오고, 더 이상 일어나지 않을 때까지 두들겨 팬 뒤 다시 걸어 다니는 평범한 게임입니다." 〈배트맨: 라이즈 오브 신주〉에 대

한 시팔디의 평이다. "새로운 캐릭터를 소개하려고 했던 건 새로운 비디오 게임 유니버스를 만들려는 초기의 시도였죠."

자체적인 배트맨 유니버스를 성공적으로 만들어 낸 첫 게임은 2008년에 나온 〈레고 배트맨: 더 비디오 게임 LEGO Batman: The Videogame〉이었다. 기발하면서도 가족 친화적인 그 게임은 버튼의 영화들과 슈마허의 영화들에서 줄거리 요소들을 빌려 왔지만, 아캄 어사일럼에서 모든 악당들이 탈출하고 다이나믹 듀오가 그들의 음모를 막고 고담시를 지키는 독창적인 이야기가 주가 되었다. 플레이어들은 레고로 만들어진 배트맨이나 로빈이 되어 악당들을 물리치기 위해 레고 블록들을 부수고 퍼즐을 풀었다. 배트맨의 상징과 같은 장비인 배트모빌, 배트보트, 배트윙이 모두 등장하며 배트케이브도 등장해 플레이어들이 수많은 스테이지를 완료하고 모은 금화를 이용해 캐릭터들을 추가 구입할 수 있는 장소로 쓰인다.

〈레고 배트맨: 더 비디오게임〉은 분노에 가득찬 어둠의 기사 개념과는 밝게 대조되는 작품으로 상당한 인기를 끌었고 배트맨과 그 주변 캐릭터들에 대해 유사한 접근법을 취한 두 편의 속편인 2012년작 〈레고 배트맨 2: DC 슈퍼히어로즈 LEGO Batman 2: DC Super Heroes〉와 2014년작 〈레고 배트맨 3: 비욘드 고담 LEGO Batman 3: Beyond Gotham〉을 낳았다. "배트맨은 항상 어둡고 불길하

334쪽 왼쪽 워너 브러더스 인터랙티브 엔터테인먼트와 에이도스 인터랙티브에서 2009년에 출시한 〈배트맨: 아캄 어사일럼〉 게임 표지의 일부분.

334쪽 아래 오션 소프트웨어의 1986년작 〈배트맨〉 게임의 광고 전단지.

335쪽 〈아캄〉 시리즈는 배트맨 비디오 게임에 새로운 수준의 예술적 기교와 게임성의 깊이를 선사했다.

아래 레고 배트맨 게임들은 망토 두른 십자군의 모험을 익살스럽게 그려 내기 위해 노력했다.

고 우울한 존재로 알려져 있지만 다채로운 주변 캐릭터들 덕분에 희극 속으로도 쉽게 들어갈 수 있습니다." 〈로스앤젤레스 타임즈〉의 대표 비디오 게임 평론가인 토드 마튼즈 Todd Martens가 한 말이다. "레고 게임들은 그 점을 정말 잘 이해하고 있었습니다."

그동안 난항을 겪었던 게임 속 배트맨의 등장은 2009년에 사상 처음으로 플레이어가 어둡고 거친 세상을 무대로 펼쳐지는 배트맨 활동을 체험할 수 있게 해주는 한 편의 획기적인 게임을 통해 화려하게 재개됐다. 당시에는 무명 회사였던 락스테디 스튜디오 Rocksteady Studios에서 개발한 〈배트맨: 아캄 어사일럼 Batman: Arkham Asylum〉은 크리스토퍼 놀란이 극장에서 그 캐릭터를 위해 했던 것과 같은 일을 배트맨 게임에서 해냈다. 장르의 수준을 끌어올린 것이다.

게임 속에서 배트맨은 아캄 어사일럼에 갇혀 한 줌의 도구들과 우월한 백병전 기술만을 이용해서 조커의 음모를 막아야 한다. 〈배트맨: 아캄 어사일럼〉은 숨이 멎을 듯한 시각 효과와 매력적인 스토리라인, 그리고 〈배트맨: 디 애니메이티드 시리즈〉의 스타들인 케빈 콘로이, 마크 해밀, 알린 소킨 Arleen Sorkin이 선보인 최고 수준의 어둠의 기사, 조커, 할리 퀸 연기를 한데 섞은 작품이었다. 그러나 당시 〈배트맨: 아캄 어사일럼〉에서 가장 특기할 만한 점은 플레이어들이 사건의 실마리를 풀어나가고 원래의 배트맨이 충실하게 느껴지는 다양한 동작을 이용해 적들을 쓰러뜨릴 수 있게 한 게임 플레이였다. 잠입도 게임의 또 다른 핵심 요소다. 어둠의 기사는 적들을 조용하고 정확히 쓰러뜨리기 위해 최대한 그림자 속에서 움직여야 하지만, 드러

> ## "우리는 근본적으로 배트맨이 적들보다 얼마나 더 영리한지 보여주는 게임을 만들고 싶었습니다."

내 놓고 싸워야 하는 상황이 와도 전투는 지극히 만족스럽고 생생하게 느껴진다.

게임의 개발은 2007년 5월에 당시 락스테디의 배급사였던 에이도스 인터랙티브 Eidos Interactive에서 배트맨의 오랜 만화 역사에 기반한 배트맨 게임을 개발할 판권을 얻으면서 시작되었다. 개발자들은 분명한 지향점을 가지고 있었다. 훌륭한 전투 시스템을 만들면서도, 배트맨 신화의 더 넓은 영역에 충실한 게임을 만드는 것을 중요한 목표로 삼았다. 락스테디는 〈배트맨: 디 애니메이티드 시리즈〉의 창작자 폴 디니와 머리를 맞댔고, 그는 이야기의 골격을 짜는 것을 돕다가 나중에는 결국 게임의 스토리라인을 직접 쓰게 되었다.

"우리는 근본적으로 배트맨이 적들보다 얼마나 더 영리한지 보여주는 게임을 만들고 싶었습니다." 〈배트맨: 아캄 어사일럼〉의 총감독인 세프턴 힐 Sefton Hill의 말이다. "물론 그는 전투에 능하지만 배트맨이 거둔 가장 고무적인 승리들은 적들을 주먹으로 이기는 것보다는 머리로 이기는 순간들이었습니다. 그러한

위 〈아캄 어사일럼〉에서 적을 공격하는 배트맨.

위 배트맨이 아캄 어사일럼을 굽어보고 있다.

맞은편 락스테디의 〈배트맨: 아캄 어사일럼〉에 등장하는 날카로운 배터랭으로 무장한 배트맨의 3D 렌더링된 모습.

"그리고 우리는 배트맨을 가능한 한 최악의 상황에 몰아넣는다는 점이 마음에 들었습니다."

점도 게임 속에 반영됐죠. 우리는 전투가 물 흐르는 듯 흘러가게 만들어서 배트맨이 힘에만 의존하는 악당들과 달리, 고도의 훈련을 받았고 효율성을 추구한다는 걸 보여주고 싶었습니다."

"그리고 우리는 배트맨을 가능한 한 최악의 상황에 몰아넣는다는 점이 마음에 들었습니다." 힐은 덧붙인다. "수년 동안 자신이 잡아넣은 사람들이 있는 정신 병원에 가두는 건 게임의 진행 과정 내내 도전을 부과하는데 제격인 방법 같았죠."

미술 감독 데이비드 히고David Hego는 〈배트맨: 아캄 어사일럼〉의 시각적 표현의 방향을 현실성을 유지하면서도 특이한 캐릭터들이 이질적으로 느껴지지 않도록 만드는 것을 목표로 세웠다. 힐의 말에 따르면 히고의 핵심 임무는 '현실적인 세계에 기반하면서도 신장 6미터짜리 킬러 크록 같은 괴물이 돌아다녀도 자연스럽게 느껴지도록 만드는 것'이었다고 한다. 배트맨의 모습은 '허쉬' 같은 만화 속에서 등장하는 짐 리가 그린 위압적인 근육질의 배트맨 모습에서 강한 영향을 받았다. 조커의 디자인은 앨런 무어와 브라이언 볼란드의 그래픽 노블 《킬링 조크》 속 모습에서 영향을 받았다.

"캐릭터들의 특징과 주변 환경의 건축물이 배트맨 유니버스의 본질을 넘쳐흐를 만큼 담을 수 있게 하면서도 우리는 질감과 세부 묘사 면에서 굉장한 현실성을 추구하고자 했습니다." 히고의 말이다. "모든 것이 일관성 있고 현실적으로 느껴져야 했습니다. 또한 우리들은 배트맨 유니버스와 아캄 어사일럼이라는 장소에 짙게 깔려 있는 어두운 고딕 분위기를 재현하고 싶었습니다. 우리는 그 게임을 정신 병원의 뒤틀린 분위기와 정말 잘 어울리도록 최대한 어둡게 만들려고 했죠."[1]

개발자들은 주인공에게 갈고리 총, 배타랭, 해킹 장치 등 종류는 한정되어 있지만 효과는 좋은 도구들을 주었고, 게임 진행 과정 중 잠금 해제되게 했다. 또한 개발자들은 배트맨의 가면 속에 내장된 시각 스캔 장치를 이용한다는 설정의 '탐정 모드'를 구현해서 주위 환경 속에서 단서를 찾을 수 있게 했다. 그 모드를 통해 배트맨은 벽 너머에 있는 사람들까지 확인할 수 있고 주변 환경 속에서 유용한 사물들을 감지할 수도 있다. "우린 그런 요소들을 게임 속 경험의 중심에 넣어서 플레이어가 실제로 법의학 기술을 이용한 추리 활동을 벌이게 함으로써, 배트맨의 똑똑한 모습을 지켜보는 게 아니라 직접 배트맨이 되어 수수께끼들을 풀 수 있게 하고자 했습니다." 힐의 말이다.

〈배트맨: 아캄 어사일럼〉은 게임 내의 추리 요소와 뼈를 부러뜨리는 격투 요소 외에도 '조용한 사냥꾼' 섹션을 통해 새로운 지평을 열었다. 게임 속에서 배트맨은 가끔 적들을 조용히 처리하고 들키지 않은 채로 모습을 감춰야 하는 상황이 온다. "조용한 사냥꾼 섹션을 개발할 때 우리는 호러 장르의 벽을 깨고

들어가 괴물이 희생자를 쫓아가고 예기치 못한 상황에 튀어나와 희생자를 잡아가는 상황을 연출해낼 수 있다는 점이 좋았습니다." 힐의 말이다. "적들이 이해할 수 없는 방식으로 움직이고 어둠 속에서 덮치는 배트맨을 상대하는 느낌이 그렇겠죠."

콘로이는 배트맨에게 자신의 상징적인 목소리를 선사해 무게감과 안정감을 더해주면서 성숙한 접근 방향을 보완해주었다. "콘로이의 연기가 갖는 강점은 배트맨의 투쟁, 헌신, 지성과 같은 복잡한 특징을 단 몇 마디 속에 담아서 전달할 수 있다는 점인 것 같습니다." 힐의 말이다.

해밀은 조커를 조금 더 사악하게 연기할 수 있었다. "게임들 속에서 조커가 어찌나 어둡고 무시무시한지 보고 놀랐습니다. 보다 나이 많은 소비자들을 대상으로 삼게 되면서, 아이들이 볼 수 있는 TV 애니메이션의 제약에서 벗어난 결과였죠." 해밀의 말이다.

"해밀이 있으면 게임 속에서 조커가 모습을 드러내지 않아도 조커의 존재를 느낄 수 있습니다." 힐은 덧붙인다. "해밀은 조커 목소리를 녹음할 때 보면 변신합니다. 분위기 자체가 바뀌고, 몸동작이 변하고 무섭고 예측할 수 없는 인물이 되죠. 조커는 행동거지 하나하나가 미운 캐릭터이면서도 대사 하나하나가 사랑스러운 캐릭터죠. 마크의 연기는 그 모순에 생명을 불어넣어 줍니다."

〈배트맨: 아캄 어사일럼〉은 2009년 8월 25일에 플레이스테이션 3 PlayStation 3과 엑스박스 360 Xbox 360 기종으로 발매되었고 비디오 게임 역사상 가장 많은 인기를 끌고 높은 평가를 받은 작품 중 하나로 남았다. 초기 몇 주 동안에만 200만 장 가까이 팔리는 기염을 토했다.

'락스테디의 게임을 숭고하게 만들어주는 점은 개발자들이 밥 케인 최고의 역작의 핵심을 파헤쳤기 때문이다.' 닉 코웬 Nick Cowen이 가디언지에 쓴 글이다. "그 모든 것이 환상적인 줄거리와 함께 한 곳에 담겨 환상적인 고딕 양식으로 포장되었다. 〈배트맨: 아캄 어사일럼〉은 배트맨에 대해 잘 알고 배트맨을 분명히 사랑하는 팬들이 만든 작품이다."[2]

그 게임은 이듬해 출간될 〈배트맨 인코퍼레이티드 Batman Incorporated〉를 쓰던 중이었던 그랜트 모리슨에게까지 영향을 끼쳤다. "제가 하고 싶었던 것 중 하나는 2009년에 나온 〈배트맨: 아캄 어사일럼〉 게임의 느낌을 포착하는 것이었습니다." 모리슨의 말이다. "그 게임을 해보고 처음으로 인생에서 배트맨이 되는 것이 어떤 일인지 느꼈습니다. 몰입감이 대단했어요. 게임 속 폴 디니의 줄거리가 만들어지고 구성되고 제시되는 방식은 사용자가 정말 배트맨처럼 느낄 수 있게 만들어 주죠."[3]

속편 제작은 자연스러운 수순이었다. 2011년에 나온 〈배트맨: 아캄 시티 Batman: Arkham City〉는 어둠의 기

사를 정신 병원에서 데리고 나와 고담 시내를 탐험하고 망토를 이용해 밤하늘을 활공할 수 있게 풀어놓았다. "배트맨을 망토 두른 십자군이라고 부르곤 하지요. 그래서 망토를 펼치고 건물들 사이를 활공할 수 있게 하는 것이 기본 요소였습니다." 락스테디의 게임 홍보 담당자인 댁스 긴 ^{Dax Ginn}의 말이다. "아캄 시티는 굉장히 배트맨 같은 느낌을 주었어요. 게임 플레이 면에서도 아주 좋게 느껴졌고, 우리의 아캄-버스 ^{Arkham-verse}의 다음 무대가 되기에 합당한 곳이었죠."4

디니는 새 게임의 각본가로 돌아왔고, 고담시의 거대한 구역 하나가 범죄자들이 거리를 지배하고 휴고 스트레인지가 미친 수용소 장의 역할을 하는 뺑 뚫린 감옥이 되는 이야기를 쓰기 시작했다. 〈배트맨: 아캄 시티〉는 스트레인지가 브루스 웨인을 납치해 수감자들 사이에 집어넣는 것으로 시작한다. 알프레드는 공중 투하를 이용해서 브루스 웨인에게 배트맨 장비를 전달하고 배트맨은 나중에 교도소 내의 모든 수감자를 죽이는 계획으로 드러나는 수수께끼의 10번 계획의 비밀을 밝혀야 한다.

"〈배트맨: 아캄 시티〉를 만들면서 우리는 첫 번째 게임에서 성공적이었던 모든 요소들을 살펴보고, 플레이어에게 더 나은 경험을 주기 위해 그 모든 것들을 최대한 강화시키는 데 열중했습니다." 락스테디의 게임 줄거리 개발자인 폴 크로커 ^{Paul Crocker}의 말이다. "〈배트맨: 아캄 시티〉의 한 가지 좋은 점은 배경이 감옥이라서 아무 악당이나 집어넣어도 된다는 것이죠. 그곳에 갇힌 악당들이 무슨 짓을 하는지 보는 것도 재미있었습니다. 리들러는 배트맨을 잡기 위해 치명적인

함정을 놓는 것을 택했고, 캘린더 맨 ^{Calendar Man}은 순전히 플레이어에게 기념일에 맞는 흥미로운 도전 거리를 주기 위해 들어갔죠."5

게임 속에서 배트맨은 과거 〈배트맨: 아캄 어사일럼〉에서 자신을 꺾기 위해 복용한 근력 강화용 타이탄 약물의 치명적인 부작용으로 죽어가던 조커에게 감염되면서 생명의 위험에 빠지게 된다. 해독제를 개발하고 스트레인지의 음모를 막기 위해 노력하는 배트맨은 플레이 가능한 캐릭터로 등장하는 캣우먼의 도움을 받는다.

"우리는 〈배트맨: 아캄 시티〉에서 캣우먼이 가진 잠재력에 매료됐습니다. 캣우먼은 동기와 행동 면에서 회색의 모호하고 특별한 위치에 서 있으니까요." 힐의 말이다. "배트맨은 여러 면에서 문제가 있는 인물이지만 캣우먼과 같은 갈등을 겪지는 않죠. 따라서 우리는 플레이어들에게 동기가 항상 순수하지만은 인물로 플레이할 기회를 주는 일을 정말 즐겁게 여겼습니다. 배트맨과 좋은 대조를 이루는 느낌이었죠."

〈배트맨: 아캄 시티〉는 조커와의 대결과 충격적인 결말로 끝난다. 근력 강화용 타이탄 약물의 과다 복용의 부작용을 앓던 조커는 결국 사망하고, 숨이 끊어질 때까지 웃는다. "우리는 게임과 게임 속 이야기에 많은 시간을 투자합니다. 게임 속 세상이 우리가 겪은 사건에 영향을 받는 것 같은 느낌을 받고 싶어 하죠." 힐의 말이다. "우리는 무의미한 일이라는 느낌을 주고 싶지 않았습니다. 조커는 시작부터 중독된 상태고, 배트맨도 중독되죠. 그 이야기는 어디로 흘러가야 할까요? 우리는 사람들이 '설마 배트맨이나 조커를 죽

맞은편 다음 행동을 고민하는 배트맨을 그린 캡 머프틱의 〈배트맨: 아캄 시티〉 캐릭터 설정화.

위 〈아캄 시티〉에서 할리 퀸은 타이탄 약물 때문에 죽어가는 조커를 돕는다.

이지는 않겠지?'라고 생각하리라는 걸 알고 있었습니다. 우리는 조커를 죽이는 게 굉장히 충격적인 결말일 거라고 느꼈습니다. 우리가 절대 할 수 없을 것 같은 일이었죠."[6]

〈배트맨: 아캄 시티〉는 출시 후 〈배트맨: 아캄 어사일럼〉보다 더 높은 평가를 받았다. "〈배트맨: 아캄 시티〉는 다른 오픈 월드 비디오게임들이 선망하는 작품이며 게임 플레이의 몇 가지 중요한 핵심 요소들을 완벽의 수준까지 다듬었고 할 일이 가득 채워진 넓은 도시를 무대로 삼았다." 크리스 콜러 Chris Kohler 는 와이어드 Wired 에 그렇게 썼다. "또한 이 게임은 세계에서 가장 유명한 슈퍼히어로의 위상에 걸맞는 서사를 갖추고 있다."[7] 〈배트맨: 아캄 시티〉는 출시 첫 주 만에 수백만 장을 팔면서 역사상 가장 빠르게 판매고를 올린 작품 중 하나가 되었다.

조커는 죽었을지 모르지만 아캄 시리즈가 계속되면서 그의 유산도 이어졌다. 락스테디가 3편을 준비하는 동안 이와는 별도로 WB 게임즈 몬트리얼 WB Games Montreal 에서는 〈배트맨: 아캄 어사일럼〉의 5년 전을 배경으로 범죄계의 광대 왕자와 배트맨의 첫 대결을 다룬 과거편인 〈배트맨: 아캄 오리진 Batman: Arkham Origins 〉을 개발했다.

"총감독인 에릭 홈즈 Eric Holmes 는 〈배트맨: 아캄 오

리진〉에서 배트맨이 다수의 숙적들과 처음으로 만나게 되는 서사에 중점을 두고 싶어 했어요. 덕분에 우리는 배트맨의 인간 관계를 발전시키고 배트맨이 어디서 왔는지 탐구할 자유를 얻을 수 있었죠." 〈배트맨: 아캄 오리진〉의 협력 제작자인 기욤 보겔 Guillaume Voghel의 말이다. "그리고 배트맨 이외에도 조커나 다른 악당들은 어디서 왔을까? 범죄 제국의 지배자가 되기 전의 펭귄은 어떤 모습이었을까? 그런 발상이 프렌차이즈의 핵심을 유지하면서도 다른 방향을 시도하는 데 도움이 되었습니다."[8]

〈배트맨: 아캄 오리진〉은 배트맨이 추리를 위해 가면에 달린 센서들과 배트컴퓨터를 이용해 범죄 현장을 분석하고 사건 당시 상황을 재구성할 수 있게 하는 사건 파일 시스템을 소개했다. 또한 아캄 시리즈 가운데 최초로 멀티플레이 기능을 추가해 플레이어들이 배트맨, 로빈, 조커, 베인으로 온라인상에서 싸울 수 있게 해 주었다.

그로부터 2년 뒤, 락스테디는 아캄 3부작의 마지막에 걸맞은 대작 〈배트맨: 아캄 나이트 Batman: Arkham Knight〉를 출시했다. 세 번째 작품은 시리즈의 가장 좋은 시스템 요소들과 미술적 특징은 그대로 계승하면서도 전작들보다 규모와 범위를 크게 확대했다. 오픈 월드 환경은 크기 면에서 〈배트맨: 아캄 시티〉의 대략

다섯 배에 달하며 플레이어에게 고담시 전역을 탐험할 수 있는 자유를 주었다.

시리즈 첫 작품에서 주인공이 지혜와 전투 기술에 의지해 싸워나가는 모습을 그렸다면, 〈배트맨: 아캄 나이트〉에서는 군대까지도 상대할 수 있을 정도의 기술을 총동원한다. 게다가 그는 드디어 배트모빌을 몰 수 있게 되어 도전을 진행하거나 적들을 추격할 때는 '추격 모드'로 운행하고 전투 시에는 최신 무기를 사용할 수 있는 '전투 모드'로 들어갈 수 있게 되었다. "배트모빌은 배트맨이 되는 환상의 가장 재미있는 부분이죠." 이번 작에서 이안 볼 Ian Ball과 마틴 랭카스터 Martin Lancaster와 함께 각본을 쓴 세프턴 힐의 말이다. "우리는 게임 속에서 배트맨과 배트모빌 간의 상호 작용을 최대한 매끄럽게 구현하기 위해 많은 시간을 할애했습니다. 그 결과 배트맨이 배트모빌에서 나와 활공할 수 있게 하거나 어디서든 배트모빌을 호출할 수 있게 하거나, 원격 조종을 가능하게 하는 등의 발상들이 탄생했죠."

맞은편 위 아캄 시티의 상공 위를 순찰하는 고담시경 비행선을 그린 설정화.
맞은편 아래 아캄 시티를 감시하는 배트맨을 그린 캔 머프틱의 설정화.

아래 〈아캄 시티〉의 설정화에서 고담시의 스카이라인은 공장 매연으로 인해 만들어진 악몽 같은 주황색 안개에 잠식되어 있다.

"우리는 조커를 죽이는 게 굉장히 충격적인 결말일 거라고 느꼈습니다. 우리가 절대 할 수 없을 것 같은 일이었죠."

배트맨은 이제 배트모빌의 운전대를 잡고 중앙에 웨인 타워가 위치한 미아가니 섬 Miagani Island 을 비롯해 세 개의 섬으로 재현된 광대한 고담시에서 달릴 수 있게 되었다. 개발자들은 그 외에 차이나타운이나 화물 집하장, 버려진 항만, 그리고 상징적인 고딕 양식의 건물들과 함께 현대적인 마천루도 구현해놓았다.

"여러 면에서 고담시는 배트맨 활동의 중심이 되는 곳이기에 우리는 고담시가 〈배트맨: 아캄 나이트〉의 무대가 되어야 한다고 느꼈습니다." 힐의 말이다. "우리는 도시의 중심부에서 배트맨의 눈을 통해 모순점을 확인할 수 있습니다. 범죄로 더럽혀진 곳이지만 그는 고담시를 밝고 희망찬 곳으로 보고 싶어 하고, 그렇게 만드는 것을 자신의 사명으로 삼죠. 고담시는 불길하고 어둡고 위압적으로 느껴지는 곳입니다. 배트맨이 지니고 있는 책임감의 무게를 시각적으로 나타내죠."

〈배트맨:아캄 시티〉 1년 뒤의 시점을 배경으로 한 이야기에서 스케어크로우는 새로운 공포 자극제를 개발하여 핼러윈 데이에 수백만 명의 시민들을 대피하게 한다. 스케어크로우를 좇아 에이스 화학 공장에 간 배트맨은 환각제에 노출되고 새로운 적인 아캄 나이트 Arkhan Knight 와 대면하게 된다. DC 코믹스의 제프 존스의 조언을 통해 만들어진 아캄 나이트는 아직 세상에 남아 있는 배트맨의 적들을 배트맨을 죽이는 하나의 목적 아래 단결시킨다. 아캄 나이트의 정체는 게임 내내 비밀로 남아 있지만 극의 절정부에서 제이슨 토드로 밝혀진다.

"우리는 고전 제이슨 토드 이야기를 우리 방식대로 풀어보고 싶었습니다. 제 생각에는 배트맨이 동료들에게 가지고 있는 책임감의 주제를 가장 명확히 보여주는 이야기거든요." 힐의 말이다. "게임의 진행 과정에서 우리는 로빈, 나이트윙, 오라클, 알프레드, 루시어스 폭스, 짐 고든과 배트맨의 관계 속 긍정적인 요소들을 살펴봅니다. 제이슨 토드라는 캐릭터는 우리에게 배트맨과 그 동료들의 관계 속 부정적인 측면을

살펴볼 기회를 주었죠." 아캄 나이트의 복장은 제이슨 토드가 배트맨의 두려움을 이용하려고 한다는 개념에 맞게 디자인되었다. "예를 들어서 아캄 나이트의 헬멧에 달린 귀는 배트맨의 가면 형태와 똑같죠." 힐의 말이다. "그는 배트맨이 가진 여러 공포의 헌신입니다. 아캄 나이트는 배트맨이 자신의 짐을 남과 함께 지고, 자신과 가까운 인물들을 지키는 데 실패하면 어떤 일이 생기는지 보여주기 위한 목적으로 만들어진 신분이죠."

또한 배트맨은 상상 속 존재로 재등장하는 조커와도 다퉈야 한다. 배트맨이 조커의 피를 수혈받아 감염되어 환각을 보게 되었다는 것이 회상을 통해 묘사된다. "많은 면에서 배트맨과 조커의 관계가 아캄 시리즈의 기초를 이루고 있습니다." 힐의 말이다. "우리는 조커가 배트맨을 통해서 불멸의 존재가 될 방법을 고안해냈다는 아이디어를 좋아했습니다. 〈배트맨: 아캄 나이트〉에서 조커가 맡은 역할은 화면에 등장하는 일종의 내레이터로서 게임 상의 여러 사건들뿐만 아니라 배트맨의 내적 투쟁까지 자신만의 시각에서 설명합니다."

2015년 2월 24일에 주요 기종으로 출시된 〈배트맨: 아캄 나이트〉는 기술적인 성취를 보여주며 플레이어들에게 전작들에 기초한 응집력 있고 매력적인 배트맨 모험을 선사할 것이라고 예고되었다.

〈배트맨: 아캄 나이트〉와 함께 아캄 서사시는 막을 내렸지만 배트맨은 이듬해 완전히 새로운 방식의 모험으로 돌아왔다. 텔테일 게임즈 Telltale Games 에서 개발한 〈배트맨: 텔테일 시리즈 Batman: The Telltale Series〉는 에피소드 형식의 화살표 선택 방식의 게임으로 배트맨이 자경단이 되고 몇 년 뒤의 시점을 배경으로 독자적인 이야기를 전개했다. 갈림길이 존재하는 서사 방식은 플레이어들이 캣우먼의 도움을 받아 '아캄의 아이들 Children of Arkham'이라는 범죄 조직을 수사하는 배트맨의 활동 방향을 좌우할 수 있게 해 주었다.

"우리의 해석은 배트맨의 기존 전제를 간단히 비트는 것으로 시작됐습니다. '만약 웨인 가문이 모두가 생각했던 것만큼 선량하지 않았다면 어땠을까?' 하는 생각을요." 텔테일의 첫 배트맨 에피소드 두 편을 감

맞은편 아래 배트맨의 어두운 복사판인 수수께끼의 인물 아캄 나이트는 DC 코믹스의 슈퍼스타 제프 존스의 손에서 탄생했다.

위 〈아캄 나이트〉는 플레이어에게 고담시의 모든 곳을 탐험할 기회를 제공한다.

위 〈아캄 나이트〉의 강력한 배트모빌.

독한 켄트 머들Kent Mudle의 말이다. "이 설정은 우리에게 자기 자신의 뿌리를 재검토해야 하는 브루스 웨인을 선사해줍니다. 타락한 부모의 전철을 이어가기보다는 배트맨으로서 계속 싸울 이유를 찾아야만 하는 젊고 내성적인 브루스 웨인인 것이죠."

에피소드 진행에 따라 브루스 웨인은 가문의 범죄에 연루되어 웨인 엔터프라이즈를 자신의 소원해진 죽마고우, 오스왈드 코블팟에게 넘겨야 하는 상황에 내몰린다. 그리고 브루스 웨인과 하비 덴트의 오랜 우정은 두 사람이 셀리나 카일에게 동시에 관심을 갖기 시작하면서 시험대에 오른다. "텔테일의 브루스는 전반적으로 다른 배트맨 작품보다 타인들과의 관계에 더 의존합니다." 머들의 말이다. "그는 여전히 외톨이처럼 행동하지만 밀접한 친구 관계를 여럿 유지하죠. 그래서는 안 될 상황에서도요."

"오스왈드는 브루스에게 좋았던 시절을 떠오르게 하는 옛 친구입니다. 덴트는 배트맨이 필요하지 않은 미래의 고담시를 만들어줄 브루스의 희망이죠. 비슷한 이중생활을 이어가는 셀리나 카일은 브루스 웨인에게 있어서 자신과 동등한 누군가와 관계를 맺을 수 있는 기회로 다가옵니다. 제가 비극적인 인물로 생각하는 텔테일의 브루스 웨인이 가진 비극은 그것들 가운데 자신의 이중 신분 모두에 도움이 되는 것은 없다는 점입니다. 어느 한쪽에만 도움이 되죠."

1년 뒤 텔테일은 결국 조커로 거듭나는 존 도John Doe라는 이름의 정서적으로 불안정한 인물과 브루스 웨인과의 관계에 중점을 둔 두 번째 어드벤처 게임인 〈배트맨: 에너미 위딘Batman: The Enemy Within〉을 내놓았다. 이야기가 진행되면서 아직 애송이인 범죄계의 광대 왕자는 자신이 좋아하는 대상인 할리 퀸에게 깊은 인상을 남겨주기 위한 불법 계획에 브루스를 끌어들이려고 한다. 이를 베인 등의 악당들로 구성된 모임인 '더 팩트the Pact'에 침투할 기회로 여긴 브루스는 계획에 동참한다.

"존 도를 굉장히 호감 가는 인물로 만들어서 플레이어가 그의 행복을 위해 노력하게 하는 것이 중요했습니다." 머들의 말이다. "조커를 항상 브루스의 편으로 만들고, 돌이킬 수 없는 일이 생기기 전까지는 무슨 일이 있어도 항상 친구인 인물로 묘사해서 그 목표를 달성했습니다. 완성된 조커 대신에 조커가 되기 전의 인물을 넣음으로써 우리는 캐릭터 이야기에 많은 소재를 활용할 수 있었고 배트맨이 자신의 적들을 만들어낸다는 오래된 공식을 선보일 수 있었습니다."

　　마지막 에피소드에서는 그동안 플레이어가 내렸던 선택들에 의해 존 도가 배트맨 팬이라면 누구나 알아볼 악당이 되거나, 아니면 배트맨에게 경의를 표하면서도 생명에 대한 존중 없이 거리의 범죄자들과 부패한 공직자들을 죽이는 자경단 슈퍼히어로가 된다. 두 결과 모두에서 그는 스스로를 조커라고 부르고, 배트맨은 고담시를 지키기 위해 그를 붙잡아야만 한다. 배트맨에게 어려운 선택들을 한가득 주는 〈배트맨: 에너미 위딘〉의 마지막 에피소드는 미국 작가 조합상 후보에 오르기도 했다.

　　"브루스 웨인은 결국 배트맨이 되면 행복해지는 것이 불가능하다는 사실을 배우게 됩니다." 머들의 말이다. "그는 배트맨과 브루스 웨인으로 동시에 살아갈 수 없고, 가면을 선택한다면 알프레드라는 유일한 진짜 가족을 버려야 하죠. 우리는 브루스와 같은 생활 방식이 실제로 한 인간의 삶과 인간 관계에 어떤 영향을 미치는지에 대해 냉철하고 현실적인 시각을 보여주고 싶었습니다. 이 게임의 결론은 그게 궁극적으로 파멸적인 생활 방식이라는 것입니다. 브루스 웨인은 박쥐의 짐을 지는 한 건강한 삶을 영위할 수 없죠."

　　게임 개발자들이 배트맨이라는 캐릭터와 그 세계관의 핵심을 포착해낸 배트맨 게임을 구현할 수 있게 해줄 정도로 기술 수준이 향상되기까지는 수십 년의 세월이 걸리긴 했지만, 텔테일과 아캄 게임들은 팬들에게 고담시의 수호자 망토를 써볼 수 있는 기회를 주었다. 차세대 게임 기기가 계속해서 게임의 한계를 재정의하고 있는 가운데 개발자들은 앞으로도 배트맨의 풍부한 세계를 소재로 활용할 것이다. 또한 플레이어들이 어둠의 기사의 세계를 더욱 깊게 파고들 수 있는 게임을 만들면서 항상 커져가는 배트맨의 신화 속에 특별한 상호 작용 이야기들을 추가해줄 것이다.

아래 〈배트맨: 텔테일 시리즈〉에서 고담시의 지붕 위를 건너가는 배트맨과 캣우먼.

20. 배트맨 패밀리

2000년대 중반, 영화와 애니메이션의 성공으로 배트맨의 인기가 올라가고 있을 때 DC 코믹스의 브루스 웨인은 범죄와의 전쟁을 중단하고 휴식을 즐기고 있었다. '인피니트 크라이시스'의 사건들 이후 배트맨과 그 동료들을 슈퍼히어로 일에서 잠시 쉬게 한다는 결정이 내려진 뒤, DC 코믹스의 모든 월간 연재작은 2006년 5월에 시작되는 '1년 후One Year Later' 이벤트로 건너뛸 예정이었다. 한편 DC 유니버스DCU의 배트맨, 슈퍼맨, 원더우먼이 없는 1년간의 '잃어버린 해lost year'에 있었던 일은 〈52〉라는 제목의 사전 기획된 연재작 내에서 다루어지게 되었다. "제프 존스, 그렉 루카, 마크 웨이드와 그랜트 모리슨으로 작가진을 구성하면 최선의 길은 창작자들이 각자의 길을 택해서 훌륭한 이야기를 만들어 내도록 두는 것이죠." 그 주간 연재 시리즈를 기획한 DC 편집장 댄 디디오Dan DiDio의 말이다. "제프는 현재의 DCU를 대표했고, 마크는 그 역사를 알고

있었고, 그랜트는 자신만의 시야를 가지고 있었고, 그렉은 이야기의 현실성을 유지했죠."[1]

〈52〉에서 브루스 웨인은 자기 발견의 여정을 떠나 자신의 양자들, 딕 그레이슨과 팀 드레이크와 함께 세계를 돌며 자신이 수년 전에 배트맨이 되기 위해 걸었던 여행길을 다시 돌아본다. 그들은 여행 끝에 티베트의 산중에 위치한 신성한 땅, 난다 파르밧Nanda Parbat에 도착하고 그곳에서 배트맨은 영혼을 치유해 주고 결심을 강화해 주는 '토르갈Thörgal'의 시련이라는 영적인 의식을 거친다. 완전히 활력을 되찾은 브루스 웨인은 양자들과 함께 1년만에 고담시로 돌아갈 채비를 한다.

브루스가 영적인 재탄생을 겪는 동안 새로운 수호자가 고담시를 지키기 위해 나타났다. 사교계의 명사인 브루스 웨인의 사촌 케이트 케인Kate Kane, 일명 배트우먼이었다(성은 같지만 케이트 케인은 실버 에이지 배트우먼인 캐시 케인과 별개의 인물이다).

케인은 부유한 가정에서 자라났지만 어렸을 때 잔혹한 범죄로 인해 어머니를 잃었다. 정의를 추구하고자 했던 케인은 웨스트포인트 사관 학교에 입학하여 직업 군인인 아버지의 발자취를 따르고 동기들 가운데 최고의 성적을 받았지만 다른 여성 생도와 교제하다 발각되어 퇴학당하고 만다. 수년 뒤 자신을 공격하는 강도를 제압하던 케인은 배트맨과 마주치고 배트우먼이 될 영감을 받는다.

배트맨의 직접적인 지휘를 받는 다른 동료들과 달리 케이트 케인은 배트맨이 방랑 중일 때 배트우먼이 되었고 범죄와의 전쟁을 시작하기 전에 그의 허락을 받을 필요를 느끼지 않았다. "케인을 구상할 때 제게 가장 중요했던 점은 그녀가 배트맨을 위해 일하지 않는다는 점이었습니다." 케인의 첫 등장과 초기 모험담의 상당 부분을 썼던 그렉 루카의 말이다. "그녀는 앞으로도 그러지 않을 것이었고요. 우리는 첫 이슈에서부터 그 사실을 분명히 하려고 했습니다. 그녀가 충

성을 바치는 대상은 박쥐 상징이라는 것을 말이죠. 예를 들어 그녀는 한 사람의 군인일 때 국기에 충성을 바치는 것이죠. 이것은 박쥐라는 상징에 충성을 바치는 셈으로 배트맨보다 큰 개념입니다."

배트맨은 새로운 배트우먼을 의심의 눈초리로 바라보게 될 것이었지만, 팬덤은 대체로 그녀를 크게 환영했다. 그러나 소수의 팬들은 LGBTQ 영웅을 고담시에 추가하는 것에 반대하기도 했다. "사람들이 배트우먼이 동성애인 게 불만이라면 그건 그들만의 불만이죠." 루카의 입장이다. "빨간 머리 캐릭터가 늘어난 것을 가지고는 아무도 불평하지 않았어요. 그녀는 유대계이기도 한데 그 모든 건 캐릭터의 구성 요소일 뿐입니다. 그녀를 만들고 정의하는 요소들이지만, 그게 전부는 아니란 말입니다."

배트우먼이 고담시에서 자리를 잡는 동안 만화업계에서 가장 유명한 작가 두 명이 배트맨의 고담시 귀환 이후 이야기를 다루게 되었다. 《디텍티브 코믹스》는 〈배트맨: 디 애니메이티드 시리즈〉의 핵심 인물 중 한 명으로 유명한 새 작가 폴 디니로 인해 근본으로 돌아가게 되었다. 디니는 과거에도 DC에서 수많은 단편과 특집을 써 왔지만 월간 배트맨 시리즈를 담당하는 것은 이번이 처음이었다. "제가 《디텍티브 코믹스》를 쓰게 되었을 때 전 그 만화를 브루스와 배트맨이 근육이나 배트-도구들을 쓰기 보다는 머리를 써서 사건을 해결하는 단편 추리물로 만들려고 했죠." 디니의 말이다. "전 브루스 웨인의 배트맨 모습이 최후의 수단이 되길 바랐습니다. 브루스 웨인으로서 수수께끼를 다 푼 다음에 배트맨으로 변신해 자경단 범죄 투사 일을 하는 겁니다. 영리한 브루스 웨인 이야기는 언제나 영리한 배트맨 이야기를 만들어 주죠."

작가 그랜트 모리슨은 2006년 6월의 《배트맨 655호》부터 월간 《배트맨》의 작가를 맡게 되었다. 그는 즉시 새로운 시대의 배트맨을 정립하고 배트맨을 더욱 인간적으로 표현하는 거대한 서사시를 만들 야심찬 5개년 계획을 세웠다. 특히 배트맨의 인간적인 면은 오랫동안 고생해 온 집사 알프레드와의 상호 작용을 통해 강화되었다. "누구나 알프레드가 한 명쯤 있었으면 좋겠다고 생각하지 않나요?" 모리슨의 말이다. "그는 샌드위치도 만들어주고, 상처에 붕대도 감아주고, 배트모빌의 타이어에 바람도 넣어주고, 저택의 전구도 갈아주죠. 배트맨은 가족을 잃은 것으로 정의되는 캐릭터치고는 그 어떤 슈퍼히어로보다도 더 신뢰할 수 있고, 자신을 돌봐주고, 사랑해주고 지지해주는 '가족' 관계들을 가지고 있습니다. 바로 그게 배트맨을 편집증형 조현병 환자로 묘사하거나 고통과 분노로 인해 움직이는 인물로 묘사했을 때 설득력이 떨어지는 이유입니다. 알프레드부터 시작해서 브루스 웨인의 인생 속에 있는 모든 사람들, 심지어 조커 같은 숙적들까지도 그를 지원하고 임무를 이어나갈 수 있게

돕는 존재들이거든요."

80년대와 90년대의 금욕적인 '수도승 전사' 배트맨과 정 반대로 모리슨의 브루스 웨인은 일과 생활의 건강한 균형을 유지한다. "제가 생각하는 브루스는 카리스마 넘치고 재미있고, 플레이보이라는 대외적 이미지를 유지하기 위해 여자들을 곁에 끼고 다니면서도, 여성들과 감정적으로는 거리를 유지하려고 하는 인물이죠. 똑똑하고 배배 꼬인 여자 악당들이 그를 감아쥘 때만 제외하고요."

모리슨이 담당한 첫 번째 이야기인 '배트맨 앤 선Batman and Son'에서 브루스는 위험하고 수상한 과거를 가진 모델 출신 정치인 제저벨 제트Jezebel Jet에게 이끌린다. "전 고담시와 세상을 갱생하고 구하고 싶어 하는 것과 똑같은 사춘기적인 방식으로 나쁜 여자들을 갱생시키거나 구하고 싶어 하는 것이 수십 년간 배트맨이라는 캐릭터의 일부분으로 존재해왔다고 느꼈습

348쪽 왼쪽 J. H. 윌리엄스 3세 작, 2007년 8월자 《배트맨 667호》 중에서.
348쪽 아래 버려진 케인스 콜로설 카니발의 놀이기구를 탄 새로운 배트우먼 케이트 케인. (크리스 버넘 작, 2011년 4월자 《배트맨 주식회사 4호》 중에서)
349쪽 배트맨이 양자인 팀 드레이크와 생물학적 친자인 데미안 웨인 간의 형제 갈등을 막으려고 애쓰고 있다. (앤디 큐버트 작, 2006년 11월자 《배트맨 657호》 표지)
맞은편 배트우먼은 독자적으로 범죄와 싸운다. (J. G. 존스 작, 2009년 8월자 《디텍티브 코믹스》의 다른 표지)

니다. ” 모리슨의 설명이다. “그는 정신적으로 문제가 있는 강하고 나쁜 여자들에게 쉽게 이끌린다는 약점이 있죠. 브루스 웨인의 어머니와는 정 반대의 사람들처럼 보이지만 누가 알겠습니까? 사실 우린 마사 웨인이 실제로 어떤 성격의 인물이었는지 깊이 다루었던 적도 없는 걸요.”

그러나 사교계로 돌아온 브루스 웨인의 첫 하루는 예정대로 흘러가지 않았다. 그의 전 애인인 탈리아 알 굴과 유전자 개조된 맨배트 군대가 파티장에 쳐들어온 것이다. 납치당한 브루스 웨인은 자신이 탈리아의 아이, 즉 데미안의 아버지라는 사실을 알고 충격을

받는다. 이제 열 살쯤 된 데미안은 어머니와 리그 오브 어쌔신스의 손에 최강의 전사로 키워졌다. 탈리아는 데미안을 브루스 웨인에게 맡기고 명석하면서도 성질 급한 그 신동은 고담시 생활에 적응하는 것에 어려움을 겪는다. 도착 며칠 만에 데미안은 스푸크 Spook라는 악당을 죽이고 팀 드레이크의 로빈 자리를 자신이 가져가야 한다는 사실을 배트맨에게 증명하기 위한 그릇된 방법으로 팀 드레이크를 심하게 때리기까지 한다. 낙담한 드레이크는 부상에서 회복한 뒤 웨인 저택을 떠나고, 의구심 가득한 배트맨은 데미안을 거둬들이려고 시도하지만 골칫덩어리 로빈의 망토를 입으려

351쪽 위 배트맨과 탈리아의 위태로운 관계는 데미안이 나타나면서 더욱 복잡해진다. (크리스 버넘 작, 2013년 2월자 《배트맨 주식회사 6호》 표지)

아래 데미안은 아버지와 함께 처음으로 범죄와 싸울 때 리그 오브 어쌔신스 시절의 장비를 착용한다. (앤디 큐버트 작, 2006년 12월자 《배트맨 658호》 표지)

맞은편 그랜트 모리슨이 쓴 불길한 제목의 '배트맨 R.I.P.'는 DC 코믹스에서 기밀로 취급되었다. (알렉스 로스 작, 2008년 6월자 《배트맨 676호》 표지)

위 슈퍼맨은 사악한 다크사이드와 어둠의 기사의 마지막 대결에서 배트맨을 도우러 갔지만 때는 이미 늦었다. (더그 맨키 작, 2009년 1월자 《파이널 크라이시스 6호》 중에서)

면 우선 배트맨의 신뢰부터 얻어야 했다.

"데미안은 이전 로빈들의 특징과 기술을 똑같이 가지고 있지만 보다 극단적인 수준입니다." 모리슨의 말이다. "딕 그레이슨보다 뛰어난 체조 선수고, 제이슨 토드보다 성질이 급하고, 팀 드레이크보다 똑똑하죠. 데미안은 우리가 지금까지 봐왔던 로빈들과 닮았으면서도 닮지 않았고, 로빈들은 인정하지 않겠지만 그 어떤 로빈보다도 브루스 웨인과 닮았습니다."

1987년의 그래픽 노블 《선 오브 더 데몬》과 1996년의 미니시리즈인 《킹덤 컴 Kingdom Come》 같은 공식 설정 이외의 작품에서도 배트맨의 아들이 등장한 전력

이 있지만, 데미안 웨인은 DC 코믹스의 공식 설정에 등장한 최초의 배트맨 후계자였다. "전 수십 년간 등장해온 그 모든 '배트-보이'나 '배트맨의 아들' 이야기들을 좋아했습니다. 50년대에도 그 주제를 사용한 상상 속 이야기들이 좀 있었죠." 모리슨의 말이다. "그래서 전 그 콘셉트로로 뭔가를 만들고 싶었고, 제가 배트맨의 모든 모험담을 한 인물이 일생 동안 겪은 이야기로 합리화하려고 시도하는 중에 그 기회가 왔습니다. 그동안 정말 자주 등장했지만 정식 설정에 흡수된 적 없는 배트맨의 아들이라는 개념을 표현할 기회가요."

아버지로서의 위치를 받아들인 브루스 웨인은 데미안의 미래와 소년이 갖고 있는 분노를 긍정적인 방향으로 돌려놓기로 결심한다. 그러나 아버지와 아들의 유대 관계를 만들어갈 귀중한 시간은 짧았다. 블랙 글러브 Black Glove 라고 불리는 수수께끼의 범죄 조직이 배트맨을 없애기 위해 행동에 들어갔기 때문이다. 브루스 웨인의 조상이라 자칭하며 불멸의 존재로 보이는 악당인 사이먼 허트 Simon Hurt 가 이끄는 사악한 조직은 배트맨의 적들을 조종하고, 새로운 악당들을 만들어 내며 제저벨을 공작원으로 보내 브루스 웨인의 마음과 전의를 짓밟으려고 한다.

육체적이고 감정적인 조종은 모리슨의 5개년 계획의 중반에 해당하는 2008년의 '배트맨 R.I.P.'에서 절정에 이른다. "연재 초기부터 '배트맨 R.I.P.'이 될 이야기의 아이디어를 가지고 있었지만 그 만화의 내용 자체는 브루스 웨인이 속아 넘어가고 조종 당해서 배트맨이라는 신분을 포기하게 되는 것에 가까웠습니다." 모리슨의 설명이다. "그 속에는 초기의 제저벨 제트와 닥터 허트 Dr. Hurt, 브루스의 비상용 인격인 주르-엔-아르의 배트맨(1958년에 처음 소개된 외계인 배트맨)이 포함되어 있었죠."

모리슨은 배트맨의 인생 속 전환점을 만들어 가는 한편, 대규모 DC 코믹스 크로스오버 이벤트 속에서 어둠의 기사의 등장 부분의 토대를 마련했다. 종전의 '무한 지구의 위기'의 주제를 이어 가면서 최근의

'인피니트 크라이시스'의 속편으로서 우주를 바꿔놓을 초대형 연재작이었다. 2008년의 이벤트인 '파이널 크라이시스'는 크라이시스 서사시를 매듭지으면서 DC 유니버스에 주요한 영향을 끼치게 되었는데, 특히 배트맨이 그 대상이었다.

'배트맨 R.I.P.' 속에서 삶이 무너져 가는 상황 속에서도 배트맨은 사악한 신적 존재인 다크사이드 Darkseid가 획책한 '파이널 크라이시스'의 사건들에 맞서기 위해 자신의 트라우마를 제쳐 두어야 했다. 다크사이드는 반생명 방정식으로 알려진 우주 공식을 이용해 인류를 노예로 삼으려고 한다. 배트맨은 우주를 지키기 위해 거의 전능한 존재인 다크사이드를 제거할 수 있는 유일한 무기이며 시공간을 초월할 수 있는 라디온 Radion 총알이 장전된 권총으로 무장한다. "난 총을 쓰지 않겠다고 엄숙히 맹세했다." 배트맨의 대사다. "하지만 널 위해서 단 한 번의 예외를 두도록 하지." 배트맨이 총을 쏘자 호락호락하지 않은 다크사이드도 치명적인 오메가 빔을 쏴서 어둠의 기사를 없애버린다.

> 배트맨은 우주를 지키기 위해 거의 전능한 존재인 다크사이드를 제거할 수 있는 유일한 무기로 무장한다.

SPLINTERED LIKE LIGHT THROUGH A PRISM IN AN INFINITE NUMBER OF DEATHS.

IT WAS ORION'S DESTINY TO FALL IN "FINAL BATTLE."

AND ON THE WAY HE WOUNDED YOU, BEYOND REPAIR, DIDN'T HE?

A ROTTEN CARCASS OF A GOD, CRAWLING INTO THE SEWER TO DIE.

I MADE A VERY SOLEMN VOW ABOUT FIREARMS.

아래 배트맨은 다크사이드와의 우주의 운명을 건 대결에서 살상 무기를 사용하지 않겠다는 맹세에 단 한 번의 예외를 두기로 한다. (J. G. 존스 작, 2009년 1월자 《파이널 크라이시스 6호》 중에서)

그런데 '파이널 크라이시스'의 마지막 이슈에서 브루스 웨인이 살아남았고 수천 년 전 지구에 떨어졌다는 사실이 밝혀진다. "'파이널 크라이시스'나 '배트맨 R.I.P.'에서 배트맨이 실제로 죽은 적은 없었습니다." 모리슨의 말이다. "전부 속임수였지 전 배트맨을 실제로 죽일 의향은 전혀 없었습니다." 그리고 배트맨이 다크사이드에게 상당한 피해를 입히긴 했지만, 모리슨은 어둠의 기사가 치명상을 입힐 뜻은 없었음을 재빨리 지적한다. "그건 넘어서는 안 될 선이라고 생각합니다." 모리슨의 설명이다. "전 제 슈퍼히어로들이 도덕적인 면에서도 보통의 인간보다 더 뛰어나길 바라고, 범죄에 대항하는 방법으로 살인을 선택하는 것을 거부하는 쪽을 더 좋아합니다. 일을 마치기 위해서 살인에 의존하는 허구 작품 속 영웅들은 이미 너무 많잖아요."

DC 코믹스는 신중하게 '파이널 크라이시스'의 비밀을 지켰고, 망토 두른 십자군이 마지막에 시체가 될 것이라고 예고하지 않았다. 브루스 웨인의 저스티스 리그 동료들도 마찬가지로 충격에 빠졌다. 토니 S. 다니엘Tony S. Daniel이 쓴 이슈 3편 분량의 《배트맨: 배틀 포 더 카울Batman: Battle for the Cowl》에서는 명확한 후계자가 없는 상황에서 제이슨 토드가 박쥐 망토를 얻기 위해 나서면서 고담시의 거리에서는 전쟁이 벌어진다. 이전의 아즈라엘이 그랬듯 무장하고 폭력적인 배트맨이 되려고 했던 제이슨 토드의 그릇된 시도는 나이트윙에게 저지되고, 나이트윙은 마지못해 고담시의 새 배트맨이 되기로 동의하며 브루스의 아들 데미안을 새로운 로빈으로 곁에 둔다.

다니엘의 미니시리즈가 끝난 뒤, 그랜트 모리슨은 딕 그레이슨의 이야기를 《배트맨 앤 로빈Batman and Robin》이라는 새 시리즈를 통해 이어 가며 새로운 다이나믹 듀오의 모험을 다루었다. "딕 그레이슨은 전통적으로 브루스 웨인보다 정신적으로 건강한 인물로 묘사됐습니다." 모리슨의 말이다. "딕에게는 생각을 집중시켜주고, 모험과 공익 활동을 통해 슬픔과 싸우는 법을 알려줄 배트맨이 있었습니다. 그의 세상은 더 넓고 스릴 넘치며 즐길 수 있는 세상으로 바뀌었죠. 또한 딕은 다른 젊은 슈퍼히어로들과도 좋은 친구가 되어 현실 감각을 유지하면서도 타인의 문제에 공감할 줄 알았죠."

동시에 딕은 리그 오브 어쌔신스에서 길러진 결과 분노와 폭력성, 감정이 서툰 문제로 고생하던 데미안 웨인에게 긍정적인 역할 모델의 역할을 해주었다. "저는 데미안이 다른 조언자들, 심지어 브루스 웨인에게도 그런 반응을 보이지는 않았을 거라고 생각합니다." 모리슨의 말이다. "딕 그레이슨은 틴 타이탄스를 이끌었던 사람입니다. 살아가는 데 어려움을 겪던 시기의 어린 초능력자들과 함께 오랜 시간을 보냈죠. 그는 처음 만난 날부터 데미안을 완전히 이해했고 자신

에게 반항하는 소년을 강요하지 않고도 올바른 방향으로 이끌 수 있는 방법을 잘 알고 있었습니다. 양육의 측면에서 굉장히 미묘한 역학 관계였죠. 결국 데미안은 딕을 진심으로 존경하게 되고, 딕도 데미안에게 애착을 가지고 조언자로서의 역할을 굉장히 진지하게 받아들이게 됩니다."

배트맨이 교체되었다는 사실은 온 세상이 모르고 있었지만 딕 그레이슨은 브루스 웨인의 부재를 영원히 숨길 수 없다는 사실을 알고 있었다. 아이러니하게도 위기의 브루스 웨인을 도운 사람은 배트맨의 가장 큰 적수 중 한 명이었다. '배트맨 R.I.P.'의 사건들이 벌어지기 직전에 폴 디니의 《디텍티브 코믹스》에서 허쉬(또는 토미 엘리엇)는 성형 수술을 통해 브루스 웨인처럼 모습을 바꾸고 브루스의 친구들을 조종하고 없애려고 했었다.

아이러니하게도 그 변신이 배트맨의 친구들에게는 도움이 되었고, 그들은 엘리엇을 납치해 브루스 웨

맞은편 배트맨이 죽은 뒤 나이트윙이 고담시의 새로운 어둠의 기사가 된다. (토니 S. 다니엘 및 산두 플로레아 작, 2009년 7월자 《배트맨: 배틀 포 더 카울 3호》 중에서)

위 브루스 웨인은 시간 여행 중에 자신의 원시 부족인 사슴 사람들을 위험한 피 부족에게서 지키기 위해 박쥐 인간이 된다. (앤디 큐버트 작, 2010년 6월자 《배트맨: 리턴 오브 브루스 웨인 1호》 표지)

위 배트맨은 배트맨
주식회사를 만들고
아르헨티나의 엘 가우초,
프랑스의 나이트러너,
영국의 나이트와 스콰이어
등 세계 각국의
배트맨들과 힘을 합치게
된다.
(크리스 버넘 작, 2012년
11월자 《배트맨 주식회사 0호》
표지)

인이 여전히 웨인 엔터프라이즈의 회장으로 일한다는
환상을 유지하는 일을 돕도록 강요했다. "전 허쉬를 브
루스의 대역으로 삼는다는 생각이 마음에 들었습니
다. 특히 살아남은 배트-패밀리와 수많은 동료들의 감
시 속에 대역으로 쓰이는 부분이 좋았죠." 폴 디니의
설명이다. "그리고 저는 허쉬가 탈출해서 전 세계 여러
곳에서 브루스 웨인으로서 도피 행각을 벌이는 내용
을 다루면서 즐거웠습니다. 토미 엘리엇의 머릿속으로
들어가고, 단순히 얼굴만 바꾸는 것으로 끝이 아니라
브루스 웨인을 철저히 연구했음을 보여줄 기회였죠.
그는 속임수에 꽤 능한 친구였습니다. 최소한 한동안
은요."

딕 그레이슨이 데미안 웨인을 공식적으로 새로
운 로빈으로 임명하자, 팀 드레이크는 새로운 배트맨
과 관계를 끊고 레드 로빈 Red Robin 이라는 새 신분을 취
한다. 기존 배트맨의 죽음을 받아들이지 못한 팀 드레
이크는 자신의 멘토가 '파이널 크라이시스'의 사건 속
에서 살아남았다고 확신하고, 브루스 웨인이 생존했
다는 증거가 될 단서들을 찾기 위해 세계를 돌아다닌
다. "드레이크는 대단한 캐릭터입니다." 팀 드레이크가
등장하는 월간 《로빈》의 마지막 이슈들을 썼던 파비
안 니시에사 Fabian Nicieza 의 말이다. "무엇보다도 사색가
이고, 다른 모든 사람들이 질문하기 꺼리거나 질문하
지 않거나 아예 생각하지도 못한 내용을 질문으로 던
지는 습관과 해답을 찾고자 하는 태도가 유전자에 배
어 있는 젊은 청년이죠."

레드 로빈의 끊임없는 조사 끝에 진짜 브루스 웨
인이 다크사이드의 오메가 빔에 맞서서 과거로 보내졌

고 신비로운 오메가 에너지를 이용해 점차 현재 시점으로 돌아오고 있다는 증거가 드러난다. 브루스 웨인은 선사 시대부터 세일럼의 마녀 재판, 바다 위의 해적에 이르기까지 다양한 역사적인 사건을 겪으면서 그때마다 새로운 배트맨의 모습을 취한다.

　"제게 있어서 브루스 웨인에게 시간 여행을 시키는 건 캐릭터의 한계를 시험하는 일이었습니다. 그는 벨트를 제외하면 기억도 없고 복장도 없고 도구도 없는 상태로 선사 시대에 뚝 떨어지거든요." 모리슨의 말이다. "전 시간 여행 이야기로 배트맨을 탐구한다는 개념을 아주 좋아했지만, 현실적으로 설득력 있게 배트맨이 최대한 한계에 몰리도록 묘사하려고 노력했습니다. 저는 '배트맨 R.I.P.'에서 그를 정신적으로 탐구했다고 볼 수 있습니다. 저는 그를 망가뜨리고 해체했고, 이 이야기는 그를 진정으로 재조립해나가는 이야기였죠."[2]

　브루스 웨인은 제때 과거에서 돌아와 사이먼 허트와 그 부하들에게 붙잡혀 감금당한 딕과 데미안을 구한다. 임사 경험을 계기로 브루스는 배트맨으로서 자신의 유산과 스스로의 필멸성에 대해 자각하게 되었다. 과거의 활동을 되돌아본 뒤 배트맨은 자신의 시각이 너무 좁았다고 느끼면서 브루스 웨인이 아니더라도 세상에 항상 배트맨이 존재하게 만드는 것을 새로운 목표로 정한다. 이후 브루스 웨인은 배트맨 주식회사 Batman, Inc.를 세우고, 이를 각국을 대표하는 어둠의 기사들의 국제적 연대 조직으로 삼아 범죄와의 전쟁을 국제적인 범위로 확대한다.

　브루스 웨인이 대리인을 두려는 의지를 보이는 것은 독자들이 이전까지 봐왔던 것보다 더 성숙하고 남을 신임하는 배트맨의 모습을 반영한 일이지만, 그랜트 모리슨은 브루스가 그런 결정을 내리게 된 직접적인 계기는 임사 체험 때문이었을지 몰라도 발상의 토대 자체는 사실 처음부터 있었다고 주장한다. "브루스는 자신이 절대 혼자가 아니라는 사실을 이해하면서 근본적으로 변했습니다. 실제로 그가 '배트맨: 이어 원'의 첫 이슈 마지막 장면에서 배트맨으로서 맨 처음 한 일도 종을 울려서 알프레드를 불러 자신을 도와달라고 한 것이었죠. 그 깨달음이 배트맨 주식회사의 탄생으로 이어진 겁니다."

　딕과 데미안이 배트맨과 로빈으로서 고담시를 계속 순찰하는 가운데, 브루스 웨인은 지구를 돌면서 새로운 배트맨들을 모집하고 프랑스, 일본, 콩고 민주공화국, 그 외 여러 국가들에 공식 승인된 대표자를 둔다. 그러나 탈리아 알 굴이 소원해진 연인이 만든 새로운 조직에 대항하여 리바이어던 Leviathan 이라고 불리는 국제 테러리스트 조직을 만들면서 배트맨 주식회사는 도전에 직면하게 된다. 모집 활동을 성공적으로 끝낸 뒤 브루스 웨인은 고담시의 배트맨으로 돌아오고, 딕 그레이슨은 다시 한 번 나이트윙이 된다. 새로

운 인생을 얻고 친구들과 가족과 관계를 돈독히 하며, 배트맨 주식회사까지 곁에 둔 브루스 웨인은 리바이어던과 자신의 앞길을 가로 막는 그 어떤 도전에도 맞설 준비가 되어 있었다.

　그러나 DC 코믹스 유니버스에서 자주 일어나는 일이지만 배트맨의 모든 세상은 바뀌려고 하고 있었다. 한줄기 섬광과 함께.

위 브루스 웨인과 그의 가족, 팀 드레이크(레드 로빈), 데미안 웨인(로빈), 딕 그레이슨(고담시의 배트맨)은 한 시대의 마지막을 함께 맞이했다. (토니 S. 다니엘 및 라이언 원 작. 2011년 10월자 《배트맨 713호》 표지)

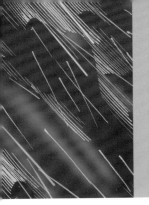

21. 재탄생

2010년에 DC 코믹스의 편집부는 자신들이 갈림길에서 있다는 사실을 깨달았다. DC 유니버스를 리부트하고 회사에 다시 활력을 가져다 주었던 미니시리즈 《무한 지구의 위기》가 나온지 25년이 지났고 만화 업계의 지형은 변해 있었다. 월간 만화는 더 이상 신문 가판대에서 팔리지 않았고 만화 전문 매장과 온라인에서만 팔렸으며 DC의 매출은 정체 상태에 빠져 있었다.

공동 발행인인 제프 존스, 짐 리, 댄 디디오는 그들의 책에 절실히 필요한 충격을 주기 위해 DC 유니버스에 '뉴 52 New 52'라는 명칭의 야심찬 리부트를 감행할 때가 왔다고 결정했다. 그 계획하에서 DC는 현재의 모든 책들의 출간을 취소하고 52종의 새로운 연재작을 출범할 예정이었으며 배트맨과 그의 동료들이 등장하는 만화는 그중 대략 3분의 1에 달했다. 《배트맨》, 《배트맨 앤 로빈》, 《배트맨: 더 다크 나이트》, 《디텍티브

코믹스》, 그리고 두 편의 저스티스 리그 타이틀이 그에 해당했다. 그러나 뉴 52에서 배트맨의 모험이 시작되려면 먼저 현재 배트맨의 세상이 끝나야 했다.

뉴 52의 전조에 해당하는 크로스오버 이벤트인 '플래시포인트 Flashpoint'에서 플래시의 숙적인 리버스 플래시 Reverse-Flash 의 무분별한 시간 여행의 결과 DC 유니버스 전체가 디스토피아적인 지옥 같은 곳이 되었다. 대체 현실 속에서 정신을 차린 플래시는 배트맨의 도움을 받으려고 하지만, 가면 아래 있는 사람이 브루스 웨인이 아니라 그의 아버지인 토마스 웨인 박사라는 사실을 알고 충격에 빠진다. 플래시는 토마스 웨인이 총을 든 괴한에게 아들이 살해당한 뒤 가면을 썼다는 사실을 알게 된다. 토마스 웨인의 아내는 사고에서 살아남았지만, 아들을 잃은 트라우마 때문에 이 괴상한 세계의 조커가 되고 말았다.

토마스 웨인은 역사를 바꾸고 아들을 구하기 위해 플래시를 돕는 데 동의하지만, 플래시가 성공했음에도 불구하고 현실에 가해진 충격이 너무 큰 나머지 DC 유니버스는 회복될 수 없게 되었다. 2011년 가을에 DC 유니버스의 모든 역사는 다시 쓰였고, 배트맨에게도 새 시대가 열렸다.

2010년 초에 《디텍티브 코믹스》 연재로 좋은 평가를 받았던 스콧 스나이더는 그해 9월에 DC의 일급 비밀 출판 계획을 가장 먼저 알게 된 사람 중 한 명이 되었다. "댄 디디오와 짐 리가 볼티모어 컨벤션 때 아침을 먹으면서 뉴 52에 대해 말해 줬습니다." 스나이더는 회상한다. "우리는 같은 부스 안에 있었는데, 두 사람 다 주변에 엿듣는 사람이 없는지 계속 눈으로 확인했죠." 자신들의 계획을 말한 디디오와 리는 스나이더에게 뉴 52 《배트맨》 월간 연재작의 작가직을 제안했다. "전 제가 할 수 있을 거라고는 정말 생각도 못했죠." 스나이더의 말이다. "거의 70년 동안 새로운 《배트맨 1호》 같은 건 존재하지 않았으니 말입니다. 배트맨은 제가 가장 좋아하는 캐릭터이고 브루스 웨인을

글로 쓰는 건 제게는 너무나 부담되는 일이었죠."

스나이더는 두려워하면서도 계약을 받아들였고, 마블의 《엑스 포스 X-Force》와 이미지 코믹스의 《스폰 Spawn》 연재로 큰 인기를 끈 작화가인 그렉 카풀로 Greg Capullo와 힘을 합쳤다. "카풀로와 저는 일찍이 배트맨 책에 대해 이야기했었죠. 우리가 어렸을 때 배트맨을 얼마나 좋아했는지, 《배트맨 1호》를 작업하는 게 얼마나 부담되는 일인지에 대해서요." 스나이더의 말이다. "일자리와 함께 찾아온 엄청난 공포. 그게 우리를 일찍부터 팀으로 묶어 두었던 요소 중 하나였습니다. 우리는 머리를 숙이고 이렇게 중얼거렸죠. '어떻게 이걸 우리가 만들 수 있는 최고의 배트맨 만화로 만들 수 있을까? 1호가 아니라고 생각하고, 거기서부터 출발하자.'"

리부트된 다른 캐릭터들은 대부분의 뉴 52 이전 역사를 버렸지만, 스나이더와 카풀로는 배트맨의 뉴 52 이전 역사 가운데 최대한 많은 요소를 유지하려고 시도했다. 《킬링 조크》나 '가족의 죽음', '나이트폴', '노 맨스 랜드'와 같은 기념비적인 이야기들은 여전히 배트맨의 역사의 일부로 남게 되었다. '플래시포인트'의 여파로 세부 사항에는 변화가 생겼지만 딕 그레이슨과 데미안 웨인의 다이나믹 듀오 같은 다양한 로빈들과의 관계도 그대로 남았다. 그리고 뉴 52의 배트맨은 표면적으로는 이전과 같은 캐릭터였지만, 그의 과거는 수수께끼로 남아 있게 되었다.

스나이더는 자신의 브루스 웨인을 만들어 내는 과정에서 배트맨과 고담시의 복잡한 관계를 탐구했던 자신의 《디텍티브 코믹스》 연재작 '블랙 미러 The Black Mirror'를 되돌아보았다. "그건 고담시에 대한 제 성명서였고, 그 기조는 《배트맨》의 여러 이야기들 속에 이어졌습니다." 스나이더의 말이다. "제게 있어 배트맨이 주는 근본적인 교훈은 어떤 어려움이나 비극에 직면하든 삶에서 무엇을 만나든 그것을 동력원으로 쓰라는 것입니다. 당신에게 고통을 주는 그 뭔가를 다른 사람에게 일어나지 않게 하는 영웅이 되는 데 사용하라는 거죠. 제가 보는 고담시는 배트맨이 가장 사랑하는 존재이자 그의 가장 큰 적수입니다."

스나이더와 카풀로의 뉴 52 《배트맨》을 여는 첫 이야기에서 우리의 영웅은 도시의 확대된 상징과 같은 일군의 적들이자 고담시를 수 세기 동안 조종해 왔으며 어둠의 기사조차도 그 존재를 몰랐던 그림자 속 집단인 올빼미 법정 Court of Owls과 맞선다. "올빼미 법정은 고담시가 배트맨에게 던지는 말과 같았죠. '넌 결코 날 완전히 파악할 수 없을 거야. 날 안팎으로 이해할 수 있게 해주는 도전 따위는 절대 없을 거야.'" 스나이더는 말한다.

고담시에서 자신도 모르는 새에 고대부터 이어져 온 음모가 들끓고 있었다는 사실은 배트맨을 근본까지 뒤흔든다. "전 그를 자신의 유한성을 인식하는 상황까지 몰아넣고, 그걸 받아들이게 만들고 싶었습

왼쪽 어둠의 기사는 뉴 52
《배트맨》의 첫 이슈에서
아캄 어사일럼의 주민들과
정면 대결을 벌인다. (그렉
카풀로 작, 2011년 11월자
《배트맨 1호》 표지)

니다." 스나이더의 말이다. "제 배트맨 작업물에 한 가지 주제가 있다면 그건 배트맨이 자신의 유한성뿐만 아니라 자신이 얼마나 작은 존재인지를 받아들이는 것입니다."

뉴 52는 배트맨의 악당들에게도 재탄생의 시대였다. 《디텍티브 코믹스》의 작가이자 작화가인 토니 S. 다니엘은 조커를 총상으로 인해 전두엽이 절제되는 파격적인 줄거리를 통해 처음 소개하려고 했었다. "조커가 1년 동안 사라진 뒤에, 세계 최고의 악당을 연구하고 싶어 하는 돌팔이 의사 돌메이커 Dollmaker에게 한동안 붙잡혀 있게 된다는 내용이었죠." 다니엘의 말이다. "하지만 DC에서는 전두엽 절제는 너무 과하다고 느꼈어요."

브레인스토밍의 필요성을 느낀 다니엘은 스나이더를 불렀고, 스나이더는 더욱 충격적인 조커의 소개 방안을 제안했다. "스콧 스나이더는 배트맨이 조커를 알아보지 못하게 하는 아이디어를 구상했다고 했죠." 다니엘의 말이다. "조커가 화장을 지우고, 우리가 조커의 진짜 얼굴을 보게 되는 아이디어요. 그래서 전 제가 써 놓았던 돌메이커라는 악당에 대해 설명하면서 그 친구가 조커의 얼굴을 제거해버리면 되겠다고 말했죠. 전두엽 절제보다 약간 더 극단적인 아이디어였지만 어떤 이유에선지 DC는 승인했습니다."[1]

다니엘의 연재분에서 조커는 배트맨에게 자의로 붙잡히고 아캄 어사일럼에 보내지고 그곳에서 돌메이커의 도움을 받아 안면 수술을 통해 새로운 신분을 만든다. 그 뒤 조커는 아캄을 탈출해 은둔하면서 배트맨과 그의 아군들을 공격할 다음 계획을 짠다.

그 아군들도 뉴 52 DC 유니버스에서 큰 변화를 거쳤다. 바바라 고든은 실험 단계에 있는 수술을 받아 척추의 총상을 고치고 다시 활동할 수 있게 되어 배트걸로 복귀한다. 더 젊어진 딕 그레이슨은 다시 한 번 나이트윙으로 범죄와 싸우면서, 자신이 어렸을 때 공연했던 서커스를 상속받게 된다. 제이슨 토드는 레드 후드로 돌아가 아웃로즈 Outlaws 라고 불리는 슈퍼히어로 팀을 이끌게 되고, 팀 드레이크는 레드 로빈으로서 새로운 틴 타이탄스를 결성한다. 한편 데미안 웨인은 마침내 아버지의 곁에서 로빈으로 함께 싸우게 되었다. 배트맨 패밀리는 많은 면에서 그 어느 때보다도 더 결속이 강해졌다.

"브루스 웨인에게는 정서적인 문제가 있어요." 뉴 52 시대에 배트맨 작가진에 합류한 제임스 타이넌 4세 James Tynion IV 의 말이다. "그에게는 처음부터 알프레드라는 자신을 지도해줄 부모 같은 인물이 있었죠. 그리고 그에게서 부모의 모습을 발견한 아이들도 있습니다. 배트맨의 인생에는 가족의 발견이라는 측면이 존재합니다. 모두가 스스로를 위해서 깊은 관계를 만들어 갈 필요를 느끼는 상실을 경험한 인물들이죠. 심지어 배트맨처럼 정서적으로 불안한 인물조차도 그들

"스콧 스나이더는 배트맨이 조커를 알아보지 못하게 하는 아이디어를 구상했다고 했죠."

을 필요로 합니다."

배트맨이 가족을 완전히 포용하고 있을 때, 망토 두른 십자군의 관심을 한 몸에 받는 존재가 되는 것에 오랫동안 집착해온 조커는 배트맨의 사랑하는 이들이 영웅을 잠재력에 이르지 못하게 방해하고 있다고 느낀다. 수술 이후 1년 간의 은둔을 마친 뒤 조커는 다시 세상에 나타나 떼어낸 자신의 얼굴 가죽으로 찢어진 얼굴을 가린 뒤, 배트맨이 외로운 어둠의 기사라는 본연의 역할로 돌아가게 만들 방법이라고 여기면서 배트맨의 가족 전체를 살해할 계획을 세운다.

스나이더는 조커의 가학적인 계획이 작가 본인의 가족에 대한 불안에서 튀어나온 것이라고 밝힌 바 있다. "당시 아내가 둘째 아이를 임신했었는데 전 좋은 아버지가 되지 못할까봐 정말 걱정했습니다." 그의 말이다. "저도 어느 정도는 기대감이 넘쳤습니다만, 근심으로 가득 차 있었죠. 그리고 전 브루스에게 수많은

맞은편 조커는 새로운 신분을 만들기 위해 돌메이커의 도움을 받으면서 문자 그대로 얼굴을 잃어버린다. (토니 S. 다니엘 및 라이언 윈 작, 2011년 11월자 《디텍티브 코믹스 1호》 중에서)

위 1년간 종적을 감췄던 조커는 배트맨과 그의 모든 동료들을 제거할 음모와 함께 돌아온다. (그렉 카풀로 작, 2013년 1월자 《배트맨 14호》 표지)

양자들이 있으니 똑같이 느낄지도 모르겠다는 사실을 깨달았습니다. '내가 사랑하는 저 사람들이 날 취약하게 만든다면 어떨까? 강점이 아니라 약점이라면? 내 마음속 한 켠에 이 가족을 원하지 않는 마음이 있다면 어떨까?'"

스나이더는 조커가 이런 종류의 두려움을 이용하고, 배트맨의 관심을 끌 기회로 여기는 것을 상상했다. "조커는 생각합니다. '네가 가족이 전부 죽길 바란다는 말을 들었어. 내가 그렇게 만들어 줄테니 우리 둘만 있던 시절로 돌아가자고.' 그게 그 이야기의 기원입니다. 당시 제가 자각하고 있던 정서적인 원동력을 통해 만들어졌죠."

조커는 2012년 10월에 시작된 크로스오버 이벤트인 '가족의 죽음'에서 자신의 계획을 실행에 옮긴다. 브루스의 가족 전원을 생포하는 것만으로는 만족하지 못한 범죄계의 광대 왕자는 자신이 모두의 정체를 밝혀 냈고, 배트맨이 그 사실을 알면서도 모두에게 알리는데 실패했다고 주장하면서 불신의 씨앗을 싹트게 한다. 배트맨은 조커가 허세를 부렸다는 증거를 나중에서야 발견하지만 그동안 배트맨의 가족을 하나로 묶어주었던 신뢰는 산산조각이 나고 만다.

탈리아 알 굴의 테러 조직인 리바이어던은 2013년 9월에 시작된 그랜트 모리슨의 뉴 52 시기의 《배트맨 주식회사 Batman Incorporated》에서 그 분열을 이용했다. 탈리아의 지휘 하에 리바이어던은 배트맨 주식회사의 본부인 웨인 타워에 전면적인 공격을 개시한다. 전투 중에 데미안은 너무 늦게 아들을 구하러 온 배트맨을 포함한 수백 명의 무고한 인명을 구하기 위해 자신의 목숨을 희생한다. 탈리아는 웨인 타워를 무너뜨리고 달아나지만 전투 이후 살해당한다.

함께한 시간은 짧았지만 브루스와 데미안은 서로를 사랑하고 존중하게 되었고, 예기치 못한 깊은 유대를 형성하게 되었다. "제 원래 구상은 데미안을 특권 의식 있는 꼬맹이에서 점차 자신의 오류를 깨달아가며 아버지를 위해 영웅으로 죽지만 배트맨의 역사에는 큰 영향을 남기지 않는 채로 퇴장시키는 거였죠." 모리슨의 설명이다. "전 데미안이 정말 마음에 들어서 이야기를 깊이 파고들고 그 캐릭터의 일대기를 만들어 나갈 수 있도록 데미안의 등장 분량을 제 모든 연재 기간에 걸칠 정도로 확대했습니다. 그 과정에서

아래 조커가 만들어낸 악몽 때문에 배트맨에게는 잠조차도 휴식이 되지 못한다. (그렉 카풀로 작, 2013년 2월자 《배트맨 15호》 중에서)

데미안의 인기가 굉장히 높아졌고 캐릭터의 운명도 제 손에서 벗어나게 되었죠."

데미안의 비극적인 죽음 이후 배트맨은 자신의 아들을 되살리는 일에 집착하게 된다. 그는 거의 미치기 직전까지 가지만, 실험 단계의 헬배트 Hellbat 강화복을 입고 아포콜립스 행성까지 간 끝에 데미안을 되살릴 수 있는 기술을 훔치는 데 성공한다. 새롭게 회복된 다이나믹 듀오의 모험은 발품을 판 끝에 그랜트 모리슨의 본래 의도와 달리 데미안을 살려내는 데 성공한 작가 피터 J. 토마시 Peter J. Tomasi 의 뉴 52 시절 월간 연재물인 《배트맨 앤 로빈》에서 그려졌다. "전 로빈이 배트맨 주위에서 통통 튀는 게 좋습니다." 토마시의 설명이다. "데미안은 분명히 문제를 주렁주렁 달고 다니고 있고, 그 특징을 갖고 노는 건 재미있었습니다."

브루스와 데미안이 같은 미래에 올라타게 된 상황에서 스나이더와 카폴로의 《배트맨》은 시계를 과거로 돌려 "제로 이어 Zero Year"라는 게모 에서 어둠의 기사의 다. "DC는

지금 세상이

게가 보기에 제 아이

"우리

위협

얼마

군가가

현대

느낌으

줄거

현재

몰라

폭력

를 자

어둡고

조커를

자신의

소리는

없는 방식으로 배트맨

위 데미안 웨인은 딕 그레이슨의 지도를 받은 뒤, 로빈 역할을 즐기며 아버지 브루스 웨인 곁에서 함께 범죄와 싸우는 일을 기쁘게 받아들인다. (패트릭 글리슨 및 믹 그레이 작, 2013년 5월자 《배트맨 앤 로빈 18호》 중에서)

인서트 2013년에 배트맨 75주년을 맞아 워너 브러더스에서 샌디에이고 코믹콘 행사장에서 홍보용으로 배포한 배트맨 가면의 복제품.

의 머릿속에 파고들죠." 스나이더의 말이다. "조커가 배트맨에게 말하는 것들, 배트맨이 스스로를 한없이 작고 하찮게 느끼도록 만들려고 하는 조커의 시도들은 절 고생시키는 불안과 우울증에서 영감을 받은 것들입니다. 한마디 한마디가 제가 세상과 제 자신에 대해 드는 느낌을 사람들에게 설명할 때 썼던 표현들이죠."

'엔드게임' 결말부에 배트맨은 디오네슘이라는 물질이 조커가 회복된 원인인 동시에 전염병을 치료할 열쇠임을 알게 된다. 그 수수께끼의 물질이 있는 동굴 속에서 조커와 싸우던 배트맨이 동굴 천장을 무너뜨리면서 두 인물은 같이 숨을 거둔 것처럼 보였다. 그로부터 두 달 뒤 고담 시민들은 디오네슘 치료제를 받게 되지만 배트맨은 사망한 것으로 여겨졌고, 대담해진 갱단들과 미스터 블룸^{Mr. Bloom}이라고 알려진 초자연적인 환경 테러범의 활동으로 인해 고담시의 범죄율은 치솟는다. 스나이더의 '슈퍼헤비^{Superheavy}' 편에서 고든 국장은 도시를 위해 마지못해 박쥐 망토를 받아들고 배트슈

트 강화복을 입은 채 풍족한 자원을 활용하면서 고담
시경의 지원을 받으며 활동한다.

배트맨과 세월을 함께 보낸 고든은 쓰러진 친구
를 대신할 특별한 적임자였다. 스나이더는 말한다. "짐
고든은 배트맨에게 이렇게 말하는 친구입니다. '마음
속으로는 자네가 누군지 대강 알고 있지만, 난 자네의
가면을 벗기지 않을 걸세. 자네가 직접 말하지 않는 한
난 모르는 거야. 난 훌륭한 수사관이고 훌륭한 경찰관
이지만, 누구도 내가 그러는 걸 원하지 않는다는 사실
을 알고 있기 때문에 가장 뻔한 단서들을 하나로 엮지
않지.'"

망토 두른 십자군으로서 보낸 짧지만 힘들었던
활동 기간은 고든에게 배트맨의 책임감과 자기 희생,
그리고 배트맨의 활동을 뒷받침하는 신화의 중요성을
새롭게 이해하는 계기가 되었다. "결국 고든이 알게
되는 건 배트맨이 현실 세계에서는 존재할 수 없다는
점이죠." 스나이더의 말이다. "배트맨이 존재할 수 있
는 유일한 길은 인간이 불가능한 뭔가로 변화되는 방
법밖에 없습니다. 일종의 유령 또는 한 사람이 표현할
수 없을 정도로 거대한 신념의 형태로요."

고든과 고담시경이 고담시의 거리를 안전하게 지
키는 동안 브루스 웨인은 완전히 회복되어 나타나지만
배트맨 시절의 기억을 잃은 상태다. 회춘한 브루스는
옛 여자친구 줄리 매디슨과 다시 사귀면서 만족감을
느끼지만 과거의 삶에서 비롯된 떨쳐 낼 수 없는 환상
들 때문에 실험 단계에 있는 기술을 이용해 기억을 되
찾기에 이른다. 브루스 웨인은 줄리에게 진심 어린 작

"사람들은 제게 물어봅니다. '왜 배트맨은 행복해질
수 없는 거죠?' 하지만 그는 이미 행복한 걸요."

별을 고하고 배트맨으로 복귀해 고든 국장을 구한다.

"사람들은 브루스가 줄리 매디슨을 떠난 걸 보
고 화를 내면서 제게 물어봅니다. '왜 배트맨은 행복해
질 수가 없는 거죠?' 하지만 그는 이미 행복한 걸요." 스
나이더는 설명한다. "그에게 평생의 사랑은 고담시이고,
가장 큰 행복은 다른 이들이 자신이 겪은 일을 겪지 않
도록 막는 것이죠. 그건 가장 순수한 형태의 자기희생
입니다."

새롭게 재탄생한 배트맨은 고담시를 다시 순찰
할 준비를 마쳤지만 뉴 52 시대는 2016년 봄에 막을
내렸다. 뉴 52 출판 계획 덕분에 높은 판매량과 새로
운 독자 유입을 얻었지만 많은 골수팬들은 수십년 간
의 설정을 지우면서 DC의 역사에서 너무나 많은 중요
한 요소들이 없어졌다고 느꼈다. 예를 들어 배트맨과
그의 가족은 거의 그대로 남아 있었지만, 일부 팬들은
어둠의 기사가 더 이상 저스티스 리그 오브 아메리카
나 고담시 바깥의 다른 영웅들과 더이상 아무런 접점
도 가지고 있지 않게 되었다는 점에 당황했다.

팬들의 반응을 받아들인 댄 디디오와 짐 리는

맞은편 위 젊은 배트맨이
《디텍티브 코믹스 27호》
표지에서 영향을 받은
자세로 레드 후드 갱단을
제압하고 있다. (그렉
카풀로 및 대니 미키 작,
2013년 12월자 《배트맨 24호》
중에서)

맞은편 아래 훗날 조커가
되는 레드 후드는
배트맨의 기원을 다룬
과거편인 '제로 이어'에서
볼 수 있듯이 뉴 52 시대
배트맨이 마주친 최초의
변장한 악당들 중
하나였다.

위 배트맨과 조커는
'엔드게임'의 마지막
장에서 가장 유혈 낭자한
대결을 벌인다. (그렉 카풀로
및 대니 미키 작, 2015년 6월자
《배트맨 40호》 중에서)

오고 있습니다."

배트맨의 세계는 변한 것 없이 남아 있지만, 리버스 시기의 배트맨의 모험은 스나이더와 카풀로의 연재 기간 동안 펼쳐졌던 거대한 슈퍼히어로 액션 이야기와 달리 더 현실적인 분위기를 취하게 되었다. 제임스 타이니언 4세는 《디텍티브 코믹스》를 맡고 배트맨의 새로운 특공대와 팀 드레이크와의 새로운 관계를 다루는 이야기를 전달했다.

"《디텍티브 코믹스》를 쓸 때 제가 걱정했던 것 중 하나는 '데미안 웨인이 로빈으로 있는 세상에서 팀 드레이크는 어떤 존재가 될까?'였습니다." 타이니언의 말이다. "딕 그레이슨은 장자이고, 제이슨 토드는 어두운 길을 택한 친구이며, 데미안은 말 그대로 배트맨의 아들이죠. 팀 드레이크는 현명한 친구이자 탐정이고, 가족 내에서 데미안에게 역할을 뺏긴 친구입니다. 그는 더 이상 예전과 같은 방식으로 자신을 필요로 하지 않는 배트-패밀리라는 조직 내에서 자신에게 맞는 위치를 필사적으로 찾으려고 하죠. 그게 그 캐릭터의 핵심입니다."

2011년 이후 처음으로 《배트맨》 타이틀을 스콧 스나이더 이외의 인물이 집필하게 되었다. 그의 후임자인 CIA 요원 출신의 톰 킹 Tom King은 배트맨의 원조 조수가 스파이럴 Spyral이라는 국제 첩보 조직에 침투하는 내용의 《그레이슨 Grayson》과 같은 연재작을 통해 좋은 평가를 받은 바 있었다. 킹은 캐릭터의 본질에 충실하면서도 자신의 경험을 바탕으로 자신만의 배트맨을 만들어 냈다. "진실을 담지 않거나 자기 자신을 담지 않는다면 그건 의미 없는 글쓰기입니다." 킹의 말이다. "모두가 배트맨을 경험해 보았지만, 사람들은 아직 제 배트맨을 경험해 보지 못했죠. 사람들은 살면서 별 미치고, 슬프고, 별나고, 환상적인 것들을 보고 경험해 온 CIA 출신자의 렌즈를 통해서는 배트맨을 경험해 본 적이 없습니다. 그게 글의 일부인 겁니다. 자기 자신을 집어넣는 거요."[2]

킹은 배트맨을 정신적, 육체적으로 쥐어짰고, 데이비드 핀치 David Finch, 미켈 하닌 Mikel Janín, 클레이 만 Clay Mann, 리 웍스 Lee Weeks 등으로 구성된 작화진은 휴고 스트레인지, 조커, 리들러 같은 정신적으로 문제 있는 적들로 가득 찬 어둡고 보다 현실적인 고담시의 모습을 정립했다. '아이 엠 수어사이드 I Am Suicide' 편에서 킹은 배트맨이 벤트릴로퀴스트와 캣우먼 등의 악당들을 모아 자신만의 '수어사이드 스쿼드'를 조직하여 베인의 산타 프리스카 본부에 침투하게 만들면서 배트맨과 베인의 재대결을 성사시키기도 했다.

그 임무를 마친 뒤 캣우먼은 배트맨과 고담시까지 동행하고 낭만적인 관계를 회복한다. 배트맨과 브루스 웨인 모두의 진정한 상대가 될 수 있는 누군가를 드디어 찾았다고 확신한 배트맨은 《배트맨 24호》 마지막에 캣우먼에게 감짝 청혼한다.

뉴 52를 새로운 출판 계획인 DC 리버스 Rebirth로 대체하기로 결정했다. 리버스는 2016년에 제프 존스가 쓴 단편 이슈인 《DC 유니버스: 리버스 DC Universe: Rebirth》로 시작되었으며 그 만화에서는 DC 유니버스의 영웅들을 단합시켰던 우정과 결속을 약화시키거나 없애기 위해 수수께끼의 우주적 존재가 현실을 조작했다는 사실이 밝혀진다.

그 발견을 계기로 DC의 많은 영웅들, 특히 플래시, 슈퍼맨, 원더우먼은 배트맨과 함께 저스티스 리그 오브 아메리카에서 활동했던 역사가 복원되는 극적인 결과가 초래됐다. 그러면서도 배트맨의 개인 설정은 거의 영향 받지 않은 채로 남아 있었다. "뉴 52부터 지금까지를 살펴보면 배트맨 책은 새로운 창작진과 새로운 연재작의 추가와는 별개로 리버스의 영향을 별로 받지 않았습니다." 리버스 시대 데미안 웨인의 모험을 《슈퍼 선즈 Super Sons》라는 타이틀에서 다룬 피터 토마시 Peter Tomasi의 말이다. "성격과 특징 면에서 확연한 일관성이 있고 뉴 52 때부터 리버스, 그 이후까지 이어져

위 디오네슘 덕분에 치료된 배트맨은 심신이 최고의 상태로 돌아갔고, 이건 고담시의 범죄자들에게 좋지 않은 소식이었다. (에디 배로우스 및 에베르 페레이라 작. 2016년 8월자 《디텍티브 코믹스 934호》 중에서)

캣우먼은 청혼을 받아들이지만, 현재에 만족하는 배트맨이 경계심을 풀고 더 이상 사명을 이어 가지 못할 것을 염려하여 결국 브루스 웨인과의 혼약을 깨고 만다. "배트맨 작가로서 제 임무는 여러분에게 한 번도 보지 못한 뭔가를 보여주는 것입니다." 킹의 말이다. "식장에 홀로 남겨진 배트맨, 행복에 너무나 가까워졌다가 행복을 뺏겨 버린 배트맨의 모습은 여러분이 지금껏 한 번도 보지 못했던 거죠. 이후 이어지는 이슈들은 그 고통과 고통에서 벗어나려고 하는 그의 모습을 탐구합니다."[3]

《배트맨 50호》의 파혼은 1년 중 상당 기간을 결혼식을 기대하며 보냈던 독자들에게는 충격적인 일이었다. "결혼식 내용과 관련해서는 킹에게 연민을 느낍니다." 스콧 스나이더의 말이다. "킹은 저한테 이렇게 말했었죠. '당연히 배트맨은 결혼 못 하지. 못 하고말고.' 전 이랬어요. '팬들이 엄청 분노할 거야. 친구.'"

"킹은 말했죠. '사람들도 설마 배트맨이 진짜 결혼하고 행복해질 거라고 생각하진 않을 거 아냐?' 전 이랬어요. '그렇게 생각할 거야. 사람들은 언제

나 그 생각에 빠지게 되어 있어. 왜냐면 배트맨이 행복해지는 걸 진심으로 바라거든.' 완전한 자기 희생의 삶을 깊이 성취할 수 있다는 사실을 이해하는 건 굉장히 어려우니까요."

스나이더의 배트맨이 임무를 수행하면서 기쁨과 싸워 나갈 목적을 찾은 반면에 킹의 배트맨은 자신의 십자군 전쟁의 중요성이 가진 무게에 짓눌려 있고 과거에 시달린다. "제 생각엔 킹은 배트맨이 되는 일의 고통에 중점을 둔 것 같아요." 스나이더의 설명이다. "거의 자살 행위 같은 측면이 있죠. 자신이 매우 중요하다고 생각하는 일을 하다가 죽길 바라는 것 같은 마음이요. 하지만 실제로 죽고 싶어 한다거나 그걸 통해 해방되고 싶어 하는 마음은 일부에 불과합니다."

킹은 배트맨과 그의 회복 과정을 자신이 쓰는 100편의 이슈에서 펼쳐지게 될 점진적인 과정으로 여긴다. "제가 쓴 첫 이슈를 보면 배트맨이 죽는 것처럼 보이고 알프레드에게 이런 질문을 던지죠. '부모님께서 절 자랑스러워하실까요?' 브루스가 부모님을 위해, 부모님을 자랑스럽게 하기 위해 자신의 인생을 살아가

위 배트맨과 배트우먼은 DC의 리버스 시대 초기에 고담 나이츠라고 불리는 범죄 투사 조직을 모집한다. (에디 배로우스 및 에베르 페레이라 작, 2016년 8월자 《디텍티브 코믹스 934호》 중에서)

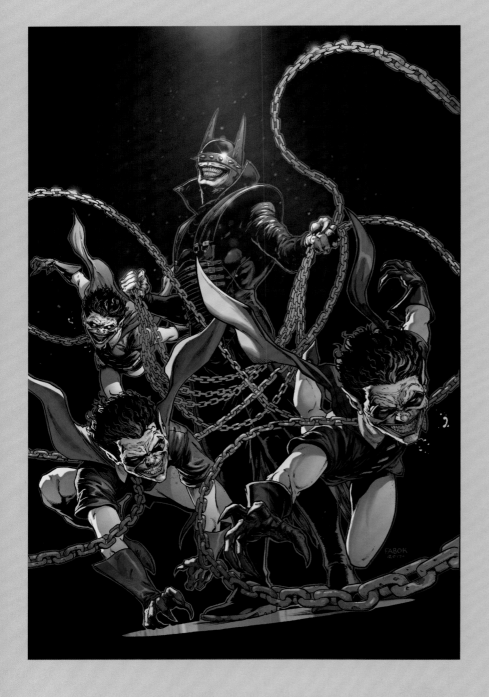

대체 현실 속 배트맨도 한때는 우리 세계의 배트맨과 같았지만, 분노로 인해 그 세계의 조커를 죽이면서 조커가 만든 나노 바이러스에 감염되어 정신이 오염되고 말았다. "웃는 배트맨은 자신이 진정한 배트맨이며 모든 멀티버스의 배트맨들 가운데 우리 세계의 배트맨이 가장 큰 악당이라고 믿습니다." 스나이더의 말이다. "그는 자신의 모든 기억, 모든 인간 관계에 대한 기억을 그대로 가지고 있으면서 양심과 도덕성이 없기 때문에 우리 배트맨에게는 가장 무서운 존재입니다. 그냥 최종의 악당이죠. 자신의 가장 큰 적은 자기 자신이라는 말의 극단인 셈입니다."

최악의 악몽에 직면한 상황에서도 배트맨은 정의를 위해 투신하겠다는 결심을 버리지 않으며, 이는 스나이더와 동료 DC 작가들을 끊임없이 매혹시키는 배트맨의 특징이기도 하다. "그는 언제나 끔찍한 일을 겪은 골목의 소년입니다." 스나이더의 말이다. "그는 말하죠. '난 이 일이 결코 다른 사람에게 벌어지지 않게 할 거고, 모든 수단을 동원해 막을 거야. 헛된 행동이라도 이를 통해 내 삶을 의미 있게 바꾸겠어.' 바로 그겁니다. 이야기에 그 요소를 담기만 하면, 다루고 진화시킬 수 있는 부분이 너무나 많아요. 전 앞으로도 우리가 그런 걸 더 볼 수 있게 되길 바랍니다. 진심으로요."

위 조커화된 로빈 부대를 거느리고 다니는 웃는 배트맨은 DC 유니버스를 어둡게 바꿔 놓을 계획을 품고 있다. (제이슨 페이복 및 브래드 앤더슨 작, 2018년 1월자 《다크 나이츠: 더 배트맨 후 랩스 1호》 표지)

맞은편 배트맨과 캣우먼은 리버스 시대에 다시 사랑하는 사이가 된다. (짐 리 및 스콧 윌리엄스 작, 2018년 9월자 《배트맨 50호》 의 다른 표지)

고 있다는 개념이죠. 전 브루스가 행복을 찾아가는 것이 자기 자신을 위해 인생을 살아가는 법을 배워가는 것이라고 생각하는 걸 좋아합니다. 이건 긴 이야기이며 긴 여정입니다."[4]

킹의 연재 기간 동안 내면의 악과 씨름하던 배트맨은 스나이더의 2017-2018년 미니시리즈인 〈다크 나이츠: 메탈 Dark Nights: Metal〉에서 섬뜩한 DC 평행 유니버스에서 찾아온 자신의 가장 큰 공포들과 맞서게 된다. 두 차원을 나누는 장벽들이 뚫리면서 악몽 같은 존재인 웃는 배트맨(Batman Who Laughs; 검은 차원에서 온 망토 두른 십자군)이 DC 유니버스로 쳐들어와 세상을 자신의 뒤틀린 생각에 맞게 바꾸어놓으려 한다. "제가 만든 악당들 중에 제일 마음에 듭니다." 스나이더의 말이다. "본질적으로 배트맨의 능력들과 전략적 천재성을 모두 갖추고 있으면서도 양심이나 도덕이 전혀 없는 DCU의 최상위 포식자죠."

22. 선한 사람이 얼마나 남았죠?

모든 것을 바꿔 놓은 크리스토퍼 놀란의 다크 나이트 3부작이 끝난 뒤 배트맨의 영화 출연은 끝난 것처럼 보였다. 그러나 브루스 웨인의 평화로운 은퇴는 영원하지 않았다.

2013년, 〈왓치맨〉의 감독 잭 스나이더 Zack Snyder 는 슈퍼맨 기원 영화인 〈맨 오브 스틸 Man of Steel〉을 통해 DC 코믹스 영화 유니버스의 기반을 다졌다. 놀란 감독이 제작하고 데이비드 S. 고이어가 각본을 쓴 그 영화에서 헨리 카빌 Henry Cavill 이 악독한 조드 Zod 장군 마이클 섀넌/Michael Shannon 에게서 지구를 구하기 위해 힘을 가다듬는 젊은 슈퍼맨을 연기했다. 프로젝트 초기부터 스나이더는 〈맨 오브 스틸〉 이후 배트맨과 슈퍼맨을 하나의 극장 화면에서 싸우게 할 야심을 품었다. "〈맨 오브 스틸〉이 성공하면 프랭크 밀러의 《다크 나이트 리턴즈》에 영향을 받은 영화를 속편으로 만들 수 있겠다고 생각했죠." 스나이더의 말이다.

〈맨 오브 스틸〉은 전 세계에서 6억 6천8백만 달러를 벌어들이며 실제로 성공했고, 2013년 6월 개봉 직후 속편 계획이 발표되었다. 슈퍼맨 단독 영화 대신에 크립톤의 마지막 아들과 고담시의 어둠의 기사를 대결시키는 영화를 만들자는 스나이더의 생각은 참신하게 여겨졌고, 워너 브러더스의 임원들은 호감을 표했다. 《다크 나이트 리턴즈》는 역사상 가장 높은 평가를 받아 온 그래픽 노블 중 하나였을 뿐만 아니라, 스나이더는 이미 밀러의 그래픽 노블 《300》을 워너 브러더스에서 성공적으로 영화화한 전력이 있었기 때문이다.

〈배트맨 대 슈퍼맨: 저스티스의 시작 Batman v Superman: Dawn of Justice〉은 2013년에 발표되었고 그 제목은 어둠의 기사와 강철의 사나이의 대결뿐만 아니라 더 거대한 공동 출연작, 오랫동안 기다려 온 저스티스 리그 영화의 시작까지 암시하고 있었다. 그해 8월에 워너 브러더스에서는 실화 바탕의 오스카 수상작인 〈아르고 Argo〉를 감독하고 주연으로 출연한 벤 애플렉 Ben Af-fleck이 가면을 쓰고 카빌의 슈퍼맨과 싸우게 될 것이라고 밝혔다.

"제가 만화를 읽으면서 자라서 그런 건지는 모르겠지만, 전 프랭크가 묘사한 거대한 체격의 배트맨에 익숙합니다. 그 운동 능력은 배트맨의 일부고 벤이 그걸 묘사할 수 있다고 생각했죠." 키 192cm인 애플렉에 대한 스나이더의 평이다. "저는 배트맨 역의 배우가 슈퍼맨 역 배우보다 덩치가 큰 사람이길 바랐습니다. 시각적으로 아이러니한 게 재미있으니까요. 그리고 제게 벤은 정말 완벽한 배트맨입니다. 그는 브루스의 세계를 이해하고 있고 브루스 웨인과 배트맨의 많은 자질들을 가지고 있습니다. 좋은 방향으로요."

"일종의 실존적인 배트맨이라는 점에서 잭의 시각이 마음에 들었습니다." 애플렉의 말이다. "그는 열정적으로 배트맨으로 활동하기보다는 뒤돌아보며 '이럴 가치가 있었나?'라고 스스로에게 묻는 친구죠. 그는 늙어 가는 배트맨이고 예전보다 더 약해졌기 때문에 더 과격하게 주먹을 날리고 인간적인 결점을 보입니다. 그는 과거에 시달리는 망가진 친구죠."[1]

고이어는 스나이더와 긴밀히 협력하며 수개월간 대본 작업을 진행했지만, 2013년 12월에 DC의 다른 작품에 집중하기 위해 하차했다. 영화 제작 과정에 참여해 달라는 요청을 받은 애플렉은 〈아르고〉로 오스카상을 수상한 각본가인 크리스 테리오 Chris Terrio 를 불러 대본을 작업하게 했다.

"〈배트맨 대 슈퍼맨: 저스티스의 시작〉에서는 미국의 힘부터 복수를 다룬 비극의 구조와 DC 코믹스의 서사, 아마존 신화에 이르기까지 모든 것을 깊게 파고들고 싶었습니다." 슈퍼맨의 숙적 렉스 루터 제시 아이젠버그/Jesse Eisenberg 와 브루스 웨인의 동기를 대조시킬 방법을 찾았던 테리오의 말이다. "브루스와 루터는 둘 다 억만장자이고 고아이며, 슈퍼맨이 가진 절대적인 힘에 집착하고 있죠. 그들은 특정 시점에 동일한 목표를 세우기에 이릅니다. 무슨 일이 있어도 슈퍼맨을 막겠다

> ## "제가 제 배트맨에게
> ## 하고 싶은 일이 한 가지 있다면
> ## 진짜 고통을 주는 겁니다."

374쪽 〈배트맨 대 슈퍼맨: 저스티스의 시작〉의 '나이트메어' 장면의 설정화 중에서.

375쪽 2016년작 〈배트맨 대 슈퍼맨: 저스티스의 시작〉에서는 벤 애플렉이 망토와 가면을 착용했다.

위 〈배트맨 대 슈퍼맨: 저스티스의 시작〉 배트슈트의 초기 설정화.

맞은편 위 잭 스나이더가 최첨단 도시형 장갑차로 구상한 배트모빌의 설정화.
맞은편 아래 프랭크 밀러의 《다크 나이트 리턴즈》 속 배트맨을 연상시키는 둔중하고 나이든 배트맨의 설정화.

려고 했다. "제가 제 배트맨에게 하고 싶은 일이 한 가지 있다면 진짜 고통을 주는 겁니다." 감독의 말이다. "그는 알콜 중독자, 진통제 중독자, 그리고 아마도 섹스 중독자였을 거고 수도승 전사와는 정반대죠. 전 밀러의 배트맨이 부모님을 잃은 상처에서 절대 완전히 회복되지 못한 인물이라고 느꼈습니다. 그는 우리의 삶을 더 낫게 만들어 줬죠. 그는 대의를 위해 스스로를 희생하지만, 그 희생에는 대가가 따릅니다."

〈배트맨 대 슈퍼맨: 저스티스의 시작〉은 2014년 5월부터 주로 미시건에서 촬영되었고 제작진은 일리노이와 뉴멕시코도 찾아갔다. 프로덕션 디자이너 패트릭 타투포우로스 Patrick Tatopoulos는 배트맨을 위해서 오래전에 버려진 채 무너져 가는 웨인 저택, 호수 근처에 위치한 미니멀리즘 양식의 온통 유리로 된 주택, 매끈한 최첨단 배트케이브 등 새로운 환경들을 디자인했다. 또한 그는 배트모빌을 길이 6미터에 너비 3.5미터, 무게 3,900킬로그램의 미사일과 연막탄, 고성능 개틀링 기관총으로 무장한 짐승 같은 기계로 재설계했다.

"배트모빌은 기본적으로 우리 배트맨의 미학을 정의했다고 할 수 있습니다." 타토포우로스의 말이다. "잭은 제게 우리 배트맨이 더 늙었고 권태기에 빠졌고, 우리가 지금까지 봐왔던 배트맨들보다 조금 더 나쁜 남자라는 말을 해줬습니다. 그 말이 제게 차를 제작해야 할 방향을 알려주었죠. 제 첫 아이디어는 자동차의 서스펜션을 자유자재로 높이거나 낮출 수 있게 해서 포뮬러 원 경주차나 일종의 지프, 오프로드 버기 같이 될 수 있게 만드는 거였죠. 그리고 전 그 차가 덩치 큰 친구를 담을 수 있을 정도로 커야 한다는 걸 알고 있었습니다. 벤은 키 192cm에 어깨도 넓기 때문에 우리 차는 지금까지 제작된 배트모빌 중에 제일 컸습니다. 폭이 버스 수준이죠."

그 차량은 인상적인 무장을 갖추고 있지만 필요에 따라 무장을 추가할 수 있게 설계되었다. "처음 구상된 배트모빌에는 기관총, 로켓과 그외 여러 가지 장치가 달려 있었습니다." 타토포우로스의 말이다. "더 많은 도구를 부착할 수 있도록 경첩과 턱, 뚜껑들이

고요. 하지만 브루스의 동기가 근본적으로 선한 것과 달리 루터의 동기는 병적입니다."[2]

복잡한 스토리 속에서 또 다른 DC의 상징인 다이애나 프린스 Diana Prince, 일명 원더우먼도 처음 등장했다. 〈분노의 질주 6 Fast & Furious 6〉에 출연했던 이스라엘 여배우 갤 가돗 Gal Gadot이 아마존 전사로 캐스팅되었다. 다이애나 프린스는 극중에서 브루스 웨인과 여러 번 마주친다. 그들은 공동의 위협에 맞서기 위해 전장에서 만날 때까지 서로 조심스럽게 거리를 유지하며 맴돈다. 성격 면에서 보면 가돗의 기운 넘치고 낙관적인 다이애나는 애플렉의 매우 냉소적이고 분노에 가득차 있으며 폭력적이고 이전까지의 배트맨 해석들보다 스스로의 도덕적 제약과 더 타협하는 브루스 웨인과는 동떨어져 있지만 말이다.

테리오와 스나이더는 브루스 웨인을 폭력적인 자경단으로 변화시킨 뿌리 깊은 정신적 상처를 살펴보

달려 있었죠. 우리가 더 많은 물건들을 붙일 수 있게
해 주었습니다. 하지만 초기 디자인은 여러분이 배트
모빌이라는 말을 들었을 때 예상할 수 있을 만한 수준
이었습니다. 사물을 파괴하기 위해서 기관총이 붙어
있긴 합니다만, 그건 사람을 죽일 때 쓰는 무기가 아
닙니다. 벽을 부수고, 앞길을 가로막는 것들을 부술 때
쓰는 거죠."

타토포우로스는 배트맨을 납과 크립토나이트
수류탄, 갈고리 총으로 무장시켰고 그 모든 물건들은
모두가 가장 기대하는 장면인 슈퍼맨과의 맞대결에서
사용될 예정이었다. "시나리오에서 슈퍼맨과 마주치는
순간의 배트맨은 신과 만나는 한 명의 인간입니다."
스나이더의 말이다. "제가 만들려고 했던 상황은 인류
최고의 인간을 신 하나와 싸움 붙이는 것이었습니다.
우리는 착한 친구 두 명이 싸우는 것을 보고 싶으면서
도 그들이 서로 접점을 찾고, 진정한 위협에 함께
맞서길 바라죠. 그들은 함께 도가니 속을
통과해 친구 관계를 맺었습니다. 함께
치른 싸움 때문에 더 굳건한 관계
가 되었죠. 싸움으로 시작된 관계
는 훨씬 돈독한 법입니다."

슈퍼맨과의 싸움에서 이
길 가능성을 높이기 위해 배
트맨은 밀러의 《다크 나이트
리턴즈》에서 콘셉트를 차용
한 중장갑의 기계 배트슈트
를 입는다. "미완성 같고
원시적이면서 약간 야만

적이죠." 의상 디자이너인 마이클 윌킨슨^{Michael Wilkinson}의 말이다. "그 느낌은 배트맨이 슈퍼맨과 맞서기 위해 모든 것을 슈트 속에 넣고, 상대가 굉장한 슈퍼히어로라도 한 번 싸워볼 만하겠다고 느낀다는 우리의 아이디어에 부합했습니다."³ 그러나 그 슈트는 너무 무거웠기 때문에 일부 장면에서 애플렉은 더 넓은 범위의 행동이 가능한 모션 캡처 슈트를 착용했고 기계 슈트는 후반 과정에서 디지털 작업을 통해 추가되었다.

영화 마지막에 슈퍼맨은 괴물 같은 악당 둠스데이와의 전투에서 지구를 구하기 위해 목숨을 희생하고, 배트맨과 원더우먼은 지구를 지키기 위해 다른 초인들을 모집하는 데 힘을 합친다. 한때 불구대천의 적으로 여겼던 인물에 대해 존경심을 느끼고 아마존 전사와 우정을 키워 나가면서 브루스도 자신을 잠식하던 분노에서 벗어나 세상으로 돌아가게 된다. "그게 브루스의 구원의 시작입니다." 스나이더의 말이다. "구원은 〈배트맨 대 슈퍼맨: 저스티스의 시작〉의 마지막에 인간들이 여전히 선하다는 사실을 깨달으면서 시작되죠. 그건 슈퍼맨이 준 가르침입니다. 외계인이 인간성에 대해 가르쳐준다는 건 멋진 일입니다."

<배트맨 대 슈퍼맨: 저스티스의 시작>은 2016년 3월 25일에 개봉했고 개봉 첫 주에 1억 7천만 달러를 벌어들이며 DC 코믹스 영화 및 3월 개봉작의 첫 주 개봉 수입 기록을 갈아치우고, 개봉 첫 주 미국 내 수입으로는 역대 6위를 기록했다. 그 시점에서 스나이더가 감독을 맡고 테리오가 각본을 쓰기로 하면서 저스티스 리그가 총출동하는 모험을 그릴 계획은 잘 진행되고 있었다. 사실 테리오는 <배트맨 대 슈퍼맨: 저스티스의 시작>의 각본을 쓰는 동안 이미 속편을 생각하고 있었다. "<배트맨 v 슈퍼맨>은 <제국의 역습 Empire Strikes Back>이나 <두 개의 탑 The Two Towers> 같은 3부작의 중간 작품 같은 느낌을 갖고 있습니다." 테리오의 말이다. "가운데 영화가 가장 어두운 경향이 있죠. 전 <맨 오브 스틸>부터 <저스티스 리그>까지를 한 편의 이야기로 여깁니다."[4]

초기 단계부터 배트맨이 <저스티스 리그>의 중심에 있어야 한다는 점이 명확했다. 그 영화는 <배트맨 대 슈퍼맨: 저스티스의 시작>의 마지막 장면 이후, 브루스와 다이애나가 지구를 정복하려고 하는 거대한 외계인 악당 스테픈울프(Steppenwolf, 키어런 하인즈 Ciarán Hinds)

"외계인이 인간성에 대해 가르쳐준다는 건 멋진 일입니다."

를 쓰러트릴 수 있는 팀을 조직하는 장면으로 시작한다. "팀을 하나로 모으는 일은 브루스 웨인의 몫이 되어야 했습니다." 스나이더의 말이다. "저스티스 리그가 인간, 지구, 인류의 수호자들이라면 브루스가 그 중심에 서야만 하죠. 그가 곧 우리니까요.. 저스티스 리그 안에서 그는 우리들을 대표하죠."

<저스티스 리그>의 제작이 2016년 4월에 시작되었을 때, 애플렉의 배트맨은 2016년 여름 블록버스터인 <수어사이드 스쿼드>에 카메오 출연하면서 얼굴을 다시 비친 바 있었다. DC 코믹스의 악당 팀 시리즈를 각색한 그 영화에서 망토 두른 십자군은 윌 스미스 Will Smith가 연기한 데드샷과 시내에서 연인인 조커(자레드 레토 Jared Leto)와 광란의 질주를 벌이던 할리 퀸(마고 로비

맞은편 위 어둠의 기사와 강철의 사나이의 대결을 묘사한 설정화.
맞은편 아래 암울한 미래의 모습을 보는 장면에서 브루스 웨인이 착용하는 복장을 그린 설정화.

오른쪽 위 이 설정화에서 배트맨은 슈퍼맨을 쓰러트리는 데 쓸 기계 슈트를 착용하고 있다.

Margot Robbie)을 붙잡는 역할로 등장한다. 배트맨은 악당들을 아만다 월러(Amanda Waller, 비올라 데이비스Viola Davis)에게 넘기고, 월러는 그들을 비밀 시설에 가둔다. "DC 유니버스에 있는 다른 중요한 캐릭터들과 관련지어 '스쿼드'가 있는 세계의 배경을 만들어줄 의도였습니다." 배트맨을 영화에 출연시킨 결정에 대해 〈수어사이드 스쿼드〉와 놀란의 다크 나이트 3부작, 스나이더의 DC 영화들을 제작한 제작자 찰스 로벤Charles Roven이 한 말이다. "벨 리브(교도소)에 배트맨이 잡아넣은 악당들이 하도 많다 보니 그 사실을 시각적으로 보여줄 필요를 느꼈죠."

〈저스티스 리그〉로 돌아온 배트맨은 여전히 엄청난 힘을 유지하지만 브루스가 플래시(에즈라 밀러Ezra Miller), 아쿠아맨(제이슨 모모아Jason Momoa), 사이보그(레이 피셔Ray Fisher) 같은 다른 영웅들과 차츰 이어져 가면서 애플렉은 성격을 살짝 누그러뜨렸다.

"브루스는 슈퍼맨에 대해 오판했고, 그 결과 최초의 진정한 동지를 잃게 됐습니다. 세상은 더 큰 걸 잃었고요." 〈저스티스 리그〉의 기획자로도 참여한 애플렉의 말이다. "그는 그런 실수를 반복하지 않을 겁니다. 브루스는 이렇게 말하죠. '슈퍼맨은 세상의 등불이었어. 사람들을 그냥 구하기만 했던 게 아니라, 사람들이 자신의 가장 뛰어난 부분을 보게 해 줬지.' 그건 제가 봤을 때 브루스 웨인이 이전까지는 한 번도 해본 적 없던 생각이고, 그 캐릭터를 팀 플레이어로 성장시

키는 매력적인 방법이었죠."[5]

동시에 원더우먼과 서로 가까워지는 것을 즐기면서 두 인물의 관계도 더욱 복잡해진다. "그들은 서로에게 계속 도전해요. 그리고 배트맨이 보통 어둡고 지친 성격인 반면에 다이애나는 순수하고 낙천적이지만 그들 사이에는 공통점도 많아요." 가돗의 말이다. "두 사람 모두 모종의 이유로 세상과 거리를 두려고 노력해 왔죠."[6]

영웅들이 비범한 힘을 가진 적과 맞서 싸우는 과정에서 배트맨의 리더십은 첨단 무기와 장비들만큼이나 필수적인 요소가 된다. 프로덕션 디자이너 타토포우로스는 배트모빌을 업그레이드하고 나이트크롤러Knightcrawler라고 불리는 관절 달린 중장갑 차량과 플라잉 폭스Flying Fox라고 불리는 거대한 수송기를 디자인했다. 그 주력기는 제트 전투기인 동시에 화물 수송기이며 3층 높이에 최하층은 배트모빌 3대를 실을 수 있을 정도로 넓었다.

"우리는 배트맨의 변화를 현실적인 문제에 기인하게 했습니다." 타토포우로스의 말이다. "우리에게는 저스티스 리그를 어딘가로 태우고 갈 거대한 제트기가 필요했죠. 외형은 구식의 느낌이 풍기면서도 꽝장히 진보된 기술로 제작된 제트기였습니다."

프로젝트를 시작할 때 스나이더는 〈저스티스 리그〉를 다수의 영화에 걸쳐 펼쳐질 배트맨 이야기의 중요한 에피소드 한 편으로 보았다. "〈저스티스 리그〉와

맞은편 벤 애플렉은 〈배트맨 대 슈퍼맨: 저스티스의 시작〉의 사건 직후를 배경으로 하는 2017년작 〈저스티스 리그〉에서 배트맨 역으로 재등장한다.

위 〈저스티스 리그〉 촬영장의 배트맨의 모습.

위 배트맨의 믿음직한
수송 장비인 플라잉
폭스에 탑승하는 저스티스
리그를 그린 설정화.
가운데 나이트크롤러의
활약을 보여주는 설정화.

함께 배트맨은 다시 완전해질 예정이었죠." 감독의 말
이다. "우리가 기획했던 긴 이야기의 장이 끝날 때쯤이
면 배트맨은 자신을 희생하지만, 그 배트맨은 세상과
화해한 배트맨이 될 것이었습니다. 우린 언제나 3부작,
4부작 또는 5부작을 염두에 두었고, 분명히 애플렉도
결국 다른 배우들처럼 지치게 될 테니 나중에 또 다른
배트맨을 찾아야 할 거라고 생각했죠."

그러나 2016년 10월에 촬영을 마친 뒤 스나이더
는 비극적인 사건 때문에 〈저스티스 리그〉뿐만 아니라
망토 두른 십자군과 모든 DC 영화들의 장기 계획에서
물러나게 되었다. 마블의 〈어벤져스 Avengers〉를 대성공
으로 이끈 각본가 겸 감독 조스 웨던 Joss Whedon이 〈저스
티스 리그〉의 완성을 위해 참여했고 테리오와 함께 공
동 각본가로 크레딧에 올랐다.

2017년 11월 17일에 개봉한 〈저스티스 리그〉는 그
해 배트맨이 주연으로 나온 두 번째 영화였다. 2017년
2월에 워너 브러더스는 배우 윌 아넷 Will Arnett이 괴팍한
망토 두른 십자군의 목소리를 맡은 장편 모험 애니메
이션 〈레고 배트맨 무비 The LEGO Batman Movie〉를 선보였다.
아넷이 연기한 배트맨은 일찍이 2014년 작 〈레고 무
비 The LEGO Movie〉에서 여주인공 와일드스타일 Wyldstyle, 엘
리자베스 뱅크스 Elizabeth Banks)의 남자친구로 등장한 바
있었다. 이 버전의 어둠의 기사는 모든 사람들에게 자
신이 멋진 도구와 환상적인 몸매(심지어 복근도 남들보다
많다)를 가진 멋쟁이라는 사실을 항상 상기시킨다. 그
배트맨은 너무 인기를 끌어서 번외편 영화가 나올 수
밖에 없었다.

크리스 맥케이 Chris McKay 감독은 〈레고 배트맨 무

위 〈배트맨 대 슈퍼맨: 저스티스의 시작〉에 등장했던 배트모빌은 〈저스티스 리그〉에서도 등장하지만 무장이 추가되었다.

아래 다크사이드의 군대에 맞서 지구를 지키기 위해 배트맨은 저스티스 리그, 원더우먼(갤 가돗), 사이보그(레이 피셔), 플래시(에즈라 밀러), 아쿠아맨(제이슨 모모아)을 한데 모았다.

비>의 감독직을 맡았을 때 배트맨 신화의 거의 모든 요소를 동원하면서도 동시에 원래의 캐릭터에 완전히 충실하고, 어둠의 기사가 자신을 괴롭히는 마음속 망령을 쫓아내는 것을 돕는 것까지 목표로 삼았다. "우리는 그 영화를 배트맨에 대한 진짜 배트맨 영화로 만들고 싶었습니다. 배트맨 이야기들은 배트맨이 아니라 악당들에 대한 이야기일 때가 많으니까요." 애니메이션 공동 감독으로 〈레고 무비〉에 참여했던 맥케이의 말이다. "우리들은 배트맨의 문제를 실제로 해결하기 시작하는 영화를 만들고 싶었습니다. 사실 다른 영화들은 배트맨을 고쳐주려고 하는 야심을 품지는 않죠. 특히 속편을 만들고 싶다면요. 우리의 경우에는 실제로 그런 문제들에 대해 이야기해볼 수도 있었고, 그런 문제들을 가지고 재미있게 놀면서도 여전히 우리가 할 수 있는 한 최대한 액션으로 가득 채울 수 있었죠."

세스 그레이엄 스미스Seth Grahame-Smith, 크리스 맥키나Chris McKenna, 에릭 소머스Erik Sommers, 자레드 스턴Jared Stern과 존 위팅턴John Whittington이 각본을 쓴 〈레고 배트맨 무비〉는 악당들을 소탕하고 웨인 저택에서 알프레드(레이프 파인스Ralph Fiennes)와 생활하는 지극히 거만하고 냉정하고 건강한 브루스 웨인을 보여주며 시작한다. 그는 고담시의 거리를 순찰하지 않을 때는 팔 굽혀 펴기를 즐기고 랍스터 요리를 전자레인지에 돌리며 영화

상영실에서 〈제리 맥과이어Jerry Maguire〉를 감상한다. 겉보기에는 충분히 행복해 보이지만, 그는 인생에서 더 많은 것을 갈망하고 있다. 배트맨은 극도로 긍정적인 눈이 왕방울만한 고아 로빈(마이클 세라Michael Cera)을 입양하게 되면서 외로운 늑대 같은 기존의 방식을 강제로 바꾸게 되고, 인생관도 서서히 변해간다.

배트맨은 심지어 잭 갤리퍼내키스Zach Galifianakis가 목소리를 맡은 조커와의 오랫동안 이어져 온 관계를 인정하는 단계에 이르기까지 한다. "우린 배트맨과 조커의 애증 관계를 가져와서 그들이 마음속 깊숙한 곳에서 어느 정도는 서로 깊은 사랑에 빠져 있고, 뒤틀린 관계를 가지고 있는 것처럼 묘사하려고 했습니다." 맥케이의 말이다. "그런 주제는 《다크 나이트 리턴즈》와 《킬링 조크》, 그리고 모든 배트맨 이야기에 등장해왔죠."

할리 퀸(제니 슬레이트Jenny Slate), 스케어크로우(제이슨 맨추커스Jason Mantzoukas), 리들러(코난 오브라이언Conan O'Brien), 베인(더그 벤슨Doug Benson), 캣우먼(조 크라비츠Zoë Kravitz), 클레이페이스(케이트 미쿠치Kate Micucci), 그리고 포이즌 아이비(리키 린드홈Riki Lindhome) 등 로그스 갤러리의 수많은 캐릭터들도 등장한다. 또한 어둠의 기사의 영화화 역사에 대한 재미있는 경의의 표시로, 1989년작 〈배트맨〉에서 하비 덴트 역을 맡았던 빌리 디 윌리엄스가 투페이스

위 〈레고 배트맨 무비〉에서 어둠의 기사와 놀라운 소년은 고담시를 지키려 한다.

"우리들은 배트맨의 문제를 실제로
해결하기 시작하는 영화를 만들고
싶었습니다."

애플렉과 아넷이 큰 화면에서 배트맨을 연기하는 동안 또 다른 배트맨 작품이 폭스 TV 드라마인 〈고담 Gotham〉에서 첫 선을 보였다. 배트맨의 시작만 다루는 것이 아니라 제임스 고든의 형사 경력 초반부까지 다루는 드라마다. 그 드라마의 크리에이터인 브루노 헬러 Bruno Heller는 DC 유니버스를 배경으로 하는 TV 드라마 프로젝트에 대해 DC의 제프 존스와 상의하기 시작했을 때 이미 HBO의 〈로마 Rome〉와 CBS의 〈멘탈리스트 The Mentalist〉로 큰 성공을 거둔 바 있는 거물이었다.

"전 아이디어를 내려고 왔는데 그들도 저한테 아이디어를 주더라고요." 헬러의 말이다. "아이디어의 핵심은 이렇습니다. 만약에 젊은 시절의 제임스 고든이 브루스 웨인의 부모 살인 사건을 수사하던 형사라면? 일단 그런 연결점을 만들게 되면 우리가 이전까지 제대로 들여다보지 않았다는 걸 깨닫게 되는 이야기의 장이 펼쳐집니다. 배트맨 이전의 세계, 고담시의 세계, 어린 브루스 웨인, 젊은 제임스 고든과 악당들의 기원에 대한 이야기 말이죠."

벤 매켄지(Ben McKenzie, 〈사우슬랜드 Southland〉)가 고든 역으로 캐스팅되었고, 그의 파트너인 하비 블록 역은 도널 로그(Donal Logue, 〈테리어스 Terriers〉)가 맡았다. 아역 배우 데이비드 매주즈 David Mazouz가 고든과 부자 관계 같은 유대감을 키워나가는 슬픔에 빠진 브루스 웨인 역으로 캐스팅되었다. "브루스 웨인은 드라마가 시작된 뒤 금방 정신적 충격을 받은 고아가 되죠." 헬러의 말이

역으로 캐스팅되었다.

영화 제작자들은 배트맨 신화 속의 명소들도 레고 블록의 형태로 재창조해야만 했다. 배트케이브는 특히 상상력 가득한 변신을 거쳤는데, 컨베이어 벨트와 셀 수 없이 많은 배트슈트, 음성 인식 비서가 있는 거대한 최첨단 동굴로 묘사되었다. 웨인 저택의 경우 아르데코, 자코뱅 양식, 신고딕 건축의 요소들을 조합했고 호화로운 주방과 실내 수영장, 패션쇼 런웨이 같은 편의 시설이 가득했다.

〈레고 배트맨 무비〉는 재기발랄한 감성과 어둠의 기사에 대한 놀라운 통찰력을 담은 묘사를 통해 즉시 관객들의 마음을 사로잡았다. 버라이어티의 평론가 오웬 글리버먼 Owen Gleiberman은 영화를 이렇게 평가했다. "신나고 눈부시고 엄청 재미있는 풍자극으로 그 풍자의 대상은 윌 아넷이 다시 한 번 낸 깊고 거칠고 탁한 목소리와 환상적으로 걷잡을 수 없는 자아 도취성 인격 장애를 가진 배트맨 자신이다."[7]

위 〈레고 배트맨 무비〉는 조커는 물론 킹 투트나 이레이저 같이 이상한 악당들에 이르기까지 배트맨의 로그스 갤러리를 폭넓게 활용했다.
가운데 레고 배트맨은 자신감에 가득 차 있고 복근을 굉장히 자랑스럽게 여긴다.

다. "브루스는 빈 종이와 같습니다. 인생이 그 사건 이후로 다시 시작되죠. 배트맨이라는 캐릭터의 매혹적인 점은 그 길을 걷기로 한 선택을 보는 관찰자가 그게 축복인지, 저주인지 고민하게 만든다는 점입니다. 제가 봤을 때 그 아이처럼 상처 입은 사람에게는 그런 사명을 통해서 스스로를 승화시키는 길 밖에 없는 것 같습니다. 대부분의 사람들에게 브루스가 선택한 길은 끔찍하고 자기 파괴적인 선택이겠지만, 브루스의 경우에는 이미 조금 망가져 버린 상태죠."

숀 퍼트위 Sean Pertwee 가 브루스를 아끼는 중년의 알프레드 역으로 캐스팅되었다. 해병대 출신인 퍼트위의 알프레드는 나중에 자경단이 되기로 결심한 브루스 웨인의 훈련을 돕는다. 캠런 비콘도바 Camren Bicondova 가 십 대 억만장자와 불안한 우정을 이어가는 거리의 아이 셀리나 카일 역을 맡았고, 로빈 로드 테일러 Robin Lord Tay-

아래 〈고담〉의 마지막 에피소드에서 펭귄(로빈 로드 테일러)과 리들러(코리 마이클 스미스)의 복장은 고전적인 느낌이 들게 바뀐다.
맨 아래 〈고담〉 첫 시즌의 출연진. 피시 무니(제이다 핀켓 스미스), 오스왈드 코블팟(로빈 로드 테일러), 셀리나 카일(캠런 비콘도바), 에드워드 니그마(코리 마이클 스미스), 하비 불록(도널 로그), 짐 고든(벤 매켄지), 알프레드 페니워스(숀 퍼트위), 브루스 웨인(데이비드 매주즈).

lor 는 자신의 교활함을 이용해 고담시의 지하 세계에서 지위를 높여 가는 갱단의 말단 심부름꾼 오스왈드 코블팟 역으로 등장한다. "그런 상징적인 악당들이 없는 배트맨 유니버스는 상상할 수도 없죠." 헬러의 말이다. "허구의 세계에서 그들은 가장 위험한 인간들입니다. 하지만 현실 세계에서 그들은 모두의 의식 속에 들어 있는 악행의 상징적인 꿈속 이미지와 같죠. 로빈 로드 테일러는 누군가의 목을 베더라도 여러분이 그를 동정하고 사랑하고 이해할 수 있게 만듭니다."

배트맨을 낳은 도시를 재창조하면서, 프로덕션 디자이너 더그 크레이너 Doug Kraner 는 황폐해진 도심을 만들었다. "우리는 고담시가 1970년대 말과 80년대 극초반의 뉴욕과 비슷할 거라고 믿습니다. 뉴욕이 최근 역사상 가장 거칠었던 시기죠. 지하철이 청소되기 전, 범죄율이 높던 시절, 도시가 잔인하게 느껴졌던 때입니다." 크레이너의 말이다. "현재 우리가 사는 세상의 현대적이고 극사실적인 묘사는 원하지 않았습니다. 고담시에서는 절대 스마트폰을 볼 수 없을 겁니다."[8]

고담시의 세계는 극단적인 곳이다. 어두운 범죄를 자행하는 부패한 인물들에 의해 굴러가는 이 도시는 브루스를 변장한 자경단이 되는 미래로 몰아붙인다. "시즌1에서 우리는 완전히 트라우마에 빠진 아이라는 개념을 최대한 보여주려고 했습니다." 〈고담〉 총제작자 존 스티븐스 John Stephens 의 말이다. "우리가 지금까지 봐 온 모든 기원담에서는 그 순간을 빨리 지나치고 배트맨으로 넘어가지만, 우리는 그 모든 과정을 겪는 아이를 보여주고 싶었습니다."

브루스가 내면의 혼란을 헤쳐 나가는 법을 배우

는 동안 제임스 고든은 고담시의 악당 문제에 대처하느라 애쓴다. 코리 마이클 스미스 ^{Cory Michael Smith}는 미래의 리들러인 법의학자 에드워드 니그마로 처음 소개되었고, 니콜라스 다고스토 ^{Nicholas D'Agosto}가 지방 검사 하비 덴트 역으로 등장했다. 그 외에도 이야기 속에서 휴고 스트레인지(BD 웡^{BD Wong}), 자경단 아즈라엘(제임스 프레인^{James Frain}), 미스터 프리즈(네이선 대로우^{Nathan Darrow}), 조너선 크레인(데이비드 W. 톰슨^{David W. Thompson}) 등과 얽히기도 한다.

〈고담〉 각본가들은 범죄계의 광대 왕자에 대해 독특한 방식으로 접근하여 정신 장애가 있는 경범죄자 제롬 발레스카^{Jerome Valeska}와 그 쌍둥이 형제인 제레마이어^{Jeremiah}라는 두 캐릭터를 소개했다. 둘 다 그 악당과 닮았지만 극중에서 조커라고 자칭하지는 않는다. 캐머론 모나한^{Cameron Monaghan}이 1인 2역을 맡았다. "제롬이라는 캐릭터를 소개하자 드라마의 인기가 치솟았죠." 스티븐스의 말이다. 제롬이 먼저 고담시를 공포에 질리게 만들었지만 그가 죽은 뒤에는 제레마이어가 가장 조커와 닮은 인물이 된다. 《킬링 조크》에서 영감을 받은 에피소드인 '원 배드 데이^{One Bad Day}'에서 제레마이어는 웨인 저택에 침입해 브루스와 함께 있던 셀리나의 복부에 총을 쏜다. 제레마이어가 염산 통에 빠져서 영구적으로 흉측한 외모로 변하는 '에이스 화학 공장^{Ace Chemicals}' 에피소드도 고전 조커 이야기를 차용하고 있다.

극중에서 브루스 웨인의 역할은 점점 커져간다. 제레마이어의 공격에서 살아남은 셀리나와 애정을 키워 가고, 알프레드에게서 싸우는 법을 배우다가 자신을 훈련시켜 후계자로 삼으려는 리그 오브 섀도스의 지도자 라스 알 굴(알렉산더 시디그^{Alexander Siddig})과 만나게 된다. 시즌4의 결말에서 브루스는 라스 알 굴이 주장하는 대로 고담시의 어둠의 기사가 되는 것이 정녕 자신의 운명인지 저울질한다. "후반 시즌에 여러분은 트라우마 속에서 성장해 그 속에서 일종의 힘을 찾은 한 인물을 보게 됩니다." 스티븐스의 말이다. "더 나아가 이제는 타인까지 신경 쓰며 자신에게 일어난 일이 다른 이들에게 일어나는 것을 막고 다른 이들의 안전을 지키는 일에 헌신하는 인물이기도 하죠."

매주즈가 나이를 먹어감에 따라 브루스도 점점 자경단의 가면을 받아들이게 되는 시점에 가까워진다. "3개월의 휴방 기간 뒤에 매주즈가 3인치가 커져서 돌아온 걸 보고 충격 받았습니다." 스티븐스의 말이다. "그렇지만 그런 성장이 우리에겐 도움이 되었죠. 어린 소년에서 청년이 되어가는 브루스와 알프레드 사이의 인간 관계 이야기나 사랑 이야기 등 우리가 브루스 웨인에 대해 할 수 있는 이야기의 종류를 바꿔 주었으니까요. 원작의 팬들인 우리들도 이미 존재하는 전형적인 캐릭터들을 우리만의 새로운 프리즘을 통해 바라볼 수 있어서 재미있었습니다."

드라마의 다섯 번째이자 마지막 시즌에 제작자들은 이전에 크리스토퍼 놀란의 〈다크 나이트 라이즈〉에서 쓰인 바 있는 1999년의 '노 맨스 랜드' 만화 스토리라인을 각색했다. 악당들이 고담시를 장악하는 시민들의 출입을 막으며 고든과 어린 브루스 웨인

아래 캐머런 비콘도바가 연기한 거리의 좀도둑 셀리나 카일은 토마스와 마사 웨인의 살인 사건을 목격했고 고아가 된 그들의 아들, 브루스의 삶에서 중요한 역할을 맡는다.

을 압박해 주민들을 지키기 위해 과감한 행동을 할 수밖에 없게 만든다. "배트맨에 대한 드라마라면 거창하게 끝내야죠." 헬러의 말이다.

"우리는 '노 맨스 랜드'를 넘어서는 게 어려우리라는 걸 알고 있었기 때문에 그 소재를 마지막 시즌까지 아껴 뒀습니다." 스티븐스는 덧붙인다. "우리는 매 시즌마다 재난에 재난을 거듭하면서 게임 참가비를 너무 올려놨습니다. 고담시에 핵폭탄 같은 걸 떨어트리는 게 유일하게 더 올릴 수 있는 방법처럼 느껴졌죠. 동시에 그 사태는 우리의 모든 등장인물들에게 부여한 역동성과 드라마를 향상시키면서 모든 것을 상향 평준화 시켜 주었습니다."

가장 극적인 사건인 배트맨의 고담시 도착은 드라마의 최종화를 위해 아껴졌다. 10년 뒤의 시점으로 이동하는 에피소드에서 비록 주로 그림자 속에 머물긴 하지만 마침내 망토 두른 십자군이 공식적으로 처음 등장한다. 고담시의 한 마천루 꼭대기에 서 있는 모습은 드라마의 마지막 장면에서만 제대로 확인할 수 있다. 배트맨이 말할 때는 매주즈의 목소리가 나오지만, 키가 더 큰 배우가 배트슈트를 입을 대역으로 뽑혔다. "매주즈도 건장한 청년이 되긴 했는데 우리가 가지고 있던 배트맨 복장은 신장 193cm인 사람용이었거든요." 스티븐스의 말이다.

〈고담〉은 항상 짐 고든의 이야기로 그려졌다. 그

러나 브루스의 여정은 드라마 속에서 필수적인 부분이 되었고, 그 여정은 배트맨으로 성장하는 어린 영웅이 깊이와 넓이를 더해가는 것을 도와주었다. 제작진은 브루스가 사랑하는 사람들, 그리고 적들과 함께한 성장기의 경험을 묘사하면서 그의 배경에 어떻게 살을 붙였으며 배트맨이 고담시를 지킬 수 있게 해 주는 기술을 어떻게 익혔는지에 대해 시청자들에게 큰 통찰을 주었다.

"저는 브루스가 배운 교훈이 동정심이라 하겠습니다." 헬러의 말이다. "그는 인간에게 생길 수 있는 모든 그늘을 확인했죠. 그는 선한 사람들에게도 악이 들어 있고 악한 사람들에게도 선이 들어 있다는 사실을 배웠습니다. 그렇게 해서 브루스 웨인은 변했습니다. 그는 더 현명해졌죠. 십대 시절은 그에게 싸우는 법도 가르쳐 주었지만 대단한 지혜도 가르쳐주었고, 그에게는 훌륭한 조언자들이 있었죠. 그게 배트맨이라는 캐릭터의 핵심 아닌가요? 그는 탐정입니다. 그는 똑똑하고 영리하면서 악당을 혼내 줄 수 있는 힘을 가졌죠."

"〈고담〉은 정말 캠벨의 소설에 나올 것 같은 영웅의 여정입니다." 스티븐스는 덧붙인다. "처음에 브루스 웨인은 자기 자신의 고통에 대처하지만, 시즌5의 마지막에 이르면 다른 이들의 고통에 대처하는 일이 주를 이루게 되죠."

위 〈고담〉의 마지막 에피소드는 10년 뒤를 무대로 하며 브루스 웨인이 10년간의 훈련을 마치고 배트맨으로 복귀한 모습을 보여준다.

맞은편 롭 크리스티가 그린 〈고담〉 속 배트슈트 설정화.

〈고담〉의 의상미술

THE COSTUME ART OF
GOTHAM

삽화 **롭 크리스티**
의상 디자인 **존 글레이저**와 **조시 퀸**

배트맨 이터널

80년의 역사 동안 배트맨은 자신이 모든 시대와 장르에 걸쳐 가장 변화무쌍하고 지속적인 생명을 유지해 온 대중 작품 속 캐릭터 중 하나임을 입증해왔다. 1939년에 데뷔한 이래로 끊임없이 진화하면서도 자신의 원칙에 언제나 충실했던 어둠의 기사는 여러 세대 대중들의 의식 속 한가운데 자리해왔다.

"제가 언제나 가장 좋아하는 배트맨의 특징은 특유의 엄청난 적응성입니다. 어느 시대에 어느 시각을 통해 만들어진 배트맨 이야기들을 봐도 재밌습니다." 작가 그랜트 모리슨의 말이다. "저는 자아 도취적인 레고 배트맨이나 애덤 웨스트의 금욕적인 공공질서 수호자만큼이나 크리스토퍼 놀란, 프랭크 밀러, 브루스 팀, 톰 킹, 그리고 서로 상반된 것처럼 보이는 모든 배트맨 해석들을 전부 다 좋아합니다."

영화 제작자 마이클 유슬란의 말에 따르면, 끝없는 재창조를 가능케 한 역량은 처음부터 존재했다고 한다. "저는 밥 케인이 단순히 하나의 이야기가 아니라 시각적인 이미지로 배트맨을 창조했기 때문에 여러 세대의 창작자들이 배트맨을 보고 자신들이 사는 시대에 맞춰 제각기 말할 주제를 찾을 수 있었다고 믿습니다. 그 주제가 무엇이든 간에 배트맨은 사람들이 자신들의 시각을 실을 수 있게 해주는 간단한 상징의 기능을 했죠."

"배트맨은 궁극적으로 간단한 캐릭터입니다. 그는 탐정이고 자경단이며 초능력 없이 스스로 슈퍼히어로가 되었죠. 저는 그 점이 배트맨에게 생명을 유지할 수 있는 힘을 준다고 생각합니다." 크리스토퍼 놀란 감독의 말이다. "그 속에는 우리들 가운데 누구나 자기 수양과 의지력을 통해 엄청나게 강해질 수 있고, 세상의 그릇된 것들을 바로잡는 것을 도울 수 있다는 생각이 들어 있습니다. 저는 모든 위대한 배트맨 이야기에는 배트맨이 개선하려고 하는 사회의 어두운 면과 캐릭터 내면의 어두운 면 사이의 긴장 관계가 포함되어 있다고 생각합니다. 배트맨은 언제나 자신의 어두운 면을 가까이하는 상징적인 인물이고, 저는 그 긴장 관계를 제대로 탐구하려고 노력하는 작품들이 훌륭한 배트맨 이야기들이라고 생각합니다."

배트맨에게는 분노에 찬 복수자라는 평판이 있지만, 작가 스콧 스나이더는 궁극적으로 배트맨을 비극과 절망이 아니라 희망과 낙관의 상징으로 본다. "배트맨의 핵심에는 정말 강력한 교훈이 들어 있습니다. 그는 비극을 겪은 뒤 그 비극을 영웅적이고 자기 희생적인 삶으로 바꾼 아무런 초능력도 없는 인간입니다. 배트맨은 두려움 앞에서 용기를 가지는 것을 상징합니다. 우리들은 우리가 갖고 있는 최고의 측면을 확인하고, 우리가 생각했던 자신의 한계를 뛰어넘어 더 나은 사람이 되기 위해 배트맨을 바라보죠."

수많은 놀라운 능력들을 가지고 있음에도 배트맨을 정의하는 요소는 언제나 그의 인간성이었고, 다른 그 어떤 고전 영웅들보다도 그런 측면이 더 강할 것이다. "비극에 짓눌리고 쓰러려 하기보다는 그 고통을 통해 고귀하고 이타적인 일을 해내죠." 배우 케빈 콘로이는 말한다. "배트맨은 셰익스피어적인 맥락에서 매우 비극적인 영웅입니다. 모든 슈퍼히어로들을 통틀어 가장 셰익스피어적인 인물이죠. 배트맨을 보면 햄릿, 그 고전적이고 비극적인 영웅이 정말 많이 생각납니다."

"우리 모두는 살다 보면 고난과 부딪히게 되죠." 작가 제임스 타이넌 4세는 이렇게 덧붙인다. "그리고 고난이 끝나고 나면, 우리는 고난이 남긴 원초적이고 깊은 상처 때문에 더 이상 아프지 않기 위해 새롭고 더 나은 사람이 되고 싶어 하죠. 우리 모두에게는 배트맨이 약간씩 들어 있고 배트맨이 될 수 있는 추진력이 있으며, 우리는 한 명의 인간 캐릭터가 그렇게 뛰어난 존재로 거듭나는 것을 보며 즐거움을 느낍니다."

압도적인 역경에 직면하더라도 희망과 인내를 잃지 말라는 메시지를 통해 배트맨은 전 세계 사람들에게 영감을 주는 원천이 되었다. "전 팬들이 보내온 수천 통의 편지를 갖고 있어요. 좋은 시절이든 나쁜 시절

BATMAN

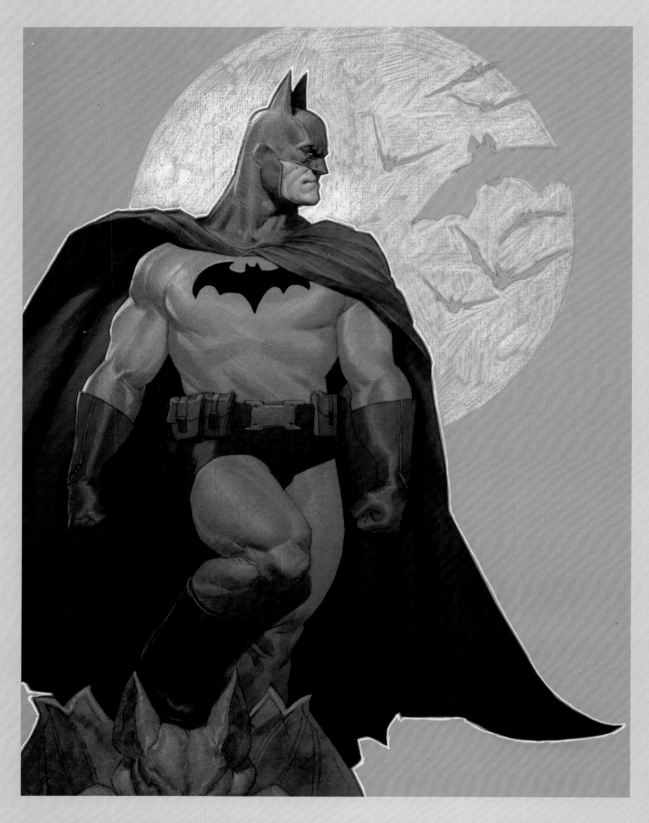

이든 팬들의 인생과 함께할 수 있었다는 게 제겐 정말 각별한 의미를 가진답니다." 배우 줄리 뉴마는 회상한다. "오늘날까지도 전 우리가 만들어낸 게 그렇게 수많은 사람들에게 정말 큰 의미를 지닌다는 사실에 압도되고, 감동을 느껴요."

"이 모든 것을 단순한 오락거리로 치부하는 사람들도 있지만, 어떤 사람들에게는 그보다 훨씬 중요한 의미를 갖습니다." 작가이자 편집자인 데니 오닐은 덧붙인다. "힘든 시기를 겪고 있는 아이들에게는 때로는 이런 이야기들이 이 탈출구가 그들이 가진 전부일 수도 있습니다. 하루를 더 버틸 수 있게 도와주는 한줄기의 밝은 빛일 수도 있죠. 그런 누군가에게는 배트맨

이 세상의 전부를 의미할 수도 있습니다."

시대와 상관없이 배트맨의 정의에 대한 헌신은 절대 흔들리지 않으며 갱단과 싸우든, 외계 행성에서 수수께끼를 풀든, 아니면 사악한 로그스 갤러리와 두뇌 싸움을 벌이든 그 사실은 변치 않는다. 세상이 배트맨을 필요로 하는 한 그는 항상 부름에 응할 것이다.

"내가 알아둬야 하는 건 한 가지 뿐이다. 배트맨은 언제나 돌아온다. 더 크고 더 뛰어나게 새롭고 빛나게." 그랜트 모리슨의 《배트맨 주식회사》 마지막 부분에 나오는 고든 국장의 대사다. "배트맨은 절대 죽지 않는다. 이 일은 절대 끝나지 않는다. 아마 앞으로도 절대 끝나지 않으리라."

THE DARK KNIGHT RISES

참고 문헌

1장: 골든 에이지
1. Bob Kane and Tom Andrae, *Batman and Me* (Forestville: Eclipse Books, 1989), 35.
2. Jim Steranko, *The Steranko History of Comics* (Reading: Supergraphics, 1970), 45.
3. Steranko, *History of Comics*, 45.
4. Mark Cotta Vaz, *Batmobile: The Complete History* (San Rafael: Insight Editions, 2012), 22.
5. Kane and Andrae, *Batman and Me*, 110.
6. Kane and Andrae, *Batman and Me*, 127.
7. Alan Kistler, "History of the Batman Portrayals—Part 1," CBR, August 29, 2012, https://www.cbr.com/history-of-the-batman-portrayals-part-1.
8. Will Sloan, "Batman Really Begins: 'I Went from a Kid on the Farm to Robin,'" NPR, July 17, 2012, https://www.npr.org/2012/07/17/156902982/batman-really-begins-i-went-from-a-kid-on-the-farm-to-robin.
9. Sloan, "Batman Really Begins."
10. Allan Asherman, "The Batman That Never Was," Batman Through the Ages!, http://ws.fortress.net.nu/batman/bat-screen/radio.php.

2장: 망토 두른 십자군
1. Bob Kane and Tom Andrae, *Batman and Me* (Forestville: Eclipse Books, 1989), 114.

3장: 새로운 모습
1. Jim Beard, "Harriet Ascending: The Queer Case of Dick's Aunt," Tor.com, February 1, 2011, https://www.tor.com/2011/02/01/harriet-ascending-the-queer-case-of-dicks-aunt/comment-page-1.

4장: 찰싹! 뻥! 퍽!
1. Bob Kane and Tom Andrae, *Batman and Me* (Forestville: Eclipse Books, 1989), 134.
2. "History," Bat-Mania, https://www.66batmania.com/bios/history.
3. Adam West, introduction *to Batman in the Sixties* (New York: DC Comics, 1999), 6.
4. Joe Desris and Robert Garcia, *Batman: A Celebration of the Classic TV Series* (London: Titan Books, 2016), 27.
5. Cesar Romero, interview by Jean Boone, 1968.
6. Burgess Meredith, interview.
7. Frank Gorshin, interview by Skip E. Lowe, c. 1989.
8. Neal Hefti, interview by Forrest Patten, *Journal into Melody*, September 7, 2004.
9. Kane and Andrae, *Batman and Me*, 135.
10. Joe Desris, "Collecting," *Batman Official Movie Souvenir Magazine*, 1989, 62–64.

11. Victoria Price, interview, Scream Factory, 2013.

5장: 어둠의 기사 탐정
1. Sam Hamm, introduction to *Batman: Tales of the Demon*, by Dennis O'Neil (New York: DC Comics, 1991), 6–7.
2. Troy Anderson, "The 15 Best Two-Face Stories," CBR, October 27, 2016, https://www.cbr.com/the-15-best-two-face-stories.
3. Chris Sims, "Ask Chris #277: Where Does *Strange Apparitions* Sit in the Batman Canon?" ComicsAlliance, February 12, 2016, https://comicsalliance.com/ask-chris-277-where-does-strange-apparitions-sit-in-the-batman-canon.

6장: 한편, 홀 오브 저스티스에서는…
1. Dan Greenfield, "13 Quick Thoughts: The Kitschy Kick of Filmation Batman," 13th Dimension, October 19, 2018, https://13thdimension.com/13-quick-thoughts-the-kitschy-kick-of-filmation-batman.
2. Dan Greenfield, "13 Great Things about Filmation's 1968 Batman Cartoon," 13th Dimension, September 14, 2018, https://13thdimension.com/13-great-things-about-filmations-1968-batman-cartoon.
3. *Saturday, Sleeping Bags & Super Friends*, released with *Challenge of The Super Friends: The First Season* (2006; Burbank, CA: Warner Home Video), DVD.

8장: 귀환
1. Kim Thompson, "Return of the Dark Knight," *Comics Journal*, August 1985, 60.
2. Thompson, "Return of the Dark Knight," 60.
3. Abraham Riesman, "Frank Miller Talks About Superman's Penis and His Plans for a Children's Book," Vulture, November 17, 2015, https://www.vulture.com/2015/11/frank-miller-dark-knight-superman.html.
4. Mikal Gilmore, "Comic Genius: Frank Miller's The Dark Knight Returns," *Rolling Stone*, March 27, 1986, 58.
5. Scott Huver, "Frank Miller Talks *Dark Knight Returns* 30th Anniversary, Angry Youth & Beloved Heroes," CBR, February 26, 2016, https://www.cbr.com/frank-miller-talks-dark-knight-returns-30th-anniversary-angry-youth-beloved-heroes.
6. Graeme McMillan, "Why *Batman: The Dark Knight Returns* Endures as a Comic Book Classic," *Hollywood Reporter*, November 21, 2015, https://www.hollywoodreporter.com/heat-vision/why-batman-dark-knight-returns-842518.

7. Riesman, "Frank Miller."

8. Alan Moore, "The Mark of Batman: An Introduction by Alan Moore," introduction to *The Dark Knight Returns*, by Frank Miller (New York: Warner Books, 1986), vi.

9. Frank Young, "Comics Used to Be About Telling Stories . . ." *Comics Journal*, August 1992, 118.

10. Christopher Brayshaw, "Mazzucchelli," *Comics Journal*, March 1997, 48.

11. Brian Cronin, "The Fascinating Behind-the-Scenes Story of Frank Miller's *Dark Knight* Saga," CBR, November 24, 2015, https://www.cbr.com/the-fascinating-behind-the-scenes-story-of-frank-millers-dark-knight-saga.

12. Glen Weldon, *The Caped Crusade: Batman and the Rise of Nerd Culture* (New York: Simon & Schuster, 2017), 140.

9장: 전환점

1. Mike W. Barr, introduction to *Batman Year Two: Fear the Reaper* (New York: DC Comics, 2002), 4.

2. Barr, introduction to *Batman Year Two*.

3. Mike Cotton, "Last Call: Preparing for Retirement, *Alan Moore* Reflects on His Accomplishment," *Wizard*, January 2004, 62.

10장: 저런 멋진 장난감들을 어디서 구했지?

1. Bill Zehme, "Michael Keaton's *Batman*," *Rolling Stone*, June 29, 1989, https://www.rollingstone.com/movies/movie-news/michael-keatons-batman-54349.

2. Zehme, "Michael Keaton's *Batman*."

3. Adam Pirani, "Anton Furst Interview," *Comics Scene*, July 1989, 34.

4. Iain Johnstone, "Dark Knight in the City of Dreams," *Empire*, August 1989, https://www.empireonline.com/movies/features/empire-classic-feature-batman.

5. Pirani, "Anton Furst Interview," 35.

6. Kim Basinger, "Conversations in the Arts and Humanities with John C. Tibbets," video interview by John C. Tibbets, 1989, https://www.youtube.com/watch?v=sMXCL9UYOG4.

7. Adam Pirani, "Bob Ringwood Interview," *Comics Scene*, July 1989, 46.

8. Pirani, "Bob Ringwood Interview," 46.

9. Jessica Duchen, "Costume designer Bob Ringwood on Laurence Olivier, Katharine Hepburn, and how he changed the shape of superheroes," *Independent*, January 19, 2016, https://www.independent.co.uk/arts-entertainment/theatre-dance/features/costume-designer-bob-ringwood-on-laurence-olivier-katharine-hepburn-and-how-he-changed-the-shape-of-a6821836.html.

10. Richard Corliss, "The Caped Crusader Flies Again," *Time*, June 19, 1989, http://content.time.com/time/magazine/article/0,9171,957980,00.html.

11. Pirani, "Anton Furst Interview," 36.

12. Johnstone, "Dark Knight in the City of Dreams."

13. Joe Morgenstern, "Tim Burton, Batman and the Joker," *New York Times*, April 9, 1989.

14. Marc Shapiro, "Danny Elfman Interview," *Starlog*

Yearbook #2, 1988.

15. Tim Burton, *Burton on Burton*, rev. ed., ed. Mark Salisbury (New York: Farrar, Straus and Giroux, 2006), 81.

16. Hal Hinson, "*Batman*," *Washington Post*, June 23, 1989.

11장: 죽기에는 외로운 곳

1. *Batman: A Death In The Family* trade paperback, 1988, New York.

13장: 배트맨의 승리

1. Tim Burton, *Burton on Burton*, rev. ed., ed. Mark Salisbury (New York: Farrar, Straus and Giroux, 2006), 102.

2. Morrissey Bond, "Exclusive: On Location with the Bat, the Cat and the Penguin," *Empire*, August 1, 1992, http://www.gorgeouspfeiffer.com/blog/exclusive-on-location-with-the-bat-the-cat-and-the-pengiun-august-1992.

3. Paul Rowlands, "Daniel Waters on *Batman Returns*," Money into Light, 2016, http://www.money-into-light.com/2016/06/daniel-waters-on-batman-returns.html.

4. Michael Keaton, video interview by Terry Wogan about *Batman Returns*, 1992, https://www.youtube.com/watch?v=w7GwFW-15pw.

5. *Batman Returns* production notes, Warner Bros. Pictures, 1992.

6. Byron Burton, "*Batman Returns* at 25: Stars Reveal Script Cuts, Freezing Sets and Aggressive Penguins," *Hollywood Reporter*, June 19, 2017, https://www.hollywoodreporter.com/heat-vision/batman-returns-at-25-stars-reveal-script-cuts-freezing-sets-aggressive-penguins-1013942.

7. *Batman Returns* production notes.

8. *Batman Returns* production notes.

9. Burton, "*Batman Returns* at 25."

10. Kenneth Turan, "Movie Review: The Roar of the Cat, Whimper of the Bat," *Los Angeles Times*, June 19, 1992.

11. Burton, *Burton on Burton*, 113.

12. *Shadows of the Bat: The Cinematic Saga of The Dark Knight Part 4—Dark Side of the Knight*, directed by Constantine Nasr, released with *Batman: The Motion Picture Anthology 1989–1997* (2005; Burbank, CA: Warner Home Video, 2009), DVD.

13. Richard Natale, "Batman Paints the Town: The Caped Crusaders Are Hipper, Sleeker and Suited Up with Sex Appeal. A Colorful Comic-Book Look Replaces Gotham's Dark Past," *Los Angeles Times*, June 13, 1995.

14. "Interview with *Batman Forever*'s Janet Scott Batchler," Batman Online, September 3, 2011, https://www.batman-online.com/features/2011/9/3/interview-with-batman-forever-screenwriter-janet-scott-batchler.

15. Yoselin Acevedo, "Michael Keaton Passed on *Batman Forever* Because the Script 'Sucked,'" IndieWire, January 4, 2017, https://www.indiewire.com/2017/01/michael-keaton-passed-on-batman-forever-the-script-sucked-interview-1201764509.

16. *Shadows of the Bat: The Cinematic Saga of The Dark*

맞은편 라이언 수크의 2011년 2월작 《배트맨: 리턴 오브 더 브루스 웨인 디럭스 에디션》 표지 중에서.

Knight Part 5—Reinventing a Hero, directed by Constantine Nasr, released with *Batman: The Motion Picture Anthology 1989–1997* (2005; Burbank, CA: Warner Home Video, 2009), DVD.

17. "*Batman Forever*: Val Kilmer Exclusive Interview," ScreenSlam, published March 20, 2015, https://www.youtube.com/watch?v=eVC610TGnA8.

18. Mark Cotta Vaz, "Forever and a Knight," *Cinefex* no. #63 (September 1995).

19. "*Batman Forever*: Chris O'Donnell Exclusive Interview," ScreenSlam, published March 20, 2015, https://www.youtube.com/watch?v=qt_aLaeeKrk.

20. *Shadows of the Bat: Reinventing a Hero*.

21. Cotta Vaz, "Forever and a Knight."

22. Cotta Vaz, "Forever and a Knight."

23. Natale, "Batman Paints the Town."

24. *Scoring Forever: The Music of Batman Forever*, directed by Constantine Nasr (2005; Burbank, CA: Warner Home Video, 2010), Blu-ray Disc.

25. George Clooney, interview by Joe Leydon, June 1997, https://www.youtube.com/watch?v=dVje8SwJ3QM.

26. Michael Mallory, "Holy Caped Caper, IV," *Variety*, March 4, 1997.

27. "*Batman & Robin* Villains: Poison Ivy," short film, released with *Batman & Robin* (Two-Disc Special Edition), directed by Joel Schumacher (2005 Burbank, CA: Warner Home Video, 2009), DVD.

28. Devon Jackson, "Youth and Experience," *Batman & Robin Official Souvenir Magazine*, DC Comics, 1997, 11.

29. Dave Karger, "*Batman & Robin*: Star-studded boom, or bust?" *Entertainment Weekly*, March 14, 1997.

30. Mark Cotta Vaz, "City of Action. City of Ice," *Batman & Robin Official Souvenir Magazine*, DC Comics, 1997, 58.

31. *Shadows of the Bat: The Cinematic Saga of the Dark Knight Part 6—Batman Unbound*, directed by Constantine Nasr, released with *Batman: The Motion Picture Anthology 1989–1997* (2005; Burbank, CA: Warner Home Video, 2009), DVD.

32. Mallory, "Holy Caped Caper, IV."

14장: 나는 밤이다

1. Paul Dini and Chip Kidd, *Batman: Animated* (New York: HarperEntertainment, 1998), 30.

2. Dini and Kidd, *Batman: Animated*, 90.

3. Byron Burton, "The Triumph and Heartbreak Behind *Batman: Mask of the Phantasm*," *Hollywood Reporter*, December 21, 2018, https://www.hollywoodreporter.com/heat-vision/batman-mask-phantasm-was-inspired-real-life-heartbreak-1171147.

16장: 진화

1. Tom Spurgeon, "An Interview with Ed Brubaker (2004)," Comics Reporter, September 2, 2006, http://www.comicsreporter.com/index.php/resources/interviews/6073.

2. Spurgeon, "An Interview with Ed Brubaker (2004)."

3. Brian Cronin, "The Fascinating Behind-the-Scenes Story of Frank Miller's *Dark Knight* Saga," CBR, November 24, 2015, https://www.cbr.com/the-fascinating-behind-the-scenes-story-of-frank-millers-dark-knight-saga.

4. Gary Groth, *The Comics Journal Library: Frank Miller: The Interviews: 1981–2003* (Seattle: Fantagraphics Books, 2003), 110.

5. Charles Brownstein, "Returning to the Dark Knight: The Frank Miller Interview—Part 1," CBR, April 21, 2000, https://www.cbr.com/returning-to-the-dark-knight-frank-miller-interview-part-1.

17장: 배트맨에게 한계란 없다

1. *The Fire Rises: The Creation and Impact of the Dark Knight Trilogy*, executive produced by Jordan Goldberg, released with *The Dark Knight Trilogy: Ultimate Collector's Edition*, disc 6 (2013; Burbank, CA: Warner Home Video, 2013), DVD.

2. Dan Fierman, "Bat Outta Hell," *Entertainment Weekly*, April 29–May 6, 2005, 30.

3. Brian Hiatt, "Q&A: Christopher Nolan," *Rolling Stone*, August 2, 2012, https://www.rollingstone.com/movies/movie-news/qa-christopher-nolan-187923/.

4. Terry Gross, "The Busy Career of Actor Christian Bale," *Fresh Air* podcast, NPR, October 28, 2005, https://www.npr.org/templates/story/story.php?storyId=4979289.

5. *The Fire Rises*.

6. *Batman: The Journey Begins*, released with *Batman Begins* (Limited Edition) (2005; Burbank, CA: Warner Home Video, 2008), Blu-ray Disc.

7. Jody Duncan Jesser and Janine Pourroy, *The Art and Making of the Dark Knight Trilogy* (New York: Abrams, 2012), 92.

8. Mark Cotta Vaz, *The Art of Batman Begins* (London: Chronicle, 2005), 62.

9. *The Fire Rises*.

10. Gross, "Christian Bale."

11. *Batman Begins* production notes, Warner Bros. Pictures, 2005.

12. *Batman Begins* production notes.

13. Kenneth Turan, "Wholly Rebound," *Los Angeles Times*, June 14, 2005, https://www.latimes.com/archives/la-xpm-2005-jun-14-et-batman14-story.html.

14. *The Dark Knight* production notes, Warner Bros. Pictures, 2008.

15. Aaron Couch, "Heath Ledger Asked Christian Bale to Hit Him for Real in *The Dark Knight*," *Hollywood Reporter*, October 17, 2017, https://www.hollywoodreporter.com/heat-vision/dark-knight-heath-ledger-asked-christian-bale-hit-him-real-1049304.

16. Olly Richards, "World Exclusive: The Joker Speaks," *Empire*, November 28, 2007, https://www.empireonline.com/movies/news/world-exclusive-joker-speaks.

17. Jesser and Pourroy, *The Art and Making*, 20.

18. Jesser and Pourroy, *The Art and Making*, 119.

19. *The Dark Knight* production notes.
20. Jonathan Heaf, "Christian Bale on Suffering from Insomnia and Running into Viggo Mortensen in Rome," British GQ, July 23, 2012, https://www.gq-magazine.co.uk/article/gq-film-christian-bale-interview.
21. *The Dark Knight* production notes.
22. Jesser and Pourroy. *The Art and Making*, 182.
23. Manohla Dargis, "Showdown in Gotham Town," *New York Times*, July 18, 2008, https://www.nytimes.com/2008/07/18/movies/18knig.html.
24. *The Fire Rises.*
25. "Gotham's Reckoning," *Ending the Knight* featurette compilation, released with *The Dark Knight Trilogy: Ultimate Collector's Edition*, disc 2 (2012; Burbank, CA: Warner Home Video, 2013), DVD.
26. Jesser and Pourroy, *The Art and Making*, 123.
27. "A Girl's Gotta Eat," *Ending the Knight* featurette compilation, released with *The Dark Knight Trilogy: Ultimate Collector's Edition*, disc 2 (2012; Burbank, CA: Warner Home Video, 2013), DVD.
28. "A Girl's Gotta Eat."
29. "A Girl's Gotta Eat."
30. "A Girl's Gotta Eat."
31. "The Prologue: High-Altitude Hijacking," *Ending the Knight* featurette compilation, released with *The Dark Knight Trilogy: Ultimate Collector's Edition*, disc 2 (2012; Burbank, CA: Warner Home Video, 2013), DVD.
32. "Batman vs. Bane," *Ending the Knight* featurette compilation, released with *The Dark Knight Trilogy: Ultimate Collector's Edition*, disc 2 (2012; Burbank, CA: Warner Home Video, 2013), DVD.
33. "Christian Bale Explains *The Dark Knight Rises* Ending," *Entertainment Weekly*, SiriusXM Satellite interview, December 16, 2014, https://www.youtube.com/watch?v=-1MdA39Z0EM.

19장: 위협적인 게임들

1. Brian LeTendre, "The Art of *Batman: Arkham Asylum*." CBR, July 10, 2009, https://www.cbr.com/the-art-of-batman-arkham-asylum.
2. Nick Cowen, "*Batman: Arkham City*—review," *Guardian*, October 14, 2011, https://www.theguardian.com/technology/gamesblog/2011/oct/14/batman-arkham-city-game-review.
3. Scott Thill, "Grant Morrison's *Batman, Inc.* Births Comics' First Zen Billionaire," *Wired*, November 2, 2010, https://www.wired.com/2010/11/grant-morrison-batman-inc.
4. Nick Cowen, "*Batman Arkham City* Interview: Superhero Development," *Guardian*, September 2, 2011, https://www.theguardian.com/technology/gamesblog/2011/sep/02/batman-arkham-city-interview.
5. Paul Crocker, "*Batman: Arkham City* Panel Comic-Con 2011," GameSpot, July 23, 2011, https://www.youtube.com/watch?v=4p1pmewlu-g.
6. "'The ending was almost taboo'—Rocksteady looks back on Arkham City," *Xbox World* magazine, February 9, 2012, http://www.computerandvideogames.com/335174/interviews/the-ending-was-almost-taboo-rocksteady-looks-back-on-arkham-city/?page=2.
7. Chris Kohler, "Review: Flying Free as a Bat Through *Arkham City*," *Wired*, October 14, 2011, https://www.wired.com/2011/10/batman-arkham-city-review.
8. Daniel Nye Griffiths, "Rocksteady, Splash Damage and Us: The New *Batman* Producer Talks *Arkham Origins*," *Forbes*, October 24, 2013, https://www.forbes.com/sites/danielnyegriffiths/2013/10/24/batman-arkham-origins-interview/#3883ba605e98.

20장: 배트맨 패밀리

1. Andy Khouri, "DC Comics Co-Publisher Dan DiDio Lists His 10 Favorite Projects of the Last 10 Years," ComicsAlliance, March 28, 2012, https://comicsalliance.com/dc-comics-co-publisher-dan-didio-top-ten-comics-projects.
2. Laura Hudson, "Grant Morrison on Stripping Down Batman in 'Return of Bruce Wayne,'" ComicsAlliance, April 14, 2010, https://comicsalliance.com/return-of-bruce-wayne-grant-morrison-interview.

21장: 재탄생

1. Brian Cronin, "Comic Legends: How Did Faceless Joker Come About?" CBR, March 10, 2017, https://www.cbr.com/joker-detective-comics-new-52-tony-daniel-scott-snyder.
2. Tim Beedle, "Now at Bat: An Interview with Tom King," DC Comics, September 17, 2016, https://www.dccomics.com/blog/2016/09/17/now-at-bat-an-interview-with-tom-king.
3. Chancellor Agard, "*Batman* Writer Tom King on Post-Wedding Plans, *Heroes in Crisis*, and more," *Entertainment Weekly*, July 13, 2018, https://ew.com/comic-con/2018/07/13/batman-writer-tom-king-post-wedding-plans-heroes-crisis-more.
4. Agard, "*Batman* Writer Tom King."

22장: 선한 사람이 얼마나 남았죠?

1. Josh Rottenberg, "*Batman v Superman*: Ben Affleck, Henry Cavill and Zack Snyder Talk Superhero Smack Down," *Los Angeles Times*, March 10, 2016, https://www.latimes.com/entertainment/herocomplex/la-ca-hc-batman-v-superman-20160313-story.html.
2. *Batman v Superman: Dawn of Justice* production notes, Warner Bros. Pictures, 2016.
3. *Batman: Austerity & Rage*, released with *Batman v Superman: Dawn of Justice* (Ultimate Edition), special features (2016; Burbank, CA: Warner Home Video, 2016), Blu-ray Disc.
4. Graeme McMillan, "*Batman v Superman* Is 'a Bit of an *Empire Strikes Back*,' Says Screenwriter," *Hollywood Reporter*, March 11, 2016, https://www.hollywoodreporter.com/heat-vision/batman-v-superman-is-a-874631.
5. *Justice League* production notes, Warner Bros. Pictures,

2017.
6. *Justice League* production notes.
7. Owen Gleiberman, "Film Review: *The Lego Batman Movie*," *Variety*, February 4, 2017, https://variety.com/2017/film/reviews/the-lego-batman-movie-review-1201977391.
8. Lilah Raptopoulos, "Designing Gotham: How the Look and Feel of Batman's Home Came to Be," *Guardian*, October 6, 2014, https://www.theguardian.com/tv-and-radio/2014/oct/06/designing-gotham-production-designer-doug-kraner.

참고 사진

Page 2, *The Long Halloween*, courtesy of John Guydo and Bottleneck Gallery; Page 4, *Batman*, by Alex Pascenko and Ian MacDonald, courtesy of Sideshow; Page 13, *Batman—Justice League Trinity*, by Alex Pascenko, courtesy of Sideshow; Page 16, Bob Kane image, courtesy of Photofest; Page 22, "The Three Racketeers" art, courtesy of Jens Robinson; Page 24, Joker card art, courtesy of Jens Robinson; Page 31, *Detective Comics* #68 art, courtesy of Jens Robinson; Page 32, *Batman* comic strip, courtesy of Heritage Auctions; Page 33 *The Batman* theatrical poster, courtesy of Heritage Auctions; Page 34, *Batman and Robin* (1949) image, courtesy of Photofest; Page 34, "Robin Meets the Wizard" poster, courtesy of Heritage Auctions; Page 35, *Batman and Robin* (1949) image, courtesy of Photofest; Page 66, *Batman* (1966) opening sequence image, courtesy of Heritage Auctions; Pages 68–79, Batman merchandise from the collection of Bill Morrison; Page 71, *Batman: The Movie* French poster, courtesy of Heritage Auctions; Page 72, *Batman: The Movie* Japanese poster, courtesy of Heritage Auctions; Pages 72–73, Sammy Davis Jr. and Otto Preminger images, courtesy of Photofest; Pages 74–75, Batgirl photographs, courtesy of Photofest; Page 92, animation images, courtesy of Heritage Auctions; Page 93, Super Friends Darkseid image, courtesy of Photofest; Page 94, animation images, courtesy of Heritage Auctions; Page 95, Super Friends image, courtesy of Heritage Auctions; Page 96, (*top* and *bottom right*) images, courtesy of Heritage Auctions; Page 97, images courtesy of Heritage Auctions; Page 98, (*top*) image, courtesy of Heritage Auctions; Page 99, images courtesy of Heritage Auctions; Pages 100–101, Super Friends images, courtesy of Heritage Auctions; Page 102, (*top*) image, courtesy of Heritage Auctions; Page 103, (*bottom*) image, courtesy of Heritage Auctions; Pages 156–157, *Batman* concept/storyboard art, courtesy of David Russell; Pages 158, 164, 168, 179 *Batman* concept art courtesy of David Russell; Page 243, *Batman: The Animated Series* publicity image from the collection of Bill Morrison; Page 253, *Batman: Mask of the Phantasm* image, courtesy of Photofest; Pages 316–322, Jeff Matsuda sketches and art courtesy of Jeff Matsuda; Page 391, *Batman*, courtesy of Ken Taylor and Mondo; Page 392, *Batman, Sentinel of Gotham*, by Ariel Olivetti, courtesy of Sideshow; Page 393, *The Dark Knight Rises*, courtesy of Kevin Tong and Mondo; Page 400, Jerry Robinson illustration, courtesy of Jens Robinson.

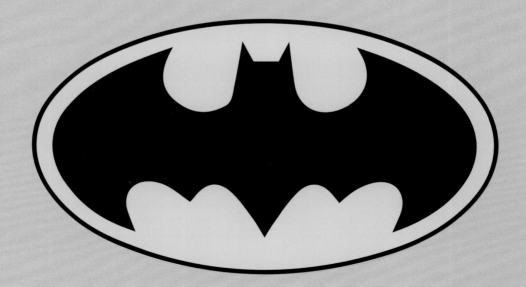

감사의 글

섀넌과 로빈, 진짜 다이나믹 듀오에게 이 책을 바친다.

변함없는 성원을 보내 준 가족과 친구들, 그리고 샌프란시스코의 만화 예술 박물관(Cartoon Art Museum)의 직원들에게 감사드린다. 배트-대가족의 도움이 없었다면 해내지 못했을 것이다.

지난 80년간 배트맨에게 생명을 가져다준 뛰어난 재능을 가진 모든 분들에게 감사의 말씀을 올린다. 특히 필자를 망토 두른 십자군의 팬으로 만든 애덤 웨스트, 짐 아파로, 그리고 놈 브레이포글에게 가면을 살짝 들어 따로 감사를 표하고 싶다.

인사이트 에디션스의 모든 분들에게 크게 감사드린다. 특히 이 책의 모든 집필 과정을 이끌어 준 크리스 프린스와 귀중한 도움을 준 애나 워스텐버그에게 따로 감사를 표하고 싶다. 그리고 이 책의 공동 저자이자 고담시의 진정한 영웅들 중 한 명인 지나 매킨타이어에게도 깊이 감사드린다.

이 책을 위해 시간과 통찰을 아낌없이 나누어 준 인터뷰이 분들과 흔쾌히 금고를 열어 소중한 배트맨 수집품을 우리에게 공개해 준 다음의 예술가, 수집가, 그리고 역사가 분들에게 감사드린다.

닐 애덤스, 브렌트 앤더슨, 마크 애스퀴드, 디드릭 베이더, 마이크 W. 바, 제리 벡, 애덤 비첸, 마크 버나딘, 다니엘 베스트, 스티븐 바이알릭, 제이크 블랙, 앨런 브레너트, 벤 브레셀, 찰스 브라운스테인, 릭 버체트, 앨런 버넷, 헤리티지 옥션의 헥터 칸투, 그래피티 디자인스의 밥 채프먼, 하워드 체이킨, 맥스 앨런 콜린스, 케빈 콘로이, 게리 콘웨이, 데니스 코완, 브라이언 크로닌, 로니 델 카르멘, J. M. 디머테이스, 조 데스리스, 폴 디니, 척 딕슨, 톰 더필드, 크리스 더피, 스티브 잉글하트, 게리 에스포지토. 마이클 유리, 마크 에비니에, 조 필드, 아시나 핑거, 마이크 프리드리히, 밥 게일, 밥 가르시아, 제이슨 게이어, 마이클 고구엔, 마이클 골드, 아키바 골즈먼, 알 고든, 조던 B. 고핀켈, 데이비드 S. 고이어, 앨런 그랜트, 믹 그레이, 데빈 K. 그레이슨, 밥 그린버거, 댄 그린필드, 피터 거버, 래리 하마, 마크 해밀, 샘 햄, 맷 호킨스, 브루노 헬러, 다니엘 허먼, 레아 헤르난데즈, 조디 하우저, 마크 얼윈, 토니 이사벨라, 클라우스 잰슨, J. G. 존스, 켈리 존스, 제로드 존스, 마이클 커크브라이드, 앨런 키지아, 로저 랭그리지, 앨런 C. 라빈, 폴 레비츠, 제프 로브, 톰 라일, 데이비드 만델, 마이크 맨리, 매튜 매닝, 제프 마쓰다, 크리스 맥케이, 데이브 맥킨, 짐 맥러글린, 스티븐 멜칭, 마이크 미뇰라, 더그 먼치, 페페 모레노, 빌 모리슨, 그랜트 모리슨, 켄트 머들, 글렌 무라카미, 제스 네빈스, 줄리 뉴마, 파비안 니시에사, 마크 타일러 노블맨, 크리스토퍼 놀란, 그레이엄 놀란, 데니 오닐, 제리 오드웨이, 존 오스트랜더, 제프 파커, 스콧 피터슨, 브래드 레이더, 트리나 로빈스, 젠스 로빈슨, 윌 로저스, 그렉 루카, 크리스 라이얼, 팀 세일, 피터 샌더슨, 빌 셸리, 밥 쉬렉, 조엘 슈마허, 알렌 슈머, 다이애나 슈츠, 제프리 스콧, 존 셈퍼, 램버트 솅, 린다 시멘스키, 톰 시토, 스콧 스나이더, 잭 스나이더, 짐 스탈린, 조 스타턴, 존 스티븐스, 짐 스테랑코, 마이클 스와니건, 타이 템플턴, 브루스 팀, 피터 J. 토마시, 제임스 터커, 제임스 타이넌 4세, 마이클 유슬란, 마크 코타 배즈, 맬빈 벨레스, 브랜던 비에티, 맷 와그너, 마크 웨이드, 다니엘 월레스, 미치 왓슨, 존 웰스, 니키 휠러-니콜슨, 데이비드 윌리엄스, 제임스 윈들러, 저드 위닉, 마브 울프먼, 그레고리 라이트.

⚫

지나 매킨타이어는 조지 리커와 바이올렛 리커, 팀 버튼, 마크 캔턴, 프랭크 시팔디, 네이션 크롤리, 데니스 디노비, 알레그라 해디건, 릭 하인리츠, 린디 헤밍, 세프턴 힐, 크리스 콜러, 피터 맥도널드, 토드 마튼즈, 켄트 머틀, 찰스 로벤, 마이클 유슬란, 보 웰치, 그리고 폴라 우즈에게 감사드린다.

⚫

인사이트 에디션스에서는 조쉬 앤더슨, 킴 베이싱어, 이선 뵈메, 할런 볼, 케이티 버크, 샌디 브레슬러, 팀 버튼, 마이크 에스포지토, 데렉 프레이, 마크 그린핼시, 마릴루 해밀, 마이클 키튼, 앨리슨 클라인, 벤자민 르 클리어, 비비 러너, 필린 뉴먼, 잭 니콜슨, 마이크 팔로타, 더그 프린지발리, 데이비드 러셀, 오렌 시걸, 빅토리아 셀로버, 캐롤라인 소스, 셰인 톰슨, 르네 토포지섹, 리아 트리블, 요탐 투볼, 제임스 터커, 브랜던 비에티, 에이미 웨인가트너, 미셸 웰스, 팀 위쉬, 토마스 젤러스, 그리고 조너선 조어브에게 감사드린다.

THE DEFINITIVE HISTORY OF THE DARK KNIGHT IN COMICS, FILM, AND BEYOND

Published by arrangement with Insight Editions, LP, 800 A Street, San Rafael, CA 94901, USA, www.insighteditions.com
No Part of this book may be reproduced in any form without written permission from the publisher.

Copyright © 2019 DC Comics.

BATMAN and all related characters and elements © & ™ DC Comics.

WB SHIELD: TM & © WBEI. (s19)

Adam West name and likeness used with permission. www.adamwest.com

Copyright © 2019 DC Comics and Warner Bros. Entertainment Inc.

BATMAN, BATMAN RETURNS, BATMAN FOREVER, BATMAN & ROBIN, BATMAN BEGINS, THE DARK KNIGHT, THE DARK KNIGHT RISES, BATMAN V SUPERMAN: DAWN OF JUSTICE, JUSTICE LEAGUE and all related characters and elements © & ™ DC Comics and Warner Bros. Entertainment Inc. (s19)

Copyright © 2019 DC Comics and Warner Bros. Entertainment Inc.

BATMAN: ARKHAM ASYLUM, BATMAN: ARKHAM CITY, BATMAN: ARKHAM KNIGHT, BATMAN: ARKHAM ORIGINS and all related characters and elements © & ™ DC Comics and Warner Bros. Entertainment Inc. (s19)

Copyright © 2019 DC Comics and Warner Bros. Entertainment Inc.

DC SUPER FRIENDS, BATMAN, NEW BATMAN ADVENTURES, BATMAN BEYOND, THE BATMAN, BATMAN: THE BRAVE AND THE BOLD, BEWARE THE BATMAN, GOTHAM and all related characters and elements © & ™ DC Comics and Warner Bros. Entertainment Inc. (s19)

BATMAN and all related characters and elements © & ™ DC Comics. LEGO, the LEGO logo, the Minifigure and the Brick and Knob configuration are trademarks and/or copyright of the LEGO Group. © 2019 The LEGO Group. All rights reserved. (s19)

THE LEGO® BATMAN MOVIE © & ™ DC Comics, Warner Bros. Entertainment Inc., & The LEGO Group. LEGO, the LEGO logo, the Minifigure and the Brick and Knob configurations are trademarks and/or copyrights of the LEGO Group. © 2018 The LEGO Group. BATMAN and all related characters and elements © & ™ DC Comics. All Rights Reserved. (s19).

LEGO BATMAN: THE VIDEOGAME © DC Comics

BATMAN and all related characters and elements © & ™ DC Comics.

LEGO BATMAN 2: DC SUPER HEROES © DC Comics

BATMAN and all related characters and elements © & ™ DC Comics.

WB GAMES LOGO, WB SHIELD: TM & © Warner Bros. Entertainment Inc. (s19)

LEGO BATMAN 3: BEYOND GOTHAM © DC Comics

BATMAN and all related characters and elements © & ™ DC Comics.

WB GAMES LOGO, WB SHIELD: TM & © Warner Bros. Entertainment Inc. (s19)

Publisher: Raoul Goff
President: Kate Jerome
Associate Publisher: Vanessa Lopez
Creative Director: Chrissy Kwasnik
Executive Editor: Chris Prince
Editorial Assistant: Anna Wostenberg
Managing Editor: Lauren LePera
Senior Production Editor: Elaine Ou
Production Director/Subsidiary Rights: Lina s Palma
Senior Production Manager: Greg Steffen
Production Manager: Emily Yeung
Design by Amazing15

다크 나이트의 모든 것: 배트맨 80주년 기념 아트북

1판 1쇄 발행   2019년 10월 23일
글   앤드류 파라고 Andrew Farago, 지나 매킨타이어 Gina McIntyre
번역   이고원
감수   김종윤(김닛코)
펴낸이   하진석
펴낸곳   ART NOUVEAU
주소   서울시 마포구 독막로3길 51
전화   02-518-3919
팩스   0505-318-3919
이메일   book@charmdol.com
ISBN   979-11-87824-83-1 03680

Korean translation rights arranged with INSIGHT EDITIONS
이 책의 한국어판 저작권은 INSIGHT EDITIONS와 독점 계약한 '(주)참돌'에 있습니다.
저작권법에 의하여 한국 내에서 보호를 받는 저작물이므로 무단 전재 및 복제를 금합니다.

＊ 배트맨이 등장하는 잡지는 《 》로 표기했습니다.

배경 제리 로빈슨이 1941년에 크리스마스 가족 카드용으로 그린 다이나믹 듀오와 자화상.

"이 제작물은 아모레퍼시픽의 아리따글꼴을 사용하여 디자인되었습니다."

THE RETURN OF BATMAN

By BOB KANE

B O B   K A N E
8455 Fountain Avenue
Los Angeles, CA 90069
(213) 654-8994

June 12, 1986

Miss Lisa Henson
Vice President - Production
Warner Bros. Studios
Main Administration Bldg.
4000 Warner Boulevard
Burbank, California 91522

Dear Lisa,

I am eagerly looking forward to my meeting, as you suggested, with the new Batman writer, Sam Hamm, and Tim Burton as soon as Sam is available from his previous commitments to meet with us in Hollywood.

In the interim, as mutually agreed, I am enclosing my version of a Batman movie treatment for your evaluation. It is only my intention to submit a version that might possibly put a writer of your choice on the <u>right track</u> -- which I surmise should be a script written in the <u>"mysterioso"</u> mood, rather than the <u>"campy"</u> one of the television show.

I have also written my version of the "Bible" set down for your new Batman writer, which could be a guide-line for him to follow so that he won't get off on the wrong foot. Naturally, aside from my written "Bible" -- I am looking forward to working directly with Sam, intermittantly, this time around, as an <u>active</u> "creative consultant."

And so Lisa, as the creater of Batman, it is only my intention to join your creative team for all our mutual interests in trying to come up with a grandiose blockbuster for the Batman movie's success.

Hoping to hear from you in the near future when Sam and Tim are available for a meeting with me.

"Bats" personal regards,

Bob

BK/it
Enclosure

P.S. - A copy of the Batman treatment has been forwarded to
       Mark Canton.

THE RETURN OF BATMAN

Original Story

TREATMENT

Written by

Bob Kane

(c) WGAW

Bob Kane
8455 Fountain Ave.
Los Angeles, CA
90069
(213) 654-8994

Bob Kane's

BIBLE

Characterization for Batman and Villains

The Mysterioso Genre

It is my intrinsic intuition that Batman, the movie, should
not be played in the "campy" style of the television series
whatsoever, for two reasons: One is that a Batman movie
was made in 1969 in the "campy style" of the TV series,
using the original cast of the Dynamic Duo and the same
cast of villains. Therefore, we don't want to make a carbon
copy of that campy genre again. The second reason is that
the era of "camp" of the Sixties has passed and we don't
wish to identify this new version with either the TV series,
which is still syndicated and seen daily in over 110 coun-
tries around the globe, or the original Batman movie which
still plays intermittantly in re-runs on TV.

Therefore, the new Batman motion picture ought to go back
to its original roots and the "Mysterioso Genre" in which
I first created him in the early Forties. The mood should
be ominous, with a fog-laden atmosphere not unlike "Dracula"
whereby a foreboding atmosphere prevails with long, dark
shadows and an apprehensive sense of danger permeating the
entire mood of the picture. However, we can instill some
lighter nuances in the dialogue, a la James Bond, and the
script, aside from being "mysterioso," should be filled

with high dare-devil, action-packed adventure which comes
to an excruciatingly suspenseful climax in the most
grandiose manner possible which will leave the audience
numb with terror and excitement.

THE JOKER

And now for my personal choices of the leading villains
in this Batman movie. Of course, The Joker automatically
comes to mind as my first choice as he is most probably
the greatest villain ever created to oppose our super-hero
and he is to Batman what Professor Moriarity is to Sherlock
Holmes -- his super arch enemy and nemesis. The Joker, he
of the funereal, burning eyes and the perpetual, ghastly
grin. I am certain that all the legion of Batman fans in
the world will agree with me on this point, that the Joker
is the most recognizable and logical opponent for Batman
to battle.

However, I would like to take issue here that if the Joker
is used as Batman's nemesis in this script -- then I would
succinctly suggest that he be played much more "straight"
rather than making him the "buffoon clown" of the TV series,
which at times portrayed him to be "idiotic" and much too
"campy." He did not use "corny puns" at the beginning of
his origin which tends to make the audience not take him
too seriously.

I'd like it understood that I did not create the original
Joker (in the origin of my first stories) as the "buffoon
clown" that he eventually evolved into, but originally
created him as a brooding, maniacal, and wily foe of Bat-
man who did not use "corny puns" interspersed in his dia-
logue (a la the TV series). The Joker was a foreboding,
sinister figure, the Prince of Plunder and Mayhem to be
taken very seriously by the audience, Batman and related
characters in my fictional scenario, as well. He certainly
was not beyond committing the most heinous crime of all --
murder!

And that is the persona that I earnestly suggest for the
Joker character, this time around, in keeping with a
"mysterioso mood" of the New Batman Movie. Otherwise,
if we "camp" the Joker, then, alas, I feel that the entire
script will automatically fall into just another "campy"
blow-up of the TV series for the big screen. The Joker's
modis-operandi is not merely to play silly, superficial
"practical jokes" on his nemesis, Batman, but to play
dangerous "practical jokes" which have the threatening
intent of life or death consequences behind his ingenious
and evil motivations. (Jack Nicholson is my hands-down
first choice to portray the Joker.)

ALTERNATIVE VILLAIN

MAN-BAT

My second choice for a lesser known villain for Batman and one who was not created until some 20 years or so after the origin of my super-hero is Man-Bat! This villain is much more sinister and frightful-looking in his evil demeanor and falls into the Horror Genre. He is the antithesis and split-personality of Good vs. Evil in man. Man-Bat literally transforms himself from a normal looking human being into a huge, gruesome looking bat -- hanging upside down in his lair when he sleeps, similar to the real-life bats whom he emulates in physical form and manner. He then becomes the evil side of his namesake, Batman, his arch-enemy, and is out to destroy him. In other words, he is the classic example of the Dr. Jekyll and Mr. Hyde, the Good vs. Evil syndrome.

It is my intrinsic feeling that using Man-Bat as Batman's arch enemy would most definitely put the Batman movie into a horror genre more identified with "Dracula" and "Franken-stein." Frankly, I am not certain that this would be the right way to go for the new Batman movie but might better be used secondly if a sequel to Batman is in the cards. My gut feeling is that the Joker (played mysterioso and straight) would fare better as he is much more widely known since Batman's inception. (I can attain a Batman

comic book, if there is interest or curiosity in <u>Man-Bat</u>'s
origin and physical evil-demeanor.)

CATWOMAN

Therefore, assuming that the writer and director are in
accord to use the Joker in the Batman movie, as I am so
inclined -- then I would suggest only one other super-
villain and that is <u>Catwoman</u>, for this movie. She is
Batman's female nemesis, not quite as evil as the Joker
and assuredly will spice up the scenario with sex appeal
and a love interest for Batman, in a kind of love-resentment
relationship. Catwoman is the epitome of sensual pulchri-
tude (using a 10+ actress in physical demeanor, such as
Jacqueline Bisset or Barbara Carrera). This sexy and
devious fox has an on-going cat and mouse relationship
with Batman, who has a secret yen for Catwoman's body and
his ever-pursuing campaign to reform Catwoman from her life
of crime. (You see, Batman is human after all, and does
have a libido for beautiful and sensual women.)

Of course, we can play out the <u>charade</u> between the two
rivals who aspire to unmask each other's true identities.
Batman is also curious to know who Catwoman really is and
suspects her as being society jet-setter, Selina Kyle, who
steals from the rich, as Catwoman, in order to pay for her
high-swinging life style. On the other hand, Catwoman

really suspects Batman as being Bruce Wayne in his alter-
ego and does her best in trying to prove her intuition
right. And so their little game of cat and mouse continues
until one or the other discovers the true identity of their
alter-egos and the consequences to be paid by such a reve-
lation.

ROBIN

As for Robin, the Teen Wonder, I'd rather keep his appear-
ance to a _minimum_ as he wasn't introduced until the second
year of Batman's initial appearance where the caped cru-
sader ran solo and was portrayed as a lone vigilante in a
dark, mysterioso genre. However, if Robin is used in this
scenario, then I strongly suggest that the "Holy this,
Batman" and the "Holy that, Batman" be deleted entirely
from his dialogue, as he should be played _straight_, without
puns and high-camp.

BATMAN

I presume that two unknown actors will be hired for the
new Batman movie. May I suggest that the new Batman ought
to play his role "straight" this time around and not as
"campy" as Adam West did for the TV series, which was fine
for that era of pop-art and high-camp.

It is my feeling that the new Batman should be not only

handsome (kind of in the Christopher Reeves mold) but
should be more virile and muscular in appearance than the
TV Batman. And of course a big plus would be if he is
really a good actor who could also handle his Bruce Wayne
identity in a suave, sophisticated, "Cary Grant" sense of
flair and droll manner.

The Batman costume should also be different than Adam
West's TV one. In that the new costume should look more
"mysterious" and "bat-like." For instance, the ears on
the cowl should be much longer in height to give the
illusion of a "bat." And the cape should appear to be
more scalloped and "bat-like" with a rib-like network on
the back of the cape to emulate a real bat's wings. The
cowl and the cape should be jet black instead of West's
dark purple color. (I will show you my early Batman sketch-
es from Batman's early appearance in the comic books for
his costume and will also draw new sketches of exactly what
I have in mind.)

In conclusion... the New Batman Movie should be mysterious,
suspenseful, loaded with thrills and chills cliff-hangers
(a la "Raiders of the Lost Arc") in a fast-paced action
packed adventure with a touch of whimsical nuances (a la
"James Bond"). Amen!

THE RETURN OF BATMAN

FADE IN on a stormy night in Gotham City where the CAMERA
DOLLIES in from a great height, taking in a PANORAMIC VIEW
of the rain-drenched city's skyscrapers and bridges. An
abundance of crashing thunder shatters the midnight silence
as jagged lightning bolts streak across the murky skies.
The CAMERA PANS DOWN CLOSER and CLOSER until it reaches
street level where we see the back of a lone figure bent
over the grilled doorway of an antique car showroom. The
sinister-looking person is jimmying a lock, and finally
succeeds in opening the huge twin doors to the showroom.

Suddenly the sound of a shrill alarm is triggered off, but
not before the furtive thief, carrying a gasoline can, dash-
es for an antique 1927 Stutz-Bearcat car with which he fills
the tank. The back of the intruder is still facing the
audience throughout all this action. The antique car show-
room is filled with ultra-expensive antique automobiles of
early vintage 1919 to 1930.

The man now jumps into the front seat of the red Stutz-
Bearcat and disconnects and re-connects several wires under
the dashboard until the motor turns over. The audience
finally attains their first look at the stranger, whose
countenance reveals the ghastly white face of the grinning
Joker.

CUT TO outside where we see a patrol car, alerted by the siren, screech their vehicle to a stop in front of the showroom. The two policemen hop from their open doors, pulling their guns from their holsters as they run through the open doors of the showroom shouting for the culprit to "Freeze."

The wily Joker, grinning mockingly, retorts by whipping out his deadly, laughing-gas weapon which spews a green gas into the startled faces of the officers, who fall to the floor paralyzed in their tracks. The ghastly smile of the Joker is etched on their immobile faces. The 'Clown Prince of Plunder' accelerates the motor of the antique car and takes off through the showroom's open doors and out into the thoroughfare of the wet pavement. A jagged streak of lightning crackles through the heavy laden skies, illuminating the white, evil face of the Joker who is laughing maniacally at his coup.

As the Joker heads up Park Lane Avenue in the deserted streets of Gotham -- another sleek black vehicle skids around a corner in pursuit of the stolen antique Stutz-Bearcat roadster. It is the Batmobile with the grim caped crusader behind the wheel of his super-charged vehicle. Batman, on his nightly patrol, in keeping Gotham City safe from crime-busters, was also alerted by the break-in from his two-way police radio intercom system which is tied into the network of all the police precincts in Gotham.

A chilling chase ensues as the Batmobile speeds after the antique roadster driven by the caped crusader's arch enemy, the Joker, who does his best to elude his pursuer on this dark, rainy night in Gotham. The two vehicles skid wildly over the slippery pavement as they turn corners on two wheels and finally wind up on the West Side Highway which leads them to the Washington Bridge.

The bridge is sopping wet from the torrents of rain as the Joker's antique car skids and veers out of control as it crashes into the railing of the bridge. The Joker is thrown clear from his open roadster and, although dazed, starts to climb up the girders of the bridge as he crazily tries to elude his adversary, who brings the Batmobile to a sliding halt before the Joker's vehicle.

The Batman jumps from the Batmobile and also starts to climb up the bridge girders in pursuit of his quarry, who is laughing hysterically. The two men look like tiny spiders in a giant spider web as they become immersed in the giant girders of the bridge. The Joker is now halfway up the bridge as thunder and lightning permeate the gloomy atmosphere of the unfolding drama.

Meanwhile Batman is closing the gap between them as the Joker wheels around in panic and fires his laughing gas weapon at the Dark Knight who, much to his arch enemy's surprise, does not affect Batman whatsoever. The puzzled villain fires his weapon again and again, but to no avail, as Batman continues his pursuit of his wary foe who is frustrated by his untenable plight.

Suddenly the bizarre looking Joker loses his footing and falls backwards off the slippery girder in a downward plunge towards the murky river waters below. His screams are drowned out by another burst of crashing thunder as he hits the water, which sucks him below its icy surface. The Batman watches with trepidation as he peers down into the darkness following the Joker's flight, but does not see his nemesis reappear to the water's surface. The Batman skeptically muses aloud: "Could this really be the end of the Joker... I wonder???"

The caped crusader climbs back down off the bridge's girders until he has reached the bottom where he once more looks over the railing in search of any sign of life from his arch foe, but to no avail. The Joker has apparently drowned. The Batman then climbs back into his Batmobile where, in a grim CLOSEUP we see him removing two rubber plugs from his nostrils. He again muses aloud:

"Unfortunately the Joker will now never know how I avoided his deadly laughing gas, with the aid of these two rubber plugs in my nostrils. He should have known that I have anticipated his modis operandi by now!"

The Batmobile speeds off the bridge as the CAMERA PULLS BACK, taking in a LONG, PANORAMIC VIEW of the entire macabre scene as we see the Batmobile disappear into the mist and fog on this rain-drenched night in Gotham City.

                                        FADE OUT.

FADE IN:
WAYNE MANOR - LATER THAT NIGHT
Bruce Wayne, Batman's alter-ego, is seated in an easy chair before a large fireplace in his sumptuous living room. Alfred, his faithful butler, enters carrying a tray with coffee and cake. He is the only person other than Bruce's ward, Dick Grayson, to know his master's crime fighting identity as Batman. Dick's crime fighting identity is Robin, the Teen Wonder.

Alfred places the tray on a coffee table next to Bruce's chair. "I brought your dessert, Master Bruce." "Thank you, Alfred." "The house is rather quiet with Dick away at college, eh wot, Master Bruce?" "Yes, Alfred, but he'll be home for the Summer holidays." "It must feel strange

fighting crime without your sidekick, sir?" "Yes, Alfred,
but we're all conditioned to change," Bruce replies medi-
tatively. "You must remember that I was a lone crimefighter
ever before I adopted Dick and taught him to become Robin."
"Yes, Master Bruce, it seems like only yesterday since you
adopted Dick as your ward after that unfortunate circus
accident which killed his parents on the high trapeze wire."
Alfred retorts reflectively, "Tell me, sir, you seem to be
moody and introspective since you returned from your vigil
tonight over Gotham City as Batman. Did you encounter
any trouble?"

Bruce puffs on his pipe pensively. "You're quite observant,
Alfred. As a matter of fact, I apprehended my old arch
enemy, the Joker, who got away for good this time!" "For
good, sir?" Alfred answers puzzledly. "Right, Alfred, I'm
afraid so," Bruce retorts emphatically. "It appears that
he drowned in our encounter over the Washington Bridge."
"Well, if you don't mind my saying so, sir, it's good rid-
dance to a really bad egg!" "Yes, Alfred, I suppose you're
right. But I wouldn't rush his obituary, as yet, Alfred!"
Bruce reflects while blowing out a stream of smoke from his
pipe. The two men stare at each other enigmatically at
Bruce's cryptic remark.

"Will there be anything else, Master Bruce, before I re-
tire?" "No, Alfred, I'll say good night and see you in the
morning." "Thank you, sir, good night!" Alfred departs,
leaving Bruce staring into the embers of the fireplace.

He puffs on his pipe as he raises his head to gaze upon a
large painting hanging above the fireplace. It is a por-
trait of his long deceased father, Thomas Wayne, and his
mother Martha standing behind their young ten-year-old son,
Bruce. Suddenly, a clap of thunder and a bolt of lightning
illuminates the room as it filters through the French glass
windows -- throwing eerie shadows in its wake.

Bruce stares hypnotically transfixed at the portrait as
he muses aloud. "My, my, how quickly time passes... I re-
member another stormy night such as this about twenty-five
years ago..." His voice trails off as the SCREEN DISSOLVES
INTO A FLASHBACK...

The CAMERA PANS inside the elegant greystone townhouse of
Thomas Wayne (40 years old), his beautiful, blonde wife
Martha (35 years old) and their young son Bruce (10 years
old). They are preparing to leave for the local movie
theatre. Sometime later the happy family are seen exiting
the theatre along with the throngs of movie-goers. The
trio are headed for the parking lot when a streak of light-
ning illuminates the ominous rain-laden sky. Suddenly, as
they are about to enter their automobile a foreboding figure
steals out of the shadows and accosts the Wayne family
brandishing a gun.

The culprit swiftly rips a diamond pendant from the neck of

Mrs. Wayne while her husband lunges forward to apprehend their attacker. Wayne, Senior slumps to the ground after being shot in the chest by his assailant. Mrs. Wayne and their young son are shocked and terrified by this brutal act of unexpected violence. The distraught woman screams uncontrollably and is also shot down in cold blood in order to stifle her screams for help.

Meanwhile, young Bruce Wayne is paralyzed with traumatic shock after witnessing this most heinous crime of murder perpetrated against his parents. Abruptly -- another bolt of lightning crashes across the murky sky accompanied by loud claps of thunder and heavy rain. Bruce gazes wide-eyed as if in a hypnotic trance, into the fearful eyes of the murderer, which leaves an indelible impression of his face upon his subconscious memory bank. The intruder suddenly becomes frightened and takes off into the rain-drenched night like a scared rabbit. The CAMERA ZOOMS IN on a CLOSEUP of the inconsolable youth, bent over the prostrate bodies of his beloved parents.

FADE OUT.

FADE IN:

The SCENE SHIFTS to the gravesite at the cemetery where the ten-year-old Bruce Wayne is kneeling in prayer before the tombstone of his parents. Alfred is standing silently by with his head bowed as the bereaved boy makes a vow to avenge the death of his parents by becoming a crime-fighter when he grows into manhood, pursuing a relentless avenging crusade against all criminals who break the Ten Commandments in our society. The young lad is left in the custody of the Waynes' trusted servant, Alfred, who looks after young Bruce like a mother hen.

FADE OUT.

FADE IN:

And so the years pass as we CUT TO MONTAGES of Bruce Wayne, now 25 years old, working out in his private gym ensconced in his stately greystone mansion located in Gotham City. We see him swinging from trapeze bars... lifting weights... using all kinds of Nautilis equipment and hitting a punching bag in a staccato rhythm. Bruce has trained his body to the superb condition of any Olympic contender, and has become a master athlete.

CUT TO:

Bruce is seen in his crime laboratory experimenting with all kinds of scientific equipment, test tubes and Bunsen burners that hold glass bottles of boiling chemicals in their cauldrons. He has become a master of scientific deduction.

CUT TO:

The dapper young man is now seated in an easy chair before

a huge fireplace in his spacious library study. He is
reading "Crime and Punishment" and possesses one of the
largest collection of books on the study of criminology
in the world. Bruce Wayne has now become a master crimi-
nologist. His deceased father has left him a vast fortune
which Bruce dispenses a great portion to philanthropic
causes from the Wayne Foundation set up by his father.

Bruce is now ready to assume his role as a crime-fighter.
While relaxing in his living room he thinks aloud... "I
am now ready to become a crusading avenger -- but first
I must assume a disguise to protect my true identity.
Criminals are really a superstitious, cowardly lot under-
neath all the veneer. So my disguise must strike terror
into their hearts. I must become a prowler of the night...
eerie and frightful. A... A..."

Suddenly... as if in answer to his meditation... a huge
bat flies in through his open window.

"That's it!" Bruce surprisedly exclaims. "A bat! It's an
omen! I shall become a creature of the darkness... a bat!"

And thus was born this weird apparition of the night...
this avenger of all evil and crime... The Batman!!! Bruce
Wayne, in his alter-ego, has become the Batman by wearing

the black, ominous outfit of a bat in order to generate
fear and apprehension into the hearts of the denizens of
the underworld.

The CAMERA DOLLIES IN to the mysterious crime-fighter known
as the Batman who is crouched on a rooftop, Bat-wings spread
out behind him, looking like a huge bat ready to spring at
his prey -- the slimy underworld of Gotham City. A full
moon illuminates his silhouette behind him.

                                        FADE OUT.

FADE IN FROM FLASHBACK BACK TO THE PRESENT:
The Joker miraculously survives his brush with death in the
icy waters of Gotham River as he is seen climbing up the
river's embankment. He retreats to his secret hideaway
which is a crypt in a cemetery located on the outskirts of
Gotham City. The Prince of Plunder's lair is filled with
stolen art treasures, paintings, jewelry boxes and other
valuable mementos. The Joker swears revenge on his arch
enemy, Batman, and the establishment in general in a vehe-
ment temper outburst.

The Joker embarks on a rampage of ingenious new crimes
which keep the police and Batman in constant frustrations
and confrontations with the wily criminal who always
manages to escape their elaborate network of traps for

him which end on suspenseful cliff-hangers. A million-
heiress society matron decides to throw a most elaborate
Halloween party for the creme de creme of society. Her
socialite friends show up en masse in a variety of costumes.
However, much to her surprise, there are at least a half-
dozen Catwoman costumes. (The question is, Which one is
the notorious jewel thief, the real Catwoman?) There are
also numerous Jokers, in his image. (The question is, Which
one is the real Joker who is not to be trusted in a mansion
filled with authentic masterpiece paintings and other multi-
million dollar coin and stamp collections -- displayed in
glass cases in the library. These expensive collectors'
items are too tempting for the Joker to ignore.) Then, to
her astonishment, there are another group of men dressed up
as Batman. (The question is, Which one is the real Batman?)

At midnight the lights go out for a few moments. When the
lights return the socialite notices, much to her anguish,
that an authentic Rembrandt original masterpiece has been
cut loose from its frame and is missing. A few other guests
are shocked to find that several pieces of their diamond
jewelry have been removed from their person. The glass
cases ensconcing the valuable coin and stamp collections
have also been broken into. The hostess calls on the real
Batman to come to her aid, accusing one of the Jokers as
being the real Joker who stole the Rembrandt, the invaluable

stamp and coin collection. The question is, Who is the
real Joker amongst all her socialite guests that are wear-
ing Joker masks? Then again, is the real Joker, in fact,
at her Halloween party?

The socialite then accuses Catwoman, who is known to be a
notorious jewel thief by reputation, as the one who stole
the diamond jewelry from her guests. But, again, the
question is, Which one is the real Catwoman, that is if
the real Catwoman is really amongst the bogus imitators of
the actual one.

The terrorized hostess turns frantically to the half-dozen
guests dressed in Batman costumes, imploring the real one
to come forward to her aid. That is, of course, if the
authentic Batman is, in fact, actually present. Finally
after a long pregnant pause, one of the Batmen comes forward
towards the hostess volunteering his services. The socialite
is relieved at the prospect of Batman's help. However, a
twist of events, unbeknown to the hostess and her guests
occurs, when the real Batman's alter-ego, Bruce Wayne, shows
up late (without any costume) at the party to add to the
audience's enigmatic dilemma??? (Like in the old movie
serials -- we shall end this sequence on a cliff-hanger.)

Gotham City is the newest site of The Olympics which will

be held in Gotham Stadium and, like all other Olympic events
since its inception, there is a great amount of preparation
by everyone involved, the Olympic committees, the Mayor's
office and all the police precincts in Gotham, particularly
this time because the Russian government has finally allowed
their top athletes to compete after lengthy and complex
diplomatic negotiations with the United States.

That evil genius, the Joker, decides to take full advantage
of this historical event by pulling off his biggest coup
of the century -- the kidnapping of Ivan Stanovich, Russia's
leading athlete who plans to compete in four Gold Medal
events against all the other top athletes of the United
States and other countries. It is his diabolical way of
terrorizing the entire establishment of Gotham City, the
Mayor, the police and his nemesis, the mighty Batman. The
master criminal, if he succeeds in his nefarious scheme,
will hold the Russian athlete hostage for 100 million dollars.
He threatens to not only keep him from competing in the
Olympics before they begin, but will kill him if he doesn't
receive the ransom money.

The Joker decides to enlist the aid of Catwoman, to aid
him in his most heinous crime by promising to share half
of the fortune of ransom money. The mastermind villain
works out an ingenious plot. The Russian athlete, Ivan

Stanovich, while having dinner at the American Embassy, is confronted by an American diplomat who is asked to join the athlete and his dinner companions for coffee. The diplomat introduces himself as Randolph Williamson, who is well-known in diplomatic circles as an Ambassador of Good Will between the two rival countries. The diplomat and the Russian athlete hit it off extremely well together in a simpatico of comraderie. The dinner is finished as the diplomat suggests to Stanovich, in a whispered aside, that he would like to introduce him to the most beautiful woman in the world for a little diversion and relaxation from his gruelling training preparation for the Olympics, which start in two weeks. Although the Russian is a trained athlete, he is also a man with a strong libido whose sexual appetite has been whetted by the suave innuendos of the diplomat. And so, against his better judgment of retiring early during his training period -- Stanovich takes Williamson up on his tempting invitation to a clandestine rendezvous with the diplomat's sex kitten.

                                        CUT TO:

A luxurious penthouse where the two men are greeted by the seductive Catwoman in her skin-tight, black sequined outfit, plus her cat-mask. The Russian athlete, upon questioning the reason for the eye-mask, is explained to his satisfaction that a bit of seductive mystery can only enhance their liaison. The diplomat bows out gracefully, leaving

Catwoman and the athlete alone. The sensuous feline offers
the athlete a drink, but he refuses all alcoholic beverages
because he is on a strict training regimen.

He does, however, accept a soft drink of ginger ale. Cat-
woman surreptitiously opens her large pinky ring where she
extracts a pill which she drops unnoticed into the glass.
The couple dance closely to the strains of the melodic
hi-fi as Catwoman seductively nibbles on Ivan's earlobe.
She ushers him into her boudoir after his libido has been
fully aroused. He finishes his drugged ginger ale and pass-
es out on the bed as Catwoman attempts to disrobe.

Moments later... the diplomat enters her boudoir and sur-
veys the sleeping athlete. He smiles evilly as he removes
his makeup of Randolph Williamson, the U.S. Ambassador of
Good Will, to reveal the ghastly, grinning, chalk-white
face of The Joker! The two villains congratulate each
other on their cunning charade. The Joker informs Catwoman,
when questioned about the real Williamson's whereabouts --
that he waylaid him and has him hidden at a secret hideaway.

                                        FADE OUT.

FADE IN:
The next day the Mayor's office receives the Joker's demand
for 100 million dollars ransom for the safe return of

Russia's top athlete, Ivan Stanovich. The news leaks out despite diplomatic channels to squelch it and an <u>international</u> crisis has been created between the two leading nations in the world. Pandemonium breaks loose from the President's office to all the diplomatic circles around the world as the Russian diplomats threaten to not only boycott forthcoming Olympics but that if their leading athlete is harmed or not found, that the U.S. will suffer <u>grave</u> <u>consequences</u>.

Batman is called in to try to ferret out the Joker and force him to release his captor before time runs out for everyone concerned. Batman does succeed in baiting the Joker from his hideout and engages in a series of exciting cliff-hanger confrontations, wild rooftop chases, dare-devil automobile chases, a thrilling helicopter chase, a motorboat chase and an underwater battle; but somehow the elusive Joker always manages, at the last moment, to elude Batman's traps. Meanwhile, the excruciating tension mounts between not only Russia and the United States, but all the other Russian Bloc countries who threaten to boy-cott the Olympics if the Russian athlete doesn't show up unharmed and ready to partake in the Olympics on time.

In the interim... Batman decides to appeal to Catwoman, his "friendly foe's" compassionate nature to aid him in

finding the Russian athlete. However, he is not aware, at
this time, that she is in cahoots with the Joker in their
100 million dollar ransom scheme. Catwoman is torn be-
tween double-crossing the Joker and joining Batman by in-
forming him where the Joker has hidden the Russian athlete.
She faces quite a dilemma because, if the Joker succeeds
in his kidnap plot -- then she will receive 50 million dol-
lars of the Joker's ransom. That is certainly a factor to
be considered, to say the least.

On the other hand, Catwoman has a romantic soft spot in her
heart for Batman and would also gain a much more altruistic
reward from not only Batman, but the U.S. government, the
Russians and the world at large, if she double-crosses the
Joker. Catwoman, at last, would be forgiven for her sins
as an international jewel thief and would be lionized as an
outstanding American heroine who would go down in the his-
tory books as saving the 1987 Olympics from complete cat-
astrophic failure.

And so Catwoman, while contemplating a decision on her
dilemma, decides in her alter-ego guise as Selina Kyle,
socialite, jet-setter, to invite herself to Bruce Wayne's
palatial home for a romantic candlelight late supper. She
has always suspected Bruce Wayne as being Batman, as Batman
suspects Selina Kyle as being Catwoman. They indulge

themselves in their little game of cat and mouse charade
in trying to unmask one another intellectually and figura-
tively.

Bruce and Selina enjoy their champagne supper and then sip
after-dinner drinks. The romantic couple then dance close-
ly while Selina uses her feminine wiles on Bruce to seduce
him. They fall back on the couch in a passionate embrace.
Selina is invited to stay overnight but chooses to sleep
in one of the elegant guest rooms. The sensual beauty is
restless, gets out of bed and leaves the bedroom. She wan-
ders into Bruce's huge library where she extracts a book
from a shelf. Selina walks over to an easy chair but no-
tices a handsome bust of Bruce standing on a pedestal. She
pauses before the sculptured head of Bruce and runs her hand
up and down over the head feeling the texture of the bronze
when, suddenly, a library panel slides open -- much to her
amazement!

Selina walks over to the open panel and enters where she
descends a long, winding stairwell which leads to a vast
underground cavern that ensconces an ultra-modern scientific
laboratory. She is awed by this discovery underneath Wayne
Manor and is surprised by seeing the Batmobile parked in a
corner. Selina is now convinced that she has inadvertently
stumbled upon the Batcave and that Bruce Wayne is none

other than Batman, satisfying her innate suspicions. Batman's secret identity has finally been unmasked by Catwoman!

Selina becomes frightened when she feels a hand placed on her shoulder from behind. She turns around in trepidation to see Bruce Wayne standing passively alongside her. "Bruce! You startled me!" she exclaims nervously. "Selina, you naughty girl. You should be _sleeping_ instead of _snooping_ in forbidden places," Bruce whimsically retorts. "I'm sorry, Bruce!" Selina embarrassedly apologizes, "But I inadvertently discovered your secret -- _You're really Batman!_" "Well, now that the _cat_, or shall I say _bat_, is let out of the bag -- I suppose you have finally unmasked me!" Bruce drolly replies while lighting his pipe. "Selina, my darling, now that you've discovered my _true identity_ -- I can only hope that you can keep a _secret!_" "You have my word, Batman, er, Bruce!" "I hope so, Selina, because my life as a crime-fighter depends on it. And if any one of my arch enemies find out who I really am, like the Joker, the Penguin or Catwoman, then my career as a crusader for justice is over!" Bruce emphasizes dramatically. "I understand, Bruce, you have my word of honor that my lips are sealed!"

"Tell me, Selina, now that you know my secret identity as Batman, can I ask you a question?" "Sure, Bruce, anything."

"Anything? you say. Then, verify the truth to me -- I
strongly suspect that you really are Catwoman, right?"
Selina remains silent, smiling slyly. She finally answers.
"I am sorry, Bruce, but that question must remain unan-
swered. You see, a woman is much more provocative if she
remains a mystery to a man!" "I suppose you're right,
Selina, touché!" Bruce parries wryly as he takes a shining
gold medallion into his hands which is hanging from a gold
chain around his neck. He starts dangling the glowing
object before Selina's eyes as she stares spellbound at
its brilliance.

"By the way, Selina, have you seen this unusual medallion
that Alfred brought me from his trip to Egypt?" "No,
Bruce, but it's truly beautiful. The engraving is hand-
carved into the head of a pharaoh." "Very observant,
Selina, it's supposed to have mystical powers!" Bruce keeps
whirling the shining medallion before Selina's eyes, who
stares hypnotically into the dazzling, blinding light
emanating from its brilliant glare until she becomes trans-
fixed into a hypnotic state.

Bruce lifts the hypnotized woman into his arms and carries
her back upstairs via the winding stairwell until he exits
through the open library panel which closes behind him.
He seats her on a sofa where he joins her. Selina stares

straight ahead with glazed eyes as if in a trance. "All
right, Selina, you will now listen to only the sound of my
voice. You are now in a deep sleep, in a hypnotic state,
and will listen carefully to the sound of my voice which
will be ingrained into your subconscious." Bruce is talk-
ing very softly to Selina as he leans close to her ear.
"When I count to three and snap my fingers, you will awaken
and will remember absolutely <u>nothing</u> of your discovery of
the <u>Batcave</u> or that I am really <u>Batman</u>. Your mind will
become a complete blank of that entire episode. You will
only remember that you left your bedroom and found yourself
in the library where you retrieved a book," which Bruce
places into her hands. "Now, one... two... three!" Bruce
snaps his fingers as Selina awakens refreshed. She looks
surprised as she sees Bruce standing next to her by the
couch.

"Oh, Bruce, I couldn't sleep so I thought I'd read awhile
and must have dozed off." "I was also restless, Selina,
and thought I'd come in here for a book." Selina rises
and starts walking through the library on her way back to
her room. "Well, I'm kind of sleepy now -- guess I'll turn
in, g'night." She kisses Bruce, when she notices the bust
in his likeness. She walks over to it as if discovering
its presence for the first time. "Why, Bruce, this sculp-
ture of you is marvelous, it catches your essence."

"Thank you, Selina, a famous Parisian sculptor, Pierre
René, had me sit for it on my last trip to Paris." Selina
is about to touch the sculpture in an automatic reflex
action as many people do, when Bruce quickly takes her arm
and ushers her out of the library. "Come, Selina, it's
getting late, let's retire." They both exit through the
library door as Bruce's expression is one of sustained
relief.

                                        FADE OUT.

FADE IN:
Meanwhile, the tension of the kidnapped Russian athlete
mounts to an ever-increasing crisis which leaves the forth-
coming Olympics in doubt. The Russian embassies in both
the United States and Russia send dire ultimatums to the
United States embassy through their diplomatic channels.
The Mayor's office receives further cryptic ultimatums by
the Joker to deliver 100 million dollars by a certain dead-
line or else he will deliver Russia's top athlete -- Ivan
Stanovich -- dead!!!

The CIA is called in along with the FBI government agencies
as well as the Gotham Police and, of course, Batman; but
all are stymied as to the Joker's whereabouts while he
remains undercover.

Dick Grayson has returned home for his summer vacation
when the Bat signal summons Batman to police headquarters,
where he is confronted by Commissioner Gordon who informs
him that Catwoman has called in with a message for Batman
to meet her at a secret rendezvous. Dick has joined Bat-
man in his alter-ego guise as Robin, who is now seventeen
years old.

Batman and Robin race in their Batmobile to the waterfront
on lower Gotham's warehouse district, where they meet
Catwoman who decides to double-cross the Joker, for a more
altruistic cause, by informing the Dynamic Duo that his
arch enemy is holding the Russian athlete hostage inside
the Statue of Liberty. She further explains that it was
a most ingenious hiding place and the least likely to be
suspected because of the _restoration_ of Miss Liberty tak-
ing place at this time, which precludes all tourists to
visit until the unveiling that will coincidentally be at
the same opening day of the Olympics.

The trio jump into a waiting speedboat which cuts through
the murky waters on its way over to the tiny island where
the landmark is located. They moor the tiny craft as they
gain access to the base of the Statue, when the gallant
three are caught in a stream of gunfire. The CAMERA ZOOMS
UP to the torch of Miss Liberty where the maniacal Joker

is seen standing outside on the rim of the torch, firing
a rifle down on the hapless group.

The Dynamic Duo and Catwoman scatter like field mice as
they duck for cover on this dark, gloomy night. Batman
has crawled up the main entrance of the Statue and "jimmies"
the door lock open. The trio cautiously start to ascend
the winding rail stairwell when once again they are met
by a cacophony of gunfire from above as the Joker aims his
rifle down on his foes.

Batman removes a tear-gas pellet from his utility belt
which he flings up at the Joker, who starts gasping for
air after it explodes in his face. He drops the rifle
while he is in the throes of a coughing fit. Batman takes
advantage of the Joker's temporary indisposal by racing up
the winding stairwell until he reaches the level of the
torch where the Joker is kneeling in a coughing seizure.
However, when the caped crusader reaches the Joker, he
desperately lashes out at his nemesis by kicking him in
the stomach, which sends him reeling backwards, down the
winding stairwell. Luckily he falls into the arms of Robin
who was running up the stairwell followed by Catwoman.

                                        CUT TO:

Outside the Statue, where we see the Joker exiting onto
the rim of the torch in order to breathe some fresh air

and escape the choking effects of the tear-gas. He is now inhaling deeply in a CLOSEUP while he wipes away the tears from his eyes with a handkerchief. The villain's reprieve is only temporary as the relentless Batman charges through the doorway of the torch.

Batman lunges towards the Joker as the two bitter enemies are locked in a life-and-death struggle for survival. They exchange severe blows, give and take until the Joker lands a haymaker to Batman's jaw which sends him flying over the rim of the torch, held in the giant hand of Miss Liberty.

The stunned crusader flips over to the outside of the rim of the torch, but manages to catch hold of the tip of the carved rim with his fingertips while he dangles precariously high above the ground as the CAMERA ANGLES UP from a worm's-eye view of Batman's plight. The incensed Joker then proceeds to step onto Batman's fingertips in a frantic effort to dislodge him and let him fall to his death. Batman's face is contorted in pain as he grimaces, but holds onto the rim for dear life. Finally the Joker succeeds in dislodging one hand of Batman and is now trying to crunch his other hand loose when Robin grabs the Joker from behind, spins him around while he lands a jaw-crushing blow to his chin.

Batman manages, with Robin's help, to climb back to safety onto the rim. The Joker rises from the torch's surface to do battle with the Dynamic Duo in a wild melee as the tide swings back and forth until the Joker slips backwards over the torch's rim and now finds himself in Batman's predicament, hanging dangerously outside the rim by his fingertips. The crazed villain pleads for Batman to save his life but Batman, enjoying his moment of victory, merely stands with arms nonchalantly folded, while he smiles smugly down at the Joker's plight. "I'll save you on one condition, Joker," Batman shouts down. "Anything, Batman, anything!" the Joker snivels. "Tell me where you've hidden Ivan Stanovich this instant or I'll let you fall!" "I've got him tied up in the basement of the Statue, Batman!"

Suddenly... the Joker's fingertips start to slip off the edge of the torch's rim. He screams hysterically for Batman to save him and, just as he loses his grasp altogether, Batman reaches down over the edge and catches the Joker's wrist in mid-air. The Dark Knight pulls his arch foe up and back over the rim to safety.

The beaten Joker's hands are tied behind his back by Robin as he glares with defiant eyes at Catwoman, who has joined the group on the outside of the torch. "Catwoman, you double-crosser!" the Joker comments cynically. "I knew instinctively that I should never have trusted a woman as devious as you!" "Well, well, Joker, all I can say is that it takes one to know one, and you are merely getting your just desserts!" Catwoman retorts sardonically.

The sullen Joker leads the trio down to the basement of the Statue of Liberty where he opens a door with a key he has taken from a guard. Batman finds the Russian athlete tied up in the recesses of the dark room, alongside three guards who are also secured by rope. The athlete and guards are freed from their prison as the group head back to the mainland by the motor launch. The Joker is brought to a Gotham City jail to await arraignment for charges of kidnapping and murder of two policemen at the antique auto-mobile showroom. Catwoman is now heralded as a heroine instead of a villainess, and becomes an international celebrity. Batman and Robin are congratulated by the po-lice commissioner for capturing their arch enemy. The Russian embassies are celebrating the release of their star athlete who still has a week to practice before the opening day of the Olympics.

The opening day of the Olympics arrives as we PAN TO a PANORAMIC SHOT of Gotham Stadium and the inaugural day ceremonies which begin with the Mayor's welcoming speech and igniting of the torch.

Through a SERIES OF QUICK FLASH-CUTS we will view most all
of the Olympic events, swimming, diving, track, decathelon,
high jump, broad jump and all other Olympic events assoc-
iated with the Olympics.

                                          CUT TO:

STATELY WAYNE MANOR

where we see Bruce Wayne, his ward Dick Grayson, Selina
Kyle and Alfred, the butler, all seated around a giant
TV set located in the study as they watch the closing cere-
monies of the Olympics. (We could use clips of film of the
actual events and ceremonies from the 1984 Olympics held
in Los Angeles.)

"Well, Bruce, Ivan Stanovich conducted himself admirably.
He won three Silver Medals, in track, swimming, broad jump
and one Gold for pole vaulting," Dick comments enthusiastically.
"Yes, Dick, but not quite good enough because Jim Darrow of the
U.S. team won three Gold Medals and one Silver for the same
events," Bruce answers pragmatically. "Master Bruce," Alfred
intervenes. "I'll bet my next year's salary that the Russians
will blame the strain of the kidnapping and lay-off from
training on his failure to be the best athlete in this year's
Olympic event." "Well, Alfred, I can't say I would blame
them," Bruce replies seriously. "Suppose our top athlete ran
into the same extenuating circumstances if the Olympics were
held in Russia?" Alfred takes a beat and then nods in agree-
ment.

"And if it weren't for Batman and Robin's heroics in capturing the Joker, then there would not have been any Olympics this year," Selina comments wryly as she eyeballs Bruce in sly innuendo. "That's right, Selina, and if it weren't for the courage of Catwoman turning informant for Batman -- the end result would not have turned out favorably for everyone concerned," Bruce replies slyly, smiling directly at Selina. "She really deserves the real credit." "Maybe Catwoman will now mend her wicked ways from a life of crime and join forces with Batman and the Police Departments of Gotham City," Dick interjects somberly. "That would be an excellent idea, don't you agree, Selina?" Bruce comments wistfully, as he looks directly at Selina. "Well, Batman, I suppose that depends entirely on the conscience and whim of what I imagine to be an extremely complicated and erratic woman," Selina answers enigmatically with a fixed Mona Lisa smile as she stares directly back into Bruce's eyes... as the CAMERA PULLS BACK TO A GREAT HEIGHT, diminishing the figures in the Wayne living room.

                                        FADE OUT.

                            THE END